회사법의 해부 개정판

The Anatomy of Corporate Law(Third Edition)

김건식 | 노혁준 | 박 준 | 송옥렬
안수현 | 윤영신 | 천경훈 | 최문희 옮김

Reinier Kraakman | John Armour | Paul Davies | Luca Enriques
Henry Hansmann | Gerard Hertig | Klaus Hopt | Hideki Kanda
Mariana Pargendler | Wolf-Georg Ringe | Edward Rock

小花

차례

제7장 근본적 변경

Edward Rock, Paul Davies, Hideki Kanda, Reinier Kraakman, and Wolf-Georg Ringe

노혁준 옮김

제8장 지배권거래

Paul Davies, Klaus Hopt, and Wolf-Georg Ringe

송옥렬 옮김

지은이 서문

제2판 서문에서 밝힌 바와 같이 이 책은 오랜 공동작업의 산물이다. 제3판에서는 이 공동작업이 새로운 세대의 학자들에게 이어졌다. 초판 저자들의 도움이 없지는 않았지만 그 역할은 대체로 조언에 그쳤다. 우리는 스스로 '감독이사회(supervisory board)'로 자칭했다. 제3판이 보여 주는 개념상의 혁신과 새로운 연구에 대한 공은 바로 제2판과 제3판에서 이 책에 참여한 공저자들의 몫이며, 그래야 마땅하다. 회사법도 다른 분야와 마찬가지로 새로운 에너지와 신선한 시각을 꾸준히 보충할 필요가 있다. 적실성을 유지하지 못한다면 적어도 신선할 때 문을 닫아야 할 것이다. 이는 제3판이 이전 판에서의 포부와 개념 체계를 포기했다는 말은 아니다. 우리는 여전히 '국제적'이고 '기능적'이고 '중립적'이며—순서로는 끝이지만 중요성으로는 그렇지 않은—'간략한' 회사법에 대한 접근을 고집하였다. 사실 제3판은 앞의 세 가지 차원에서 대폭 개선되었고 모든 어려움에도 불구하고 간략성에 대한 약속을 굳게 지켜 냈다.

이 책은 늘 '국제적'이며 비교법적이었다. 그러나 한 가지 면에서는, 즉 기능에 관한 각 장에서 커버하는 국가의 수에서는 한계를 피할 수 없었다. 특정 국가의 법에 대한 구체적인 언급은 우리 분석의 신뢰도를 높이는 핵심적 요소이다. 너무 많은 국가를 다루면, 우리 그룹의 전문성을

넘어서고 우리 개념체계에 부합하는 사례만을 선택했다는 비판을 초래할 것이다. 제2판에서는 당초 경제선진국 중에서 고른 미국, 영국, 프랑스, 독일, 일본 등 5개국에 이탈리아를 추가하였다. 이탈리아를 추가한 것은 우리의 대상국가 프로필에 적합했을 뿐 아니라 이탈리아 회사법학계의 중진인 Luca Enriques가 우리 공동작업에 참여했기 때문이다. 같은 시점에 공저자로 참여한 John Armour는 회사법에 관한 우리의 이해가 종종 우리의 관심범위를 벗어나는 파산법 및 관련분야의 논점을 포함하도록 넓혀 주었다.

제3판에 새로 참여한 공저자들도 마찬가지로 우리의 시야를 넓혀 주었다. 가장 뚜렷한 변화는 이제 우리 핵심국가에 브라질을 포함시켰다는 점이다. 전판들에서 전적으로 경제선진국들의 법제도에만 의존했음에 비추어 이는 놀랍게 비칠지도 모른다. 그러나 저자들로서는 한 걸음 전진한 것으로 생각한다. BRICS에서의 B에 해당하는 신흥시장의 경제대국을 포함시킴으로써 우리의 시야가 넓어졌고 새로운 난제들을 야기하였다. 우리는 브라질이 다양한 유형의 신흥시장경제국가를 대표한다고 보는 것은 아니다. 다만 이 책의 대상국가를 확대하는 경우에는 합리적인 선택이었다고 볼 뿐이다. 그리고 앞에서 시사한 바와 같이 우리는 실용을 추구한다. 브라질의 선택에서 결정적인 요소는 저명한 브라질 회사법학자인 Mariana Pargendler가 이 책의 공저자로 참여하였다는 점이다. 우리는 여전히 일부 국가만을 대상으로 삼는 한계에서 벗어나지 못하고 있지만, Pargendler교수가 브라질법을 전반적으로 반영함으로써 이 책의 국제적 범위가 크게 확대되었다. 제2판에서처럼 또 한 사람의 공저자로 Wolf-George Ringe가 제3판에 참여함에 따라 저명한 독일 및 EU법 학자가 추가되었을 뿐 아니라 특히 근본적인 회사거래와 회사지배라는 핵심 영역에서 대상국가 전반에 걸친 우리 분석에 중요한 기여를 하게 된 것은 우리의 행운이었다.

이전 판의 독자들은 제3판이 기존의 기능적 분석을 추구하고 있음을

믿어도 될 것이다. 우리는 회사형태의 경제적 기능을 검토하고 회사 이해관계자의 주요 유형을 적시하며 회사법이 처리하는, 본질적으로 계약상의 문제들인, 기본적인 "대리 문제들"을 제시함으로써 "회사법"을 정의하려는 노력을 시작한다. 이어서 우리는 이 대리 문제들을 완화하기 위해 각국이 채택하는 법적 전략의 유형을 제시한다. 전과 마찬가지로 우리는 회사법은 어디에서나 기본적인 대리 문제들을 처리해야 한다고 주장하지만, 특정 국가가 동원하는 법적 전략은 그 정치와 집행자원에서부터 경제발전에 이르기까지의 여건에 따라 차이가 있다. 흔히 법체계는 눈앞의 여건에 따라 기능적 변용을 거친 것처럼 보이며, 때로는 그런 변용이 결여된 것으로 보이기도 한다. 이 책은 국경을 넘은 기능적인 패턴을 보여 주지만 우리 분야의 "모든 것에 대한 이론"을 제시할 의도는 전혀 없고, 오래전에 등장한 (그러나 그 사실 때문에 결코 대단함이 손상되지 않는) 회사형태의 기본적인 법적 특성을 넘어서는 법적 수렴의 이론을 제시할 의도는 더더욱 없다. 그보다는 기본적 대리 문제와 그것을 완화하기 위하여 반복적으로 동원되는 법적 전략을 분석하는 데 계속 주력하고 있다.

그러나 제3판의 이런 분석 틀을 적용하다 보니 우리는 놀랍게도 회사의 계약적 참가자 사이의 대리 문제는 회사활동에 영향을 받지만, 회사에 대한 계약적 영향력이 없는 당사자들 사이에서 발생하는 다른 세트의 문제들과 중요한 점에서 유사하다는 것을 인식하게 되었다. 우리는—주주도, 경영자도, 직원도, 채권자도 아닌—후자의 당사자들을 회사의 "외부의 구성원"이라고 부른다. 많은 경우 회사활동은 이런 외부 당사자들을 해칠 수도 있다. 예컨대 대기업이 환경을 오염하거나 가격을 담합하거나 인권을 침해할 때 일반대중은 피해를 입는다. 다른 경우, 회사들은—소수자나 성적 차별을 금지하거나 시정하기 위한 방침이 좋은 예지만—택하지 않을 수도 있는 방침을 실행함으로써, 소수집단의 이익이나 사회 전반의 사회적 합의를 증진할 수 있는 독특한 위치에 있다. 그런 외부 구성원들의 복지가 회사활동에 의존하기 때문에 회사에 대한 그들의 관

계는 대리인의 행동에 의존할 수밖에 없는 본인의 경우와 유사한 면이 있다. 제3판에서 우리는 이런 유사성과 아울러 회사의 핵심 구성원 사이의 대리 문제를 완화하는 법적 전략 중 다수가 그 외부의 구성원들을 보호하거나 이롭게 하는 데 활용될 수 있고, 또 활용된다는 추가적 사실에 주목하였다.

제3판은 독자들 눈에는 덜 분명하지만 저자들은 열심히 논의한 기타의 개념적 혁신을 시도하였다. 특히 채권자 보호, 회사의 근본적 변경, 지배권거래에 관한 장들은 대폭 개정되고 재구성되었다. Paul Davies, Hideki Kanda(神田秀樹), Klaus Hopt, Edward Rock 등 다수의 기존 저자들도 이 개정작업에 기여했지만 이런 변화를 뒷받침한 에너지와 연구를 주로 제공한 것은 새로운 공저자인 Wolf-Georg Ringe 교수였다. Mariana Pargendler 교수는 외부의 이해관계자들에 대한 우리의 수많은 토론을 이끌었다.

이 책의 탄탄한 개념적 틀에도 불구하고 제3판은 중요한 법정책적 논의에서 편을 들지 않는다는 의미에서 "중립적" 태도를 유지한다. 이 책의 각 공저자는 근로자 공동결정의 경제적·사회적 가치와 국가가 어느 정도로 대기업이 그 자원과 조직역량을 경제 외적인 사회적 목적을 추구하도록 유도할 것인지와 같은 문제들에 대해 뚜렷한 견해를 갖고 있다. 그러나 이 책의 분석 틀의 효용은 오늘날의 주요 과제에 대한 상이한 입장을 주장하는 자들이 공통의 공간에서 만날 수 있는 환경을 제공한다는 점이다. 우리는 회사법 분석의 다른 접근방식들이 잘못되었다고 주장하는 것은 아니다. 예컨대 특정 국가에서는 기능성 대신 정치, 경제에 의존하는 설명이 법 발전을 잘 해명한다. 그러나 이 접근방식들은 대립하는 논자들 사이의 정책논의를 다듬는 데 덜 유용할 수도 있다.

마지막이면서도 아마도 이 책의 장래 독자가 중시할 수식어는 '짧다'는 것이다. 우리는 수많은 논의와 그에 수반된 연구에도 불구하고 제3판을 앞의 판보다 길지 않게 유지하겠다는 이전 판들의 약속을 충실하게 지켰다. 학문적 전통은 차이가 있지만 개인적으로 나는 가장 뛰어난 미

국 법학 논문들조차 절반도 못 가서 내려놓으려는 유혹이 있음을 말할 수 있다. 다른 나라의 학술저널들은 덜 부담스러울지도 모르지만 동료 공저자들은 법률문헌의 영역에 제네바협약 같은 것은 없다고 확언하였다. 실무가들과 다른 학문분야에 속하는 우리 독자들은 문장을 잘라 내고 각주를 삭제하면서 감수한 우리의 개별적이고 집단적인 '희생'을 이해하지 못할 수도 있다. 제3판의 전체편집을 맡은 John Armour와 Luca Enriques가 이 책의 거의 모든 페이지에서 우리의 의견에 단서를 달고 부연하고 뒷받침하려는 우리의 집단적 욕구를 억누르면서 보인 강철 같은 규율을 그들이 이해할 가능성도 낮다. 우리는 결과적으로 우리의 표현이 때로는 지나쳤는지 그리고 때로는 뉘앙스를 포기했는지 여부를 독자들의 판단에 맡기는 바이다. 그런 경우가 있다면 우리는 관용을 바랄 뿐이다. 많은 곳에서 우리는 독자가 중간에 책을 덮어 버리거나 부분적으로만 참조할 위험이 미진한 서술과 조급한 마무리의 위험을 상쇄하고도 남는다고 집단적인 판단을 내렸다.

끝으로 언급할 점은 일부 저자들은 각 장의 앞머리에 저자로 표시되어 있지는 않지만 제3판에 폭넓게 기여했다는 사실이다. 우리 모두는 우리가 가장 잘 아는 국가의 법에 대한 전문지식을 공유하였다. 그러나 제3판의 공저자 중 5명은 이 책 전체를 위한 그들의 역할을 특별히 인정받을 만하다. 그중 한 사람인 Mariana Pargendler는 이 책 제4장의 제1공저자인 동시에 다수 장의 본문을 개정하고 핵심 국가에 브라질을 포함시킨 것을 반영하기 위하여 각 장에 서술을 추가하였다. 다른 국가의 경우 법의 변화만을 반영했지만 브라질의 경우 우리는 바닥부터 시작했다.

우리의 준(準)저자 두 사람, 즉 Sofie Cools와 Gen Goto(後藤元)도 특히 (그에 한정되는 것은 아니지만) 프랑스, EU 및 일본의 최근 동향에 대해서 그들의 지칠 줄 모르는 연구 노력을 기울여 제3판에 폭넓게 기여하였다. 이 책은 3세대의 학자들이 참여한 첫 번째 판이다. Sofie와 Gen이 추가하고 보완한 부분은 이 책의 모든 장에 들어 있다. 그들은 우리의 개

념과 해설의 틀의 변화를 비롯한 거시적 쟁점들에 대한 우리의 내부 토론에도 적극 참여하였다. 나는 이 판의 저자 모두를 대표하여 제3판 각 장에 대한 그들의 기여를 치하하는 바이다.

마지막으로 전체 편집을 맡은 John Armour와 Luca Enriques는 제1판과 제2판 사이의 기간과 대충 같은 기간 만에 제3판을 문자 그대로 탄생시켰다. John과 Luca는 제2판과 제3판에서 여러 장의 본문에 크게 기여했을 뿐 아니라 지난 수년간 점잖게 우리가 궤도에서 벗어나지 않도록 해주었으며 지면이 마구 늘어나는 것을 견제하고 최종 편집을 맡아 줌으로써 각 장의 저자들이 상이함에도 불구하고 우리가 독특한 목소리를 유지할 수 있도록 해주었다. 옛말과 같이 학자들의 협동을 이끌어 내는 것이 마치 고양이들을 몰고 가는 것과 같다면, 그들의 작업을 조정하고 문장을 다듬고 고치는 것은 고양이들을 행진대열로 유도하면서 털을 손질하는 것에 비할 수 있다.

우리 모두는 엄청난 고마움을 느끼고 있다. 이 책 제3판은 John Armour, Luca Enriques et al., *The Anatomy of Corporate Law: A Comparative and Functional Approach* (3rd edn., Oxford University Press 2017)로 인용해야 마땅할 것이다.

2016년 9월

하버드법대 Reinier Kraakman

옮긴이 서문

이 책은 2000년대 세계 회사법학계에서 최고의 명저로 꼽을 수 있는 *Anatomy of Corporate Law : A Comparative and Functional Approach* (제3판, 2017)을 번역한 것이다. 2004년 초판이 출간되자마자 이 책은 바로 국제적으로 엄청난 반향을 불러일으켰을 뿐 아니라 회사법 논의의 새로운 패러다임으로 자리 잡았다. 전문서적임에도 불구하고 제3판까지 나온 것만 보아도 이 책에 대한 관심과 인기가 얼마나 높은지를 짐작할 수 있다. 옮긴이들은 이미 2014년 이 책의 제2판(2009)을 함께 번역하여 출간한 바 있다. 새로 나온 제3판도 같은 멤버가 번역에 참여하여 출간하게 되었다. 판이 바뀌면서 내용이 수정된 부분은 많지만 책의 골자가 달라진 것은 없으니 앞서 나온 책의 서문을 일부 수정하여 재활용하기로 한다.

이 책은 주요 선진국의 저명한 학자가 다수 참여한 오랜 공동작업의 산물이다. 이 책의 공저자는 모두 세계적으로 명성 있는 학자들로 판을 거듭하면서 차세대의 신진학자들을 영입함으로써 새로운 동력을 얻고 있다. 이 책은 각 공저자가 분담집필한 장들을 단순히 모아 놓은 것이라기보다는 공저자들이 하나의 통일된 시각에 입각하여 회사법의 근본적인 주제들에 대해 공동집필한 것에 가깝다. 그리하여 이 책은 공저자 수가 많음에도 불구하고 비교적 탄탄한 짜임새를 갖추고 있다.

이 책의 특징으로는 기능적 분석과 체계성을 들 수 있다. 먼저 기능적 분석의 출발점은 회사법의 역할을 대리 문제를 최소화함으로써 회사형태의 실용성을 높이는 것으로 파악하는 이 책의 기본적인 시각이라고 할 것이다. 회사법상의 구체적인 제도를 비용과 편익의 측면에서 기능적으로 분석하는 공저자들의 작업은 법경제학적 색채가 두드러진다. 이는 1980년대 이후 미국을 비롯한 선진국 회사법학계에서 법경제학적 분석이 성행하고 있는 점에 비추어 크게 놀랄 일은 아니다. 그러나 이 책은 법경제학적 분석뿐 아니라 정치적 · 역사적 관점까지 적절하게 동원함으로써 보다 풍부하고 심층적인 논의를 전개하고 있는 것이 장점이라고 하겠다.

이 책의 체계성 측면에서 중심을 이루는 것은 제2장이다. 제2장에서는 먼저 회사법의 주된 과제인 세 가지 대리 문제를 정리하고 대리 문제에 대처하기 위한 열 가지 법적 전략을 제시한다. 이 열 가지 법적 전략은 사전적 전략과 사후적 전략으로 구성된 다섯 가지의 쌍으로 나뉘며 그중 두 쌍은 규제적 전략, 나머지 세 쌍은 지배구조적 전략이라는 두 그룹으로 나뉜다. 제3장 이하에서는 회사법상의 주요 주제인 회사의 기관구성(제3장), 소수주주와 이해관계자 보호(제4장), 채권자 보호(제5장), 특수관계인 거래(제6장), 근본적 변경(제7장), 지배권거래(제8장), 자본시장법상의 투자자보호(제9장)에 대해 이 법적 전략들이 활용되는 모습을 중심으로 서술하고 있다. 각 장에서는 먼저 관련된 대리 문제에 대하여 설명한 후 그에 대한 법적 전략들의 선택지와 각국에서의 적용사례에 대해서 검토하는 방식으로 논의를 전개한다.

이처럼 이 책은 회사법 전반에 걸쳐 주요 주제에 대한 기능적 분석을 관철함으로써 단순히 특정 시점, 특정 국가의 회사법에 구속되는 것이 아니라 그것을 뛰어넘는 보편적인 '일반회사법학'을 시도하고 있다. 이 점에서는 이 책이 이제까지 회사법분야의 어떠한 연구보다도 야심적이라고 평가할 수 있을 것이다. 공저자들의 모국인 주요 선진국의 법제도가 폭넓게 인용되고 있지만, 그 서술은 어디까지나 회사법상의 과제 해

결을 위하여 위에 언급한 법적 전략이 동원되는 모습을 구체적으로 드러내는 것을 목적으로 한다. 바로 이 점이 해당 국가가 아닌 다른 나라의 연구자들에게도 이 책이 매력을 갖는 이유라고 할 것이다.

유감스럽게도 이 책에는 장점만 있는 것은 아니다. 일반회사법적인 논의는 아무래도 추상적 · 관념적으로 흐르기 마련이다. 더구나 책의 부피를 줄이기 위해서 복잡한 논의를 너무 압축하다 보니 여간 정신을 집중하지 않으면 논의의 흐름을 놓치기 십상이다. 아쉽게도 그런 경향은 판을 거듭할수록 심해지고 있는 느낌이다. 그리고 때로는 체계화를 과도하게 시도한 탓으로 이해가 어렵거나 심지어 무리하게 여겨지는 부분이 없지 않다. 제2장의 법적 전략에 관한 실로 독창적인 분류는 저자들도 자인하는 바이지만 아직 충분히 무르익은 것 같지 않다. 또한 워낙 여러 나라의 다양한 제도를 언급하다 보니 생소한 개념이나 제도가 한둘이 아니다. 손이 닿는 대로 역주를 붙이기는 했지만 완벽할 수는 없을 것이다. 독자들의 양해를 구할 뿐이다.

이런 트집에도 불구하고 이 책의 학문적 가치를 부정할 수는 없다. 이 책은 오늘날 선진 회사법학계에서 논의되는 주요 쟁점들을 거의 망라적으로, 그리고 상당히 높은 수준에서 다루고 있다. 참을성 있는 독자라면 이 책을 통해서 회사법분야의 최신 연구 성과에 대한 기초적 지식을 얻을 수 있을 것이다.

이런저런 일로 쫓기는 옮긴이들이 당초 이 책의 번역작업에 나선 것도 이 책의 가치를 좀 더 많은 우리 독자들, 특히 젊은 법률가들이 맛볼 수 있으면 하는 소망 때문이었다. 길지 않은 책이지만 전부를 혼자 감당하기에는 너무 버거워 평소 뜻이 맞는 동료 교수들에게 도움을 청했다. 이제 제3판의 공저자가 11명에 이르니 옮긴이가 8명이라는 것도 크게 나무랄 일은 아닐 것이다. 제2판을 번역할 때에는 서술의 통일성과 오류의 최소화를 위해 1박 2일의 워크숍을 갖고 초고를 돌려 보는 등 나름 애를 쓰기도 했다. 이런저런 사정으로 이번에는 그런 의논은 이메일을 통할

수밖에 없었다. 일관되지 못한 구석이 있더라도 독자들께서 너그럽게 양해해 주시기를 부탁드린다.

이번에도 번역의 테두리를 넘지 않는 한도에서 나름 가독성에 신경을 쓰기는 했다. 그럼에도 문장이 워낙 압축되어 추상적이고 새로 만든 개념들이 많다 보니 아무리 애를 써도 가독성을 높이는 데는 한계가 있었다. 나로서는 이번처럼 번역의 어려움을 절감한 적이 없었다. 또한 텍스트가 얼핏 보면 제2판과 비슷하지만, 뜻밖에 달라진 부분이 너무 많아 옮긴이들이 애를 먹었다. 묵묵히 작업을 마쳐 주신 일곱 분의 옮긴이들께도 개인적으로 감사의 뜻을 표하고 싶다.

끝으로 엄혹한 출판시장 사정에도 불구하고 출판을 맡아 준 도서출판 소화에 역자들을 대표하여 다시 한 번 깊이 감사드린다. 아무쪼록 이 책을 통해 우리 회사법학계의 수준이 조금이라도 올라갈 수 있다면 더 이상 바랄 것이 없겠다.

2020년 4월

옮긴이를 대표하여 김건식

회사법의 해부 개정판

The Anatomy of Corporate Law (Third Edition)

일러두기

이 책에서 각주 중 *는 옮긴이 주를 표시한 것이다.

제1장

회사법이란 무엇인가

John Armour, Henry Hansmann, and Reinier Kraakman
김건식 옮김

1.1 서론

서로 다른 국가*에 속하는 회사법들 사이에서도 존재하는 **공통적 구조**는 무엇일까? 이런 물음을 회사법학자가 제기하는 일은 드물지만 비교법적 탐구에서는 결정적으로 중요하다. 기존 연구에서는 흔히 유럽, 미국, 일본 및 개발도상국의 주식회사**가 기업지배구조, 주식 소유, 자본시장, 기업문화의 면에서 보여 주는 차이를 강조한다.[1] 그러나 그런 면에서 국가

* 이 책에서 '국가'는 미국의 주(州)를 포함하는 의미로도 사용한다.

** 이하 특별한 경우가 아니면 회사로 약칭한다.

1 예컨대 Ronald J. Gilson and Mark J. Roe, *Understanding the Japanese Keiretsu: Overlaps between Corporation Governance and Industrial Organization*, 102 Yale Law Journal

간에 매우 뚜렷한 차이가 있음에도 불구하고 회사형태가 이처럼 통일성을 보이는 것도 그에 못지않게 인상적이다. 회사는 모든 국가에서 근본적으로 비슷한 법적 특성을 지닐 뿐 아니라 근본적으로 비슷한 법적 문제를 마주하고 있다.

이와 관련하여 회사의 기본적 법적 특성을 고려해 보자. 이하의 논의를 미리 정리하자면 그 특성은 다섯 가지로, 그 대부분은 사업에 친숙한 사람이라면 누구나 쉽게 인식할 수 있는 것이다. 그 특성은 다음과 같다. 법인격, 유한책임, 주식의 양도 가능성, 이사회체제에서의 경영 위임, 투자자에 의한 소유. 각 특성은—앞으로 살펴볼 바와 같이—현대 대기업의 경제적 필요에 대응하고 있다. 이처럼 어느 곳에서나 회사법은 필연적으로 그런 특성을 지닐 수밖에 없다. 물론 그런 특성 중 한두 개를 결여한 다른 기업형태도 없지 않다. 그러나 주목할 사실은, 그리고 우리가 강조하고자 하는 사실은, 시장경제체제하의 대기업은 거의 모두 회사의 이런 다섯 가지 기본특성을 완비한 법적 형태를 채택한다는 점이다. 사실 소규모 공동소유기업도 간혹 그들의 특별한 수요에 맞추어 이 다섯 가지 기본특성 중 일부를 제외하더라도 대부분 이런 회사형태를 취한다.

그러므로 회사법의 주된 기능은 이 다섯 가지 핵심적 특성을 지닌 법적 형태를 기업에 제공하는 것이다. 회사법은 이런 기업형태를 널리 활용 가능하고 사용자에게 편리하게 만들어 사업 참여자들이 회사조직을 통해서 쉽게 거래하도록 해줌에 따라 결과적으로 사업수행비용을 줄여 준다. 물론 전형적인 회사법규에서 회사형태를 정의하는 규정의 수는 대체로 그

---

871 (1993); Bernard S. Black and John C. Coffee, *Hail Britannia? Institutional Investor Behavior under Limited Regulation*, 92 Michigan Law Review 1997 (1994); Peter A. Hall and David Soskice, eds., Varieties of Capitalism: The Institutional Foundations of Comparative Advantage (2001); Mark J. Roe, Political Determinants of Corporate Governance (2003); Klaus J. Hopt et al., eds., Corporate Governance in Context: Corporations, States, and Markets in Europe, Japan, and the US (2005); Mathias Siems and David Cabrelli, eds., Comparative Company Law: A Case-Based Approach (2013) 등 참조.

법규 전체의 극히 일부에 불과할 것이다.[2] 그럼에도 불구하고 이들은 모든 국가에 공통된 회사법의 핵심을 구성하는 규정이다. 제1장에서 우리는 회사형태의 이 다섯 가지 특성에 수반될 뿐 아니라 회사형태의 세계적 확산을 촉진하는 데 기여하였다고 판단되는 계약체결상의 효용을 간단히 살펴본다.

그러나 이 책에서 우리의 주된 초점은 회사형태를 특징 짓는 기본속성들에 있지 않다. 그보다는 동등하게 중요한 회사법의 두 번째 기능, 즉 회사형태를 통하여 사업을 수행하는 데 소요되는 지속적인 비용을 경감하는 데 초점이 있다. 회사법은 회사사업에 참여하는 자 사이의 조정을 촉진하고 다양한 이해관계자에 의한 가치 감소를 초래하는 기회주의적 행동의 여지를 축소함으로써 그것을 달성한다. 뒤 1.2에서 요약하는 바와 같이 어느 곳의 회사법도 참여자의 사업수행비용을 절감하는 데 기여한다고 볼 수 있는 핵심요소를 공유하고 있다.[3]

회사법의 대부분은 그런 조직에 고유한 기회주의의 세 가지 주된 원천인 경영자와 주주 사이의 이익충돌, 지배주주와 일반주주 사이의 이익충돌, 특히 채권자와 종업원을 포함한 회사의 다른 계약 상대방들과 주주사이의 이익충돌에 대처하는 것으로 이해할 수 있다. 이 세 가지 일반적 이익충돌은 모두 경제학자들이 말하는 '대리 문제(agency problems)'라고 편리하게 규정할 수도 있을 것이다. 제2장에서는 이 세 가지 대리 문제를 일반적으로 그리고 회사법적 맥락에서 검토하고 이 문제들에 대처하기 위하여 동원할 수 있는 각종 법적 전략에 대해서 살펴본다.

독자에 따라서는 이 세 가지 조정비용과 대리인의 이익충돌이 특별히 '회사'에 국한된 것은 아니라고 반박할 수도 있다. 어차피 **모든** 형태의 공

2 우리는 '회사법규'라는 용어를 회사를 규율하는 일반 법률을 가리키되 회사의 정관(charter 또는 articles of incorporation)을 가리키는 의미로는 사용하지 않는다.

3 그 비용은 계약 상대방을 찾고 관련 계약서를 협상하고 작성하는 비용을 포함한다. 그 비용은 흔히 '거래비용'으로 불리지만 우리는 그 용어가 다른 맥락에서 더 넓게 사용되어 많은 혼란을 초래할 소지가 있기 때문에 그 용어의 사용을 피하기로 한다.

동소유기업은 조정비용을 피할 수 없고 소유자, 경영자, 외부 거래처 사이의 이익충돌을 수반한다. 그 점에는 우리도 동의한다. 회사도 공동소유기업의 여러 법적 형태 중 하나에 불과하기 때문에 모든 공동소유기업이 직면하는 것과 같은 일반적인 기능상의 과제를 처리해야 한다. 그럼에도 불구하고 회사형태의 구체적인 특성들은 매우 중요한 의미를 갖는다. 회사형태는 대부분의 대기업이 선택할 뿐 아니라 현실적으로 많은 국가에서 소유 분산된 기업이 선택할 수 있는 유일한 기업형태이기 때문이다.[4] 우리의 견해로는 그 구체적 특성들은 조정비용을 최소화하는 데 특별히 효과적이다. 게다가 이 동일한 특성들은 그 대리 문제의 구체적인 윤곽을 결정한다. 그 명백한 예로 주주가 — 예컨대 조합의 무한책임 조합원과는 달리 — 유한책임을 향유한다는 사실로 인하여 회사법에서는 조합법에서보다 채권자 보호가 더 부각된다. 마찬가지로 회사 투자자가 보유주식을 양도할 수 있다는 점은 — 소유와 경영의 분리를 촉진하고 경영자와 주주 사이의 대리 문제를 악화시킨 제도인 — 익명의 거래가 행해지는 주식시장의 토대이다.

이 책에서 우리는 가장 중요한 범주의 회사 행동과 결정에서 조정 문제와 대리 문제를 최소화하는 — 그리하여 회사형태의 실용성을 높이는 — 회사법의 역할을 살펴본다. 보다 구체적으로 제3~9장에서는 회사와 그 소유자, 경영자, 그리고 회사와 거래하는 다른 당사자가 관련된 일곱 가지 범주의 거래와 결정을 다루기로 한다. 이러한 범주의 기업활동은 대부분 회사에만 고유한 것이라기보다는 일반적인 것이다. 예컨대 제3~4장은 회사의 통상적인 사업 결정에 작용하는 지배구조 메커니즘(governance mechanism)을 대상으로 삼지만, 제5장은 회사와 채권자 사이

4 이는 대부분 국가에서 회사형태를 취하는 기업만이 자본시장에서 자기자본을 조달할 수 있기 때문이다. 그러나 일부 국가에서는 비회사조직의 지분도 공개시장에서 거래하는 것을 허용하고 있다. 예컨대 미국에서는 이른바 '기본' 유한책임조합('master' limited partnership)과 유한책임회사의 지분증권도 공중의 거래를 위하여 등록할 수 있다.

의 거래에 적용되는 제한을 살펴본다. 그러나 앞과 마찬가지로 모든 형태의 공동소유기업에서 비슷한 대리 문제가 비슷한 맥락에서 발생하지만, 회사법의 대응은 회사형태의 특징인 고유한 법적 속성에 부분적으로 달려 있다.

이 책의 후반부를 차지하는 7개 장에서는 회사법의 중요 문제를 거의 빠짐없이 다룬다. 각 장에서 우리는 회사형태의 기본적 조정비용과 대리 문제들이 당해 범주의 회사 활동에서 어떻게 발생하는지를 서술한 후 활용 가능한 법적 대책의 선택지를 검토한다. 우리는 여러 주요 국가의 회사법에서 추출한 사례를 가지고 이런 대안적 접근방식을 설명하기로 한다. 우리는 거기에서 나타나는 동질성과 이질성의 패턴을 검토할 것이다. 국가 간에 중대한 차이가 있는 경우 우리는 그런 차이의 원인과 결과를 모두 논하기로 한다. 우리의 사례는 주로 우리의 '대상국가'라고 부르는 일부 대표적인 주요 국가에서 추출한 것이다. 이 국가들은 브라질, 프랑스, 독일, 이탈리아, 일본, 영국, 미국이지만 때로 특별히 필요한 경우에는 다른 국가의 법도 부수적으로 언급하기로 한다. 지면이 한정되어 있기 때문에 우리는 실체법을 빠짐없이 서술할 수도 없고 그럴 생각도 없다. 다만 분석적인 명제를 설명하거나 논의하는 데 적절한 범위에서 이 국가의 법들을 언급할 것이다. 우리가 가장 잘 아는 국가에 초점을 맞추는 것은 당연히 주관이 작용한다. 이는 우리 작업의 자기발견적(heuristic) 성격을 반영하는 것이기도 하다. 우리 목표는 (세계 각국은 고사하고) 특정 국가의 회사법에 대한 완벽한 설명이라기보다는 그것을 이해하기 위한 공통의 언어를 제시하는 것이다.

이 책은 비교법적 논점에 대한 매우 기능적인 접근방식을 강조한다는 점에서 회사법 및 다른 분야에서의 보다 전통적인 일부 비교법 연구와 구별된다.[5] 우리는 회사법의 역할과 구조에 대하여 고도로 통합적인 견해를

---

5 비교할 연구의 예로 Arthur R. Pinto and Gustavo Visentini, eds., The Legal Basis of

제시함으로써 비교법 연구의 새로운 경향을 따른다.[6] 그 견해는 각 시스템을 개별적으로, 그리고 다른 시스템과 비교하면서 체계적으로 이해할 수 있는 명확한 틀을 제공한다. 나아가 비교법학은 흔히 국가 간의 차이를 강조하는 경향이 있지만 우리의 접근방식은 유사성에 주목한다. 그렇게 함으로써 국경을 넘어서 밑바닥에 존재하는 구조의 공통점을 드러낼 수 있을 것이다. 또한 국제적 경제활동의 성장에 따라 빈번해진 회사법의 국제적 상호교섭을 위한 토대에 대한 중요한 관점도 제공할 것이다.

우리는 이곳과 책 제목에서 사용하는 '기능적'이란 수식어가 사람에 따라 달리 이해되고—특히 사회학 분야에서—과거에 사용된 그 용어의 일부 용법이 당연히 그것을 의심스럽게 만들었다는 점을 알고 있다. 우리의 접근방식은 '기능적'이라기보다는 '경제적'이라고 부르는 편이 아마 더 정확할 것이다. 다만 특정의 (일반적으로 자유방임적인) 정책적 입장을 뒷받침하기 위해서 법률 문헌에서 경제적 논법을 때때로 과도하게 사용하는 것과 경제적 분석이 비금전적 동기를 무시하거나 인간 행동에서 비현실적인 정도의 합리성을 가정하는 경향으로 인하여—특히 미국 밖의—많은 학자가 '기능적 분석'에 못지않게 '경제적 분석'도 경계하게 되었다. 그러나 지금 단계에서는 우리가 사회과학방법론의 자세한 부분에까지 신경 쓸 필요는 없다. 우리는 그저 상업적 활동과 조직의 필요가 모든 시장경제국가에서 유사한 현실적인 문제를 발생시킨다는 점을 지적할 뿐이다. 우리의 분석은 우리가 회사법이 이런 문제에 대처하는 방식과 다양한 국가가 그 문제에 대해서—항상 동일한 것은 결코 아니지만—대체로 유사한 해법을 선택하도록 이끄는 다양한 요인을 중심으로 논의를 진행한

Corporate Governance in Publicly Held Corporations: A Comparative Approach (1998); Gunter H. Roth and Peter Kindler, The Spirit of Corporate Law (2013).

6 이러한 경향의 다른 예로는 John Armour et al., Principles of Financial Regulation (2016); Gregor Bachmann et al., Regulating the Closed Corporation (2012); Curtis Milhaupt and Katharina Pistor, Law and Capitalism (2008).

다는 의미에서 '기능적'이다.

그렇다고 해서 여기에서 우리 목적이 단지 국가 간 회사법의 공통성을 탐구하는 데 그친다는 말은 아니다. 같은 비중으로 우리는 회사법이 수행할 수 있는 목적을 이해하고 그런 목적을 수행하는 상이한 법체계의 효용을 비교하고 평가하는 도구가 되는 **공통의 언어**와 보편적 **분석틀**을 제공하고자 한다.[7] 사실 우리는 이 책에서 제시한 분석이 비교법 학도뿐 아니라 단지 자국의 회사법을 조망하는 보다 확고한 틀을 갖기를 원하는 자에게도 도움이 되기를 바란다.

저변의 구조에 존재하는 유사점을 강조한다고 해서 각국 회사법의 차이를 무시하는 것은 아니다. 우리가 생각하는 것처럼 각국 회사법은 비슷한 경제적 문제에 대처하는 것이라 하더라도 그 대처방식에는 차이가 있을 수 있다.[8] 그 차이는 종종 경제적 생산시스템의 다른 측면을 구성하는 방식에서의 지역적 다양성을 반영하는 것이다. 그런 회사법 규정의 차이의 토대는 결국 보다 넓은 경제적 여건을 들여다봄으로써 밝힐 수 있다. 그러나 다른 경우에는 그 차이가 분배에 대한 국내 정치의 다양한 사정이나 다양한 이해집단의 역학 관계에서 비롯될 수도 있다. 우리의 일원적인 설명이 그런 차이의 존재를 설명할 수는 없지만 그 지속성에 대해서 시사점을 제공하는 것은 분명하다. 그런 사정이 경제적 수요에 대처하는 회사법의 능력을 저해하는 한 조만간 경제적 동기에서 비롯된 개혁압력을 맞게 될 것이다.

---

7 일반적으로 말해 우리의 접근방식은 로버트 클락(Robert Clark)이 중요한 업적인 Corporate Law (1986)에서 택한 방식과 프랭크 이스터브룩(Frank Easterbrook)과 다니엘 피셸(Daniel Fischel)이 The Economic Structure of Corporate Law (1991)에서 미국법을 논하면서 택한 방식에 상응하는 것이다. 그러나 우리의 분석은 몇 가지 핵심적인 점에서 이들 및 다른 이들이 제시한 방식과 다르고 그것을 능가한다. 가장 분명하게도 우리는 다수 국가의 회사법을 대상으로 비교법적 분석을 제시함과 아울러 보다 구체적인 법제도와 해법에 초점을 맞추기보다는 회사법의 핵심을 이루는 대리 문제에 집중된 통합적인 기능적 해설을 제공한다.

8 뒤 1.6 참조.

위와 같이 서술하였지만 우리는 여기에서 회사법이 어느 쪽으로 수렴할 것인지에 대해서는 물론이고 그것이 수렴하는 또는 수렴해야 하는 범위에 대한 지속적인 논의에 관해서도 아무런 확고한 태도를 취하지 않는다.[9] 그것은 (사실 이 책의 저자들을 포함하는) 합리적인 학자들도 서로 합리적으로 의견을 달리할 수 있는 주제이다.[10] 오히려 우리는 그 문제와 회사법의 다른 중요 논점들을 실속 있게 탐구할 수 있는 도구인 개념틀과 사실적 기초를 제시하고자 한다.

1.2 회사란 무엇인가?

앞에서 언급한 바와 같이 회사(corporation)는 다음과 같은 다섯 가지 핵심적인 구조적 특성을 지닌다.

① 법인격

② 유한책임

③ 주식의 양도 가능성

④ 이사회구조하에서의 중앙집권적 경영

9 Jeffrey N. Gordon and Mark J. Roe, eds., Convergence and Persistence in Corporate Governance (2004); Andreas M. Fleckner and Klaus J. Hopt, eds., Comparative Corporate Governance: A Functional and International Analysis (2013) 참조.

10 이 장을 집필한 저자들의 견해는 다음 논문에 간단히 제시되어 있다. Henry Hansmann and Reinier Kraakman, *The End of History for Corporate Law*, 89 Georgetown Law Journal 439 (2001); Henry Hansmann and Reinier Kraakman, *Reflections on the End of History for Corporate Law*, in Abdul Rasheed and Toru Yoshikawa, eds., Convergence of Corporate Governance: Promise and Prospects (2012); John Armour, Simon Deakin, Priya Lele, and Mathias Siems, *How Do Legal Rules Evolve? Evidence from a Cross-Country Comparison of Shareholder, Creditor, and Worker Protection*, 57 American Journal of Comparative Law 579, 619–29 (2009); Mariana Pargendler, *Corporate Governance in Emerging Markets*, in Jeffrey N. Gordon and Wolf-Georg Ringe, eds., Oxford Handbook of Corporate Law and Governance (2018).

⑤ 자기자본 제공자에 의한 공동소유

사실상 모든 선진국은 이런 특성을 모두 갖춘 기업의 설립을 뒷받침하는 기본 법률을 갖고 있다. 이런 현실이 시사하는 바와 같이 이 특성들은 많은 기업에게 매우 보완적인 속성이다. 이 특성들 덕분에 회사는 생산활동을 조직화하는 데 특히 매력적인 기업형태가 되었다. 그러나 이 특성들은 동시에 갈등과 상충도 빚어내는바 이 갈등과 상충은 회사법이 대처해야 하는 대리 문제에 뚜렷한 회사적 성격을 부여한다.

1.2.1 법인격

경제학 문헌에서 기업은 흔히 '계약의 연결점'(nexus of contracts)[11]으로 표현된다. 이 표현은 널리 사용되고 있지만 모호하다. 그것은 흔히 회사 내의 중요한 관계 중 (특히 회사의 소유자, 경영자, 종업원 사이의 관계를 포함한) 대부분이 기본적으로 계약적 성격을 지님을 강조하기 위하여 원용된다. 이는 중요한 통찰이기는 하지만 회사를 다른 계약적 관계의 네트워크와 구별하지 못한다. 회사가 근본적으로 공급자, 종업원, 고객과의 무수한 계약에서 공통의 당사자가 되고 자신의 계약상 권리를 행사함으로써 이런 여러 사람의 행동을 조정한다는 점에서 보면 회사를 '계약을 **위한** 연결점(nexus *for* contracts)'이라고 표현하는 편이 아마도 더 정확할 것이다. 회사법의 첫 번째 그리고 가장 중요한 기여는, 다른 형태의 조직법과 마찬가지로 회사가 그 회사를 경영하거나 소유하는 다양한 개인과 구분되는 단일한 계약 당사자로 활동함으로써 회사가 그런 조정 역할을 수행

---

11 회사를 '계약의 연결점'으로 보는 관점은 Armen Alchian and Harold Demsetz, *Production, Information Costs, and Economic Organization*, 62 American Economic Review 777 (1972)을 발전시킨 다음 논문에서 유래한 것이다. Michael Jensen and William Meckling, *Theory of the Firm: Managerial Behavior, Agency Costs and Ownership Structure*, 3 Journal of Financial Economics 305 (1976).

할 수 있도록 하는 것이다. 그렇게 함으로써 회사법은 이 개인들이 공동사업에 함께 참여하는 능력을 높여 준다.

계약을 위한 연결점으로서의 회사에서 핵심요소는 대륙법에서 말하는 '재산의 분리(separate patrimony)'이다. 이는 회사 소유자[12](주주)들이 각자 또는 공동으로 소유하는 다른 재산과 구분되는 한 무리의 재산을 분리하고, 특정 경영자를 통해 활동하는 회사 자체를 그 법적 소유자로 간주함을 의미한다. 그 재산에 대한 회사의 소유권은 재산을 사용 · 처분할 권한을 포함하고—특히 중요한 것으로—재산을 회사의 채권자가 압류할 수 있음을 의미한다. 거꾸로 이 재산들은 주주가 아니라 회사에 속한다고 보기 때문에 주주의 채권자가 압류할 수는 없다. 이런 재산 분리의 핵심적인 기능은 그것이 회사재산을 회사 소유자인 주주의 채권자로부터 격리시킨다는 점을 강조하기 위하여 '조직 격리(entity shielding)'라고 부른다.[13]

조직 격리는 서로 구별되는 두 가지 법원칙으로 뒷받침되고 있다. 하나는 '우선원칙(priority rule)'이다. 이에 따르면 회사의 채권자는 회사채무에 대한 담보로서 회사재산에 대해서 회사 소유자의 채권자보다 우선하는 권리를 갖는다. 이 원칙은 조합을 비롯한 모든 현대적 기업조직의 법적 형태가 갖는 특징이다.[14] 우선원칙은 기업의 재산이 법적인 디폴트룰

---

12 우리는 소유자란 용어를 단순히 회사의 자산을 지배할 수 있는 권한을 가진 자를 가리키는 의미로 사용한다. 이것이 '소유'의 법개념과 어떻게 관련되는지에 대한 설명으로 John Armour and Michael J. Whincop, *The Proprietary Foundations of Corporate Law*, 27 Oxford Journal of Legal Studies 429, 436–48 (2007).

13 조직 격리라는 용어는 다음 논문에서 유래한 것이다. Henry Hansmann, Reinier Kraakman, and Richard Squire, *Law and the Rise of the Firm*, 119 Harvard Law Review 1333 (2006). 기업법에서 조직 격리의 중심적 지위를 논한 논문으로는 Henry Hansmann and Reinier Kraakman, *The Essential Role of Organizational Law*, 110 Yale Law Journal 387 (2000). 이 논문에서는 그것을 '적극적 자산 분리(affirmative asset partitioning)'라고 칭하였다.

14 보통법상의 미등기 조합조차도 이러한 우선원칙의 적용을 받는 데 반하여 다수의 대륙법 국가에서는 우선원칙이 적용되지 않는 유형의 미등기 조합을 인정하고 있다. 사실상 그런 조합은 계약 체결목적의 별도 조직이라기보다는 단순히 자산의 공동관리를 위한 특별한 형태이다.

(default rule)[15·*]에 따라 자동적으로 회사 명의로 체결된 계약상 채무의 강제집행 대상이 되는 효과를 낳는다.[16] 이처럼 이 원칙은 회사의 계약적 약속을 담보함으로써 그 신뢰도를 높인다.

조직 격리의 두 번째 요소는 '청산 방지(liquidation protection)' 원칙이다. 이에 의하면 회사의 개별 소유자인 주주는 자신의 몫에 해당하는 회사재산을 임의로 회수할 수 없을 뿐 아니라 주주의 채권자도 그 주주의 몫에 상당하는 회사재산에 대해서 강제집행할 수 없다.[17] 그런 회수나 강제집행은 회사의 일부 또는 전부의 청산을 초래할 수도 있다. 그러므로 청산방지원칙은 개별 주주나 그 채권자가 기업을 해체하는 것을 금지함으로써 회사의 계속기업가치를 보호하는 기능을 한다.[18] 이 원칙은 앞에서 설명한 우선원칙과 달리 조합과 같은 다른 기업조직 형태에서는 인정되지 않는다.[19] 회사 채권자우선원칙 및 청산방지원칙이라는 두 원칙이 모두 적용되는 주식회사와 같은 법적 조직은 — 통상 우선원칙은 적용되나 청산방지원칙은 적용되지 않는 조합의 경우와 같은 '약한 형태'의 조직 격리에 대비하여 — '강한 형태(strong form)'의 조직 격리를 채택한 것으로 간

---

15 디폴트룰에 관해서는 뒤 1.4.1 참조.

* 컴퓨터 설정의 경우와 같이 당사자가 다른 정함을 하지 않는 경우에 적용되는 규칙을 가리킨다.

16 그 효과는 회사의 소유자가 개인자산을 회사에 양도하고 회사로 하여금 계약 체결에 나서도록 하는 경우와 반대로 자신이 공동으로 계약을 체결하고 상대방에게 특정 개인재산에 대한 비소구담보(non-recourse security. 담보물이 채무상환에 부족한 경우 채무자의 일반재산에 대한 강제집행을 하지 않기로 하는 특약하에 제공하는 담보 — 옮긴이 주)를 제공하는 경우와 같다.

17 Hansmann and Kraakman, 앞의 논문(주 13), 411-3.

18 Edward B. Rock and Michael L. Wachter, *Waiting for the Omelet to Set: Match-Specific Assets and Minority Oppression in Close Corporations*, 24 Journal of Corporation Law 913, 918-20 (1999); Margaret M. Blair, *Locking in Capital: What Corporate Law Achieved for Business Organizers in the Nineteenth Century*, 51 Ucla Law Review 387, 441-9 (2003).

19 그러나 많은 국가에서 조합의 소유자 사이에 계약을 통하여 청산 방지의 효과를 거둘 수 있다.

주된다. 강한 조직 격리는 회사 소유자의 개인적인 재무 활동으로부터 회사가치를 절연시킴으로써 회사형태의 세 번째 특징인 회사주식의 유통성을 촉진한다.[20]

채권자우선원칙과 청산방지라는 두 원칙의 효용은 회사의 '자산'이 계약으로 구성된 경우에 서로 보강하는 작용을 한다.[21] 이제는 회사가치 창조의 점점 중요한 부분이 회사가 체결한 각종 계약의 상호작용에서 생겨나고 있다. 이 두 원칙 덕분에 계약 상대방은 계약과 그와 통상 상호보완성을 갖는 관련 자산의 결합으로부터 창출되는 가치에 비추어 볼 때 계약이행이 이루어질 것임을 신뢰할 수 있는 것이다. 이는 그런 계약의 협상을 용이하게 할 뿐 아니라 주주 측의 유동성을 촉진하기도 한다. 회사 소유자가 자신의 주식을 양도하는 것은 개인사업자가 자신의 계약을 양도하는 것보다 훨씬 용이하다.

회사가 계약 당사자 역할을 효과적으로 수행하려면 두 가지 유형의 규칙이 더 필요하다. 첫째, 회사 명의로 자산을 매매하고 회사 자산에 의하여 담보되는 계약을 체결할 권한을 가진 개인을 제3자에 대해서 명시하는 규칙이 필요하다.[22] 회사 참여자들은 그들 사이의 계약으로 상당히 자유롭게 권한 위임을 정할 수 있지만—그러한 계약상의 합의 외에도—대리인이 권한을 가진 것 같은 외관을 제3자가 신뢰하도록 만든 경우를

20 강한 조직 격리가 주식의 유통성에 필수적인 것처럼 보이지만〔Hansmann and Kraakman, 앞의 논문(주 13)〕, 유한책임은 그렇지 않다. 회사채무에 대한 주주책임이 연대책임이 아니라 분할책임인 경우라면 주주가 회사채무에 대해서 무한책임을 지더라도 주식의 유통성은 유지할 수 있다. Henry Hansmann and Reinier Kraakman, *Toward Unlimited Shareholder Liability for Corporate Torts*, 100 Yale Law Journal 1879 (1991); Charles R. Hickson and John D. Turner, *The Trading of Unlimited Liability Bank Shares in Nineteenth-Century Ireland: The Bagehot Hypothesis*, 63 Journal of Economic History 931 (2003) 참조.

21 Kenneth Ayotte and Henry Hansmann, *Legal Entities as Transferable Bundles of Contracts*, 111 Michigan Law Review 715 (2013).

22 Armour and Whincop, 앞의 논문(주 12), 441-2.

처리하기 위한 기본적인 규칙이 필요하다. 그런 규칙은 조직형태에 따라 다르다. 회사를 지배하는 권한에 관한 구체적인 규칙은 후에 별도의 핵심적 특성에 해당하는 '경영 위임'이라는 제목에서 검토하기로 한다. 그 규칙에 의하면 계약으로 회사를 구속할 권한은 개별 주주가 아니라 (이사회나 특정 임원과 같은) 일부 회사 경영자가 갖는다.[23]

둘째, 회사는 물론 그 상대방도 회사 명의로 체결된 계약을 근거로 제소할 수 있는 절차를 정하는 규칙도 필요하다. 회사는 절차적으로 제소의 편의를 돕는 규칙의 적용을 받는다. 특히 그 규칙은 회사의 개별 소유자들을 특정하거나 그들에게 통지할 필요를 제거한다. 이런 절차야말로 예컨대 19세기 후반에 이르기까지 영미의 조합에서 골치 아픈 문제였다.

이러한 세 가지 유형의 규칙(즉 조직 격리, 권한, 절차)에 의하여 각각 달성된 결과가 효과적이려면 전용의 법리(dedicated legal doctrine)가 필요하다. 그런 법리 없이 단순히 기업의 소유자와 그 거래처나 고객 사이의 계약만으로는 그런 결과를 이끌어 낼 수 없기 때문이다. 즉 여기에서 법은 사업 활동의 비용을 경감하는 데 기여한다. 조직 격리법리는 회사와 그의 다양한 현재 및 미래의 채권자 사이에서 회사와 특정 채권자 간의 계약이 회사의 다른 채권자들에게 제공되는 담보재산에 어떠한 영향을 줄지에 관해서 동일한 기대를 갖도록 하기 위하여 필요하다.[24] 권한 배분에 관한 규칙은 회사재산의 양도계약을 체결하기 **전에** 누가 그 권리를 양도할 권

---

23 능력 외 법리와 같은 관련 규칙은 경영자가 계약으로 회사를 구속할 수 있는 범위를 제한할 수도 있다.

24 사업상의 채권자의 우위를 계약에 의하여 확립하려면 기업의 소유자들은 장차 개별 소유자와 개별 채권자 사이에 체결하는 모든 계약에서 사업용 자산에 관한 후순위조항(subordination provisions)을 포함시키기로 사업상의 채권자와의 계약에서 합의해야만 할 것이다. 그런 조항은 작성하는 것이 번거롭고 감독비용이 클 뿐 아니라 다음과 같이 고도의 도덕적 해이를 초래할 수 있다. 그 약속은 그러한 합의의 당사자가 아닌 개인적 채권자에 대해서는 적용할 수 없기 때문에 개별 소유자가 자신의 개인적 채권자의 회사재산에 대한 청구를 후순위로 만드는 약속을 부담 없이 위반할 수 있다. Hansmann and Kraakman, 앞의 논문(주 13), 407-9 참조.

한을 갖는지에 관해서 동일한 기대를 갖도록 하기 위하여 필요하다.[25] 그리고 소송절차는 그 절차에 의하여 제3자로서 권한을 행사하게 되는 국가가 정할 필요가 있다. 구체적 법규칙에 대한 이런 필요는 이들 세 가지 규칙을 여기에서 논하는 회사형태의 다른 기본 요소와 구별되게 만든다. 그런 기본 요소는 거의 모두 법이 그것들을 구현하는 표준적인 기업조직에 대해 규정하지 않은 경우라도 이론상 계약에 의하여 생성해 낼 수 있다.[26]

법률 문헌상 사용되는 회사의 '별개의 법인격'이란 개념은 우리 표현에 따르면 전술한 세 가지 '기본적' 규칙유형의 장점을 모두 향유하는 조직형태를 묘사하기 위한 편리한 자기발견적 공식이다. 회사 자체가 법적 관점에서 법인격이 있다는 전제에서 출발하면 회사가 계약 체결과 재산 소유를 할 수 있고 대리인에 대한 권한위임을 할 수 있으며 자기 명의로 소송당사자가 될 수 있다고 추론하는 것이 간명하다. 설명의 편의를 위하여 우리는 '법인격'이라는 용어를 회사와 같이 위 세 가지 속성을 공유하는 조직형태를 가리키는 의미로 사용한다. 그러나 법률가가 이해하는 법인격은 본질적으로 이런 규칙의 일부(또는 심지어 전부)의 존재에 필수적 전제인 속성이 아니고[27] 이들을 편리하게 묶어 주는 패키지에 대한 간편한 표찰에 불과하다는 점을 분명히 할 필요가 있다. 법률 문헌에서는 법인격의 전제로부터 삼단논법적 연역을 통해서 여기에서 설명한 세 가지 기본

---

25 권한 문제를 순전히 회사 소유자 사이의 계약만으로 결정하는 것은 회사와 거래하고자 하는 당사자들이 특정 거래와 관련하여 그 권한이 실제로 부여되었는지 여부를 확인하는 비용을 높일 것이다. 그러므로 권한에 관한 규칙은 계약 당사자들의 확인(due diligence)비용과 권한 배분의 융통성에 대한 소유자들의 수요를 비교·교량해야 할 것이다. Armour and Whincop, 앞의 논문(주 12), 442-7 참조.

26 Hansmann and Kraakman, 앞의 논문(주 13), 407-9 참조. 예외는 회사의 불법행위 채권자에 대한 주주의 유한책임이다. 앞 1.2.2 참조.

27 그러므로 법률가들이 통상 법인격이 없다고 보는 보통법상의 조합도 영국법상 여기에서 설명한 세 가지 기본적인 특성을 모두 향유할 수 있다. §§ 31, 33, 39 Partnership Act 1890 (UK); Armour and Whincop, 앞의 논문(주 12), 460-1; *Burnes v. Pennell* (1849) 2 HL Cas 497, 521; 9 ER 1181, 1191; PD 7A, para. 5A Civil Procedure Rules (UK) 참조.

적 특징을 넘어 인종[28]이나 기본권 보호[29]와 같은 '인격'의 다른 특성의 존재까지 인정하는 것은 흔한 일이지만 반드시 그렇게 해야만 할 기능적 근거는 없다.

1.2.2 유한책임

회사라는 형태는 실질적으로 회사와 채권자 사이의 계약에 '채권자는 회사가 자기 명의로 보유하는 (또는 소유하는) 재산만을 책임재산으로 할 수 있고 주주가 자기 명의로 보유하는 재산에 대해서는 아무런 권리를 갖지 않는다'는 디폴트조건을 제공한다. 이런 '유한책임'원칙은 역사적으로 회사형태에 항상 수반된 것은 아니었지만,[30] 시간이 흐름에 따라 유한책임은 거의 보편적이 되었다. 이런 진전은 계약상의 도구와 자금 조달수단으로서 유한책임의 가치를 잘 보여 준다.

유한책임은 회사 소유자인 주주들을 채권자의 채권으로부터 보호해 준다. 중요한 것은 이로 인해 분산투자가 촉진된다는 점이다.[31] 무한책임의 경우 주주들이 부담하는 손실 위험은 사업이 수행되는 방식에 좌우되게 된다. 그러므로 일반적으로 주주들은 이런 위험을 통제하기 위해서 업무집행에 적극적으로 관여하기를 원할 것이다. 이와는 대조적으로 유한책

---

28 Richard R.W. *Brooks, Incorporating Race*, 106 Columbia Law Review 2023 (2006).

29 *Cnty. of Santa Clara v. S. Pac. R.R. Co.*, 118 United States Reports 394 (1886). 그리고 보다 최근의 판결로 Burwell v. Hobby Lobby, 134 Supreme Court Reporter 2751 (2014) 참조.

30 예컨대 유한책임은 19세기 중반까지는 영국의 주식회사법상 표준적 요소가 되지 못했고 미국 캘리포니아주에서는 1931년까지 회사채무에 대해 주주들이 개인적으로 무한책임을 졌다. Paul L. Davies, Gower and Davies' Principles of Modern Company Law, pp.40-6 (6th ed., 1997); Phillip Blumberg, *Limited Liability and Corporate Groups*, 11 Journal Of Corporate Law 573 (1986) 참조.

31 Henry Manne, *Our Two Corporation Systems: Law and Economics*, 53 Virginia Law Review 259, 262 (1967).

임의 경우에는 손실 위험에 상한이 부과되기 때문에 주주들이 자신 주식을 분산하여 보유하는 것이 가능하게 된다.[32] 유한책임은 보유주식의 전체 위험을 감소시킴으로써 주주들이 요구하는 위험프리미엄을 낮추기 때문에 회사의 자기자본비용도 낮아지게 된다.

유한책임이 제공하는 '소유자 격리'는 앞에서 법인격의 구성요소로 제시한 '조직 격리'의 반대편에 서 있는 것이다.[33] 조직 격리가 회사재산을 회사 소유자의 채권자로부터 보호하는 것인데 비하여 유한책임은 회사 소유자의 재산을 회사 채권자의 청구로부터 보호한다. 이런 유형의 재산 격리〔또는 '재산 분리'(asset partitioning)〕의 결과 사업 소유자의 개인재산은 소유자의 개인채권자를 위하여 유보하면서 사업용 재산은 사업상 채권자에게 담보로 제공하는 것이 가능하게 되는 것이다.[34] 회사 채권자는 통상 회사재산의 가치를 평가하고 감독하는 면에서 비교우위를 갖고 회사 소유자의 개인 채권자는 그 소유자의 개인재산을 평가하고 감독하는 것에 비교우위를 가질 가능성이 크기 때문에 그러한 재산 격리는 회사와 그 소유자의 전체 자본비용을 감소시키는 효과를 거둘 수 있다. 그것은 또한 회사가 독자적인 자회사를 설립함으로써 다른 사업부문을 분리할 수 있게 — 그리고 그에 따라 채권자가 감시활동을 제한할 수 있게 — 해준다.[35]

---

32 '무한책임'의 경우 사업 소유자들은 연대책임을 지는 것이 보통이다. 본문에서 언급한 인센티브의 면에서 사전 합의된 한도가 없지만 보유주식 수에 따른 분할책임이라는 유형은 무한책임과 완전한 유한책임의 중간에 존재하는 것이다. 분할책임을 지는 주주들은 소량의 주식만을 보유하거나 — 이 경우 분산소유가 촉진된다 — 사업수행방식에 통제권을 행사함으로써 자신의 손실부담 위험을 경감할 수 있다〔Hansmann and Kraakman, 앞의 논문(주 13)〕.

33 Hansmann, Kraakman, and Squire, 앞의 논문(주 13). 유한책임원칙에 의하여 확립된 소유자 격리는 제정법의 명령이 없더라도 계약에 의하여 달성될 수 있다는 의미에서 조직 격리보다는 덜 기본적이다.

34 여기에서 말하는 '채권자'는 널리 종업원, 공급자, 고객을 포함하여 회사에 대해서 계약상의 권리를 가진 모든 이를 가리킨다.

35 물론 집단구조를 통한 재산 격리는 자산의 소재에 관한 투명성을 약화시키는 방편으로 이용될 수도 있다. 회사법상 채권자 보호규정의 중요한 부분의 밑바닥에는 이런 고려가

우리가 유한책임이라고 말할 때에는 **계약에서의** 유한책임, 즉 회사에 대해서 계약상의 청구권을 가진 채권자에 대한 유한책임을 가리킨다는 점을 강조해야 할 것이다. 계약에서의 유한책임을 인정해야만 하는 논거는 기업의 과실로 인하여 손해를 입은 제3자와 같이 회사에 대한 신용제공의 조건을 조정할 수 없는 자에 대한 책임에 대해서는 타당하지 않다. 그러한 자에 대한 유한책임은 제5장에서 더 상세히 논하는 바와 같이 회사형태의 필수적 요소가 아닐 뿐 아니라 아마도 사회적으로 바람직하지도 않을 것이다.

1.2.3 주식의 양도 가능성

주식의 완전한 양도 가능성은 회사를 조합을 비롯한 다양한 법적 조직과 가르는 회사의 또 하나의 기본특성이다. 양도 가능성은 회사가 소유자의 변경에도 불구하고 계속 업무를 수행할 수 있도록 함으로써 예컨대 조합, 협동조합, 상호회사 등에서 흔히 발생하는 구성원 탈퇴로 인한 복잡한 문제를 피할 수 있다.[36] 이는 다시 주주권리의 유동성을 제고하고 주주가 분산된 투자포트폴리오를 구성하고 유지하는 것을 돕는다.

주식의 양도 가능성은 회사의 법인격이 그의 계약 상대방에게 담보하는 청산보호의 뒷면이라고 할 수 있다. 회사를 구성하는 '계약의 패키지'가 함께 유지될 것임을 상대방이 신뢰할 수 있다는 바로 그 이유로 소유자의 계속 참여를 요구하는 규칙이 필요하지 않은 것이다. 법인격이 존재하지 않는 경우—즉 소유자가 단독사업자로서 계약을 체결하는 경우—상대방은 계약의 양도로 인해서 계약 이행의 가치가 감소될 것을 우려하여 그것을 제한하고자 할 것이다. 바로 그런 이유 때문에 모든 국가는 대부

깔려 있다. 뒤 5.2.1.2 참조.

36 Henry Hansmann, The Ownership of Enterprise, pp.152–5 (1996) 참조.

분 계약에 대해 상대방의 사전 동의 없는 양도를 금지하는 디폴트규칙을 두고 있는 것이다. 그러나 동시에 이 동의요건들은 소유자가 사업을 처분하고 자신의 투자를 회수하는 것을 더 어렵게 만든다. 법인격은 회사의 주식을 양도함으로써 회사의 계약을 전부—그러나 전부에 조금이라도 미달하는 것은 허용되지 않는다—동시에 양도하는 길을 열어 줌으로써 이 문제를 해결하고 있다. 바꾸어 말하면 법인격은 계약 상대방의 동의 없는 개별 계약의 양도를 금하는 일반 디폴트규칙을 유지하면서도 회사의 계약 전부를 총체적으로 자유롭게 양도하는 것〔집단적 양도 가능성(bundle assignability)〕을 허용한다.[37]

완전히 양도 가능한 주식이 반드시 **시장거래가 자유로운** 주식을 의미하는 것은 아니다. 주식이 양도 가능하다고 해도 공개시장에서 제한 없이 거래할 수 있는 것이 아닐 수 있고, 제한된 개인집단 내에서나 또는 기존 주주나 회사의 동의를 받아야만 양도가 가능한 것일 수도 있다. 자유로운 양도 가능성은 보유주식의 유동성과 주주의 분산투자능력을 극대화한다. 또한 그것은 회사의 자금 조달 시 최대의 융통성을 제공한다. 그런 이유로 모든 국가는 적어도 한 종류의 회사에 대해서는 자유로운 양도 가능성을 규정한다. 그러나 자유로운 양도 가능성은 공동지배와 경영 참여를 위한 동업체제의 유지를 어렵게 만들 수도 있다. 그 결과 모든 국가는 양도 가능성을 제한하는 메커니즘도 아울러 제공하고 있다. 일부 국가는 일반 회사법에 양도 가능성에 대한 제한을 단순히 옵션으로 제공하는 반면, 때로는 별개의 법률로 양도 가능성을 제한하는 경우도 있다.

용어상 우리는 거래가 자유로운 주식을 발행한 회사를 '공적(open or public)' 회사라고 부르고 주식의 거래가 제한된 회사는 그에 상응하여 폐쇄적(closed) 또는 사적(private) 회사로 부를 것이다. 이런 일반적 분류 외

---

37 Ayotte and Hansmann, 앞의 논문(주 21). 물론 개별 계약 당사자들은 회사의 지배권 변경 시 상대방의 동의를 요함으로써 그런 집단적 양도 가능성의 일반 원칙으로부터 벗어날 수 있고 실제로 그런 경우가 종종 있다.

에 두 가지 다른 구별도 중요하다. 첫째, 공개회사 주식은 증권거래소에 상장될 수 있다. 그 경우 그 회사를 '비상장'회사에 대비하여 '상장 또는 공개(listed or publicly traded)'회사라고 부를 것이다. 둘째, 회사주식을 보유하는 소수의 주주 사이의 관계가 회사 경영에 중요한 경우가 있다. 우리는 그러한 회사를 '개방적 보유(widely held)'와 반대로 '폐쇄적 보유(closely held)'라고 부른다. 이들 구분을 아울러 마치 회사들이 모두 '공적' 회사나 '폐쇄적(closed)' 회사의 둘 중 하나로 분류할 수 있는 것처럼 막연하게 말하는 경우가 흔하다〔그리고 널리 사용되는 '폐쇄회사(close corporation)'라는 용어자체가 때로는 폐쇄적 회사(closed corporation)를 의미하고 때로는 '폐쇄적 보유회사(closely-held corporation)'를 의미하며 때로는 양자를 모두 의미함으로써 그러한 모호성을 낳고 있다〕. 그러나 자유로이 거래 가능한 주식을 발행한 회사가 모두 실제로 주식 소유가 분산되거나 거래소에 상장된 것은 아니다. 거꾸로 일부 국가에서는 주식이 자유로이 거래 가능하지 않음에도 불구하고 주주가 수백, 수천 명에 달하여 일부나 전부가 같은 집안 출신인 몇몇 주주로 구성된 전형적인 폐쇄회사와 공통점이 거의 없는 회사를 흔히 찾아볼 수 있다.

이미 시사한 바와 같이 주식의 거래 가능성은 강한 형태의 법인격의 특성인 청산 보호와 유한책임의 두 가지와 모두 밀접한 관련이 있다. 이들 규칙 중 하나라도 결여되면 주주 변경에 따라 회사 전체의 신용이 아마도 근본적으로 변화할 것이다. 그 결과 매수에 관심 있는 자가 주식가치를 판단하기 어려울 것이다.[38] 매수인의 부에 상관없이 주가가 단일하게 정해지는 경우 주가를 통해서 회사의 장래 기대성과에 대한 총체적인 정보가 증권시장에 전달될 수 있다.[39] 게다가 주식의 매도인은 상대방으

38 Paul Halpern, Michael Trebilcock, and Stuart Turnbull, *An Economic Analysis of Limited Liability in Corporation Law*, 30 University Of Toronto Law Journal 117, 136-8 (1980).

39 Halpern, 앞의 논문(주 38) : 뒤 9.1.1 참조.

로 선택한 자의 재산상태에 따라 동료주주에게 부정적 또는 긍정적 외부효과를 미칠 수도 있다. 그러므로 강한 형태의 법인격, 유한책임, 주식의 양도 가능성은 같이 움직이는 경향이 있고 어느 곳에서나 모두 회사형태의 표준적인 특성이 된다. 이는 이런 특성을 모두 결여하는 전통적인 조합과 대조를 이룬다.

1.2.4 이사회구조하의 경영 위임

기업조직의 표준적인 법적 형태는 (앞에서 논한) 회사에 구속력 있는 계약의 체결권, 회사에 부여된 계약상 권한을 행사할 권한, 회사 소유 재산의 용도를 결정할 권한을 비롯한 지배권(control rights)의 배분 면에서 차이를 보인다.[40] 예컨대 조합형태에 적용되는 디폴트룰에 의하면 통상적인 업무 집행은 조합원의 다수결로 정하지만 보다 근본적인 결정은 전원일치를 요한다. 권한 배분의 이러한 두 원칙은 소유자가 다수이고 항상 변경되는 회사에서는—정보비용과 조정비용 때문에[41]—작동할 수 없다. 따라서 회사법은 회사업무 집행의 주된 권한을 정기적으로, 전적으로 또는 주로 회사 주주에 의해 선임되는 이사회나 유사한 기관에 부여하는 것이 보통이다. 보다 구체적으로 말하면 회사의 특징은 일반적으로 매우 근

40 우리가 이미 살펴본 바와 같이 회사가 계약을 위한 연결점으로 작용하는 중요한 전제조건은 회사와 그 재산에 대해서 구속력 있는 계약을 체결할 권한을 가진 개인을 제3자를 위해서 지정하는 규칙이다(주 22와 23의 본문 참조). 실제로 그런 외부권한의 범위와 재산을 지배하는 권한의 내부적 배분은 실무상 흔히 중복되므로 후자와 달리 전자는 순전히 회사의 참여자 사이의 합의에 근거할 수는 없고 어느 정도는 법규칙으로 정해야만 한다. 문제는 제3자에 대한 통지의 문제이므로 폐쇄회사에 관한 법은 흔히 이 문제를 회사정관에서 자유롭게 정하도록 허용하는 데 반하여 일반 주주와 채권자들이 정관을 읽을 필요 없이 권한 배분을 하는 것이 유리한 공개회사에 대해서는 법은 권한배분을 정하는 데 보다 경직적이다.

41 Clark, 앞의 책(주 7), pp.23-4 및 pp.801-16; Sofie Cools, *The Dividing Line between Shareholder Democracy and Board Autonomy*, 11 European Company and Financial Law Review 258, 272-3 (2014) 참조.

본적인 결정 외에는 모든 결정을 다음 네 가지 기본특성을 갖는 이사회에 위임하는 지배구조를 취한다는 점이다.

첫째, 이사회는 적어도 형식상으로는 회사의 집행을 맡는 경영자와 구분된다.[42] 회사 이사와 임원 사이의 법적 구별로 인하여 주주 승인을 요하지 않는 모든 회사 결정은 이사회 승인을 요하는 사항과 회사의 집행임원이 전결할 수 있는 사항으로 공식적으로 구분된다. 이사회와 집행임원 사이의 이런 공식적 구별로 인하여 경영결정의 발의와 실행이라는 집행임원에 속하는 기능과 결정의 감독과 승인, 그리고 임원 선임이라는 이사회에 속하는 기능의 분리가 촉진된다. 이런 분리는 집행임원에 의한 의사결정의 질을 담보한다는 점에서 유익하다.[43]

둘째, 회사 이사회는 (적어도 상당 부분은) 회사 주주에 의하여 선임된다. 이런 접근방식의 명백한 효용은 회사 결정의 비용과 편익을 부담하고 다른 회사 이해관계자의 이익과는 달리 계약에 의하여 강력하게 보호되지도 않는 회사의 소유자 이익을 이사회가 계속 존중하도록 담보하는 것을 돕는다는 점이다. 이런 이사회 선임 요건으로 인하여 회사형태는 이사회 구조를 허용하거나 강제하지만 기업의 (실질적인) 소유자에 의한 선임을 요하지 않는 비영리회사나 상사신탁(business trust)과 같은 다른 법적 형태와 구별된다.

셋째, 이사회는 대부분 또는 모두 회사 주주에 의하여 선임되지만 주주와는 공식적으로 구별된다. 이런 분리로 인하여 가장 근본적인 회사 결정을 제외한 대부분의 사항에 대해서 회사의 궁극적 소유자에게 통지하고 동의

---

42 이런 성격의 구분은 이사회가 단층인지 복층인지에 따라 차이가 있다. 복층이사회에서는 고위경영자는 이층의 경영이사회를 구성하지만 일층의 감독이사회에는 참여하지 않는 것이 일반적이다. 후자는 적어도 명목상으로는 회사의 집행임원(즉 회사의 고위경영임원)으로부터 독립되어 있다(다만 근로자들은 공동결정제가 적용되는 감독이사회에 참여할 수 있다). 뒤 3.1 참조.

43 Eugene Fama and Michael Jensen, *Agency Problems and Residual Claims*, 26 Journal of Law And Economics 327 (1983) 참조.

를 구할 필요가 없어지고 그에 따라 의사결정비용이 감소된다. 그런 분리로 인하여 이사회는 또한 우리가 제4장에서 살펴보는 바와 같이 소수주주와 다른 회사 이해관계자를 보호할 수 있는 메커니즘으로 작용할 수 있다.

넷째, 이사회는 복수의 이사로 구성되는 것이 보통이다. 이런 구조는 예컨대 사적 신탁에서 많이 보는 것처럼 수탁자 한 명에게 권한이 집중된 구조와는 반대로 상호 감시를 촉진하고 엉뚱한 의사결정을 억제한다. 그러나 예외도 존재한다. 다수의 회사법규는 사업가가 집단적 이사회 대신 한 명의 업무집행이사나 한 명의 이사회를 두는 것을 허용한다.[44] 그 명백한 이유는 아주 작은 회사에서는 대부분 회사의 최고경영자를 겸하는 한 명의 이사가 주주를 대표하고 책임의 주체가 되는 이사회의 법적 기능을 효과적으로 수행할 수 있기 때문이다.

1.2.5 투자자에 의한 소유

우리가 여기에서 '소유'라는 용어를 사용하는 바에 따르면 기업의 소유는 다음 두 가지 핵심요소를 갖는다. 즉 기업을 지배하는 권리와 기업의 순이익을 배당받는 권리가 그것이다. 회사법은 주로 투자자에 의하여 소유되는 기업, 즉 소유의 이런 두 가지 요소가 기업에 대한 자기자본투자와 연계된 기업의 설립을 촉진하기 위하여 설계된 것이다. 보다 구체적으로 말하면 투자자 소유 기업에서 지배에 참여하는 권리(일반적으로 이사선임과 주요 거래의 승인에 대한 의결권 행사 포함)와 기업의 잔여소득이나 이익을 수령할 권리는 통상 기업에 대한 투자액에 비례한다. 일반적으로 회

44 이는 프랑스의 SARL (société à responsabilité limitée: 유한책임회사) (Art. L. 223-18 Code de Commerce), SAS (société par actions simplifié: 단순주식회사) (Art. L. 227-6 Code de Commerce), 독일의 GmbH (Gesellschaft mit beschränkter Haftung: 유한책임회사) (§ 6 GmbH-Gesetz)와 같이 주로 비공개법인을 염두에 둔 법규는 물론이고 영국〔§ 154(1) Companies Act 2006〕, 이탈리아(Article 2380-2 Civil Code), 미국 델라웨어주〔§ 141(b) Delaware General Corporation Law〕의 일반회사법의 경우에도 타당하다.

사법규는 이러한 지배와 이익의 배분을 디폴트룰로서 규정한다.[45]

현대 경제에서는 다른 형태의 소유도 중요한 역할을 수행하고 있고 그런 다른 유형의 기업 설립을 촉진하기 위하여 특별히 마련된 (다른 형태의 회사법을 포함한) 다른 조직법규도 존재한다.[46] 예컨대 방금 설명한 회사형태의 네 가지 특성 중 주식의 양도 가능성을 제외한 특성을 구비하고 종종 주식의 양도 가능성도 옵션으로 허용하는 협동조합법규는 의결권과 이익배당을 이용행위에 비례하여 배분한다. 여기에서 이용행위란 (생산자협동조합의 경우) 조합에 공급하는 물량이나 (소비자협동조합의 경우) 조합에서 구매하는 기업제품의 규모를 의미한다.

투자자 소유의 촉진은 19세기 후반에 이르러서야 비로소 회사형태의 특징이 되었다. 그때까지는 세계적으로 투자자 소유 기업과 소비자 소유 기업은 모두 동일한 회사형태로 조직되기 마련이었다.[47] 그후 투자자 소유로 쏠리게 된 것은 투자자 소유 기업이 현대 경제에서 수행하는 지배적인 역할로 인한 것이었고 또한 그런 기업의 특별한 수요에 특화되고 그 기업과 거래하는 모든 이해관계자에게 그 기업의 특별한 성격을 분명하게 제시하는 기업형태를 취하는 데에서 얻는 장점에 따른 것이다. 나아가 대기업 중에서 투자자 소유 기업이 압도적인 것은 그런 형태가 갖는 몇 가지 뚜렷한 효율상의 장점에서 비롯된 것이다. 하나는 기업에 대한 다양한 참가자 중 계약적 수단만으로는 종종 보호하기 가장 어려운 것이 투자자라는 점이다.[48] 다른 하나는 자본을 투자한 자들은 상대적으로 동질적인 이해관계를 갖고 있기 때문에 (또는 그가 가진 주식의 설계에 따라 그렇게 유도될 수

45 (프랑스 상장회사의 장기보유주주에게 두 배의 의결권을 부여하는 것 같은) 다른 디폴트를 규정한 최근의 입법례에 대해서는 뒤 4.1.1 참조.

46 현대 경제에서 발견되는 다양한 소유형태와 그 각각의 경제적 역할, 그러한 형태와 그것을 규율하는 다양한 종류의 조직법의 관계에 대해서는 Hansmann, 앞의 논문(주 36) 참조.

47 Henry Hansmann and Mariana Pargendler, *The Evolution of Shareholder Voting Rights: Separation of Ownership and Consumption*, 123 Yale Law Journal 948 (2014).

48 예컨대 Oliver Williamson, *Corporate Governance*, 93 Yale Law Journal 1197 (1984) 참조.

있기 때문에) 회사의 지배에 참여하는 자들 사이에서 값비싼 이익충돌의 가능성을—완전히 제거할 수는 없더라도—줄일 수 있다는 점이다.[49]

회사법이 조합법과 다른 또 한 가지는 투자자 소유로의 특화이다. 조합형태는 소유권과 자본 출연의 연계를 전제하지 않는 것이 보통이다. 실제로는 그런 형태로 이용되는 경우가 흔하지만 (변호사를 비롯한 전문직업인의 조합이나 단순히 한 조합원은 노무를 제공하고 다른 조합원은 자본을 출연하는 전형적인 2명 조합에서와 같이) 노동이나 다른 생산요소를 투입하는 자에게 전적으로 또는 부분적으로 기업의 소유권을 배정하기 위하여 이용되는 경우도 많다. 그 결과 회사는 소유권의 배정 면에서 조합보다 융통성이 덜하다. 물론 충분한 특별약정과 그 형태의 조작을 통해서 회사의 소유지분을 노무나 다른 생산요소의 출연자에게 또는 기업의 서비스를 소비하는 양에 비례하여 배정할 수도 있다. 나아가 회사형태가 진화함에 따라(예컨대 주식 소유나 양도의 제한을 통해서) 기본 회사형태의 디폴트룰에서 더 벗어날 수 있도록 하거나 별도의 보다 유연한 형태의 폐쇄적 회사를 개발함으로써 소유권을 배정하는 데 보다 융통성을 갖게 되었다. 그럼에도 불구하고 회사법의 디폴트룰은 계속 대체로 투자자 소유에 적합하게 설계되어 있고 이런 패턴에서 벗어나는 것은 거북할 수도 있다. 첨단 벤처기업의 창업자와 투자자 사이에 이익, 재산, 지배에 관한 권리를 배분하는 복잡한 타협은 하나의 좋은 예이다.[50]

투자자 소유 회사 사이에서도 다시 특화가 진행되었다. 그 예로는 투자자 소유를 유지하면서도 특정한 사회적 목적을 추구하기로 결정한 혼합적 기업의 수요를 충족하기 위하여 설계된 특별한 형태의 '공익(public

---

49 Hansmann, 앞의 책(주 36) 참조. 분산투자와 집중투자를 하는 투자자의 상이한 위험 선호의 결과에 대한 논의로는 John Armour and Jeffrey N. Gordon, *Systemic Harms and Shareholder Value*, 6 Journal of Legal Analysis 35, 50-6 (2014) 참조.

50 Stephen N. Kaplan and Strömberg, *Financial Contracting Theory Meets the Real World: An Empirical Analysis of Venture Capital Contracts*, 70 Review Of Economic Studies 281 (2003).

benefit)' 또는 '공동체이익(community interest)' 회사의 출현을 들 수 있다.[51] 국유기업들이 회사형태를 택함으로써 정부가 민간투자자들과 공동 소유하는 것은 또 다른 예이다. 국가는 전형적인 재무적 투자자와는 같지 않은 것이 보통이므로 국가 소유의 경우 주주 구성의 이질성은 전형적인 투자자 소유 기업의 경우보다 심해서 독특한 이익충돌이 발생할 여지가 크다.[52] 때로는 회사법의 핵심 자체가—예컨대 채권자나 종업원과 같은—자본 투자자가 아닌 자가 지배나 이익 배분, 또는 그 양자에 대해서 참여하는 것을 허용하기 위하여 투자자 소유라는 전제에서 벗어나기도 한다. 근로자 공동결정은 하나의 두드러진 예이다. 원래 투자자 소유에 속하는 기업에 대해서 그런 비투자자의 참여를 규정하는 것의 당부와 그 방식은 회사법의 중심 논의에 속한다. 이 문제에 대해서 제4장에서 더 논의하기로 한다.

대부분의 국가는—미국의 비영리법인, 대륙법상의 재단, 영국의 보증유한책임회사(company limited by guarantee)*와 같은—비영리기업의 설립을 위한 법적 형태도 한두 가지 두고 있다. 이들은 동일인이 지배권과 잔여이익청구권을 동시에 모두 가질 수 없는 (즉 소유자가 없는) 기업이다. 협동조합 같은 비영리조직은 때때로 '회사'라는 명칭으로 불리고 세계 각지에서 성공적인 기업의 다수가 비영리조직의 형태를 취하고 있지만[53] 이들은 이 책에서 우리의 관심대상이 아니다. 그리하여 이 책에서 우리가

---

51 예컨대 Jesse Finfrock and Eric L. Talley, *Social Entrepreneurship and Uncorporations*, 2014 Illinois Law Review 1867; *Regulator of Community Interest Companies (UK)*, Annual Report 2013 / 2014 (2014) 참조.

52 예컨대 Mariana Pargendler, Aldo Musacchio, and Sérgio G. Lazzarini, *In Strange Company: The Puzzle of Private Investment in State-Controlled Firms*, 46 Cornell International Law Journal 569 (2013) 참조.

* 자본금 없이 설립되는 회사로 사원의 책임이 회사 청산 시 사원이 출연하기로 약정한 금액을 한도로 하는 회사.

53 이른바 '산업재단(industrial foundations)'에 대하여 Steen Thomsen and Henry Hansmann, *Managerial Distance and Virtual Ownership: The Governance of Industrial Foundations*, Working Paper (2013), ssrn.com 참조.

사용하는 '회사(corporation)'라는 용어는 사업회사(business corporation)만을 가리키고 조합적 법인, 비영리법인, 지자체법인, 또는 다른 유형의 법인조직을 가리키지는 않는다. 의미가 모호할 우려가 있는 경우에는 우리의 주된 관심대상인 투자자 소유 회사를 특별히 지칭하기 위하여 '사업회사'라는 용어를 명시적으로 사용하기로 한다.

1.3 회사법의 법원(法源)

시장경제가 잘 발달된 모든 나라에서는 앞에서 언급한 다섯 가지 특성을 갖춘 기본적 회사형태를 뒷받침하고 특히 공개회사 설립을 허용하도록 설계된 핵심적 법률이 적어도 하나 이상 존재한다. 그럼에도 불구하고 여기에서 우리가 말하는 회사법은—기능적인 면에서—대체로 이런 핵심적 법률의 테두리를 훌쩍 넘는 의미로 사용한다.

1.3.1 특별하고 부분적인 회사형태

첫째, 주요 국가들은 통상 폐쇄적 회사나 유한책임회사의 설립에 적합한 특별한 법적 회사형태를 적어도 하나 이상 갖고 있다. 이런 회사형태 즉 브라질의 Ltda, 프랑스의 SARL, 독일의 GmbH, 이탈리아의 Srl(società a responsabilità limitata: 유한책임회사), 일본의 합동회사, 미국의 유한책임회사, 영국의 사회사(私會社 · private company) 같은 회사형태는 전형적으로 회사형태의 전형적인 특징을 거의 모두 보여 준다.[54] 이들은 주로 주식이 적어도 원칙적으로는 대체로 양도 가능하지만 공개시장에서 자

54 영국의 사회사의 경우에는 표준적인 형태가 별도의 법률이 아니라 공개회사와 사회사에 달리 적용되는 일련의 규정들을 담고 있는 하나의 법률에 의하여 규율된다.

유롭게 거래되지 않는 것이 전제된다는 — 때로는 요구된다는 — 점에서 공개회사와 차이가 있다. 한편 주식의 유통성에 대한 이런 제한은 주주를 고정시킴으로써 유동성을 억제하게 된다. 이 회사형태들은 때때로 주주에 의한 직접 경영이 가능하도록 이사회를 폐지하는 것을 허용함으로써 다섯 가지 기본특성 중 하나인 경영의 위임을 배제하는 것을 허용하기도 한다.[55] 이 회사형태들을 창설하는 법률은 또한 지배권, 이익배당청구권, 고용청구권 등을 핵심적인 공개회사법 규정의 허용범위를 넘어서 특별히 배분하는 것을 통상 허용하고 때로는 촉진하기도 한다.

둘째, 일부 국가에서는 이런 특별한 폐쇄적 회사형태 외에도 앞에서 언급한 다섯 가지 기본특성을 모두 갖춘(일부 특성은 계약으로 추가해야 하지만) 회사의 설립에 이용될 수도 있는 유사회사(quasi-corporate)형태를 두고 있다. 그 하나의 예는 미국, 일본과 일부 유럽국가의 법에서 최근 추가 도입한 유한책임조합(limited liability partnership)이다. 이 형태는 단순히 전통적인 일반조합에 유한책임을 접목시킨 것이다. 미국과 영국의 법은 이제 (조합원이나 그 채권자가 청산을 강제하는 권한을 제한함으로써) 유한책임조합이 강한 형태의 조직 격리에 가까운 특성을 갖는 것을 허용하고 있다.[56] 그리하여 조합계약에 적절한 지배 관련 규정을 포함시킴으로써 폐쇄적 회사를 유한책임조합형태로 설립하는 것이 사실상 가능하다.

다른 예로는 미국 제정법상의 상사신탁을 들 수 있다. 제정법상의 상사신탁은 강형(强型) 법인격과 유한책임을 수반하지만 내부조직의 요소는 모두 조직을 규율하는 규범인 정관에 맡겨져 있고 그런 사항 대부분에 대해서는 디폴트룰조차 규정하고 있지 않다.[57] 적절한 정관규정을 둠으로써 제정법상의 상사신탁을 신탁 수익자가 주주 같은 역할을 하는 공개회사

---

55 앞의 주 44.

56 Hansmann, Kraakman, and Squire, 앞의 논문(주 13), 1391-4 참조.

57 상사신탁은 신탁의 수익자들이 지배에 관여한 경우에도 유한책임을 명시하고 있다는 점에서 그것의 모태인 보통법상의 사적신탁과 구별된다.

에 상응한 존재로 만들 수 있다.

이 책에서 제공하는 분석은 기본 회사특성을 모두 또는 대부분 보여주는 한 이 특별한 회사형태들과 유사 회사형태에 모두 타당하다. 우리는 특정한 특성들을 강조하기 위해서 이들 회사형태 중 일부를 간혹 언급하겠지만 제3~9장의 주요 국가 회사법에 대한 설명에서 초점은 주로 공개회사에 맞추기로 한다.

1.3.2 다른 분야의 법률

적어도 일부 국가에는 핵심적 회사법규 및 앞에서 서술한 특별한 법규 내지 유사회사법규와는 구별되면서도 회사형태의 다섯 가지 핵심특성이 작동하거나 우리가 제2장에서 설명하는 회사의 대리 문제에 대처하는 데 요긴한 법분야가 제정법이나 판례법상으로 존재한다. 따라서 우리는 그런 법 분야를 기능적인 면에서 회사법의 일부로 파악한다.

먼저 **콘체른법**이라고 불리는 독일의 기업집단법은 지배주주가 있는 회사의 채권자와 소수주주 보호를 위하여 공동보유를 통해 밀접하게 관련된 회사들에서 유한책임을 수정하고 이사회의 재량을 제한한다. **콘체른법**은—제5장과 제6장에서 보다 상세히 언급하겠지만—회사법과는 형식상 구별되는 제정법과 판례법으로 이루어져 있지만 독일 주식법의 일부인 것은 분명하다. 마찬가지로—두드러진 예로 독일 공동결정법과 같이—회사이사회에 종업원 대표의 참여를 요하는 여러 국가의 제정법은 대규모 회사의 이사회에 대한 종업원 참여의 구조를 자세히 규정하기 때문에 때로는 주된 회사법규와 별도로 존재하는 경우에도 회사법의 일부로 본다.

두드러진 예인 미국을 비롯한 다수 국가에서 증권법은 공시를 강제하고[58] 때때로 증권의 매매, M&A, 이사 선임을 규율함으로써 기업지배구

58 이 측면을 강력하게 주장한 견해로 Robert B. Thompson and Hillary A. Sale, *Securities*

조에 강한 영향을 미친다. 증권거래소 규정은 상장회사 내부관계의 여러 측면을 규율함으로써 영국의 기업인수 자율규범(City Code on Takeovers and Mergers)을 비롯한 다른 형태의 자율규제와 마찬가지로 또 하나의 회사법 법원(法源)으로서 작용한다.[59] 이런 보충적 법원은 당연히 회사법의 총체적 구조에 속하므로 이들 모두는 우리의 관심사항이다.

당해 조직이 택한 형태와 대체로 무관한 목표를 위하여 마련된 법률이 회사를 제약하는 경우도 많다. 일반적으로 우리는 이런 법률을 검토하지 않겠지만 그것이 회사의 구조와 행동에 중요한 영향을 미치는 경우에는 다루기로 한다. 그 한 가지 예는 파산법(또는 일부 국가의 용례에 의하면 '도산법')이다. 파산은 한 그룹의 투자자로부터 다른 그룹의 투자자에게로 — 주주로부터 채권자에게로 — 회사의 소유권을 이동시킨다. 채권자에게 채무불이행 회사에 대한 궁극적 제재수단을 제공함으로써 회사와 채권자 사이의 관계에 그림자를 드리우고 채권자에게 회사법상의 일반적인 보호를 제공할 필요에 영향을 준다. 그러므로 우리는 제5장에서 파산법의 역할을 살펴본다. 세법도 다양한 면에서 회사의 내부지배에 직접 영향을 준다. 예컨대 100만 달러를 초과하는 경영자 보수는 제3장에서 논하는 인센티브 보수의 형태를 취하지 않는 한 세법상 법인세 과세소득에서 공제할 수 없다.[60] 그리고 이사회에 대한 종업원 참여를 규정하는 것을 넘어

Fraud as Corporate Governance: Reflections upon Federalism, 56 Vanderbilt Law Review 859 (2003).

59 우리는 부분적으로 그러한 자율규제가 좁은 의미의 법에 의하여 직접 또는 간접으로 뒷받침되는 경우가 보통이라는 이유로 법원으로 부른다. 예컨대 미국 증권거래소의 자율규제권한은 연방 증권거래소법과 그 법에 따라 증권거래위원회(Securities and Exchange Commission, SEC)가 공포한 행정규칙에 의하여 강화되고 제한된다. 유사하게도 영국의 기업인수 Panel은 2006년까지는 그 결정이 준수되지 않으면 공식적인 규제가 수반될 것이라는 인식에 의하여 뒷받침되었다. 그 시점부터는 회사법 제28장(Part 28 Comapnies Act 2006)에 의하여 정식으로 제정법적 근거를 지니고 있기 때문에 엄격히 말하면 더 이상 '자율규제'라고 할 수 없다.

60 § 162(m) Internal Revenue Code (U.S.).

서—제4장에서 강조하는 바와 같이—일부 국가의 노동법은 특정 유형의 조치를 취하기 전에 노동위원회나 기타 노동자조직과 협의하라고 요구하는 등 회사의 의사결정절차에 종업원이나 노동조합을 관여시키고 있다.

1.4 회사 운영에서의 법과 계약

회사의 참여자 사이의 관계는 계약적 성격이 강하다. 이들을 구속하는 주된 계약은 회사의 **정관**이다. 정관은 회사 주주 사이의 관계, 이사를 비롯한 경영자와 주주 사이의 관계에 대한 기본사항을 규정한다.[61] 정관은 명시 또는 묵시의 원용을 통해서 회사와 그 종업원이나 채권자 사이의 계약의 일부로 포섭될 수 있다. 나아가 회사의 일부 또는 모든 주주는 주주간계약의 구속을 받을 수도 있다.

동시에 회사는 방대한 제정법의 적용대상이다. 그 법은 이 책의 주된 관심대상이다. 그러나 그 법의 세부사항을 검토하기 전에 우리는 다음과 같은 근본적인—그리고 놀랍게도 어려운—물음에 답해야 한다. 즉 그 법은 어떤 역할을 수행하는가? 우리가 이미 살펴본 바와 같이 이론상 일부 예외를 제외하면 회사형태의 특징적 요소는 계약만으로도 창출될 수 있다. 그리고 이 점은 이 책에서 검토하는 다른 법규정의 경우에도 대부분 마찬가지다. 그런 법규정이 없다고 하더라도 그 규정에 따른 관계는 단순히 그 조직의 정관에 비슷한 규정을 포함시킴으로써 계약으로 창출할 수 있다. 실제로 이는 1844년 법인 설립이 폭넓게 인정되기 전인 18세기나 19세기 초 영국에서 법인격 없는 주식회사(joint stock company)가 많이 택한 방식이기도 했다. 이 회사들은 조합법과 신탁법에 따라 법인격

61 정관은 통상 그보다 덜 근본적인 사항을 규정하고 다른(일반적으로 더 융통성 있는) 변경절차가 적용되는 별도의 부속정관에 의하여 보완된다.

을 확보한 후 유한책임을 비롯한 회사구조의 나머지 요소는 계약에 의하여 창출하였다.[62] 그렇다면 오늘날 모든 선진국에서 회사의 내부관계에 대하여 수많은 상세한 규칙을 담은 정교한 법률을 갖고 있는 이유는 무엇인가?

1.4.1 강행법규 대 디폴트규정

이 문제를 논할 때에는 당사자가 명시적으로 달리 정하지 않는 경우 적용된다는 의미에서 단순한 디폴트룰에 속하는 법규정과 당사자에게 준수 이외의 선택지를 허용하지 않는 강행법규를 구별하는 것이 중요하다.[63]

회사법은 다소 차이는 있지만 상당 부분 디폴트규정으로 이루어져 있다.[64] 그런 만큼 회사법은 단순히 당사자가 선택에 따라 전부 또는 부분적으로 채택할 수 있는 표준양식의 계약을 제공한다. 법이 제공하는 그런 표준양식의 친숙한 장점은 관련 당사자들이 관계를 설정할 때 그런 표준조건에서 벗어나는 사항만을 특정하도록 함으로써 비용을 절감하는 것, 구체적으로 말해서 그들 사이의 계약체결을 단순화하는 것이다. 그러므로 회사법이 그런 표준조건을 디폴트규정으로 제공하는 것은 경제학적 용어로는 '공공재'라고 할 수 있다. 디폴트규정은 내용상 '다수가 선호하는(majoritarian)' 것인 경우, 즉 정보가 충분한 당사자의 다수가 가장 공통적으로 선택할 조건을 담는 경우 그 기능을 가장 잘 수행한다.[65]

디폴트규정은 다양한 방법으로 제공될 수 있고 그 선택에 따라서 그것

---

62 Ron Harris, Industrializing English Law (2000); Hansmann, Kraakman, and Squire, 앞의 논문(주 13).

63 일반적으로 다음 심포지엄에 포함된 논문 참조. *Contractual Freedom and Corporate Law*, in 89 Columbia Law Review 1395-774 (1989).

64 디폴트라는 것은 (컴퓨터 설정의 경우와 마찬가지로) 당사자가 다른 정함을 하지 않는 경우(in *default*)에는 적용된다는 의미를 갖는다.

65 Easterbrook and Fischel, 앞의 책(주 7), pp.34-5.

을 '회피하는 계약 체결'의 난이도와 방식이 달라진다.[66] 회사법상 디폴트룰의 흔한 형태는 당사자들이 명시적으로 대안을 규정하지 않는 경우 적용되는 법규정이다. 1주1의결권에 관한 통상의 규정이 그 예이다. 그 디폴트룰은 정관으로 의결권 없는 주식의 발행을 규정함으로써 변경할 수 있다.

그와는 달리 때로는 회사법 자체에서 'A 또는 B'라는 식으로 디폴트규정을 택하지 않은 경우에 적용할 규칙을 명시하기도 한다. 그 예로는 프랑스 회사법이 정관에서 디폴트인 단층형 이사회의 대안으로 복층형 이사회구조를 선택할 수 있도록 허용한 것을 들 수 있다.[67] 바꾸어 말하면 이 경우 법은 회사가 두 가지 법률조항 중에서 선택하는 것을 허용하는 것이다. 한 조항은 디폴트규정이고 다른 조항은 '이차적' 규정인데 회사가 디폴트규정의 적용을 배제하는 경우(또는 같은 의미지만 이차적 규정을 선택하는 경우)에만 후자가 적용된다. 법은 또한 소수주주 이익을 보호하는 디폴트룰을 변경하는 데 소수주주 승인을 요구하는 것과 같은 특별한 절차를 요구하기도 한다.[68] 방금 설명한 두 가지 대안적 규정을 제공하는 이원적 접근방식을 더 확대하자면 회사로 하여금 셋 이상의 구체적 규칙의 메뉴 중에서 선택하도록 할 수도 있다.[69]

---

66 당사자가 디폴트규정을 '회피하는 계약'을 체결하는 것의 난이도는 그것의 작동방식에 영향을 줄 수 있다. 예컨대 규정을 회피하는 계약 체결의 비용이 높은 경우에는 정보제공을 강제하는 벌칙 디폴트로서는 (그것이 '벌칙'의 크기에 달려 있을 것이지만) 유용성이 떨어질 수 있지만 (여하튼 다수의 당사자는 그것을 선호할 것이기 때문에) '다수주의적인' 디폴트로서는 적절하게 기능할 수도 있다. 이들을 비롯한 쟁점들에 관한 섬세한 논의로는 Ian Ayres, *Regulating Opt-Out: An Economic Theory of Altering Rules*, 121 Yale Law Journal 2032 (2012) 참조. 실증적인 관점으로는 Yair Listokin, *What Do Corporate Default Rules and Menus Do? An Empirical Examination*, 6 Journal of Empirical Legal Studies 279 (2009) 참조.

67 Article 225-57 Code de commerce 참조.

68 Lucian Bebchuk and Assaf Hamdani, *Optimal Defaults for Corporate Law Evolution*, 96 Northwestern University Law Review 489 (2002) 참조.

69 Michael Klausner, *Corporations, Corporate Law, and Networks of Contracts*, 81 Virginia Law Review 757, 839-41 (1995).

중요한 회사법 규정 중에는 강행규정도 있다.[70] 예컨대 독일에서 대기업은 감독이사회 구성원의 절반을 종업원 대표로 선임해야 하고 미국에서 공개기업은 상세한 재무정보를 세밀한 양식에 따라 정기적으로 공시해야 한다.[71] 이런 유형의 강제조항의 근거는 일종의 '계약의 실패'—즉 그렇지 않으면 일부 당사자들은 정보가 충분하지 않기 때문에 착취당할 가능성이 있다거나 제3자 이익이 영향을 받는다거나 (악명 높은 '죄수의 딜레마' 같은) 집단적 행동의 문제(collective action problems)로 인하여 비효율적이거나 불공정한 계약조항이 나올 수도 있다는 점—에서 찾는 것이 보통이다.[72] 또한 강행규정은 (회계규칙의 경우와 같이) 모두가 동일한 조항을 준수하면 법 준수의 이익이 커지는 상황에서는 유용한 표준설정기능을 수행할 수도 있다.

그러나 강행규정이 단순히 강제적 기능만 수행하는 것은 아니다. 강행규정이 회사**형태**의 선택과 관련하여 사용될 때에는 디폴트룰과 비슷하게 수권적(enabling) 기능을 수행한다. 구체적으로 말해 강행규정은 회사 관계자가 자신이 제시하는 조건을 알리고 자신이 그에 구속되는 것을 도움으로써 계약자유를 촉진할 수 있다. 법은 어느 정도 경직적인(즉 강행규정의 적용을 받는) 회사형태를 제공함과 동시에 상이한 회사형태 중에서 선택할 수 있도록 허용함으로써 이를 달성한다.[73] 이런 접근방식에는 두 가지 주된 유형이 있다.

첫째, 국가는 당사자가 기업 설립 시에 선택 가능한 다양한 표준유형의

---

70 Jeffrey N. Gordon, *The Mandatory Structure of Corporate Law*, 89 Columbia Law Review 1549 (1989) 참조.

71 뒤 4.2.1(공동결정)과 6.2.1 및 9.1.1(공시) 참조.

72 일반적으로 Michael J. Trebilcock, The Limits of Freedom of Contract (1993) 참조.

73 Larry E. Ribstein, *Statutory Forms for Closely Held Firms: Theories and Evidence from LLCs*, 73 Washington University Law Quarterly 369 (1995); John Armour and Michael J. Whincop, *An Economic Analysis of Shared Property in Partnership and Close Corporations Law*, 26 Journal of Corporation Law 983 (2001).

법적 조직을 제시할 수 있다. 예컨대 미국의 일부 주에서는 회사의 다섯 가지 기본속성을 가진 기업을 일반사업회사법, 폐쇄회사법, 상사신탁법 중 어느 하나에 따라 설립할 수 있는데 이 각 법률은 강행규정과 디폴트룰의 구성을 다소 달리하고 있다. 둘째, 공개회사와 같은 특정 유형의 법적 조직의 경우에도 회사 설립자가 여러 나라 법 중에서 선택하는 예가 흔하다. 이는 일반 국제사법 쟁점과 아울러 회사법에서의 '규제상의 경쟁(regulatory competition)에 관한 논의로 연결된다. 그러나 그 문제를 논하기 앞서 우리는 일반적인 회사법의 역할에 대해서 더 언급할 필요가 있다.

1.4.2 법규정의 효용

회사법상 디폴트룰은 단순히 편리한 표준형태를 제시하고 정보제공을 촉진하며 여러 대안적 규칙 중 가장 효율적인 것의 선택을 돕는 것 이상의 기능을 한다. 그것은 또한 당초 쉽게 예상할 수 없었던 변화를 점진적으로 수용할 수 있는 수단을 제공한다.

회사정관처럼 복잡한 관계를 장기적으로 규율해야 하는 계약은 **불완전**할 수밖에 없다. 계약체결 시에 예상할 수 없었기 때문에 또는 예상 가능했더라도 그 가능성이 너무 낮아 계약서에 그에 관해 명시적으로 규정하는 비용을 들일 필요가 없는 것처럼 보였기 때문에 계약에서 명확한 지침을 두지 않은 상황이 발생할 것이다. 그런 상황이 발생하는 경우 법률개정, 행정적 결정, 법원 판결로 기존 규정을 변경하거나 해석함으로써 그에 대처할 수 있다. 이것이 바로 회사법의 **공백보충**(*gap-filling*)기능이다.

법원은 회사정관에 담긴 사적인 계약 조항을 해석하는 것만으로도 공백을 보충하는 핵심역할을 수행한다. 회사가 다른 회사들이 많이 사용하는 표준정관조항을 채택한다면 그런 조항은 법원이 반복적으로 해석할 가능성이 크므로 법원의 해석 활동에서 가장 큰 이익을 얻을 수 있을 것

이다.[74] 그리고 가장 널리 활용되는 표준정관조항은 회사법에 포함된 디폴트룰인 경우가 많다. 특별한 정관조항을 작성하는 대신 디폴트룰을 따르는 또 하나의 장점은 다른 회사에도 같은 규정이 적용됨에 따라 형성된 선결례의 자극을 받은 지속적인 공백보충활동의 이익을 누리는 것이다.[75] 이는 공통된 접근방식을 선택할 인센티브를 낳는 **네트워크효과**(*network effect*)의 한 예이다.[76]

그러나 계약의 불완전성이란 문제는 단순한 공백의 보충을 넘어서는 것이다. 회사의 존속기간이 장기인 경우가 많다는 점을 고려할 때 회사의 최초 정관조항은 아무리 주의 깊게 선택하더라도 시간의 경과에 따라 경제적, 법적 여건의 변화로 인하여 낙후되는 부분이 있을 것이다. 법률에서의 디폴트룰은 시간이 흐름에 따라 그러한 상황 변화에 적응하기 위하여—법 개정이나 법원의 해석에 의하여—변경된다는 특성이 있다. 따라서 회사는 법률상의 디폴트룰을 채택하는 경우 그것이 시대착오적이 되지 않을 것이라는 믿음을 어느 정도 갖게 된다. 이와 반대로 회사가 법률상의 디폴트룰 대신 특별히 만든 조항을 정관에 포함시킨 경우에는 시간의 경과에 따른 변화가 필요할 때 당해 조항을 변경할 수 있는 것은 그 회사뿐이다. 이 경우 특정 집단이 자신의 사적 이익을 보호하거나 증진하기 위하여 회사의 정관 변경을 거부하거나 저지하는 문제가 생길 수 있다. 그냥 법률상의 디폴트룰을 선택하고 상황의 변화에 따라 그 규정을 변경해 나갈 책임을 국가에 위임한다면 이런 문제는 피할 수 있다.[77]

---

74 Ian Ayres, *Making a Difference: The Contractual Contributions of Easterbrook and Fischel*, 59 University of Chicago Law Review 1391, 1403–8 (1992).

75 Klausner, 앞의 논문(주 69), 826–9.

76 표준정관조항을 채택하고 특히 디폴트룰을 채택하도록 회사를 유도하는 연관된 또 하나의 네트워크효과는 이들 조항이 애널리스트와 투자자들에게 친숙하기 때문에 투자대상으로서의 회사를 평가하는 비용이 절감된다는 점이다. Marcel Kahan and Michael Klausner, *Standardization and Innovation in Corporate Contracting (or "The Economics of Boilerplate")*, 83 Virginia Law Review 713 (1997) 참조.

77 Henry Hansmann, *Corporation and Contract*, 8 American Law and Economics Review 1

앞의 논의는 대체로 많은 회사의 경우 흔히 강행규정과 디폴트룰과의 사이에 실질적인 차이는 거의 없다는 점을 알려 준다. 회사는 결과적으로 강행규정뿐 아니라 디폴트룰도 채택하고 마는 것이 현실이다. 선택의 차원 중에서 실증적으로 가장 중요한 것은—앞에서 논한 바와 같은—일련의 상이한 기업형태 중에서 선택할 수 있는 참여자의 능력과 자신에게 적용될 회사법을 선택할 수 있는 회사의 능력이다. 이에 대해서는 항을 바꾸어 설명한다.

1.4.3 법규제의 선택

우리가—특별히 작성된 정관규정과 디폴트규정 사이의 선택, 다른 법률상의 디폴트룰 사이의 선택, 특정 법적 형태와 다른 형태 사이의 선택과 같이—이제껏 주목한 회사법상 융통성의 다양한 형태는 모두 하나의 특정 국가에서 선택 가능한 것이다. 그러나 이미 지적한 바와 같이 또 다른 차원(another dimension)에서의 선택, 즉 설립지의 선택도 가능하다.

예컨대 미국에서 회사법에 대한 저촉법상의 일반원칙은 '설립지'원칙이다. 그에 의하면 회사의 주된 영업소나 자산과 영업 활동이 어느 주에 소재하든 50개 주 중 한 주(또는 외국)의 법에 따라 설립하는 것이— 그리고 그 결과 그 법의 적용을 받는 것이—허용된다.

미국 외에도 많은 다른 나라에서 장기간 허용되어 온 그런 형태의 선택은 이제 EU 전역의 기업인에게 허용되고 있다. 그것은 설립지 원칙을 채택한 다른 회원국에서 설립된 회사들을 인정할 것을 요하는 유럽법원 판결들에 따른 결과이다.[78] 그 판결들은 다수 회원국이 채택한—회사 설

(2006) 참조.

78 Case C-212 / 97, *Centros Ltd v. Erhvervs-og Selskabssyrelsen* 〔1999〕 ECR I-1459; Case C-208 / 00, *Überseering BV v. Nordic Construction Company Baumanagement GmbH* (NCC) 〔2002〕 ECR I-9919; Case C-167 / 01, *Kamel van Koophandel en Fabrieken voor*

립은 정식으로 주된 영업소 소재지의 법에 따라 행할 것을 요하는—'본점 소재지(real seat)'원칙의 유효성을 부정하였다.[79]

국가 사이의 선택은 결과적으로 단순히 특정 회사가 선택할 수 있는 지배구조 관련 규정의 범위를 확장하는 데 그치지 않았다. 그것은 또한 각국이 회사법의 매력을 높임으로써 그 법에 따라 기업이 설립되도록 유도하고 그에 따라 직접적으로(등록세를 통하여) 그리고 간접적으로(현지의 서비스에 대한 수요의 증대를 통하여) 수입을 늘릴 기회를 창출하였다. 그로 인해 회사 수요에 터잡은 시장의 압력으로 주로 움직이고 전형적으로 민주적 입법을 좌우하는 기타 정치적 압력의 영향을 덜 받는 회사법체제가 등장하게 되었다.[80] 그런 '규제 간 경쟁'의 존재 여부와 존재하는 경우 그것이 좋은 것인지 여부는 오래전부터 열띤 논의의 대상이었다.[81] 비관론자는 그런 경쟁은 설립지 변경의 결정을 통제할 수 없는 이해관계자에 대한 법적 보호를 가장 심하게 박탈하는 국가가 승리하는, '밑을 향한 경쟁'을 낳을 것이라고 주장한다. 반면에 낙관론자는 고결한 '위를 향한 경쟁'을 낳을 것이라고 주장한다. 그 논거는 자본시장이 회사법선택의 영향을 비

Amsterdam v. Inspire Art Ltd [2003] ECR I-10155; Case C-210/06, *Cartesio Oktató és Szolgáltató bt* [2008] ECR I-9641; Case C-378/10 *VALE Építési kft* ECLI: EU: C: 2012: 440; Marco Becht, Colin Mayer, and Hannes F. Wagner, *Where Do Firms Incorporate? Deregulation and the Cost of Entry*, 14 Journal of Corporate Finance 241 (2008) 참조; John Armour and Wolf-Georg Ringe, *European Company Law 1999-2010: Renaissance and Crisis*, 48 Common Market Law Review 125, 131-43. 기존회사에 대한 회사법의 변화에 관한 견해는 보다 복잡하다(Armour and Ringe, 앞의 논문, 158-69).

79 다만 도산법규정은 영업행위지에 따라 적용될 가능성이 더 크다. Art. 3(1) and preamble para (30) Regulation (EU) 2015/848, 2015 O.J. (L 141) 19; Case C-341/04 *Eurofood IFSC ltd* [2006] ECR I-3813; Case C-306/09 *Re Interedil Srl* [2011] ECR I-9915; Case C-594/14 *Kornhaas v Dithmar* ECLI: EU: C: 2015: 806 참조.

80 뒤 1.6; Ronald J. Gilson, Henry Hansmann, and Mariana Pargendler, *Corporate Chartering and Federalism: A New View*, Working Paper (2014) 참조.

81 이 실존적 문제에 관한 문헌으로 예컨대 Marcel Kahan and Ehud Kamar, *The Myth of State Competition in Corporate Law*, 55 Stanford Law Review 679 (2002); Luca Enriques, *EC Company Law and the Fears of a European Delaware*, 15 European Business Law Review 1259 (2004) 참조.

교적 정확하게 평가하기 때문에 회사법분야의 규제 간 경쟁은 주주이익을 극대화하는 법을 가진 국가가 승리하는 결과를 가져온다는 것이다.[82]

물론 무엇이 '최적의' 회사법인가에 대해서는 이론상으로도 다툼이 있다. 이에 대해서는 다음 항에서 다루기로 한다. 그러나 복수의 규제체계 사이에서의 **선택**을 허용하는 것의 중요한 장점은 규제상 실험의 기회를 제공한다는 점이다.[83] 나아가 회사는 각각 규제수요가 다르기 때문에 모든 회사에 적용될 수 있는 단일한 최적의 회사법 같은 것은 존재하기 어렵다. 그러므로 복수의 준거법 (또는 제정법상 선택지) 사이의 선택은 여러 국가가 다양한 형태의 기업의 수요에 대처하는 것을 가능하게 만든다.[84] 규제 간 경쟁에 관한 많은 문헌이 회사법이 단일하고 통일적인 상품으로 전제하지만, 실제로 우리가 보는 바에 따르면 반드시 그런 것은 아니다.[85]

마지막으로 설사 최적의 회사법체제가 동일하고 당사자들에게 알려진 것인 경우에도 이원적인—또는 심지어 다원적인—규제체제가 정치적 고려상 정당화될 수도 있다. 비효율적인 규정의 개혁은 기존 상태에서 이익을 누리는—경영자, 지배주주, 노동자와 같은—강력한 이익집단에 의해서 저지될 수도 있다. 그런 경우 보다 효율적인 규제체제를 병렬적으로

---

82 이러한 양극단의 견해에 대한 고전적인 설명으로는 William Cary, *Federalism and Corporate Law: Reflections Upon Delaware*, 83 Yale Law Journal 663 (1974); Ralph Winter, *State Law, Shareholder Protection and the Theory of the Corporation*, 6 Journal of Legal Studies 251 (1977). 이쪽 문헌에 대한 최근의 검토로는 Roberta Romano, *The Market for Corporate Law Redux*, in Francesco Parisi, ed., Oxford Handbook of Law and Economics (2015) 참조.

83 Simon Deakin, *Regulatory Competition versus Harmonization in European Company Law*, in Daniel Esty and Damien Gerardin, eds., Regulatory Competition and Economic Integration p.190, pp.216–7 (2001) 참조.

84 John Armour, *Who Should Make Corporate Law? EC Legislation versus Regulatory Competition*, 58 Current Legal Problems 369 (2005) 참조.

85 K.J. Martin Cremers and Simone M. Sepe, *Whither Delaware? Limited Commitment and the Financial Value of Corporate Law*, Working Paper (2014), ssrn.com; Jens Dammann and Matthias Schündeln, *The Incorporation Choices of Privately Held Corporations*, 27 Journal of Law, Economics, and Organization 79 (2011) 참조.

도입하여 그 적용을 원하는 기업들에 대해서만 적용하고 기존 기업의 기득권을 침해하지 않는 방향으로 개혁을 임의적인 것으로 설정한다면 반대를 무마할 수 있을 것이다. 브라질이 실시한 Novo Mercado 우량상장제도와 유럽회사〔European Company · *Societas Europaea*(*SE*)〕의 창설과 같은 EU의 조치는 기존 회사에 존재하는 이익집단의 정치적 영향력을 우회하는 시도로 해석할 수 있다.[86]

1.5 회사법의 목적은 무엇인가?

기업형태를 규정하고 그 기업 참가자 사이의 충돌을 억제한다는 회사법의 당면한 기능과 구별되는 회사법의 목적은 무엇인가? 당위적인 면에서 회사법의 종합적 목표는—다른 법 분야와 마찬가지로—아마도 사회 전체의 이익 증진일 것이다. 보다 구체적으로 회사법의 적절한 목적은 회사의 주주, 종업원, 공급자, 고객뿐 아니라 지역사회와 자연환경의 수혜자와 같은 제3자를 비롯한 회사 활동의 영향을 받는 모든 이의 총체적 복지를 향상하는 것이다.[87] 그것은 경제학에서 말하는 종합적 사회복지의 추구이다.

그러나 적어도 이론상으로는 종합적 사회복지의 추구는 회사법의 다른 당면 목표들과도 양립 가능하다. 일설에 의하면 회사법은 경영자와 주주

86 Ronald J. Gilson, Henry Hansmann, and Mariana Pargendler, *Regulatory Dualism as a Development Strategy: Corporate Reform in Brazil, the United States, and the European Union*, 63 Stanford Law Review 475 (2011).

87 여기에서 우리는 사회의 '전체복지'를 극대화한다는 말을 엄밀한 기준이라기보다는 느슨한 은유로 사용한다. 사회의 전체 복지를 계수화하고 나아가 그 수치를 극대화하는 체계적 방법은 없다. 특히 많은 이익이 상당 부분 비금전적인 경우에는 더욱 그러하다. 우리가 여기에서 하고자 하는 말을 후생경제학의 어법으로 보다 정밀하게 표현하자면 수용가능한 분배상황의 범위 내에서 칼도어 · 힉스(Kaldor-Hicks)효율을 추구하는 것이라고 할 수 있을 것이다.

뿐 아니라 일부 채권자 및 종업원을 포함하는 회사의 계약상 이해관계자들 사이의 계약비용을 절감함으로써 사회복지를 가장 증진시킨다. 그 바탕에 깔린 전제는 회사가 생성하는 외부효과는 다른 법분야에서의 규제적 제약으로 대처하는 것이 최선이라는 점이다. 사실 회사형태를 취하는 기업의 가치를 극대화하기 위하여 마련된 법적 전략은 일반적으로 이해되는 회사법의 대종을 이루며 우리가 검토할 주된 대상이다.

때로는 회사법 핵심의 목적이 보다 좁은 것이어야 한다는 주장도 제기된다. 특히 때로는 회사법의 적절한 역할은 단순히 회사가 주주의 최선의 이익에 봉사하도록 담보하는 것, 또는 보다 구체적으로 주주의 재무적 수익을 극대화하는 것, 또는 한층 더 구체적으로 주식의 현재 주가를 극대화하는 것이라고 주장된다. 이런 주장은 두 가지 방법으로 볼 수 있다.

첫째, 그 주장을 액면 그대로 받아들일 수 있지만 그것은 우리가 바라보는 회사법을 설명하지 못할 뿐 아니라 회사법에 대한 당위적인 차원에서 매력적인 이상형을 제시하는 것도 아니다. 예컨대 주주가 1달러 이익을 얻기 위하여 채권자나 종업원이 2달러를 손해 보는 거래를 감행하는 것을 허용하는 법을 권할 여지는 없을 것이다.

둘째, 그 주장은 보다 조심스럽지만 다음과 같이 이해할 수도 있을 것이다. 즉 일반적으로 회사법이 주로 주주이익 극대화에 초점을 맞추는 것은 종합적 사회복지의 증진이라는 보다 큰 목표를 추구하는 최선의 방법이라는 것이다. 일반적으로 채권자, 종업원, 고객은 결과적으로 더 나은 상태를 기대하는 경우에만 회사와 거래할 것이다. 따라서 회사는—그리고 특히 회사의 잔여 청구권자[88] 및 위험 부담자로서의 주주는—자신의 거래가 주주만이 아니라 모든 거래 상대방에게도 유익한 것임을 담보하는 것에 직접 금전적 이해관계를 갖는다. 우리는 이 후자의 견해가 회사

---

88 주주는 종업원, 공급자, 고객과 같은 계약채권자들이 완전히 변제받은 후에 회사의 남은 모든 재산과 수익을 (그리고 그것만을) 차지할 권한이 있다는 점에서 회사의 잔여 청구권자이다.

법의 적절한 목표는 주주가치라고 주장하는 법학자와 경제학자의 발언에 대한 올바른 해석이라고—그리고 올바른 해석이어야 마땅하다고—믿는다.

우리는 주주가치가 회사 경영에서 추구할 주된 목표라는 말은 회사가 수단, 방법을 가리지 않고 금전적인 이익을 극대화해야 한다는 말이 아니라는 점도 염두에 두어야 한다. 특히 무제한적인 이익 추구는 기업이 기존 법체제를 수용하는 대신 외부효과 발생을 억제하는 규제를 완화하는 작업에 적극 나서야 한다는 불편한 함의를 내포한다.[89] 규칙제정과정에서의 그 같은 회사의 영향력 행사는 분명히 문제가 있고 규제가 결과적으로 약화되는 한도에서는 회사법이 내부지배장치를 그에 맞게 수정하는 것이 합당할 수도 있을 것이다.[90]

주주가치의 추구가 일반적으로 얼마만큼 종합적 사회복지를 증진시키는 효과적인 수단인지는 합리적인 학자라도 의견을 달리할 수 있는 실증적인 문제이다. 이 견해에 대해서는 이 책의 저자들도 각각 견해를 달리하기 때문에 우리는 이하에서 뚜렷한 입장을 택하지 않는다. 그 대신 우리는 이 문제가 검토되고 논의되는 분석틀을 제공한다는 보다 큰 과제를 수행하고자 한다.

또 다른 견해에 의하면 현대경제에서 회사의 주된 역할을 고려하면 회사법은 예컨대 사회적 성격의 공시의무를 부과하거나 폭넓은 사회문제에 대처할 수 있도록 회사의 내부지배장치를 형성하는 등의 보다 특화된 개입을 통해서 사회복지를 증진하도록 설계될 수 있다. 이런 관점에서 보면 회사법은 시스템위험을 줄이거나 남녀평등을 조장하거나 환경을 보호하

---

89 외부효과를 통제하는 규제가 적용되는 산업분야의 기업에서 회사의 정치적 비용 지출은 보편적인 현상이다[John C. Coates IV, *Corporate Politics, Governance, and Value before and after Citizens United*, 9 Journal of Empirical Legal Studies 657 (2012)].

90 Leo E. Strine, Jr. and Nicholas Walter, *Conservative Collision Course: The Tension between Conservative Law Theory and Citizens United*, 100 Cornell Law Review 335 (2015).

는 등 기업가치 극대화를 뛰어넘는 경제적 또는 사회적 목표를 촉진하는 데 이용될 수도 있다.[91] 회사법 자체만큼 오래되었지만[92] 회사 외부 주체의 이익을 보호하기 위한 회사법 활용은 최근 금융위기 후에 새롭게 입법자들의 지지를 받았다. 우리는 제4장에서 그에 관한 예를 일부 검토하겠지만, 그래도 초점은 계약상 이해관계자의 이익을 보호함으로써 기업가치를 극대화하는 작업에서의 회사법의 역할에 맞추기로 한다.

1.6 회사법 형성에 작용하는 요인들

총체적 사회복지의 추구가 회사법의 올바른 목적이란 말은 물론 회사법이 늘 같은 방식으로 그것을 추구한다는 말은 아니다. 회사법이 대처하는 문제의 구체적인 윤곽은 적어도 부분적으로는 예컨대 지배적인 산업형태, 근로관계를 규율하는 제도, 그리고 주식 소유구조와 같은 기업지배구조 환경의 다른 요소에 의하여 결정된다. 이들은 결과적으로 회사법의 특정 측면들을 **보완한다.**[93] 예컨대 법제도의 수준 같은 그런 환경의 다른 요소들은 회사법의 특정 부분들이 이런 기능을 수행하는 것에 다소간 영

---

91 회사 외부의 이익을 보호하는 데 가장 인기 있는 방법은 (독점금지법, 환경법, 인권법, 차별금지법, 금융규제법 등과 같은) 다양한 형태의 실체적 규정이나 기준을 적용하는 것이다. 일반 용례에서와 마찬가지로 우리 목적상 기업가치 증대 외의 목적을 위한 법규정 활용은 회사법과 다른 법분야를 나누는 경계라고 할 수 있다. 다양한 경제적 · 사회적 문제에 대처하기 위한 기업지배의 활용에 대해서는 Mariana Pargendler, *The Turn to Corporate Governance*, 42 Journal of Corporation Law (forthcoming 2016) 참조.

92 예컨대 Herbert Hovenkamp, Enterprise and American Law, 1836-1937, pp.63-4 (1991); Hansmann and Pargendler, 앞의 논문(주 47), 145 참조.

93 예컨대 직업훈련과 기업특화적인 훈련을 선호하는 교육제도는 해고로부터 근로자를 보호하는 노동법체제하에서 그리고 보다 관계적이고 시장환경의 단기적 변동에 면역성 있는 기업재무시스템하에서 가장 잘 작동할 수 있다. 이런 제도적 혼합형태를 구현한 나라는 전통적으로 독일이었다. 이와 대조적으로 미국에서 임의해고의 노동법체제는 보다 비전문적 교육방식을 선호하고 주식 소유 분산과 적대적 기업인수를 수반하는 활발한 자본시장을 촉진한다. Hall and Soskice, 앞의 논문(주 1) 참조.

향을 미친다. 각 경우에 이 환경적 요소들은 회사법이 사회복지를 향상시킬 수 있는 구체적인 방법들을 제시하며 그런 방법들의 채택은 회사법에 대한 '효율성' 효과라고 부를 수 있을 것이다.

사실 사회복지의 추구가 회사법의 적절한 목표라는 말이 회사법이 항상 그런 목표에 기여한다는 점을 의미하는 것도 아니다. 회사법이 어떻게 특정한 목표를 추구하게 되었는지를 이해하는 것은 정치적 · 경제적 문제이다. 즉 입법을 좌우하는 정치적 · 경제적 동력이 문제 된다.[94] 회사법의 정치 · 경제는 대체로 지배주주, 경영자, 노조 같은 영향력 있는 이익집단의 특별이익을 반영한다. 경쟁적인 시장이 존재하는 경우 이들 이익은 종종 회사법에 대한 '효율성' 효과를 창출하는 복지 증진적 법률을 위하여 단결한다. 그러나 때때로 입법자들은 특정 유권자집단의 이익을 과도하게 배려하는 경우도 있는바, 이런 특별대우는 회사법에 대한 '정치적' 효과라고 부를 수 있을 것이다.

스캔들이나 위기 후에 행하는 포퓰리즘적 개혁의 현상은 또 하나의 정치적 효과에 해당한다. 위기 후 입법자들은 유권자들로부터 개혁을 실시하라는 강한 압력을 받게 된다. 개혁의 내용은 대중적 관심에 따라 결정되며 이는 밑바닥의 경제적 문제를 실제로 해결할 수 있는 해법과는 크게 다를 수도 있다.[95] 그런 괴리의 정도는 회사법에 대한 또 하나의 '정치적' 효과이다. 어느 나라의 회사법도 그것이 진화해 온 역사적 경로의 흔적을 떨치지 못하고 그 과정에서 정치적 효과와 효율성 효과를 반영한다.

최근의 금융위기로 촉발된 개혁은 효율성 효과와 정치적 효과를 아울러 보여 준다. 위기의 직후 많은 사람들은 위기가 사회복지 증진과 관련한 회사법의 실효성에 의문을 제기하였는지를 물었다.[96] 혼란이 가라앉음

---

94 예컨대 Roe, 앞의 책(주 1); Peter A. Gourevitch and James Shinn, Political Power and Corporate Control (2005) 참조.

95 Pepper D. Culpepper, Quiet Politics and Business Power (2011).

96 회사법의 목적에 관한 논의에 대해서는 앞 1.5 참조.

에 따라—적어도 우리 관점으로는—위기의 원인은 대부분 은행과 기타 금융기관에 적용되는 지배체제에 국한된 것이라는 점이 상당 부분 분명해졌으며, 그 체제는 상호연계와 전염위험이 과도하게 높았다.[97] 그러므로 일반 기업과 다른 은행 지배에 관한 특별한 규제를 도입하는 것이 기능적 관점에서는 옳았다. 그러나 일부 위기 후 개혁의 범위가 보다 넓었던 것은 위기로 촉발된 포퓰리즘적 정치적 관심을 반영하는 것으로 이해할 수 있을 것이다.[98]

이곳에서는 회사법에 영향을 주는—그리고 거꾸로 회사법에 의하여 영향을 받는—다양한 요인 중에서 아마도 가장 두드러진 것, 즉 회사 소유의 형태에 대해서 간단히 언급한다. 주주의 유형과 수는 선진 시장경제 국가 사이에서도 큰 차이가 있다. 최근 이 차이의 정도는 줄어들었지만, 그 잔존하는 역사적 윤곽은 회사법의 구조에 뚜렷한 자취를 남기고 있다. 우리 관점에서 소유구조는 다음 두 가지 면에서 의미가 있다. 즉 소유구조는 다양한 법적 전략의 기능성에 영향을 주는 동시에 회사법의 변화를 좌우하는 이익집단의 역학관계에도 영향을 준다.

영미에는 공개회사이면서도 회사를 지배하는 단일한 주주나 주주집단이 없는 **분산 소유**(dispersed share ownership)의 형태를 취하는 경우가 많다.[99] 20세기 후반에는 회사주식의 상당 부분을 상호보유로 결합된 느슨한 집단에 속하는 다른 회사가 소유하는 것이 보통이었지만,[100] 이제는 일

---

97 Armour and Gordon, 앞의 논문(주 49); Armour et al., 앞의 책(주 6), Ch. 17 참조.

98 예컨대 Roberta Romano, *Regulating in the Dark*, 1 Journal of Financial Perspectives 23 (2013) 참조.

99 Rafael La Porta, Florencio Lopez-de-Silanes and Andrei Shleifer, *Corporate Ownership Around the World*, 54 Journal of Finance 471, 492–3; Mara Faccio and Larry H.P. Lang, *The Ultimate Ownership of Western European Corporations*, 65 Journal of Financial Economics 365, 379–80. 반면에 Clifford G. Holderness, *The Myth of Diffuse Ownership in the United States*, 22 Review of Financial Studies 1377 (2009) 참조.

100 일부 학자에 의하면 일본 기업의 주식 소유는 미국에서보다 더 분산되어 있다고 한다. Holderness, 앞의 논문(주 99); Julian Franks, Colin Mayer, and Hideaki Miyajima, *The*

본의 주요 기업들도 고도로 분산된 소유구조를 갖는 경우가 흔하다.[101] 이와 대조적으로 다른 대상국가의 경우 전통적으로 공개회사에서도 흔히 긴밀하게 통제되는 회사집단의 정상에 존재하는 다른 회사,[102] 개인, 가족 또는 국가가 **지배주주** 지위를 차지하고 있다.[103]

경영권과 무관한 일반주식(non-controlling stakes)을 보유하는 주주의 유형도 나라에 따라 큰 차이가 있다. 미국에서는 전통적으로 소액투자자들의 비중이 컸다. 반면에 20세기 말에 이르러 영국에서의 주식 소유는 주로 국내 연금기금과 보험회사로 구성된 기관투자자들이 압도적 비중을 차지하게 되었다.[104] 독일에서는 전통적으로 대형은행이 주식을 자기계정으로 대량 보유하는 동시에 개인투자자가 보유하는 많은 주식의 보관기관 역할을 수행하면서 사실상 보관주식의 의결권은 은행 자체가 행사하였다.[105]

Ownership of Japanese Corporations in the 20th Century, 27 Review of Financial Studies 2580 (2014) 참조.

101 Tokyo Stock Exchange, 2013 Shareownership Survey, 4 (2014); Franks et al., 앞의 논문(주 100), 29-40 참조. 최근에 진행된 상호보유의 해소에 관해서는 Gen Goto, *Legally 'Strong' Shareholders of Japan*, 3 Michigan Journal of Private Equity and Venture Capital 125, 144-6 (2014) 참조.

102 그러나 독일을 포함한 일부 국가에서 전통적인 소유구조가 보다 분산된 소유구조로 변화하기 시작했다는 조짐이 있다. Steen Thomsen, *Convergence of Corporate Governance during the Stock Market Bubble: Towards Anglo-American or European Standards?*, in Anna Grandori, ed., Corporate Governance and Firm Organization, p.297, pp.306-12 (2004); Wolf-Georg Ringe, *Changing Law and Ownership Patterns in Germany: Corporate Governance and the Erosion of Deutschland AG*, 63 American Journal of Comparative Law 493 (2015) 참조.

103 Alexander Aganin and Paolo Volpin, *The History of Corporate Ownership in Italy*, in Randall K. Morck, ed., A History of Corporate Governance Around the World (2005); Mariana Pargendler, *State Ownership and Corporate Governance*, 80 Fordham Law Review 2917 (2012); Aldo Musacchio and Sérgio Lazzarini, Reinventing State Capitalism: Leviathan in Business, Brazil and beyond (2014) 참조.

104 Geof P. Stapledon, Institutional Shareholders and Corporate Governance (1996) 참조.

105 예컨대 Ralf Elsas and Jan P. Krahnen, *Universal Banks and Relationships with Firms*, in Jan P. Krahnen and Reinhard H. Schmidt, eds., The German Financial System,

그러나 최근에는 이런 형태에도 변화가 일어났다. 주로 뮤추얼펀드와 사용자가 설립한 연금기금으로 구성된 기관투자자가 관리하는 자산의 장기적인 증가로 인하여[106] 그들의 보유지분은 이제 소액투자자 지분을 훨씬 능가하고 있다. 그런 성장의 결과로 미국 기관투자자들은 세계의 다른 주식시장으로 투자를 확대하게 되었다. 그리하여 영국의 경우 21세기에 들어서면서부터 국내 기관들이 주로 미국계 기관으로 여겨지는 국제적 투자자들에게 주식 과반수의 보유를 넘겨주게 되었다.[107] 독일의 경우에도 이제는 다수의 대기업에서 외국인 투자자가 과반수를 차지하고 있다. 그리고 다른 곳에서도 국제적 투자자들이 상장회사 유동주식의 상당부분을 보유하고 있다. 소유구조의 수렴은 국경을 넘어서 어느 정도 진행되고 있지만 특정 국가 내에서 기업들의 주식 소유형태는 보다 다양하다고 할 수 있다.

지난 20년 동안에는 새로운 유형의 기관투자자가 대두되기도 했다. 이들 중 두드러진 것은 **헤지펀드와 사모투자펀드**이다. 헤지펀드란 그 명칭과는 달리 특정 회사주식에 대규모로 투자하는 매우 투기적인 전략을 따르고[108] 때로는 이 회사들의 구조·전략 또는 경영진에 큰 변화를 촉구하는, 비교적 규제를 받지 않는 집합투자펀드를 말한다. 사모투자펀드란 (전형적으로) 회사의 구조·전략, 경영진의 큰 변화를 실행하기 위하여 적어도 일시적으로 기존 공개회사의 주식 전부에 대한 지배권과 나아가 완전한 소유권을 취득하는 투자기구를 말한다.[109] 우리는 국부펀드(sovereign wealth

p.197 (2006). 앞의 주 102에 인용된 문헌 참조.

106 Board of Governors of the Federal Reserve System, Flow of Funds Accounts in the United States: Annual Flows and Outstandings, 2005–2013, 98 (Table L.213) (2014).

107 Office for National Statistics (UK), Ownership of UK Quoted Shares, 2013 (2014).

108 Marcel Kahan and Edward B. Rock, *Hedge Funds in Corporate Governance and Corporate Control*, 155 University of Pennsylvania Law Review 1021 (2007); Ronald J. Gilson and Jeffrey N. Gordon, *The Agency Costs of Agency Capitalism: Activist Investors and the Revaluation of Governance Rights*, 113 Columbia Law Review 863 (2013).

109 Brian R. Cheffins and John Armour, *The Eclipse of Private Equity*, 33 Delaware Journal

funds)와 같은 국영 기관투자자의 확산도 목격하였다.

국가 간에 존재하는 그런 주식 소유형태상 차이는 회사법 구조의 차이와 상관성이 있는 것 같기도 하다. '법과 재무'에 관한 유력한 일련의 실증연구에 따르면 20세기 말 현재 (경영자나 지배주주의 기회주의적 행동으로부터) 주주를 법적으로 더 잘 보호하는 나라에서 주식 소유의 집중도가 덜하다.[110] 다만 후속 연구에 따르면 그 결과는 '보호'를 측정하는 방법에 따라 영향을 받는다.[111] 그런 패턴은 회사법 개정을 요구하는 이익집단의 구성상의 변화와 기능적인 결과를 가져오는 회사법 규정의 유형상 변화와 일관성이 있다.

그러므로 한 나라의 회사법 구조는 어느 정도 그 나라 주식 소유구조의 산물이다. 그것은 다시 적어도 부분적으로는 회사법 외부의 요소에 의하여 결정된다.[112] 예컨대 전통적인 미국의 일반투자자 중심의 주식 소유형태는 미국의 포퓰리즘적 정치사의 산물이며 그것은 가족이나 기관투자자에 의한 산업체 지배를 막기 위하여 성공적으로 고안된 정책을 다수 빚어냈다.[113] 마찬가지로 유럽과 일본의 전통적인 집중적 주식 소유구조는

Of Corporate Law 1 (2008); Viral V. Acharya, Oliver F. Gottschalg, and Moritz Hahn, *Corporate Governance and Value Creation: Evidence from Private Equity*, 26 Review of Financial Studies 368 (2013) 참조.

110 이에 관한 참고문헌으로 Rafael La Porta et al., *The Economic Consequences of Legal Origins*, 46 Journal of Economic Literature 285 (2008) 참조.

111 Sofie Cools, *The Real Difference in Corporate Law between the United States and Continental Europe: Distribution of Powers*, 30 Del. J. Corp. L. 697 (2005); John Armour et al., S*hareholder Protection and Stock Market Development: An Empirical Test of the Legal Origins Hypothesis*, 2 Journal of Empirical Legal Studies 343 (2009); Holger Spamann, *The 'Antidirector Rights Index' Revisited*, 23 Review of Financial Studies 467 (2010) 참조.

112 Brian R. Cheffins, *Does Law Matter? The Separation of Ownership and Control in the United Kingdom*, 30 Journal of Legal Studies 459 (2001); John C. Coffee, Jr., *The Rise of Dispersed Ownership: The Roles of Law and the State in the Separation of Ownership and Control*, 111 Yale Law Journal 1 (2001).

113 Mark J. Roe, Strong Managers, Weak Owners (1994).

특수한 산업발전형태를 보완하였다고 설명된다.[114] 이런 견해에 의하면 지배주주는 종업원에 대한 장기적 약속의 신뢰도 향상에 더 유리한 지위에 있으며, 이는 다시 종업원으로 하여금 신기술 개발보다 기존 기술을 사용하도록 유도하는 것이 목적인 경우 노사관계를—그리고 그 결과 생산성도—촉진한다.[115]

이 책의 주된 대상은 회사법의 기원이 아니라 그 구조와 기능이다. 그럼에도 불구하고 이하의 장에서는 우리가 국경을 넘어 발견하는 회사법 형태의 형성과 관련하여 소유구조의 영향을—그리고 그 밖의 요인들의 영향을—곳곳에서 간단히 그리고 다소 추측을 섞어 검토하고자 한다.

---

114 Wendy Carlin and Colin Mayer, *Finance, Investment and Growth*, 69 Journal of Financial Economics 191 (2003) 참조.

115 Hall and Soskice, 앞의 책(주 1); Barry Eichengreen, The Europe's Economy since 1945 (2006); Colin Mayer, Firm Commitment (2013) 참조. 또한 뒤 4.4.1과 비교.

제2장

대리 문제와 법적 전략

John Armour, Henry Hansmann, and Reinier Kraakman
김건식 옮김

2.1 세 가지 대리 문제

제1장[1]에서 설명한 바와 같이 회사법은 두 가지 일반적 기능을 수행한다. 첫째, 기업형태의 구조를 결정할 뿐 아니라 그 구조를 지탱하는 데 필요한 부수적인 운영규칙(housekeeping rules)을 정한다. 둘째, 지배주주나 고위경영자 같은 기업 '내부자'와 소수주주나 채권자 같은 '외부자' 사이의 이익충돌을 비롯한 회사 이해관계자 사이의 이익충돌을 통제하려고 시도한다. 이런 이익충돌은 모두 경제학자들이 '대리 문제(agency problems)' 또는 '본인-대리인(principal-agent) 문제'라고 부르는 문제의 특성을 지닌

1 앞 1.1 참조.

다. 경제학자의 용어에 익숙지 않은 독자들을 위하여 설명하자면, 대리 문제는—가장 일반적 의미로는—'본인'으로 불리는 일방 당사자의 복지가 대리인으로 불리는 다른 당사자의 행위에 달려 있는 경우 늘 발생하는 문제이다. 그 경우 관건은 대리인으로 하여금 자신의 이익보다 본인의 이익을 위해 행동하도록 동기를 부여하는 것이다. 이처럼 넓은 의미로 보는 경우 대리 문제는 법률가가 정식으로 대리 관계(agency relationships)라고 분류하는 상황을 뛰어넘는 광범한 상황에서 발생한다.

특히 일방 당사자(대리인)가 다른 당사자(본인)에게 이행을 약속하는 계약 관계는 거의 모두 잠재적으로 대리 문제를 수반한다. 핵심적인 난점은 대리인이 통상 관련 사실에 대해서 본인보다 우월한 정보를 갖기 때문에 본인이 대리인의 이행이 약속과 일치하는지 여부를 쉽게 확인할 수 없다는 점이다. 그 결과 대리인은 이행의 품질을 떨어뜨리거나 본인에게 약속한 것의 일부를 자신이 차지하는 등 기회주의적으로 행동할 인센티브가 있다.[2] 이는 결국 본인에 대한 대리인의 이행이 갖는 가치가, 직접적으로 또는 대리인 이행의 품질을 확보하기 위하여 본인이 많은 비용을 들여 대리인을 감시해야 하기 때문에 감소함을 의미한다. 대리인이 맡는 과제가 복잡할수록, 그리고 대리인에게 부여하는 재량이 커질수록 '대리비용'이 커질 가능성이 높다.[3]

제1장에서 지적한 바와 같이 회사에서는 세 가지 고유한 대리 문제가 발생한다. 첫째는 회사 소유자와 그가 채용한 경영자 사이의 이익충돌에 관한 것이다. 여기에서 소유자는 본인에, 경영자는 대리인에 해당한다. 관건은 경영자가 자신의 사적 이익 대신 소유자 이익을 따르도록 담보하

---

2 우리는 '기회주의'라는 용어를 올리버 윌리엄슨(Oliver Williamson)의 용법에 따라 속임수, 사기, 부실표시, 악의와 같은 요소를 포함하는 사익 추구적 행동을 가리키는 의미로 사용한다. Oliver Williamson, The Economic Institutions of Capitalism, pp.47–9 (1985) 참조.

3 예컨대 Steven Ross, *The Economic Theory of Agency: The Principal's Problem*, 63 American Economic Review 134 (1973); John W. Pratt and Richard J. Zeckhauser, eds., Principals and Agents: The Structure of Business (1984) 참조.

는 것이다. 두 번째 대리 문제는 과반수나 지배적 지분을 가진 소유자 쪽과 소수주주나 일반 주주 쪽 사이의 이익충돌에 관한 것이다. 여기에서 일반 소유자는 본인으로, 그리고 지배적 소유자는 대리인으로 볼 수 있는데 어려운 것은 대리인이 본인을 착취하지 않도록 담보하는 일이다. 이 문제는 다수주주와 소수주주 사이의 갈등에서 가장 두드러지지만,[4] 회사 소유자의 일부가 소유자 전체에 영향을 주는 결정을 좌우할 수 있는 경우에는 항상 발생한다. 그러므로 소수주주가 특정 결정에 관하여 거부권을 갖는 경우에도 이런 두 번째 대리 문제에 속하는 문제가 발생할 수 있다. 비슷한 문제는 보통주와 우선주, 그리고 (채권자가 사실상 회사의 소유자가 되는) 파산 시 선순위채권자와 후순위채권자 사이에서도 발생할 수 있다. 세 번째 대리 문제는—특히 그 소유자를 포함한—회사 자체와 채권자, 근로자, 소비자같이 회사가 거래하는 상대방 사이의 이익충돌에 관한 것이다. 여기에서 어려움은 회사가 대리인으로서 다양한 다른 본인들에 대하여—예컨대 채권자나 종업원을 착취하거나 소비자를 오도하는 등—기회주의적으로 행동하지 않도록 담보하는 데 있다. (우리가 판단하기에는 기본적으로 임의적 성격을 갖는) 이런 대리 문제 외에도 기업이 자신과 계약 관계에 서지 않는 당사자에게—이른바 '외부효과'라는—비용을 발생시키는 상황이 존재한다. 이 논점에 대해서는 제4장과 제5장에서 구체적으로 살펴본다.

위의 문제들 각각의 경우에 대리인의 적절한 행동을 담보하는 일은 본인이 복수 존재할 때 더 어렵고, 특히 본인들이 상이한 이익, 또는 경제학자가 말하는 '이질적 선호(heterogeneous preferences)'를 갖는 경우에 더욱 그러하다. 본인이 복수인 경우에는 **정보 및 조정비용**이 발생하는데, 그 비

---

4 이 문제들은 지배주주가 보유하는 회사 소유지분이 작을수록 더 심각해진다. Luca Enriques and Paolo Volpin, *Corporate Governance Reforms in Continental Europe*, 21 Journal of Economic Perspectives 117, 122–5 (2007) 참조.

용은 본인들이 집단적 행동을 취하는 능력을 저해할 것이다.[5] 그 비용은 결국 대리 문제와 두 가지 면에서 관련된다. 첫째, 본인들 사이의 조정이 어려움에 따라 대리인에게 의사결정권을 더 많이 위임하게 될 것이다.[6] 둘째, 대리인에게 제시할 단일한 세트의 목표에 관해서 본인들 사이에 조정하는 것이 어려워질수록 대리인이 '올바른' 일을 하도록 담보하는 것이 어려워진다.[7] 본인들 사이의 조정비용은 이처럼 대리 문제를 악화시킨다.

법은 대리비용을 줄이는 데 중요한 역할을 할 수 있다. 그 명백한 예는 대리인의 정보 공시를 확대하거나 부정직하거나 불성실한 대리인에 대한 본인의 권리 행사를 촉진하는 규정과 절차들이다. 역설적으로 본인을 착취하는 대리인의 능력을 제한하는 메커니즘은 본인을 보호하는 것에 못지않게 — 또는 심지어 보다 더 — 대리인에게 이익이 될 수 있다. 그 이유는 본인이 정직하고도 양질의 이행을 확신할 수 있다면 대리인에게 기꺼이 대가를 더 많이 제공하려 할 것이기 때문이다. 회사와 관련하여 두드러진 예를 하나 들자면, 회사 측의 기회주의적 행동으로부터 채권자를 보호하는 법규정은 회사가 신용을 얻기 위해 지급할 금리를 낮출 것이고, 그 결과 채권자뿐만 아니라 회사도 이익을 얻게 될 것이다. 마찬가지로 소수주주를 착취하는 지배주주의 능력에 대한 법적 제한은 일반 주주에게 발행하는 주식의 가격을 높일 것이고 결과적으로 회사의 외부 자기자본비용을 낮출 것이다. 그리고 회사 경영자의 내부자거래를 금지하는 법규정은 주주가 경영자에게 지급할 용의가 있는 보수를 높일 것이다. 일반적으로 대리비용의 감축은 본인과 대리인을 막론하고 모든 거래 당사자에게 이익이 된다.

---

5 이 문제에 관한 고전적 설명에 관해서는 James M. Buchanan and Gordon Tullock, The Calculus of Consent, pp.63–116 (1962); Mancur Olsen, The Logic of Collective Action (1965).

6 Frank H. Easterbrook and Daniel R. Fischel, The Economic Structure of Corporate Law, pp.66–7 (1991).

7 Hideki Kanda, *Debtholders and Equityholders*, 21 Journal Of Legal Studies 431, 440–1, 444–5 (1992); Henry Hansmann, The Ownership Of Enterprise, pp.39–44 (1996) 참조.

총체적 사회복지를 증진시킨다는 당위적 목표는, 제1장에서 논의한 바와 같이[8] 관련된—즉 본인과 대리인을 아우르는—당사자들의 총체적 복지를 극대화하는 해법을 찾는다는 의미에서 회사의 대리 문제에 대한 최적의 해법을 찾는 것과 대체로 동일하다.

2.2 대리비용 감소를 위한 법적 전략

대리 문제에 대처할 때 법은 몇 가지 기본적인 법적 전략(legal strategy)에 반복적으로 의존하고 있다. 우리는 '**법적** 전략'이라는 용어를 기능적으로 법을 수단으로 활용하는 포괄적 방법이라는 의미로 사용하는바, 이곳에서의 기능은 대리인의 기회주의에 대한 본인의 취약성을 완화하는 것이다. 법적 전략을 실행하는 법규정은 제1장에서 논한 바와 같이 강행규정, 임의규정, 또는 한 세트의 대안적 규정들 중 하나에 해당할 것이다.[9] 실제로 대부분 그런 전략들의 실행에는 일반적으로 적용되는 법규범이 반드시 필요한 것은 아니다. 계약관행도 효과적인 대안이 될 수 있을 뿐 아니라 계약은 일반 규정을 특정 상황에 맞게 수정함으로써 그것을 보완할 수도 있다. 우리는 제1장에서 회사형태의 다섯 가지 결정적 특성들 중에서 오직 하나인 법인격만이 분명하게 특별한 법규정을 요한다는 점을 논한 바 있다.[10] 다른 특성들은 원칙적으로—예컨대 회사 소유자들이 합의한 정관의 적절한 규정을 통해—계약으로 채택할 수 있다.[11] 이곳에서 제시한 다양한 전략에 대해서도 같은 말을 할 수 있다.[12] 따라서 법적 전략

---

8 앞 1.5 참조.

9 규정의 다양한 유형에 대한 제1장의 논의(1.3~1.4) 참조.

10 앞 1.2.1 참조.

11 그러나 법은 '표준서식'을 제공함으로써 다른 특징들에 관하여 당사자들에게 유용한 도움을 줄 수 있다. 앞 1.4.1. 참조.

12 대리 문제에 대하여 개별 회사가 채택한 계약적 해법의 역할에 대한 증거로는 다음 문헌

의 실행에서의 '법'의 기여는 당해 전략에 따라 달라질 것이다.

대리비용을 통제하는 법적 전략은 대략 두 가지로 분류할 수 있는데, 우리는 이를 각각 '규제전략(regulatory strategies)'과 '지배구조전략(governance strategies)'이라고 부른다. 규제전략은 명령적(prescriptive)이다. 그것은 본인-대리인 관계의 내용을 규율하는 실질적 조건을 제시함으로써 대리인 행동을 직접 제약한다. 이와 대조적으로 지배구조전략은 본인이 대리인 행동을 통제하는 것을 촉진하려고 한다.[13]

지배구조전략의 실효성은 자신의 통제권을 행사하는 본인의 능력에 결정적으로 달려 있다. 본인들 사이의 조정비용은 본인들이 대리인 행동의 적합성을 결정하기 위하여 대리인을 **감독**하거나 불이행에 대한 제재 여부와 그 방법을 **결정**하는 것을 보다 어렵게 만든다. 그러므로 조정비용이 높아지면 지배구조전략이 대리인 통제에 성공하기 어려워지고 대신—같은 조건하에서라면—규제전략의 매력이 커진다. 규제전략이 성공하려면 다른 전제조건이 필요하다. 가장 분명한 점은 그 실효성이—법원이나 규제기관 같은—대리인이 특정 규정을 준수했는지 여부를 충분한 전문성을 갖고 결정하는 외부적 권위의 능력에 좌우된다는 것이다. 물론 지배구조전략도 회사재산에 관한 본인들의 의사결정권, 즉 그들의 '재산권'을 보호하려면 법제도에 의존한다.[14]

그러나 지배구조전략 자체는 취하여야 할 행동을 구체적으로 제시하지 않는다. 대리인에게 요구되는 행동을 제시하는 것은 또한 대리인 행

참조. Paul Gompers, Joy Ishii, and Andrew Metrick, *Corporate Governance and Equity Prices*, 118 Quarterly Journal of Economics 107 (2003); Lucian Bebchuk, Alma Cohen, and Allen Ferrell, *What Matters in Corporate Governance*, 22 Review of Financial Studies 783 (2009).

13 그러므로 대안적으로는 '대리인 제약'과 '본인권한 강화'의 구분을 표시하는 명칭으로 부를 수 있을 것이다.

14 Oliver D. Hart, *Incomplete Contracts and the Theory of the Firm*, 4 Journal of Law, Economics, and Organization 119, 123-5 (1988) 참조.

동에 관한 정보를 외부기관이 '검증'할 수 있는 것을 전제한다. 이와 대조적으로 지배구조전략은 — 본인이 그것을 유용하게 활용할 수 있는 경우에는 — 효과적인 결정을 위하여서 본인 자신이 대리인이 취한 행동을 관찰할 수만 있으면 되고 그 경우에는 '**덜 확정적인**(softer)' 정보만으로 충분하다.

〈표 1〉은 10가지 법적 전략을 보여 준다. 이것들은 법이 대리 문제에 대처하는 주된 방법을 망라하고 있다. 이 전략들은 회사에 관해서만 타당한 것은 아니고 거의 **모든** 취약한 본인-대리인 관계를 보호하는 데 동원될 수 있다. 그러나 여기에서 우리는 당연히 이러한 전략들이 회사법에서 동원되는 모습에 초점을 맞춘다. 논의에 앞서 우리는 이런 시도의 목표가 유권적인 분류체계를 제시하는 것이 아니라 회사영역에서의 법의 기능적 역할에 대한 사고를 돕는 자기발견적(heuristic) 도구를 제공하는 것이라는 점을 강조하고자 한다. 그리하여 이들 다양한 전략은 서로 완전히 독립된 것이 아니고 때로는 중첩되며 이 전략들에 대한 우리의 분류는 회사법 법리와 완전히 상관성을 갖는 것은 아니다. 나아가 실제 그들의 사용은 상호배타적인 것이 아니다. 그것들은 상황에 따라 함께 또는 개별적으로 적용될 수 있다.

〈표 1〉 본인 보호를 위한 전략의 분류

	규제전략		지배구조전략		
	대리인 행동 제약	관계설정조건 (affiliation terms)	임면권	의사결정권	대리인 인센티브
사전적	룰	진입	선임	발의 (initiation)	수탁자 (trusteeship)
사후적	스탠더드	탈퇴	해임	거부 (veto)	보상

2.2.1 룰과 스탠더드

규제전략 중 가장 친숙한 한 쌍은 대리인이 본인의 이익을 해치는 행동을 하지 않도록 명하는 방식으로 대리인을 제약한다. 입법자는 그런 제약을 **룰** 또는 보다 일반적인 스탠더드로 구성할 수 있는데 룰은 특정 행위를 요구하거나 금지하는 것인 데 비하여 **스탠더드**는 준수 여부에 대한 엄밀한 결정을 사후 심판에 맡기는 것이다.*

룰과 스탠더드는 모두 대리 관계의 내용을 직접 규제하고자 한다. 룰은 사전적으로 특정한 행위를 지시하는 것으로 회사에 관해서는 보통 회사채권자나 일반 주주를 보호하기 위하여 활용된다.[15] 그리하여 회사법은 배당 제한, 최저자본금요건, 자본금유지요건 같은 채권자 보호를 위한 룰을 보편적으로 포함하고 있다.[16] 이와 유사한 예로 자본시장 당국은 흔히 기업인수와 의결권 대리행사를 규율하는 상세한 룰을 공포하고 있다.[17]

이와 대조적으로 예컨대 지배주주가 주도하는 자기거래 같은 복잡한 회사 내부적 문제의 규율을 룰에만 의존하는 국가는 거의 없다. 그런 문제는 너무 복잡해서 금지와 허용조항의 조합만으로 규율할 수 없을 것이다. 그렇게 하다가는 오히려 법률상의 구멍을 성문화하고 맹목적인 경직성을 초래할 위험이 있기 때문이다. 내부자의 자기거래 같은 회사 내부적 문제는 룰에 의한 규제보다는 위반의 발생 여부를 사후적으로 결정하는 심판자에게 재량을 허용하는 개방적 스탠더드에 의하여 규율하는 경향이 있다.[18] 스탠더드는 채권자나 일반 투자자의 보호를 위해서도 활용되지만,

---

* 룰과 스탠더드는 규칙과 기준으로 번역할 수도 있겠지만 이미 학계에서 정착된 용어이기 때문에 혼동을 피하기 위하여 그대로 사용하기로 한다.

15 규제기술로서의 규칙과 행동기준의 장점에 관한 고전적인 비교에 대해서는 Louis Kaplow, *Rules versus Standards: An Economic Analysis*, 42 Duke Law Journal 557 (1992) 참조.

16 뒤 5.2.2 참조.

17 예컨대 뒤 8.1.2.4(기업인수)와 3.2.4(의결권 대리행사) 참조.

18 뒤 6.2.5 참조. 그렇다고 해서 그런 경우 규칙이 전혀 존재하지 않는다는 말은 아니다.

스탠더드에 기한 규제의 전형적인 예는 법이 이사에게 '선의(good faith)'에 입각하여 행동할 것을 요구하거나 자기거래가 '모든 면에서 공정(entirely fair)'할 것을 요구하는 경우처럼 회사의 내부 문제와 관련이 있다.[19]

룰과 스탠더드의 실효성은 그 집행의 강도에 크게 좌우된다. 원칙적으로 룰은 기계적으로 집행할 수 있지만 룰 제정기관이 적절하게 작성되도록 담보하기 위해서 사전적으로 노력을 기울일 것이 요구된다. 반면에 스탠더드는 필연적으로 법원(또는 다른 심판자)으로 하여금 사후적으로 회사 결정을 평가하고 때로는 형성하는 데 보다 깊이 관여하도록 요구한다.[20]

2.2.2 진입과 탈퇴의 조건 설정

법으로 채택할 수 있는 두 번째 유형의 전략은 룰이나 스탠더드같이 본인-대리인 관계가 설정된 후에 대리인 행동을 규율하기보다는 본인이 대리인과 **관계를 설정하는** 조건을 규율하는 것이다. 법은 예컨대 대리인이 본인과 계약을 체결하기 전에 자신의 업무 수행의 예상 품질에 관한 정보를 공개하도록 함으로써 **진입조건**(terms of entry)을 부과할 수 있다.[21] 또는 예컨대 법으로 주주에게 주식 처분권을 부여하거나 채권자에게 대출상환청구권을 부여하는 방법으로 본인을 위한 **탈퇴기회**를 규정할 수도 있다. 공개회사의 경우 이런 전략들을 동원하는 방식은 자본시장과 경영권시장의 작동에 직접적으로 영향을 미친다.

진입전략은 자본시장에서 기회주의적인 대리인을 걸러 내는 데 특히

일부 국가에서는 특별히 의심스럽다고 여겨지는 자기거래유형을 보다 일반적인 스탠더드전략과 아울러 룰에 의하여 규율하고 있다.

19 뒤 6.2.5 참조.

20 이런 의미에서 스탠더드는 (단순히 의사결정자가 준수하도록 요구하는) 룰과 뒤에 언급할 다른 전략인 수탁자전략 사이의 중간에 존재하는데, 수탁자전략은 중립적 의사결정자가 회사의 결정 시에 자유롭게 최선의 판단을 내릴 것을 요구한다.

21 뒤 5.2.1과 9.2.1 참조.

중요하다.[22] 외부 투자자들은 정보를 받지 않고서는 공개회사에 대해 거의 알 수 없다. 그리하여 일반 투자자들이 적절하게 정보를 제공받으려면 어떤 형태든 체계적 정보 공시가 필요하다는 점은 널리 받아들여지고 있다. 필요한 정보가 일반적으로 회사 자신에 의해서 제공되지 않으면 주식을 매도할 수 없기 때문에, 그런 정보 공시를 강제하는 법규정은 진입전략의 한 예라고 할 수 있다.[23] 유사하지만 보다 극단적 형태의 진입전략으로는 일정한 증권을 매수하는 자가 순재산이나 재무적 전문성의 기준을 충족해야 한다는 요건을 들 수 있다.[24]

탈퇴전략도 회사법분야에서 널리 활용되고 있으며 본인이 기회주의적인 대리인을 피할 수 있게 해준다. 탈퇴권은 크게 보면 두 종류가 있다. 첫째는 투자의 가치를 **회수할 권리**이다. 회사법상 그런 권리의 최고의 예는 일부 국가에서 채택한 바와 같이 합병 같은 일정한 중요 거래에 반대하는 주주에게 주식 매수청구권을 부여하는 기법이다.[25] 제7장에서 논의하는 바와 같이[26] 주식 매수청구권은 중요 거래에 반대하는 주주가 당해 거래 **이전에** 가졌던 주식가치를 청구하는 것을 허용함으로써 그 주주가

---

22 뒤 9.2.1 참조.

23 진입을 촉진하는 정보공개 규정의 역할은 기업공개와 유상증자 시의 투자설명서 공시와 관련하여 가장 두드러진다. 계속공시 규정은 새 주주들이 유통시장에 진입하는 것도 어느 정도 촉진하며 동시에 기존 주주들이 탈퇴하는 것을 촉진한다. 이는 한 무리의 규정이 하나 이상의 전략을 수행하는 예이다. 그러나 계속공시 규정의 기능은 보다 일반적이다. 뒤 2.4 및 9.1.2.5 참조.

24 예컨대 뒤 9.1.2.4 참조.

25 회수권은 조합원이 언제라도 해산시킬 수 있는 보통법상의 임의조합과 같은 형태의 비회사기업의 규제를 위한 일반적인 지배수단이다. 사업회사도 때로는 특별한 정관 규정을 통해 주주들에게 유사한 회수권을 부여하는 경우가 있다. 그 가장 두드러지는 예는 흔히 일반회사법상 사업회사로 설립되는 미국의 뮤추얼펀드와 같은 개방형 투자회사라고 할 수 있다. 그러나 회사법의 보편적인 디폴트체제는 주주에게 매우 제한적인 회수권을 부여하거나 일부 국가에서는 전혀 부여하지 않는 것이다. John Morley and Quinn Curtis, *Taking Rights Seriously: Why Governance and Fee Litigation Don't Work in Mutual Funds*, 120 Yale Law Journal 84 (2010) 참조.

26 뒤 7.2.2, 7.4.1.2 참조.

보기에 가치 감소를 가져올 결정을 회사가 내리는 경우에 예상되는 손실을 피할 수 있게 해준다.

탈퇴권의 두 번째 유형은 — 지분을 매도할 수 있는 권리인 — **양도권**으로 그것이 일반 주주에게 중요함은 명백하다. (주식의 양도 가능성은 회사형태의 핵심적 특성임을 상기하라.) 양도권은 그 자체만으로는 회수권에 비해 보호의 정도가 약하다. 정보가 있는 양수인이라면 양도인의 지위를 평가하여 내부자의 잘못된 경영이나 기회주의로 인한 장래의 가치 상실을 반영한 낮은 가격을 제시할 것이기 때문이다. 그러나 회사 경영진의 통제에 더 효과적일 수도 있는 새로운 주주에 의한 기존 주주/본인의 교체는 양도권을 전제해야 가능하다. 그리하여 자유로운 양도권이 존재하는 경우에만 부실경영 상태인 회사의 일반 주주들이 자산의 지분을 효율적인 경영에 대해 강한 금전적 이해관계를 갖는 적극적인 주주 한 명에게 매각하는 거래인 적대적 기업인수가 가능하게 된다.[27] 그런 통제권 양도나 심지어 그런 양도의 위협조차 경영자를 규율하는 매우 효과적인 장치가 될 수 있다.[28] 게다가 양도권은 자본시장의 전제조건이고, 자본시장은 또한 주가의 형태로 (무엇보다도) 경영성과에 대한 계속적 평가를 제공함으로써 일반 주주의 힘을 강화한다.[29] 강제공시도 기존 주주나 잠재적 인수자에 대해서 현 경영진하에서 회사성과가 부진한지 여부에 대한 투명성을 강화함으로써 이런 유형의 탈퇴전략에 도움을 준다.[30]

---

27 많은 회사들은 '포이즌 필'과 같이 양도권을 제한하는 기능을 하는 계약조항을 도입하고 있다[Bebchuk et al., 앞의 논문(주 12)]. 일부 국가에서는 양도권을 제한할 수 있는 범위를 한정하고 있다. 그 한 예로 일부 유럽국가에서 시행되고 있는 EU의 기업인수에 관한 방어행위 무효규칙(breakthrough rule)을 들 수 있다. 뒤 8.4.2.2 참조.

28 물론 이런 관점에서 보면 양도성을 증진하는 법규정은 탈퇴전략의 한 예인 동시에 진입전략과 인센티브전략의 한 예이기도 하다. 동일한 법적 장치가 복수의 보호기능을 수행하는 것이 가능하다.

29 James Dow and Gary Gorton, *Stock Market Efficiency and Economic Efficiency: Is There a Connection?*, 52 Journal of Finance 1087 (1997) 및 뒤 9.1.1 참조.

30 John Armour and Brain Cheffins, *Stock Market Prices and the Market for Corporate*

2.2.3 수탁자와 보상

이제까지 우리는 어떤 종류의 계약 관계에서도 취약한 당사자 보호에 활용될 수 있는 규제전략을 서술하였다. 이제 우리는 본인-대리인 관계의 위계적 요소에 관련된 전략들을 살펴본다. 먼저 규제전략과 지배구조 전략 사이의 경계에 걸쳐 있는 **인센티브 일치전략**을 검토한다.

첫 번째 인센티브 일치전략은 **수탁자전략**으로 대리인이 그 본인에게 손해를 끼치며 사익을 취하지 못하도록 사전적으로 이익충돌을 제거하려고 시도한다. 이 전략은—그 기원인 본래의 '수탁자' 역할의 경우도 포함하는—여러 문맥에서 대리인이 할 수 있는 것을 규정하는 것이 아니라 **할 수 없는** 것을 규정하는 규제전략에 해당한다.[31] 이 전략은 기회주의적으로 행동할 특별한—또는 '고강도'의—금전적 인센티브가 없다면 대리인이 양심, 자부심, 평판과 같은 '저강도'의 인센티브[32]에 반응하여 본인 이익을 위해 경영할 가능성이 높다고 가정한다.

수탁자전략의 잘 알려진 예는 '독립이사(independent director)'제도로 현재 많은 국가가 경영진 감독을 위하여 채택하고 있다. 독립이사는 회사의 경영자나 지배주주에게 부당하게 유리한 거래에서 사적 이익을 얻지 않기 때문에 결정 시에 양심과 평판을 보다 강하게 고려할 것으로 기대된

Control, 2016 University of Illinois Law Review 101 (2016) 참조.

31 Matthew Conaglen, Fiduciary Loyalty: Protecting the Due Performance of Non-Fiduciary Duties (2010) 참조.

32 우리는 '고강도 인센티브'와 '저강도 인센티브'라는 용어를 경제학 문헌에서 통상 사용하는 바와 같이 한편으로는 경제적 인센티브와 다른 한편으로는 윤리적 또는 도덕적 인센티브와의 사이의 구분을 지칭하기 위하여 사용한다. 경제적 인센티브는 구체적이고 예리하게 집중되었다는 의미에서 고강도이다. 예컨대 Williamson, 앞의 책(주 2), pp.137-41; Bengt Hölmstrom and Paul Milgrom, *The Firm as an Incentive System*, 84 American Economic Review 972 (1994) 참조. 도덕적 규범을 '저강도'라고 칭함으로써 우리는 그것이 금전적 인센티브보다 인간 행동을 통제하는 데 일반적으로 덜 중요하다고 말하는 것은 아니다. 물론 대부분의 상황에서 대부분의 개인은 반대일 것이다. 만약 그렇지 않았다면 문명이 그다지 발전하지 못했을 것이다.

다.[33] 마찬가지로 감사인이 주로 평판에 대한 고려에 따라 행동한다고 가정하면 재무제표와 일정한 회사거래의 승인을 감사인에 의존하는 것도 수탁자전략의 예에 속한다.[34] 법에서 투자은행, 정부 관리, 또는 법원이 회사거래를 승인하도록 규정하는 경우와 같이 일정한 경우에는 회사 외부의 다른 대리인이 수탁자 역할을 하도록 요구되기도 한다.

두 번째 인센티브전략은 보상전략으로—명칭이 시사하는 바와 같이—대리인에게 본인 이익을 성공적으로 증진한 것에 대한 보상을 주는 것이다. 회사법에는 크게 말해 두 가지 주된 보상메커니즘이 있다. 보다 흔한 보상형태는 **이익배분규칙**(sharing rule)으로 대리인의 금전적 수익을 본인의 그것에 직접 연계함으로써 충성을 유도하는 것이다. 그 두드러진 예는 소수주주가 누리는 주주평등원칙에 따른 보호로서 그 원칙은 이익배당이 엄격하게 주식에 비례할 것을 요구한다.[35] 이 규칙의 결과 지배주주(대리인)는 소수주주(본인)의 이익을—적어도 회사 이익이 배당으로 지급되는 범위에서는—극대화할 인센티브가 있다.

회사법의 관심을 별로 받지 못하는 보상메커니즘으로 **성과기준 보상체제**가 있다. 그에 의하면 대리인은 본인의 이익을 공유하지 않지만 본인 이익을 성공적으로 증진하는 경우 보상을 받는다. 어떤 나라에서도 그런

33 부실한 성과가 독립적 이사에 미치는 평판적 영향에 대해서는 David Yermack, *Remuneration, Retention, and Reputation Incentives for Outside Directors*, 54 Journal of Finance 2281 (2004); Eliezer M. Fich and Anil Shivdasani, *Financial Fraud, Director Reputation, and Shareholder Wealth*, 86 Journal of Financial Economics 306 (2007); Ronald W. Masulis and Shawn Mobbs, *Independent Director Incentives: Where Do Talented Directors Spend their Limited Time and Energy?*, 111 Journal of Financial Economics 406 (2014) 참조.

34 감사인이 실패 시에 평판적인 제재를 받지만[예컨대 Jan Barton, *Who Cares about Auditor Reputation?*, 22 Contemporary Accounting Research 549 (2005) 참조], 그들의 독립성과 수탁자 지위는 자문계약의 형태로 나타나는 금전적 인센티브에 의하여 훼손될 수 있다. John C. Coffee, *What Caused Enron? A Capsule Social and Economic History of the 1990s*, 89 Cornell Law Review 269, 291-3 (2004) 참조.

35 뒤 4.1.3.2 참조.

제도를 주주에게 **강요**하지는 않지만, 법규정은 흔히 이런 종류의 고강도 인센티브를 촉진하거나 억제한다.[36] 예컨대 미국법은 스톡옵션 같은 인센티브 보상장치를 오래전부터 채택하고 있는 반면에[37] 보다 회의적인 국가에서는 그 사용을 계속 제한하고 있다.[38] 특히 회사(또는 경영진)에 특화된 성과보상의 성격상 이런 보상전략은 통상 계약에 의하여 실행된다. 그런 계약서의 작성과정은 그 자체로 잠재적으로 대리비용을 초래하기 쉽다.[39]

복수의 법적 전략이 한꺼번에 동원되는 모습을 보여 주는 발전과정에서 최근 많은 국가는 흔히 주주들에게 이른바 'say on pay'라고 알려진 보상안건에 대한 일종의 거부권을 부여함으로써 이 과정에 관한 결정권을 규정하였다.[40]

수탁자전략과 보상전략 간에는 충돌의 소지가 있다. 능력이 뛰어난 대리인은 상당한 보수를 받지 않으면 수탁자 역할을 수락하지 않을 것이다. 그러나 수탁자 보상제도는 저강도 인센티브를 약화시키거나 심지어 그것을 뛰어넘는 고강도 인센티브를 초래할 수 있으므로 신중한 고려를 요한다.[41] 예컨대 스톡옵션에 크게 의존하는 것은 위험부담(risk-taking)을 부추

---

36 뒤 3.3.2 참조.

37 미국 세법은 1993년부터 경영자 보수가 '성과연동'인 경우를 제외하고는 연간소득공제 한도를 100만 달러로 제한하고 있다〔IRC § 162(m)〕. 이로 인하여 인센티브 보수의 사용이 급증하였다. Brian J. Hall and Kevin J. Murphy, *The Trouble with Stock Options*, 17 Journal of Economic Perspectives 49 (2003) 참조.

38 예컨대 European Commission, Recommendation 2009 / 3177 / EC on Strengthening the Regime for the Remuneration of Directors of Listed Companies 참조.

39 Lucian Bebchuk and Jesse Fried, Pay without Performance: The Unfulfilled Promise of Executive Compensation (2004) 참조.

40 뒤 3.3.2 및 6.2.3 참조.

41 예컨대 Bruno S. Frey and Felix Oberholzer-Gee, *The Cost of Price Incentives: An Empirical Analysis of Motivation Crowding-Out*, 87 American Economic Reviev 746 (1997). 은행업계의 유감스런 사례는 이 점을 뚜렷이 보여 준다. Alain Cohn, Ernst Fehr, and Michel André Maréchal, *Business Culture and Dishonesty in the Banking Industry*, 516 Nature 86 (2014) 참조.

기는 반면에 높은 고정급여를 지급하는 것은 비판적 참여를 저해할 것이다. 수탁자전략에서는 어느 쪽 방식도 바람직하지 않다. 그러므로 관건은 수탁자에게 자신의 역할이 수행할 가치가 있는 것으로 만들 만큼 충분한 보수를 주지만, 저강도 인센티브를 제쳐 놓을 정도로 많이 주지는 않도록 담보하는 것이다.[42]

2.2.4 선임과 해임

회사형태에서 경영 위임의 중심적 역할을 고려할 때 **임면권**, 즉 이사(또는 기타 경영자)를 **선임**하거나 **해임**하는 권한이 기업을 통제하는 주요 전략이라는 것은 전혀 놀라운 일이 아니다. 실제로 이 전략들은 바로 기업지배구조의 핵심을 이룬다. 게다가 제3장과 제4장에서 논의하는 바와 같이, 이사의 임면권은 주주와 경영자 사이의 대리 문제를 논의할 때뿐 아니라 일부 국가에서는 소수주주와 지배주주 사이, 그리고 종업원과 주주집단 사이의 대리 문제를 논의할 때도 핵심적인 전략이다.

2.2.5 발의와 승인

법적 전략의 마지막 쌍은 본인이 회사 경영에 관여하는 권한을 확대한다. 이들은 **의사결정권**으로서, 본인에게 경영상 결정사항을 **발의** 또는 **승인**할 권한을 부여한다. 회사법에서 이들 의사결정권 전략이 임면권 전략에 비해 덜 두드러진 것도 놀라운 일이 아니다. 이런 차이는 회사형태가 경영권을 이사회에 위임하기 위한 수단으로 고안된 것이라는 사실의 논리적 귀결이다. 기존 회사법상 오로지 (합병이나 정관 개정 같은) 가장 크고

---

42 예컨대 Yermack, 앞의 논문(주 33), 2286-9(미국 회사의 사외이사들은 대개 주식과 옵션을 받지만 성과연동의 정도는 경영진의 경우보다 훨씬 낮다) 참조.

근본적인 회사의사결정만이 주주 승인을 요하고, 주주에게 경영상 결정사항을 발의하도록 요구하는 국가는 우리가 아는 한 없다.[43]

2.2.6 사전적 및 사후적 전략

앞 〈표 1〉의 아래 칸은 10가지 법적 전략을 각각 '사전적', 그리고 '사후적' 전략으로 구성된 다섯 개의 쌍으로 분류하고 있다. 이런 분류는 절반의 전략들이 대리인의 행동 **전에** 완전한 효과를 발휘하는 것인 반면에 나머지 절반은—적어도 잠재적으로는—대리인 행동의 질에 사후적으로 대처하는 것이라는 점을 부각시키는 데 불과하다. 예컨대 대리인에 대한 제한의 경우, 룰은 대리인이 무엇을 할 수 있고 할 수 없는지 사전적으로 명시하는 반면, 스탠더드는 사후적으로 대리인행위를 판단할 때 기준이 되는 일반적 규범을 규정한다. 따라서 룰은 일정한 자기거래를 바로 금지할 수 있지만, 스탠더드는 이런 거래들을 사후적으로 공정성 기준에 따라 판단하도록 명할 뿐이다.[44] 이와 마찬가지로 진입과 탈퇴의 조건을 설정하는 경우 강제공시와 같은 진입전략은 대리인이 본인과 거래하기 전에 행할 사항을 명시하는 반면, 주식 매수청구권 같은 탈퇴장치는 대리인행위의 질이 드러난 후에 본인이 대처할 수 있게 해준다.[45] 인센티브 일치전략의 경우 수탁자전략은 본인이 대리인을 선임하기 전에 대리인의 상반된 이해관계를 중화시킨다는 의미에서 사전적 전략이다. 한편 보상전략은 지급액이 장래의 불확정한 결과에 달려 있기 때문에 대리인이 행동하기 전까지는 완전히 확정되지 않는다는 의미에서 대부분 사후

---

43 뒤 3.4 참조. 대리비용 경감을 위하여 결정사항의 발의와 승인을 분리하는 방안의 효용은 다음 문헌에서 처음 강조되었다[Eugene Fama and Michael Jensen, *Separation of Ownership and Control*, 26 Journal of Law And Economics 301 (1983)].

44 뒤 6.2.4(사전적 금지)와 6.2.5(사후적 기준)를 비교하라.

45 예컨대 뒤 5.2.1, 6.2.1.1, 9.2.1.5(강제공시)와 7.2.2(주식 매수청구)를 비교하라.

적이다.

선임과 해임전략도 사전적 및 사후적 쌍으로 나눌 수 있다. 만약 본인이 대리인을 사전에 선임할 수 있다면, 그를 충성도에 따라 고를 수 있다. 만약 본인이 대리인을 사후적으로 해임할 수 있다면 배신행위를 응징할 수 있다. 이와 마찬가지로 주주는 합병 같은 주요 회사거래를 발의할 권한을 가질 수도 있고, 또는—통상의 그런 것처럼—이사회가 발의한 합병안을 승인하는 권한만을 가질 수도 있다.[46]

그러나 우리는 법적 전략을 이처럼 사전적 유형과 사후적 유형으로 구분하는 작업의 명확성이나 분석력을 너무 강조할 의도는 없다. 예컨대 어떤 이는 보상전략이 수탁자전략처럼 대리인 보상조건을 미리 정하기 때문에 그것이 사후적 전략이 아니라 사전적 전략으로 보아야 한다고 주장할 수도 있다. 마찬가지로 어떤 이는 이사 선임이 새 이사 선임과 기존 이사 해임을 동시에 초래하기 때문에 임명권을 사전적 및 사후적 유형으로 쉽게 나눌 수 없다고 주장할 수도 있다. 우리는 사전적/사후적 구분을 단지 설명의 목적상 도움이 되는 자기발견적 도구로서의 분류(classification heuristic)로 제시할 뿐이다.

사실 이미 언급한 바와 같이 우리가 일반적인 법적 전략을 이처럼 구분하는 것도 마찬가지로 자기발견적 도구를 제시한다는 취지에 따른 것이다. 앞 〈표 1〉에 배치된 10가지 전략은 분명히 서로 겹치며, 하나의 법 규정이 둘 이상의 전략의 예로 분류될 수도 있다. 다시 말하지만 여기에서 우리 목적은 단지 법이 도구로서 활용되는 다양한 방식을 강조하는 것이지, 기능적 이해를 돕는 대신 그것을 대체하는 형식주의적 도식을 제시하는 것은 아니다.

46 뒤 7.4 참조.

2.3 정보 공시

정보 공시는 회사의 대리비용을 통제에서 근본적 역할을 수행한다. 이미 언급한 바와 같이[47] 그것은 관계설정전략의 주요 부분을 구성한다. 가장 명백하게도 투자설명서 공시는 본인이 될 자가 어떤 조건에 따라 회사에 소유자로 **참여할** 것인지를 결정하는 데 필요한 정보를 대리인으로 하여금 제공하도록 강제한다. 그보다는 덜하지만 정기적 재무 공시 및—예컨대 주가에 관한 정보와 관계자거래의 조건에 대한—수시 공시도 어느 정도에 이를 때까지 본인이 소유자로 남거나 회사를 **떠날** 것인지를 결정할 수 있게 해준다. 그러나 계속공시는 그 밖에도 다른 각 전략과 관련하여 일반적인 부수효과가 있다. 그러므로 이곳에서 별도로 논의하기로 한다.

집행을 요하는 규제전략과 관련하여 관계자거래의 공시는 문제 있는 거래의 존재를 알 수 있게 해주고 제소하려는 자에게 법원에 제출할 정보를 제공한다.[48] 지배구조전략과 관련하여 정보 공시는 상이하지만 보완적인 여러 방식으로 활용될 수 있다. 첫째, 그리고 가장 일반적으로, 채택된 지배구조장치의 조건을 공시하도록 강제하는 경우 본인은 적절한 개입전술을 판단할 수 있다. 둘째, 그리고 특히 결정권과 관련하여, 본인의 승인이 필요한 거래의 세부조건을 공시하도록 강제하면 본인의 결정이 개선될 수 있다. 셋째, 수탁자 역할을 수행하는 자에 대한 정보를 공시하면 그의 평판이 공개적으로 대리인에 대한 효과적 감시로 이어지는 데 도움이 된다.

물론 공시의무 자체의 준수(compliance)를 확보할 필요도 있다. 이는

---

47 앞 2.2.2와 뒤 9.1.2 참조.

48 예컨대 Simeon Djankov, Rafael La Porta, Florencio Lopes-de-Silanes, and Andrei Shleifer, *The Law and Economics of Self-Dealing*, 88 Journal of Financial Economics 430 (2008) 참조.

대리인 측의 준수를 확보하는 보다 일반적인 문제의 축소판이다. 정보의 유형은 예상되지만 내용은 아직 알려지지 않은 〔이른바 '알려진 미지(未知)(known unknowns)'〕 정기공시의 경우에는 공시가 기대된다는 공식적 선언 외에 추가의 준수 메커니즘은 필요하지 않을 것이다. 본인이 (예컨대 연말재무제표, 이사회의 구조와 구성, 임원 보수약정과 같은) 특정 정보가 특정 형식으로 공시될 것이라는 점을 알고 있는데 그 공시를 불이행하는 것은 그 자체로 본인의 행동을 촉발시키는 부정적 신호가 될 수 있다.[49] 정기공시의 준수 문제는 그 실시 여부가 아니라 그 질이 문제기 때문에 그 확보를 돕는 데에는—감사인이라는 형태의—수탁자전략이 활용되는 것이 보통이다. 수시공시의 경우에는 그 정의상 본인이 사전에 특별한 공시를 기대하지 않기 때문에〔즉 이 경우는 이른바 '미지의 미지(unknown unknowns)'이기 때문에〕 준수 문제가 달라진다. 이 경우는 활발한 법집행만이 준수를 확보할 수 있는 것처럼 보인다.[50]

2.4 준수와 집행

법적 전략은 대리인이 본인의 이익에 따라 행동하도록, 즉 우리의 간략한 용어로는 대리인 준수를 유도하는 한도에서만 의미를 갖는다. 이와 관련하여 각 전략은 법규범의 **집행**을 확보하기 위하여—법원, 규제기관, 절차적 규정과 같은—다른 법적 제도(institutions)의 존재에 의존한다. 이 절에서는 집행과 준수 사이의 관계에 대하여 검토한다. 이어서 집행이 실현되는 세 가지 방식에 대하여 논한다.

49 이 메커니즘은 영국을 비롯한 일부 국가에서 '준수 또는 설명(comply or explain)'조항에 의하여 지배구조장치의 공시를 집행하기 위하여 활용된다.

50 Utpal Bhattacharya and Hazem Daouk, *The World Price of Insider Trading*, 57 Journal of Finance 75 (2002) 참조.

2.4.1 집행과 개입

집행은 룰과 스탠더드 같은 규제전략과 관련하여 가장 직접적으로 의미를 갖는다. 이들은 대리인 행동을 제약하는 작용을 한다. 이들이 실제로 집행되지 않는다면 그런 작용을 기대할 수 없다.[51] 그런 작용은 법원과 규제기관 같은 제대로 기능하는 집행기관(enforcement institutions)과 아울러 조사를 개시할 적절한 인센티브를 필요로 한다.

이와 대조적으로 지배구조전략은 대리인의 준수를 유도하기 위한 본인의 개입에 크게 의존한다.[52] 그러므로 (규제전략의) 공식적 집행과 (지배구조전략에 의한) 개입은 양자 모두 준수를 확보하기 위해서 대리인에게 벌금을 부과한다는 의미에서 대체물이다. 이런 개입이 대리인의 적절한 선임과 보상의 구조, 해임의 실질적인 위협, 또는 주요 쟁점에 관한 효과적 의사결정이라는 형태를 취하든 아니든, 그것이 대리인의 준수를 확보할 수 있는지 여부는 주로 낮은 비용으로 조정하고 행동하는 본인의 능력에 달려 있다. 물론 지배구조전략은 그 작동을 뒷받침하는 배경적 법규정을 요하고 특히 다양한 회사 관계자의 결정권을 정하는 규정에 의존한다.[53] 그러므로 지배구조전략은 또한 법적 집행기관들이 그런 권한을 효과적으

51 이 점은 새로운 것이 아니다. 초기의 인식에 관해서는 Roscoe Pound, *Law in Books and Law in Action*, 44 American Law Review 12 (1910); Gary Becker, *Crime and Punishment: An Economic Approach*, 76 Journal of Political Economy 169 (1968) 참조.

52 그런 개입은 지배구조전략의 효과를 대리인이 신뢰하도록 만든다는 의미에서 그것을 '집행'의 비공식적 형태라고 말하는 것도 가능하다. John Armour, *Enforcement Strategies in UK Corporate Governance: A Roadmap and Empirical Assessment*, in John Armour and Jennifer Payne, eds., Rationality in Company Law, p.71, pp.73-6 (2009) 참조. 그러나 법률가들이 이해하는 보다 구체적 의미의 집행과의 혼동을 피하기 위하여 우리는 이처럼 보다 넓은 의미를 삼가기로 한다.

53 회사재산에 관한 본인의 권리를 보호할 수 있는 법적 장치가 존재하지 않는 상황에서는 순전히 지배에 기초한 전략들조차 효과적이지 못할 것이다. Bernard Black, Reinier Kraakman, and Anna Tarassova, *Russian Privatization and Corporate Governance: What Went Wrong?*, 52 Stanford Law Review 1731 (2000).

로 확정하도록 만들 것도 요구한다. 그러나 지배구조전략은 규제전략에 의하여 보다 직접적으로 대리인의 준수를 강제하는 데 필요한 것보다 법원과 규제기관 측의 전문성과 정보를 덜 요한다.[54] 그러므로 집행기관들은 규제전략의 경우에는 일차적 중요성을 갖지만 지배구조전략의 경우에는 이차적 중요성을 가질 뿐이다.

2.4.2 집행의 개시자

이제 '집행기관'의 성격에 대해서 살펴보자면 행동에 나설 책임이 있는 당사자의 특성에 따라 집행의 양식은 다음 세 가지로 나눌 수 있다. ① 공무원, ② 사익을 위하여 행동하는 사적 주체, ③ 공익을 위하여 행동하도록 동원된, 전략적으로 투입된 사적 주체〔문지기(gatekeepers)〕. 집행의 양식은 물론 다른 여러 방식으로 분류할 수 있을지도 모른다. 여기에서 우리의 목적은 분류 자체를 위하여 분류하는 것이 아니라 실질적인 법적 전략의 효과가 다른 집행 양식을 통해서 어떤 영향을 받는가에 대한 사고를 촉발하는 것이다. 그러므로 우리는 — 집행기관의 유형이라는 — 한 가지 차원에 근거한 자기발견적 도구로서의 분류를 단순히 묘사하고, 집행의 변화를 초래하는 다른 차원들이 어떻게 영향을 미칠 수 있는지에 대하여 사고하도록 독자를 유도할 뿐이다. 우리 생각에 우리가 선택한 분류는 — 공무원, 이해관계 있는 사적 주체, 문지기의 행동을 통해 대리인에게 영향을 주는 것과 같이 — 회사경영에 관여하는 대리인이 집행을 인식하는 방식을 반영할 소지가 크다는 장점이 있다.

---

54 Alan Schwartz, *Relational Contracts in the Courts: An Analysis of Incomplete Agreements and Judicial Strategies*, 21 Journal of Legal Studies 271 (1992); Edward B. Rock and Michael L. Wachter, *Islands of Conscious Power: Law, Norms, and the Self-Governing Corporation*, 149 University of Pennsylvania Law Review 1619 (2001) 참조.

2.4.2.1 공적 집행

'공적 집행'은 정부 기관이 행하는 모든 법적·규제적 조치를 말한다. 이런 방식은 공무원과 공적 기관이 제기하는 민형사소송과 공적 주체가 행사하는 다양한 사전 승인권을 포함한다. 예컨대 많은 국가에서 공모를 행하는 발행인은 증권감독기관에 검토를 위한 문서를 제출할 의무가 있다.

공적 집행 조치는 지방검찰청에서—회사의 공시를 감시하는 미국의 증권거래위원회(Securities and Exchange Commission, SEC) 같은—회사 행동을 실시간으로 감시하고 위반 방지를 위한 개입권을 갖는 중앙규제기관에 이르기까지 매우 다양한 정부기관에 의하여 개시될 수 있다. 우리는 전국적 증권거래소와 영국의 금융보고위원회(Financial Reporting Council)[55]와 같은 일부 자율규제기관과 준규제기관도 '공적 집행기관(public enforcers)'으로 부르기로 한다. 그런 조직이 실제로 규정 준수를 사전적으로 강제하거나 규정 위반에 대해 사후적으로 제재할 수 있는 범위에서는 그런 제재가 평판적·계약적 또는 민사적인지를 불문하고 그 조직은 **집행기관**에 해당한다. 게다가 그것의 규제적 실효성이 믿을 만한 정부 개입의 위협에 의하여 뒷받침되고 있는 경우에는 그것을 **공적** 집행기관으로 부르는 것이 의미가 있고 그것을 공적인 권한행사조직(public franchisee)으로 볼 수 있다.[56] 그런 믿을 만한 위협이 존재하지 않는 경우에는 그런 조직은 순전히 사적인 것으로 보아야 할 것이다.

이론상 공적 집행은—사적 집행에 비하여—제소에 나설 책임이 있는 공무원이 회복된 현금지급액을 차지하지 않으므로 제소할 인센티브가 약하다.[57] 그러나 공적 집행기관이 회사피고로부터 거두어들인 벌금의 일부

---

55 영국의 금융보고위원회는 산하 행위규제소위(Conduct Committee)를 통해서 법준수의 관점에서 공개회사의 재무제표를 심사한다.

56 '강요된 자율규제'란 개념은 다음 문헌에서 발전된 것이다. Ian Ayres and John Braithwaite, Responsive Regulation: Transcending the Deregulation Debate, pp.101–32 (1992).

57 Jonathan R. Hay and Andrei Shleifer, *Private Enforcement of Public Laws: A Theory of Legal Reform*, 88 American Economic Review 398 (1998).

또는 전부를 차지하는 것이 허용되는 경우에는 이런 차이가 크게 줄어든다. 그 경우 집행결정은 잘못보다 지급능력에 따라 좌우될 수도 있다.[58] 실제로 공적 집행은 거의 모든 국가에서 회사대리인의 준수를 확보하기 위한 중요한 양식이다.[59]

2.4.2.2 사적 집행

공적 집행의 경우와 마찬가지로 사적 집행도 수많은 제도들(institutions)을 포섭하고 있다. 그 스펙트럼의 공식적인 끝머리에는 집단소송과 대표소송이 자리 잡고 있는바 그것들은 원고대리전문 변호사, 협조적인 법관과 아울러 증거개시(discovery rights), 집단소송, 소송비용 같은 다양한 사항을 통해서 소송을 촉진하는 우호적인 절차법이라는 형태의 방대한 법적·제도적 인프라를 요한다.[60] 미국은 집단소송인가와 관련하여 '제외신청(opt out)'방식을 취하고 성공보수를 허용하는 등 사적 집행을 위한 제도적 보완장치가 존재한다는 점에서 국제적인 예외에 속한다. 그리하여 미국에서 회사법분야의 사적 집행 비율은 어느 대상국가에서보다도 훨씬 높은 것으로 보인다.[61] 사실 대형 합병거래에서 회사이사의 과실을

---

58 Margaret H. Lemos and Max Minzner, *For-Profit Public Enforcement*, 127 Harvard Law Review 853 (2014); Brandon L. Garrett, Too Big to Jail: How Prosecutors Compromise with Corporations (2014).

59 예컨대 Armour, 앞의 논문(주 52), 87-102; John Armour and Caroline Schmidt, *Building Enforcement Capacity for Brazilian Corporate and Securities Law*, in Robin Huang and Nico Howson, eds., Public and Private Enforcement: China and the World (forthcoming 2017); Coffee, 앞의 논문(주 50), 258-63; Howell E. Jackson and Mark J. Roe, *Public and Private Enforcement of Securities Laws: Resource-Based Evidence*, 93 Journal of Financial Economics 207 (2009); Rafael La Porta, Florencio Lopes-de-Silanes, and Andrei Shleifer, *What Works in Securities Laws?*, 61 Journal of Finance 1 (2006) 참조.

60 예컨대 일본에서는 이 사항들 중 여럿에 걸친 개선이 사적 집행의 상당한 증가를 가져왔다고 지적된다. Tom Ginsburg and Glenn Hoetker, *The Unreluctant Litigant?: An Empirical Analysis of Japan's Turn to Litigation*, 35 Journal of Legal Studies 31 (2006).

61 John Armour, Bernard Black, Brian Cheffins, and Richard Nolan, *Private Enforcement of Corporate Law: An Empirical Comparison of the United Kingdom and the United*

주장하며 소송이 제기될 확률은 2012년에 이르러 100퍼센트에 접근하고 있다.[62]

공적 집행과 달리 우리가 사적 집행으로 부르는 방식은 주로 억지(deterrence)의 메커니즘, 즉 잘못을 발견하면 사후적으로 처벌을 가하는 것에 의존한다. 사적 집행에는 우리가 공적 집행의 방식에 포함시킨 사전의 규제적 승인과 별로 직접적 유사점이 없다. 그런 집행의 한 예로는 영국의 '구조조정계획(scheme of arrangement)'절차를 들 수 있다. 그에 의하면 중요한 구조조정거래를 감행하기를 원하고 주주로부터 (그리고 채권자들이 당사자인 경우에는 채권자들로부터) 필요한 결의를 거친 회사는 구조조정계획에 대한 법원의 승인을 구할 수 있다.[63] 이 시점에서 법원은 절차적 경과를 심사할 수 있으며 그 계획을 승인한 경우에는 그것을 사후적으로 다툴 수 없다. 그러나 초점을 넓혀서 엄격한 의미의 집행뿐 아니라 보다 일반적으로 대리인 준수를 확보하는 수단도 포함시킨다면 중요한 유사점이 존재한다. 즉 사적 주체는 물론 대리인 준수를 확보하기 위하여 사전의 지배구조적 개입에 매우 적극적으로 관여한다. 사실 이 절에서의 논의는 법집행에 시동을 거는 자로서의 공적 및 사적 주체에 초점을 맞추었지만

States, 6 Journal of Empirical Legal Studies 687 (2009)(영국에서의 주주소송의 부존재) 참조; Guido Ferrarini and Paolo Giudici, *Financial Scandals and the Role of Private Enforcement: The Parmalat Case*, in John Armour and Joseph A. McCahery, After Enron: Improving Corporate Law and Modernising Securities Regulation in Europe and the US, p.159 (2006)(이탈리아에서의 사적 집행의 결여); Theodore Baums, et al., *Fortschritte bei Klagen Gegen Hauptversammlungsbeschlüsse? Eine Empirische Studie*, ZIP 2007, 1629(독일에서의 낮은 수준의 주주소송). 일본에서 1990년대 주주소송비율은 크게 증가했지만[Mark D. West, *Why Shareholders Sue: The Evidence from Japan*, 30 Journal of Legal Studies 351 (2001) 참조], 여전히 미국에서와 같은 수준의 빈도에 이르지는 못했다.

62 John Armour, Bernard Black, and Brian Cheffins, *Is Delaware Losing its Cases?*, 9 Journal of Empirical Legal Studies 605, 623, 627 (2012). 그러나 델라웨어주의 경우 공적 집행을 위한 메커니즘은 존재하지 않는다.

63 Part 26 Companies Act 2006 (UK).

지배구조적 개입에 관해서도 동일한 개념상 구분을 할 수 있다. 예컨대 국가가 주요 주주인 경우 공적 주체도 지배구조적 개입에 관여할 수 있다. 이런 태도는 우리가 살펴본 대부분의 국가에서 찾아볼 수 없지만 일부 국가, 예컨대 프랑스 · 이탈리아 · 브라질에서는 국가가 공개회사의 지배주식을 소유하는 경우가 흔하다.[64] 그러한 상황에서 공적 주체, 즉 정부기관은 지배구조적 개입에 관한 결정을 내린다.

2.4.2.3 문지기 통제

문지기 통제는 회사 주체의 행동을 통제하는 데 회계사와 변호사 같은 비(非)회사 주체를 동원하는 것이다. 이런 동원은 일반적으로 문지기에게 회사 비리에 참여하거나 비리의 방지나 공개를 하지 못한 경우 제재한다고 위협하는 방법으로 이루어진다.[65] 동원된 주체는 집행업무의 궁극적 대상인 회사거래를 마무리하려면 관행상이든 법적으로든 그의 관여가 일반적으로 필요하다는 의미에서 '문지기'에 해당한다. 우리는 그 방식이 문지기가 회사거래에 대하여 갖는 통제력을 강화하고 원치 않는 행동을 방지하기 위하여 그 통제력을 사용할 강한 인센티브를 그에게 부여하는 식으로 작동된다는 점을 강조하기 위하여 그 방식을 '문지기 **통제**'라고 부른다.

문지기 통제는 본인 자신이 대리인을 감시하는 것이 아니라 그것을 문지기에게 맡긴다는 점에서 위임된 개입의 한 형태로 보는 것이 아마도 가장 좋을 것이다. 즉 준수는 일반적으로 위반자를 처벌하는 사후적 메커니즘을 통해서가 아니라(예컨대 감사인이 적정의견을 내기를 거절하는 것 같은) 사전적 제약 메커니즘을 통해 확보된다. 물론 그런 위임은 문지기

64 Aldo Musacchio and Sérgio Lazzarini, Reinventing State Capitalism (2014) 참조.

65 Reinier Kraakman, *Gatekeepers: The Anatomy of a Third-Party Enforcement Strategy*, 2 Journal Of Law Economics and Organization 53 (1986); John C. Coffee, Jr., Gatekeepers: The Professions and Corporate Governance (2006) 참조.

와 본인 사이에 새로운 대리 문제를 낳는다. 이 문제는 문지기에게도 기초적인 법적 전략을 적용함으로써 처리하며 주로 스탠더드와 수탁자전략에 의존한다.[66]

2.4.3 페널티

앞에서 설명한 방식에 따른 집행 또는 특히 지배구조적 개입은 사전승인 요건이나 사후적 벌칙을 부과함으로써 준수를 확보한다. 우리는 여기에서 '페널티(penalty)'라는 용어를 피고에게 많은 비용을 치르게 함으로써 위법행위를 억지하는 데 기여할 가능성이 있는 집행의 결과를 모두 포괄하는, 폭넓은 기능적 범주로 사용한다. 많은 경우 그런 페널티의 획정은 당초 상상한 것보다 더 미묘한 일이다. 아마도 가장 명백한 행태의 페널티는 금전의 지급일 것이다.[67] 먼저 제기되는 쟁점은 누가 책임을 부담하는가에 관한 것이다. 경영자와 소유자 사이 및 주주와 주주 사이의 대리 문제를 통제하기 위한 법적 전략의 경우 가장 분명한 피고는 당해 대리인이다. 반면에 외부효과 통제를 위해서는 회사로 하여금 페널티를 지급하게 해야 경영자가 페널티의 기대비용을 고려하게 될 것이다.

그러나 미국, 독일, 기타 일부 국가에서는 회사가 그 부담을 개인으로부터 회사로 이전하는 효과를 갖는, 경영자에 대한 보상이나 보험(Directors & Officer Liability insurance, D & O insurance)를 제공하는 것이 통상의 관행이다. 일반적으로 이는 민사책임에 의하여 경영자에 부과된 재정상 부담의 실질적 규모를 감소시키므로 주주소송이 흔한 국가에서도 사외이사

---

66 예컨대 Selangor United Rubber Estates v Cradock (No 3) [1968] 1 WLR 1555 (UK Ch D); RBC Capital Markets LLC v Jervis 129 A.3d 816 (Del. 2015) 참조: 이사회의 의무위반에 알면서 또는 부정직하게 조력한 은행원에 대한 이차적 책임.

67 우리는 페널티란 용어를 폭넓게 사용한다는 방침에 따라 여기에 보상적 지급과 보다 좁게 정의된 징벌적 지급을 모두 포함시킨다.

들이 주주소송의 결과 개인재산으로 배상을 해야 하는 경우는 극히 드물다.[68] 이를 기능적으로 뒷받침하는 것은 경영자에게 개인책임을 너무 적극적으로 부과하면 그들이 분산투자하는 주주들의 바람에 반하여 위험회피적으로 행동하게 될 우려가 있다는 것이다.[69]

거꾸로 때로는 외부효과 통제의 실패에 대한 책임을 회사로부터 개별 대리인에게 전가하는 것이 바람직한 경우도 있다. 회사재산이 예상손실을 충당하는 데 부족한 경우에는 주주의 유한책임으로 인하여 위험한 업무의 비용을 내부화할 인센티브가 부족해질 수도 있다. 회사에 관련된 개인에 대한 페널티 부과는 당해 법적 전략의 실효성을 증진시킬 수 있다.[70]

다수의 대륙법 국가에서는 회사법규정 위반에 대한 또 하나의 중요한 **사후적**(*ex post*) 효과는 회사 결정의 무효화다.[71] 그런 판결은 관련 규정을 위반한 절차를 통해서 내려진 회사 결정의 법적 효력을 부정한다. 이 메커니즘은 우리가 주목하는 대리비용 중 앞의 두 유형을 통제하는 데 사용된 다양한 지배구조전략에 관한 스탠더드와 절차 규정의 준수를 확보하는 데 유용하다. 절차가 정상화되기까지 회사 조치가 취소되거나 지연되

---

68 Bernard Black, Brian Cheffins, and Michael Klausner, *Liability Risk for Outside Directors: A Cross-Border Analysis,* 11 European Financial Management 153 (2005); Tom Baker and Sean J. Griffith, *How the Merits Matter: Directors' and Officers' Insurance and Securities Settlements*, 157 University of Pennsylvania Law Review 755 (2009).

69 Reinier Kraakman, *Corporate Liability Strategies and the Costs of Legal Controls*, 93 Yale Law Journal 957 (1984); Gregor Bachmann, ed., Gutachten E zum 70. Deutschen Juristentag: Reform der Organhaftung? Materielles Haftungsrecht und seine Durchsetzung in privaten und öffentlichen Unternehmen (2014); Regional Court (Landgericht) München 0.12.2013 Zeitschrift für Wirtschaftsrecht (ZIP) 2014, 570 (the *Siemens/Neubürger* case) 참조.

70 Kraakman, 앞의 논문(주 69); John Armour and Jeffrey N. Gordon, *Systemic Harms and Shareholder Value*, 6 Journal of Legal Analysis 35 (2014). 뒤 4.3 참조.

71 Holger Fleischer, *Fehlerhafte Aufsichtsratsbeschlüsse: Rechtsdogmatik—Rechtsvergleichung—Rechtspolitik*, Der Betrieb 2013, 160–7, 217–24; Martin Gelter, *Why Do Shareholder Derivative Suits Remain Rare in Continental Europe?*, 37 Brooklyn Journal of International Law, 843–92 (2012) 참조.

는 데 따른 회사의 비용은 상당할 수도 있고 그 때문에 그 무효화는 우리가 여기에서 사용하는 의미의 페널티로서 기능한다.

잘못이 '범죄적'인 분류에 속할 만큼 중대한 것으로 판단되는 경우에는 회사피고인에 대해서는 불가능하지만 자연인 피고인에 대한 페널티로는 감금도 활용될 수 있을 것이다.[72] 규제산업에서의 회사피고인의 경우 부과 가능한 가장 엄한 페널티는 회사의 규제상 인가의 취소로, 그 경우 회사는 사실상 폐업에 이를 것이다. 형사처벌 및/또는 규제상 인가의 취소는 부가될 제재의 세심한 획정이 따르지 않는 경우에는 과도한 억지가 초래되기 쉽다.[73]

피고인들은 집행 조치로 인하여 광범한 법외적인—주로 평판상의—영향을 받을 수 있다. 자연인 대리인의 경우 그런 영향에는 일자리 상실이나 다른 일자리 구하는 것의 어려움이 포함된다.[74] 회사 대리인의 경우 평판상의 손해는 계약 상대방이 그들의 이행수준에 대한 기대치를 낮춤으로써 결과적으로 회사의 거래조건이 부정적인 영향을 받는 것으로 이해할 수 있다.[75] 이는 금전적 페널티의 규모를 훌쩍 뛰어넘을 수 있다. 사

72 법인에 대한 형사처벌이 가능한 것인가에 대해서는 논의가 많다. 이제 대부분 국가가 이것을 허용하지만 독일 같은 일부 국가는 그렇지 않다. 일반적으로 Guy Stessens, *Corporate Criminal Liability: A Comparative Perspective*, 43 International and Comparative Law Quarterly 493 (1994) 참조.

73 예컨대 Jennifer Arlen, *The Potentially Perverse Effects of Corporate Criminal Liability*, 23 Journal of Legal Studies 833 (1994); Daniel R. Fischel and Alan O. Sykes, *Corporate Crime*, 25 Journal of Legal Studies 319 (1996). EU 맥락에서 특히 고려할 것은 경쟁법 집행이다. Case C-172/12 P, *EI du Pont de Nemours v Commission* 〔2013〕 European Court Reports I-0000, ECLI: EU: C:2013:605 참조. 자회사의 경쟁법 위반을 이유로 한 모회사에 대한 벌금으로 벌금액은 모회사 매출의 일정 비율로 벌금액을 산정.

74 예컨대 Fich and Shivdasani, 앞의 논문(주 33); Maria Correia and Michael Klausner, *Are Securities Class Actions "Supplemental" to SEC Enforcement? An Empirical Analysis*, Working Paper, Stanford Law School (2012) 참조.

75 Jonathan Karpoff and John Lott, Jr., *The Reputational Penalty Firms Face from Committing Criminal Fraud*, 36 Journal of Law and Economics 757 (1993); Cindy Alexander, *On the Nature of the Reputational Penalty for Corporate Crime: Evidence*, 42 Journal of Law and Economics 489 (1999); Jonathan Karpoff, D. Scott Lee, and

실 평판상 손해를 가져오기 위해서는 아무런 금전적 페널티도 부과할 필요가 없고 잘못에 대한 신뢰성 있는 정보만 유포하면 족하다.[76] 평판상 손해의 가능성은 전체 실질적인 페널티를 키울 뿐 아니라 그 예측 가능성을 떨어뜨린다.[77] 나아가 계약 상대방에 손해를 입히는 것이 아니라 순수하게 외부효과를 부과하는 회사의 잘못은 **계약상의** 이행에 대한 기대에 반드시 변화를 가져오는 것은 아니고 평판상의 손해를 초래하는 것처럼 보이지도 않는다.[78] 이는 외부효과의 통제와 관련한 법적 페널티의 선택에 대해서 의미를 지닌다.[79]

2.5 회사와 관련된 법적 전략

법은 법적 전략을 추상적으로 적용하는 것이 아니라 구체적인 규제적 상황에서만 적용한다. 설명과 분석의 목적상 우리는 그런 상황을 6가지 기본적 범주의 회사 의사결정과 거래로 분류한다. 다음 7개 장은 이들 범주 각각에 초점을 맞춘다. 이들 범주 사이의 경계는 다소 자의적이고 중복된다. 그럼에도 불구하고 각 범주는 어느 정도 기능적 일체성(functional unity)을 가지며 각 범주에서 법적 전략을 활용하는 전형적인 모습은 적어

Gerald Martin, *The Cost to Firms of Cooking the Books*, 43 Journal of Financial and Quantitative Analysis 581 (2008) 참조.

76 예컨대 Benjamin L. Liebman and Curtis J. Milhaupt, *Reputational Sanctions in China's Securities Market*, 108 Columbia Law Review 929 (2008) 참조.

77 John Armour, Colin Mayer, and Andrea Polo, *Regulatory Sanctions and Reputational Damage in Financial Markets*, Journal of Financial and Quantitative Analysis forthcoming (2017)(평판상의 손해규모와 금전상의 페널티규모 사이에 상관관계 부존재) 참조.

78 Jonathan M. Karpoff, John R. Lott, Jr., and Eric W. Wehrly, *The Reputational Penalties for Environmental Violations: Empirical Evidence*, 48 Journal of Law and Economics 653 (2005); Armour, Mayer, and Polo, 앞의 논문(주 77) 참조.

79 뒤 4.3 참조.

도 다소 독특하다.

제3장과 제4장은 통상적인 기업거래와 의사결정을 규율하는 데 활용되는 법적 전략을 검토한다. 이와 관련해서 지배구조전략이 우세한 것은 놀라운 일이 아니다. 제5장에서는 회사의 채무 관계와 채권자 보호 문제를 살펴볼 것인데 이와 관련해서는 회사 도산 시와 같이 강조점이 지배구조전략으로 이동하는 경우를 제외하고는 규제전략이 통상적이다. 제6장에서는 관계자거래(또는 자기거래)에 대한 법적 규율을 검토한다. 제7장은 합병이나 주요 자산매각과 같은 '중요한' 거래에 대한 회사법상 처리를 고찰하며, 제8장은 지배주식 매각이나 적대적 인수 같은 지배권거래에 대한 법적 처리를 평가한다. 이하의 논의에서 밝혀지는 바와 같이 국가들은 위 3가지 거래와 관련하여 모두 규제전략과 지배구조전략을 유연하게 혼용하고 있다. 이어서 제9장에서는 시장에서의 발행자 규제를 살펴보는데 그곳에서는 규제전략이 지배적이다.

우리는 위 거래와 의사결정의 범주들이 회사법 전부를 망라한다고 주장하는 것은 아니다. 그러나 이들은 통상 회사법이라고 이해되는 분야의 대부분과 오늘날 회사법상 흥미 있고 논쟁적인 논점의 거의 전부를 포괄한다.

본론에 해당하는 7개 장의 각 장에서 우리는 분석을 기능적으로 진행한다. 대부분의 장에서 우리의 분석은 대리 문제와 법적 전략에 따라 구성된다. 우리는 특정 범주의 회사 의사결정에 대해서 우리의 대상국가에서 활용되는 법적 전략을 검토한다. 다만 2개 장에서는 분석적 논의가 약간 다르게 구성된다. 즉 (중요한 거래에 관한) 제7장에서는 거래의 범주에 따라서, 그리고 (지배권거래에 관한) 제8장에서는 대리 문제에 따라서 구성된다. 이런 구조상의 차이는 이 장들에서 다루는 거래의 강한 이질성에서 비롯된 것이다. 마지막으로 특정 종류의 회사 의사결정을 규율하기 위해서 동원된 법적 전략이 국가 간에 상당한 차이를 보이는 경우에는 우리는 그런 차이의 유래를 짚어 보고자 한다.

2.6 체계적인 차이

우리는 대리비용을 통제하는 다양한 법적 전략과 그와 관련된 집행방식의 활용이 국가에 따라 체계적인 차이를 보일 것으로 기대할 수도 있다. 특히 우리는 주식 소유구조와 대리비용의 통제를 위하여 가장 크게 의존하는 법적 전략유형과의 사이에 강한 상보성(complementarities)이 있을 것으로 기대한다. 지배구조 메커니즘의 실효성은 본인들 사이의 조정이 가능한 한도와 밀접한 관련이 있기 때문에 주식 소유구조가 경영자 통제를 위해서 지배구조전략을 동원하는 정도에 영향을 주지 않는다면 오히려 놀라운 일이다. 지구상 대부분 국가에서 공개회사의 주식 소유는 가족이든 기관투자자이든 비교적 소수의 주주 손에 집중되고 있다. 그런 소유형태의 경우 소유자들은 비교적 낮은 비용으로 서로 조정할 수 있고, 지배구조전략에 의존하여 경영자를 통제할 수 있다. 다만 그 경우에는 지배주주의 통제라는 한층 어려운 문제가 있는 것은 물론이다. 그러나 주식 소유가 보다 분산된 경우에는 지배구조 메커니즘은 경영자 통제에 덜 효과적이고 규제적 메커니즘을 전면에 내세울 필요가 더 크다.

대리 문제 통제를 위한 법적 전략의 선택이 소유형태를 보완할 가능성이 큰 것과 마찬가지로 그 선택은 다시 집행기관의 성격과 전문성에 의하여 보완될 것이다. 규제전략에 크게 의존하는 시스템에서는 집행기관이 본인 자신이 개입하는 경우에 비하여 대리인의 준수를 확보하는 데 보다 큰 역할을 수행할 것이다.[80] 보다 미시적 차원에서 특정 규제전략은 다른 집행기관을 보완하고 그로부터 지원을 받는다. 룰은 당사자들에게 이익

80 지배구조전략이 아니라 규제전략에 대한 수요의 존재는 규제적 전문성의 발전을 자극할 것으로 기대할 수 있다. 그리하여 미국과 같이 주식 소유가 분산된 국가에서 전문법원에 대한 수요가 크기 때문에 더 활발한 경향이 있다. Zohar Goshen, *The Efficiency of Controlling Corporate Self-Dealing: Theory Meets Reality*, 91 California Law Review 393 (2003) 참조.

을 초과하는 불편을 가하지 않으려면 그것을 공포하는 규제기관이 노련하고 대응력을 갖출 필요가 있다. 한편 스탠더드가 효과적으로 적용될 수 있으려면 독립적이고 전문성 있는 법원과 법률가가 필요하다. 마찬가지로 복잡한 계약에 대한 의존은 단순한 법규정보다 집행기관에 더 무거운 부담을 지울 공산이 크다.[81]

또한 계속공시의무의 적절한 **범위**는 특정 법적 전략이 동원되는 정도에 따라 달라진다.[82] 그리하여 규제전략이 광범위하게 활용되는 미국에서 계속공시는 전통적으로 자기거래에 초점을 맞춤으로써 공식적인 집행활동을 도왔다. 이와 대조적으로 지배구조 메커니즘에 더 의존하는 EU에서는 공시의무는 전통적으로 이사회구조의 세부사항을 강조하였다. 그러나 이러한 차이는 최근 — 우리가 제3장에서 살펴볼 소유구조의 보다 일반적인 수렴에 발맞추어 — 감소하여 EU에서는 관계자거래에 관한 공시가 강화되었고 미국에서는 이사회의 구성과 기능이 개선되었다.[83]

공시가 필요한 **한도**도 소유구조에 따라 달라질 것이다. 소유자들의 공조가 잘 이루어지는 경우에는 빈번한 공시는 경영자의 대리비용에 대한 대응책으로 덜 중요할 수도 있다.[84] 소유자는 정보를 스스로 더 잘 발견할 수 있고 더 많은 정보를 공시하도록 지배구조전략을 활용할 수 있기 때문이다. 그러나 이는 소유자들의 공조체제에서는 효과적이고 적절하게 집행되는 공시의무가 중요하지 않다는 말은 아니다. 그보다는 공조하는 소유자들의 경우에 문제 되는 것은 세 가지 대리 문제 중 첫 번째가 아닌

---

81 Edward Glaeser, Simon Johnson, and Andrei Shleifer, *Coase versus the Coasians*, 116 Quarterly Journal of Economics 853 (2001).

82 예컨대 para. 9 Recommendation 2005 / 162 / EC on the role of non-executive or supervisory directors of listed companies and on committees of the (supervisory) board, 2005 O.J. (L 52) 51 참조.

83 뒤 3.2.4, 3.4.2와 6.2.1.1 참조.

84 John Armour and Jeffrey N. Gordon, *The Berle-Means Corporation in the 21st Century*, Working Paper (2008), http://www.law.upenn.edu 참조.

두 번째 문제, 즉 주주 간의 이익충돌이라는 것이다. 이 경우 공시는 강력한 소유자들이—관계자거래를 포함하여—그들의 통제권을 어떻게 행사하는가에 관한 정보가 소수주주들에게 전달되는 것을 담보하고 경영자가 지배주주에게 전달하는 정보가 모든 소유자에게 동등하게 제공되는 것을—이른바 '선택적 공시(selective disclosure)의 방지를—담보하는 것이다.

그런 제도상의 차이는 많은 경우 회사에 의한 대리비용 통제의 성패에 별로 큰 차이를 낳지 않는다. 전략의 다양한 조합 및 그와 관련된 제도가 비슷한 기능을 수행할 수 있기 때문이다. 그러나 어떤 국가에서도 일부 제도는 그 존재 여부가 중요한 의미를 가질 수 있다. 특히 정보 공시가 규제전략의 집행과 지배의 실행을 뒷받침하기 위하여 수행하는 근본적인 역할을 고려하면—예컨대 강력하고 효과적인 증권규제 당국과 노련한 회계사업계와 같이—정보 공시를 뒷받침하는 제도는 대리비용 통제에 회사가 성공할지 여부에 항상 큰 차이를 발생시킬 것이다.[85]

85 Bernard Black, *The Legal and Institutional Preconditions for Strong Securities Markets*, 48 UCLA Law Review 781 (2001) 참조.

제3장

기본적 지배구조: 집단으로서의 주주의 이익

John Armour, Luca Enriques, Henry Hansmann, and Reinier Kraakman
최문희 옮김

제2장에서 살펴본 바와 같이 회사법은 다음 세 가지 근본적인 대리 문제를 해결해야 한다. 경영자(상급임원 및 이사)와 주주 사이의 이익충돌, 지배주주와 소수주주 사이의 이익충돌, 그리고 주주와 주주 아닌 이해관계자 사이의 이익충돌의 문제가 그것이다. 제3장에서는 대상국가에서 회사지배구조에서 활용된 법적 전략이 경영자와 주주 사이의 이익충돌 문제를 어떤 방법으로 완화하는지 검토한 후, 제4장에서는 소수주주와 주주가 아닌 나머지 회사 이해관계자의 이익 보호를 위해서 지배구조가 어떤 역할을 수행하는지 고찰한다.

회사지배구조의 저변에는 주식회사 형태의 두 가지 주요 특징이 깔려 있다. 첫 번째 특징은 투자자 소유로, 이는 오늘날 자본시장의 규모를 감안할 때 회사에 대한 궁극적인 지배가 회사의 일상 운영에서 멀리 유리되

어 있고 상당한 정보비용과 조율비용[1]을 부담하는 주주 손에 달려 있음을 의미한다. 두 번째 특징은 경영의 위임으로, 이것은 바로 주주의 정보비용과 조율비용 때문에 기능하게 된다. 그러한 경영 위임은 다시 주주와 경영자 사이의 대리비용을 수반한다.

회사법은 지배구조전략과 규제전략을 통해서 주주와 경영자 사이의 대리 문제에 대처한다. 그러나 제3장에서 서술하는 것처럼 이들 전략의 활용과 상대적 실효성은 주식 소유의 양상에 따라서 다르다. 지배주주가 흔한 국가에서는 **임면권**과 **의사결정권이** 종종 상대적으로 강력하다. 왜냐하면 지배주주가 경영진에 대해서 직접 영향력을 행사할 수 있기 때문이다.[2] 반대의 극단, 즉 미국에서 20세기의 상당 기간 동안 그러했던 것처럼, 수동적이고 정보를 갖지 못한 투자자의 손에 주식이 분산소유되어 있는 국가들에서는 임면권과 의사결정권은 별로 효과적이지 않고, 적절하게 설계된 경영진 **보상**이라는 형태의 **대리인 인센티브**나 비집행이사가 임원을 감시하는 **수탁자전략**이 더 잘 작동한다. 그러한 전략은 이사의 행동의 **스탠더드와 관계설정권리**에 의해 뒷받침되었다. 여기에서 관계설정권리란 주가에 더 많은 정보가 반영되고 유동성이 더 커지는 것을 담보하는 **공시원칙**으로서, 이것은 다시 적대적 기업인수에서 인수제의에 응하는 것을 포함한 **탈퇴권**의 실효성을 높여 준다. 이러한 양극단 사이에서 — 아마도 점점 더 흔한 경우로 — 지배주주는 일반적으로 존재하지 않지만 주식 소유가 기관투자자의 포트폴리오에 집중되어 있는 국가에서의 소유형태가

---

1 주주의 '조율 및 정보비용'은 다수의 주주들 사이에 실제 의사결정을 하는 데 드는 비용(즉 주주들에게 정보를 제공하고 과반수 주주의 선호도를 이끌어 내는 데 드는 비용)으로 이해할 수 있는데, 이것은 (주주가 정보를 제공받지 못하였거나 이익충돌이 있기 때문에) 실제 이 의사결정이 적합한 의사결정이 아닌 데에서 생기는 비용과 관련된다. 앞 2.1과 2.2 참조. 우리 공저자 중 한 사람은 이 비용의 조합을 '소유비용'이라고 칭하였다[Henry Hansmann, The Ownership of Enterprise 35 (1996)].

2 지배주주가 흔히 있는 국가에서 이러한 전략들(임면권과 의사결정권 — 옮긴이 주)은 지배주주가 없는 몇몇 회사에서 비지배(non-controlling) 기관투자자에게도 마찬가지의 영향력 행사를 가능하게 한다.

존재하는데, 그 경우에는 최대주주지분의 규모 자체와 전문적 헤지펀드의 행동주의 양자로 인하여 집단행동이 용이하다.[3]

우리의 주요 대상국가에서 다양한 법적 전략을 활용하는 정도를 서술하기 전에—각국에서 핵심적인 내부 지배구조제도인—이사회에 관한 몇 가지 일반적인 설명이 도움이 될 것이다.

3.1 경영의 위임과 이사회

공개회사의 지배구조에 관한 법은 우리의 모든 대상국가에서 유사한 기본구조를 취한다. 경영의 위임은 많은 의사결정권이 이사회에 배분됨을 의미하지만 법은 투자자 소유를 반영하여 일정한 근본적 의사결정을 주주총회에 맡기고 있다.

우리는 이미 회사의 사업 경영과 관련하여 의사결정권한의 위임은 주주가 직접 의사결정을 하는 경우에 부담하게 되는 정보비용과 조율비용을 절감하는 수단으로서 합리적이라는 점을 살펴보았다. 따라서 우리는 이사회의 가장 기본적 임무가 회사 사업 경영이라고 볼 수도 있을 것이다. 그러나 많은 국가에서는 이사회에게 경영진의 감독에도 관여할 것을 기대하는데, 이것이 이사의 두 번째 역할인 수탁자로서의 역할을 의미한다.

국가마다 형식적인 이사회구조에 관하여 다른 선택을 하고 있다. 어떤 국가에서는 이사회가 '단층이사회'이지만, 다른 국가에서는 '복층이사회'이다.[4] 미국, 영국, 일본처럼 단층이사회제도를 가진 국가에서는 하나의 이

---

3 Ronald J. Gilson and Jeffrey N. Gordon, *The Agency Costs of Agency Capitalism: Activist Investors and the Revaluation of Governance Rights*, 113 Columbia Law Review 863 (2013) 참조.

4 "북유럽"이사회처럼 다른 국가에서는 중간적 이사회구조도 존재한다(Per Lekvall, *A Con-*

사회가 경영함과 **아울러** 직접 또는 이사회 내 위원회를 통하여 경영진을 감독하는 법적 권한을 갖고 있다.[5] 이와 대조적으로 복층이사회제도를 가진 국가에서는 경영권한과 감독권한의 공식적 분리를 규정하고 있다. 감독권한은 비집행이사로 구성된, 선출된 **감독**이사회(supervisory board)에게 배분되어 있고,[6] 감독이사회는 회사의 사업전략을 기획하고 집행하는 최고집행임원(principal executive officer)을 포함한 **경영**이사회(management board)를 임면하고 감독한다. 독일과 브라질은 공개회사에 대해서 복층이사회를 강제하고 있지만 이탈리아와 프랑스—유럽회사(European Company, Societas Europaea, SE)에 관하여 EU도—에서는 단층이사회와 복층이사회 중에서 선택할 수 있다.[7] 이론적으로 단층이사회는 이사회가 하나의 집단 내에서 경영과 감독의 역할을 겸하고 있기 때문에 이사들 손에 의사결정 권한이 집중되어 있다. 따라서 미국과 프랑스와 같은 국가에서는 단층이사회 내에서 이사회 의장과 CEO(Chief Executive Officer, 최고경영자)의 겸직이 흔하다.[8] 이와 대조적으로 독일과 같은 복층이사회제도를 취하는 국

Solidated Nordic Governance Model, in Per Lekvall, ed., The Nordic Corporate Governance Model 52, pp.59–63 (2014)].

5 독일법의 영향을 강하게 받은 이탈리아, 브라질, 동아시아 국가에서는 '감사회(board of auditors)'처럼 감독이사회의 잔재가 있는 이사회(일본과 이탈리아)나 감독이사회(board of supervisors)(브라질과 중국)가 존재한다. 그러나 이러한 이차적 이사회(secondary board)의 권한은 일원적 이사회에서 감사위원회의 권한과 기능적으로 유사한데, 이러한 이차적 이사회의 권한은 일반적으로 제한되어 있다. 특히 일본과 이탈리아에서 그러하다(경영 기능을 담당하는 경영이사회를 일차적 이사회라고 하고, 감독 기능을 담당하는 감사회 또는 감독이사회를 이차적 이사회라고 표현하고 있다—옮긴이 주).

6 우리는 '비경영'이라는 말을 경영에 참가하지 않는다는 의미로 사용한다. 그와 같이 임원의 의사결정에 참여하지 않는 것은 독일처럼 복층적 이사회구조를 취하는 국가의 감독이사회에서는 흔히 강제되어 있다(Aktiengesetz; AktG §§105, 111 IV).

7 §§76–116 Aktiengesetz(독일); Art. 138 Lei das Sociedades por Ações(브라질); Art. L. 225–57 Code de commerce(프랑스); Art. 2380 Civil Code(이탈리아); Art. 38 Council Regulation(EC) No 2157/2001 of 8 October 2001 on the Statute for a European company[유럽회사(Societas European. Societas Europaea. 'SE')]

8 그러나 보편적으로 그렇다는 것은 아니다. 영국에서는 UK Corporate Governance Code Art.A.2.1은 회사의 의장과 CEO의 책임을 분명히 분리할 것을 요구하는데, 이것은 현재까

가는 감독이사회의 경영에 관한 결정(업무 집행)을 금지한다.[9]

그러나 이사회 실무는 두 가지 이사회구조의 구분을 흐릿하게 할 수 있다.[10] 비공식적인 리더들의 연합은 경영이사회와 감독이사회의 법적 분리에 합선을 초래할 수 있다. 지배주주가 없는 회사에서는 경영이사회는 종종 **사실상** 감독이사회를 선임할 수 있다.[11] 동시에 '감독' 기능을 독립이사들만으로 구성된 위원회에 떼어 주는 경우에는 단층이사회가 준감독적 성격을 띠게 된다.

나아가 대상국가 중 독일처럼 종업원 공동결정제도(labor codetermination)를 둔 국가에서는 복층이사회가 추가적인 기능을 수행한다. 이러한 국가에서는 감독이사회는 오로지 주주집단의 이익에만 헌신하는 것이 아니라 두 개의 다른 이해관계자 집단인 주주와 종업원 집단의 조율비용을 절감하는 기능을 수행한다. 공동결정제도의 지배구조적 특징은 제4장에서 자세히 설명한다. 다만 여기에서 지적해 둘 점은 복층이사회구조가 지배구조에서 강력한 종업원 참여를 촉진할 수 있는 이유는, 민감한 정보에 대한 완전한 접근과 사업상 결정이 경영이사회에 맡겨짐에 따라 감독이사회에서의 잠재적 이익충돌이 완화되기 때문이라는 것이다.

공동결정제도는 감독이사회 이사의 최저 인원을 정하는데 — 가장 규모가 큰 회사에서는 20명[12] — 이 때문에 독일은 이사회 크기의 면에서 이례적인 존재이다. 이 책의 제2판에서 서술한 것처럼[13] 많은 국가는 약 9~

지 영국 상장회사에서 가장 흔한 것이었다.

9 앞 주 6 참조.

10 Paul Davies and Klaus J. Hopt, *Corporate Boards in Europe: Accountability and Convergence*, 61 American Journal of Comparative Law 301 (2013) 참조.

11 Klaus J. Hopt and Patrick C. Leyens, *Board Models in Europe: Recent Developments of Internal Corporate Governance Structures in Germany, the United Kingdom, France and Italy*, 1 European Company and Financial Law Review 135, 141 (2004) 참조.

12 § 7 Mitbestimmungsgesetz (Codetermination Law)(종업원의 수가 2만 명 이상인 회사의 감독이사에는 최소 20명의 이사) 참조.

13 pp.69–70.

12명의 이사로 구성된 비슷한 크기의 이사회로 대체로 수렴해 왔다. 보다 작은 이사회가 감독 역할을 수행하는 데에는 보다 효과적이라고 인식되어 왔다.[14] 이사회 크기를 국제적 평균수준으로 맞추기 위하여 알리안츠(Allianz), 바스프(BASF), 포르셰(Porsche) 같은 몇몇 독일의 주요 회사는 EU 전역을 대상으로 하는 **유럽회사**형태로 구조를 전환하였는데, 그 이유는 SE형태는 이사 수가 최저 12명이어도 되기 때문이었다.[15]

3.2 임면권과 의사결정권

투자자 소유라는 관념이 시사하는 가장 기본적 법적 전략은 **임면권**이다. 즉 주주가 이사회 구성원을 선임(및 해임)하는 권한을 보유하는 것이다. 게다가 회사법은 위임을 받은 경영진이 이익충돌적이고 최종 게임(end-game)적 거래처럼 인센티브의 불일치로 인하여 최적에 미달하는 결과를 가져오는 사항에 관해서는 주주에게 **의사결정권**도 부여한다. 대리비용 통제와 관련한 이러한 메커니즘의 실효성은 한편으로는 주주의 정보비용과 조율비용의 함수이고, 다른 한편으로는 경영자 대리비용의 심각성의 함수이다. 주주가 정보를 얻고 자신들 사이에 조율을 하고 주주집단의 복지를 극대화하는 집단선택을 하는 것이 쉬우면 쉬울수록, 임면권과 의사결정권은 대리비용을 보다 효율적으로 통제할 수 있다. 그러나 주주의 정보비용과 조율비용이 높은 곳에서는 경영자를 주주의 간섭으로부터 더

---

14 David Yermack, *Higher Market Valuation of Companies with a Small Board of Directors*, 40 Journal of Financial Economics 185 (1996); Jeffrey L. Coles, Naveen D. Daniel, and Lalitha Naveen, *Boards: Does One Size Fit All?*, 87 Journal of Financial Economics 329 (2008) 참조.

15 Jochem Reichert, *Experience with the SE in Germany*, 4 Utrecht Law Review 22, 27–8 (2008) 참조.

보호하는 편이 주주의 공동이익에도 부합할 것이다.

달리 말하면 주주의 조율은 두 가지 측면이 있다. 조율이 쉬울수록 ― 주주가 경영자를 보다 효율적으로 통제할 수 있기 때문에 주주와 경영자 사이의 대리비용은 감소될 수 있다. 반면에 이 경우 어느 주주 파벌이 집단으로서의 주주에게는 해를 입히면서 지배력을 취득하는 것을 허용하기 때문에 주주와 주주 사이의 대리비용은 증가할 수 있다. 집단으로서의 주주는 어느 주주 파벌의 지배로 인하여 곤경을 겪을 수도 있다. 왜냐하면 그들이 회사의 가치를 자신들을 위해 유용하거나 정보의 비대칭 또는 왜곡된 인센티브 때문에 훌륭한 경영팀을 잘못 교체하거나 이들에게 부절적한 사업전략을 취하도록 강제할 수 있기 때문이다.[16]

오늘날 많은 국가에서 그러한 것처럼 주식이 기관투자자인 자산운용회사의 포트폴리오에 집중되어 있는 경우에는, 회사 차원의 수임인인 경영진의 대리 문제와 함께 기관투자자인 자산운용회사와 그 궁극적 고객(ultimate client)(연기금의 수급권자, 자산운용회사에 투자한 수익자 ― 옮긴이 주) 사이에 2단계 대리비용이 발생한다.[17] 자산운용회사는 일반적으로 상대적 성과를 기초로 하여 보수를 받기 때문에, 이들은 개별 회사에서 지배구조 관련 권리의 적절한 행사에 대한 결정에 자원을 투입하기를 꺼린다 ― 자원의 투입은 이들의 경쟁자에게 무상의 이익을 안겨 줄 것이다. 그러나 종종 '행동주의(activist)' 펀드가 나서서 주도하는 경우가 있는데, 이들은 그 펀드 매니저에게 절대수익을 기초로 보수를 주고, 투자대상 회사에 상당한 지분을 소유함으로써 수익을 얻는다.[18] 그러한 행동주의 헤지

---

16 Zohar Goshen and Richard Squire, *Principal Costs: A New Theory for Corporate Law and Governance*, Working Paper (2015), ssrn.com. 참조.

17 Bernard S. Black, *Agents Watching Agents: The Promise of Institutional Investor Voice*, 39 UCLA Law Review 811 (1991).

18 Marcel Kahan and Edward B. Rock, *Hedge Funds in Corporate Governance and Corporate Control*, 155 University of Pennsylvania Law Review 1021 (2007); Gilson and Gordon, 앞의 논문(주 3); Marco Becht, Julian R. Franks, Jeremy Grant, and Hannes F.

펀드가 잘못된 전략을 가진 회사 또는/및 불충실한 경영자가 있는 회사를 파악하는 데 좋은 위치에 있는지 아니면 주식시장에서 가격 평가가 적절하게 이루어지지 않은 회사를 타깃으로 하여 이 회사들로 하여금 부적절하고 '단기적' 사업전략을 취하도록 강제하는지는 오늘날 기업지배구조 논의에서 가장 논쟁적 주제 중 하나이다.[19] 이러한 기업지배구조의 새로운 패러다임의 공과에 관한 실증적 증거는 아직까지도 결론에 이르지 못하였고,[20] 이 논쟁은 회사 전략의 결정자로서 행동주의 헤지펀드와 기관투자자를 기반으로 하는 기업지배구조의 새로운 패러다임이 사회에 순이익을 가져올 수 있는지라는 문제와 관련하여 계속될 것이다.[21]

서로 다른 국가의 개별 법적 전략을 분석하기에 앞서 우리는 주주 중심적 회사법이 이사회 중심적 회사법보다 반드시 선험적으로 낫지는 않다는 점을 유념해야 한다. 경영자의 대리비용과 주주의 정보비용 및 조율비용 사이의 상충을 해결하는 것은 회사의 정책담당자에게는 가장 어려운 도

Wagner, *The Returns to Hedge Fund Activism: An International Study*, 21 European Financial Management 106 (2015).

19 Alon Brav, Wei Jiang, Frank Partnoy, and Randall Thomas, *Hedge Fund Activism, Corporate Governance, and Firm Performance*, 63 Journal of Finance 1729 (2008); Gilson and Gordon, 앞의 논문(주 3); April Klein and Emanuel Zur, *Entrepreneurial Shareholder Activism: Hedge Funds and Other Private Investors*, 64 Journal of Finance 187 (2009); Lucian A. Bebchuk, Alon Brav, and Wei Jiang, *The Long-Term Effects of Hedge Fund Activism*, 115 Columbia Law Review 1085 (2015); Yvan Allaire and Francois Dauphin, *The Game of 'Activist' Hedge Funds: Cui Bono?*, Working Paper (2015), ssrn.com; Emiliano Catan and Marcel Kahan, *The Law and Finance of Antitakeover Statutes*, 68 Stanford Law Review (forthcoming 2016) 참조.

20 종합적인 리뷰로는 John C. Coffee, Jr. and Darius Palia, *The Wolf at the Door: The Impact of Hedge Fund Activism on Corporate Governance*, 1 Annals of Corporate Governance 1 (2016).

21 공개적으로 거래되는 회사에 관한 정보 공시에 사용된 메커니즘은 어떤 유형의 사업프로젝트—예컨대 '탐색적(exploratory)' 혁신—에 관해서는 다소 부정확한 주식가치 평가를 하도록 한다는 점은 확실히 그럴듯하다[John Armour and Luca Enriques, *Financing Disruption*, Working Paper (2016)]. 그러나 그러한 효과가 행동주의자의 투자 패턴을 설명해 주는지는 불분명하다.

전 중 하나가 되었다. 특정 국가 및 특정 산업 내에서조차 이 두 이해관계자 사이의 역학관계는 여러 가지 요인 때문에 다르게 전개된다. 이 요인들 중 주요한 것은 경영진이 사업전략에 관한 정보를 가치 손상 없이 얼마나 쉽게 전달할 수 있는가의 문제이다. 기업가적 천재성을 포함한 개인의 개성도 역할을 한다. 이런 경고를 유의하면서 먼저 임면권을 살펴봄으로써 이 분야에서 사용되는 법적 전략들에 대한 설명을 시작하기로 한다.

3.2.1 이사의 선임

임면권의 핵심은 주주가 이사의 선임에 투표할 권한을 갖는다는 점에 있다. 이 권한의 효과는 주주가 이사 후보자를 지명할 권한도 가질 때 더 커진다. 이러한 권한 배분은 주주의 정보비용 및 조율비용과 경영자의 대리비용의 균형을 반영한 것이다. 후자는 주주의 이사후보 지명을 허용함으로써 가장 엄격하게 통제된다. 그러나 정보비용 및 조율비용이 높은 경우라면, 가급적 독립이사를 통해서 행동하는 이사회가 이사 후보자 지명에 앞서 후보 탐색 기능을 수행하고, 주주는 단지 그 후보자에 대해 투표하도록 하는 편이 더 나을 수도 있다.

이러한 후자의 방식은 많은 대상국가에서 공통된 실무이다. 즉 이사회는 흔히 후보자 명부를 제안하고, 정기주주총회에서 이것이 부결되는 경우는 드물다. 이에 대한 예외는 브라질과 이탈리아인데, 이 국가들에서는 소유 집중이 일반적이고 (지배)주주에 의한 공식적 이사후보의 지명이 흔하다.[22]

대리비용의 통제를 위하여 거의 모든 대상국가에서 일정 요건을 갖춘 소수주주(종종 적은 비율)가 주주총회 의안에 이사후보자를 추가하는 방법

---

22 이탈리아에서는 상장회사 자체에 관한 법이 주주제안 후보자 명부를 디폴트로 취급함으로써 이러한 결과로 이르게 한다. Art. 147-III Consolidated Act on Financial Supervision.

으로 이사회가 제안한 후보자와 경쟁하는 것을 허용한다.[23] 이러한 식으로 지명된 반대파 후보는, 독일과 이탈리아에서처럼 주주가 보통 후보자 명부 전체에 대해 투표하는 국가가 아니라면, 회사 측 후보와 마찬가지로 가부 다수결 투표에 직면한다.[24] 마지막으로 브라질과 이탈리아에서는 특별규정으로 소수주주가 상장회사의 이사회에 대표를 보내는 것(소수주주 대표의 이사를 이사회에 두도록 하는 것—옮긴이 주)을 허용하고 있다.[25]

미국에서는 문제가 더 복잡한데 그곳에서 이사 선임은 늘 정책담당자의 관심을 끄는 논쟁적 쟁점이었다. 우선 델라웨어주에서 법상 디폴트는 '종다수결(從多數決)'원칙('plurality' voting rule), 즉—이사 선임에 경쟁이 없는 경우, 즉 후보의 수가 선임하려는 이사의 수와 같은 경우에는—투표 수가 얼마이든 이사로 선임될 수 있다.[26] 종전에 "유보표"(유보는 안건

---

23 영국에서 디폴트원칙은 보통결의에 의해 모든 주주가 자신의 이사후보자가 선임되도록 후보를 제안하는 것이다[Schedule 3, Model Articles for Public Companies, Companies (Model Articles) Regulations 2008 No. 3229, Art. 20]. 일본에서는 일정 요건을 갖춘 소수주주(의결권의 1퍼센트 또는 300개의 의결권)가 자신의 후보자명부를 제안할 수 있는데, 회사는 이 후보자명부의 후보를 우편투표/위임장서류에 포함해야 한다[Art. 303 and 305 Companies Act; Gen Goto, *Legally 'Strong' Shareholders of Japan*, 3 Michigan Journal of Private Equity and Venture Capital 125, 131-6 (2014) 참조]. 이탈리아에서는 후보자명부 제안의 요건은 (자본규모에 따라) 가장 규모가 큰 상장회사의 경우 0.5퍼센트부터 가장 규모가 작은 4.5퍼센트까지 각기 다르다(Art. 144-4 Consob Regulation on Issuers). 브라질에서는 공개회사에서 회사에 반대하는 자의 위임장 제출요건(또는 비용의 보상)은 전자본의 0.5퍼센트이다[CVM Instruction No. 481 (2009) Arts. 31 and 32].

24 독일의 주식회사에서는 모든 주주는 주주총회 2주 전까지 자신의 후보자를 추가할 수 있다(§ 127 AktG). 물론 앞의 패턴은 주주가 선임하는 감독이사회 구성원의 일부 구성원에 관하여 공동결정의 대상인 독일 회사에도 적용된다.

25 Art. 147-III, Consolidated Act on Financial Intermediation 1998(2005년 개정. 이탈리아); Art. 141, § 4oLei das Sociedades por Ações(브라질) 참조.

26 § 216(3) Delaware General Corporation Law 참조[종다수결원칙에 의하면 득표 수가 많은 순서대로 이사로 선임된다. 예컨대 이사를 3명 선임하는 경우 100표를 가진 주주 X는 100표를 자신이 지지하는 후보자 A, B, C에게 분산 또는 집중해서 투표할 수 있다. 주주 Y는 X가 지지하는 후보자에게 반대표를 던질 수는 없고, 자신이 지지하는 후보자 D에 대해서 찬성투표만 할 수 있다. X가 지지하는 A, B, C의 최종 득표 수 여하를 불문하고 이들이 1~3위에 해당하면 모두 이사로 선임될 수 있다. 이와 대조적으로 과반수원칙에 의하면 각 이사후보자에 대해 찬반 투표가 행해지고, 이사로 선임되기 위한 득표가 일정

에 대한 반대의사를 내포한다는 점에서 기권과 다른 의미를 갖는다 — 옮긴이 주)가 많았던 이사후보자의 재선임에 대한 기관투자자들의 실망을 접한 후 대규모 회사들은 대부분 위 디폴트원칙을 포기하고 과반수투표원칙을 선택하였다.[27] 나아가 델라웨어 주법은 과반수 투표로 전환을 제안하는 주주제안을 용이하게 하기 위한 개정도 하였다.[28] 또한 종다수결원칙이 소규모 회사에서는 비교적 흔한 것으로 남아 있지만, 이 회사들의 이사회는 종종 '유보' 캠페인 요구에 굴복한다.[29]

미국 회사의 주주들은 이사회에 참여하는 다른 수단들을 갖고 있다. 그러한 수단 중 하나는 위임장에 대한 접근(proxy access)으로, 회사에 대항하는 반대파가 독자적으로 위임장 서류를 배포할 필요 없이 회사의 위임장 서류에 자신이 지지하는 후보를 포함시켜 모든 주주가 회사 측 후보와 반대파 후보 중 선택하도록 하는 것이다. 델라웨어 주법은 이러한 이사후보 제안권에 반대하는 것이 디폴트이고, 연방 위임장규칙은 전통적으로 이를 강제하는 것을 자제하였다. 2010년 도드 · 프랭크법(Dodd-Frank Act of 2010)에서 명시적으로 증권거래위원회(Securities and Exchange Commission. 이하 'SEC')에 회사 위임장양식에 주주 측 이사후보를 포함시키는 것을 촉진하는 규칙제정권을 부여한 후[30] SEC는 이러한 취지의 규칙을 채택하였지만, D.C. 항소법원은 이 규칙이 경제적 효과를 적절하게 고려하지 않았다는 표면적인 이유로 이를 폐지하였다.[31] 현재 연방 위임장규

수 이상(예컨대 주주총회 안건의 가결요건)이어야 하기 때문에 종다수결원칙에서처럼 미미한 득표만으로는 이사로 선임될 수 없다 — 옮긴이 주].

27 Stephen J. Choi, Jill E. Fisch, Marcel Kahan, and Edward B. Rock, *Does Majority Voting Improve Board Accountability?*, University of Chicago Law Review 119 (2016).

28 § 216(4) Delaware General Corporation Law: 이사에 관하여 과반수투표를 요구하는 주주 정관을 무효로 하는 것을 금지 참조.

29 Marcel Kahan and Edward Rock, *Symbolic Corporate Governance Politics*, 94 Boston University Law Review 1997, 2011 (2014).

30 § 971, Dodd-Frank Act (2010).

31 *Business Roundtable v. Securities and Exchange Commission*, 647 Federal Reporter 3d

칙은 주주가 회사의 위임장 서류에 자신이 제안하는 이사후보를 포함할 수 있도록 하고, 델라웨어 주법도 개별 회사에서 자신의 이사후보 포함을 위한 주주제안이 쉽도록 개정되었다.[32] 그 결과 미국 상장회사에서 이사후보 포함에 관한 주주 제안은 점점 증가하였고, 이제 상장회사는 이사후보 제안에 대비한다.[33]

적대적 기업인수와 관련하여 보통 그러하지만,[34] 이사회에서 지배권 취득을 희망하는 반대파는 전면적인 위임장 경쟁을 시도할 수도 있다. 이 경우 반대파는 자신의 위임장으로 권유하고 자신의 위임장 서류들을—즉 투표용지, (SEC의 심사를 받아야 하는) 증권신고서, 기타 부속서류를—배포하는 데 드는 모든 비용을 부담한다.[35]

마지막으로 행동주의자 사이에서 인기 있는 수단은 '부분적(short slate)' 위임장 권유라고 알려진 것이다.[36] SEC가 주주행동주의의 장애를 제거하기 위하여 위임장규칙을 개정한 1992년 이후 위임장 경쟁에서 반대파, 즉 전형적으로 헤지펀드는 이사 일부에 대해서는 자신의 후보자를 위해 투표하고 나머지 이사들에 대해서는 회사의 위임장 서류에 기재된 후보자의 과반수를 위해 투표하도록 권유할 수도 있다.[37] 부분적 권유는

1144. 판결 자체는 잠재적으로 영향을 받는 회사의 가치에 부정적 영향을 주는 것 같았다[Bo Becker, Daniel Bergstresser, and Guhan Subramanian, *Does Shareholder Proxy Access Improve Firm Value?: Evidence from the Business Roundtable's Challenge*, 56 Journal of Law & Economics 127 (2013)] 참조.

32 § 112 Delaware General Corporation Law.

33 Howard B. Dicker, *2016 Proxy Season: Engagement, Transparency, Proxy Access*, Harvard Law School Forum on Corporate Governance and Financial Regulation, 4 February 2016, corpgov.law.harvard.edu 참조.

34 뒤 8.2.3. 참조.

35 Sofie Cools, *The Real Difference in Corporate Law between the United States and Continental Europe: Distribution of Powers*, 30 Delaware Journal Of Corporate Law 697, 746 (2005) 참조.

36 Coffee and Palia, 앞의 논문(주 20), 24-5 참조.

37 17 C.F.R. § 240.14a-4(d)(4) 참조.

헤지펀드 행동주의자가 기관투자자들이 보다 쉽게 자신들의 후보를 지지하도록 설득하고, 이사회 내부에서 회사 전략의 변화를 도모하는 것을 용이하게 한다.

3.2.2 이사의 해임

주주가 효과적으로 행사할 수 있다면 이사의 해임권은 대리비용을 통제하는 강력한 메커니즘으로서 아마도 선임권보다 훨씬 강력한 것이다. 영국, 프랑스, 이탈리아, 일본, 브라질을 포함한 많은 국가들은 정당한 사유나 이사의 명목 임기기간과 관계없이 주주의 과반수에게 이사를 해임할 수 있는 포기불가능한 권리를 부여한다.[38] 주주총회를 위해서 회사의 비용으로 의안을 배포할 수 있는 주주총회 소집청구권과 결부되면 해임권은 대리비용을 견제하는 강력한 수단이 된다. 이사회는 이러한 위협의 실현 가능성을 인식하기 때문에 종종 실제로 주주총회를 소집할 필요도 없이 이사회 변화에 대한 주주의 요구에 응하게 된다.[39]

우리의 다른 대상국가들은 보다 약한 해임권을 규정한다. 독일법은 주주가 선임한 감독이사회 이사는 75퍼센트 주주가 이유 없이도 해임할 수 있도록 허용함으로써 감독이사의 주주에 대한 책임성을 조장한다.[40] 이와 대조적으로 주주들은 종업원 대표 감독이사는 해임할 수 없고, 감독이

38 Sections 168 and 303 Companies Act 2006(영국); Arts. L. 225-18, 225-75 and 225-61 Code de commerce(프랑스); Arts. 2383 and 2367 Civil Code(이탈리아): 모두 공개회사에서 임기기간 내의 해임 및 해임을 위한 특별주주총회 소집을 위한 최소지분요건을 규정; Art. 339(1) Companies Act(일본): 이유 없이 해임하는 데 필요한 단순 다수결; Art. 140 Lei das Sociedades por Ações(브라질): 일본과 같음.

39 Marco Becht, Julian Franks, Colin Mayer, and Stefano Rossi, *Returns to Shareholder Activism: Evidence from a Clinical Study of the Hermes UK Focus Fund*, 23 Review of Financial Studies 3093 (2010) 참조.

40 § 103 AktG(독일). 회사의 정관에서 75퍼센트보다 높거나 낮은 다수결요건을 정하는 것을 허용하지만(§ 103 AktG), 이러한 사례는 드물다.

사회도 이유 없이 경영이사를 해임할 수 없다.[41] 여기에서 후자의 원칙은 다음과 같은 사고를 반영한다. 즉 매우 다른 이해관계자들을 대표하는 자들이 존재하는 상황에서는 (감독자에 반대되는) 경영자로 하여금 자기 쪽 이해관계자에 대해서만 책임을 부담하도록 한다면 일상의 의사결정의 효과적 수행을 저해하는 역효과를 가져올 수 있다는 것이다. 그러나 종국적으로는 주주가 경영이사에 대해 직접 영향을 미칠 수 있기 때문에 감독이사의 경영이사에 대한 해임권의 한계는 완화된다. 주주총회의 단순과반수 결의로 경영이사에 대해서 '불신임'을 승인하게 되면, 이 결의는 (해임에 정당한 사유를 요구하는 경우—옮긴이 주) '해임의 정당한 사유'요건을 충족시킨다. 달리 말하면 감독이사회는 그러한 상황에서는 경영이사회를 해임할 권한이 (아울러 해임할 의무도) 있는 것이다.[42]

미국의 많은 주는 정당한 사유 없이 이사를 해임할 수 있는 권한을 법률상 디폴트로 정하고, 정관에서 달리 정한 경우에만 이를 배제할 수 있도록 한다.[43] 그러나 델라웨어주에서는 회사가 시차임기제 또는 (종류이사회제*)를 채택한 경우, 즉 매년 이사 중 일부만 개임하는 이사회를 택한 경우에만 정당한 사유 없이 해임하는 것을 허용하지 않는다.[44] 시차임기제는 2000년대 중반까지 흔한 현상이었다. 미국에서 주주의 선임권을 전보다 강화하는 일반적 추세와 발맞추어 시차임기제의 이용은 수년간 감

---

41 § 103 and 84(3) AktG.

42 § 84(3) AktG. 실제로는 경영이사가 감독이사회가 해임에 관해 결의하기까지 기다리는 것이 아니라 '자발적'으로 물러난다.

43 § 8.08(a) Revised Model Business Corporation Act 참조.

* 시차임기제 또는 종류이사회제하에서는 이사 중 일부만이 매년 선임된다. 종류이사회제는 임기가 다른 이사들로 구성된 이사회로 종임의 시기에 차이가 있다는 점에서 시차임기제와 비슷한 효과가 있다.

44 § 141(k) Delaware General Corporation Law 참조. 예컨대 델라웨어 일반회사법에 의하면 한 종류의 의결권주식이 있는 경우에는 이사 중 최소 3분의 1이 매년 개임하여야 한다[§ 141(d)]. 그러나 회사정관에서 복수의 종류의 의결권 주식을 규정한 경우에는 1년보다 장기를 정하는 것도 가능하다.

소되었고,[45] 아울러 시차임기제의 회사지배구조에서의 가치에 대한 학자들의 열띤 논쟁이 진행되었다.[46] 그러나 델라웨어주는 회사 정관에서 명시적으로 정한 경우가 아닌 한 주주의 임시주주총회 소집청구권을 부인함으로써, 주주의 이사 해임권을 간접적으로 제한한다.[47]

특히 정당한 사유 없는 해임이 허용되지 않는 경우, 이사를 '해임'하는 통상적 방식은 회사 측 후보명부에서 그 이사를 제외하거나 재선임하지 않는 것이다. 결국 이사 임기가 중요할 수 있다. 임기가 길수록 위임장 경쟁, 일시적인 주주의 과반수, 그리고 심지어 강력한 CEO의 영향력으로부터 벗어날 수 있다. 우리의 주요 대상국가 중 이사의 임기는 미국에서(회사가 통상 3년 임기인 시차임기제를 도입하지 않은 경우) 가장 짧고(1년), 실무와 대규모 상장회사에 대한 기업지배구조 모범규준의 권고에 따라 영국에서도 그러하다.[48] 일본에서도 마찬가지로 짧고(2년), 반면에 이탈리아와 브라질은 3년이다.[49] 스펙트럼의 반대 극단에는 독일과 프랑스 회사가 위치한다. 이들은 (감독)이사를 5년 또는 6년의 임기로 선임하는 것이 보통인데, 이는 회사법이 허용하는 최장 기간이다.[50]

이처럼 해임권은 일반적으로 선임권을 따르고 있다. 영국, 프랑스, 일

---

45 Marcel Kahan and Edward Rock, *Embattled CEOs*, 88 Texas Law Review 987, 1007–9 (2009).

46 Lucian A. Bebchuk, John C. Coates IV, and Guhan Subramanian, *The Powerful Anti-takeover Force of Staggered Boards: Theory, Evidence, and Policy*, 54 Stanford Law Review 887 (2002); Lucian A. Bebchuk, Alma Cohen, and Allen Ferrell, *What Matters in Corporate Governance?*, 22 Review of Financial Studies 783 (2009); Martijn Cremers, Lubomir P. Litov, and Simone M. Sepe, *Staggered Boards and Firm Value, Revisited*, Working Paper (2014), available at ssrn.com. 문헌을 비교.

47 §§ 211(b) and 211(d) Delaware General Corporation Law 참조.

48 UK Corporate Governance Code (2014), B.7.1.

49 Art. 332(1) Companies Act(일본); Art. 2383, Civil Code(이탈리아): 회사는 보다 단기를 채택할 수 있지만 이를 채택한 회사는 없다; Art. 140, III Lei das Sociedades por Ações (브라질).

50 § 102 I AktG(독일); Art. L. 225–18 Code de commerce(프랑스).

본, 이탈리아, 브라질같이 법전상 '주주 중심적' 법제를 가진 국가들은 주주들에게 강력한 선임권과 함께 포기 불가능한 해임권을 부여한다. 미국에서 가장 중요한 주인 델라웨어주는 시차임기제를 허용하고 주주에게 임시주주총회 소집권한을 부여하지 않음으로써 주주의 해임권을 약화시켰다. 그러나 1년의 임기를 이사 임기의 디폴트 기간으로 채택하는 것이 더 흔하게 되고, 아울러 최근 이사 선임과 관련하여 훨씬 주주친화적인 규칙을 도입함에 따라[51] 델라웨어 주법은 다른 입법례와 매우 유사해지게 되었다. 독일의 회사에서는 선임권과 해임권이 상관관계를 갖지 않는데, 왜냐하면 독일 회사의 주주는 '자기 쪽' 감독이사에 대해서는 강한 선임권을 갖지만 이들을 장기의 임기 전에 해임하는 것은 초다수결 결의에 의해서만 가능하기 때문이다. 독일법은 경영이사회 이사를 정당한 사유 없는 해임으로부터 어느 정도 보호함으로써 경영이사회에서도 안정을 도모한다.[52]

3.2.3 의사결정권

회사형태는 의사결정의 위임을 촉진하는 것을 추구하므로, 주주의 의사결정권과 경영자가 보유하는 권한 사이에 균형을 유지하는 것은 회사법 입법자에게는 섬세한 작업이다. 뒤의 장들에서 설명하는 것처럼 주주는 주로 이사(또는 이에 준하는 자)의 이익충돌이 있는 때 또는 기업지배구조의 근본적 변경 또는 기업의 구조조정을 초래할 수도 있는 근본적 거래를 위해서 주주의 결정이 필요한 때(제6장과 제7장)에 의사결정권을 갖는다. 또한 의사결정권을 주주에게 추가로 부여할 것인지의 문제는 선임권에 관한 논의와 거의 같은 논리를 따른다. 즉 그것은 주주의 속성 및 주

---

51 앞의 주 28, 주 32와 그 본문 참조.

52 주 41의 본문 참조.

주가 부담하는 조율비용에 달려 있다.

거의 모든 국가에서 이사회의 발의에 따른 것이든 아니면 주주의 발의에 따른 것이든 일정한 회사법적 행위는 주주의 승인을 받을 것을 요구한다. 전통적으로 미국법은 비교적 좁은 범위의 근본적 의사결정(요컨대 정관 변경 및 합병)에 관하여 주주의 승인을 강제하였다. 반면 다른 주요 대상국가는 주주에게 일정한 일상적 행위나 중요한 문제를 포함하여 보다 광범한 의사결정권을 부여한다. 예컨대 이 국가들은 이익배당에 일반 주주총회의 승인을 요구한다.[53] 영국 상장회사에서 프리미엄 상장규정(premium Listing Rules)은 소위 'Class 1' 거래에 관해서는 주주의 승인을 요구하는데, Class 1의 거래란 다양한 기업가치 평가지표에 의해 계산한 중요성요건(25퍼센트)을 초과하는 거래이다.[54] 모든 EU 회원국은 주주에게 상장회사의 외부감사인의 선임권과 해임권을 부여하고 있지만,[55] 일본 · 이탈리아 · 브라질 회사의 주주들은 '제정법상 감사(statutory auditors)' 또는 '감사인'도 선임한다는 점이 중요하다.[56]

경영자의 보수에 관한 주주의 투표라는 한 가지 측면에서는 주주총회가 경영자의 보수패키지에 관하여 결의하는 것을 허용하는 룰로 빠르게 수렴이 이루어지고 있다. '보수에 관한 결의(say on pay)'는 제6장에서 다룬다.[57]

---

53 §§ 58 and 174 AktG(독일); Art. L. 232-12 Code de commerce(프랑스); Art. 2434 Civil Code(이탈리아); Art. 454(1) Companies Act(일본); Art. 132, II Lei das Sociedades por Ações(브라질). 영국에 관하여는 Art. 70 Schedule 3, Model Articles for Public Companies, Companies (Model Articles) Regulations 2008 No. 3229.

54 LR 10, UK Listing Rules(영국 런던증권거래소의 주거래시장 상장은 프리미엄 상장 및 일반 상장의 두 유형으로 구분. 프리미엄 상장방식의 경우 상장요건이 일반 상장보다 엄격하고, 프리미엄 상장회사는 엄격한 지배기준이 상장요건이다 ― 옮긴이 주).

55 Art. 37(1) EU Audit Directive 〔Directive 2006 / 43 / EC on statutory audits of annual accounts and consolidated accounts, 2006 O.J. (L 43) 1, as amended by Directive 2014 / 56, 2014 O.J. (L 158) 196〕.

56 위 EU지침. Art. 329(1) Companies Act(일본); Art. 2400 Civil Code(이탈리아); Art. 162 Lei das Sociedades por Ações(브라질)도 참조.

57 뒤 6.2.3 참조.

대상국가들은 주주들에게 부여하는 발의권의 범위에 있어서도 차이가 있다. 스펙트럼의 한쪽 끝에 있는 영국과 브라질은 주주에게 광범한 권한을 수여한다. 영국 제정법상 디폴트는 75퍼센트의 과반수 주주가 승인하면 이사회의 권한 범위 내의 어떠한 사항에 관해서든 이사회의 결정을 무효화할 수 있다.[58] 브라질은 이와 비슷한 규정이 없지만, 이사회 결의를 요하는 몇몇 사항 이외에는 주주가 사업상 결정의 중요 부분을 담당한다.[59] 게다가 적절한 절차로 체결된 주주계약은 이사의 투표를 구속할 수 있고, 계약의 효과로서 주주계약과 모순되는 내용의 투표는 주주총회와 이사회 표에 산입되지 않는다.[60]

다른 곳에서는 주주는 덜 광범위한 권리를 갖는다. 일상적 사업결정은 일반적으로 회사를 '경영'할 (경영)이사회의 전권에 속한다.[61] 그럼에도 불구하고 유럽대륙의 국가와 일본은 회사 정관 변경과 같이 회사의 경영과 전략적 방향에 근본적 중요성을 갖는 사항을 포함한 폭넓은 사항에 관하여 일정한 지분요건을 갖춘 주주에게 이를 발의하고 결의를 승인할 권한을 허용한다.[62]

이와 대조적으로 미국법은—또는 적어도 델라웨어 주법은—가장 덜 주주 중심적 입법이다. 제7장에서 논의하는 것처럼 델라웨어주 회사의 주

58 Schedule 3, Art. 4 Model Articles for Public Companies, Companies (Model Articles) Regulations 2008 No. 3229 참조. 이 권한의 중요성은 실제적이라기보다는 상징적인 것이다. 초다수결을 얻기란 어렵지만, 단순다수결로 충분히 이사회의 해임을 할 수 있기 때문에(앞의 주 38) 주주가 원하는 바를 이사회가 하도록 유도하기에 단순다수결이 충분하다.

59 Arts. 121 and 142 Lei das Sociedades por Ações.

60 Art. 118 Lei das Sociedades por Ações.

61 § 141(a) Delaware General Corporation Law; § 76 Aktiengesetz(독일).

62 Dirk Zetzsche, *Shareholder Interaction Preceding Shareholder Meetings of Public Corporations: A Six Country Comparison*, 2 European Company and Financial Law Review 107, 120-8 (2005)(프랑스와 독일) 참조. 이탈리아에 관해서는 Art. 2367 Civil Code and Art. 126-II Consolidated Act on Financial Intermediation. 일본에 관해서는 Goto, 앞의 논문(주 23), 129-31, 135-6 참조.

주는 합병과 정관 변경 같은 회사의 근본적 의사결정에 대해서 승인해야 하지만 이 사항들의 발의권은 없다.[63]

공개회사 주주의 의사결정권한은 국가에 따라 차이가 있지만, 폐쇄회사에서는 유연하고 광범한 의사결정권한을 갖는다는 점에 수렴하고 있다. 좋은 예는 독일의 유한회사(Gesellschaft mit beschränkter Haftung, GmbH)로서, 유한회사의 자본규모가 매우 크거나 사원의 수가 매우 많은 경우도 있다. 유한회사의 사원은 재무제표나 이익배당에 관해서 승인권을 가질 뿐만 아니라, 사원총회는 모든 회사정책에 대해서 이사회〔또는 업무 집행이사(원문에는 'general director'라고 되어 있는데, 각주의 독일 유한회사법 규정에 따르면 회사의 대표권 및 업무집행권을 갖는 업무집행자라는 의미이다—옮긴이 주)〕에 지시할 권한도 갖는다.[64] 따라서 유한회사형태에서는—회사가 그 사업장 규모에 따라서 공동결정법의 적용을 받는 경우가 아닌 한—직접투표로써 사원들에게 업무를 수행할 권한을 부여할 수도 있다.[65] 우리의 다른 주요 대상국가들도 비슷한 정도로 유연하다.

마지막으로 개별 주주의 차원에서는 많은 국가들이 대표소송을 허용하고 있는바, 대표소송은 일종의 집행수단일 뿐만 아니라 개별 주주에게 회사의 소권을 행사할 수 있는 권리를 부여한 것이기도 하다. 대표소송에 관해서는 제6장에서 그리고 대표소송의 기초가 되는 이사의 의무에 관해서는 3.4.1에서 논의한다.

---

63 뒤 7.2와 7.4. 참조. 그러나 미국 회사의 주주는 회사 정관(bylaws)변경에 관한 발의권을 갖고 있다. 정관 변경 발의행위가 약간 이루어지기는 했지만, 다른 논쟁적 회사지배구조의 문제와 비교할 때 상대적으로 위험이 높다는 점을 감안할 때 정관 변경 발의는 생각보다 덜 일어나는 것 같다〔Kahan and Rock, 앞의 논문(주 29), 2019〕.

64 §§37, 38, 46 GmbHG.

65 공동결정법의 적용을 받는 유한회사는 복층이사회를 가져야 하고, 이사회들(경영이사회와 감독이사회—옮긴이 주) 사이의 권한 분배 및 이사회와 주주 사이의 권한 분배에 관한 주식법 원칙의 적용을 받는다〔Karsten Schmidt, Gesellschaftsrecht, 4th edn., pp.482–3 (2002)〕.

3.2.4 주주의 조율

주주의 선임권 및 의사결정권은 주식 소유가 분산된 주주들이 집단적 행동 문제를 극복하는 것을 법으로 지원하는 정도와 밀접하게 관련되어 있다. 우리의 대상국가는 모두 어느 정도까지 그러한 지원을 행한다.

의결권 행사 메커니즘은 두드러진 하나의 예이다. 어디서든 소수주주들은 주주총회에 직접 참석하는 분명히 성가신 방법 또는 의결권 행사비용을 경감하기 위한 적어도 다음 네 가지 방법 중 어느 하나를 통해서 주주총회에서 자신의 의결권을 행사할 수 있다. 그 네 가지 방법은 우편(또는 '원격지투표'), 회사에 의한 의결권 대리행사 권유, 보관기관, 기타 대리인을 통한 의결권 대리행사, 전자투표(electronic meeting)이다. 예컨대 일본법은 상당한 수의 주주가 있는 회사에게 위임장투표와 우편투표 중에서 선택하는 것을 허용한다.[66] 프랑스, 독일, 이탈리아, 영국은 원격지투표의 채택을 허용한다.[67] EU 주주권지침(Shareholder Rights Directive)에 의해 이 국가들은 전자투표를 허용한다.[68] 미국은 전통적으로 의결권 대리행사에 의존했지만,[69] 회사가 회사와 주주 그리고 주주 상호 간 의견 교

---

66 주주 수가 1,000명 이상인 회사는 주주에게 이러한 선택권을 필수적으로 주어야 한다〔Arts. 298(1)(iii) and 298(2) Companies Act〕. 우편에 의한 의결권 행사는 보다 소규모 회사도 선택할 수 있고, 전자투표는 모든 유형의 회사가 선택할 수 있다〔Art. 298(1)(iv) Companies Act〕. 실제로 일본의 대규모 공개회사는 의결권 대리행사에 의한 투표보다는 우편투표를 채택하고 있다.

67 Art. L. 225-107 Code de commerce(프랑스); Art. 2370(4) Civil Code and Art. 127 Consolidated Act on Financial Intermediation(이탈리아). 독일의 경우 2001년의 무기명주식 및 의결권 행사 간소화에 관한 법률(Namensaktiengesetz, NaStraG) 참조. 영국에서는 회사 정관에 규정을 둠으로써 원격지투표를 실시할 수 있다〔Companies Act 2006, s 284(4)〕.

68 Art. 8 Directive 2007/36/EU, 2007 O.J. (L 184) 17.

69 뉴욕증권거래소(New York Stock Exchange Listed. 이하 'NYSE')는 미국 상장회사에 관해서는 의결권 대리행사가 불가능한 경우를 제외하고는 위임장 권유를 의무화한다. Rule 402.04(A) Listed Company Manual). Rules 4350(g) and 4360(g) NASDAQ Marketplace Rules도 참조(같음). 독일, 프랑스, 이탈리아, 영국 또는 일본에서는 그러한 상장요건은 존재하지 않는다.

환, 인터넷을 통해 이루어지는 의결권 대리행사 권유 및 지정(소위 '전자위임장')을 위한 '전자적 포럼(electronic forum)'의 설립을 허용해 왔다.[70] 끝으로 브라질법은 원격지 투표를 가능하게 하고 회사가 전자주주총회를 열고 투표하도록 하는 것을 허용한다.[71]

투자자가 개별 회사주식을 보유할 때에는 (대부분 국가의 경우) 보관기관인 은행 또는 (미국의 경우) 보관기관인 중개업자와 같은 기관을 통해서 보유하는 것이 보통이다. 이들은 보관기관으로서 자신들에게 예탁된 보유주식에 대해 아무런 재무적 이익을 갖고 있지 않다. 그러나 이들은 상장회사와의 실제적 또는 잠재적 사업관계로 인하여 이익상충에 직면할 수 있다. 이러한 이유로 그들이 예탁주식의 의결권 행사권한을 위임받은 때에는, 일반적으로 회사 측 이사후보를 지지하였다. 이러한 관행은 한때 미국 중개업자 사이에서 흔한 일이었고,[72] 은행과 같은 유럽의 보관기관들은 회사지배구조에서 훨씬 더 강한 친경영자적인 역할을 수행해 왔다. 예컨대 전통적으로 감독이사회가 편파적인 의결권 대리행사 권유를 행하지 않는 독일에서는[73] 일반 투자자의 예탁기관 역할을 수행하는 은행이 회사 측 후보를 지지하는 쪽으로 의결권을 행사하는 것이 관행이었다. 이 같은 예탁기관의 의결권 행사는 투자자의 '묵시적 동의'를 얻은 것으로서 정당화되었다.[74] 시장의 압력과 법률 개정이 이러한 관행에 제한을 가한 후에는[75] 주식 소유가 분산된 독일 회사에서 의결권 행사가 친경영자적 결과

70 SEC Rules 14a-16, 14a-17.

71 CVM Instruction No. 481 (2009), as amended by CVM Instruction No. 561 (2015).

72 2009년 이후 미국의 증권회사들(brokerage houses)은 실질소유자의 직접 지시가 없이는 이사 선임에서 명의자(street name)로서 보유주식에 대한 의결권을 행사하는 것이 금지되었다(NYSE Rule 452). 도드 · 프랭크법은 이 금지를 'say on pay'를 포함한 임원 보수 안건에도 확대하였다(§ 957).

73 Schmidt, 앞의 책(주 65), p.854 참조.

74 주주들은 소유주식의 의결권 행사 방향에 관해 은행에게 항상 지시할 수 있지만 명시적 지시를 하는 경우는 드물다.

75 Wolf-Georg Ringe, *Changing Law and Ownership Patterns in Germany: Corporate*

를 가져올 것이라고 예측할 수 있는 경우는 줄어들었다.[76]

이러한 결과는 독일회사의 주식소유의 국제화와 기관화의 진행에 의해서도 촉진되었다.[77] 이와 유사한 소유 패턴은 우리의 다른 주요 대상국가들에서도 관찰된다. 이들 각각의 국가에서 지분(또는 지배주주가 있는 회사들에서는 소수주주의 지분)은 점차적으로 기관들, 대개는 연기금을 위해 운용하는 자산운용회사와 보험회사의 수중에 있는데, 종종 많은 시장에서 이들 중 가장 큰 기관의 평균보유규모는 유동성이 가장 높은 주식의 약 5퍼센트에 이른다.[78] 복수의 수익자를 위해서 시장에서 투자하는 기관은 지배권을 통합적으로 행사할 수 있으므로 분산된 투자자가 직면하는 집단적 행동의 문제를 완화시킨다. 실제로 영국에서 — 연기금, 뮤추얼펀드, 보험회사를 포함하여 — 수익자 또는 고객에 대해 재무적 의무를 부담하는 기관들이 주주이익을 대변해 왔고,[79] 미국에서도 특히 정책담당자들이 주주행동주의와 주주 간 협력(조율)을 억제하는 법체계에서 대체로 지지하는 법체계로 전환시킨 후에는 비슷한 현상이 심화되었다.

미국 연방 위임장 규제는 역사적으로 경영진 대리비용보다는 일부 주주집단이 지배권을 취득함으로써 주주 전체에 손해가 발생할 위험을 더

Governance and the Erosion of Deutschland AG, 63 American Journal of Comparative Law 493, 506–7 (2015): 은행에 의한 의결권 대리행사의 억제를 검토.

76 예컨대 행동주의 투자자들의 압력 때문에 주주총회의 해임 결의에 봉착하리라는 점이 분명해진 후에 독일거래소(Deutsche Börse)의 감독이사회 의장과 경영이사회 의장들이 사임에 동의하였다. Norma Cohen and Patrick Jenkins, *D Börse Chiefs Agree to Step Down*, Financial Times (Europe), 10 May 2005, 1 참조. 독일에서 은행의 영향력 쇠퇴의 증거에 관해서 Ringe, 앞의 논문(주 75), 522–4. 증가하는 헤지펀드의 성공적 행동주의에 관한 최근 일화에 관해서는 Stada and Deliver, *The Economist,* 3 September 2016, 58.

77 Ringe, 앞의 논문(주 75), 524–6.

78 예컨대 Paul Davies, *Shareholders in the United Kingdom*, in Jennifer G. Hill and Randall S. Thomas, eds., Research Handbook on Shareholder Power, 355, 357–9 (2015) (영국); Edward B. Rock, *Institutional Investors in Corporate Governance*, in Jeffrey N. Gordon and Wolf-Georg Ringe, eds., Oxford Handbook of Corporate Law and Governance (2017)(미국) 참조.

79 Geof P. Stapledon, Institutional Shareholders and Corporate Governance (1996) 참조.

우려하였다.[80] 이 때문에 반대파 주주가 위임장 경쟁을 통해 지배권을 취득하려고 하는 시도를 좌절시키고, 주주들의 공동 행동 시도에도 찬물을 끼얹는 것으로 규칙이 개정되었다. 기관투자자의 주식 소유가 흔해진 시기가 도래함에 따라 주주 간 소통 제한에 관한 위임장 규칙은 1992년에 크게 완화되었다.[81] 또한 여전히 의결권 행사 시에 협력하는 데 동의한 5퍼센트 이상의 주주'집단'에 대한 등록과 공시요건을 비롯하여 주주들의 집단적 행동에 대한 제약은 존재하지만,[82] 헤지펀드 행동주의자들의 전략은 현재의 전반적인 규제체계가 주주관여(shareholder engagement)에 얼마나 우호적인지를 보여 주었다. 실제로 주주들 사이에 대상 회사의 경영참여 목적의 "공동보유(acting in concert)"를 인정하는 문제에 관하여 미국의 규칙은 다른 나라들보다 느슨하다. 아울러 미국법은 기관투자자들이 포트폴리오 회사 주식의 의결권을 행사하도록 유도하는 데 더 효과적이다.

미국에서는 행동주의 헤지펀드가 내부자거래 법령을 위반하지 않고도 다른 헤지펀드 운용자들에게 캠페인을 시작하겠다는 의사를 알릴 수 있다.[83] 그리고 결국 최초의 행동주의자 및 다른 헤지펀드 양자가 대상회사의 주식을 매수하였다면, 공시 규제의 목적상 그들의 지분은 합산할 필요가 없다.[84] 이와 반대로 유럽의 내부자거래규칙은 캠페인을 개시하겠다는 의도는 가격 민감 정보로 취급되어서, 그 캠페인을 알게 된 자의 추가 주식매수는 금지된다.[85] 게다가 특히 규제면제나 행정지도를 통해서 해석상

80 John Pound, *Proxy Voting and the SEC: Investor Protection versus Market Efficiency*, 29 Journal of Financial Economics 241 (1991) 참조.

81 Regulation of Communication among Shareholders, Exchange Act Release No. 34-31326 (1992); SEC Rule 13d-5 (17 C.F.R. § 240.13d-5 (2008) 참조.

82 SEC Rule 13d-5 〔17 C.F.R. § 240.13d-5 (2008)〕 참조.

83 Coffee and Palia, 앞의 논문(주 20), 35 참조.

84 Coffee and Palia, 앞의 논문(주 20), 28-42 참조.

85 Arts. 7-9 Market Abuse Regulation, 2014 O.J. (L 173) 1) 참조.

의문을 해소하려고 하는 시도가 없는 독일과 프랑스 같은 국가에서는 의무공개매수와 관련하여 '공동보유'에 관해서 더 모호하게 정의되어 있기 때문에 행동주의자들이 공동으로 법령상 한도를 초과할 수 있다는 위험을 유념해야 한다.[86]

나아가 1980년대 이래로 미국의 기관투자자들의 포트폴리오 주식에 관한 의결권 행사규칙은 주주행동주의에 우호적이었다. 먼저 연기금펀드를 대상으로 하고 이후 자산운용회사까지 적용 범위를 확대한 이 규칙은 포트폴리오 주식의 의결권 행사 관련 의사결정에 신인의무가 적용된다고 선언했다.[87] 게다가 2003년 이후 뮤추얼펀드는 의결권 행사정책을 공시하여야 했다.[88] 이러한 규제는 미국과 해외 양쪽에서 모두 투자대상회사의 참석률을 높이고, 회사지배구조 문제에 관한 자산운용회사의 태도를 통상은 투자대상회사 차원에서 더 친주주적 지배구조 쪽으로 표준화하는 데 기여했다. 그러한 규제 때문에 의결권 자문서비스에 대한 수요와 아이에스에스(ISS) 및 글래스 루이스와 같은 두 개의 영향력 있는 글로벌 의결권 자문회사의 기업지배구조에 대한 영향력이 크게 증가하였다는 점도

---

86 뒤 8.3.4. 참조. 영국 기업인수 패널(UK Takeovers Panel)은 행동주의자 주주에 의한 공동보유에 관한 가이던스를 발표하였다[Takeover Panel, Practice Statement No. 26. Shareholder Activism (2009) (available at www.thetakeoverpanel.org)]. 이탈리아의 증권규제기관(Commissione Nazionale per le Società e la Borsa, Consob)은 이와 유사하게 경영진의 일정한 제안에 반대하기로 하는 계약과 같은 주주 간 협력적 행동이 당연히 '공동보유' 규제에 해당하는 것은 아니라는 점을 명시하였다(Art. 44-IV Consob Regulation on Issuers).

87 Robert B. Thompson, *The Power of Shareholders in the United States*, in Research Handbook on Shareholder Power, 앞의 주 76, p.441, p.451.

88 SEC, Proxy Voting by Investment Advisers, Release No. IA-2106, 68 FR 6585 (Feb. 7, 2003). 유럽집행위원회(European Commission)도 SEC규칙과 부합하는 법령상 조치를 옹호하면서 이 분야에서 SEC를 따랐다. Art. 3f Shareholders Rights Directive, as envisaged by the Proposed Directive amending Directive 2007/36/EC as regards the encouragement of long-term shareholder engagement, Directive 2013/34/EU as regards certain elements of the corporate governance statement and Directive 2004/109/EC, as approved by the European Parliament on 8 July 2015.

마찬가지로 중요하다.

유럽의 정책 결정자들도 미국과 비슷하게 투자자가 책임 있는 소유자로서 투자대상회사에 관여하는 것을 추구해 오기는 했지만, 기관투자자의 회사지배구조에 대한 관여를 강제하는 것에는 훨씬 더 소극적이었다. 영국과 이를 따른 일본은 소유권(주로 의결권) 행사에 관하여 자산운용회사의 책임성 강화를 목적으로 한 '스튜어드십 코드(Stewardship Code)'를 도입하면서 이 문제에서 앞서 나갔다.[89] 그러나 스튜어드십 코드는 의무적인 사항을 담고 있지 않다. 기업지배구조 모범규준(Corporate Governance Code)[90] 처럼, 영국 자산운용회사에게 부과되는 유일한 의무는 당해 코드를 따르는지 여부, 따르지 않는 경우 그 이유의 설명을 선언하여야 하는 것뿐이다. 의무적으로 코드의 준수상황을 공표해야 하는 영국 자산운용회사의 진술과 자발적으로 공표 여부를 선택하는 외국 기관투자자의 진술에 비추어 볼 때 스튜어드십 코드의 원칙들은 아마도 그 추상성 때문에 업계에서 널리 수용된 것으로 보인다.[91]

스튜어드십 코드 원칙의 준수, 미국에서는 의결권 행사의무와 의결권 행사정책의 공시요건이 투자대상회사에서 기업지배구조, 경영성과, 재무적 성과의 개선으로도 이어질지 여부는 더욱 말하기 어렵다.[92] 이러한 회

---

89 Financial Reporting Council(영국), The UK Stewardship Code (2012); Council of Experts Concerning the Japanese Version of Stewardship Code, Principles for Responsible Institutional Investors: Japan's Stewardship Code (2014).

90 뒤 3.3.1 참조.

91 이 글의 작성 시점(2016. 6) 기준으로 Financial Reporting Council 웹사이트에 블랙록, 피델리티, 뱅가드, 아이에스에스, 글래스 루이스를 포함하여 스튜어드십 코드의 준수를 선언한 306개의 자산운용회사, 자산 소유자 및 서비스 제공자(의결권 자문회사 같은)를 열거하고 있다. www.frc.org.uk. 참조. 일본의 스튜어드십 코드는 일본 기관투자자들조차 준수 또는 설명의무를 부담하지 않는 순수한 연성규범의 형식이다. 일본 금융청(Financial Services Agency)의 웹사이트는 2016년 5월 기준 준수 또는 설명의무를 부담하기로 서명한 207개 기관투자자들을 열거하고 있다.

92 이 책의 공저자 중 한 명이 수행한 실증연구는 이러한 낙관주의에 관해서는 별로 근거가 없음을 보여 준다[Rock, 앞의 책(주 78) 참조].

의적 시각의 이유는—기업지배구조 모범규준의 경우와는 달리—공시된 정보를 집계하고, 자산운용회사의 궁극적 본인(기관의 투자기구에서의 일반투자자)이 반응하는 통로가 될 수 있는 분명한 메커니즘이 거의 없다는 사실 때문이다.

3.3 대리인의 인센티브

법체계 내에서 시장의 힘은 회사 대리인의 행동양식을 형성하는 데 중요한 역할을 수행한다. 시장의 힘은 이사회에서 감시역할의 임무를 맡은 독립이사의 '저강도' 인센티브〔수탁자전략(trusteeship strategy)〕, 주식연계보상을 통해 경영자의 인센티브를 주주이익과 일치시킬 것을 추구함으로써 생기는 '고강도' 인센티브〔보상전략(reward strategy)〕 양자에 작용한다. 법은 이 두 영역에서 개입해 왔는데, 이는 때로는 시장관행을 지원하고 강화하기 위해서, 때로는 시장관행이 개선하고자 하는 바로 그 대리 문제에서 비롯된 관행의 사용상의 왜곡을 억제하기 위해서 그러했다. 독립이사가 경영자 보수패키지가 그저 경영자가 자신에게 부를 이전하는 수단으로 이용되는 것이 아니라, 진정으로 경영자의 인센티브를 (주주이익과) 일치시키는 것을 담보하는 임무를 맡고 있는 것과 마찬가지로 수탁자전략과 보상전략도 보완적으로 이용되었다. 따라서 아래에서 두 전략을 각각 논의하기는 하지만, 이사회의 실효성은 무엇보다도 보상전략과 수탁자전략의 상호작용의 결과라는 점을 염두에 두는 것이 유용하다. 즉 이 전략들의 각 기여도를 구분하는 것은 이 분야에서의 실증연구가 대처해야 하는 많은 도전 중 하나이다.[93]

---

93 뒤 3.3.1 참조.

3.3.1 수탁자전략: 독립이사

우리 대상국가에서 오늘날 분산된 주주의 이익을 보호하기 위한 주요 수탁자전략은 '독립'이사를 이사회에 참여시키는 것이다. 주식성과에 대한 독립이사의 보상패키지는 경영자의 경우보다 덜 민감하기 때문에 고강도 인센티브로부터 자유롭다. 그리고 그들은 일상적인 업무 집행결정을 하지는 않기 때문에 자신을 경영진과 동일시하지 않고 비판적인 태도를 취할 가능성이 더 높을 것으로 기대할 수 있다.[94] 따라서 이사회는—단층이사회든 복층이사회든—주로 보상전략에 따라서 인센티브가 정해지는 경영자와[95] 인센티브가 보상전략보다는 수탁자전략의 영향을 받는 비집행임원 양자로 구성된다.[96]

이사회 구성원 중 일부 또는 대다수가 회사의 고위임원을 겸해서는 아니 된다는 점은 점점 더 흔한 요건이 되고 있는데, 이는 이사가 회사의 다른 이해관계자의 이익을 희생시켜서 경영진의 이익을 도모하려고 하는 명백한 고강도 인센티브를 제거한다는 점에서 수탁자전략을 반영한 것이다. 진정한 독립이사란 회사의 어느 이해관계자와도 고강도 재무적 인센티브에 의해 밀접하게 관련되어 있지 않고 주로 윤리와 명성적 고려에 따라 행동하는 이사회 구성원이다. 물론 이는 우리가 정의하는 수탁자이기도 하다.[97]

이제 우리의 주요 대상국가는 모두 이러한 의미의 '독립'이사라는 개념을 인정하며, 대다수 국가는 이런 독립이사가 이사회 내부의 주요 위원회

---

94 Melvin A. Eisenberg, *Legal Models of Management Structure in the Modern Corporation: Officers, Directors, and Accountants*, 63 California Law Review 375 (1975).

95 뒤 3.5 참조.

96 Ronald W. Masulis and Shawn Mobbs, *Independent Director Incentives: Where Do Talented Directors Spend Their Limited Time and Energy?*, 111 Journal of Financial Economics 406 (2014).

97 앞 2.2.2.3 참조.

(감사위원회 · 지명위원회 · 보수위원회)에 적어도 일부라도 참여하는 것을 적극 지지하고 있다. 전통적으로 주주의 지배권을 제한적으로만 인정하던 것에 대한 보완수단으로 미국은 이런 형태의 수탁자전략의 창시자이자, 여전히 가장 열성적인 지지자이다. 미국 판례는 일반적으로 독립이사를 권장하고 있지만,[98] 미국 내 거래소규칙들은 이사회의 과반수를 독립이사로 선임하고 이사회 내 주요 위원회가 과반수 또는 전원이 독립이사로 구성될 것을 요구한다.[99] 추가로 2002년의 사베인 · 옥슬리법(Sarbanes-Oxley Act of 2002, SOX)은 완전히 독립적인 감사위원회를 요구하였고, 8년 후에 도드 · 프랭크법은 완전히 독립적인 보수위원회를 요구하였다.[100] 이와 비슷하게 사베인 · 옥슬리법의 영향을 받은 EU 감사지침(Audit Directive)은 공개회사에서 독립성이 있는 의장을 포함하여 독립이사가 과반수를 차지하는 감사위원회의 설치를 요구한다.[101]

이 외에 우리의 EU 국가들은 주로 '기업지배구조 모범규준'이라는 형태인 연성규범을 통하여 독립이사를 촉진한다. 이들 모범규준은 이사회의 구성, 구조, 운영에 관한 사항을 규율하고 거래소 또는 감독기관의 후원하에 시장 참가자들이 작성한 상장회사에 관한 가이드라인이다. 상장회사가 이 가이드라인을 준수하는 데 법적으로 구속되는 것은 아니다. 그

98 특히 델라웨어주 법원은 이익상충거래 또는 제소 결정의 심사기준으로서 독립성의 중요성을 되풀이하여 강조하였다. 뒤 6.2.2.1 참조.

99 NYSE Listed Company Manual, Rules 303A.01(상장회사는 독립이사가 과반수 존재해야 한다); 303A.04-5(지명 / 지배구조위원회, 보수위원회는 독립이사로만 구성해야 한다) 참조; NASDAQ Marketplace Rules 중 Rule 4350(c)(1)(과반수 독립이사요건), Rules 4350(c)(3)-(4)(보수위원회와 지명위원회는 독립이사로만 구성되어야 하며, 만일 이사가 임원이 아니거나 임원 가족이 아니면 이사 세 명 중 한 명은 독립성이 없어도 무방하다).

100 SOX § 301; Dodd-Frank Act of 2010 § 952.

101 Art. 39(1) Directive 2006 / 43 / EC, 2006 O.J. (L 157) 87, as amended by Directive 2014 / 56 / EU, 2014 O.J. (L 158) 196. 그러나 개정 감사인지침 Art. 39(5)는 회원국이 감사위원회 구성원 전원이 감독이사회 이사인 경우에는 독립성요건을 선택하는 것을 허용한다. 독일은 이러한 선택권을 이용하였다[2016. 5. 10.의 결산감사개혁법(Abschlussprüfungsreformgesetz) Art. 5 Nr. 1, 2 참조].

대신 상장회사는 이 모범규준의 규정들의 준수 여부, 준수하지 않는 경우 그 이유를 매년 보고할 의무, 즉 소위 준수 또는 설명(comply or explain) 의무를 부담한다.[102] 이러한 장치는 상장회사가 모범규준을 준수하도록 평판, 주주의 목소리, 시장의 압력을 동원하기 위한 것이지만, 동일한 규칙으로 만사를 해결할 수는 없는(one size does not fit all) 분야에서 경직된 규범을 피하기 위한 것이다.[103]

영국의 모범규준은 독립성을 추구하는 데 가장 열성적이다. 영국 모범규준은 (소규모 회사 이외의) 상장회사 이사회는 적어도 절반을 독립이사로 구성할 것을 권고하며, 이 독립이사들은 감사위원회와 보수위원회에도 참여[104]해야 할 뿐만 아니라 지명위원회의 과반수를 차지해야 한다.[105] 프랑스, 독일, 이탈리아는 독립성을 수용하는 데 그만큼 열성적이지는 않지만 같은 방향을 따르고 있다. 프랑스 모범규준은 주식이 널리 분산된 회사(이사회 과반수를 독립이사로 선임할 것을 권고)와 지배주주가 있는 회사(3분의 1에 대해 독립성을 권고)를 구분하는 반면,[106] 독일과 이탈리아의 모범규준은 '적절한 수'의 독립이사/감독이사를 권고할 뿐으로서 개별 회사에 보다 넓은 재량을 주고 있다.[107] 독일에서 독립이사의 근거는 특히

102 영국 상장규정 LR 9.8.6 참조; 독일에 관해서는 AktG § 161.

103 예컨대 모범규준상 규정의 준수는 분산된 주식 소유구조가 있는 영국에서 성과 개선과 관련되지만, 지배주주가 있는 회사에 대해서는 주목할 만한 효과가 있는 것은 아닌 것 같다. Aridhar Arcot and Valentina Bruno, *Corporate Governance and Ownership: Evidence from a Non-Mandatory Regulation*, Working Paper (2014), available at ssrn.com 참조. 또한 Alain Pietrancosta, *Enforcement of Corporate Governance Codes: A Legal Perspective*, in Stefan Grundmann et al., eds., Festschrift für Klaus J. Hopt 1, 1109, p.1130 (2010) 참조.

104 UK Corporate Governance Code (2014), Provisions B.1.2.

105 UK Corporate Governance Code (2014), Provisions B.2.1, C.3.1, and D.2.1.

106 French Corporate Governance Code, Principle 9.2.

107 Recommendation 5.4.2 German Corporate Governance Code; Principle 3.P.1, Italian Corporate Governance Code(거래량 40위까지의 주식에 대해서 독립이사가 3분의 1일 것을 권고한다. 3.C.3). 이와 더불어 독일과 이탈리아는 적어도 독립이사 1명을 둘 것을 요구하는 경성규범(hard law)상 요건도 갖고 있다.

미묘한데, (주주대표와 종업원대표로 — 옮긴이 주) 양분된 감독이사회에서 주주들이 주주로부터 '독립된' 이사들이 종업원 대표 쪽에 설 수 있다고 우려할 수도 있기 때문이다. 프랑스 · 독일 · 이탈리아의 세 국가 모두 모범규준은 독립된 감사위원회를 권고하고,[108] 프랑스와 이탈리아에서는 독립된 보수위원회, 독일과 프랑스는 독립된 지명위원회를 권고한다.[109] 브라질 회사법은 이사의 독립성요건을 부과하지는 않지만, (Novo Mercado와 Level 2와 같은) 상파울로 프리미엄 증권상장부는 최소 20퍼센트의 독립이사를 요구한다.[110]

내부자가 지배하는 이사회와 명목상으로는 독립적이지만 약한 법정감사회가 공존하는 전통적 시스템에 대한 비판에 대응하여,[111] 일본 회사법은 2002년 회사들이 미국식 3종 위원회 구조를 채택하는 것을 허용했다. 국제적으로 보다 노출된 몇몇 회사는 이 새로운 구조를 채택하였지만,[112] 이 구조는 별로 인기를 얻지 못했다.[113] 그러나 2014년 회사법 개정에서는 '준수 또는 설명'방식으로 상장회사가 사외이사를 최소 1명 두도록 하

---

108 감사위원회에 관한 EU의 요구사항에 관해서는 주 160.

109 French Corporate Governance Code, Principle 15 and 17; Recommendation 5.3 German Corporate Governance Code; Arts. 5–7 Italian Corporate Governance Code 참조. 독일에서 대규모 상장회사 중 과반수가 보수위원회도 설치하였다. Klaus J. Hopt and Patrick C. Leyens, *Board Models in Europe: Recent Developments of Internal Corporate Governance Structures in Germany, the United Kingdom, France, and Italy*, 1 European Company and Financial Law Review 135, 141 (2004) 참조.

110 Novo Mercado Regulations Art. 4.3; Level 2 Regulations Art. 5.3.

111 앞 주 5 참조.

112 Ronald J. Gilson and Curtis J. Milhaupt, *Choice as Regulatory Reform: The Case of Japanese Corporate Governance*, 53 American Journal of Comparative Law 343, 349 (2005); Amon Chizema and Yoshikatsu Shinozawa, *The 'Company with Committees': Change or Continuity in Japanese Corporate Governance?*, 49 Journal of Management Studies 77 (2012) 참조.

113 2014년 7월 기준 도쿄증권거래소의 3,414개 상장회사 중 58개사(1.7퍼센트)만이 3종 위원회를 둔 회사형태를 취하고 있다. Tokyo Stock Exchange, *TSE-Listed Companies White Paper on Corporate Governance 2015*, 15 (http://www.jpx.co.jp/english/equities/listing/cg/02.html) 참조.

였다. 2014년 개정 회사법 및 2015년 기업지배구조 모범규준(Corporate Governance Code of 2015)[114]에서 독립이사 2명을 선임하도록 하는 권고에 따라 독립이사를 1명 또는 2명 선임하는 상장회사의 수가 급속히 증가하게 되었다.[115] 그러나 그 이상의 독립이사를 선임하는 일본 회사는 여전히 드물다.[116]

이처럼 수탁자적 이사는 우리의 모든 주요 대상국가들에서 좋은 기업지배구조의 핵심요소로서 점점 더 받아들여지고 있다. 미국과 영국에서는 (이런 임무는 주주이익에 의존적인 이사가 보다 잘 수행할 수 있을 것이기는 하지만[117]) 이들을 경영자나 지배주주의 감독자라고 보는 경우가 가장 흔하다. 주식소유가 집중된 EU국가와 브라질에서는 진정으로 독립적인 이사는 소수주주 또는 주주 이외의 이해관계자들의 이익을 옹호하는 자로 볼 가능성이 더 크다. 달리 말하면 수탁자적 이사는 효험의 범위가 넓은 예방약과 같다. 이들은 (외부효과를 포함한) 모든 대리 문제에 대처하는 데 도움이 될 수 있는 것이지, 오로지 어느 한 문제를 해결하는 데만 특효가

---

114 The Council of Experts Concerning the Corporate Governance Code, Japan's Corporate Governance Code 〔Final Proposal〕 (2015).

115 일본의 최근 개정에 관하여 상세사항 및 그 분석에 관해서는 Gen Goto, Manabu Matsunaka, and Souichirou Kozuka, *Japan's Gradual Reception of Independent Directors: An Empirical and Political-Economic Analysis*, in Harald Baum et al., eds., Independent Directors in Asia (forthcoming) 참조. 도쿄증권거래소 제1부(도쿄증권거래소의 일류 증권시장)에 상장된 회사로서 적어도 사외이사 1명을 선임하는 회사의 비율은 2004년 30.2퍼센트에서 2015년 94.3퍼센트로 증가하였고, 이 회사 중 적어도 독립이사 2명을 선임하는 회사의 비율은 2010년 12.9퍼센트에서 2015년 48.4퍼센트로 증가하였다. Tokyo Stock Exchange, Inc., Appointment of Outside Directors by TSE-Listed Companies 〔Final Report〕 (July 29, 2015), http://www.jpx.co.jp/english/listing/stocks/ind-executive/index.html 참조.

116 위 자료. 2015년 7월 기준 도쿄증권거래소 제1부 상장회사 중 3분의 1 이상의 독립이사를 둔 회사의 비율은 12.2 퍼센트이고, 과반수 이상의 독립이사를 둔 회사의 비율은 2.7퍼센트였다.

117 예컨대 Ronald J. Gilson and Reinier Kraakman, *Reinventing the Outside Director: An Agenda for Institutional Investors*, 43 Stanford Law Review 863 (1991); Jonathan R. Macey, Corporate Governance: Promises Kept, Promises Broken, pp.90-2 (2008) 참조.

있는 것은 아니다.[118] 그럼에도 불구하고 지배주주에 의해 선임된 명목상 독립이사가 지배자의 대리인으로서 보다 소수주주의 이익을 보호하는 '수탁자'로서 적절하게 기능할 수 있는지는 의문이다.[119] 게다가 독립이사에는 대가도 따른다. 독립이사의 독립성과 회사에 관한 그들의 지식의 상충은 불가피하기 때문이다.[120] 많은 문헌에 의하면 독립된 이사회가 위험관리나 은행경영의 전문지식에 대한 협소한 이해로 인하여 2008~2009년의 은행의 실패에 기여했다고 한다.[121] 그 결과 정책결정자들은 오늘날 (금융기관에 대해서만 그런 것은 아니지만) 특히 금융기관에 대해서는 독립성만큼이나 역량(competence)에 대해서 강조하고 있다.[122]

---

118 다양한 대리인 문제와 비대리인 문제에 대처하기 위한 독립이사 활용에 관하여 Mariana Pargendler, *The Corporate Governance Obsession*, 42 Journal of Corporation Law 101 (2016).

119 Wolf-Georg Ringe, *Independent Directors: After the Crisis*, 14 European Business Organization Law Review 401 (2013); Arcot and Bruno, 앞의 논문(주 103). 뒤 4.1.3.1과 6.2.2.1도 참조.

120 독립성과 이사회에서의 정보의 상충에 관한 논의로는 Arnoud W.A. Boot and Jonathan R. Macey, *Monitoring Corporate Performance: The Role of Objectivity, Proximity, and Adaptability in Corporate Governance*, 89 Cornell Law Review 356 (2003). Cf. Jeffrey N. Gordon, *The Rise of Independent Directors in the United States, 1950-2005: Of Shareholders Value and Stock Market Prices*, 59 Stanford Law Review 1465, 1541-63 (2007)(미국에서 주가에 정보가 더 잘 반영되면 독립이사의 감독을 용이해진다고 한다); Enrichetta Ravina and Paola Sapienza, *What Do Independent Directors Know?: Evidence from Their Trading*, 23 Review of Financial Studies 962 (2008)(독립이사가 회사 주식을 거래하는 데 거의 내부자와 같다고 하나, 이는 독립이사에게 정보가 결여되지 않았음을 시사한다).

121 예컨대 Jacob de Haan and Razvan Vlahu, *Corporate Governance of Banks: A Survey*, 30 Journal of Economic Surveys 228 (2016) 참조.

122 예컨대 Art. 91(1) Council Directive 2013/36 of the European Parliament and of the Council of 26 June 2013 on Access to the Activity of Credit Institutions and the Prudential Supervision of Credit Institutions and Investment Firms, 2013 O.J. (L 176) 338(경영기관의 구성원은 충분히 훌륭한 평판을 늘 갖고 있어야 하고 그 의무를 수행하는 데 충분한 지식, 기술, 경험을 갖고 있어야 한다. 경영기관의 전반적 구성에는 충분히 넓은 영역의 경험이 반영되어 있어야 한다) 참조. 비금융기관에 관해서는 예컨대 Principle B.1 Corporate Governance Code (2014)(영국) 참조.

유감스럽게도 독립이사가 회사의 성과에 긍정적 효과를 미치는지라는 지극히 실증적인 질문에 대해 답하기란 극히 어렵다.[123] 이사회구조는 주로 개별 회사가 결정할 문제이기 때문에, 독립이사의 비율은 회사 성과의 원인인 것만큼이나 회사 성과에 대한 반응이기도 한 것 같다. 게다가 성과에 영향을 미치는 이사회구조의 양상은 기업별로 다른 것만큼이나 국가별로도 다르다.[124] 마지막으로 법과 기업지배구조 모범규준에서 독립성을 어떻게 정의하든 간에, '독립적'이라고 표시된 이사들이 그처럼 독립적으로 행동할지 여부는 개인의 성격, 독립이사 선임절차로부터의 내부자의 실제 격리 같은 측정하기에 너무도 어려운 요소들의 집합에 달려 있다.

3.3.2 보상전략: 경영자 보수

대리인 인센티브를 조정하기 위하여 사용되는 다른 하나의 테크닉은 보상전략이다. 이 전략은 독립이사 같은 수탁자전략처럼 주주들이 분산되어 있어서 조율비용이 높을 때 주주에 의한 직접적 감독과 통제권 행사를 대체할 수 있다고 일컬어진다.[125] 이 이론은 최적으로 구성된 보수패키지는 경영자의 이익을 주주집단의 이익과 일치시킬 수 있다는 것이다. 경영자 보상은—보상조건에 따라서는—대리비용의 징후인 것만큼이나 대리비용을 통제하는 전략이 될 수도 있는 것이 현실이다. 나아가 경영자와 주주의 이익을 일치시키는 것을 주주이익의 대용물로 주가를 이용하

---

123 방대한 검토에 관해서는 Renée B. Adams, Benjamin E. Hermalin, and Michael S. Weisbach, *The Role of Boards of Directors in Corporate Governance: A Conceptual Framework and Survey*, 48 Journal of Economic Literature 58 (2010) 참조.

124 Bernard S. Black, Antonio Gledson de Carvalho, and Érica Gorga, *What Matters and for Which Firms for Corporate Governance in Emerging Markets?: Evidence from Brazil (and Other BRIK Countries)*, 18 Journal of Corporate Finance 934 (2012).

125 Marcel Kahan and Edward Rock, *How I Learned to Stop Worrying and Love the Pill: Adaptive Responses to Takeover Law*, 69 University of Chicago Law Review 871 (2002).

는 방법에 의존하는 경우에는, 혁신이 보다 중요하고 이해하기 어려운 업종에서와 같이 회사의 투자정책과 사업전략의 '진정한' 가치를 시장이 완전하게 반영하지 못하는 회사에서는, 심지어 주주의 최적이익으로부터도 괴리되는 일이 발생할 수 있다.[126]

회사법은 일반적으로 보상을 직접 규정하지는 않고 회사가 그 이익 증진을 위해서 경영자에게 보상할 수 있는 방법을 규율한다. 오늘날 공개회사의 경영자에 대한 가장 중요한 보상은 주식형 보상인데, 이것은 여러 가지 형태 — 즉 스톡옵션, 제한주식(restricted stock)(일정 기간 양도 제한을 부가하여 교부되는 자기주식 — 옮긴이 주), 주가상승보상(stock appreciation rights)(스톡옵션에서 경영자가 옵션을 행사할 경우, 옵션 행사로 취득한 주식의 매각비용이나 회사의 신주발행비용 등 거래비용을 회피할 목적으로 일정한 시점에 옵션의 가치를 평가해서 현금으로 지급하는 제도. 일정 시점에 주가가 옵션 행사가격을 상회하면 그 차액에 일정 수를 곱한 금액을 현금으로 지급하는 보상제도 — 옮긴이 주) — 가 있고, 현재 이들은 모든 대상국가에서 (비록 정도의 차이는 있지만) CEO의 전체 보수에서 큰 비중을 차지하고 있다.

보상전략이 주주의 의사결정권을 대체할 수 있다는 사고와 일관되게 — 전통적으로 우리 주요 대상국가 중에서 주주에게 가장 약한 의사결정권을 부여하는 — 미국은 고강도 주식형 인센티브를 가장 광범위하게 수용하였다. 비록 델라웨어주 법원은 초기에는 스톡옵션을 의심의 눈초리로 보았지만,[127] 미국 회사들이 옵션 발행과 자기주식 취득과 관련하여 향유하는 폭넓은 재량권에 힘입어서 곧 스톡옵션을 인정하였다.[128] 게다가 1994년 미국 세법 개정으로[129] 회사의 성과에 연동되지 않은, 연 100만 달러를 초과하는 임원 보수를 비용으로 처리하는 것을 금지하면서 (의도

---

126 주 21 앞의 본문 참조.

127 Krebs v. California Eastern Airways, 90 Atlantic Reporter 2d 562 (Del. Ch. 1952) 참조.

128 예컨대 § 157 Delaware General Corporation Law.

129 Internal Revenue Code § 162(m).

된 것은 아니었지만) 옵션은 막대한 동력을 얻게 되었다.[130]

보상전략이 효율적으로 운용되기 위해서는 보수가 적절하게 책정되어야 한다. 미국은 과도하거나 인센티브를 왜곡시키는 보수를 회피하기 위해서 오랫동안 공시에 의존하였다. 그러나 보수 책정이 잘못되었다는 비판이 지속적으로 제기되어 왔는데 일리가 없지는 않았다.[131] 앞의 절들에서 암시한 것처럼 2010년 도드·프랭크법은 보수위원회가 오로지 독립이사로만 구성될 것을 강제함으로써 보수책정에 대한 수탁자전략의 통제기능의 효능을 강화하고자 하였다.[132] 또한 임원보수에 관하여 권고적 투표(say on pay)를 규정하여 주주의 의사결정권을 도입할 것을 강제하였다.[133]

우리의 다른 주요 대상국가는 보상전략에 덜 강하게 의존해 왔다. 따라서 미국 밖에서는 일본과 영국처럼 미국과 유사하게 주식소유가 분산된 국가들에서조차 임원 보수와 회사 성과 사이의 관련성이 적다. 영국에서는 전통적으로 주주의 의사결정권이 보다 강했는데, 이는 보상전략에 대한 필요성이 덜했다는 것을 의미한다.[134] 일본에서는 최근의 정책적 논의에서 보상전략에 대한 선호가 증가하였음을 보여 주긴 하지만, 전통적으

---

130 John C. Coffee, *A Theory of Corporate Scandals: Why the USA and Europe Differ*, 21 Oxford Review of Economic Policy 198, 202 (2005) 참조.

131 제6장, 특히 6.2.2.1 참조.

132 Dodd-Frank Act of 2010, § 952. 이전에 도드·프랭크 법은 임원보수에 관하여 완화된 통제를 도입하였다. § 304[부실재무표시에 의거해 받은 CEO / 최고재무책임자(Chief Financial Officer. 이하 'CFO')]의 인센티브보수의 반환을 규정); § 402(옵션 행사를 목적으로 상급임원에 대한 회사의 금전 대여를 금지) 참조.

133 Dodd-Frank Act of 2010, § 951.

134 Martin J. Conyon and Kevin J. Murphy, *The Prince and the Pauper?: CEO Pay in the United States and United Kingdom*, 110 Economic Journal 467 (2002) 참조. The greater performance-sensitivity in the U.S. means executives there bear more firm-specific risk, which pushes upward the size of overall awards: Martin J. Conyon, John E. Core, and Wayne R. Guay, *Are U.S. CEOs Paid More than U.K. CEOs?: Inferences from Risk-Adjusted Pay*, 24 Review of Financial Studies 402 (2011).

로 강조된 것은 경영진과 종업원의 일체감이었고, 여기에 보상전략은 분명히 어울리지 않는 것이었다.[135] 아울러 다른 국가에서는 지배주주의 존재는 CEO의 보수가 상당히 낮은 것과 관계가 있는데,[136] 그 이유는 아마도 지배주주가 경영자가 좋은 성과를 내도록 하고 동시에 과도한 보수를 억제하는 데 자신의 의사결정권에 의존할 수 있기 때문일 것이다.

이와 같은 보상전략 사용에서의 차이는 (주주 대신) 보수를 결정하는 이사회의 재량에 관한 법체계적 차이에도 기인한다. 보수에 관한 이사회의 재량에 관한 법체계적 차이는 거의 동시대에 발생한 다음 두 사례를 비교하면 잘 설명될 수 있다. 하나는 디즈니의 사장에 대해 1억 4,000만 달러의 퇴직금을 지급한 것과 관련하여 마이클 아이스너(Michael Eisner. 디즈니의 전 CEO) 및 나머지 이사에 대해서 제기된 델라웨어주 민사소송 사건이다.[137] 다른 하나는 오랫동안 질질 끌어 온 기업인수 경쟁 이후에 만네스만(Mannesmann)에 대한 적대적 기업인수자 보다폰(Vodafone)으로부터 이례적으로 고액의 프리미엄을 수령한 것과 관련하여 만네스만의 CEO 및 그의 집행팀원에 대해 '성과급(appreciation rewards)'을 지급한 것(만네스만의 CEO에게는 약 2,000만 달러 지급)을 이유로, 제소 당시 도이체방크(Deutsche Bank)의 CEO였고 만네스만 주식회사의 이사였던 요제프 악커만(Josef Ackermann)과 만네스만 감독이사 2명에 대하여 제기된 형사소추 사건이다.[138]

위 두 사건은 사실관계에 있어서 중요한 차이가 있다. **디즈니 사건**에서

---

135 Robert J. Jackson, Jr. and Curtis J. Milhaupt, *Corporate Governance and Executive Compensation: Evidence from Japan*, 2014 Columbia Business Law Journal 111 참조

136 Martin J. Conyon et al., *The Executive Compensation Controversy: A Transatlantic Analysis 55*, Working Paper (2011); Marcos Barbosa Pinto and Ricardo Pereira Câmara Leal, *Ownership Concentration, Top Management and Board Compensation*, 17 Revista de Administração Contemporânea 304 (2013)(브라질에서 소유 집중의 수준과 경영자 보수 사이에 마이너스 상관관계가 있다고 한다) 참조.

137 In re Walt Disney Co. Derivative Litigation, 906 Atlantic Reporter 2d 27 (Del. 2006).

138 Curtis J. Milhaupt and Katharina Pistor, Law And Capitalism, pp.69–86 (2008) 참조.

는 문제의 보수는 **사전에** 계약으로 정해졌으며, 이 사건의 쟁점은 계약의 교섭 시 또는 디즈니의 전 사장에게 1억 4,000만 달러를 지급하는 근거가 된 '임의해고조항(no fault termination clause)'〔전 사장의 책임 없는 사유에 의한 해임을 규정한 조항을 말한다. 디즈니와 오비츠(Michael Ovitz) 전 사장 사이의 고용계약에 따르면 오비츠에게 중과실(gross negligence) 또는 부정행위(malfeasance)가 없는 한 해임 시 퇴직금을 지급하기로 되어 있었다—옮긴이 주〕에 대하여 다투지 않은 것과 관련하여, 디즈니의 이사들이 악의(bad faith)에 이를 정도로 중과실이 있었는지 여부였다.

만네스만 사건에서는 문제의 보수는 무상(악커만과 보수위원회의 또 다른 위원이 수여한 **사후적** 보너스)이었지만—보수 지급 결의 당시 만네스만의 주식 98.66퍼센트를 보유한—보다폰의 승인을 받았다.

이처럼 사실관계의 차이가 있기는 하지만 두 사건의 결과가 달라진 것은 시사하는 바가 크다. 델라웨어주 법원은 과실의 증거와 이익충돌의 냄새(해임된 사장은 CEO와 친분이 두터운 친구이었다)에도 불구하고 아이스너 및 디즈니의 이사들에게 민사책임을 면하게 하는 경영판단원칙을 동원하였다. 이와 대조적으로 독일 연방대법원(Bundesgerichtshof, BGH)은 악커만에 대해 회사재산을 탕진하는 형태의 배임에 대하여 형사책임을 질 수 있다고 판결하였다.[139] 델라웨어 주법의 관점에서 보면, 98퍼센트의 이해관계 없는 주주의 승인을 받은 보수 지급에 대해서 이해관계 없는 이사(악커만)가 민사책임을 부담하는 것은 거의 상상하기 어려운데, 형사책임은 더 말할 것도 없다.[140] 델라웨어주에서는 오랫동안 이해관계 없는 이

139 BGH, Decision of 21 December 2005, 3 StR 470 / 04. 고등법원과는 달리 독일 연방대법원은 형법에만 의거하였고〔독일 형법(Strafgesetzbuch) 제266조〕, 경영자의 보수의 적정성을 요구하는 독일 주식법(Aktiengesetz, AktG) 제87조에는 의거하지 않았다.

140 Franklin A. Gevurtz, *Disney in a Comparative Light*, 55 American Journal of Comparative Law 453, 484 (2007) 참조. 델라웨어 주법에 따르면, 주주의 승인이 있었다면 만네스만의 집행위원회의 또 다른 위원—악커만과 달리—전직 만네스만 임원으로서 사후에 보너스를 받았기 때문에 금전적 이익을 받았다—도 민사책임을 부담하지 않았을

사회가 퇴임 임원에 대하여 계약상 권리를 초과하는 보수를 지급하는 것을 허용해 왔다.[141] 독일 연방대법원은 형법전, 만네스만의 독립적 존속이 종료된다는 사실(보다폰사에 의해 인수되면서 그 자회사가 된 사실—옮긴이 주), 미리 합의된 황금낙하산(golden parachute) 약정이 존재하지 않았다는 사실을 근거로 형사책임을 인정한 것이다.[142]

미국이 전통적으로 경영자 보수에 대해서 다른 국가보다 제한을 덜 가하기는 하지만, 수렴의 징후가 나타나고 있다. 이미 살펴본 것처럼 미국은 현재 'say on pay' 투표의 형태로 제한적이나마 주주의 승인요건을 도입하였다. 동시에 보수에 대한 의존양상이 금융업 및 국제적 경쟁에 가장 잘 노출되는 업종에서 훨씬 더 확연히 드러나는 독일에서조차 이사 개인별 보수의 강제공시와 경영자 유치를 위한 국제적 경쟁이 보수의 전반적 인상을 초래하였다.[143]

3.4 법적 제약과 관계설정권리

법적인 제약과 관계설정권리는 집단으로서의 주주의 이익을 보호함으

것이다.

141 *Zupnick v. Goizueta*, 698 A.2d 384 (Del. Ch. 1997) 참조(정년 시에 과거의 근무에 대해서 부여한 옵션을 인정)와 *Blish v. Thompson Automatic Arms Corporation*, Del. Supr., 64 A.2d 581 (1948)(묵시적 계약의 존재를 입증하거나 업무수행에 비추어 보수액이 비합리적이지 않았다면, 소급적인 보수도 아무런 근거 없이 지급된 것이 아니다).

142 만네스만 판결은 독일 학자들의 압도적 다수가 잘못된 것이라고 여긴다. 만네스만 사건의 법원(독일 연방대법원—옮긴이 주)은 사건을 형사사건을 기각하는 데 매우 과감한 하급심에 환송하였다. 만네스만 사건이 가져온 주요 결과는 많은 회사에서 이사와의 계약에서 그러한 보상지급을 허용하는 조항을 도입한 것이었다. 뒤 8.2.3.5 참조.

143 Francesca Fabbri and Dalia Marin, *What Explains the Rise in CEO Pay in Germany?: A Panel Data Analysis for 1977-2009*, IZA Discussion Paper No 6420 (2012); Alex Barker, *Germany Overtakes UK in Corporate Executive Pay Stakes*, Financial Times, 5 January 2015. 독일에서 최근의 경영자 보수 개혁에 관해서는 뒤 6.2.2.1 참조.

로써 기업지배구조에서 중요한 역할을 수행한다. 경영자와 이사회의 모든 의사결정은 충실의무와 주의의무 같은 일반적인 신인의무규범(fiduciary norms)의 제약을 받는다. 또한 강제공시형태의 관계설정권리는 정보가 제대로 반영된 주가를 통해서 경영자의 성과 측정을 위한 지표를 제공함으로써 주주와 이사회에 정보를 제공한다.[144] 또한 물론 주식의 자유로운 양도를 통한 탈퇴권은 우리가 제8장에서 논하는 분산소유회사 지배구조의 필수적 요소인 경영권시장의 토대가 된다. 이와 대조적으로 일반적 기업지배구조에서는 회사에 대한 투자의 회수를 통한 탈퇴권을 이용할 수 있는 경우는 더 드물다. 회사법은 특수한 상황에서만 탈퇴권을 이용하며, 이것은 이후의 장들에서 상술한다. 예컨대 소수주주 억압에 대한 구제수단(제6장)이나 합병 같은 일정한 유형의 근본적 거래에 대한 견제수단(제7장)이 그것이다.

3.4.1 제약전략

경직적인 룰과 신인의무 스탠더드 양자 모두 주주의 이익 보호에 역효과를 내는 것은 아니지만 별로 쓸모가 없는 것처럼 보인다. 경영자를 선임하고 해임할 수 있는 주주는 경영자의 재량을 법적 제한으로 구속할 필요는 없을 것이다 우리가 제6장에서 다루는 관계자 거래는 아마도 예외일 것이다. 그러나 우리의 주요 대상국가는 모두 이사나 임원이 그 직책을 수행하는 데 합리적 주의를 하도록 폭넓은 의무(주의의무)를 부과하고 있다. 주의의무는 광의의 기업지배구조 시스템에서 사소하지 않은 구성요소이다. 어떤 국가에서는 주의의무 위반에 대한 책임을 부담할 현실적 위험이 존재한다. 그렇지 않은 국가에서도 공시의무를 비롯한 다른 세트의 법적 의무들은 묵시적으로 이사로 하여금 여러 상황에서 정보 공시가

144 Gordon, 앞의 논문(주 120); 뒤 9.1.1 참조.

부족하지 않도록 주의를 기울이도록 한다.[145]

이사나 임원의 주의의무 위반을 의사와 같은 다른 전문가들이 범한 '업무상 과오(malpractice)'에 유사한 일종의 '업무상 과오'로 보는 것은 솔깃한 일이다. 그러나 이사의 경우는 의사보다 '합리적 주의'를 정의하는 것이 훨씬 더 어렵기 때문에 이러한 비유는 설득력이 약하다. 경영상 판단은 의학적 판단보다 훨씬 개별적 특성이 강하다.[146] 이 때문에 모든 국가에서 법원은 이사의 경영판단에 대해서는 적어도 어느 정도 존중을 표시한다.

적어도 대부분의 국가들은 이사의 경영판단의 내용에 대해 사후적 판단을 하는 것은 자제할 것이다.[147] 그러나 법원은 보통 경영판단이 이루어진 과정을 심사하는데, 이 과정에서 법원은 그 판단을 내리는 데 이사가 충분히 정보에 입각하였는지, 적절한 조언을 받았는지와 같이 합리적 과정을 거쳤는지 여부를 따진다. 이 점은 유럽대륙 국가에서도 그러하며, 유럽의 일부 국가는 정보를 숙지한 상태에서 경영판단을 할 의무를 명시적으로 규정하고 있다.[148] 예컨대 공개회사에 관한 독일법(주식법—옮긴이 주)은 경영이사회 이사가 경영판단을 할 당시에 "회사의 이익을 위하여

---

145 Robert B. Thompson and Hillary A. Sale, *Securities Fraud as Corporate Governance: Reflections upon Federalism*, 56 Vanderbilt Law Review 859 (2003) 참조.

146 Holger Spamann, *Monetary Liability for Breach of the Duty of Care?* 18-19, Harvard Law School John M. Olin Center Discussion Paper No. 835 (2015) (available at ssrn.com) 참조; Re Barings plc (No 5) 〔2000〕1 Butterworths Company Law Reports 523, 536도 참조(의학적 과오에 비유하는 것을 반대하고 전문가의 증거 능력을 부인한다).

147 법원이 사후적 경영판단을 하는 것을 삼가지 않는 일본에서도 법원은 경영판단이 '과도하게 불합리한'지 여부라는 기준에 의해서 경영판단을 심사한다(Supreme Court of Japan, July 15, 2010, 2091 Hanrei Jiho 90). 이 사건에 대해 상세한 것은 Dan W. Puchniak and Masafumi Nakahigashi, *Comment*, in Moritz Bälz et al., eds., Business Law in Japan: Cases and Comments (2012) 참조.

148 Art. 2381 Civil Code(이탈리아); 주식법 § 93(독일). 브라질에서 경영판단원칙의 범위와 개요에 관한 비교법적 논의로는 Mariana Pargendler, *Responsabilidade Civil dos Administradores e Business Judgment Rule no Direito Brasileiro*, 953 Revista dos Tribunais 51 (2015) 참조.

충분한 정보에 입각하여 행위하였다고 판단할 만한 합리적 이유"가 있었음을 입증하면 주의의무를 위반한 것으로 보아서는 안 된다고 규정한다. 이것은 독일에서 '경영판단원칙'이라는 제목이 붙은 규정인데, 판례는 그 규정의 면책 범위를 제한해 왔다.[149] 금융위기 이후 특히 은행 이사에 대한 손해배상청구소송(아울러 형사소송)의 제기가 급증함에 따라 경영판단을 심사하는 데 법원에 폭넓은 재량을 주는 것이 현명한 일인지가 시험받고 있다.[150]

전통적으로 주주소송을 통한 회사법의 사적 집행에 대해 가장 개방적인 나라인 미국이 선의로(in good faith)(즉 회사의 사업에 이익이 될 것이라는 정직한 믿음으로) 행한 경영판단에 대한 법적 공격으로부터 경영자를 보호하는 데에도 가장 앞장선 국가이기도 하다는 점은 놀라운 일이 아니다. 미국에서 경영판단법칙은 선의로 의무를 위반한 이사에 대한 손해배상책임을 포기하는 내용의 정관규정을 도입하는(아주 흔하게 행사되는) 권한[151](책임 제한에 관한 정관규정의 도입—옮긴이 주), 포괄적 임원배상책임보험(directors & officers liability insurance)과 같은 부수적 제도와 함께 이사가 주의의무 위반으로 피소되어 돈을 내야 할 가능성을 매우 감소시킨다.[152]

이와 대조적으로 영국을 비롯한 다른 국가들은 경영판단법칙이나 회사정관에 이사의 의무를 수정하는 권한에 관한 규정을 두지 않고 이사의 주의의무에 대해서 객관적 과실 기준을 정하고 있다.[153] 그러나 이 국가들

149 주식법 § 93(독일). Klaus J. Hopt and Markus Roth, *Sorgfaltspflicht und Verantwortlichkeit der Vorstandsmitglieder*, in Heribert Hirte et al., eds., Aktiengesetz, Grosskommentar, § 93 comments, pp.61-131 (5th edn., 2015) 참조; Klaus J. Hopt, *Die Verantwortlichkeit von Vorstand und Aufsichtsrat*, Zeitschrift für Wirtschaftsrecht 2013, 1793.

150 Klaus J. Hopt, *Responsibility of Banks and Their Directors, Including Liability and Enforcement*, in Lars Gorton, Jan Kleineman, and Hans Wibom, eds., Functional or Dysfunctional: The Law As a Cure?, p.159 (2014).

151 DGCL § 102(b)(7).

152 Bernard Black, Brian Cheffins, and Michael Klausner, *Outside Director Liability*, 58 Stanford Law Review 1055 (2006) 참조.

153 UK Companies Act 2006 sections 174, 232; Art. 2381 and 2392, Civil Code(이탈리아).

에서는 집행에 대한 절차상 제약으로 인하여 파산의 경우가 아니고서는 이사가 피소되는 예가 드물다.[154]

회사의 의사결정을 법이 존중하는 것은 두 가지 점에서 정당성이 있다. 첫째, 이 점은 이미 암시한 것으로, 판사는 고도로 상황의존적인 경영판단을 평가할 능력이 미흡하다는 점이다. 특히 분명한 기준이 없는 경우에는 사후적 편견(hindsight bias)은 가장 합리적인 경영판단조차 **사후적으로는** 무모한 것으로 보이게 할 수 있다. 둘째, 흐릿한 기준과 사후적 편견이 존재하는 상황에서 주의의무의 적극적 집행에 수반된 법적 오류의 위험은 회사의 의사결정자가 위험성이 높은 고수익 사업보다는 안전한 저수익 사업을 선호하도록 이끌지도 모른다.[155] 궁극적으로 주주들은 가끔 있는 과실을 억지함으로써 얻는 이익보다 '방어적 경영'으로 인하여 잃는 손실이 더 클 수도 있다.[156]

프랑스에 관하여 Bruno Dondero, *Chronique de jurisprudence de droit des sociétés*, Gazette du Palais, 12 May 2015, No. 132, 19 참조.

154 실제로 영국 공개회사의 이사에 대한 주주소송은 제기된 바가 없다〔John Armour, Bernard Black, Brian Cheffins, and Richard Nolan, *Private Enforcement of Corporate Law: An Empirical Comparison of the United Kingdom and the United States*, 6 Journal of Empirical Legal Studies 687 (2009)〕. 이 점은 소송에서의 절차상 하자와 기업지배구조 관련 주주의 권리의 유용성 양자 모두를 시사하는 것 같다. 여하튼 영국 법원은 이사가 '정직하고 합리적으로' 행동한 경우에 의무 위반으로부터 구제하는 데 재량을 갖고 있다(UK Companies Act 2006 section 1157). 영국은 2008년에 대표소송에 관한 법을 개정하여 주주가 주의의무 위반을 다투는 것을 보다 쉽게 하였다. 만일 이 개정으로 인하여 소송 수준이 높아지기만 한다면 주의기준을 완화하라는 압력도 있을 것이라는 점도 예측할 수 있다.

155 *Gagliardi v. Trifoods International, Inc.* 683 Atlantic Reporter 2d 1049 at 1052-3 (Del. Ch. 1996) 참조.

156 미국에서는 법원이 이사의 경영상 결정에 중과실이 있다는 이유로 개인적 책임을 인정한 사례는 드문데, 책임을 인정한 사례들은 회사의 합병, 회사의 매각 또는 도산의 개시와 같은 비상한 상황에 관한 것이었다. 뒤 5.3.1.1 참조. 게다가 이 사례들에서조차 법원은 종종 손해배상책임을 인정하는 실제 근거로서 — 입증이 어려운 악의(bad faith)나 이익충돌 같은 — 과실 이상의 것을 시사하였다. 유명한 델라웨어주 사건의 예는 *Smith v. Van Gorkom*, 488 A.2d 858 (Del. 1985)인데, 이 사건에서 델라웨어주 대법원은 분명하게도 퇴임 CEO가 회사 매각에 관해서 강한 개인적 이해관계가 있었다고 보았고,

일반적 주의의무는—어느 정도는—이사회의 모든 권한행사에 적용된다. 이사회의 감독기능이 증가함에 따라 자연히 감독에 관한 주의의무가 발전하게 되었는데, 이는 기업지배구조의 일부를 이루고 부분적으로 주주이익을 보호하는 기능을 한다. 예컨대 델라웨어주와 영국의 판례는 주의의무가, 이사회가 회사의 법령 준수(compliance)를 평가할 수 있게 하는 '정보 및 보고 시스템'을 구축하는 데까지 미친다고 판시하였다.[157] 이와 비슷하게 EU와 일본의 법은 감독이사회, 감사위원회, 감사에 대해 공개회사가 적절한 감사통제와 위험관리장치를 갖추도록 담보할 의무를 부과하고 있다.[158] 아울러 미국 사베인·옥슬리법 제404조는 EU에서 채택된 것보다 완화된 형태로, 미국 회사의 CEO와 CFO로 하여금 회사의 내부 회계관리의 효용성에 대해 보고할 의무를 부과한다.[159] 이러한 규정들

이 사실 때문에 이사회의 회사매각절차에 과실이 있었다는 주장에 불충실(disloyalty)요소가 추가되었다.

157 *In re Caremark Int'l Inc. Derivitive Litigation*, 698 Atlantic Reporter 2d. 959 (Del. Ch. 1996) 참조. 이 판결은 델라웨어주 대법원이 *In re Citigroup Inc. Shareholder Derivative Litig.*, 964 Atlantic Reporter 2d 106 (Del. Ch. 2009) 사건에서 재확인되었다. 이 의무 위반은 회사가 가동되는 정보시스템 및 보고시스템을 구축하지 않았고, 이사들도 그 부적절함을 **알고 있었다**는 점을 수반한다. 독일 판례는 이보다는 덜 변태적(變態的)이다. LG München, decision of 10 December 2013 (5 HKO 1387/10—*Neubürger*), ZIP 2014, 570 참조(위법행위를 탐지하기 위해서 포괄적인 컴플라이언스 시스템을 실행하지 않았다는 이유로 경영이사회 이사의 책임이 인정되었다). 영국은 단순한 과실기준을 채택하고 있다. *Re Barings plc* (No.5), 앞의 보고서(주 146), 특히 486-9; Companies Act 2006 s 174.

158 FSA Disclosure Rules and Transparency Rules DTR 7.1(영국); § 91(2) AktG(독일); Art. L. 225-235 Code de Commerce(프랑스); Art. 149 Consolidated Act on Financial Intermediation(이탈리아). 일본에 관해서는 회사법 제362조 제4항 (iv), 제390조 제2항, 제399조의2 제3항, 제399조의13 제1항, 제404조 제2항과 제416조 제1항 및 금융상품거래법(金融商品取引法) 제24조의4의4 제1항, 제193조의2 제2항 참조. EU의 감사지침〔Directive 2006/43/EC, 앞의 지침(주 55)〕에 의해 회사는 (회원국 국내법에 따라 이사로 구성되거나 별개의 기구로 설치된) 감사위원회를 구성하여야 하는데, 이 감사위원회는 무엇보다도 '(회사의) 내부통제의 효율성, 위험관리시스템의 실효성과 아울러 가능한 경우 피감사회사(entity)의 재무보고에 관한 내부감사를 감독'하여야 한다〔Art. 39(6)(c)〕.

159 SOX § 404. 금융상품거래법 제24조의4의4(일본). EU에서는 회사의 재무보고지침(the Directive on Company Reporting (Art.20(1)(c) Directive 2013/34/EU, 2013 O.J. (L

은 주로 외부감사인의 증명에 의해 집행된다.[160]

3.4.2 기업지배구조 관련 공시

강제공시 자체는 우리가 제2장에서 정의한 법적 전략 중 하나는 아니지만—적어도 공개회사의 경우에는—모든 법적 전략이 기능하는 데 그리고 회사법의 모든 측면에서 결정적인 보조 역할을 수행한다. 기업지배구조 시스템의 구조도 예외는 아니다.

우리의 주요 대상국가는 모두 회사에게 공개시장 진출을 허용하는 조건으로서 광범위한 공시를 요구한다. 이것은 제9장에서 다룬다. 지배구조 관련 계속공시사항을 포함하여 공시의무는 상당히 수렴하고 있다. 예컨대 우리의 주요 대상국가는 모두 회사의 소유구조(대량주식 보유 및 의결권 약정 등), 경영자 보수, 그리고 이사회 구성 및 운영의 상세사항에 관하여 공시할 것을 요구한다.[161]

이러한 폭넓은 공시의무는 주주에 대한 정보 제공을 통하여 기업지배구조의 질에 직접적 기여를 하고 아울러 회사 내부자의 경영성과를 평가하는 데 주가를 동원함으로써 간접적 기여를 할 개연성이 높다.[162] 특히

---

182) 19)에서 상장회사가 매년 기업지배구조 보고서에 '재무보고절차와 관련하여 회사의 내부통제시스템과 위험관리시스템의 주요 사항에 대한 설명'을 포함할 것을 요구한다.

160 SOX § 404(b). 금융상품거래법 제193조의2 제2항(일본). EU에서는 외부감사인은 감사위원회에 "피감사기업의…… 내부회계 관리시스템과 회계시스템 양자 또는 이 중 어느 하나의 심각한 결함"에 대하여 보고하여야 한다[Art. 11(2)(j) Regulation (EU) 537/2014, 2014 O.J. (L 158) 77].

161 주식 소유와 보수의 공시의무에 관해서는 6.2.1.1 참조. U.S. Regulation S-K, 17 C.F.R. Part 229 Item 601(b)(3)(i)-(ii)는 회사의 회계보고서에 회사의 정관을 제출하도록 한다. 또한 의결권 신탁약정이나 회사윤리 모범규준(corporate code of ethics)도 Form 10Q로 제출해야 한다. Item 601(b) Exhibit Table 참조. 의결권약정은 EC의 기업인수지침에서도 공시의무사항이다[Art. 10 Directive 2004/25/EC, 2004 O.J. (L 142) 12]. 이사회구조에 관하여는 European Commission, Recommendation 2014/208/EU on the Quality of Corporate Governance Reporting, 2014 O.J. (L 109) 43 참조.

162 John Armour, *Enforcement Strategies in UK Corporate Governance: A Roadmap and*

주가가 정보를 잘 반영할수록 강제공시는 적대적 기업인수에 따르는 위험성을 낮춘다. 미국의 위임장 서류의 포괄적 성격이나 부실공시에 부과되는 상당한 잠재적 책임은 이런 가정을 전제로 한다.

미국처럼 강력한 강제공시의 전통이 없는 유럽대륙 국가들에서도 회사가 주주총회에서의 의결권 행사와 관련하여 중요한 정보를 제공하지 않은 경우 중대한 결과가 따른다. 불완전하거나 잘못된 정보의 제공을 이유로 주주총회 결의를 무효화하기 위하여 제기되는 주주소송(주주총회 결의하자소송)은 법원이 이러한 문제를 상장회사와 비상장회사 모두의 경우에 매우 중요시하는 독일에서 특히 흔하다.[163]

3.5 국가 간 다양성에 대한 설명

주요 국가에 대한 검토 결과, 이 국가들이 기업지배구조를 근본적으로 유사한 방식으로 형성하기 위하여 종종 동일한 전략을 취하고 있다는 점을 알게 되었다. 예컨대 우리의 대상국가들은 모두 주주가 이사 전원(또는 이사의 과반수)을 선임하고, 과반수 주주가 합병과 기본정관의 변경 같은 근본적 변경을 승인하도록 하고 있다. 3.3.1에서 강조한 것처럼, 각국은 수탁자전략을 오늘날 좋은 기업지배구조의 세계적 규범의 일부로 채택하였다. 주요 국가들은 모두 보편적으로 독립이사에 의존함과 동시에 공개회사의 성과에 대한 감독자로서 시장을 활용하고, 분산된 주주들이 임면권, 의사결정권, 탈퇴권을 행사하는 것을 돕기 위하여 강제공시에 의존하고 있다.

Empirical Assessment, in John Armour and Jennifer Payne, eds., Rationality in Company Law, p.71, pp.102-4 (2009); Gordon, 앞의 논문(주 120) 참조.

163 Ulrick Noack and Dirk Zetzsche, *Corporate Governance Reform in Germany: The Second Decade*, 15 European Business Law Review 1033, 1044 (2005) 참조.

그러나 이러한 국제적 유사성에도 불구하고, 우리 대상국가의 지배구조 관련 법이 경영자의 기회주의적 행동으로부터 주주이익을 어떤 방법으로, 그리고 어느 정도로 보호하는지는 차이가 있다. 게다가 경성이든 연성이든 간에 법전상의 법(the law-on-the-books)은 각국에 존재하는 주주, 경영자, 종업원, 국가 사이의 특유한 힘의 균형을 불완전하게 반영할 뿐이다.

만일 공개회사의 경영자에 대한 관계에서 주주권의 정도가 가장 큰 국가부터 가장 적은 국가의 순서대로 우리의 대상국가 7개국을 스펙트럼에 배열하라고 요청받는다면, 브라질과 영국을 한쪽 끝에 배열할 가능성이 가장 높다. 그러나 이 두 국가는 주주권 강화 쪽에 크게 치우쳐 있다는 것 이외에는 유사성이 없다.

영국에서는 기업지배구조 환경이 주주 친화적인 법적 구조와 완전히 부합한다. 주식 소유가 분산되어 있음에도 영국의 기업지배구조는 주주집단의 이익을 대변하는 데 적합한 기관투자자에 의해 크게 영향을 받고 있다.[164]

브라질은 영국보다는 이탈리아와 프랑스처럼 유럽대륙 국가와 훨씬 더 공통점이 있다. 이들 국가에서처럼 브라질 회사에서는 지배주주 또는 대주주들의 안정적 연합세력이 만연하고 있다.[165] 이러한 소유구조는 경영자와 주주 사이의 대리 문제적인 이익충돌을 크게 중화시킨다. 대주주들은 전통적인 기업주와 마찬가지로 자신의 마음대로 고용하고 해고할 수 있다. 이들은 자신의 이익을 보호하는 데 선임권, 해임권, 의사결정권 이상의 다른 권리는 필요로 하지 않고 아마도 원하지도 않을 것이다. 그렇다면 대주주들이 득세한 국가에서 주주집단에게 힘을 실어 주는 회사법을 갖는 것은 당연한 것처럼 보인다. 바로 프랑스, 이탈리아, 그리고 특히

---

164 앞 주 79의 본문 참조.

165 Julian Franks, Colin Mayer, Paolo Volpin, and Hannes F. Wagner, *The Life Cycle of Family Ownership: International Evidence*, 25 Review of Financial Studies 1675 (2012) (통제된 소유구조가 시간이 흐르면서 우리 대상국가에서 안정적인 것 같다) 참조.

브라질의 법이 그러하다. 이 국가들은 주주총회 소집권, 정관 변경 제안권, 주주총회 안건에서의 이사후보제안권, 그리고 과반수 결의로 이사를 정당한 사유 없이 해임할 수 있는 권한 등 포기 불가능한 소수주주권 같은 중요한 권한을 주주에게 부여한다. 이러한 주주의 각 권한은 응분한 정도로 경영자의 재량을 제한하는데, 권한 행사를 위해 주주총회 결의가 필요하고, 그 결의의 결과는 지배주주가 좌우할 수 있을 것이다. 그 부수적 결과로서 위 국가들에서 지배주주가 없는 일부 상장회사의 기업지배구조는 주주권한 쪽으로 크게 기울게 될 것이다. 이 점 때문에 그러한 회사들은 희귀한 예가 되는데, 왜냐하면 분산소유구조의 회사에서 강한 주주권한은 적대적 기업인수 가능성을 증대시키기 때문이다.

유럽대륙과 브라질에서 보는 지배구조 풍경의 두 번째 변화는 기업지배구조가 주주와 경영자의 이익 이상의 것을 둘러싼 세 당사자 간 게임이라는 성격이 미국이나 영국에서보다 더 강하다는 점이다. 이탈리아, 프랑스와 브라질에서 이 세 번째 당사자는 국가로, 국가는 간섭하는 규제자이자 대주주이며,[166] 주식 보유 여부를 불문하고 "국가대표 기업"의 수호자이다.[167] 프랑스에서는 엘리트 국가 관청과 대기업 본사 사이에 인사 교류가 활발

---

166 Mariana Pargendler, *State Ownership and Corporate Governance*, 80 Fordham Law Review 2917 (2012) 참조. 예컨대 2016년 5월 기준으로 이탈리아 정부는 블루칩지수(S & P Mib)의 전체자본 중 약 30퍼센트에 해당하는 이탈리아 회사를 지배하였다(Consob 데이터를 기초로 필자들이 작성한 것이다).

167 프랑스가 제너럴 일렉트릭(General Electric. 이하 'GE')이 알스톰(Alstom)의 전력사업 인수를 금지하려고 시도했다가 실패한 사례는 좋은 예이다. 2014년에 프랑스 정부는 주로 위 인수가 알스톰의 철도운송사업 및 고용에 영향을 미칠 것이라는 우려 때문에 그 인수제안에 반대하였다. 이러한 목적으로 프랑스는 에너지 공급, 수도, 운송, 통신 그리고 공중위생 분야의 회사의 기업인수에 대해 프랑스가 거부권을 갖는 법령을 공포하였다(Decree No. 2014-479 of 14 May 2014). 프랑스 정부는 지멘스(Siemens)로 하여금 경쟁입찰할 것도 권유했다. 그러나 결국 GE는 의결권 행사 및 이사직에 관해 프랑스 정부와 몇 가지 약속을 한 후에 그 인수를 성공시켰다. David Jolly and Jack Ewing, *G.E.'s Bid for Alstom Is Blessed by France*, New York Times, 21 June 2014, at B1) 참조. 브라질에서는 개발은행이 국가대표 기업의 생성을 지원하기 위해서 후한 조건의 대출을 하거나 소수 지분 투자를 해왔다.

하다.[168] 브라질에서는 국가가 많은 상장 회사의 지배주주일 뿐만 아니라 국가 소유기업의 연기금과 개발은행과 같은 주요 기관투자자가 정부의 통제하에 있기도 하다.[169]

프랑스, 이탈리아, 브라질의 경우 기업지배구조에서 국가의 역할은—지배주주로서의 국가의 힘을 강화하는 것이 필연적으로 소수주주의 이익을 가져오는 것은 아니지만—주주 친화적인 법과 주식 소유의 집중을 강화하는 것이다.[170] 한편 이 국가들에서 국가 소유주식을 관리하는 정치인이자 공무원은 다음 두 가지 이유 때문에 당연히 주주권 강화를 지지할 인센티브를 갖는다. 하나는 이들이 주주로서의 국가를 대변하기 때문이고, 다른 하나는 이들이 다른 대주주들을 통해서 은밀하게 회사 정책이 국가의 우선순위를 반영하도록 만들 수 있기 때문이다. 다른 한편으로 연줄이 좋은 대주주는, 이 '소유자'들이 분산주주들의 지지를 받는 단순한 경영자보다 회사를 정치적 개입으로부터 보호하는 데 필요한 정통성과 자원을 더 많이 갖고 있는 한, 정치화된 환경 속에 있는 회사를 위한 경제적 자산이 될 수 있다.[171] 그리하여 개입주의적 국가, 주식의 소유 집중 그리고 주주 친화적인 법은 특히 국가가 상당한 주식을 소유하고 있는 때에는 상호강화적 관계가 될 수 있다.[172]

---

168 William Lazonick, Corporate Governance, Innovative Enterprise and Economic Development, pp.49-56 (2006)(프랑스의 전형적 CEO의 엘리트교육과 공무원 경험을 서술) 참조.

169 Mariana Pargendler, *Governing State Capitalism: The Case of Brazil*, in Benjamin Liebman and Curtis J. Milhaupt. eds., Regulating the Visible Hand? The Institutional Implications of Chinese State Capitalism, p.377, pp.385-8 (2015) 참조.

170 Pargendler, 앞의 논문(주 166) 참조.

171 이러한 통찰은 마크 로(Mark Roe) 교수의 유사한 지적—strong labor favors strong capital, in the form of controlling shareholders(강한 노동자는 지배주주라는 형태로 강한 자본을 선호한다)—에서 유래한다. Mark J. Roe, *Legal Origin, Politics, and the Modern Stock Market*, 120 Harvard Law Review 460 (2006) 참조.

172 Pargendler, 앞의 논문(주 169); Ben Ross Schneider, Hierarchical Capitalism in Latin America (2013); Aldo Musacchio and Sergio G. Lazzarini, Leviathan in Business: Varieties of State Capitalism and Their Implications for Economic Performance (2014)

독일 회사법은 주주 권한 측면에서 두 가지 중요한 차이를 제외하고는 유럽대륙의 다른 국가들과 유사하다. 첫째, 이사의 임기가 다른 나라보다 길고, 보다 덜 주주 친화적인 이사 해임규정 때문에 이사가 주주의 압력으로부터 더 자유롭다는 점이다. 둘째, 공동결정법이 주주집단의 이익과 반대되는 이익을 가진 종업원 대표 이사를 감독이사회에 둘 것을 강제하고 있다는 점이다. 그 결과 지배주주가 없는 회사의 경우 독일법은 집중된 소유구조가 흔한 다른 국가에서보다도 더 경영자 친화적이다.[173]

이탈리아, 프랑스, 브라질과 대조적으로 독일의 지배구조에서 제3의 축은 국가가 아니라 종업원이다. 제4장에서 상세히 다루는 것처럼, 독일법은 거의 대등한 공동결정제도를 규정하는데 그에 의하면 대규모 회사의 감독이사의 절반을 종업원 및 노동조합의 대표자가 차지한다.[174] 물론 종업원을 대표하는 감독이사는 주주를 대표하는 감독이사와 마찬가지로 각각 자신들이 대표하는 이해관계집단이 아니라 '회사'의 이익을 촉진시킬 신인의무를 부담한다. 그럼에도 불구하고 독일에서 종업원 이익이 대주주의 이익과 일치하는 범위는, 프랑스나 이탈리아에서 국가의 이익이 대주주의 이익과 일치하는 범위보다도 상당히 좁다. 특히 정부가 공공예산의 제약을 받고 있어서 주주로서의 재무적 이익이 보다 중요해진 시기에 그러하다. 게다가 기업지배구조에서 국가의 개입은 산발적일 가능성이 큰 데 반하여, 종업원 측 감독이사는 지속적으로 독일 회사를 감독한다. (이런 주장은 우리가 처음 하는 것은 아니지만,)[175] 우리는 독일에서 이처럼 두 집단으로 첨예하게 나뉜 감독이사회는 결국 주주의 권한(또는 종업원

전체적으로 참조.

173 아마도 이와 관련된 문제인데 대규모 독일 회사의 소유구조는 과거 오랫동안 그랬던 것보다 오늘날 미국, 영국의 소유구조와 훨씬 더 유사하다.

174 뒤 4.2.1 참조.

175 Katharina Pistor, *Codetermination: A Sociopolitical Model with Governance Externalities 171*, in Margaret M. Blair and Mark J. Roe, eds., Employees and Corporate Governance (1999) 참조.

이익)에 비하여 CEO의—즉 경영이사회의—권한을 강화하는 효과를 갖는다고 생각한다. 달리 말하면 독일의 전형적인 대규모 회사는 이탈리아나 프랑스처럼 대주주 중심 국가의 비슷한 회사보다도 더 친경영자적일 가능성이 높다.[176]

미국 회사법은 요약하기가 더욱 어렵다. 델라웨어 주법은 전통적으로 이사회 중심적이라고 평가되고 있지만, 지난 수십 년 동안 주회사법은 거의 개정되지 않고 일부 연방법의 개정에 힘입어서 주주의 권한을 강화하는 방향으로 변화가 일어났다.[177] 달리 말하면 주식 소유가 기관투자자들에게 다시 집중됨에 따라 주주와 경영자 사이의 권한 배분의 변화는 융통성 있는 현행법이 허용하는 범위에서 기업지배구조 실무의 변화를 초래하였고, 회사법 개정은 주로 그 뒤를 따랐다. 결과적으로 오늘날 미국은 과거에 비해 경영자 친화적 회사법의 전형이라고 보기 어렵다.

마지막으로 일본 회사법도 이사의 짧은 임기와 손쉬운 해임권에 기초해서 보면 주주 친화적인 법이라고 그럴듯하게 주장될 수 있다. 그러나 일본에서는 주주 친화적인 회사법과 일본 기업지배구조의 현실 사이의 정신적 간격이 다른 대상국가들보다도 더 큰 것 같다. 일본은 미국, 영국과 마찬가지로 주식소유가 분산된 국가이지만,[178] 미국과 비교해도 주주의 힘은 약하고 경영자의 힘은 강하다. 게다가 최근 개정에 의하여 변화

---

176 독일에서 복층이사회구조가 회사의 경영상 의사결정권한을 경영이사회에 배분함으로써 경영상 결정에 대한 감독이사회의 압력을 방지하는 데 부분적으로 기여하고 있다면, 다르게 될 가능성은 거의 없다. 경영이사회의 힘을 잘 보여 주는 것은 공개회사에서 종종 감독이사회가 아니라 경영이사회가 비공식적으로 주주대표 감독이사후보를 지명한다는 점이다. 앞의 주 11 참조.

177 예컨대 Edward B. Rock, *Adapting to the New Shareholder-Centric Reality*, 161 University of Pennsylvania Law Review 1907, 1917-26 (2013) 참조.

178 최근의 연구에 의하면 영국, 일본의 상장회사는 전 세계에서 주식소유구조가 가장 분산되어 있고, 이에 대해서 미국은 다소 뒤처져 있다고 한다. Clifford G. Holderness, *The Myth of Diffuse Ownership in the United States*, 22 Review of Financial Studies 1377 (2009) 참조.

의 징후가 보이기는 하지만 일본의 이사회는 여전히 내부 이사가 압도적으로 지배하고 있다. 일본 회사법은 주주에게 힘을 실어 주고 있는데도 어떻게 일본 기업지배구조의 현실은 경영자의 지위 보전을 가능하게 할까? 여러 요소가 이런 수수께끼를 설명하는 데 도움이 된다. 제2차 세계대전 이후의 주식소유의 분산, 초기의—주주 친화적인—독일법을 계수한 일본의 제정법, 전후 일본의 복구 작업에서의 국가의 역할, 주식에 의한 자금 조달보다 부채를 통한 자금 조달에 대한 강한 의존, 전후 40년간 일본 주가의 지속적인 상승이 그런 요소이다.[179]

그러나 위 질문에 대해서는 특히 오늘날 두드러져 보이는 또 하나의 부분적인 대답이 존재한다. 일본은 회사 사이에 서로 안정적인 우호지분을 보유하는 전통이 있는데(**주식상호보유**), 이는 회사 사이의 사업관계를 견고하게 해주고, CEO가 그 지위의 도전을 받지 않도록 막아 준다. 이처럼 회사 간 지분소유는 그 수는 많지만 통상 그 규모가 크지 않고, 심지어 상호적이 아닌 경우도 흔히 있다. 그러나 중요한 것은 이러한 지분소유가 안정적이며 친경영자적이라는 점이다.[180] 과거 수십 년간 위와 같은 '고정'주주(captive shareholders)가 일본 상장회사의 발행주식에서 차지하는 비중은 외국인 투자자의 지분비율보다 약간 높은 발행주식의 3분의 1을

---

179 Masahiko Aoki, *Toward an Economic Model of the Japanese Firm*, 28 Journal of Economic Literature 1 (1990) 참조; Ronald J. Gilson and Mark J. Roe, *Understanding the Japanese Keiretsu: Overlaps Between Corporate Governance and Industrial Organization*, 102 Yale Law Journal 871 (1993); Steven Kaplan, *Top Executive Rewards and Firm Performance: A Comparison of Japan and the U.S.*, 102 Journal of Political Economy 510 (1994).

180 Julian Franks, Colin Mayer, and Hideaki Miyajima, *The Ownership of Japanese Corporations in the 20th Century*, 27 Review of Financial Studies 2580 (2014) 참조. 우리는 계열사(Keiretsu) 또는 상호소유와 '주거래은행(main bank)'과의 관계에 구속되는 회사 간 네트워크의 중요성을 둘러싼 계속된 논쟁에 관해서 확고한 입장을 취하지는 않는다. Curtis Milhaupt and Mark D. West, Economic Organizations and Corporate Governance in Japan: The Impact of Formal and Informal Rules (2004)의 문헌과 J. Mark Ramseyer and Yoshiro Miwa, The Fable of Keiretsu, Urban Legends of The Japanese Economy, Ch.2 (2006)의 문헌을 비교하라.

차지하고 있는 현재보다도 훨씬 높았다.[181] 2000년대에 일본 회사에 대한 미국형 헤지펀드 행동주의는 대개는 주식상호소유 때문에 성공하지 못한 반면,[182] 1990년대 이후의 경제침체와 위와 같은 주주 구성의 변화는 대규모 상장회사와 일본 정부를 투자자들의 요구에 보다 민감하게 만들었다.[183] 동시에 주식상호보유가 해소되면 일본의 입법자는 현행 일본 회사법이 너무 주주친화적이라고 보고 이를 약화시키려 할 수도 있다.

이 장에서 마주친 마지막 수수께끼는 (독립이사와 3종 위원회 구조 같은) 단일한 모범실무 모델을 탄생시킨 — 주주집단에 대한 경영자의 기회주의적 행동이라는 — 대리 문제는 미국, 영국처럼 주식소유가 분산된 국가에서만 두드러진 현상임에도 불구하고, 왜 이 모델이 점점 더 모든 주요 대상국가의 지배구조 개혁논의를 지배하고 있는가 하는 물음이다.

모범실무에 관해서는 다음과 같은 명백한 의문을 제기할 수 있다. 대상국가들의 소유구조에는 극적인 차이가 있는데 왜 하나의 규준을 모든 경우에 두루 적용해야 하는가(one size fits all)라는 질문이다. 이에 대한 하나의 그럴듯한 설명은 모범실무가 전방위의 예방책이라는 가설이다.[184] 다시 말하면 독립이사와 독립위원회 같은 국제적으로 **동일한** 좋은 지배구조라는 처방이 다양한 대리 문제, 즉 경영자의 기회주의 문제뿐만 아니라 한편으로는 대주주들과 다른 한편으로는 소수주주 또는 주주 이외의 이해관계자와의 이익충돌에 어떤 식으로든 효과적으로 작용한다는 것이다.

---

181 1986년 기준 경영자 친화적 회사, 은행, 보험회사는 합쳐서 시가총액의 60퍼센트 이상을 차지하고 있다. 이 비율은 2012년에는 30퍼센트를 약간 상회하는 정도로 떨어졌다. 반면에 외국인 소유지분은 1986년의 5퍼센트에서 2012년의 28퍼센트로 증대되었다. 그러나 이러한 상호소유관계의 해소는 대개는 대규모 상장회사에서 일어나고 있고, 중소규모의 회사에서는 덜 발생하고 있음을 유의하라[Goto, 앞의 논문(주 23), 144-6].

182 Goto, 앞의 논문(주 23), 140-4 참조. 미국형 헤지펀드 행동주의자들이 주주 친화적 법의 상당한 부분을 제정한 일본으로 되돌아올지는 지켜볼 일이다.

183 정부가 그러한 입장을 취한 예로는 스튜어드십 코드와 기업지배구조 모범규준을 채택한 것이다. 앞의 주 89와 주 114 참조.

184 앞 3.3.1 참조.

이 문제는 제4장에서 논의한다. 요컨대 이는 그 공식이 다른 맥락에서는 다른 것을 의미한다는 말이 아닐 수 없다. 예컨대 이사회에 독립이사를 두는 것은 일본에서는 주주에게 권한을 부여하는 것이고, 영국에서는 주주지배를 강화하는 것인 데 반하여, 미국에서는 전통적으로 주주보다 이사회에 권한을 부여하는 것을 정당화하는 데 이용되었다. 그렇다면 이제 문제는 모범실무규준의 내용상 수렴이 진정한 기능상 수렴인지 아니면 국가별로 남아 있는 기업지배구조의 지속적 차이를 숨기는 외형적 수렴에 불과한지 여부이다.[185]

그러나 그럴듯한 두 번째 설명은 대주주가 있는 국가에서는 대주주의 연합세력이 명목상의 독립이사를 포함하여 전체 이사회에 대한 임면권을 갖고 있기 때문에 국제적 모범실무규준은 대체로 장식용에 불과하다는 것이다. 이러한 이유에서 지배 대주주의 통제를 받는 회사는 기관투자자가 바라는 모든 특징들을 보이는 경우에도 지배 대주주는 실제 권한의 면에서 별로 잃은 것이 없을 수도 있다. 아마도 보다 불가사의한 점은 왜 투자자들이 그런 (모범실무규준의) 준수에 의미를 부여하는가 하는 것이다. 여기에서는 투자자들이 해외투자 시에 치르는 조율비용은 국내 환경에서 치르는 비용에 비해 막대하다는 점만을 간단히 지적한다. 우리가 앞서 개별 기업에 특유한 지배구조 관련 정보의 수집에 가장 적극적으로 투자하는 자라고 보았던 행동주의 투자자들조차도 해외에서의 경영관여에서는 국내에서보다 훨씬 실적이 좋지 않다.[186]

---

185 회사법에서 "내용상 차이를 모호하게 하는 형식적 수렴"은 "기능상 수렴을 모호하게 하는 형식적 차이"라는 말의 반대말이다. Ronald J. Gilson, *Globalizing Corporate Governance: Convergence of Form or Function*, 49 American Journal of Comparative Law 329 (2001) 참조.

186 Becht, Franks, Grant, and Wagner, 앞의 논문(주 18).

제4장

기본적 지배구조: 소수주주와 주주 외 이해관계자

Luca Enriques, Henry Hansmann,
Reinier Kraakman, and Mariana Pargendler
박 준 옮김

기업지배구조시스템은 주로 주주 전체의 이익을 옹호한다. 그럼에도 불구하고 회사법은 소수주주와 주주 이외의 계약상 이해관계자의 이익을 위협하는 대리 문제에 대해서도 대처할 수 있으며, 어느 정도까지는 대처해야 한다. 그리고 바로 이 지점에서 문제가 발생한다. 소수주주 또는 주주 이외의 자가 갖는 대리 문제를 완화하기 위하여, 지배구조는 필연적으로 다수주주의 권한을 제약해야만 할 것이고 이는 경영진의 대리 문제를 악화시킨다. 이와 반대로 다수주주의 권한을 강화함으로써 경영진의 대리비용을 줄이는 지배구조체제는 소수주주 및 주주 이외의 자가 직면하는 지배주주로 인한 대리 문제를 악화시키기 쉽다.

본 장에서는 소수주주 보호를 먼저 다룬 다음—일부 국가에서는 이런 보호를 권리로 향유하는 주된 비주주 이해관계자인—회사 종업원을 보

호하는 지배구조체제로 넘어갈 것이다. 제5장에서는 회사 채권자에게 주어진 보호장치를 검토하기로 한다.

회사법은 주로 회사와 계약 상대방 간의 관계를 다루지만, 때때로 회사 형태의 밖에 있는 이해관계자의 이익을 보호할 것이 요구된다.[1] 이 장의 마지막 부분에서는 회사법의 법적 전략이 계약관계가 없는 이해관계자의 이익을 위해 어떻게 사용될 수 있는지를 살펴본다.

4.1 소수주주 보호

지배주주가 주로 소수주주의 희생하에 '지배권의 사적 이익', 즉 지분율보다 큰 수익을 누리고 있음은 실증연구로 충분히 입증되었다.[2] 이런 이익은 지배주식의 대가로 지급되는 지배권 프리미엄 및 공개시장에서 거래되는 같은 회사의 차등의결권주식 간에 존재하는 가격 차이에 반영되어 있다. 두 수치는 소수주주가 빼앗기는 이익의 규모에 관한 대략적인 지표로 간주된다.[3] 그 지표상 발생하는 차이 중 적어도 일부는 기업지배구조시스템이 상이함에 따라 소수주주에 부여된 보호 정도가 다르기 때문이라고 설명할 수 있다.

---

1 앞 1.5 참조

2 Tatiana Nenova, *The Value of Corporate Voting Rights and Control: A Cross-Country Analysis*, 68 Journal of Financial Economics 325, 336 (2003) 참조(차등의결권 기업의 주가 차이를 사용하여 사적 이익을 계산); Alexander Dyck and Luigi Zingales, *Private Benefits of Control: An International Comparison*, 59 Journal of Finance 537, 551 (2004)(지배권 있는 주식 매도 시의 지배권 프리미엄을 사용하여 사적 이익을 계산).

3 주 136과 그 본문 참조.

4.1.1 소수주주의 선임권과 1주1의결권원칙의 예외

소수주주를 보호하는 한 가지 방법은 소수주주에게 1명 이상의 이사선임권을 부여하는 것이다. 구체적으로 회사법은 소수주주 몫의 이사 자리를 별도로 두거나 이사 선임 시 소수주주의 의결권에 가중치를 부여함으로써 소수주주의 선임권을 강화할 수 있다. 소수주주가 이사회의 극히 일부를 선임한다고 하여도, 소수주주는 정보 접근을 통하여, 그리고 경우에 따라서는 독립이사와 연대를 형성할 기회를 가짐으로써 이익을 향유할 수 있다. 물론 주주 간 계약 또는 정관에서 개별 회사가 소수파 이사(minority director)를 선임할 것을 정할 수 있으며 그렇게 정하는 경우가 많다. 법률로써 집중투표제 또는 비례투표제(proportional voting)*를 강제하여 상대적으로 큰 규모의 주식을 보유한 소수주주가 1명 이상의 이사를 선임할 수 있게 함으로써 더 넓은 범위에서 유사한 결과를 얻을 수도 있다. 나아가 입법자는 소수파 이사를 핵심적인 위원회에 배정하거나 일정한 종류의 이사회 의결사항에 대한 거부권을 허용함으로써 그의 권한을 더욱 확대할 수 있다.[4]

---

* 저자가 비례투표제(proportional voting)를 어떠한 의미로 사용했는지는 명확하지 않다. Black's Law Dictionary에 따르면 비례투표제는 복수의 대표자 선출 시 투표가 차순위 선호후보에게 이전되도록 하는 방식을 의미한다. 예컨대 대표자 3명을 선출하기 위하여 선출에 필요한 일정한 기준(예컨대 총유효투표수의 30퍼센트)을 정하였고 6명이 입후보하였다고 가정하자. 투표권자는 1~3순위로 선호하는 후보를 정하여 투표한다. 기준율 이상을 득표한 후보가 없으면 최소득표자는 탈락하고 그 후보에게 한 투표는 투표권자가 차순위로 선호하는 후보에게 재분배되어 기준율에 달하는 후보가 생길 때까지 재분배된다. 또한 기준율을 초과하여 득표한 후보가 있으면 그 후보는 당선되고 기준율을 초과한 득표는 역시 투표권자의 차순위 선호 후보에게 재분배된다. 그러나 역자들은 주주총회에서 이사 선임 시 이러한 투표방식을 취한 입법례 또는 그러한 투표방식을 논한 문헌은 보지 못하였다.

4 예컨대 러시아 주식회사법 제78조는 지배주주의 이해관계가 연루된 거래 등을 포함한 주요 거래 시 이사 전원의 동의를 요구하고 있다. 이에 따라 소수주주가 선임한 "이해관계가 없는" 이사들은 회사와 지배주주 또는 경영진 간의 주요 거래를 저지할 수가 있다. 브라질에서는 소수주주가 선임한 이사는 독립감사의 선임과 해임에 대한 거부권을 가진다

그러나 의미심장하게도 우리의 주요 대상국가에서는 소수주주에 이사회 참여권을 부여하는 일반회사법 규정이 상대적으로 흔하지 **않다**. 이탈리아는 상장회사 이사회에 소수주주 측 이사를 반드시 두도록 하고 있다.[5] 브라질은 우선주의 10퍼센트 또는 보통주의 15퍼센트를 초과하는 지분을 가진 소수주주에게 이사 선임권을 부여하고, 의결권 있는 자본의 최소 10퍼센트를 보유한 주주의 요청에 따라 집중투표를 실시한다.[6] 그러나 이 요건을 맞추기 위한 높은 조정비용 때문에 통상 분산된 소수주주가 아닌 대량보유자만이 관련된 권리의 혜택을 받는다. 일본에서는 법률상 집중투표제가 기본원칙으로 되어 있지만,[7] 통상 정관 규정으로 배제된다. 프랑스 · 영국 및 미국에서는 회사가 집중투표제를 채택할 수 있지만, 실제로 공개회사가 채택하는 경우는 거의 없다.[8] 그리고 독일에서는 공개회사에서 집중투표제가 허용되는지 여부 자체에 관하여 학자들 사이에 논란이 있다.[9] 영국에서는 지배주주가 있는 회사에 대한 새로운 프리미엄 상장규칙이 독립이사 선임에 대한 '명시적인' 거부권이라고 부를 수 있는 권리를 소수주주에게 부여한다. 그들의 선임은 먼저 전체 주주의 승인과

(Art. 142, § 2° Lei das Sociedades por Ações).

5 Art. 147-3 Consolidated Act on Financial Intermediation(최소 1명의 이사가 소수주주에 의하여 선임되도록 요구).

6 Lei das Sociedades por Ações, Art. 141. 어느 그룹도 관련된 요건을 충족시키지 못하는 경우, 의결권을 모아 공동 이사선임을 할 수 있다. 또한 Art. 239(정부지배기업에서 소수주주에게 이사 1명을 선임할 권리를 부여) 참조.

7 일본 회사법 제342조.

8 20세기초 미국에서 집중투표제는 보편적이었다. 예컨대 Jeffrey N. Gordon, *Institutions as Relational Investors: A New Look at Cumulative Voting*, 94 Columbia law Review 124 (1994) 참조; cf. §§ 708(a)(의무 집중투표제)와 301.5(a)(상장회사의 집중투표제의 선택적 배제) California Corporation Code.

9 Mathias Siems, Convergence in Shareholder Law, p.172 (2008) 참조. 비록 다수가 비례투표제 허용에 동의한다고 하여도, 중요한 독일 회사 중에 그러한 정관 규정을 둔 회사는 없다. 또한 Paul L. Davies and Klaus J. Hopt, *Boards in Europe: Accountability and Convergence*, 61 American Journal of Comparative Law 301 (2013)(집중투표는 유럽에서 많은 견인력을 얻지 못하였음을 지적) 참조.

소수주주의 승인을 별도로 받아야 한다. 그러한 승인을 얻지 못하면 다수주주는 90일 내지 120일의 '냉각'기간 경과 후 선임을 결정할 수 있다.[10]

소수주주 보호를 위하여 직접적으로 선임권을 사용하는 경우는 거의 없지만, 모든 국가는 주식 소유와 관련한 의결권 배분을 규제한다. 이는 주주의 선임권과 의사결정권 양자에 영향을 미치는 핵심장치이다. 회사법은 일반적으로 1주1의결권이라는 디폴트룰을 수용한다. 의결권을 주식 소유에 직접 비례하여 부여하는 것은 회사 내에서 경제적 이해관계와 지배를 일치시키는 이점이 있지만, 소수주주가 지배주주의 기회주의적 행동에 취약하게 만들 수 있다. 동시에 — 법이 지배주주의 기회주의를 제한하지 못하기 때문이건 또는 지배주주가 없어서 경영진의 대리비용이 높기 때문이건 — 현직의 경영권의 가치가 높은 경우에는, 현금 흐름과 의결권 사이의 비례성은 회사가 자기자본을 추가로 조달하고 수익성 있는 투자 기회를 확보할 수 있는 능력을 손상시킨다.[11] 따라서 대상국가들은 자주 두 방향으로, 즉 지배주주의 힘을 제한하거나 또는 다양한 방법으로 지배주주가 이를 강화하는 것을 허용함으로써 주주의 선임권과 의사결정권을 조정할 것을 검토한다.

모든 국가는 지배주주의 회사에 대한 지배권을 강화할 수 있도록 1주1의결권에 대한 최소한 약간의 예외를 허용한다. 그 장치에는 차등의결권 주식, 순환출자 및 피라미드식 소유구조가 포함된다. 우리의 주요 대상국가들은 보편적으로 순환주식 보유[12]와 주주 전체의 이익에 대해 적대적인

10 UK Listing Rules, 9.2.2E and 9.2.2F.

11 예컨대 Kristian Rydkvist, *Dual-Class Shares: A Review*, 8 Oxford Review of Economic Policy 45 (1992) 참조.

12 대부분의 국가는 자회사의 모회사주식의 의결권 행사를 금지한다. Art. L. 233-31 Code de commerce(프랑스); Art. 2359-II Civil Code(이탈리아); 일본 회사법 제308조 제1항; 델라웨어주 회사법 § 160(c); § 135 Companies Act 2006(영국). 독일, 브라질과 일본의 법은 특별한 예외적인 상황을 제외하고는 자회사의 모회사주식 소유를 금지한다(§ 71d AktG; Art. 244 Lei das Sociedades por Ações; 일본 회사법 제135조). 이탈리아, 프랑스, 독일 등 많은 국가가 모자회사 관계가 없는 회사들이 상호보유하는 주식의 의결권 행사도

당사자의 의결권 매수를 제한하지만,[13] 다른 유사한 장치가 사용 가능한지에 대해서는 차이를 보인다.

독일과 브라질은 지배주주의 힘을 증대시키는 방향의 1주1의결권에 대한 예외를 제일 많이 제한한다. 양국은 복수의결권주식을 금지하고 무의결권 또는 의결권이 제한된 우선주의 발행 한도를 발행주식총수의 50퍼센트로 제한하고 있다.[14] 브라질에서는 역사적으로 복수 종류의 주식을 발행한 회사가 흔한데, 상파울루증권거래소의 프리미엄 지배구조 부문인

금지한다. Shearman & Sterling, LLP, Proportionality Between Ownership and Control in EU Listed Companies: Comparative Legal Study 17 (2007) at http://www.ecgi.de/osov/final_report.php 참조.

13 지배권을 현금흐름에 대한 권리와 분리하는 새로운 예는 이른바 '재산적 이익을 가지지 않은 자의 의결권 행사(empty voting)'이다. 이 예에서 투자자는 그가 심지어 반대되는 경제적 이해관계(즉 주식가격이 상승하지 않고 하락하면 이익을 얻는 관계)를 가지는 회사에 대하여 '주식 소유 없이 행사하는 의결권(naked votes)'을 취득하기 위하여 주식대여, 주식스왑 또는 다른 파생상품거래를 이용한다. Henry T.C. Hu and Bernard Black, *The New Vote Buying: Empty Voting and Hidden (Morphable) Ownership*, 79 Southern California Law Review 811 (2006) 참조. '재산적 이익을 가지지 않은 자의 의결권 행사(empty voting)'는 의결권 매수와 마찬가지로 주주의 복지를 저해하는 데 이용될 수 있다. 형식적 소유권이 아닌 경제적 이해관계에 관한 투명성을 제고하려는 노력에도 불구하고, 어느 국가도 '재산적 이익을 가지지 않은 자의 의결권 행사(empty voting)' 자체를 공시하도록 하는 소유권 공시규칙을 규정하고 있지 않다. Wolf-Georg Ringe, The Deconstruction of Equity, pp.162-99 (2016) 참조.

14 §§ 12 II and 139 II Aktiengesetz AktG(독일); Arts. 15, § 2o, and 110, § 2o, Lei das Sociedades por Ações(브라질) 참조. 브라질에서는 회사들이 최근 기능적으로 동일한 종류주식 구조(대중이 보유한 주식이 가진 경제적 권리가 내부자가 가진 주식의 그것의 수배가 되도록 함)를 채택함으로써 복수의결권주식 금지를 회피하였다. 브라질 증권위원회(CVM)는 2013년 *Azul* 사건에서 이 구조를 허용하였다. 프랑스는 상장회사의 무의결권주식 발행을 발행주식총수의 25퍼센트로 제한한다(Arts. L. 228-11 to L. 228-20 Code de commerce). 2014년 이탈리아는 복수의결권주식 금지를 부분적으로 폐지하였다. 이제는 비상장회사가 의결권을 3개까지 가지는 주식을 발행하는 것이 허용된다. 그러한 회사들이 추후 기업공개를 할 수도 있으나, 그후 복수의결권주식의 비율을 증가시킬 수는 없다. 대신 무의결권주식과 의결권이 제한된 주식에 대한 50퍼센트 한도는 유지되었다. Art. 2351 Civil Code, as amended(이탈리아) 참조. 독일 및 브라질과 유사하게, 일본도 무의결권주식과 의결권이 제한된 주식에 대해 50퍼센트 한도를 부과하고 있다(일본 회사법 제108조 제1항 제3호 및 제115조).

신시장(Novo Mercado)에서는 무의결권주식이 철저히 금지된다.[15] 그러나 이 국가들도, 현금흐름과 의결권을 분리한다는 점에서 차등의결권주식과 동일한 효과를 가지는 피라미드식 소유구조(A회사가 B회사의 의결권 있는 주식의 과반수를 소유하고, B회사는 C회사의 의결권 있는 주식의 과반수를 소유하는 것으로 이어지는 구조)[16]는 규제하지 않는다.[17] 이에 비해 미국은 지주회사 규정과 회사 간 배당에 대한 과세를 통해 피라미드식 구조의 이용을 가장 강하게 금지 또는 억제하고 있다.[18]

이와 유사하게 일부 유럽 국가는 주주로서의 최소보유기간의 충족을 조건으로 추가 의결권을 부여하는 이른바 충실주식(fidelity shares)의 발행을 허용한다. 예를 들어 최근 이탈리아법은 회사가 2년 이상 주식을 보유한 주주에게 의결권 두 개를 부여할 수 있도록 하였다.[19] 이 장치는 프랑스에서는 오랫동안 선택(opt-in)할 수 있는 방식으로 이용 가능했고, 2014년에는 기업인수에 대한 노골적인 보호입법의 일부로 상장회사의 경우 디폴트룰이 되었다. 이 회사들이 불채택하지 않으면 2년 이상 보유한 주식에는 의결권 두 개가 생긴다.[20] 이런 '보유기간 의결권(tenure voting)'제도는

---

15 이에 관한 논의는 Ronald J. Gilson, Henry Hansmann, and Mariana Pargendler, *Regulatory Dualism as a Development Strategy: Corporate Reform in Brazil, the United States, and the European Union*, 63 Stanford Law Review 475, 489–90 (2011).

16 결국 다른 곳에서와 마찬가지로 브라질의 신시장에서 피라미드형 회사가 등장하였다.

17 예컨대 Lucian A. Bebchuk, Reinier Kraakman, and George Triantis, *Pyramids, Cross-Ownership, and Dual Class Equity: The Mechanisms and Agency Costs of Separating Control from Cash-Flow Rights*, in Randall K. Morck, ed., Concentrated Corporate Ownership p.445 참조.

18 Steven A. Bank and Brian R. Cheffins, *The Corporate Pyramid Fable*, 84 Business History Review 435 (2010); Eugene Kandel and Konstantin Kosenko, Randall Morck, and Yishay Yafeh, *The Great Pyramids of America: A Revised History of US Business Groups, Corporate Ownership and Regulation, 1930–1950*, NBER Working Paper No w19691 (2015) 참조.

19 Art. 129-V Consolidated Act on Financial Intermediation, as amended in 2014. 이 장치는 실제 주주로서의 국가의 힘을 강화하는 데 기여할 수 있다.

20 Art. L. 225-123 Code de commerce, as amended by Loi. No. 2014-384 of 29 March 2014['플로랑주법(Loi Florange)'으로 알려졌다]. 또한 뒤 8.2.3 참조.

통상 단기주주보다 장기주주의 이익을 보호하는 것으로 정당화되지만,[21] 외부 투자자에 대해 지배주주의 힘을 고착시키기 쉽다.

미국과 영국에서는 현금흐름과 의결권을 다양하게 결합한 여러 종류의 주식을 허용하고 있다. 그렇지만 미국과 일본의 거래소 상장규칙은 기발행주식의 의결권을 희석하는 자본 재구성을 금지한다.[22] 뉴욕증권거래소 상장규칙은 20세기 대부분의 기간 동안 비례적 의결권 행사에 대한 예외를 금지했지만, 차등의결권주식은 미디어와 하이테크회사에서 새로운 전성기를 맞이하였다.[23] 미국은 심지어 차등의결권주식을 발행한 세간의 이목을 끄는 외국회사를 끌어들이고 있다. 예를 들어 중국의 전자상거래 거대기업인 알리바바(Alibaba)는 엄격한 1주1의결권원칙을 고수하는 홍콩증권거래소에 상장될 수 없게 되자 뉴욕 증권거래소에서 기업공개하기로 결정하였다. 기관투자자들이 차등의결권주식을 완전히 억제하는 데 성공한[24] 영국에서 프리미엄 시장 부문은 이제 비례적 의결권을 가진 주식을 상장하는 회사만을 위한 것이 되었다.[25] 그리하여 비록 1주1의결권원칙

---

21 앞 3.2 참조.

22 Rule 313 NYSE Listed Company Manual과 Rule 4351 NASDAQ Marketplace Rules(공개시장에서 거래되는 보통주식을 가진 기존 주주의 의결권은 여하한 회사의 행위나 발행에 의하여 불공평하게 감축되거나 제한될 수 없다) 참조(2009. 3. 12 개정으로 위 사항은 Rule 5640 NASDAQ Marketplace Rules에 규정되어 있다—옮긴이 주). 또한 도쿄증권거래소, 유가증권상장규정 제601조 제1항 제17호, 유가증권상장규정 시행규칙 제601조 제4항 제14호[2019. 8. 12. 일본거래소그룹(JPX) 웹사이트 게시에 의하면 유가증권상장규정 시행규칙 제601조 제14항이다(2020. 4. 3. 열람)—옮긴이 주](주주의결권에 대한 부당한 사후 제한을 금지) 참조.

23 주목할 만한 예로는 News Corporation, Google(현 Alphabet), Facebook과 LinkedIn이다. 이들 사례에서는 회사의 가치에 전략적 역할을 한다고 할 수 있는 설립자 주주가 초다수의결권 주식('super-voting' shares)을 사용함으로써 주식자본의 과반수를 보유하지 않고도 회사 지배권을 유지할 수 있게 되었다.

24 Julian Franks, Colin Mayer, and Stefano Rossi, *Spending Less Time with the Family: The Decline of Family Ownership in the United Kingdom*, in Randall K. Morck, ed., A History of Corporate Governance around the World, p.581, p.604 (2005) 참조.

25 UK Listing Rule 7.2.1A, Premium Listing Principle 4.

에 대한 법적 뒷받침은 제한적이지만, 우리의 주요 대상국가는 모두 특히 유해하다고 인정되는 일부 의결권의 인위적 확대방법을 규제하고 있다.

소액주주의 이익을 위하여 단순히 대주주의 의결권을 **희석하는** 법적 장치는 특정 그룹의 주주에게 **힘을 실어** 주는 장치보다 훨씬 찾기 힘들다. 아마도 이러한 종류의 희석기법 중 가장 잘 알려진 것은 의결권 상한제(vote capping), 즉 대주주의 지배권에 상한을 설정하고, 그에 따라 소액주주의 의결권을 부풀리는 장치일 것이다. 예컨대 어떠한 주주도 5퍼센트를 넘는 의결권을 행사할 수 없다는 규정이 있으면, 20퍼센트를 보유한 주주가 그러한 규정이 없었더라면 행사하였을 지배권의 75퍼센트만큼이 5퍼센트 미만의 지분을 보유한 주주에게 재분배된다.

독일과 일본을 제외하고[26] 우리의 주요 대상국가는 모두 공개회사가 정관 규정으로 의결권 상한제를 채택하는 것을 허용한다. 하지만 오늘날 의결권 상한제를 택하는 진정한 동기는 소수주주 보호라기보다는 기업인수의 억제에 가까운 것 같다. 그것은 기존 대량주식 소유자의 의결권을 제한하기보다는 통상 지배주식이 존재하지 않는 경우 지배주식 생성을 저지하기 위하여 채택된다. 의결권 상한제는 주로 프랑스에서, 그리고 보다 제한된 범위에서 이탈리아와 브라질에서 살아남아 있다.[27]

---

26 1998년 독일 공개(상장)회사의 의결권 상한제가 금지되었다. § 134 I Aktiengesetz (AktG) (as amended by KonTraG) 참조. 여전히 한 가지 중요한 예외가 있었다. 특별법에 의하여 규율되는 폴크스바겐사(Volkswagen AG)는 20퍼센트의 의결권 상한제의 적용을 받았다. 유럽사법재판소는 (폴크스바겐 법률의 다른 조항들과 함께) 이러한 의결권 상한제는 EC조약 제56조 제1항(현 EU조약 제63조)이 보장하는 자본의 자유이동을 저해한다고 판시하였다. Case C-112 / 05, *Commission v. Germany*, Judgment of 23 October 2007, European Court Reports 〔2007〕 I-8995 참조. 일본은 1주1의결권원칙을 채택하고 의결권 상한제를 허용하지 않는다. 일본 회사법 제308조 제1항 참조. 이탈리아는 2003~2014년까지 의결권 상한제를 금지하였다(다만 민영화된 회사는 제외). Art. 2351 Civil Code, as amended(이탈리아) 참조.

27 프랑스에 관하여는 Art. L. 225-125 Code de commerce; Art. 231-54 Règlement Général de l' AMF(그러나 의결권 상한제는 매수인이 의결권 있는 주식의 3분의 2 이상을 취득한 후 최초로 개최되는 주주총회 시 효력을 상실하는 것으로 선언) 참조. 브라질에 관하여는 Art. 110, § 1° Lei das Sociedades por Ações(의결권 상한제를 허용); Novo Mercado

4.1.2 소수주주의 의사결정권

선임권의 경우와 마찬가지로 법은 때때로 소수주주의 직접적인 의사결정권을 강화함으로써 소수주주를 보호한다. 법으로 개별 주주(또는 적은 수의 주식을 보유한 주주)에게 회사의 의사를 결정하는 권한을 부여하는 경우 소수주주의 의사결정권은 가장 강력해진다. 예컨대 법률상 개별 주주 또는 소수주주가, 회사가 소송을 제기할 사유가 있는 이사, 기타 다른 당사자에 대하여 회사의 이름으로 소송을 제기하는 것을 법으로 허용하는 경우가 바로 그러한 경우이다.[28] 소수주주의 과반수가 행사할 수 있는 소수주주 의사결정권은 효과적인 지배구조전략이기도 하다. 이런 이유 때문에 회사법은 때때로 지배주주와 회사 간 거래에 대한 소수주주의 과반수 승인 요건을 부과하고 있다.[29]

나아가 우리의 주요 대상국가는 모두 특별다수결(special majority · super-majority)에 의한 승인을 요구함으로써 회사의 중요한 의사결정에 대한 소수주주의 의사결정권을 강화한다. 제7장에서 논의하는 바와 같이 주주의 의결을 필요로 하는 중요 사항의 범위는 승인에 필요한 결의 요건과 마찬가지로 다양하다.[30] 그러나 실제로는 관련 결의 요건은 거의 항상 정기주주총회에서의 단순 과반수보다 높다. 그렇다면 대부분의 국가가 합병과 같은 주요 거래를 통하여 이루어지는 착취로부터 큰 규모의 소수주주 집단을 보호하기 위하여 의사결정권을 이용하고 있다고 할 수 있다.

Regulations, Art. 3.1.1(민영화법 또는 산업규제상 요구되는 경우를 제외하고는 5퍼센트 미만의 의결권 상한제를 금지) 참조. 오늘날 영국과 미국에서는 극히 드물지만, 19세기에는 의결권 상한제가 미국 · 유럽 · 브라질에서 통용되었다. Mariana Pargendler and Henry Hansmann, *A New View of Shareholder Voting in the Nineteenth Century*, 55 Business History 585 (2013) 참조.

28 앞 3.2.3과 뒤 6.2.5.4 참조.

29 뒤 6.2.3과 7.4.2.3 참조

30 뒤 7.7 참조

일부 유럽 국가는—'간신히 반수를 넘는 주주(bare majority)'가 '반수에 약간 미달하는 주주(near majority)'의 의사를 억압하는 것을 막기 위해—상당한 비율의 소수주식(의결권 있는 주식의 25퍼센트 이상)을 보유한 주주들에게 법률상 저지권을 부여함으로써 이러한 목적을 명시적으로 추구하고 있다.[31] 미국의 대다수 주(州)와 브라질에서는 합병 같은 주요 거래의 승인에 발행주식총수의 과반수 결의를 요구하는데, 이는 실제로 행사되는 의결권을 기준으로 보면 특별다수결을 의미한다.[32] 이 경우 주주총회에 출석한 주주들의 주식 수에 따라 특별다수의 규모가 결정될 것이고, 출석 주식 수는 당해 거래가 얼마나 소수주주에게 중요한 거래인지를 반영할 것이다. 그럼에도 불구하고 발행주식총수의 과반수 승인 요건으로는 지배주주가 과반수를 가지고 있는 경우[33] 소수 투자자를 보호하지 못한다.

4.1.3 인센티브전략: 수탁자와 주주평등원칙

소수주주를 보호하기 위한 인센티브전략에는 두 가지 형태가 있다. 한 가지는 이사회와 핵심적인 위원회에 독립이사를 포함시키는 익숙한 방법이다. 제3장에서 언급한 대로 입법자는 독립이사가 소수주주의 대리 문제와 주주 전체의 대리 문제 양자를 해결하는 데 적합한 폭넓은 예방약이라고 생각하는 것 같다. 소수주주를 보호하는 둘째 방안은 주주평등원칙을 특히 이익 배분 및 의결권에 관하여 강력하게 시행하는 것이다. 이 원칙은 폐쇄회사와 공개회사 양자에 모두 적용되며, 소수주주와 아마도 회사의 다른 이해관계자들에 대해서도 묵시적으로 확대·적용할 수 있는 회사에 대한 충실의무라는 행동제약전략의 한 요소와 겹치는 면이 있다.

---

31 뒤 7.2와 7.4 참조.

32 예컨대 델라웨어주 회사법 § 251(합병); § 242(정관 변경); Art. 136 Lei das Sociedades por Ações 참조.

33 예컨대 브라질에서는 그러한 수준의 지배가 통상적이다.

4.1.3.1 수탁자전략과 독립이사

이사회에 독립이사를 두는 것은 주주와 경영자 사이의 대리 문제의 해결[34]뿐 아니라 소수주주 및 주주 이외의 이해관계자의 보호를 위하여 즐겨 사용되는 장치이다. 입법자는 — 도덕성, 프로페셔널리즘 및 개인의 평판과 같은 '저강도 인센티브(low-powered incentives)'(저강도 인센티브의 의미에 대하여는 앞 2.2.3. 주 32 참조 — 옮긴이 주)에 의하여 움직이는 — 독립이사가 소수주주 및 (정도의 차이는 있지만) 주주 이외의 이해관계자를 포함하는 기업 전체의 이익을 위하여 지배주주에 맞설 것이라고 암묵적으로 전제한다.[35] 강력한 형태의 수탁자는 주주(또는 다른 누구)에 의한 이사회 통제 가능성을 감소시킨다. 극단적인 경우에는 주주를 포함한 어떤 이해관계자도 회사의 이사회에 직접 대표자를 보낼 수가 없다. 이는 네덜란드의 구 '구조체제(structure regime)'의 핵심 원칙으로,[36] 이에 따르면 일부 대기업의 이사회는 많은 비영리법인 또는 재단의 이사회와 마찬가지로 자기선임(self-appointing) 기관이 되었다. 대안적인 방안으로는, 주 주간 기회주의 문제에 대한 지배구조 차원의 해법으로서, 투자자가 상호 합의하여 선임한 1명 이상의 독립이사가 이사회에서 결정적인 발언권을 행사하도록 약정할 수 있다. 이 방법은 벤처캐피털이 투자한 회사에서 흔히 사용된다.[37]

그러나 우리의 주요 대상국가에서는 대부분의 '독립'이사가 자기선임방식으로 선임되지 않으며 그렇다고 똑똑한 투자자가 그 독립성을 엄격히

---

34 앞 3.3.1 참조.

35 비판적 평가에 대하여는 Wolf-Georg Ringe, *Independent Directors: After the Crisis*, 14 European Business Organization Law Review 401 (2013) 참조.

36 예컨대 Edo Groenewald, *Corporate Governance in the Netherlands: From the Verdam Report of 1964 to the Tabaksblat Code of 2003*, 6 European Business Organization Law Review 291 (2005) 참조.

37 Jesse M. Fried and Mira Ganor, *Agency Costs of Venture Capitalist Control in Startups*, 81 New York University Law Review 967, 988 (2006) 참조.

심사하는 것도 아니다. 그 대신 전형적으로 이사의 '독립성'은 기껏해야 지배주주, 회사 및 회사의 최고위직 임원으로부터의 재무적 독립 및 가족 관계에서의 독립을 의미한다.[38] 이러한 정의에 따르면 비록 회사 대주주가 심사하고 승인한 경우라도 이사가 지배주주와 종업원 지위 또는 자문 제공 같은 가까운 가족관계나 재무적 연계가 없다면 — 지배주주와 사회적 유대관계가 있는 경우에도 — 그 이사는 독립성 요건을 충족시킨다. 전통적인 예로는 관계회사가 아닌 제3자 회사의 임원이라면 회사의 독립이사 자격이 있다고 하겠지만, 회사의 지배주식을 소유한 지주회사의 임원은 그러한 자격이 없다. 또한 많은 국가에서 주주가 언제라도 이사(독립이사 포함)를 해임할 권리가 있다는 사실은 피지배회사에서의 실질적인 독립성 결여에 대한 우려를 더욱 악화시킨다.

마지막으로 이사에 기초한 수탁자전략의 가장 약하고 기본적인 형태는 독립성을 내세우는 것을 포기하고, 회사의 중요한 의사결정 시 단순히 이사회 승인만을 거치도록 하는 것이다. 예컨대 미국 및 이탈리아의 법에서는[39] 회사 합병안을 발의할 권한을 이사회에 배타적으로 부여할 수 있다. 다른 방법으로는 독일법에서와 같이 이사회 요청 없이는 주주가 회사의 사업에 관한 어떠한 결정도 할 수 없도록 만들 수도 있다.[40] 이와 같은 방안은 비록 지배주주에 의하여 선임되었더라도 지배주주와는 다른 의무, 인센티브와 잠재적 책임을 지는 이사들을 통하여 지배주주가 자신의 방침을 추구하는 것을 제약한다.

---

38 또한 미국 증권거래소들의 상장규칙에 따르면 그 정도도 되지 않는다. 그 상장규칙은 회사와 최고경영진으로부터의 독립만을 요구한다. 그러나 집중된 소유구조를 가진 국가는 통상 일정한 형태로 지배주주로부터의 독립을 요구한다. 포괄적인 조사로는 Dan W. Puchniak and Luh Luh Lan, *Independent Directors in Singapore: Puzzling Compliance Requiring Explanation*, American Journal of Comparative Law (forthcoming) 참조.

39 델라웨어주 회사법 § 251 (b) 참조. 앞 3.4 참조. Art. 2367 Civil Code(이탈리아).

40 § 119 II AktG(주주는 경영이사회의 요청이 있는 경우에만 경영사항에 관하여 결의할 수 있다). 그러나 묵시적인 주주총회의 특권(이른바 *Holzmüller* 원칙)에 대해서는 뒤 7.6 참조.

물론, 이사의 일부 또는 대부분이 지배주주로부터 재무적 독립성을 확보한 경우에도 이사에 기초한 수탁자전략이 얼마나 원활하게 작동할지는 확실하지 않은 문제이다. 우리는 이미 소수주주의 수탁자로서의 이사의 효능에 대해서는 회의를 표시하였다.[41] 그럼에도 불구하고 미국 판례법은 현금교부 합병의 경우[42] 또는 지배주주가 과도한 욕심을 부리는 경우[43]에는 독립적인 이사회나 위원회가 차이를 만들 수 있다는 일화적(anecdotal) 증거를 제공한다.

4.1.3.2 주주평등원칙

같은 종류의 주식(및 주주)에 대한 평등 대우는 회사법의 근본 원칙의 하나이다. 이 원칙은 룰에 입각한 지배주주 행동제약으로 간주될 수 있지만, 인센티브전략의 한 유형으로도 볼 수 있다. 이 원칙은 지배주주를 효과적으로 구속하는 범위 내에서는, 지배주주가 소수주주를 포함한 주주 전체의 이익을 위하여 행동할 동기를 부여한다. 그러나 모든 추상적인 규범이 그렇듯이 주주평등원칙 역시 최소한 두 가지 단서가 있다. 첫째, 이 원칙의 적용을 발동시키는 회사의 의사결정이나 주주 행동의 범위에 관한 것이다. 둘째, 이 원칙 자체의 의미에 관한 것이다. 예컨대 회사의 의

---

41 앞 3.3.1 참조. 또한 Ringe, 앞의 논문(주 35) 참조. 특정 가계가 지배하는 미국의 상장기업에 있어서 독립이사의 가치에 관한 더욱 광범위한 논의는 Deborah A. DeMott, *Guests at the Table: Independent Directors in Family-Influenced Public Companies*, 33 Journal of Corporation Law 819 (2008) 참조.

42 뒤 7.4.2 참조

43 홀린저(Hollinger) 사건이 그 예이다. 이 사건에서 델라웨어주 형평법원은, 지배주주를 이사회로부터 축출하고 지배주주가 원하던 대로 지배주식을 처분하는 것을 저지한 독립이사 다수의 결정을 지지하였다. *Hollinger Int'l, Inc. v. Black*, 844 Atlantic Reporter 2d 1022 (Del. Ch. 2004) 참조. 그러나 홀린저 사건에서 독립이사는 미국 증권거래위원회(Securities and Exchange Commission, 이하 'SEC')가 지배주주의 부정행위에 관한 조사를 개시하고 나서야 행동에 나섰고, 지배주주는 자신만이 아니라 모든 주주에게 이익이 되는 방식으로 회사 매각을 추진하겠다는 취지로 이사회와 체결한 계약을 공공연하게 위반하였다. 또한 뒤 8.4 참조.

사결정이 이익 분배나 위험 선호도의 면에서 소수주주에 비해서 지배주주를 우대하는 것임에도 불구하고 형식적 측면에서는 각 주주에게 똑같은 내용을 갖는 경우, 각 주주는 과연 평등한 대우를 받고 있다고 할 수 있는가? 주주의 선호가 상이하고 지배주주가 회사의 방침을 형성할 정당한 권한이 있는 이상 어느 정도의 불평등한 대우는 회사형태에 내재하는 것으로 보인다.[44]

주주평등원칙의 이러한 단서에 관하여 우리의 주요 대상국가들은 다른 입장을 취한다. 일반적으로 대륙법 국가—특히 독일법의 강한 영향을 받아 온 국가—에서는 주주평등원칙을 회사법의 모든 면에 퍼진 광범위한 원칙〔또는 법원(法源)〕으로 보는 경향이 있다. 또한 독일과 일본은 주주평등원칙을 법률의 일반 조항으로 규정하였다.[45] 이와 대조적으로, 미국과 영국 같은 영미법 국가에서는 특정한 맥락에서의 주주평등을 판례나 법률로 규정하고 있고, 지배주주가 소수주주에 대하여 공정하게 행동할 의무와 같은 행동제약적인 스탠더드와 별도로 주주평등원칙이라는 일반 법적 스탠더드를 채택하기는 꺼린다.[46]

---

44 이러한 점에 대해서 시사점이 있는 미국의 예를 살펴보기 위해서는, 폐쇄회사가 소수주주와 지배주주로부터 안분하여 주식을 매수하여야 한다고 판시한 *Donahue v. Rodd Electrotype Co.*, 328 North Eastern Reporter 2d 505 (Mass. 1975) 사건을 동일한 법원이 지배주주가 정당한 경영상 목적이 있는 경우에는 소수주주의 이익을 희생하고 '이기적인 소유권'을 추구할 수 있음을 인정한 *Wilkes v. Springside Nursing Home, Inc.*, 353 N.E. 2d 637 (1976) 사건을 비교.

45 § 53a Aktiengesetz(독일)과 일본 회사법 제109조 제1항. 또한 다른 주주와 달리 대주주에게 우선적으로 정보를 제공하는 문제에 대하여 독일법에서는 불명확한 부분이 있다. EU지침의 많은 조항에서는 EU의 공개회사들에 대하여 상당히 광범위하게 주주평등원칙을 강제하고 있다. Art. 46, Directive 2012/30/EU, 2012 O.J. (L 315) 74; Art. 3(1)(a) Directive 2004/25/EC, 2004 O.J. (L 345) 64; Art. 17(1) Directive 2004/109/EC, 2004 O.J. (L 390) 38; Art. 4 Directive 2007/36/EC, 2007 O.J. (L 184) 17. 참조.

46 델라웨어 주법상 소수주주의 평등취급은 어떤 거래가 자기거래로 인정되거나 면밀히 조사되어야 하는지 여부를 결정한다. 소수주주가 공식적으로 평등취급을 받는 한 (즉 지배주주가 소수주주의 비용으로 이익을 얻지 않는 한), 경영판단의 원칙이 적용된다〔*Sinclair Oil Corp. v. Levien*, 280 Atlantic Reporter 2d 717 (Del 1971)〕. 지배주주의 관계자거래의 취급에 대하여는 뒤 6.2.2와 6.2.5 참조.

주주평등원칙을 중시하는 정도가 국가별로 상이한 까닭에 회사법의 여러 영역에서 중요한 결과가 발생한다. 제8장에서 논의하는 바와 같이 회사가 신주인수권 등의 이익 제공 시 주주 간에 차이를 두는 것을 억제하는 국가에서는 주주평등원칙을 중시하기 때문에 미국식 포이즌필제도를 시행하기가 더 어렵다.[47]

실제로 미국에서도 일부 개별 분야에서는 예외적으로 엄격하게 평등한 처리를 강제하고 있지만, 우리의 주요 대상국가 중에서 미국 또는 적어도 델라웨어 주법은 동일 종류의 주식에 대한 불평등 대우와 관련하여 가장 큰 융통성을 부여한다고 볼 수 있다. 대부분의 국가에서는 회사의 이익배분(즉 배당과 자기주식 취득)과 주식 발행의 영역에서 주주평등원칙을 가장 강력하게 적용하고 있지만, 미국법은 실제 일률적인 적용을 오로지 배당금의 지급에만 한정하고 있다. 일반적으로 미국에서는 심지어 시가보다 높은 가격으로도 특정 주주로부터의 자기주식 매입이 허용되며, 회사는 기존 주주에게 신주인수권을 부여하지 않고 제3자에게 주식을 발행할 수 있다.

기업집단(즉 다른 회사의 공동 지배하에 있으며 흔히 하나의 통합된 사업으로 경영되는 회사집단)에 관한 법은 주주평등원칙에 대한 존중이 중요한 영향을 미치는 또 하나의 분야이다. 제5장과 제6장에서 논의하는 바와 같이 독일, 프랑스, 이탈리아, 브라질과 같은 일부 국가는 이 분야에 관하여 특별한 규제를 마련하고 기업집단 내부거래에 대한 총체적인 사법적(司法的) 평가를 허용한다.[48] 따라서 평등취급원칙은 개별 거래가 아니라 거래들의

---

47 주주평등원칙을 중시하는 일본의 강력한 법률 조항을 전제로 할 때, 신주예약권에 기반한 기업인수 방어 문제를 다루고 있는 일본 판례법의 발전은 이러한 측면에서 매우 흥미롭다. *Bull-Dog Sauce v. Steel Partners*, 民集 第61巻 第5號 2215면(일본 최고재판소 2007)(정보를 제공받은 주주들의 압도적 찬성으로 승인된 신주예약권 계획상 패배한 공개매수자에게 차별대우에 대한 보상을 제공하도록 한 사안에서 신주예약권의 차별적 배정을 허용) 참조. 뒤 8.2.3 참조.

48 뒤 5.2.1.3, 5.3.1.2와 6.2.5.3 참조.

총체에 적용되는 것으로 해석된다.

결론적으로 주주평등원칙의 적용범위는 국가 간에 그리고 국가 내부에서도 상당히 차이가 크다. 그렇지만 우리의 주요 대상국가는 적어도 일부 상황에서는, 지배주주와 소수주주의 인센티브를 일치시키기 위하여 이 장치에 의존한다.

4.1.4 행동제약 및 관계 설정 관련 권리(Affiliation Rights)

지배구조 시스템을 다루는 장에서 언급할 내용이 적기 때문에 소수주주를 보호하기 위한 나머지 전략은 한데 묶어 검토하기로 한다. 소수주주의 이익을 보호하기 위해서는—주로 충실의무, 소수주주 억압 및 다수결 남용 같은 스탠더드형식의—법적인 행동제약이 폭넓게 이용된다. 법원이 지배주주와 회사 사이에서는 오로지 '공정한' 거래만을 허용하는—실질적으로는 지배주주가 회사 소수주주의 이익을 해하면서 승인받지 않은 이익 배분을 회사로부터 받을 수 없음을 의미하는—경우와 같이 사실, 이 스탠더드들은 종종 주주평등원칙의 구체적인 적용으로 볼 수 있다. 관계자거래나 근본적 변경이 관여되지 않은 상황에서 이들 스탠더드가 소수주주에게 도움이 될 수 있다는 점을 여기서 강조하겠지만, 이들 스탠더드에 대해서는 제6장과 제7장에서 보다 상세히 검토한다.[49]

마지막으로 강제공시라는 외관을 가지는 관계설정전략은 주주 전체의 보호와 아울러 소수주주 보호의 면에서 적어도 동등하게 중요하다. 공개시장 진입과 거래의 전제조건인 공시를 통하여 지배주주 소유구조와 이해상충거래가 공개되는 범위에서는, 시장가격은 지배주주로 하여금 그들

49 예컨대 일부 국가에서는 폐쇄회사의 주주에 대한 이익 배분이 전적으로 종업원 또는 이사에 대한 보수의 형식을 취하고 있는 경우, 그 폐쇄회사의 소수주주는 지배주주가 그를 종업원에서 해고하거나 이사에서 해임하는 결정이 억압적이거나 남용적이라고 이의를 제기할 수 있다.

의 기회주의적 행동이 초래하는 비용을 깨닫게 한다.[50] 나아가 강제공시 제도는 의결권 행사나 소송과 같은 다른 장치를 통한 소수주주 보호에 필요한 정보를 제공한다.[51]

이와 대조적으로 탈퇴전략은 소수주주 보호에 한계가 있다. 한편으로는 회사의 다섯 가지 핵심 요소 중 하나인 주식의 자유로운 양도는 소수주주 보호도구로서 유용하지만 불완전하다. 그것은 불만족스러운 소수주주가 그들이 가진 주식을 시장에 매도하는 것을 허용하지만, 이는 회사주식에 대한 시장이 있을 경우에만 가능하고, 또 그런 경우에도 통상 지배주주의 남용이 이미 반영된 가격으로 매도할 수 있다.[52] 다른 한편 소수주주는 일반적으로 회사자산에 대한 비례적 지분을 받고 회사를 떠날 수는 없다.

결국 투자의 영속성이 회사 형태의 핵심적 특징이다. 제6~8장에서 논의하는 바와 같이 회사법은 때때로 특히 폐쇄회사에서 더 강력한 탈퇴권을 보장하지만, 통상 오로지 지배주주의 과도한 권한 남용이 있거나 기업의 중요한 조직 변경과 관련해서만 그러하다. 많은 국가에서 근본적 거래 시 허용되는 주식 매수청구권(본질적으로 매도옵션)[53]이나 지배권 매도 시 발동되는 강제공개매수제도 또는 유럽과 브라질의 소수주주 매수청구권(sell-out rights)[54]이 그 예이다.

---

50 뒤 6.2.1.1 참조.

51 뒤 9.1.2.3 참조

52 정보를 가진 대주주는 경영진을 규율하고 회사의 지배구조를 사전적으로 개선하기 위하여, 탈퇴 및 그것이 주식가격에 미치는 영향을 위협으로 사용할 수도 있다. 하지만 이 장치는 지배주주가 없는 회사에서 더 효과적일 것이다. Alex Edmans, *Blockholders and Corporate Governance*, 6 Annual Review of Financial Economics 23 (2014)(대주주가 탈퇴를 지배구조방책으로 사용하는 것을 검토) 참조.

53 뒤 7.2.2와 7.4.1.2 참조

54 뒤 8.3.4 참조

4.2 종업원의 보호

소수주주 보호에 추가하여, 기업지배구조 시스템은 회사와 계약관계가 있는 비(非)주주 이해관계자에게도 중요한 보호를 제공한다. 모든 국가에서 회사법은 회사 채권자에게 특별한 보호를 제공한다. 이에 관해서는 제5장에서 별도로 살펴보기로 한다. 여기서는 주로 종업원에게 제공되는 지배구조상의 보호장치에 초점을 맞추겠다.

종업원은 회사에 대한 계약 상대방으로서, 그들이 특히 회사에게 착취당하기 쉽고 노동법 규정은 근로자를 보호하기에 불충분하거나 시행하기에 더 고비용이라고 평가되는 한, 회사법의 보호를 받을 자격이 있을 수 있다. 경제적인 관점에서 볼 때, 이 취약점은 회사의 기술을 사용하는 것을 배우거나 특정한 시설이 있는 먼 지역으로의 근무지 이전과 같이 근로자가 사용자의 사업에 투자한 인적 자본 투자의 특별한 성격에 기인한다.[55] 이 투자가 (그러한 고용의 맥락에서만 유용하다는 의미에서) 그 회사에만 특유한 관련이 있는 경우, 수익을 추구하는 회사는 나중에 종업원이 자신을 '방어할' 다른 선택지가 없다는 점을 악용할 수 있다.[56] 이는 예를 들어 임금과 혜택을 감소시키거나 근로조건을 악화시킴으로써 종업원으로부터 회사로 잉여를 이전하도록 고용계약을 재협상하는 방법으로 이루어질 수 있다. 종업원이 회사의 이런 기회주의적인 행동을 예견할 수 있는 범위에서는 그들은 우선 회사에 특유한 투자를 꺼리게 될 것이고,

---

55 게다가 종업원은 독일과 일본에서는 더욱 흔한 비적립 확정급여형 퇴직연금채무(unfunded defined-benefit pension obligations)의 형태로 그 회사에 대한 금융투자를 할 수도 있다. Martin Gelter, *The Pension System and the Rise of Shareholder Primacy*, 43 Seton Hall Law Review 909, 966 (2013) 참조.

56 일반적으로 Margaret M. Blair, Ownership and Control: Rethinking Corporate Governance for the Twenty-First Century (1995); Paul L. Davies, *Efficiency Arguments for the Collective Representation of Workers: A Sketch*, in Alan Bogg et al., eds., The Autonomy of Labour Law, p.367 (2015) 참조.

이는 궁극적으로 수익을 해칠 것이다.[57]

종업원 보호를 회사법에 의존하는 정도에서 우리의 주요 대상국가는 크게 차이가 있다. 회사법에 의존하는 경우, 선택하는 주된 전략은 선임권·의사결정권과 인센티브이다. 물론 종업원은 주주와 채권자를 보호하기 위한 전략으로부터도 간접적으로 혜택을 받을 수 있다. 예컨대 의무적인 재무공시는 투자자뿐만 아니라 종업원이 관계 설정 결정을 하는 데 도움을 줄 수 있다. 공시 규칙은 최근 다른 방법으로 종업원을 보호하기 위하여 활용되었다. 미국에서는 노동조합이 최고업무집행임원(Chief Executive Officer. 이하 'CEO')과 중간(median)에 위치한 근로자 간 '보수배율(pay ratio)'을 회사가 공시하도록 하는 규칙을 밀어붙였다. 이 수치는 아마도 임금 협상 시 노동조합의 협상력에 도움을 줄 것이다.[58] 마지막으로 영국에서의 최근 법적 변화도 최소 2,000파운드의 회사주식을 무상으로 지급받은 '종업원 주주'에 대해 다양한 노동권을 배제할 수 있도록 허용함으로써 노동법적 보호의 대체물로 회사법을 활용하고자 하였다.[59] 그러나 사용자 회사에 대한 소수지분은 그럴듯하지 않은 대체물이다. 분산되지 않은 포지션 보유는 회사에 특유한 위험과 기회주의에 대한 종업원의 취약성을 가중할 뿐이다.

4.2.1 선임권전략과 의사결정권전략

유럽의 대기업 이사회에서 종업원에 의한 이사 선임을 광범위하게 도

---

57 회사법이 회사에 특정한 투자를 한 당사자들을 보호해야 한다는 견해의 철저한 논의는 Margaret Blair and Lynn Stout, *A Team Production Theory of Corporate Law*, 85 Virginia Law Review 247 (1999); Martin Gelter, *The Dark Side of Shareholder Influence: Managerial Autonomy and Stakeholder Orientation in Comparative Corporate Governance*, 50 Harvard International Law Journal 129 (2009) 참조.

58 '보수배율'규칙에 대해서는 뒤 4.3.1 참조

59 s 205A, Employment Rights Act 1996, as introduced by the Growth and Infrastructure Act 2013 (s 31) 참조.

입한 것은 20세기 기업지배구조에서 가장 주목할 만한 시도 중 하나이다. 비록 우리의 주요 대상국가는 이 점에서 대표성이 충분하다고 할 수 없지만, 오늘날 많은 유럽 국가는 적어도 일부 대기업의 경우 종업원이 선임한 이사를 두도록 강제하고 있다.[60] 미국, 영국, 이탈리아와 일본에서는 종업원의 이사회 참여를 강제하지 않는다. 통상 이사회의 3분의 1을 종업원대표로 구성하도록 요구하는 대부분의 근로자 참여제 채택 국가들 기준으로 보면 심지어 프랑스의 요건도 완화된 것에 해당한다.[61] 프랑스는 종업원이 주식의 3퍼센트 이상을 보유하고 있는 상장회사에 대해 이사회에 일부 종업원대표를 두도록 요구하고 있다.[62] 2013년부터 대기업은 정관에 종업원대표로 1명 또는 2명의 이사가 선임되도록 규정해야 한다.[63] 그러나 (종업원 50명이 넘는) 대부분의 프랑스 회사에서는 종업원이 이사회에 참석하지만 의결권이 없는 대표자 2명(때로는 4명)을 선출할 권리를 갖는 데 불과하다.[64] 브라질의 종업원 참여 요건도 약하다. 이 요건은 연방정부가 지배하는 회사에만 적용되고, 종업원을 대표하는 1명의 이사 선임만을 요구하고 있으며, 그 이사는 근로관련 사항에 대해서는 의결권을 행사할 수 없다.[65]

이와 대조적으로 독일법은 '거의 대등한 공동결정(quasi-parity codetermination)', 즉 2,000명이 넘는 종업원(독일 소재 종업원 기준)을 고용한 회

---

60 근로자의 이사회참여제도를 어떠한 의미 있는 형식으로도 도입하지 않은 EU 회원국은 벨기에, 불가리아, 사이프러스, 에스토니아, 이탈리아, 라트비아, 리투아니아, 몰타, 루마니아와 영국이다. 한편 많은 회원국은 국영기업에만 종업원의 이사회참여제도를 두었다. www.worker-participation.eu 참조.

61 예컨대 오스트리아, 덴마크, 룩셈부르크, 그리고 헝가리의 경우가 그러하다. Aline Conchon, *Board-Level Employee Representation Rights in Europe: Facts and Trends*, European Trade Union Institute Report No. 121 (2011), www.etui.org 참조.

62 Arts. L. 225-23(단층이사회) and L. 225-71(감독이사회) Code de commerce.

63 Arts. L. 225-27-1(단층이사회) and L. 225-79-2(감독이사회) Code de commerce, introduced by Loi No. 2013-504 of 14 June 2013.

64 Art. L. 432-6 Code du travail.

65 Lei 12.353, de 28 de dezembro de 2010(브라질).

사는 종업원 측 이사가 감독이사회(supervisory board)의 2분의 1을 구성하도록 하는 제도를 확립하였다.[66] 또한 종업원 측 이사의 일부는 노동조합이 지명하며, 이 이사들은 일반적으로 회사 외부에서 충원된다는 점도 마찬가지로 중요하다.[67] 나아가 오로지 독일에서 근무하는 종업원과 독일의 노동조합만이 종업원 측 이사를 선임할 권리를 가진다. 이와 같이 외국 종업원을 달리 취급하는 것은 최근 EU법상 문제가 되고 있다.[68]

비록 독일 대기업에서 ('거의 대등한'이라는 용어가 표시하듯이) 주주와 근로자가 동일한 수의 감독이사회 구성원을 선임한다고 하더라도, 법적인 면에서 공식적으로 주주와 종업원이 똑같은 권한을 가짐을 의미하는 것은 아니다. 왜냐하면 교착 상황에서 이차 투표가 이루어질 경우 주주대표 가운데 선출되는 감독이사회 의장이 최종결정권을 행사하기 때문이다.[69] 그럼에도 불구하고 종업원대표는 공식적으로는 경영이사회 이사후보에 대하여 거부권을 행사할 수 있는 법률상의 권리를 보유하고 있으며,[70] 비공식적으로는 감독이사회의 의사결정절차를 방해할 수 있기 때문에 상당한 권한을 보유한다. 덧붙여 독일의 공동결정법은 경영이사회의 한 자리를 노동조합 및 종업원들과 통상 밀접한 관계를 맺고 있는 '인사담당 이

66 §§ 1 and 7 Mitbestimmungsgesetz. 500~2,000명 사이의 종업원을 고용한 독일 회사는 감독이사회총수의 3분의 1을 종업원에게 부여하여야 한다(§§ 1 and 4 Drittelbeteiligungsgesetz).

67 가장 대규모 회사에서는 종업원이 7명을 선출하고, 노동조합이 3명을 선임한다(§ 7 II Mitbestimmungsgesetz).

68 Kammergericht, decision of 16 October 2015, 14 W 89 / 15, Zeitschrift für Wirtschaftsrecht 2172 (2015)(유럽사법재판소의 예비결정을 요청. 이 책을 집필하는 시점에는 사건이 계류 중이다) 참조.

69 § 29 II Mitbestimmungsgesetz.

70 경영이사회 이사의 선임은 감독이사회의 3분의 2 이상의 동의를 요건으로 한다(§ 31 II Mitbestimmungsgesetz). 만일 후보자가 3분의 2 이상의 동의를 얻지 못하면, 장시간이 소요되는 절차를 거쳐 결국 단순다수결 결의에서 가부동수가 되면 감독이사회 의장에게 최종결정권이 부여된다.

사'에게 배정한다.[71] 그리하여, 독일 공동결정제도는 종업원에게 경영이사회 구성에 대한 영향력, 정보 접근과 논란이 있는 회사의 의사 결정에 대한 동의를 유보할 권한을 부여함으로써, 종업원이 회사의 정책에 상당한 영향력을 행사할 수 있도록 한다. 마지막 사항(동의유보권—옮긴이 주)은 특히 결정적이다. 왜냐하면 감독이사회의 일반적인 관행은 의견의 일치를 보아 결정하기 때문이고, 또한 주주 측을 대표하는 감독이사는 독립이사의 존재 때문에 단일체로 행동할 수 없기 때문이다.[72]

노사협의회가 민감한 많은 사항을 경영진과 공동으로 결정할 수 있도록 법으로 허용한 독일[73]을 제외하고는, 회사법이 근로자에게 직접적인 의사결정권을 부여하는 경우는 없다. 노사협의회에 관한 EU지침은 종업원에게 예상 고용 추세, 회사 조직의 중요한 변화, 집단적 정리해고 또는 사업 매각과 같은 종업원의 특별한 관심사에 관한 정보 접근과 협의권(결정권은 아니다)을 규정하고 있다.[74] 그러한 권리는 종업원에게 조직화된 저항, 주장 개진, 기타 자신들의 권리 보호에 필요한 시간을 부여한다. 비록 노사협의회가 회사의 중요한 의사결정에 영향을 미칠 수 없다 하더라도, 노사협의회가 최고경영진으로부터 각 작업현장으로 (또는 그 반대방향으로) 정보를 소통함으로써, 종업원 측 이사가 이사회에 참여하는 것과 마찬가지로 회사는 종업원과의 사이에서 신뢰를 형성할 수 있을 것이다. 이는 특히 노사협의회에 참여하는 종업원대표가 노동조합이 지명하는 외부인사가 아니라 회사의 종업원이라는 점에서 더욱 그러하다.[75]

---

71 § 33 Mitbestimmungsgesetz(독일).

72 앞 3.3.1 참조.

73 §§ 87 *et seq.* Betriebsverfassungsgesetz(독일).

74 European Works Council Directive 〔Recast Directive 2009 / 38 / EC, 2009 O.J. (L 122) 28〕; Art. 4 General Framework Directive 〔Directive 2002 / 14 / EC, 2002 O.J. (L 80) 29〕; Art. 2 Collective Redundancies Directive 〔Council Directive 98 / 59 / EC, 1998 O.J. (L 224) 16〕; Art. 7 Sale of Undertakings Directive 〔Council Directive 2001 / 23 / EC, 2001 O.J. (L 82) 16〕 참조.

75 노동조합과 달리 노사협의회는 통상 근로조건 협상에 관여하지 않으므로 감독이사회보

4.2.2 인센티브전략과 행동제약전략

소수주주 보호에 비하여 종업원 보호의 경우 인센티브장치는 덜 중요하다. 수탁자전략을 먼저 고려해 보자. 물론 주주가 선임한 독립이사는, 만일 법과 그 지역의 기업문화가 그렇게 할 동기를 부여한다면, 소수주주를 위한 것과 마찬가지로 종업원을 위한 약한 수탁자의 역할을 할 수도 있다. 그리고 심지어 미국에서도 어느 정도까지는 법이 약한 수탁자를 장려하고 있다. 미국의 델라웨어주 이외의 다른 다수의 주는 이사가 중요한 의사결정을 할 때, 특히 적대적 기업인수의 맥락에서는 종업원 및 다른 비주주 이해관계자들의 이익을 고려하는 것을—의무는 아니지만—허용한다.[76]

소수주주와 달리 계약상의 비주주 이해관계자는 대등한 이익참가규범의 보호를 받지 않으며 통상은 받을 수도 없다. 일반적으로 종업원·자금대여자·공급자는 보상의 대부분을 고정금액으로 수령하며, 그 액수가 회사 전체의 순이익에 따라 변동하는 것은 아니다. 주주는 일반적으로 여러 기업에 분산하여 금융자산을 투자할 수 있기 때문에, 종업원이 회사에 특유한 인적 자본을 개발하는 데 투자하는 경우 이와 같은 고정금액 지급은 회사의 지배적인 위험분담장치가 될 수 있다.

종업원지주제도는 대등한 이익참가장치의 약한 변종처럼 보일 수 있다. 일부 국가에서는 이 제도가 기업지배구조를 개선하고 회사 내부의 갈등을 완화할 것이라는 이론에 바탕을 두고, 회사에게 종업원이 주식을 함께 소유하게 할 것을 권장한다.[77] 그러나 주식 소유가 종업원에게 가져오

다 더 나은 정보 공유체계를 마련할 수 있다. Annette Van Den Berg, *The Contribution of Work Representation to Solving the Governance Structure Problem*, 8 Journal of Management and Governance 129 (2004); Davies, 앞의 논문(주 56) 참조.

76 뒤 8.1.2.3 참조. 미국 이사회의 수탁자에 유사한 지위의 분석에 관하여는 Blair and Stout, 앞의 논문(주 57) 참조.

77 법적으로 인정된 이익참가체계의 형식으로 된 보상전략의 예도 있다. 예컨대 미국에는

는 결과는 분산된 포트폴리오를 지닌 외부 투자자에게 가져오는 결과와는 다르고 덜 만족스럽다. 종업원에게는 그들이 이미 부담하고 있는 막대한—그리고 별로 분산되지 않은—회사 특유의 위험이 회사주식 소유로 인하여 증가한다. 나아가 종업원주주는 일반적으로 중요한 지배권이 없는 소수주주에 그치기 때문에, 종업원의 주식 소유가 종업원 전체의 이익을 보호하는 데 기여하는지는 불분명하다. 그럼에도 불구하고 하위 종업원에 대한 스톡옵션 부여는 실제, 특히 하이테크 산업에서 놀라울 정도로 빈번하다. 스톡옵션은 회사가 직면한 자금 조달 및 자본 제약을 완화하고 낙관적인 직원의 유지 및 선별을 촉진하는 데 도움을 줄 수 있다.[78]

마지막으로 종업원 보호를 위한 행동제약전략은 대체로 노동법과 같은 특별한 규제구조에 구현되어 있다. 이 부분은 아래 제7장에서 다루는[79] 기업의 근본적 의사결정이라는 맥락에서가 아니라면, 지면 관계상 이 책에서 다루지 않는다. 그렇지 않은 경우, 회사의 이사가 주주 이외의 이해관계자를 고려할 것을 허용하거나 강제하는 법은 종업원의 이익도 이에 포함시킨다.[80] 하지만 주주 이외의 이해관계자를 보호하기 위한 회사법상의 다른 행동제약은 아래에서 더 논의하듯이 보통 효과가 없거나 대상이 매우 한정적이다.

세제상 혜택을 받는 종업원 주식소유제도가 있다. Henry Hansmann, The Ownership of Enterprise, p.87 (1996) 참조. 프랑스에서는 종업원이 50명이 넘는 모든 회사에서 광범위한 정보 접근권과 제한적 범위에서나마 종업원의 이익 균점권을 의무화하고 있다. Arts. L. 2322-1, 2323-6 to 2323-23-60, 3322-2, 3324-1 and 3324-10 Code du travail 참조.

78 예컨대 John E. Core and Wayne R. Guay, *Stock Option Plans for Non-Executive Employees*, 61 Journal of Financial Economics 253 (2001) (finding an association between the use of stock options and financing and capital constraints); Paul Oyer and Scott Schaefer, *Why Do Some Firms Give Stock Options to All Employees?: An Empirical Examination of Alternative Theories*, 76 Journal of Financial Economics 99 (2005)(광범위한 스톡옵션의 이용은 인센티브보다는 선별과 유지 목적 때문이다) 참조.

79 뒤 7.4.3.2 참조.

80 뒤 4.3.3 참조

4.3 외부 이해관계자 보호

회사법은 어디에서나 주로 회사와 계약상 이해관계자, 특히 경영진과 주주, 그리고 채권자와 종업원 사이의 관계에 초점을 맞춘다. 하지만 회사의 경제적 중요성과 영향이 계약 상대방과의 관계를 훨씬 넘어서까지 미친다는 점은 의심의 여지가 없다. 통제되지 않으면 회사는 환경 악화, 인권 침해, 반경쟁적 행위 또는 경제에 시스템 위험을 제기하는 관행과 같은 사회적으로 해로운 행위에 관여할 수 있다. 배기가스 검사를 속이도록 자동차 소프트웨어를 설계한 독일 자동차 제조업체 폴크스바겐과 관련된 최근의 스캔들은 이러한 우려를 잘 보여 준다. 이 회사의 끊임없는 성장 추구는 원래 주주와 근로자 양자에게 혜택을 주었으나, 사회의 더 넓은 이익과 명백히 충돌하는 경영상 선택을 조장하였다.

물론 회사가 사회적으로 해로운 활동을 독점하는 것은 아니다. 개인과 다른 조직형태도 그런 활동을 한다. 그러나 회사형태는 특히 대규모사업에 적합하므로 회사가 야기하는 사회적 피해는 그에 상응하여 대규모이다. 게다가 회사형태의 본질적 특성인 유한책임은 회사의 활동으로 인해 제3자에게 초래되는 비용의 일부만을 주주가 부담하도록 허용함으로써 문제를 더 심각하게 만든다.[81] 그리고 계약관계가 없는 회사 이해관계자는 계약을 통해 스스로를 보호할 수 없기 때문에 계약상 이해관계자보다 법적인 보호의 필요성이 더 크다.

중요한 문제는 계약관계가 없는 회사 이해관계자가 법적 보호를 받을 자격이 있는지 여부가 아니라—그들은 분명히 자격이 있다—회사법이 이를 제공하는 합당한 경로인지 여부이다. 간단한 답은 회사형태와 관련성이 없는 이익의 보호는 환경법, 인권법, 독점금지법 또는 금융 규제와 같은 다른 영역의 법률에서 나와야 한다는 것이다. 실제 회사형태의 외부

81 앞 1.2.2와 뒤 5.1.2.3 참조.

에 존재하는 이익을 증진시키기 위하여 법적 룰과 스탠더드를 사용하는 제약전략은, 거의 정의상으로 회사법이 **아닌** 다른 법분야의 규범을 법인인 회사에 적용하는 것이다.

그러나 때로는 우리의 주요 대상국가의 규제 당국은 회사 내 대리 문제를 완화하기 위한 것(뿐만)이 아니라 광범위한 사회적 목표를 달성하기 위해 제2장에서 설명한 것과 동일한 지배구조전략 및 인센티브전략에 의지한다. 이러한 접근은 규제 당국의 정보 격차 또는 성공적인 산업 로비 때문에 외부 효과와 기타 사회문제에 대해서 보다 직접적인 규제적 대응을 할 수 없는 경우에 필요할 수 있다.[82] 반면에 회사법은 다른 이해관계자들에게 의미 있는 이득을 주지 않으면서 체제의 효율성을 쉽게 떨어뜨릴 수 있는 대중 영합적이거나 잘못된 개혁 시도의 손쉬운 목표가 될 수 있다.

외부 이해관계자를 보호하기 위한 회사법의 사용은 결코 새로운 것이 아니다. 역사적으로 회사의 설립은 그 사업으로부터 구체적인 공적 이익이 발생한다는 점을 보여 주는 경우에만 허용되었다. 초기 회사법의 다른 특징들은 독점 문제를 완화시키거나 달리 소비자의 이익을 보호하기 위해 특별히 고안되었다.[83] 사실 계약관계가 없는 이해관계자를 보호하기 위하여 회사법을 사용한 과거와 현재의 사례는 너무 많아 모두 서술할 수 없다.[84] 그러나 최근 몇 년간—특히 최근의 금융 위기의 결과로—더 광범한 사회적·경제적 문제를 다루기 위해, 특히 금융 부문에서 사업회사의 내부지배구조를 형성하는 법적 전략의 사용이 눈에 띄게 재부상하였다.

더 진행하기에 앞서 한 가지 지적해 둘 사항이 있다. 이사회에서의 양

---

82 Mariana Pargendler, *The Turn to Corporate Governance*, 42 Journal of Corporation Law 101 (forthcoming 2016) 참조.

83 Henry Hansmann and Mariana Pargendler, *The Evolution of Shareholder Voting Rights: Separation of Ownership and Consumption*, 123 Yale Law Journal 948 (2014).

84 이 점은 흔히 근로자의 이해관계, 지역사회 및 국가경제에 의하여 형성되는 기업인수 규율에서 특히 현저하다. 예에 대해서는 제8장 참조.

성평등에서 시스템 위험 감축과 인권 보호에 이르기까지, 외부 이익을 보호하기 위한 대부분의 시도는 장기적인 주주가치 증진이라는 면에서 합리화될 수 있고, 또 그렇게 되어 왔다. 그럼에도 불구하고 주주의 장기적인 이익이 때로는 사회 전체와 일치할 수도 있지만, 모든 상황에서 완벽한 일치는 있기 어렵다. 아래 논의에서는 외부 이해관계자의 이익을 염두에 두고 회사법의 법적 전략이 사용되는 경우를 살펴보되, 그 전략이 투자자에게도 얼마나 이익이 되는지에 대하여는 확고한 입장을 취하지 않았다.

4.3.1 관계설정전략

공개회사에 부과된 공시의무 사항의 대다수는 투자자가 회사의 재무상태를 평가하고, 그보다는 작은 범위지만, 그들의 지배구조 관련 권리를 행사하는 데 도움이 되는 사실문제에 관한 것이다.[85] 그러한 공시를 강제하는 것은 일반 대중이 이용할 수 있는 정보의 질과 양을 증가시킴으로써 주식가격의 효율성을 향상시키고 주주 전체의 재무적 동기에 의한 관계설정 (그리고 보다 작은 범위에서는 의결권 행사) 결정을 지원한다.

그러나 최근 몇 년 사이에는 '비재무적' 또는 '사회적' 공시의무사항의 사용이 증가했다.[86] 이러한 새로운 의무는 아마도 사회적 관점에서 가치가 있겠으나, 오로지 재무적인 고려에 의해 동기가 부여되는 주주의 관계설정 결정에 항상 관련이 있다고는 할 수 없는 정보에 관한 것이다. 오히려 그 의무의 목표는, 주주(및 소비자)가 사회적으로 관심을 둔 기준에 따라 진입 및 탈퇴 결정을 용이하게 내리도록 하고, 그러한 결정이 충분히 큰 규모로 이루어지는 경우에는 실질적인 회사 행동에 영향을 미치는 데

---

85 앞 3.4.2와 뒤 제9장 참조.

86 예컨대 Donald C. Langevoort and Robert B. Thompson, *'Publicness' in Contemporary Securities Regulation after the JOBS Act*, 101 Georgetown Law Journal 337 (2013) 참조.

있다. 예를 들어 미국의 2010년 도드 · 프랭크법은 상장회사가 콩고민주공화국으로부터 나오는 분쟁 광물의 사용을 공시하도록 하였다. 이는 궁극적으로 그러한 광물의 사용을 억제함으로써 이 지역의 인도주의적 위기를 완화시키는 것을 의도한 룰이다.[87] 마찬가지로 미국의 공개회사가 이사후보 지명의 다양성을 고려하는 정도를 공시하도록 한 증권거래위원회의 새로운 요구사항은 적어도 부분적으로는 여성과 소수자에 대한 공정성을 고려한 것이다.

도드 · 프랭크법은 종업원 보수의 중앙치(median)에 대한 CEO 보수의 비율을 공시하도록 한 조항도 포함하고 있다. 이 룰은 기업의 재무성과를 평가하는 척도로서가 아니라 불평등에 대한 우려의 증가에 대한 대응으로 가장 잘 이해할 수 있다. 일본에서도 역시 새로운 임원보수 공시의무는 부분적으로 CEO와 평균적인 종업원 사이의 보수 격차에 대한 우려가 커지고 있음을 반영한다.[88] 일본에서는 이제 처음으로 경영진 보상 패키지를 개인별로 보고해야 하는데, 다만 이것은 대부분의 일본 회사에서는 충족되지 않는 높은 기준인 연간 보수 1억 엔(약 미화 100만 달러) 이상인 임원에 대해서만 적용된다.[89]

비재무적 공시는 EU에서도 특별한 관심을 끌었다. 회계지침(Accounting Directive)은 이제 채굴산업에서 활동하는 회사들에게 그들이 사업하는 국가의 지방정부에 지급한 금액의 내역을 공시할 것을 요구하고 있다.[90] 또

---

87 컬럼비아 특별구(D.C.) 항소법원은 그 룰 가운데 회사가 그의 생산품이 '콩고민주공화국 분쟁으로부터 자유롭다'고 판명되지 않았다고 보고할 것을 요구하는 부분은 미국 헌법상 언론의 자유를 위반한 것으로 판시하였다〔*Nat'l Ass'n of Mfrs. v. SEC*, 2014 Westlaw 1408274 (D.C. Cir., Apr. 14, 2014)〕.

88 Robert J. Jackson, Jr. and Curtis J. Milhaupt, *Corporate Governance and Executive Compensation: Evidence from Japan*, 2014 Columbia Business Law Review 111, 129 참조.

89 기업 내용의 공시에 관한 내각부령, 제2호 양식〔기재상의 주의 (57)d〕, 제3호 양식〔기재상의 주의 (37)〕〔2019. 8. 15. 확인한 바로는 기재상의 주의 '(57)b'와 '(38)'에 각각 관련 내용이 기재되어 있다 — 옮긴이 주〕.

90 Arts. 41–48 Directive 2013 / 34 / EU, 2013 O.J. (L 182) 19 참조. '채굴산업'은 광물, 석

한 2014년 지침은 경영보고서에 '환경, 사회 및 종업원 문제, 인권 존중, 반부패 및 뇌물 문제'에 대한 회사의 정책 및 성과를 포함한 비재무적 정보의 공시를 의무화하였다.[91] 이러한 새로운 보고의무는 광범위한 영향을 미친다. 이 의무는 모든 대형 '공익단체'에 적용되는데, 이 범주에는 상장회사뿐만 아니라 500명을 초과하는 종업원이 있는 대형 비상장 은행과 보험회사도 포함된다. 목표는 주주, 소비자 및 시민사회 전체로부터의 압력에 초점을 맞추어 사회적으로 바람직한 결과를 내는 쪽으로 회사를 이끌 수 있도록 하는 것으로 보인다. 일본에서는 외부 이해관계자를 보호하기 위한 비재무적 정보의 의무공시는 상대적으로 적지만, 도쿄증권거래소는 회사가 다양한 이해관계자의 이익을 어떻게 존중하는지를 지배구조보고서에 기재할 것을 요구하고 있다.

공시가 이러한 야심찬 목표를 달성하기 위한 적절한 수단인지 여부는 미해결의 문제로 남아 있고 이를 아래에서 더 살펴보기로 한다.

4.3.2 선임권전략과 의사결정권전략

이론적으로 선임권과 의사결정권의 부여를 통해 외부 이해관계자의 이익을 증진시킬 수 있다. 개혁자들이 여러 시점(특히 1970년대)에 '이해관계자 이사'를 주장했지만,[92] 우리의 주요 대상국가 중 어느 곳도 종업원을 제외하고는 주주 이외의 이해관계자에게 일반적인 선임권을 부여하지 않았다. 정부에 민영화된 기업의 이사 선임을 허용하는 프랑스의 **특별주**(*action spécifique*)와 같은 일정한 '황금주'에 의하여 부여되는 선임권이 유

유, 천연가스 광산, 기타 소재의 탐사와 채굴을 포괄한다. 공시조항은 일차림에서 벌목활동을 하는 기업에도 적용된다(Art. 41).

91 Directive 2013/34/EU에 Art. 19A을 추가한 Directive 2014/95/EU, 2014 O.J. (L 330) 4.

92 예컨대 Ralph Nader, Mark Green, and Joel Seligman, Taming the Giant Corporation, p.125 (1976)(환경문제, 소비자 이익, 법규 준수 등 각 공공적 관심사의 내용을 잘 아는 이사가 있어야 한다고 주장) 참조.

일한 예외이다.[93]

그러나 대부분의 국가는 보다 폭넓은 경제적 또는 사회적 목적의 관점에서 피선임자에 대한 주주의 선택을 제한하는 이사 자격 요건을 두고 있다. 고전적인 예는 미국, 독일, 이탈리아와 같은 국가에서 금융회사 사이에서 이사 겸임을 금지하는 것이다. 이는 이사가 동시에 경쟁 회사의 이사회에서 활동할 수 없도록 함으로써 경쟁을 유지하는 것을 목적으로 한다.[94]

최근 독일, 이탈리아, 프랑스와 다른 나라들은 회사 이사회에 의무적인 최소 쿼터를 채택했고, 일본은 동시에 자발적 목표를 도입했다.[95] 성별 쿼터는 단순히 주주이익 이상의 것을 증진하기 위한 선임권 행사에 대한 제약으로 볼 것이다. 실증연구 문헌이 이사회의 다양성과 회사의 성과 간 명확한 관련을 증명하지는 못한다.[96] 비슷하게 증거가 없었지만 독립이사를 주주이익을 확보하는 수단으로 추진하는 것은 멈추지 않았다.[97] 새로운 쿼터 요구에 대한 그럴듯한 또 다른 동기는 양성(兩性) 간의 공정성을 촉진하려는 정치적 바람일 가능성이 있다. 몇몇 연구가 위험 부담과 이해관계자 보호에 대하여 여성 이사가 남성 이사와는 다른 선호를 보인다고 시사하고 있으므로, 아마도 그 요구는 주주 이외의 이해관계자의 이익 도

---

93 Art. 31-1 Ordonnance No. 2014-948 of 20 August 2014, inserted by Loi No. 2015-990 of 6 August 2015.

94 Section 8 of the Clayton Act(미국); § 100 section 2 No. 3 AktG(독일); Art. 36, Decree-Law 6 December 2011, No. 201(이탈리아).

95 Aktiengesetz § 96(2)(종업원을 대표하는 이사가 있는 대형 회사의 감독이사회의 30퍼센트); Arts. 225-18-1 and 225-69-1 Code de commerce(2017. 1. 1.과 2020. 1. 1.에 각 발효); Art. 147-III Consolidated Act on Financial Intermediation(이탈리아)(이사회의 3분의 1). 성별 쿼터에 대한 이탈리아법은 2012년 발효된 이후 3회의 이사 선임에만 적용된다.

96 예컨대 Deborah H. Rhode and Amanda Packel, *Diversity on Boards: How Much Difference Does Difference Make?*, 39 Delaware Journal of Corporate Law 363 (2014) (여성의 이사회 참여에 관한 실증문헌을 검토하고 "다양성과 재무성 사이의 관계가 설득력 있게 정립되지 않았다"라고 결론을 내렸다); Renee B. Adams, *Women on Boards: The Superheroes of Tomorrow?*, ECGI Finance WP No 466 / 2016 (2016)(유사) 참조.

97 앞 3.2 참조

모를 추구하는 것일 수도 있다.[98]

의사결정권도 때로는 주주가 아닌 이해관계자의 이익을 보호하기 위해서 사용된다. 적어도 우리의 주요 대상국가들에서는 이것이 직접적으로 행해지지 않고 국가에 의사결정권을 부여함으로써 간접적으로 행해진다. 민영화된 회사의 '황금주'를 정부가 보유하는 것이 한 예이다. 이것은 1980년대 민영화 때 영국에서 처음 등장한 후 브라질, 프랑스, 독일과 이탈리아로 확산되었다.[99] 황금주는 국가에게, 회사에 대한 소유지분과 비례하지 않거나 때로는 이와 관계없이 일정한 근본적인 회사의 의사결정(합병, 해산 및 자산매각 등)에 대한 거부권을 부여한다. 황금주를 보유한 정부는 명목상으로만 '주주'가 될 수 있고, 정부가 회사의 투자자 또는 수익적 소유자가 아니어도 된다.[100] 정부에게 그렇게 큰 의사결정권을 부여하는 것은 아마도 전체 공익을 보호하기 위한 것일 것이다.[101]

황금주는 정부가 사회적 목적 추진을 위하여 직접 회사 권한을 행사할

---

98 예컨대 George R. Franke, Deborah F. Crown, and Deborah F. Spake, *Gender Differences in Ethical Perceptions of Business Practices*, 82 Journal of Applied Psychology 920 (1997)(여성이 남성보다 일정한 사업관행을 비윤리적이라고 볼 가능성이 높다); Renée B. Adams and Daniel Ferreira, *Women in the Boardroom and Their Impact on Governance and Performance*, 94 Journal of Financial Economics 291 (2009)(다양하게 구성된 이사회가 감시에 더 많은 노력을 기울인다); David A. Matsa and Amalia R. Miller, *A Female Style in Corporate Leadership?: Evidence from Quotas*, 5 American Economic Journal: Applied Economics 136 (2013)(성별 쿼터의 적용을 받는 이사회가 상대적으로 노동비용을 증가시키고 인력 감축을 적게 한다) 참조. 그러나 Renée B. Adams and Vanitha Ragunathan, *Lehman Sisters*, Working Paper (2013), ssrn.com (더 많은 여성 이사가 있는 은행이 위험 부담을 적게 하는 경향이 있는 것은 아니다) 참조.

99 그러나 EU에서 황금주는 소송에서 자본의 자유이동에 대한 장애물이란 이유로 부정되었다. 예컨대 Wolf-Georg Ringe, *Company Law and Free Movement of Capital*, 69 Cambridge Law Journal 378 (2010) 참조.

100 황금주가 정부에게 현금흐름에 관한 권리를 부여하는지는 국가마다 다르다. 그 권리를 부여하더라도 관련되는 의사결정권은 불균형하게 강력하다.

101 그러나 회사소득에 대한 과세는 정부를 모든 회사의 일종의 잔여 청구권자로 만들어 정부와 주주의 이해관계가 일치되도록 한다. 실제 지배권의 사적 이익이 더 낮은 경우 세법 준수율이 높다. Dyck and Zingales, 앞의 논문(주 2) 참조.

수 있는 유일한 수단은 아니다. 다른 하나는 과반수 지분 또는 상당한 규모의 지분을 통해 국가가 기업을 직접 소유하는 것이다.[102] 민영화 물결에도 불구하고 몇몇의 주요 대상국가에서는 상당한 정부 소유가 지속되고 있고 이는 프랑스, 독일, 이탈리아 및 브라질에서 현저하다.[103] 국가는 주주로서의 역할을 통하여 선임권과 의결권을 행사함으로써, 재무적 수익을 희생하더라도 정치적 목적을 달성하도록 회사를 이끌 수 있다. 국영기업은 통상 민간회사에 적용되는 것과 동일한 회사법 체제의 적용을 받는데, 그 체제는 일반적으로 지배주주인 정부에게 공적인 목표를 추구할 광범위한 재량권을 부여한다.[104] 예를 들어 브라질 회사법은 민간 지배주주에게 적용되는 것과 동일한 신인의무를 국가에게 적용하지만, 다른 한편으로 국가에게 국영기업의 설립을 정당화한 공익을 추구할 권한을 특별히 부여하고 있다.[105]

마지막으로, 학자와 정책결정자는 때때로 주주 자신이 사회 전체의 이익을 증진시키는 방식으로 의사결정권을 행사할 것이라는 희망을 표명해 왔다. 기본적 전제는 경제전반의 영향을 받게 되는 지수추종전략(indexing strategies)을 추구하는 기관투자자의 증가가, 일부 국가(특히 미국)에서 사회의 다양한 부문에 걸친 주식소유의 폭넓은 확산과 더불어, 이러한 '보편적 소유자'의 이익과 공익 사이의 자연스런 일치를 만들어 냈다는 것이

---

102 Bernardo Bortolotti and Mara Faccio, *Government Control of Privatized Firms*, 22 Review of Financial Studies 2907, 2924 (2009)(영미법 국가의 정부가 더 빈번하게 황금주에 의존하고, 대륙법 국가의 정부는 민영화된 회사에 대한 계속적인 주식 소유에 더 의존한다); Aldo Musacchio and Sergio G. Lazzarini, Leviathan in Business, Brazil and beyond (2014)(정부자본주의의 다양한 형태를 조사).

103 Mariana Pargendler, *State Ownership and Corporate Governance*, 80 Fordham Law Review 2917 (2012) 참조.

104 Marcel Kahan and Edward Rock, *When the Government Is the Controlling Shareholder*, 89 Texas Law Review 1293 (2011); Mariana Pargendler, *Governing State Capitalism: The Case of Brazil*, in Curtis J. Milhaupt and Benjamin Liebman, eds., Chinese State Capitalism and Institutional Change: Domestic and Global Implications, p.385 (2015).

105 Art 4° §1° Lei 10.303, de 30 de junho de 2016(브라질).

다.[106] 전 세계에 걸친 '경영진 보수에 대한 주주투표(say on pay)'의 부각을 전형적인 예로 들 수 있는 2008년 금융위기에 따른 주주권의 확대가 최소한 부분적으로 이 가정을 전제로 한다.[107]

4.3.3 인센티브전략과 제약전략

위에서 논의했듯이, 외부 이해관계자의 이익을 보호하기 위한 제약 전략의 광범위한 사용은 통상 '회사법'의 경계를 넘어서 일어나는 것으로 생각된다. 그러나 여기에는 제한적인 예외가 있다. 첫째, 다른 분야의 법은 자신의 목표를 추구하기 위하여 회사법의 장치와 집행도구를 이용할 수 있고, 이는 분야별 경계를 보다 넘기 쉽게 만들 수 있다. 부패에 대한 추적과 관련하여 한편으로 미국의 1977년 해외부패방지법(Foreign Corrupt Practices Act of 1977, FCPA)이 회계 및 내부통제 규정을 두고 다른 한편으로 SEC가 공모 발행자에 대한 집행을 담당하는 것을 그 예로 들 수 있다.

또 다른 예외는 이사에게 주주가 아닌 다른 이해관계자의 이익을 고려할 의무를 부과하는 것으로 스탠더드전략의 사례이다. 많은 국가의 회사법은 이사가 어떠한 이해관계자도 아닌 회사에 대하여 충실의무를 부담하는 것으로 규정한다.[108] 이러한 의무는 모든 회사 이해관계자의 (금전적 및 비금전적) 총순수익을 극대화하라는 촉구로 매우 자연스럽게 이해된다.

이론적으로는 이 의무의 실행은 모든 회사 이해관계자의 사적 복지의

---

106 예컨대 Robert A. G. Monks and Nell Minow, Watching the Watchers, p.121 (1996); James P. Hawley and Andrew T. Williams, The Rise of Fiduciary Capitalism (2000); Gelter, 앞의 논문(주 55) 참조.

107 동일한 생각이 시스템적으로 중요한 회사의 경영자에 대하여 더 엄격한 책임 기준을 부과하는 제약 전략을 채택하자는 최근의 제안을 고무시켰다. John Armour and Jeffrey N. Gordon, *Systemic Harms and Shareholder Value*, 6 Journal of Legal Analysis 35 (2014) (그러한 책임 추궁 시 다양한 주주가 '사회의 대리인'으로 행동할 것을 제안) 참조.

108 예컨대 독일 §§ 76 I, 93 I 2 AktG; 일본 회사법 제355조.

총합을 극대화하기 위하여 회사의 잉여금을 주주와 주주 이외의 이해관계자(종업원 등) 간에 나눌 것을 요할 (또는 요하지 않을) 수도 있다.[109] 그러나 실제 법원은 어떤 정책이 사적 복지의 총합을 극대화할 수 있는지를 결정할 수 있는 적절한 위치에 있지 않다. 이는 (이처럼 넓은 의미에서의) 회사의 이익을 추구할 의무가 명시된 경우에도 집행이 불가능한 이유를 보여 준다. 공평무사한 이사라도 다양한 회사 이해관계자 간에 어떻게 잉여금을 분배하는 것이 최선인지는 알기 어렵다. 따라서 이사회가 회사의 이익을 추구하여야 한다는 촉구는 동등한 이익분배규범이라기보다는, 기껏해야 막연한 도덕적 충고이거나 최악의 경우에는 이사회가 자신의 이익을 추구하기 위한 연막을 치는 것에 불과하다. 예를 들어 영국의 2006년 회사법은 이사가 '(회사) 주주 전체의 이익'을 증진할 것을 추구하고, "**그리고 그 과정에서** (특히)…… 회사 종업원의 이익, ……회사의 사업 활동이 지역사회와 환경에 대하여 미치는 영향에 **관심을 기울일**" 것을 요구한다.[110] 그러나 이 의무는 주관적으로 구성되어 있고, "**그가 신의성실하게**(*in good faith*) 생각하는 방식대로 행동"하기만 하면 그 결과를 가져올 것이고, 이는 법원이 이사의 결정을 존중하는 것을 장려하게 된다. 또한 제3자는 그 의무 이행을 강제할 적격이 없다. 마찬가지로 브라질 회사법은 이사가 회사의 최선의 이익을 위해 행동해야 하되 다만 "공공재의 긴급사태와 기업의 사회적 기능"을 따르는 것을 조건으로 하도록 규정하고 있다. 지배주주는 "잔여 주주, 근로자 및 회사가 활동하는 지역사회"에 대한 의무와 책임을 진다.[111] 그러나 전형적인 미국 이해관계자 법(constituency statute)*

---

109 회사가 현재의 모든 이해관계자의 사적 복지를 극대화하는 것이 전반적인 사회적 복지를 극대화하는 것과 같지 않다는 점에 유념해야 한다. 사회적 복지에는 이를테면 기존 종업원의 고임금으로 인하여 기업 확장이 제한되기 때문에 취업하지 못한 잠재적 종업원의 복지까지 포함될 것이다.

110 § 172 Companies Act 2006(영국).

111 Arts. 164 and 116 Lei das Sociedades por Ações.

* 이해관계자 관련 법조항을 최초로 도입한 펜실베이니아 일반회사법 제1715조 (a)항은

에서 사용되는 유사한 문구와 마찬가지로, 이 유형의 문구는 강제력이 없는 것으로 보인다.[112]

우리의 주요 대상국가 중 어느 곳도 인도의 2013년 회사법이 도입한 새로운 체제와 같이 야심차게 주주 이외의 이해관계자의 이익을 증진하는 의무를 부과하지 않는다. 위 인도 회사법상 회사는 기업의 사회적 책임위원회를 구성하고 최소한 평균 순이익의 2퍼센트를 '기업의 사회적 책임 정책'을 추진하는 데 — 가급적이면 해당 지역 내에서 — 지출하여야 하고, 그렇지 않으면 불이행 사유를 설명하여야 한다. 인도 법률상 '기업의 사회적 책임'의 정의는 특히 광범위하고, 회사의 주요 활동과 밀접하게 관련된 사회적 목표뿐만 아니라 극심한 기아와 빈곤 퇴치, 아동 사망률의 감소, 다양한 질병의 퇴치와 같은 일반적인 인도주의적 목표까지 포괄한다.[113] 그 포부에 비추어 이 체제의 실효성에 의문의 여지가 매우 큰 것은 놀라운 일이 아니다.

우리의 주요 대상국가는 사회적 대의명분을 위한 지출을 강요하지 않

다음과 같이 규정하고 있다.

(a) 일반 원칙 — 사업회사의 이사회, 이사회 내 위원회 및 개별 이사는 자신의 임무를 수행함에 있어서 회사의 최선의 이익을 고려할 때 적절하다고 생각되는 범위 내에서 다음 사항을 고려할 수 있다(may consider).

(1) 그 임무수행이 미치는 회사의 주주, 종업원, 공급자, 고객 및 채권자 등의 집단에 미치는 영향과 회사의 영업소와 시설이 위치한 지역사회에 미치는 영향.

(2) 회사의 단기 및 장기적 이익(회사의 장기계획으로부터 발생하는 효익과 이러한 이익이 회사의 계속적인 독립성에 의하여 가장 잘 추구될 수 있을 가능성을 포함)

(3) 회사의 지배권을 취득하려는 사람의 (과거, 적혀 있는 또는 잠재적인) 재산, 의도 및 행위

(4) 다른 모든 관련 요인.

(b) 이익과 요인의 고려 — 이사회, 이사회 내 위원회 및 개별 이사는 회사의 최선의 이익 또는 임무수행이 미치는 영향을 고려할 때, 회사의 어떤 이익이나 어떤 특정 집단의 이익을 지배적인 이익 또는 요인으로 간주할 의무는 없다. 본 항 및 (a)항에 규정된 이익과 요인의 고려는 제1712조(주의의무 및 정당화할 수 있는 의존에 관련) 위반을 구성하지 않는다.

112 뒤 8.5 참조.

113 Companies Act 2013(인도), Art. 135 and Schedule VII.

지만, 그것을 금지하지도 않는다. 그중 여러 국가가 합리적인 자선 기부를 할 수 있는 회사의 능력을 명시적으로 허용한다.[114] 법제도는 다양한 세금 공제를 통해 회사의 자선 기부를 장려할 수도 있다. 또한 주주에 대한 신인의무가 공식적으로는 아마도 가장 강력한 미국에서도,[115] 실제 이사는 장기적인 주주 가치의 촉진이라는 틀에 맞추어 의사결정하는 한 비주주 이해관계자의 이익을 증진하는데 광범한 재량을 갖는다.[116]

회사법은 또한 이사에게 위법한 행위를 억제하는 내부 컴플라이언스 시스템을 시행하고 모니터링하지 못한 데 대해 감독책임을 부과함으로써 주주 이외의 이해관계자를 간접적으로 보호할 수 있다. 앞의 3.4.1에서 간략하게 언급한 그러한 감독의무는 위법한 활동이 감지되고 그 활동의 영향이 억제될 가능성을 높임으로써 외부 이해관계자도 보호할 수 있다.[117] 일부 국가는 또한 이사의 과실(또는 중과실)로 회사에 대한 의무를 위반하여 제3자에게 초래한 손해에 대한 책임을 부과한다.[118] 그러나 실제 이 의무는 주로 폐쇄회사의 채권자를 보호하기 위한 것으로 읽힌다.[119]

---

114 예컨대 델라웨어주 회사법 § 122(9); Art. 154, § 4° Lei das Sociedades por Ações.

115 가장 유명한 주주우선주의 이상의 표현은 *Dodge v. Ford Motor Company*, 170 NW 668 (Mich. 1919) 사건에서 나온다("단순히 주주의 부수적인 이익을 위하고 다른 사람에게 이익을 주는 것을 주된 목적으로 하여 회사의 업무를 형성하고 수행하는 것은 이사회의 적법한 권한에 속하지 않는다"). 더 최근에는 *eBay Domestic Holdings, Inc. v. Newmark*, 16 Atlantic Reporter 3d 1, 33 (Del. Ch. 2010)("비주주에 대한 배려를 촉진, 보호 또는 추구하는 것은 어느 시점에는 주주를 위한 가치에 도움이 되어야만 한다") 참조.

116 Einer Elhauge, *Sacrificing Corporate Profits in the Public Interest*, 80 New York University Law Review 733 (2005)(경영판단의 존중은 공익을 위하여 이익을 희생할 중대한 경영상 재량을 수반하게 된다).

117 Claire Hill and Brett McDonnell, *Reconsidering Board Oversight Duties after the Financial Crisis*, University Illinois Law Review 859, 866–7 (2013).

118 일본 회사법 제429조 제1항; Art. 2395 Civil Code(이탈리아); Art. L. 225–251 Code de commerce(프랑스). 그러나 프랑스 법원은 회사가 지급능력이 있는 한 이사에게 제3자에 대한 책임을 부과한 적이 사실상 한 번도 없다. Maurice Cozian et al., Droit des sociétés 179 (28th ed. 2015) 참조.

119 뒤 5.3.1.1 참조.

마지막으로 외부 이해관계자의 이익을 보호하기 위한 제약전략 사용의 또 하나의 (노골적인) 사례는 이사 및 임원이나 심지어 주주에 대하여 법 위반을 이유로 개인적 책임을 부과하는 것이다.[120] 우리의 주요 대상국가는 모두 제조물 책임 · 사회보장법 · 세법 · 특허법 · 환경법 · 노동법 · 독점금지법 및 금융 규제 등과 같은 다른 분야의 법의 억제와 보상목표를 수용하기 위하여, 회사의 행위에 대해서는 오직 별도의 법인인 회사만이 책임을 진다는 일반원칙에서 종종 벗어난다.[121] 여기에는 고의적인 또는 무모한 법 위반에 대한 직접 제재와 회사가 파산하는 경우 제3자에게 손해를 배상할 이차적 책임 두 가지가 모두 포함된다.

회사의 신인의무의 범위 및 내용에 관계없이 독립이사형태의 수탁자전략은 앞에서 언급한 '광범위하게 예방적인' 것으로서 계약상 이해관계자 및 회사 외부의 이해관계자를 보호하는 데에도 사용된다.[122] 예를 들어 회사의 부패가 (사회 전체에 손해를 끼치지만) 투자자의 재무적 이익에 쉽게 기여할 수 있어도, 뉴욕 증권거래소는 1970년대 후반 당시 부패 스캔들에 대한 대응으로 감사위원회에 독립이사를 포함시킬 것을 처음으로 요구했다. 실은 독립이사가 제공하는 주주 전체, 소수주주, 주주 이외의 계약상 이해관계자 또는 외부 이해관계자의 보호라는 기능이 모호하다는 점이 사실 정치적 합의를 용이하게 하고 시간이 지날수록 우리의 주요 대상국가에서 이 장치가 확산하는 데 기여해 왔다고 주장해 볼 수 있다.[123]

---

120 Reinier H. Kraakman, *Corporate Liability Strategies and the Costs of Legal Controls*, 93 Yale Law Journal 857 (1984) 참조.

121 예컨대 Klaus J. Hopt and Markus Roth, *Sorgfaltspflicht und Verantwortlichkeit der Vorstandsmitglieder*, in Heribert Hirte et al., eds., Aktiengesetz: Grosskommentar (5th, 2015), § 93 comments 656 et seq(독일 제조물책임 사건에서 논란이 많게 회사의 이사에게 개인적 책임을 부과한 것을 논의).

122 예컨대 Victor Brudney, *The Independent Director: Heavenly City or Potemkin Village?*, 95 Harvard Law Review 597, 597 (1981-1982)("회사 이사회에 독립이사를 추가하는 것이 외부 규제비용을 발생시키지 않고 기업의 사회적 책임 문제를 해결할 것이라고 수많은 관찰자가 주장해 왔다") 참조.

123 Pargendler, 앞의 논문(주 82).

또한 보상전략도 점점 더 주주 이외의 이해관계자의 이익을 보호하기 위하여 사용되어 왔다. 보상전략은 경영자 보수를—분명히 비현실적일 것이겠지만—회사가 사회 전체에게 부여한 이익에 연계시키기보다 오히려 사회적 관점에서 특히 해롭다고 여겨지는 일정한 관행을 억제하기 위해 사용되어 왔다.

금융위기 이후 금융기관의 보상 패키지가 경영자 보수를 단기 수익에 연동시킴으로써 경영자들로 하여금 사회적 관점에서 볼 때 과도한 위험을 부담하도록 조장하여 시스템 붕괴에 기여하였다는 상당한 우려가 있었다.[124] 시스템적으로 중요한 금융기관에서 분산투자하지 않은 주주의 이익은 사회 전체의 이익과 충돌한다. 이는 금융위기가 재앙과 같은 거시경제적 결과를 초래하고, 납세자가 부실은행을 구제하는 비용을 지불하게 되기 때문이다.

그러나 주식에 기반을 둔 보상은 이를 상쇄할 만한 장점이 있다는 점에서, 우리의 주요 대상국가 중 어느 곳도 금융기관이 그것을 사용하는 것을 완전히 금지하지는 않았다. 다만 EU는 변동보수의 비중을 고정보수의 2배로 제한하였다.[125] 포퓰리즘적 요구와 불평등에 대한 점증하는 우려에도 불구하고, 보상 수준에 대한 상한선을 영구히 부과하지는 않았다. 변동보수에 대한 EU의 상한을 제외하고는 이 분야의 대부분의 개혁은 '경영진 보수에 대한 주주투표' 규칙의 세계적 확산[126]에서와 같이 의사결정권전략, 미국에서 부과된 보상위원회 위원에 대한 가장 엄격한 독립성

124 예컨대 Lucian A. Bebchuk and Holger Spamann, *Regulating Bankers' Pay*, 98 Georgetown Law Journal 247 (2010) 참조.

125 Art. 94(1)(g) Capital Requirements Directive IV, 2013 O.J. (L 176) 338. 기본한도는 고정보수의 100퍼센트이고, 주주 승인을 얻어 200퍼센트까지 증가시킬 수 있다. 일반적인 논의로 John Armour et al., Principles of Financial Regulation, pp.380-8 (2016) 참조. 게다가 대부분의 대형 독일 회사의 감독이사는, 그들의 고정보수가 상당히 증가하기는 했지만, 스톡옵션은 더 이상 받지 못한다.

126 앞 4.3.2와 뒤 6.2.3 참조.

요건[127]에서와 같이 수탁자전략, 그리고 미국과 일본에서의 더 확대된 공시 요구에서와 같이 관계설정전략의 형태를 취하였다.[128]

4.4 국가 간의 차이와 유사성에 관한 설명

제3장에서 경영진과 주주 사이의 일차적 대리 문제를 다루었을 때와 마찬가지로, 여기에서도 우선 실체법상 소수주주, 종업원 및 외부 이해관계자 각각에 대하여 보호를 제공하는 정도에 따라, 그리고 그다음으로는 회사법을 비롯하여 보다 일반적인 사회제도 및 법제도를 모두 고려하여 이 이해관계자들이 실제로 향유하는 보호의 수준에 따라 우리의 주요 대상국가들을 평가하겠다.

4.4.1 법전상의 법

각 국가의 법전상의 실체법을 비교해 볼 때 어느 국가가 소수주주와 외부 이해관계자 보호를 더 중시하고 있는지 잘 드러나지 않는다. 그렇지만 어느 나라가 회사법을 통한 종업원 보호에 가장 앞서 있는지는 보여 준다.

먼저 소수주주에 관해서 살펴보자. 우리 분석에 따르면 우리의 주요 대상국가 중 브라질과 이탈리아만이 소수주주 보호를 위하여 소수주주가 선임하는 이사의 형태로 선임권에 의존하고 있다. 다른 국가에서의 장기적인 추세는 반대 방향으로 나아가고 있으며, 집중투표제와 특별다수결제도와 같은 장치를 통한 소수주주의 권한 강화와는 거리를 두고 있다.[129]

왜 상장회사에서 소수주주 친화적인 선임권을 강행적으로 보장하는 국

127 앞 3.3.1 참조.
128 앞 4.3.1 참조.
129 앞 3.2.1과 4.1.1 참조

가가 별로 없는가? 그에 대한 하나의 답은 회사에 지배주주가 있는 경우 소수주주를 '당파적'으로 대표하면 이사회 회의에서 갈등을 일으키고, 솔직한 사업 논의를 방해하며, 최악의 경우에는 경쟁자가 민감한 정보에 접근할 수 있게 함으로써 비용이 많이 들 수 있다는 점이다.[130] 또 하나의 답은 공개회사의 소수주주는 동질적인 집단이 아니라는 점이다. 한편으로는 일반 투자자야말로 가장 피해를 입기 쉬운 존재이지만, 집단적 행동의 문제(collective action problem) 때문에 선임권이나 의사결정권을 통하여 효과적으로 자신의 이익을 추구하기 가장 어려운 집단이기도 하다. 브라질과 이탈리아에서와 같이 그러한 권리 행사에 필요한 소유비율이 높은 경우에는 특히 그렇다. 이와는 달리 선임권을 가장 잘 이용할 수 있는 소수주주는 대규모 투자자로서, 이들은 법상 강행규정을 추가하지 않아도 지배구조상의 보호수단을 강구하기 위한 약정을(예컨대 '주주 간 계약'으로) 가장 잘 체결할 수 있다.

브라질과 이탈리아의 가장 대규모 회사에서 비교적 자주 그러한 것처럼,[131] 다른 대주주가 아니라 기관투자자가 소수파 이사를 지명하는 것이라면, 이사회에 소수파 이사를 두는 제도가 더 의미가 있을 것이다. 그러나 적어도 미국에서는 내부자거래에 대한 엄격한 법과 주주 간의 조정을 방해하는[132] 부담스러운 주식소유공시 규칙 때문에 역사적으로 기관투자자들은 대부분 선임권 행사를 자제하였고 이 전략의 매력이 감소하였다. 그러나 미국에서조차 헤지펀드와 같은 행동주의 투자자에게는—특히 헤지펀드와 전통적인 기관투자자 간 협력의 증가에 비추어 보면—소수파

---

130 예컨대 Gordon, 앞의 논문(주 8), 167(집중투표제에 대한 전통적 비판을 논의) 참조.

131 자발적으로 관련 정보를 제공하는 회사의 소주주주 몫 이사 중 약 3분의 1을 기관투자자가 지명하였다. Assonime, Corporate Governance in Italy: Compliance with the CG Code and Directors' Remuneration (Year 2012), pp.62-70 (2013), http://www.assonime.it. 참조.

132 Mark J. Roe, Strong Managers, Weak Owners: The Political Roots of American Corporate Finance, p.273 (1994).

투자자 이사선임제도는 강력한 도구임이 증명되었다.[133]

그렇다면 소수 투자자를 보호하기 위한 다른 법적 전략은 어떠한가? 우리의 주요 대상국가 중에는 미국이, 그에 뒤이어 영국이 (공개회사에서) 독립이사에게 가장 광범위하게 의존하고 있는 것 같고, 사베인·옥슬리법과 도드·프랑크법이 독립이사의 역할을 강화한 이후 더욱 그렇다. 그러나 독립이사는 지배주주에 의해 지명될 수 있기 때문에, 심지어 미국이나 영국에서도 외부 주주 전체에게 좋은 평판을 유지하는 데 대한 독립이사의 이해관계가 그가 특정 회사(또는 지배주가 있는 다른 회사)에서 재선임되고자 하는 욕망보다 크지 않다면 독립이사의 충성도는 언제나 의문시된다. 하지만 미국은 수탁자전략을 모든 우리의 주요 대상국가 중에서 가장 강력한 의무 공시제도로 보완하고 있다.[134]

소수주주에 대한 대안적인 안전장치로 주주평등원칙을 고려해 보자. 이 경우 일본, 그리고 뒤이어 유럽대륙 국가들과 브라질이 최소한 법전상으로는 가장 엄격한 기준을 가진 국가이다. 영국도 신주인수권과 소수주주를 보호하는 기업인수규칙의 형태로 주주평등 규범을 구현하고 있다. 반면 델라웨어주는 그것에 가장 적게 의존하는 것으로 보인다. 달리 말해 법전상의 법을 검토하여 알 수 있는 것은 각 국가가 소수주주를 보호하기 위하여 각기 다른 전략을 추구하고 있다는 사실뿐이다. 이 전략들이 실제로 얼마나 잘 작동하는지는 완전히 다른 이야기이다.

종업원의 이익을 보호하는 지배구조전략의 면에서는, 독일의 거의 대등한 공동결정제도가 노사협의회의 공동결정권과 결부하여 보면 명백히 두드러진다.[135] 프랑스는 훨씬 완화된 형태로 종업원의 이사회 진출을 의

133 Kobi Kastiel, *Against All Odds: Shareholder Activism in Controlled Companies*, 2016 Columbia Business Law Review 60 참조.

134 뒤 6.2.1.1과 제9장 참조.

135 이 장치에 대한 실증문헌의 검토를 위해서는 John T. Addison and Claus Schnabel, *Worker Directors: A German Product That Did Not Export*, 50 Industrial Relations 354, 354 (2011); Davies, 앞의 논문(주 56) 참조.

무화하고 50명이 넘는 종업원이 있는 회사는 단순한 정보접근권과 협의권을 가진 노사협의회를 두도록 함으로써 상당한 거리 뒤에서 독일을 따르고 있다.[136] 그러나 프랑스는 일본, 독일, 이탈리아 및 브라질과 마찬가지로 모두 연금에 대한 권리에서 해고조건에 이르기까지 종업원의 기본적인 이익을 규율하는 강력한 노동법 룰을 가지고 있다.[137] 미국은, 영국이 뒤를 따르고 있지만, 종업원의 권리에 대한 직접 규제 및 종업원 이익을 반영한 기업지배구조 시스템의 설정이라는 두 가지 면에서 우리의 주요 대상국가 중 가장 낮은 수준의 보호를 제공한다. 전반적으로 관찰된 패턴은 강력한 주주의 존재가 근로자 착취의 위험을 증가시킨다는 견해와 일치하는 것같이 보인다.[138]

반대로 다른 국가들은 외부 이해관계자의 보호에 대한 다양한 전략을 채택하고 있으므로 명확한 서열을 정하기 어렵다. 비재무적 정보의 강제공시를 통한 관계설정전략의 사용은 현재 EU국가들에서 가장 광범위하게 사용되고 있고, 브라질에서는 가장 적게 사용되고 있다. 명시적이든 묵시적이든 모든 국가는 이사회가 비주주 이해관계자의 이익을 고려할 것을 요구하거나 최소한 허용한다.[139]

소유권 또는 황금주를 통한 국가의 영향력은 브라질 · 프랑스와 이탈리아에서 가장 강력하고 미국에서 가장 약하며, 다른 국가들은 그 중간에 있다. 반면에 주주의 의사결정권은 미국에서 가장 약하고, 따라서 이사회

---

136 Rebecca Gumbrell-McCormick and Richard Hyman, *Embedded Collectivism?: Work-Place Representation in France and Germany*, 37 Industrial Relations Journal 473, 482 (2006) 참조.

137 예컨대 Juan C. Botero, Simeon Djankov, Rafael La Porta, Florencio Lopez-de-Silanes, and Andrei Shleifer, *The Regulation of Labor*, 119 Quarterly Journal of Economics 1339 (2004)(프랑스의 노동법은 대상국가 가운데 가장 엄격하다) 참조.

138 Gelter, 앞의 논문(주 57). 그러나 Mark J. Roe, *Political Preconditions to Separating Ownership from Control*, 53 Stanford Law Review 539 (2000)(사회민주주의는 회사 경영에서 종업원의 영향력에 균형을 잡아 주기 위해 소유의 집중을 유도한다는 다른 견해를 지지) 참조.

139 주 111, 주 112와 그 본문 참조.

가 주주의 압력으로부터 격리되어 이사회가 **사실상**으로라도 보다 폭넓은 세트의 이익들을 도모할 수 있게 해준다고 할 수 있다.[140]

4.4.2 실제의 법

앞에서 주장한 바와 같이, 법전상의 법은 회사의 이해관계자에게 부여되는 보호의 척도로서는 불완전하다. 이는 특히 소수주주의 경우에 그러하다.

4.4.2.1 소수주주

유명한 두 편의 실증적 논문은 1990년대부터의 데이터에 서로 다른 방법론을 적용하여 지배주주가 영국·미국 및 일본에서는 각각 작거나 무시할 만한 정도의 사적 이익을 취득하지만, 독일에서는 조금 더 많아지고(10퍼센트가량), 이탈리아(30퍼센트 이상) 및 프랑스(28퍼센트)에서는 그 정도가 매우 크며, 브라질에서는 극도로 크다(65퍼센트)는 점을 시사한다.[141] 그리하여 다수주주와 소수주주 간 대리 문제의 심각성을 지배권의 사적 이익을 기준으로 측정하는 한, 우리의 주요 대상국가는 비록 법전상의 법에 의하면 사전적으로 그 차이가 명백하지 않음에도 불구하고, 실제로 소수주주에게 제공하는 보호의 정도 면에서는 극적인 차이를 보인다.[142]

---

140 앞 3.4 참조. 또한 Christopher M. Bruner, Corporate Governance in the Common Law World, p.105 (2013) 참조.

141 두 논문은 Nenova, 앞의 논문(주 2), 336(사적 이익을 계산하기 위하여 차등의결권주식의 주가 차이를 활용)과 Dyck and Zingales, 앞의 논문(주 2)(사적 이익을 계산하기 위하여 지배권 있는 주식 매도 시의 지배권 프리미엄을 활용). 두 논문이 다른 나라에 대하여는 유사한 결과를 제시하고 있지만, 프랑스에 대해서는 크게 차이가 난다(2퍼센트 대 28퍼센트). Nenova의 연구 결과인 28퍼센트가 더 타당한 것 같다. 이 연구 결과는 9건의 프랑스 회사 검토를 토대로 하였기 때문이다. 반면 Dyck와 Zingales는 프랑스의 지배권거래 4건만을 검토하였다.

142 그러나 Sofie Cools, *The Real Difference in Corporate Law between the United States*

나아가 이러한 차이는 명백한 패턴을 따랐다. 통상적으로 대기업의 소유구조가 분산된 세 국가에서는 지배권의 사적 이익이 낮았고, 소유구조가 집중된 세 국가에서는 지배권의 사적 이익이 중간 정도이거나 컸다.

분산된 소유와 지배권의 낮은 사적 이익 사이의 이러한 연관성은 우연한 것이 아니다. 실제로 주식이 분산된 회사는 지배권의 사적 이익이 상대적으로 작은 맥락에서만 번창할 수 있다. 언제든지 지배권의 사적 이익이 충분히 크면, 분산된 소유는 본질적으로 불안정하다. 잠재적인 매수자가 지배권이 있는 대량지분을 취득한 후 잔여 소수주주의 이익을 침해함으로써 얻을 것이 많기 때문이다.[143]

그럼에도 불구하고 1990년대 이후 우리의 주요 대상국가들에서 시행된 수많은 회사 개혁에 비추어 볼 때, 또한 이를 일부 맥락에서의 소유 분산의 약간의 증가(브라질)[144] 및 소유와 지배 사이의 격차의 감소(이탈리아)[145]와 결합하여 볼 때, 지배권의 사적 이익에 관한 앞선 측정치가 계속 정확한지에 대해 의문이 제기된다. 놀랍게도 지배권의 사적 이익의 초기 추정치를 갱신하는 국가 간 비교 연구(cross-country studies)는 최근의 회사법 개혁의 물결의 중요성을 평가하는 데 결정적인 요소가 될 것임에도 아직 존재하지 않는다.

어쨌든 1990년대부터의 데이터에 따르면 이탈리아와 브라질이 소수주주에게 선임권을 부여한 것은 소수주주 부당대우에 대한—반드시 해결

---

and *Continental Europe: Distribution of Powers*, 30 Delaware Journal of Corporate Law 697, 760-1 (2005) 참조(국가마다 주주 의결권의 범위에 상당히 큰 차이가 있어, 사적 이익이 없더라도 지배권의 가치에 차이가 생길 수 있다).

143 예컨대 Lucian Bebchuk and Mark Roe, *A Theory of Path Dependence in Corporate Ownership and Governance*, 52 Stanford Law Review 127 (1999) 참조.

144 Érica Gorga, *Changing the Paradigm of Stock Ownership from Concentrated towards Dispersed Ownership?: Evidence from Brazil and Consequences for Emerging Countries*, 29 Northwestern Journal of International Law and Business 439 (2009).

145 Massimo Belcredi and Luca Enriques, in Jennifer G. Hill and Randall S. Thomas, eds., Research Handbook on Shareholder Power, p.383, p.385 (2015).

책이라고 할 수는 없지만 — 대응이라고 볼 수 있다. 나아가 대륙법 국가의 강력한 주주평등원칙이 항상 소수주주를 보호하는 것도 아니었고, (일본에서와 같이) 독립이사의 비율이 상대적으로 낮다고 하여 반드시 지배권의 사적 이익이 커지는 것도 아니었다. 스칸디나비아 국가에서는 집중된 소유구조에도 불구하고 일반적으로 지배권의 사적 이익이 매우 낮은 것으로 판명되었던 점을 미루어 볼 때, 압도적인 지배주주의 존재 여부조차 신뢰할 만한 예측변수는 아니다.[146]

그렇다면 도대체 무엇을 통해서 효과적인 소수주주 보호와, 그것이 암시하는 지배권의 사적 이익의 범위를 예측할 수 있는가? 문헌을 살펴보면 법적인 룰, 일반적인 기업문화, 그리고 심지어 생산품시장에서의 경쟁도를 포함한 서로 다른 많은 요인들이 영향을 미친다는 점을 알 수 있다.[147]

제3장의 분석과 일관되게 우리는 한편으로는 소유구조와 다른 한편으로는 소수주주의 법적 보호가 상호 강화작용을 한다고 주장한다.[148] 소유의 집중이 만연한 국가에서는 지배주주의 사적 이익을 억제하는 법 제정을 지배주주가 저지하는 경향이 있다. 대조적으로 소유가 분산된 국가에서는 기관들과 대중투자자들이 소수주주 이익 침해를 줄이는 개혁을 추진하는 더 큰 정치적 영향력을 가지게 될 것이다. 우리의 주요 대상국가들은 이러한 패턴을 확인해 주는 것 같다.

영국에서는 기관투자자 주주의 이해관계가 (영국의 상장감독기관으로서의) 금융행위감독청(Financial Conduct Authority), 재무보고위원회(Financial Reporting Council)와 기업인수패널(Takeover Panel)과 같이 법을 제정하고 집행하는 기관을 좌우한다. 대형 기관투자자는 통상적으로는 간섭하지 않는 주주이지만 어떤 형태로든 지배주주에 대한 특혜로 의심되는 것에

---

146 Ronald J. Gilson, *Controlling Shareholders and Corporate Governance: Complicating the Comparative Taxonomy*, 119 Harvard Law Review 1641 (2006) 참조.

147 Dyck and Zingales, 앞의 논문(주 2).

148 Bebchuk and Roe, 앞의 논문(주 143) 참조.

대해서는 반대할 충분한 이유를 가지고 있다.

미국에서는 기관투자자와 전문 경영자의 정치적 영향력이 더욱 고르게 균형을 이루고 있다. 그러나 경영자와 기관투자자 또는 주 법원과 증권거래위원회 어느 쪽도 지배주주를 살살 다루어야 할 이유가 없다. 미국의 엄격한 공시의무, 지주회사 규제[149] 및 회사 간 분배에 대한 과세[150]는 모두 미국법상 지배주주의 상대적 약세를 보여 준다. 델라웨어주 법원 역시 임원이나 이사의 경우보다 지배주주의 자기거래에 대해서 훨씬 엄격한 입장을 취하고 있다.[151] 마지막으로 주주집단소송과 SEC의 법집행은 각각 매우 흔하고 더 엄격하다.

일본의 사례도 한 가지 측면에서 유사한 것으로 보인다. 제3장에서 주장한 바와 같이 상장회사의 상당한 지분은 여전히 안정주주인 회사들이 보유하고 있는데, 각자가 가진 주식 수는 적은 것이 보통이다. 이 회사들에는 지배주주가 없으므로 주주평등의 원칙이 큰 반대 없이 수용된다.[152]

이와는 대조적으로 대주주들이 대부분의 상장회사를 지배하는 프랑스, 이탈리아, 브라질과 같은 국가에서는 지배주주가 강력한 정치적 영향력을 보유한다고 가정할 수 있다. 이 국가들에서는 국가가 많은 회사의 주요 주주라는 — 그리고 국가가 지배주식에 미달하는 지분을 보유하는 경우에는 종종 지배적 주주연합(controlling coalition)의 일원이라는 — 사실은 제3장에서 살펴본 것처럼 지배주주의 영향력을 더욱 심화시킨다. 일화적 증거

149 Roe, 앞의 책(주 132), p.98.

150 Randall Morck and Bernard Yeung, *Dividend Taxation and Corporate Governance*, 19 Journal of Economic Perspectives 163 (2005).

151 뒤 6.2.5 참조.

152 그러나 상장회사를 지배하는 경영자는 우호주주의 지지를 받기 위하여 그 주주에게 이익을 제공할 이해관계를 가진다. 예를 들어 회사가 종업원의 회사주식 매입을 재무적으로 지원할 수 있다. (종업원의 복지 증진과 같은) 합리적인 동기가 있다면 주주평등원칙이 이것을 방해하지 못한다. 또한 우호주주의 지지에도 불구하고 일단 적대적 인수인이 심각한 위협으로 등장하면, 경영자는 신주예약권 또는 신주인수권에 기초한 기업인수 방어를 수월하게 하기 위하여 주주들의 차별 취급에 관심을 가지게 된다. 뒤 8.2.3.2 참조.

는 (비록 오래되었지만) 기존의 실증적 증거와 일치하는바, 그에 따르면 이 국가들에서는 비록 강제공시제도의 확대, 이탈리아와 브라질에서의 소수주주의 선임권, 상장기준 또는 모범규준에서 비롯된 독립이사 수 증가의 압력 등을 통하여 이 문제를 완화하려는 법적인 노력에도 불구하고 다수주주와 소수주주 간 대리 문제가 여전히 심각한 상태이다.[153]

4.4.2.2 종업원 보호

공식적인 법과 소수주주 보호 사이의 약한 상관관계와는 대조적으로, 법과 종업원 보호 사이의 상관관계는 강력하다. 독일 회사법은 거의 대등한 공동결정제도와 공동결정권을 통하여 노동조합과 노사협의회에 회사 권한을 실제로 재분배하고 있다.

그러면 이제 공동결정제도가 종업원 보호수단으로 얼마나 효과적인가라는 의문이 제기된다. 바꾸어 말하면 종업원 측 이사는 종업원의 교섭력을 제고한다는 좁은 목표 이외에 정확하게 무엇을 성취할 수 있는가? 독일에서는 종업원 측 이사가 경영방침에 영향을 미칠 수 있다.[154] 공동결정이 더 낮은 임금을 지급하는 대신에 외부 충격으로 인한 정리해고로부터 근로자들을 보호함으로써 숙련된 근로자에게 소중한 보험을 제공한다는 증거도 있다.[155] 그러나 이에 더하여 종업원 측 이사는 적어도 이론상으로는 중요한 정보 전달 역할을 할 수가 있다. 파업이나 직장폐쇄와 같은 상호 소모적인 협상행위는 부분적으로 회사와 종업원 사이의 불신에서 비롯된 것이다.[156] 종업원 측 이사는 종업원이 신뢰할 수 있도록 정보

---

153 앞 3.3.1과 4.1.1 및 4.1.3.1 참조.

154 앞 3.5 참조.

155 E. Han Kim, Ernst Maug, and Christoph Schneider, *Labor Representation in Governance as an Insurance Mechanism*, Working Paper (2015), ssrn.com(거의 동등한 공동결정제도가 있는 독일회사의 숙련된 근로자는 정리해고로부터 보호받는 대신 3.5퍼센트 낮은 임금을 받는다).

156 R.B. Freeman and E.P. Lazear, *An Economic Analysis of Works Councils*, in J. Roger

를 전달함으로써 이 같은 고비용 협상 행위를 억제할 수도 있을 것이다. 이와 유사하게 회사의 의도를 공개함으로써, 종업원 측 이사는 종업원에게 장래의 공장폐쇄나 그와 관련된 정리해고의 발생 가능성에 대하여 경고할 수도 있다. 이사회에 종업원 측 이사를 두면 종업원와 주주 사이의 신뢰에 기초하여 노사관계가 실제로 개선되는지 여부에 관하여는 그 쟁점에 대한 계량경제적 연구가 없어 말할 수 없다.

문헌상 어느 정도 실증적으로 뒷받침을 받는 대안적 이론에 따르면 공동결정제도는 기업 내부적 조정의 필요성이 매우 큰 일부 기업에서는 독일의 감독이사회에 이사회의 의사결정을 개선하고 기업가치를 제고하는 '가치 있는 직접적인 운영지식'을 제공**할 수 있다**고 한다.[157] 그러나 또한 규모가 큰 독일 기업에서는 거의 대등한 공동결정제도가 기업가치를 감소시킨다는 증거도 있고,[158] 비교는 불가능하지만 공동결정제도가 종업원의 생산성 또는 기업의 수익성을 증가시킨다는 또 다른 연구 결과도 있다.[159]

게다가 다음과 같은 의문이 남는다. 만일 공동결정제도가 큰 효율을 낳는다면 왜 당사자들이 종업원 측 이사를 자발적으로 도입하여 이익을 나누기로 합의하지 않는 것일까? 법으로 강제되지 않는 경우에는 왜 종

and W. Streek, eds., Works Councils: Consultation, Representation and Cooperation in Industrial Relations, p.27 (1995). 일반론으로는, John Kennan and Robert Wilson, *Bargaining with Incomplete Information*, 31 Journal of Economic Literature 45 (1993).

157 Larry Fauver and Michael E. Fuerst, *Does Good Corporate Governance Include Employee Representation?: Evidence from German Corporate Boards*, 82 Journal of Financial Economics 673, 679 (2006).

158 Fauver and Fuerst, 앞의 논문(주 157), 698-701; Gary Gorton and Frank A. Schmid, *Capital, Labor, and the Firm: A Study of German Codetermination*, 2 Journal of the European Economic Association 863 (2004).

159 비록 편파적이지만 유용한 검토로는 Simon Renaud, *Dynamic Efficiency of Supervisory Board Codetermination in Germany*, 21 Labour 689 (2007) 참조. 거의 대등한 공동결정제도가 수익성과 생산성에 매우 긍정적인 효과를 미친다는 Renaud의 연구 결과는 의문이다. 왜냐하면 이 연구 결과는 대차대조표 자료에 의존하였고 Fauver and Fuerst, 앞의 논문(주 157)과 같은 재무 중심적 문헌에서 발견되는 통제변수의 범위를 포함하지 않았기 때문이다.

업원 측 이사를 보기 어려울까? 자발적인 공동결정제도의 도입과 관련된 집단적 행동의 문제(collective action problems)를 극복하기 위해서 강행법규가 필요하다면, 왜 한번 도입된 공동결정제도를 유지하는 데에도 강제적인 규제가 필요한 것일까? 비록 학자들이 이 문제에 대하여 추측에 근거한 경제학적 답변을 제시해 왔지만,[160] 실증연구는 여전히 부족하다.

유럽대륙 바깥에는 종업원 측 이사가 별로 존재하지 않는다는 점은 사상적 또는 문화적 관점에서 설명할 수도 있다. 그러나 이와 달리 종업원 측 이사를 두는 비용이 그 이익을 초과하거나 적어도 그렇게 될 우려 때문이라는 설명도 있다. 한 가지 우려는 회사의 정책수립이나 경영진 감독의 경우에 이사회를 구성하는 종업원 및 주주집단 사이의, 심지어 종업원 사이의 이해관계의 현격한 차이를 조정하기가 어렵다는 점이다. 이러한 이익충돌이 존재하는 상황에서 투표란 매우 불완전한 의사결정방식이다. 양분된 이사회에서 다수결로 의사를 결정하는 것은 회사 전체의 가치를 감소시키는 기회주의적 결과를 초래할 위험이 있고,[161] 또한 비용이 많이 들며 번거로운 의사결정 과정으로 귀결될 가능성이 높다.[162]

또한 이사회에 종업원 측 대표를 대거 참여시키는 것은 경영진과 주주 전체 사이의 대리 문제를 악화시킬 수 있다. 만일 주주 측 이사와 종업원

---

160 Fauver and Fuerst, 앞의 논문(주 157), 679(공동결정제도가 기업가치를 증대시킨다고 하더라도 회사는 종업원과 경영자 채용 시의 역선택 때문에 공동결정제도 채택을 망설일 수 있다는 견해를 제시).

161 이마도 이러한 이유 때문에, 독일에서 공동결정회사의 감독이사회 의장의 이중 의결권이 행사되는 경우가 매우 드물다(그 권리행사는 노사관계의 기반을 위태롭게 하는 것으로 여겨진다).

162 거의 언제나 (투자자, 종업원, 고객 또는 공급자 가운데 누가 소유하는지를 불문하고) 기업의 소유권을 나누어 가지는 사람들의 집단은 균질적 이해관계를 갖는다는 특징이 있다. 예컨대 심지어 투자자가 소유한 기업에서도 우선주주와 보통주주 양자가 중요한 의결권을 나누어 가지는 경우는 매우 이례적이다. 이와 유사하게 종업원이 완전히 소유한 회사에서 경영진과 현장 종업원들이 지배권을 나누어 가지는 경우는 드물다(그리고 의결권은 주로 현장 종업원들에게 주어지는데 이들은 균질성이 강한 편이다). Hansmann, 앞의 책(주 77), pp.62-4 및 pp.91-2 참조. 이는 심각한 이익충돌 문제를 해결하기 위하여 선임권전략을 적절히 수정하는 것이 쉽지 않음을 시사한다.

측 이사 사이에 회사 정책에 대하여 의견이 대립하거나 인원이 많고 분열된 감독이사회가 경영진을 면밀히 감시할 기관으로서의 역량이 부족하다면 경영진의 재량이 증대될 것이다.[163] 실제로 경영진은 종업원과 경쟁자에게 유출되는 것을 막기 위하여 주주의 묵인하에 이사회에 정보를 제공하지 않을 수도 있다.[164] 일본의 대기업에서, 공동결정체제가 없음에도 불구하고 강력한 경영자가 종업원 이익의 충직한 보호자임이 입증된 것과 마찬가지로, 강력한 종업원집단이 경영자에게 이익이 될 수도 있다.[165] 일본 회사의 대부분의 이사는 회사 직원 중에서 승진한 경영자이고, 핵심 직원의 이익에 매우 신경을 쓰는 편이다.

그렇다면 공동결정제도의 비용과 이익 중 어느 쪽이 더 큰가? 적어도 독일식 공동결정제도의 경우에서는 이미 암시한 바와 같이 실증적 연구 결과가 놀랍도록 갈려 있다. 확실히 독일의 대기업은 거의 대등한 종업원 대표 체제하에서도 살아남았을뿐더러 심지어 번창하기까지 하였다. 직관적으로 보면 공동결정제도는 독일경제가 제조업을 통한 수출 쪽으로 큰 방향을 잡는 데 기여한 듯하다. 하지만 강력한 공동결정제도로 인하여 독일 경제가 부담하는 기회비용을 파악하기는 쉽지 않다.

---

163 그러나 Fauver and Fuerst, 앞의 논문(주 157) 참조(어떤 경우에는 종업원의 이사회 참여가 감독이사회의 감시 역량을 증대시키고 그 결과 대리비용을 감소킬 수 있다).

164 Katharina Pistor, *Co-Determination in Germany: A Socio Political Model with Governance Externalities*, in Margaret M. Blair and Mark J. Roe, eds., Employees and Corporate Governance, p.163, pp.188–91 (1999) 참조. Pistor는 독일 기업에서의 공동결정제도의 실무를 명확하게 설명하고 있다. 이에 따르면 감독이사회는 경영진 측과 종업원 측으로 나누지게 될 수밖에 없고 각각 이사회 개최에 앞서 사전에 회합을 개최하며 [이러한 관행은 독일 기업지배구조 모범규준(German Corporate Governance Code)이 공동결정제도를 다루고 있는 유일한 조문을 통하여 지지하고 있다] 감독이사회 공식 회의에서는 항상 공동전선을 편다고 한다. 감독이사회로 하여금 이사회 회의석상에서 감사 보고서를 검토하도록 하면서도 감독이사들이 면밀한 검토를 위하여 보고서 사본을 제공받는 것을 허용하지 않는 일반적 실무관행은 경영이사회가 감독이사회에게 가하는 정보에 대한 제약을 상징적으로 보여 준다(앞의 논문, p.191).

165 Masahiko Aoki, *Toward an Economic Model of the Japanese Firm*, 28 Journal of Economic Literature 1 (1990) 참조.

4.4.2.3 외부 이해관계자

공식적인 법과 계약관계가 없는 이해관계자의 현실적 보호 사이의 상관관계를 평가하는 것은 극히 어렵다. 서로 다른 이해관계자의 이익이 상호 충돌할 수도 있고, 전반적인 사회적 복지에 관한 다양한 전략의 영향력을 측정하는 것은 그야말로 불가능하다. 게다가 계약관계가 없는 이해관계자를 보호하기 위하여 회사법을 사용하는 것이 바람직한지는 회사법의 이해관계자 보호 능력뿐만 아니라 회사법이 다른 분야 법의 규율과 비교하여 얼마나 더 잘할 수 있는가에 달려 있다. 결국 여러 국가에서의 회사법에 대한 기존 접근방식에 대한 규범적 평가는 기껏해야 잠정적일 것이다.

폭넓은 사회적 문제에 대처하기 위한 회사법의 사용을 조심해야 하는 데에는 타당한 이유가 있다. 때때로 그러한 시도는 단순히 효과가 없다. 계약관계가 없는 이해관계자를 포섭하기 위해서 신인의무를 확대하는 경우에도, 통상 그 이해관계자는 신인의무가 이행되도록 강제하지 못한다. 강제이행에 대한 절차적 제약이 있을 뿐 아니라(주주가 아니면 통상 소송을 제기할 적격이 없다), 어떤 시점에서든 일반적인 사회적 복지가 무엇을 요구하는지를 결정하는 것조차 법원은 고사하고 이사도 감당하기 어려운 임무이다.

이와 대조적으로 (국가 소유와 더 적은 정도로 황금주에 의한) 기업지배구조에 대한 국가의 영향력은 훨씬 더 중대하다. 국영기업은 흔히 주주의 부의 극대화와 충돌되는 사회적인(통상 정치적인) 목표를 추구한다. 하지만 전반적인 사회복지에 대한 국가 소유의 효과는 특히 규제적인 대안을 고려할 때 의심스럽다.[166]

더 최근에 정책 결정자들은 기관투자자가 전체 시장에 노출된 '보편적

---

166 예컨대 World Bank, Bureaucrats in Business: The Economics and Politics of Government Ownership (1995)(국가가 소유한 공장이 민간 공장보다 더 환경을 오염시킨다); Andrei Shleifer, *State versus Private Ownership*, 34 Journal of Economic Perspectives 133 (1998)(사회적 목표는 통상 정부 계약과 규제로 가장 잘 다룰 수 있다고 주장) 참조.

소유자'로서 공익의 집사(stewards)로 행동할 것을 희망하여 왔다.[167] 새로운 비재무적 정보 공시의무와 임원보수결정에 대한 주주 권한의 확대를 이끈 최근의 개혁 등이 최소한 부분적으로는 이 가정을 전제로 하였거나 최소한 이 가정에 기초하여 추가적인 정치적 견인력을 얻었다. 그러나 분산투자하는 기관투자자는 통상 그러한 관여에 필요한 지식과 인센티브 양자 모두 부족하다. 그리고 영향력을 가질 가능성이 더 큰 헤지펀드같이 집중투자하는 주주는 통상 재무적 수익이 아닌 목표를 추진하는 데 관심이 없다.[168] 사실 영국에서 금융규제를 위반한 것으로 판명된 회사에 미친 평판적 영향에 대한 연구 결과는 제3자 보호를 위하여 고안된 룰의 위반에 대해 실제 주식시장은 회사에 대해 긍정적인 반응을 나타냈고, 이는 주주가 경계를 넘는 것을 좋아함을 시사한다.[169]

그럼에도 불구하고 광범위한 사회문제를 해결하는 데 회사법의 법적 전략을 동원하는 것이 분명히 최근의 경향인 것 같다. 이것이 외부 효과에 대한 대처에서의 정부 실패에 대한 기능적 반응인지 아니면 단순히 보다 근본적인 규제개혁을 피하기 위한 겉치장에 불과한 것인지는 아직 모르는 문제이다.[170] 그러나 회사법이 그의 핵심 역량을 이루는 대리 문제를 훨씬 넘어선 관심사들을 제대로 다룰 능력이 있는지에 대하여는 회의적으로 볼 이유가 있다.

---

167 예컨대 European Commission, Green Paper: The EU Corporate Governance Framework (2011); http://ec.europa.eu; John Kay, The Kay Review of UK Equity Markets and Long-Term Decision Making: Final Report, p.74 (2012)("고객의 최선의 이익을 위하여 행동하는 기관투자자는 회사의 성과 또는 저축자의 더 넓은 이해관계애 장기적으로 영향을 줄 수 있는 다양한 요인 가운데 회사 활동의 환경적 · 사회적 영향과 이에 관련된 위험을 고려해야 한다") 참조.

168 Edward B. Rock, *Institutional Investors in Corporate Governance*, in Jeffrey N. Gordon and Wolf-Georg Ringe, eds., Oxford Handbook of Corporate Law and Governance (2016).

169 John Armour, Colin Mayer, and Andrea Polo, *Regulatory Sanctions and Reputational Damage in Financial Markets*, Working Paper (2015), ssrn.com.

170 Pargendler, 앞의 논문(주 82).

제5장

채권자와의 거래

John Armour, Gerard Hertig, and Hideki Kanda
윤영신 옮김

제1장에서는 회사의 핵심적인 구조적 특징 중 두 가지, 즉 법인격과 유한책임이 채권자에 대한 청구 및 채권자의 청구로부터 회사재산을 분리하는 것과 관련되어 있다는 점을 살펴보았다. 앞에서 설명한 것처럼 이는 특정한 청구에 대하여 어떠한 재산이 책임재산이 될 수 있고 어떠한 재산은 책임재산이 될 수 없는지를 명확히 함으로써 계약 및 투자를 용이하게 한다. 그러나 이러한 특징은 대리비용을 발생시킬 가능성이 있다. 주주와 채권자가 모두 회사재산에 이해관계가 있지만, 회사의 재산은 통상의 상황에서는 주주들의 통제하에 있다.

회사의 채권자는 회사의 다른 참여자와의 관계에서 이중적인 지위를 가진다. 통상적인 상황에서 대부분의 채권자는 계약상의 상대방에 불과하다. 그러나 회사가 지급채무를 불이행하면, 회사의 채권자는 회사의 재

산을 압류하여 매각할 권리를 가지게 된다.[1] 이 시점에서 회사의 채권자는 그 역할이 변화하여 어떤 의미에서는 회사재산의 소유자가 된다.[2] 이러한 이중적 지위는 채권자가 시간의 진행에 따라 서로 다른 유형의 대리문제에 직면할 수 있음을 의미한다. 계약 상대방으로서의 채권자는 회사가 주주의 이익을 위한 기회주의적 행동을 할 가능성에 노출되게 된다. 그러나 회사가 지급채무를 불이행하면, 문제는 채권자-채권자 간의 이익충돌로 변형되어 일부 소유자 그룹이 다른 소유자 그룹의 이익을 침해하지(expropriate) 않도록 보장하는 것이 이슈가 된다. 더구나 채권자가 회사의 소유자 지위로 전환될 가능성은 재무적으로 건전한 회사에서조차 회사의 참여자 간의 관계를 어떻게 운영하여야 할 것인가에 관하여 영향을 미친다.

따라서 모든 회사법에는 회사채권자를 보호하는 규정이 포함되어 있다. 이러한 규정들은 대리비용을 감소시킴으로써 부채에 의하여 자금을 조달하고,[3] 회사라는 법적 형식을 계약의 수단으로 이용하는 비용을 낮추는 것을 돕는다. 물론 그러한 거래에 대해서는 채무자와 채권자 관계에 관한 일반적 법규정이 적용될 것이나, 여기에서는 **회사의** 채권자에게 특별히 적용되는 법적 전략들에 초점을 맞추는데 이 전략들은 일반적으로

---

1 뒤의 5.1.2. 참조.

2 Jean Tirole, The Theory of Corporate Finance, pp.389-95 (2006) 참조; Patrick Bolton, *Corporate Finance, Incomplete Contracts, and Corporate Control*, 30 Journal of Law, Economics & Organization 164 (2014); 여기에서의 '소유'의 의미에 대해서는 앞의 1.2.5 참조.

3 채권자의 권리가 강력할수록 자금을 차입하는 것이 용이하다. 예를 들어 Rainer Haselmann, Katharina Pistor, and Vikrant Vig, *How Law Affects Lending*, 23 Review of Financial Studies 549 (2010) 참조. 특히 채권자의 집행이 효율적일수록 자금 차입이 용이하다. Simeon Djankov, Oliver Hart, Caralee McLiesh, and Andrei Shleifer, *Debt Enforcement Around the World*, 116 Journal of Political Economy 1105 (2008). 이 문제 대하여는 John Armour, Antonia Menezes, Mahesh Uttamchandani, and Kristin van Zwieten, *How Do Creditor Rights Matter for Debt Finance?: A Review of Empirical Evidence*, in Frederique Dahan, ed., Secured Transactions Law, Economic Impact and Reform, p.1 (2015) 참조.

회사재산의 분리로부터 발생하는 특별한 문제들에 대한 대처라는 점에서 정당화된다. 이 장에서는 회사라는 법적 형식의 특징이 어떻게 대리 문제를 야기하는가와 이 문제를 다루기 위해 우리의 주요 대상국가들에서 이용하고 있는 법적 전략을 검토한다.

채권자 보호를 위한 법적 전략을 어떻게 혼합할 것인가는 서로 다른 성격을 가진 자본의 공급자 간의 이해조정이 얼마나 용이한가에 달려 있다는 점이 이 장을 관통하는 주제 중의 하나이다. 지난 10년간 많은 대상국가에서 대규모 회사가 부채를 통하여 자금을 조달하는 방식에 큰 변화가 있었다. 그들은 이제 은행에서의 차입보다 시장을 통하여 더 많은 자금을 조달한다.[4] 이는 채권자들의 조율비용을 증가시켰고 그에 따라 대리비용을 가장 효율적으로 완화하는 기능을 가장 잘하는 법적 전략들의 혼합도 변화하였다.

5.1 재산 분리와 대리 문제

5.1.1 재산 분리와 회사채권자

제1장에서 회사법의 재산 분리 기능은 두 가지 측면을 가지고 있음을 살펴보았다. 첫째, 회사재산의 집합에 대하여 회사채권자의 권리가 주주(와 주주의 채권자)보다 우선할 수 있도록 하는 조직 격리이다. 이는 법인격의 결과물이고, 회사의 재산을 채권자를 위한 책임재산으로 하겠다는 회사의 약속을 신뢰할 수 있도록 한다. 둘째는 유한책임(또는 '소유자 격리')으로서 회사의 소유자(주주)의 재산을 회사채권자의 권리로부터 격리시킨다. 유한책임은 무엇보다도 주주들의 분산투자를 촉진한다.

4 여기에서 미국은 예외이다. 미국은 예전부터 시장에 기반한 자금 조달이 더 중요하였다.

재산 분리는 또한 회사의 채권자에 대하여 미묘한 영향을 미친다. 채권자의 상환청구권은 회사의 재산으로 한정되어 있으므로 자금의 대여자는 **이러한** 재산만 평가하고 감시하면 되고, 그 결과 전반적으로 비용이 감소한다. 이러한 제한은 또한 채권자의 전문화를 촉진한다. 회사가 소유하는 재산의 유형을 평가하고 감시하는 데 전문성을 가진 채권자는 다른 조건이 동등하다면 보다 저렴한 대출을 제공할 수 있다. 채권자가 상환청구권을 가지는 재산과 채권자의 감시능력을 대응시킴으로써 발생하는 비용 절감은 기업집단구조의 이론적 근거가 된다. 즉 재산 분리는 서로 다른 사업부문 또는 재산의 유형을 분리하여, 부문별 또는 유형별로 신용을 제공받을 수 있도록 한다. 특정 모험사업이나 사업부문을 별도의 자회사로 설립함으로써 각 사업에 관련된 재산을 용이하게 그 사업에 관한 채권자만의 책임재산이 되게 할 수 있다.[5] 그 결과 비록 채권자는 기업집단의 다른 사업에 관한 재산을 감시할 능력은 별로 없더라도 자신이 가장 잘 이해하는 유형의 재산을 감시하는 것으로 특화할 수 있다.

채권자와 재산의 대응이 잘 기능하기 위해서는, 채권자가 자금을 제공한 조직의 재산만이 채권자에 대한 책임재산이 되어야 한다. 채권자가 다른 재산으로부터도 상환받을 수 있다면 정보 수집비용이 증가할 뿐 아니라 해당 기업의 재산을 감시할 유인도 훼손될 것이다.[6] 이는 자산유동화의 예에서 잘 드러난다. 자산유동화의 경우, 자산을 별개의 조직에 양도함으로써 자산 보유자인 회사(originating firm)와 자산은 분리가 되고, 별개의 조직이 이 자산만을 책임재산으로 하여 증권을 발행하여 신용을 제공받는다. 이론적으로는 증권을 당해 자산에 관한 지식이 풍부한 채권자

5 모회사의 채권자는 자회사의 채권자에 비해 구조적으로 후순위(struturally subordinated)라고 한다. 모회사의 채권자는 모회사의 주식 소유를 통해서만 자회사의 재산에 대해 권리를 가지고 있기 때문이다.

6 Richard Squire, *The Case for Symmetry in Creditors' Rights*, 118 Yale Law Journal 806 (2009) 참조.

에게 발행함으로써 채권자의 감시능력 전문화의 이점을 활용할 수 있다. 그러나 — 금융위기 전 자산유동화에서 일반적이었던 것처럼 — 채권자가 자산 보유자인 회사 및/ 또는 제3자로부터 ('신용 보강'이라고 알려진) 추가적인 상환청구권을 제공받는 경우에는 감시능력 전문화의 이점이 희석된다.

5.1.2 주주-채권자 대리 문제

회사법의 재산 분리기능은 채무자와 채권자 간에 발생하는 대리 문제를 악화시킬 우려가 있다. 사전적으로 법인격에 의한 조직 격리는 주주가 제3자 소유 또는 주주 개인 소유의 재산을 회사 소유라고 거짓 주장을 함으로써 회사의 자산가치에 관한 부실표시를 용이하게 할 수 있다. 사후적으로 주주는 채권자의 이익을 침해하여 자신의 이익을 도모하는 행위를 할 인센티브가 있다. 주주는 회사의 성공으로 이익을 얻지만 회사가 실패하는 경우에도 주주의 개인자산은 안전하기 때문이다. 이런 행위는 다양한 방식으로 이루어질 수 있다.[7] 첫째, 기본적으로 주주는 자신의 이익을 위하여 회사의 자산을 회사에서 유출(siphon off)시킬 수 있다. 이러한 '자산 희석화(asset dilution)'는 주주의 이익을 증가시키지만 채권자를 위한 책임재산을 감소시킴으로써 채권자에게 손해가 된다.

두 번째, '자산 교체(asset substitution)'를 통하여[8] 회사 사업의 위험성, 즉 사업의 변동성(volatility) 위험을 증가시킴으로써 채권자의 이익을 침해할 수 있다. 여기에서는 주주가 회사자산을 사적으로 차지하는 것은 아니고, 저위험 사업에 사용되는 자산을 매각하여 고위험 사업 활동을 위한

7 이에 관한 고전적 설명은 Robert C. Clark, *The Duties of the Corporate Debtor to Its Creditors*, 90 Harvard Law Review 505, 506-17 (1977) 참조.

8 Michael C. Jensen and William H. Meckling, *Theory of the Firm: Managerial Behavior, Agency Costs and Ownership Structure*, 3 Journal of Financial Economics 305, 334-7 (1976); Dan Galai and Ronald W. Masulis, *The Option Pricing Model and the Risk Factor of Stock*, 3 Journal of Financial Economics 53 (1976) 참조.

자산을 취득한다.[9] 사업이 순조로우면 초과이익은 주주가 차지하지만 사업이 실패하는 경우에도 주주는 기존에 투자한 것 이상의 손해를 보지 않으므로, 주주는 회사의 현금흐름(cash-flow)의 위험 증가, 즉 변동성으로부터 이익을 얻을 수 있다. 그러나 채권자는 이런 위험 증가로 손해를 입게 된다. 사업 위험이 증가하게 되면 지급채무를 이행하기에 충분한 현금을 창출해 내지 못할 가능성이 증대되지만, 채권자의 회사에 대한 청구권은 고정되어(fixed) 있으므로[10] 사업이 잘되더라도 채권자는 위와 같은 지급불능 가능성 증대를 상쇄하는 이익을 취득하지 못한다. 상황을 더 악화시키는 것은 주주는 파이 전체의 크기가 작아지더라도 더 큰 조각을 가지는 것을 선호할 수 있기 때문에 자산 교체가 회사자산의 총가치를 감소시키는 경우에도 이를 선호할 수 있다는 점이다.[11]

채권자의 희생으로 주주가 이익을 얻을 수 있는 세 번째 방법은 회사의 총부채를 증가시키는 것이다. 회사가 실패하여 '기존' 채권자가 '신규' 채권자와 회사재산을 함께 나누어야 하는 결과가 된다면, 기존 채권자는 회사의 지급불능 시에는 당초에 회수할 수 있으리라고 기대했던 몫을 찾

---

9 이러한 위험 이전(risk-shifting)의 실증적 유의성에 대한 증거는 일치하지 않는다. Gregor Andrade and Steven Kaplan, *How Costly Is Financial (Not Economic) Distress?: Evidence from Highly Leveraged Transactions that Became Distressed*, 53 Journal of Finance 1443 (1998); Assaf Eisdorfer, *Empirical Evidence of Risk Shifting in Financially Distressed Firms*, 63 Journal of Finance 609 (2008); Pablo Hernández, Paul Povel, and Giogo Sertsios, *Does Risk Shifting Really Happen?: Results from an Experiment*, Working Paper (2014) 참조.

10 회사의 지급채무 불이행이 현실화된 경우에만 회사의 채권자가 손해를 보는 것은 아니다. 대출채권의 유통시장(secondary loan market)에서 회사채권자들의 채권가치는 주주들의 행위로 인하여 즉각적으로 감소할 것이다.

11 회사가 합리적인 투자자라면 수익률이 너무 낮아서 투자를 하지 아니할 사업계획에 투자하는 현상을 '과잉투자(overinvestment)'라고 한다. 반면에 회사가 자산을 초과하는 부채를 부담하는 경우에는 이와 역방향의 현상인 '과소투자(underinvestment)'가 일어날 수 있다. 그러한 회사에서는 새로운 자본투자가 필요한 성장 기회가 있어도, 주주들은 그러한 신규 자본투자를 하지 않으려고 할 수 있다는 것이다. 신규 자본투자로 인하여 발생하는 수익을 채권자들과 공유하여야 하기 때문이다〔Stewart C. Myers, *Determinants of Corporate Borrowing*, 5 Journal of Financial Economics 147 (1977)〕.

을 수 없게 된다. 반면에 주주는 신규 채권자가 추가되기 전의 상황이 반영된 유리한 자금 제공조건으로 기존 채권자로부터 자금을 조달할 수 있었다는 점에서 이익을 얻는다. 이러한 효과를 '부채 희석화(debt dilution)'라고 한다.[12] 물론 기존 채권자에 대한 궁극적 영향은 회사가 새로운 자금으로 무엇을 하느냐에 달려 있다. 그러나 새로운 차입은 (기존 채권자로부터) 일종의 보조금을 지급받은 것이므로, 신규 채권자는 그런 보조금이 없었더라면 자금을 제공하지 않았을 회사가치를 감소시키는 사업계획에 대해서도 자금을 제공할 수 있다.[13]

주주-채권자 간 대리 문제의 강도는 경영진의 위험회피에 대한 선호도와 주주가 회사의 의사결정에 대하여 얼마나 지배력을 가지는가에 달려있다. 주식의 소유가 분산되어 있고 경영자가 주식지분을 의미가 있을 정도로 소유하고 있지 않은 회사에서는 주주의 '가치상승이익(upside pay-off)'을 경영진이 공유하지 못하는 데 반하여, 회사가 재무적 위기(financial distress)에 빠지게 되면 경영자로서의 평판에 흠이 생기게 된다. 따라서 경영진은 채무불이행(default) 위험 증가에 대하여 위험 회피적 성향을 보일 것이다.[14] 이런 경영자는 지배주주가 존재하여 그들에 대하여 부담을 느끼거나 또는 스톡옵션 보유와 같이 주식의 가치 상승에 관하여 상당한 개인적 이해관계를 가지는 경영자와 비교하여 볼 때 채권자의 희생으로

12 예컨대 Alan Schwartz, *A Theory of Loan Priorities*, 18 Journal of Legal Studies 209 (1989) 참조.

13 이러한 이해충돌의 다른 유형은 개인 보증과 같은 우발채무를 부담하는 것이다, 우발채무는 회사의 도산 위험과 관련이 되어 있는바, 다른 채권자를 위한 책임재산이 가장 필요할 때 그 책임재산을 감소시킨다. Richard Squire, *Shareholder Opportunism in a World of Risky Debt*, 123 Harvard Law Review 1151 (2010) 참조.

14 예컨대 채무 재조정(debt restructuring)을 하는 미국 회사의 경영자는 해고를 당하게 되고, 동등한 수준의 새로운 직장을 찾기가 어려운 경우가 많다〔Edith Hotchkiss, *Post-Bankruptcy Performance and Management Turnover*, 50 Journal of Finance 21 (1995); Kenneth M. Ayotte and Edward R. Morrison, *Creditor Control and Conflict in Chapter 11*, 1 Journal of Legal Analysis 511 (2009)〕.

주주의 이익을 도모하는 행위를 할 인센티브가 크지 않다. 즉 제3장에서 언급한 경영자의 이익과 주주의 이익을 일치시키는 전략이 성공적일수록 경영자가 채권자의 희생으로 주주의 이익을 도모할 인센티브가 강해진다.

지배권거래는 위의 이익충돌의 여러 국면에서 동시에 채권자에게 불리한 영향을 미칠 수 있다. 이 현상은 '사건 위험(event risk)'이라 한다. 예를 들어 경영자에 의한 차입 매수(leveraged management buyout)는 회사의 부채 부담을 증가시키고, 사업의 방향을 바꾸고 경영자가 회사의 상당 지분을 개인적으로 소유하도록 함으로써 경영자를 주주 이익에 밀접하게 결부시킨다.[15]

주주-채권자 간의 이익충돌은 회사 자산의 총가치를 감소시킬 잠재력이 있다.[16] 자산을 유출하거나 자산을 교체할 수 있는 능력을 적절히 제한함으로써 회사의 자금 조달비용을 감소시킬 수 있으므로, 이러한 제한은 채권자와 주주 **모두**에게 이익이 될 수 있다.[17] 차입을 하는 회사가 채권자와 원금과 이자의 지급채무와 같은 기본적 약정 외에도 대출에 관하여 광범위한 특약을 체결한다. 특약은 대개 회사가—주주에 대한 배당금 지급, 중요한 자산의 거래 또는 차입 증가 등—채권자의 이익과 충돌할 수 있는 행위를 하는 것을 제한하는 내용으로 이루어져 있다.[18] 채권

---

15 Paul Asquith and Thierry A. Wizman, *Event Risk, Covenants, and Bondholder Returns in Leveraged Buyouts*, 27 Journal of Financial Economics 195 (1990); Sudheer Chava, Dmitry Livdan, and Amiyatosh Purnanandam, *Do Shareholder Rights Affect the Cost of Bank Loans?*, 22 Review of Financial Studies 2973 (2009) 참조(사건 위험을 감소시키는 기업인수 방어수단은 낮은 신용 공여비용과 관련이 있다).

16 Jensen and Meckling, 앞의 논문(주 8) 참조.

17 Clifford W. Smith, Jr. and Jerold B. Warner, *On Financial Contracting: An Analysis of Bond Covenants*, 7 Journal of Financial Economics 117 (1979); Michael H. Bradley and Michael R. Roberts, *The Structure and Pricing of Corporate Debt Covenants*, 5 Quarterly Journal of Finance 1 (2015)

18 Smith and Warner, 앞의 논문(주 17); William W. Bratton, *Bond Covenants and Creditor Protection: Economics and Law, Theory and Practice, Substance and Process*, 7 European Business Organization Law Review 39 (2006) 참조. 이러한 비재무적인 특

자는 회사재산에 대하여 담보권을 설정받을 수도 있는데, 담보권 제한 없이 자산이 양도되기 위해서는 채권자의 동의를 얻어야 하므로[19] 이러한 특약은 자산 교체행위의 여지를 감소시킴으로써 채권자의 이익이 희석되는 것을 방지할 수 있다.[20] 또한 조직 격리를 이용하여 보다 효과적인 보호를 할 수 있다. 즉 대출에 대한 책임재산인 자산을 자회사에 넘김으로써 차입자의 다른 모든 채권자를 '구조적으로 열후(structurally subordinating)'인 지위로 만들 수 있다.[21] 위와 같은 메커니즘은 채권자가 채무자의 행위를 어느 정도 통제할 수 있도록 한다.[22]

채권자와 회사가 특약사항을 작성하고 담보권 설정을 합의하는 데에는 비용이 소요되므로, 회사법이 이러한 거래비용을 절약하는 역할을 할 수

약에 더하여 채무자와 채권자는 일반적으로 재무상 특약(financial covenant) — 채무자가 일정 수준의 재무건전성을 유지한다는 약속 — 이라고 통칭되는 특약을 체결한다. 이러한 특약은 일종의 인계철선으로서, 특약조항의 위반 시 부채 부담조건의 재협상을 통하여 채권자의 통제력이 강화된다. Greg Nini, David C. Smith, and Amir Sufi, *Creditor Control Rights, Corporate Governance, and Firm Value*, 25 Review of Financial Studies 1713 (2012) 참조.

19 Clifford W. Smith, Jr. and Jerold B. Warner, *Bankruptcy, Secured Debt, and Optimal Capital Structure: Comment*, 34 Journal of Finance 247 (1979). 담보채권에 관하여 개관한 문헌으로는 Barry E. Adler, *Secured Credit Contracts*, in Peter Newman, ed., The New Palgrave Dictionary of Economics and the Law, Vol. 3, p.405 (1998); Tirole, 앞의 책(주 2), pp.164-70, pp.251-4; Efraim Benmelech and Nittai K. Bergman, *Collateral Pricing*, 91 Journal of Financial Economics 339 (2009) 참조.

20 채권자 이익 희석화 제한은 대출계약에서 특약[담보제공 제한(negativew pledge)]을 통하여도 할 수 있으나, 담보권은 채권자의 우선권 보호를 자기충족적으로 할 수 있다[Alan Schwartz, *Priority Contracts and Priority in Bankruptcy*, 82 Cornell Law Review 1396 (1996)].

21 Kenneth Ayotte and Stav Gaon, *Asset-Backed Securities: Costs and Benefits of "Bankruptcy Remoteness"*, 24 Review of Financial Studies 1299 (2011); Douglas G. Baird and Anthony Casey, *No Exit?: Withdrawal Rights and the Law of Corporate Reorganizations*, 113 Columbia Law Review 1 (2013) 참조.

22 Ronald J. Daniels and George G. Triantis, *The Role of Debt in Interactive Corporate Governance*, 83 California Law Review 1073 (1995); Douglas G. Baird and Robert K. Rasmussen, *Private Debt and the Missing Lever of Corporate Governance*, 154 University of Pennsylvania Law Review 1209 (2006) 참조.

있지 않을까라는 의문이 제기되고 있다. 그러나 앞으로 살펴보겠지만, 회사법은 그와 같은 방식으로 채권자와의 거래를 규제하지는 않고 있다.

회사 채권자와 관계에 관하여 일반적으로 법규정보다 계약에 의존하는 것에 관해서는 설명이 필요하다. 특히 세 가지 요인이 가장 특징적인데, 첫째 과도한 규제의 위험이다. 회사의 행위에 대하여 너무 많은 제한을 하는 것은 제한이 없는 것과 마찬가지로 유해할 수 있다. 주주에게는 회사로 하여금 너무 **높은** 위험을 추구하도록 조종할 인센티브가 있는 것과 마찬가지로, 채권자에게는 회사가 너무 **낮은** 위험을 추구하도록 할 인센티브가 있다.[23] 적절한 균형은 회사의 비즈니스 모델에 따라 다양할 수 있으므로,[24] 법에 의한 일반적 규율보다 계약에 따라 결정함으로써 보다 미세조정된 균형을 찾을 수 있다. 이러한 분석은 실증연구 결과와 일치한다. 실증연구는 계약을 통한 회사 채권자 보호가 법규정에 의한 보호와 똑같은 정도로 효율적일 수 있다고 한다.[25]

두 번째 요인은 채권자의 회사에 관한 이익, 즉 시간이나 위험에 대한 선호가 주주들의 경우보다 훨씬 더 이질적이라는 점이다.[26] 그 결과 표준적 양식의 채권자 보호 '조항(terms)'이 일부 채권자에 대해서는 과잉보호

23 Viral V. Acharya and Krishnamurthy V. Subramanian, *Bankruptcy Codes and Innovation*, 22 Review of Financial Studies 4949 (2009); Greg Nini, David C. Smith, and Amir Sufi, *Creditor Control Rights and Firm Investment Policy*, 92 Journal of Financial Economics 400 (2009); Viral V. Acharya, Yakov Amihud, and Lubimor Litov, *Creditor Rights and Corporate Risk-Taking*, 102 Journal of Financial Economics 150 (2011).

24 예를 들어 Efraim Benmelech and Nittai K. Bergman, *Vintage Capital and Creditor Protection*, 99 Journal of Financial Economics 308 (2011) 참조.

25 Paul Brockman and Emre Unlu, *Dividend Policy, Creditor Rights, and the Agency Costs of Debt*, 92 Journal of Financial Economics 276 (2009); Darius P. Miller and Natalia Reisel, *Do Country-Level Investor Protections Affect Security-Level Contract Design?: Evidence from Foreign Bond Covenants*, 25 Review of Financial Studies 408 (2012).

26 Hideki Kanda, *Debtholders and Equityholders*, 21 Journal of Legal Studies 431, 440–1, 444–5 (1992); Marcel Kahan, *The Qualified Case against Mandatory Terms in Bonds*, 89 Northwestern University Law Review 565, 609–10 (1995).

가 되는 동시에 다른 채권자에게는 과소보호가 된다. 셋째, 채권자 보호를 위한 적절한 제한은 시간이 흐름에 따라 내용이 달라지므로, 재협상이 필요할 수 있다. 재협상의 용이성(그에 따라 제한을 당초에 얼마나 엄격하게 할 것인가)은 채권자 간의 조율 및 정보비용에 달려 있는데, 이러한 비용은 대개 채권자의 수와 채권자의 특성에 달려 있다. 예를 들어 다수의 사채권자와의 재협상이 소수의 은행채권자와의 재협상보다 어렵다.[27] 회사의 '모든' 채권자와의 관계에 대해 규율하는 제한은 처음부터 아주 완화된 내용으로 규정하지 않는 이상 심각한 재협상 문제를 발생시킨다. 그러므로 대부분의 경우에 그러한 제한을 할 만한 가치가 없다.[28]

그러나 앞으로 살펴보게 될 세 경우에는 위와 같은 일반적인 조건은 성립되지 않고, 주주-채권자 간의 대리 문제에 대하여 회사법에서 규율하는 이익이 그 비용을 초과할 것으로 보인다.

5.1.2.1 지급불능 임박(The Vicinity of Insolvency)

우리의 대상국가에서는 모두 재무적 위기에 처한―'지급불능이 임박한'―회사에서의 주주 채권자의 대리 문제에 관하여 규율하고 있다. 회사의 주주 또는 경영자가 자산 교체 등과 같이 회사가치를 감소시키는 거래를 할 인센티브는 회사의 전망이 의심스러울 때에 특히 강해진다. 따라서 재무적 위기에 처한 회사를 대상으로 하는 법적 제한은 이점이 있다. 더욱이 그러한 규정들은 전체 경제에서 소수의 회사에 대해서만 직접 영

---

27 따라서 사채계약에는 은행의 대출계약보다 적은 수의 (또한 덜 엄격한) 특약이 규정된다. Bradley and Roberts, 앞의 논문(주 17)과 Robert C. Nash, Jeffry M. Netter, and Annette B. Poulsen, *Determinants of Contractual Relations between Shareholders and Bondholders: Investment Opportunities and Restrictive Covenants*, 9 Journal of Corporate Finance 201 (2003)를 비교.

28 John Armour, *Legal Capital: An Outdated Concept?*, 7 European Business Organization Law Review 5, 21-2(2006).

향을 미치므로, 입법자들은 그 규제비용이 크지 않다고 본다.[29]

이러한 제한들의 공통된 주제는, 대체로 재무적 위기에 처한 회사의 재무상황에 대하여 평가하기 가장 적절한 위치에 있는 자들인, 회사 경영자로 하여금 주주의 이익보다 채권자의 이익을 위하여 행위를 하고, 정식 도산절차로 이행하는 것이 적절한 때에는 그러한 행위를 하도록 유도하는 것이다.[30] 많은 국가에서 이러한 접근방법을 사실상의 이사(*de facto* director) 또는 그림자이사(shadow director)의 책임, 도산절차에서 주주 대출금의 형평법적인 후순위화(equitable subordination), 회사의 '법인격 부인(piercing the corporate veil)' 등과 같은 다양한 제도를 통해서 지배주주에게까지 확대하고 있다. 또한 사기적 양도법(fraudulent conveyance law) 또는 이에 비견될 수 있는 제도에 따라 제3자를 감독자로 취임시키기도 한다. 또한 모든 대상국가에서 지급불능인 회사에 관하여 채권자가 도산절차 개시를 신청할 수 있도록 하고 있다.

5.1.2.2 기업집단

기업집단은 동일한 지배자의 지배를 받는 다수의 회사로 이루어진 구조이다. 지배자는 지배회사의 주주일 수도 있고, 지배회사를 지배하는 주주들의 연합 또는 심지어 그 경영진일 수도 있다. 기업집단구조는 경제적으로는 하나로 볼 수 있는 회사의 **내부**에서 회사법의 재산 분리기능을 널리 활용한다. 앞에서도 살펴본 바와 같이 이러한 구조는 특정 재산을 평가하고 감시하는 데 가장 적합한 채권자가 신용 제공을 할 수 있도록 한다.

---

29 그러나 이는 너무 단순화된 생각일 수 있다. 그러한 규정의 사후적 영향이 사전의 의사결정에서 고려되었을 것이기 때문이다. 재무적 위기 시에 과도한 제재는 지급능력이 있는 회사에서 위험을 부담하는 것을 둔화시킬 수 있다. Michelle J. White, *The Costs of Corporate Bankruptcy: A US-European Comparison*, in Jagdeep S. Bhandari and Lawrence A. Weiss, eds., Corporate Bankruptcy: Legal and Economic Perspectives, p.467 (1996); Acharya and Subramanian, 앞의 논문(주 23) 참조.

30 예를 들어 UNCITRAL, Legislative Guide on Insolvency Law, Part Four: Directors' Obligations in the Period Approaching Insolvency (2013) 참조.

그러나 기업집단은 특히 심각한 대리 문제를 야기하기도 한다. 자회사는 이름 그대로 지배주주에게 종속되는바, 이미 살펴본 바와 같이 주주-채권자의 대리 문제를 증가시킬 가능성이 있다. 또한 기업집단에서는 채권자 이익을 손상시킬 수 있는 불투명한 자산 이전과 기업집단 내부의 채무 부담과 같은 기회가 발생하고 이러한 기회는 기업집단구조가 복잡할수록 증가한다.[31] 이와 같은 채권자 이익의 침해는 의도적으로 이루어질 수도 있고, 지배주주의 이익을 위해 행해진 거래의 단순한 부산물일 수도 있다.[32] 예를 들어 기업집단을 구성하는 하나의 회사에서 다른 회사로 자산을 이전하는 경우, 자산을 양도한 회사의 채권자는 채무의 위험성이 증가하여 이익이 침해됨에도 불구하고 기업집단 전체는 생산·분배 또는 세법상의 이익을 누릴 수도 있다.

이러한 문제는 기업집단 자체를 파악하는 것이 어려운 경우가 많다는 사실 때문에 더욱 복잡해진다. 기업집단을 파악하기 위한 선결조건인 기업집단 구성회사에 대한 '지배'는 정의하기가 어렵다.[33] 지배집단을 형성하는 의결권 계약은 공개되지 않는 경우가 많고, 추정 지배주주의 의결권에 기초한 단순한 룰은 오도하는 것일 수 있다.[34]

---

31 Simon Johnson, Rafael La Porta, Florencio Lopez-De-Silanes, and Andrei Shleifer, *Tunneling*, 90 American Economic Review, Papers and Proceedings 22 (2000); Vladimir Atanasov, Bernard Black, and Conrad Ciccotello, *Unbundling and Measuring Tunneling*, 2014 University of Illinois Law Review 1697 (2014) 참조. 소수주주 보호 문제는 제6장과 제7장에서 다룬다.

32 Jaap Winter et al., Report of the High Level Expert Group of Company Law Experts on a Modern Regulatory Framework for Company Law in Europe (2002), pp.94–9; Richard Squire, *Strategic Liability in the Corporate Group*, 78 University of Chicago Law Review 605 (2011) 참조.

33 Art. 22 Directive 2013 / 34 / EU, 2013 O.J. (L 182) 19(친자회사 관계를 판단하기 위한 목적으로 '지배'에 관해 7가지 기준을 규정); Art. 2(13)–(14) Regulation (EU) 2015 / 848, 2015 O.J. (L 141) 19.

34 폐쇄적으로 소유하는 회사의 지배에는 의결권의 51퍼센트가 필요한 데 반하여, 공개회사를 지배하기 위해서는 의결권의 10~20퍼센트만 있어도 된다.

5.1.2.3. 외부효과

소위 '협상 불가능한 채권자(non-adjusting creditors)', 즉 어떠한 이유건 회사에 대하여 채권을 가지지만 그들이 부담하는 위험에 상응하여 채권의 조건을 협상할 수 없는 채권자는 특히 어려운 문제를 제시한다.[35] 회사의 불법행위의 피해자와 규제 위반에 기한 청구권을 가지는 국가가 이러한 집단에 속함은 분명하다.[36] 경제적인 관점에서 배상청구권은 가해자가 그들의 행위의 사회적 비용을 부담하게 하고, 그에 따라 적절한 예방조치를 취하도록 유도한다. 그러나 유한책임으로 회사의 행위를 지배하고 그로부터 이익을 얻는 자의 재산이 분리되는 경우에는 불법행위법의 경제적 기능이 훼손된다.[37] 이러한 현상은 주주들이 불법행위책임 부담의 가능성을 최소화하기 위해 위험사업을 하는 회사를 과소자본으로 운영하거나 그 회사에서 자산을 다른 쪽으로 이전시키는 경우에 특히 잘 나타난다.[38]

따라서 회사의 불법행위 피해자는 재무적 위기에 빠진 회사의 채권자보다도 더 특별한 보호가 필요하고, 이를 위해 많은 조치가 제안되었다. 예를 들어 협상 불가능한 채권자는 도산절차에서 일반 채권자보다 선순위로 해야 한다는 것이다.[39] 또는 모든 불법행위책임 사안에서 잔여 불법

---

35 그러한 채권자의 분류에 대해서는 Lucian A. Bebchuk and Jesse M. Fried, *The Uneasy Case for the Priority of Secured Claims in Bankruptcy*, 105 Yale Law Journal 857 (1996) 참조. 계약상의 채권자라고 할지라도 근로자, 소비자와 거래채권자는 협상비용에 비교하여 채권액이 소액이기 때문에 불충분한 협상을 할 수도 있다. 그러나 거래채권자는 자금을 대여하는 조건을 협상하지는 않으나 차입자의 위험도에 따라 신용을 제공하는 액수를 협상할 수 있다. Mitchell A. Petersen and Raghuram J. Rajan, *Trade Credit: Theories and Evidence*, 10 Review of Financial Studies 661, 678-9 (1997) 참조.

36 그럼에도 불구하고 국가는 집행의 강도를 협상할 수 있다. 예를 들어 Katharina Pistor, *Who Tolls the Bells for Firms?: Tales from Transition Economies*, 46 Columbia Journal of Transnational Law 612 (2007) 참조.

37 Steven Shavell, Foundations of the Economic Analysis of Law, pp.230-2 (2004) 참조.

38 실증연구에 따르면 위험산업을 영위하는 회사에서 위와 같은 사실이 존재한다. Al H. Ringleb and Steven N. Wiggins, *Liability and Large-Scale, Long-Term Hazards*, 98 Journal of Political Economy 574 (1990) 참조.

39 David W. Leebron, *Limited Liability, Torts Victims, and Creditors*, 91 Columbia Law

행위책임에 대하여 주주가 비례적으로 책임을 부담하거나 주주가 위험사업을 직접적으로 지배한 경우에는 배상액 전액에 대해 책임을 부담하도록 할 수도 있다.[40] 그러나 우리의 주요 대상국가들에서 협상 불가능한 채권자에 대한 효과적인 보호는 드물다. 다만 브라질은 이 측면에 가장 강력한 입장이다. 회사의 재산이 근로자, 소비자와 환경에 대한 손해를 배상하기에 충분하지 않은 경우에는 법인격을 부인하여 주주에게 무한책임을 인정한다.[41]

많은 국가에서 채택된 규제전략 중 하나는 위험사업을 하는 회사로 하여금 일정한 최소 수준의 보험에 가입하도록 하는 것이다. 예를 들어 다수의 유럽국가와 일본은 자동차와 산업재해 또는 유독성 폐기물 처리에 관하여 이러한 요건을 두고 있다. 이러한 요건은 불법행위자의 지급불능 시에는 보험자에 대한 지급청구권이 자동적으로 피해자에게 이전되도록 보완적으로 입법하고 있기도 한다. 그러나 이와 같은 요건이 기업가가 주식회사 형태를 선택하여 기회주의적으로 비용을 외부화하는 것을 억지하기는 하나, 이는 통상 주식회사만을 대상으로 한 것은 아니다.

5.1.3 채권자-채권자 조율 문제(Creditor-Creditor Coordination)와 대리 문제

조직법상의 조직 격리 기능에 따라 법적 조직의 재산에 대해서는 당해

Review 1565 (1991).

40 비례적 책임 견해는 Henry Hansmann and Reinier Kraakman, *Toward Unlimited Shareholder Liability for Corporate Torts*, 100 Yale Law Journal 1879 (1991) 참조; 지배책임 견해는 Nina A. Mendelson, *A Control-Based Approach to Shareholder Liability*, 102 Cardozo Law Review 1203 (2002) 참조.

41 Art. 28 Consumer Protection Code (consumers); Lei 9.605 of 1998 (environment). 법원은 소비자보호 입법을 유추하여 근로자를 우선하여 주주의 무한책임을 적용한다. Bruno Salama, O Fim da Responsabilidade Limitada no Brasil (2014) 참조.

조직의 채권자에게 소유자—주식회사의 경우에는 주주—및 그의 채권자보다 우선하는 청구권이 인정된다. 이러한 원칙이 제대로 작동하기 위해서는 채권자가 원할 때에는 조직의 소유자(와 그의 채권자)가 조직의 재산을 사용하는 것을 막는 법이 필요하다. 그 구분시점은 지급불능이다. 단체가 그 재산으로 채권자에 대하여 채권 전액의 변제를 하지 못하면 법에서 주주가 더 이상 지급받을 수 없도록 하여야 한다.

이는 실질적으로 채권자에게 주주를 배제하고 자신을 소유자로 대체할 수 있는 권한을 인정함으로써 가능하다. 채권자는 채권을 변제받기 위해 필요한 한도에서 회사의 재산의 소유자가 될 수 있는 실질적 옵션을 가지고, 회사가 지급채무를 불이행할 때 이 옵션을 행사할 수 있다.[42] 지급을 받지 못한 채권자는 회사재산에 대하여 채권의 강제적 집행을 명하는 법원의 명령을 구할 수 있고, 일반적으로 강제집행의 위협은 채무자에게 지급을 하고자 하는 인센티브를 발생시킨다. 그 결과 회사가 채무를 전반적으로 지급 불이행한 경우에는 채권자들이 회사의 재산 전체에 대한 소유자가 될 옵션을 가진다.[43]

그러나 이 경우 채권자들은 조율(coordination) 문제에 부딪히게 된다. 각각의 채권자가 개별적으로 집행한다면 회사의 사업은 곧바로 해체될 것이다. 회사의 자산이 해체되는 것보다 결합되어 유지될 때 더 가치가 있는 경우에는 위와 같은 결과는 비효율적이고, 채권자들은 채권을 집행하지 않고 회사와 채무 재조정 합의를 함으로써 채권자 전체로서는 더욱

42 George G. Triantis, *The Interplay between Liquidation and Reorganization in Bankruptcy: The Role of Screens, Gatekeepers, and Guillotines*, 16 International Review of Law and Economics 101 (1996); Douglas G. Baird and Robert K. Rasmussen, *Control Rights, Property Rights and the Conceptual Foundations of Corporate Reorganizations*, 87 Virginia Law Review 921 (2001); Robert K. Rasmussen, *Secured Debts, Control Rights and Options*, 25 Cardozo Law Review 1935 (2004) 참조.

43 실무에서 일반적으로 볼 수 있듯이 전반적으로 채무를 불이행한 회사에서는 주식지분이 소각된다고 가정한다.

이익을 볼 수 있다. 그럼에도 불구하고 각 채권자는 개별적으로 채권을 집행하고자 하는 인센티브가 있다. 먼저 행동한 채권자는 채권전액을 지급받을 수 있는 데 반하여 구조조정에서는 전액에 못 미치는 지급이 이루어지기 때문이다. 이러한 문제를 해결하는 것이 도산법의 핵심적 기능이다.[44]

앞에서 지적한 것처럼 모든 대상국가에서 지급불능한 회사에 관하여 채권자가 도산절차 개시를 신청할 권리를 부여하고 있다.[45] 도산절차에서는 채권자가 개별적으로 특정재산을 압류할 수 있는 권리가 집단적 절차에 참여하는 권리로 변형된다. 도산법은 새로운 기업구조를 도입하는데, 이는 제1장에서 설명한 주식회사의 5가지의 기본적 특성을 가지지만 주주가 아닌 채권자가 소유자가 된다는 점에서 차이가 있다.[46] 첫째, 채권자의 개별적인 권리 행사의 정지는 회사의 재산에 대해 강한 조직 격리가 인정됨을 뜻한다. 회사 채권자의 개인채권자는 더 이상 회사채권자의 청구권의 대상인 회사재산을 압류할 수 없으므로 재산의 특수한 가치는 유지될 수 있다.[47] 둘째, 채권자는 회사의 도산 이후의 부채에 대하여 유한책임을 지므로 적절한 경우에는 회사의 계속을 촉진시킬 수 있다.[48] 셋째, 지급

44 Thomas H. Jackson, The Logic and Limits of Bankruptcy Law, pp.7-19 (1986).

45 지급불능(insolvency)은 다양하게 정의되고 있지만, 두 가지 기준이 가장 지배적이다. 채무자의 부채가 자산을 초과한 경우[대차대조표 기준(balance sheet test)이나 부채초과(over-indebtedness)] 또는 지급기일이 된 부채를 변제하지 못하는 경우[현금흐름 기준(cash-flow test) 또는 영업적(commercial)' 지급불능]가 그것이다.

46 여기에서 '소유자(owners)'는 법의 기술적 의미에서의 소유자가 아니라(법상으로는 주식회사가 회사재산에 대한 소유자이기 때문이다), 제1장에서 표현된 기능적 의미 즉 회사의 재산을 지배할 권한이 있는 그룹(앞 1.2.5 참조)을 의미한다. 도산절차에서 그러한 지배력이 주주에서 채권자로 얼마나 이전되는가는 국가마다 다르다(뒤 5.3.2 참조).

47 개인에게 적용되는 도산법에서는 적어도 담보채권자에 대해서는 위와 같은 효과적인 조직 격리가 이루어지지지 않는바, 이 점이 개인에게 적용되는 도산법과의 중요한 기능상의 차이이다.

48 채권자의 책임은 일반적으로 회사재산에 대한 채무자의 비례적 지분의 가치로 한정된다. 즉 남아 있는 채무자의 재산을 넘어서서 그 이상의 손실을 입을 일이 없다.

능력이 있는 회사에서 주주의 권리를 자유롭게 양도할 수 있는 것처럼 채권자의 권리도 자유롭게 양도할 수 있다.[49] 넷째, 도산절차는 개별적 채권자와는 구별되고 일정한 권한을 가진 일종의 '위기관리인(crisis manager)'의 형태의 경영 위임을 규정한다. 다섯째, '위기관리인'은 일반적으로 채권자에 대하여 의무를 부담한다.

사업을 계속할 것인가 또는 폐지할 것인가의 결정의 중요성을 반영하여, 국가들은 흔히 관련 권한과 지배구조 면에서 차이가 있는 복수의 도산절차 중에서 선택할 수 있도록 하고 있다. **파산**(liquidation)절차는 회사의 재산을 경매로 매각하는 것에 중점을 두는 반면, **회생절차**(reorganization) 또는 '구제(rescue)'절차는 회사의 채무의 재협상(renegotiation)을 촉진한다.[50] 물론 채권자는 재무적 위기에 처한 회사를 실제로 '공식적' 도산절차에 들어가게 하는 것을 원하지 않을 수도 있다. 회사의 도산은 회사의 장래에 대한 의문을 야기하여 회사에 대한 공급자와 소비자가 회사의 이행능력에 대하여 가지는 기대를 낮추게 하고, 이것이 다시 회사자산을 매각함으로써 얻을 수 있는 가치를 감소시키기 때문이다. 그러므로 회사가 공식적 도산절차에 들어가는 대신 이와 유사한 결과를 가져올 수 있는 일련의 절차를 제안하고 채권자가 그에 동의하는 경우가 보통이다. 이러한 절차는 채권자가 회사의 기존 경영진과 사업모델을 지지하는 경우에는 '워크아웃(workout)'(도산절차의 가능성을 의식한 상태에서의 구조조정)의 형태를 취할 수도 있다. 그 대안으로 공식 절차가 개시되기 전에 사전조정된(prepackaged) 회사사업의 매각(청산)의 형태를 취할 수도 있다. 채권자 간에 조율 문제와 대리 문제가 존재한다는 것은 재협상에 관계된 채

---

49 Victoria Ivashina, Benjamin Iverson, and David C. Smith, *The Ownership and Trading of Debt Claims in Chapter 11 Restructurings*, 119 Journal of Financial Economics 316 (2016); Wei Jiang, Kai Li, and Wei Wang, *Hedge Funds and Chapter 11*, 67 Journal of Finance 513 (2012) 참조.

50 예를 들어 UNCITRAL, 앞의 책(주 30), pp.26–31 참조.

권자의 수가 많고 채권자들이 이질적일수록 워크아웃이나 '사전조정형'을 추진할 가능성이 감소함을 의미하고,[51] 그에 따라 도산절차의 역할이 중요해진다.[52]

채권자는 어떠한 도산절차를 선택할 것인가에 대해서는 중대한 영향력이 있지만[예를 들어 '사전조정형' 구조조정('pre-packaged' restructuring) 계획의 합의], 회사가 채권자들과 특정 절차를 이용하기로 합의하는 것을 허용하는 국가는 거의 없고,[53] 설혹 있다고 해도 회사가 스스로 절차를 고안하는 것을 허용하는 국가는 없다.[54] 이러한 접근방식은 각각 강행적 특징을 가진 다양한 법적 조직유형을 이용할 수 있다는 점과 비슷한 근거에

---

51 예를 들어 Stuart C. Gilson, Kose John, and Larry L.P. Lang, *Troubled Debt Restructurings: An Empirical Study of Private Reorganization of Firms in Default*, 27 Journal of Financial Economics 315, 354 (1990); Paul Asquith, Robert Gertner, and David Scharfstein, *Anatomy of Financial Distress: An Examination of Junk-Bond Issuers*, 109 Quarterly Journal of Economics 625, 655 (1994); Antje Brunner and Jan Pieter Krahnan, *Multiple Lenders and Corporate Distress: Evidence on Debt Restructuring*, 75 Revierw of Economic Studies 415 (2008) 참조.

52 행동주의 투자자가 거래하는 채권은 부채가 집중될 수 있도록 하고 그럼으로써 조정비용을 감소시킨다. Ivashina, Iverson, and Smith, 앞의 논문(주 49) 참조.

53 영국은 과거에 'receivership'이라는 제도를 통하여 회사의 담보채권자가 회사 재산 전체에 대하여 집행을 하는 것을 허용하였다[receivership / administrative receivership은 1986년 Insolvency Act에 수용된 제도이다. 담보채권자가 담보권 설정계약에 따라 receiver(fixed charge의 경우) 또는 administrative receiver(floating charge의 경우)를 선임하고, 이들이 담보자산을 점유하여 담보 채권자를 위하여 자산을 매각하고 수익을 지급한다. administrative receiver는 회사의 모든 재산에 대하여 선임되므로 이를 계속기업으로 매각하여 담보 채권자에 대한 수익을 극대화할 의도로 회사의 사업을 운영할 수 있다 — 옮긴이 주]. 그러나 이는 2002년 기업법(Enterprise Act 2002)에 의해 대부분의 회사에서 폐지되었다. John Armour and Sandra Frisby, *Rethinking Receivership*, 21 Oxford Journal of Legal Studies 73 (2001) 참조.

54 '도산계약이 기능을 하기 위해서는, 회사가 모든 채권자들을 구속할 수 있는 선택을 할 수 있어야 한다. 그렇지 않다면 조정 문제(coordination problem)를 해결할 수 없기 때문이다. Alan Schwartz, *A Contract Theory Approach to Bankruptcy*, 107 Yale Law Journal 1807 (1998); Stanley D. Longhofer and Stephen R. Peters, *Protection for Whom?: Creditor Conflict and Bankruptcy*, 6 American Law and Economics Review 249 (2004) 참조. 그러나 당사자들이 자회사에 재산을 자유롭게 이전 분배할 수 있으므로 도산절차의 대상이 되는 자산 풀의 범위를 재단할 수 있다. Baird and Gasey, 앞의 논문(주 21) 참조.

의해 뒷받침된다.[55] 도산절차의 종류가 한정됨으로써 그 절차의 해석에 관한 사법적 선례들이 축적될 수 있다. 그 경우 법원의 접근방식이 보다 확실해질 것이므로 장래의 당사자들에 대한 도산절차들의 가치가 높아질 것이다. 결과적으로 그 이전 단계에서 채권자가 당초 신용을 얼마나 제공해 줄 것인가에 영향을 주게 된다.[56] 바꾸어 말하면 도산법에 의한 표준화는 당사자들이 협상을 하는 배경조건을 결정하는 것을 용이하게 한다. 또한 도산법상의 강행규정은 당사자들이 도산절차에서 협상 불가능한 채권자의 이익을 희생하여 자신의 이익을 도모하는 합의를 하는 것을 방지한다.[57]

이제 우리는 이러한 문제에 대응하기 위해 우리의 대상국가들이 동원하고 있는 법적 전략들을 검토한다. 먼저 지급능력 있는 회사에서의 주주-채권자 간 대리 문제에 대한 (약한) 통제에 대해 살펴보고, 둘째로 지급불능 회사에서 이러한 문제에 대한 (강한) 통제와 채권자-채권자 간의 조율 및 협상 문제를 고찰한다.

5.2 지급능력이 있는 회사

회사법이 지급능력 있는 회사에서 발생하는 주주-채권자 간 대리 문제를 통제하려고 하는 경우, **사전적**으로 관계 설정 및 룰전략을 이용한다.[58] 앞으로 살펴보겠지만, 관계설정전략은 주로 시장에서 조달한 신용

---

55 앞 1.3.1과 1.4.1. 참조.

56 Oliver Hart, Firms, Contracts, and Financial Structure (1995); Alan Schwartz, *A Normative Theory of Business Bankruptcy*, 91 Virginia Law Review 1199 (2005) 참조.

57 이에 관한 일반적 내용은 Lucian Ayre Bebchuk and Jesse M. Fried, *The Uneasy Case for the Priority of Secured Claims in Bankruptcy*, 105 Yale Law Journal 857, 882–91 (1996) 참조.

58 이는 사후적 전략을 발동시키는 사건이 바로 회사의 지급불능이라는 점 때문에 그러하다.

에 맞추어져 있는 데 반하여, 룰전략은 은행 중심의 부채를 통한 자금 조달에 더 적합하다.

5.2.1 관계설정전략(Affiliation Strategy): 강제적 공시

채권자는 채무자의 평판을 신뢰할 수 있거나 또는 기타 공개적으로 이용가능한 정보가 있는 경우를 제외하고는 채무자로부터 그의 재무상황에 대한 정보를 얻지 않고는 계약을 체결하지 않는다. 또한 대(大)채권자는 기한이익 상실조항(계약상의 특약 위반 시 채무의 변제기가 도래한 것으로 보아 지급을 강제할 수 있도록 하는 것)이나 담보권(특정재산에 대한 집행으로 신속하게 지급받을 수 있도록 하는 것)을 취득하는 등의 형태로 스스로 탈퇴기회를 만든다.[59]

회사법은 일정한 기초적 정보를 공시하도록 함으로써 이러한 거래를 원활하게 한다. 우선 모든 국가는 회사의 법적 형태를 나타내는 용어(Inc., Ltd, GmbH, SA 등)를 회사의 명칭에 표기하도록 함으로써 그 법적 지위가 명확하게 나타나도록 하고 있다.[60] 회사는 또한 등기소(public register)에 회사의 명칭, 자본금, 주식의 종류 등에 관한 정보가 포함된 정관(charters)을 제출하여야 한다.[61] 이러한 핵심적 사항에 대한 공통적 공시의무 외에 채권자들에게 강제적으로 공시하여야 하는 내용에는 차이가 있다. 공시내용은 회사가 어느 국가에서 설립되었는가보다는 회사의 종류에 따라 차이가 있다.

---

59 예를 들어 Robert E. Scott, *The Truth about Secured Financing*, 82 Cornell Law Review 1436 (1997) 참조.

60 Jonathan R. Macey, *The Limited Liability Company: Lessons for Corporate Law*, 73 Washington Univesity Law Quarterly 433, 439–40 (1995) 참조.

61 Arts. 2–3 Directive 2009 / 101 / EC, 2009 O.J. (L 258) 11(EU); Revised Model Business Corporation Act § 2.02(a)(미국); Art. 32, II, a Lei 8.934 of 1984(브라질); Art. 911(3) Companies Act(일본).

강제공시의무는 은행보다는 시장을 통하여 자금을 공급하는 채권자에게 더욱 유용하다.[62] 은행은 채무자 기업에 비교적 대규모 투자를 하는 것이 보통이므로 채무자의 선별 및 감시를 할 인센티브가 있다. 이를 위해 은행은 신용 위험을 평가하고 채무자의 행동을 감시하는 전문적 능력을 개발한다. 일단 사적 정보를 가지면 정보가 부족한 경쟁자보다 더 우월한 가격조건을 제시할 수 있기 때문에 은행이 사적 정보를 수집하고 분석하는 데 투자하는 것은 가치가 있다. 이러한 '관계적 대출(relationship lending)' 모델에서는 차주가 현재의 채권자만큼 차주사업의 위험과 보상을 제대로 이해하고 있지 못한 다른 대출기관으로 전환하는 것은 더 많은 비용이 소요되는 일이다. 물론 채무자에 대한 재무정보는 은행에게도 유용하지만, 정보의 공시가 강제되지 않는다고 하여도 은행은 채무자에게 대출조건의 일환으로 지속적으로 정보의 제공을 요구할 인센티브와 힘이 있다.

공개시장에서의 투자자의 경우에는 두 가지 중요한 이유로 사정이 다르다. 첫째, 이러한 투자자들은 개별적으로는 기업의 자금 차입에서 은행보다는 훨씬 낮은 비율의 자금을 제공한다. 결과적으로 그들은 채무자에 관한 정보를 수집하고 분석하는 데 보다 높은 조율비용을 부담하게 된다. 둘째, 새로운 사적 정보를 수집하게 되면 내부자거래에 대한 규제로 인해 시장에서 그들의 투자를 판매하는 것을 제한받게 될 수 있다. 결과적으로 강제공시를 통해 실행되는 관계설정전략은 은행 대출시장보다는 공개시장에서의 채권을 보완할 가능성이 높다.

5.2.1.1 폐쇄회사(Closely Held Corporation)

소규모 회사의 경우에는 은행이 외부자금의 주요 공급자이다.[63] 따라

---

62 공시를 강제적으로 하도록 할 것인지 아니면 자발적 공시가 바람직한지는 뒤 9.1.2에서 검토한다.

63 Alicia M. Robb and David T. Robinson, *The Capital Structure Decisions of New Firms*, 27 Review of Financial Studies 153 (2014) 참조.

서 공시는 더 큰 규모의 회사에서보다는 덜 확실하게 기능하는 것으로 보인다. 우리의 대상국가들은 모두 폐쇄회사에 대해 재무서류(financial accounts)를 작성할 것을 요구하고 있지만, 미국의 폐쇄회사는 주주 외의 다른 사람들에게는 이를 공시할 의무가 없다.[64] 이와 대조적으로 우리의 다른 대상국가들은 원칙적으로 폐쇄회사도 재무제표(financial statements)를 (적절한 회계 기준에 따라) 작성하고 일반이 열람할 수 있도록 하여야 한다.[65] 그러나 이 국가들에서는 공시규정 준수의 고정비용이 소규모 기업에게 과도한 부담이 된다는 점을 이유로 소규모 기업의 경우에는 공시 규정을 완화하고 있다.[66]

5.2.1.2 공개회사(Publicly-Held Corporations)

폐쇄회사에 비하여 공개회사에서의 정보 공시는 우리의 모든 대상국가에서 광범위하게 규제되고 있다.[67] 미국의 증권법에 따르면 회사채를 포함하여 공개적으로 거래되는 증권(publicly-traded securities)을 발행한 회사는 증권거래위원회(Securities and Exchange Commission, SEC)에 제출하는 증권신고서에 당해 증권의 가치와 발행회사의 재무상황에 관계되는 모든 중요한 정보를 공시하여야 한다.[68] EU의 최초의 공시요건은 점차 미국의 요건과 유사해지고 있다.[69]

---

64 William J. Carney, *The Production of Corporate Law*, 71 Southern California Law Review 715, 761 (1998) 참조.

65 Art. 2(1)(f) Directive 2009/101/EC ["First Company Law Directive (Recast)"], 2009 O.J. (L 258) 11 and Accounting Directive 2013/14/EU, 2013 O.J. (L 182) 19(EU); Arts. 176 and 289 Lei das Sociedades por Ações(브라질); Art. 440 Companies Act(일본) 참조.

66 Art. 14 Accounting Directive(EU: 매우 작은 회사에는 가장 광범위하게 회계기준의 적용을 면제하는 것과 같은 점진적 방식을 적용); Art. 440 Companies Act(일본: 손익계산서 공시의무는 대회사에만 적용) 참조.

67 또한 뒤 9.1.2.5 참조.

68 Securities Act 1933 §§ 5–7.

69 Prospectus Directive 2003/71/EC, 2003 O.J. (L 345) 64; Transparency Directive 2004/109/EC, 2004 O.J. (L 390) 38, both as amended by Directive 2010/73/EU 참조.

또한 재무제표에 관해서도 상당한 수렴이 있었다. 미국의 공개회사는 US 회계원칙(Generally Accepted Accounting Principles. 이하 'GAAP')에 따라 작성된 재무제표를 정기적으로 제출하여야 한다.[70] EU 회원국은 한때 서로 다른 국내 회계기준들을 적용하였으나, EU 증권시장에 상장된 공개회사는 2005년부터 연결재무제표 작성 시—영미의 전통적인 재무회계보고에 근접한—국제회계기준(International Financial Reporting Standards. 이하 'IFRS')을 적용하여야 한다.[71] 브라질의 공개회사 또한 IFRS를 준수해야 한다.[72] 일본도 역시 공시 및 회계 개혁을 통하여 일본판 GAAP를 IFRS에 근접하도록 하였고, 일본 회사로 하여금 자발적으로 IFRS를 채택할 것을 장려해 왔다.[73] 다른 한편 제9장에서 살펴볼 것처럼 공시의무 집행의 강도에는 여전히 상당한 실질적 차이가 존재한다.[74]

5.2.1.3 기업집단

공시는 기업집단의 맥락에서 특히 중요성을 가진다. 독립적 회사의 채권자보다는 기업집단 소속 회사의 채권자가 주주의 기회주의에 더욱 취약하다.[75] 이러한 중요성 때문에 기업집단 회계는 수렴의 경향이 가장 현저하게 나타나는 분야이다. 따라서 앞에서도 언급한 것처럼 우리의 모든 주요 대상국가에 존재하는 상장된 기업집단들은 '대등한' GAAP과 IFRS기준에 따라 연결재무제표를 작성해야 한다. 그러나 모든 상장 기업집단에

70 예를 들어 Securities Exchange Act 1934, § 13; Sarbanes-Oxley Act, §§ 401, 409; Regulation S-X. 뒤 9.1.2.6 참조.

71 Regulation 1606 / 2002 on the Application of International Accounting Standards (The "IAS Regulation"), 2002 O.J. (L 243) 1. 뒤 9.1.2.6 참조.

72 CVM Instruction No. 457 of 2010, Art. 1°.

73 Accounting Standards Board of Japan and IASB, Agreement on Initiatives to Accelerate the Convergence of Accounting Standards (8 August 2007); IFRS, IFRS Application Around the World—Jurisdictional Profile: Japan (2014) 참조.

74 뒤 9.2 참조.

75 앞 5.1.2.2 참조.

IFRS기준을 적용하고자 하는 규제 노력은 여전히 중대한 장애에 직면하고 있는데, 특히 미국에서 그러하다.[76] 또한 비상장 기업집단의 경우에는 실제로 차이가 남아 있다. 브라질(공식적인 기업집단에 대해)과 EU(대규모 기업집단에 대해)만이 폐쇄적으로 보유되는 기업집단에도 연결요건을 확대 · 적용하고 있다.[77] 또한 대부분의 국가에서 공개회사에 대하여 내부거래를 공시할 것을 요구하고 있지만, 독일법은 이상하게도 회계의 전통적 '보수성'에 비추어 볼 때 기대되는 것보다 채권자를 덜 보호하고 있다. 특히 '공식적인' 계약상 콘체른에 속하는 회사의 수가 많지 않다는 점은 차치하고라도,[78] 독일의 **콘체른법**(*Konzernrecht*)은 종속회사에 대하여 감독이사회에 제출하여야 하는 방대한 **종속보고서**(Abhägigkeitsbericht 또는 'dependence' report)의 **요약본**을 회계감사를 받아 채권자에게 제공할 의무만을 인정하고 있다.[79]

5.2.1.4 문지기의 역할

강제적 공시의 질은 신뢰할 수 있는 제3자 또는 소위 '문지기(gatekeepers)'라고 하는 사람들의 검증을 통해서 향상될 수 있다.[80] 실제로 회

---

76 SEC (US), *Work Plan for the Consolidation of Incorporating IFRS into the Financial Reporting System for U.S. Issuers*, Final Staff Report (2012); SEC (US), *Strategic Plan: Fiscal Years 2014-18*, 8 (2014); European Commission, *State of Play on Convergence between IFRS and Third Country GAAP*, Staff Working Paper SEC (2011) 991 final 참조.

77 Arts 22-3 Accounting Directive(EU); Art. 275 Lei das Sociedades por Ações(그러나 브라질에서 공식적 기업집단은 흔치 않다).

78 소위 계약상 콘체른은 상업등기부(trade register)에 '지배계약(control agreement)'을 체결한 것이 기재되어 있는 기업집단이다. §§ 291, 294 Aktiengesetz 참조. 계약상 콘체른을 선택한 기업집단이 얼마나 되는지는 확실치 않으나, 소수라고 판단된다. Volker Emmerich and Mathias Habersack, Konzernrecht, 10th edn., p.198 (2013) 참조. 또한 뒤 5.3.1.2. 참조. 종속회사가 회사의 경영과 성과에 대한 지배의 영향을 공시하여야 하는 이탈리아 민법 제2497-2조와 비교.

79 § 312 Aktiengesetz; Uwe Hüffer and Jens Koch, Aktiengesetz, 12th edn. (2016); § 312 para 38 참조. 또한 뒤 6.2.1.1(관계자거래에 대한 공시요건에 관한 논의) 참조.

80 앞 2.4.2.3 참조.

계공시를 검증하기 위하여 감사인(auditors)이 보편적으로 위촉되고, 채무자의 신용기록에서 중요한 정보를 수집 및 배포하는 면에서 신용정보업자가 한층 중요해졌다.[81] 대규모 차입자에 대해서는 신용평가기관(Credt Rating Agencies, CRAs)이 중요한 문지기로 등장하여, 전통적으로 채권자가 수행하던 조사 기능(investigation functions)이 이들에게 위임되었다. 특히 회사채나 은행대출의 증권화를 통하여 채권이 다수인에게 분산되는 경우에는 더욱 그러하다.[82]

모든 주요 대상국가에서는 공개회사에 대하여 외부감사인을 두어 재무제표를 검증하도록 한다. 또한 다수의 대상국가는 대규모 폐쇄회사에 대해서 전문적 회계감사를 받을 것을 요구하고 있다.[83]

감사인과 신용평가기관은 각각 채무자의 재무상황을 검토하고 채권 발행회사의 채무 불이행 위험을 평가하면서 그들의 평판자본(reputational capital)을 제공함으로써 이론적으로는 채무자의 자금 조달비용을 감소시킬 수 있다. 문지기의 이러한 기능은 모든 대상국가에서—문지기의 '실패'에 대처하기 위한 틀을 구성하는—자격증 요건, 업무기준 설정, 감사인과 신용평가기관의 사후적 책임에 의하여 강화된다.[84]

감사인은 재무제표가 적용 법규와 회계기준에 따른 것임을 담보하여야 한다. 또한 주주와 채권자는 감사인이 경영진의 신인의무 위반을 감독할 것을 점점 더 기대한다.[85] 비록 감사인은 재무제표의 검증을 넘어서는 의무를 부담하지 않지만, 더 넓은 범위의 책임을 수용하라는 압력은 점

81 Simeon Djankov, Caralee McLiesh, and Andrei Shleifer, *Private Credit in 129 Countries*, 84 Journal of Financial Economics 299 (2007) 참조.

82 Arnoud W.A. Boot, Todd T. Milbourn, and Anjolein Schmeits, *Credit Ratings as Coordination Mechanisms*, 19 Review of Financial Studies 80 (2006) 참조.

83 Art. 34 Accounting Directive(EU); 일본 회사법 제328조; Art. 3° Lei 11.638 of 2007(브라질).

84 Reinier Kraakman, *Gatekeepers: The Anatomy of a Third-Party Enforcement Strategy*, 2 Journal of Law, Economics, and Organization 53, 70 (1986) 참조.

85 뒤 6.2.1.1 참조.

점 더 커지고 있다.[86] 1990년대에는 감사인의 책임을 제한하고자 하는 입법적 시도가 다수 존재했으나,[87] 2000년대 초반에 엔론(Enron), 파말라트(Parmalat) 및 기타 회계 스캔들에 따른 비판으로 인하여 원점으로 돌아갔다.[88] 그후 다시 엔론 관련 형사 수사에 이은 아서앤더슨(Arthur Andersen)의 자멸로 인하여 감사인의 평판에 손을 대는 것의 위험성이 부각되고 감사인 책임의 제한이 다시 동력을 얻게 되었다[89](아서앤더슨은 엔론의 재무제표 감사를 담당하면서 분식결산과 증거 은폐 등에 관여하였다는 이유로 기소되었고, 결국 해체되었다—옮긴이 주).

엔론 스캔들 이후, 미국과 EU 모두 공개회사 회계감사인의 독립성을 확보하기 위한 요건을 도입하였다. 여기에는 회계 감사법인이 비회계감사 서비스를 제공하는 것을 금지하고, 감사 담당 파트너(audit partner)를 의무적으로 교체하는 것이 포함되어 있다.[90] EU는 최근 여기에서 더 나아가 공개회사의 회계 감사**법인**을 10년마다 교체할 것을 강제하였다.[91]

---

86 John C. Coffee, Jr., Gatekeepers: The Professions and Corporate Governance, p.168 (2006); Paul L. Davies and Sarah Worthington, Gower and Davies' Principles of Modern Company Law, 9th edn., pp.847–53 (2012) 참조.

87 미국은 John C. Coffee, *What Caused Enron?: A Capsule Social and Economic History of the 1990s*, 89 Cornell Law Review 269 (2004); 일본 공인회계사법(2007년 개정) 제34조의2의2 이하; Art. L. 822-18 Code de commerce(프랑스. 3년의 제척기간); Art. 164 Testo Unico della Finanza(이탈리아); Limited Liability Partnership Act 2000(영국) 참조.

88 §§ 101–109 Sarbanes-Oxley Act 2001(미국); Commission Communication COM (2003) 286, *Reinforcing the Statutory Audit in the EU*, 2003, O.J. (C 236) 2; Directive 2006/43/EC on statutory audits of annual accounts and consolidated accounts, 2006 O.J. (L 157) 87 참조.

89 예를 들어 Commission Recommendation concerning the limitation of the civil liability of statutory auditors and audit firms, 2008 O.J. (L 162) 39(EU); Walter Doralt, Alexander Hellgardt, Klaus J. Hopt, Patrick C. Leyens, Markus Roth, and Reinhard Zimmermann, *Auditors' Liability and its Impact on the European Financial Markets*, 67 Cambridge Law Journal 62 (2008) 참조.

90 Sarbanes-Oxley Act of 2002, §§ 201, 202(U.S)(5년 경과 시 교체). Arts. 22 and 42 Directive 2006/43/EC on statutory audits, 2006 O.J. (L 157) 87, as amended by Directive 2014/56/EU, 2014 O.J. (L 158) 196(EU)(7년 경과 시 교체).

91 Art. 17 Regulation(EU) No 537/ 2014 on specific requirements regarding statutory

의무적인 감사 담당 파트너 교체는 재무제표 수정(accounting restatement)의 빈도를 감소시킨다는 증거가 있지만,[92] 감사법인 자체의 교체는 비회계감사 서비스 제공이 금지됨을 감안하면 회계감사 서비스가 집중되어 있는 시장에서는 실행하기가 어렵고, 그 효과에 대한 증거도 의심스럽다.[93]

마찬가지로 신용평가기관이 금융위기를 앞둔 시기에 저당권에 기초한 금융상품의 평가를 효율적으로 하지 못하였기 때문에 신용평가기관에 대한 규제 감독이 강화되었다. 신용평가기관은 정보 비대칭의 해소에 긍정적 기여를 하고 있지만,[94] 신용평가에 대한 대가를 발행인으로부터 받기 때문에 이익충돌이 있기도 하다.[95] 그러므로 허가요건, 중과실에 대한 손해배상책임, 신용평가방법의 투명성 및/또는 해당 분야의 경쟁촉진 시도와 같은 조치를 도입하는 규제가 우리의 모든 대상국가에 도입되었다.[96]

문지기로서의 신용평가기관의 효용에 대한 특별한 문제는 기관투자자에 대한 건전성 규제에서 특정 자산군에 투자하기 위한 전제조건으로 일정 등급 이상의 신용평가를 요구하는 것이다. 투자자들이 신용평가를 단

---

audit of public-interest entities, 2014 O.J. (L 158) 77.

92 Henry Laurion, Alastair Lawrence, and James Ryans, *U.S. Audit Partner Rotations*, Working Paper, Berkeley Haas School of Business (2015).

93 예를 들어 Mara Cameran, Giulia Negri, and Angela K. Pettinicchio, *The Audit Mandatory Rotation Rule: The State of the Art*, 3(2) Journal of Financial Perspectives (2015)(브라질은 5년마다 감사법인 교체요건이 있으나 회계감사법인 이사 교체는 규정하고 있지 않다).

94 Amir Sufi, *The Real Effect of Debt Certification: Evidence from the Introduction of Bank Loan Ratings*, 22 Review of Financial Studies 1659 (2009) 참조.

95 Lawrence J. White, *Markets: The Credit Rating Agencies*, 24 Journal of Economic Perspectives 211 (2010); John M. Griffin and Dragon Y. Tang, *Did Credit Rating Agencies Make Unbiased Assumptions on CDOs?*, 101 American Economic Review: Papers & Proceedings 125 (2011) 참조.

96 Regulation (EC) No 1060/2009 on Credit Rating Agencies, 2009 O.J. (L 302) 1, as amended by Regulation (EC) No 462/2013, 2013 O.J. (L 146) 1(EU); Dodd-Frank Act of 2010, §§ 931-939H(미국); CVM Instruction No. 521 of 2012(브라질); Art. 38(iii), 일본 금융상품거래법 제66조의27에서 제66조의49(일본에서는 CRAs의 책임에 대해서는 규정하고 있지 않다).

순히 규제요건을 충족시킬 목적으로만 이용하고 그 정보내용에 의존하지 않는 한, 신용평가기관의 서비스에 대한 수요는 신용평가의 품질이 열악하더라도 감소하지 않는다.[97] 이 문제에 대처하기 위해 전 세계의 입법자들은 기관투자자들의 신용평가에 대한 강제적 의존을 감소시키기 위해 노력하여 왔다.[98]

5.2.2 룰전략: 법정자본금

강제공시가 채권자들이 자신을 보호하는 것을 돕는다면, 룰전략은 채권자들에게 표준적인 형태의 보호를 제공한다. 가장 중요한 룰은 '법정자본금(legal capital)'에 관한 것이다.[99] 이는 회사 재무의 적어도 다음 세 가지 별개의 측면, 즉 ① 최초 자기자본투자의 최저한도 규정, ② 주주에 대한 지급의 제한, ③ 중대한 자본금 결손에 이어서 취해야 할 조치의 발동에 적용할 수 있는데 이에 대해서는 차례로 살펴보기로 한다.

앞에서 논의한 바와 같이[100] 법이 표준화된 조건을 제공하는 것은 채권자가 (비교적) 동질적이고 채권자들 간의 조율이 (비교적) 용이할 때, 바꾸어 말하면 은행이 주된 채권자인 경우에 가장 효과적이다. 이는 왜 다른 지역보다 미국에서 이러한 전략이 덜 사용되었고, 그리고 오늘날 일반

---

97 Christian C. Opp, Marcus M. Opp, and Milton Harris, *Rating Agencies in the Face of Regulation*, 108 Journal of Financial Economics 46 (2013) 참조.

98 예를 들어 SEC (US), Report on Review of Reliance on Credit Rating Agencies, Staff Report (2011); European Commission, EU Response to the Financial Stability Board (FSB): EU Action Plan to Reduce Reliance on Credit Rating Agency (CRA) Ratings, Directorate General Internal Market and Services Staff Working Paper (2014) 참조.

99 '액면(par value)주식' 제도를 택하고 있는 국가에서는 법정자본금이란 최소한 발행주식의 액면총액이다(액면가는 실제 주식의 발행가액보다 훨씬 낮은 것이 일반적이다). 법정자본금을 확대하여 액면초과금(share premium)을 포함한 전체 발행가액을 법정자본금으로 취급하기도 한다. '무액면'주식을 허용하는 미국에서는, 법정자본금이란 회사의 설립자가 주식의 발행가 또는 그 이하의 금액으로 최초로 정한 금액이다.

100 앞 5.1.2.

적으로 폐지되고 있는지를 설명한다.

5.2.2.1 최저자본금

우리 대상국가 중 유럽 국가에서만 주식회사 형태를 이용하기 위한 최소한의 주식투자요건(즉 '최저자본금' 룰)을 규정하고 있다. EU 법에 의하면 공개회사는 2만 5,000유로 이상의 최저자본금을 요하고, 회원국이 원한다면 이보다 높은 기준을 설정할 수 있다.[101] 이와 같은 최저자본금은 이러한 요건을 전혀 규정하고 있지 않은 다른 국가의 기준과 비교하면 큰 액수이기는 하지만,[102] 공개회사로서 사업을 영위하기 위해 필요한 실제 자본금에 비하면 소액이라고 할 수 있다. 따라서 EU의 최저자본금요건은 공개회사를 설립하는 데 심각한 장애가 되고 있지는 않다.[103] 더욱이 우리의 모든 주요 대상국가에서 사회사(私會社 · private company)는 최저자본금에 대한 제한 없이 설립이 가능하다.[104]

---

101 Art. 6 Directive 2012 / 30EU ["Second Company Law Directive (Recast)"], 2012 O.J. (L 315) 74 (applicable to AG, SA, SpA, plc, etc) 참조.

102 미국에 대해서는 Bayless Manning and James J. Hanks, Legal Capital (4th edn., 2013). 일본은 2005년 회사법에서 최저자본금 요건을 폐지하였다. 마찬가지로 브라질도 최저자본금을 요구하고 있지 않다.

103 KPMG, Feasibility Study on an Alternative to the Capital Maintenance Regime Established by the Second Company Law Directive 77 / 91 / EEC of 13 December 1976 and an Examination of the Impact on Profit Distribution of the New EU-Accounting Regime: Main Report (2008). 이론적으로는 자본금에 대한 규제는 더 나아가 일정한 부채비율(debt-equity ratio)을 유지할 것을 요건으로 할 수도 있다. 그러나 사업의 종류에 따라 그 위험이 다르다는 점을 감안한다면, 이러한 획일적 비율은 효율적이라고 보기 어려울 것이다.

104 Reiner Braun, Horst Eidenmüller, Andreas Engert, and Lars Hornuf, *Does Charter Competition Foster Entrepreneurship?: A Difference-in-Difference Approach to European Company Law Reforms*, 51 Journal of Common Market Studies 399 (2013). 이탈리아는 핵심 대상국가 중 최저자본금요건을 가장 마지막으로 2013년에 폐지한 국가이다. Art. 2463-II Civil Code(이탈리아) 참조. 유럽의 1인회사 설립 법안은 시행된다면 EU 전체에 걸쳐 최저자본금 없이 설립이 가능하도록 할 것이다. European Commission, Proposal for a Directive on Single-Member Private Limited Liability Companies, 2014 / 0120 (COD) 참조.

설립 시의 최저자본금요건이 채권자들을 실질적으로 보호하는 것은 아닌 것 같다. 회사의 최초자본금은 회사가 도산을 신청하는 시점에서는 이미 사라져 버렸을 것이기 때문이다. 또한 유럽에서 최저자본금이 인하되거나 폐지되었다는 점은 기업가정신의 증대와 관련이 있는 것으로 보인다.[105] 그러나 대부분의 기업가는 최저자본금요건이 없더라도 새로이 설립되는 회사에 **다소의** 자본금을 투자하는 것으로 보인다.[106] 왜 이러한 현상이 나타나는지는 설명하기 어렵다. 이는 자본금의 존재가 기업가가 상당한 액수의 금전을 사업에 투자하였음을 보여 줌으로써 기업가의 "진지함"에 대한 대략적인 지표가 된다는 점을 보여 줄 수도 있고,[107] 또는 단순히 지급불능 시 거래에 대한 책임의 위험을 회피하기 위한 의도를 반영하는 것일 수도 있다.[108]

5.2.2.2 분배제한

회사법은 일반적으로 자산희석화(asset dilution)를 방지하기 위하여 주주들에 대한 배당과 자기주식 취득을 포함한 분배를 제한한다.[109] 분배에 대한 제한은 국가마다 차이가 있지만, 자본금의 결손을 초래하는 배당,

---

105 John Armour and Douglas J. Cumming, *Bankruptcy Law and Entrepreneurship*, 10 American Law and Economics Review 303 (2008); Braun, Eidenmüller, Engert, and Hornuf, 앞의 논문(주 104) 참조.

106 Marco Becht, Colin Mayer, and Hannes F. Wagner, *Where Do Firms Incorporate?: Deregulation and the Cost of Entry*, 14 Journal of Corporate Finance 241 (2008)[2003년 프랑스에서 유한회사(SaRL)형태의 회사에 관하여 최저자본금요건이 폐지된 후, 86.6퍼센트의 신생회사가 그 이전의 최저자본금인 7,500유로보다 낮은 액수의 법정자본금을 설정하였다. 그러나 1유로와 같은 낮은 수준의 자본금을 설정한 회사는 4.9퍼센트에 불과하였다] 참조.

107 John Hudson, *The Limited Liability Company: Success, Failure and Future*, 161 Royal Bank of Scotland Review 26 (1989); Horst Eidenmüller, Barbara Grunewald, and Ulrich Noack, *Minimum Capital and the System of Legal Capital*, in Marcus Lutter, ed., Legal Capital in Europe, p.1, pp.25-7 (2006) 참조.

108 뒤 5.3.1 참조.

109 주 7의 본문 참조.

즉 대차대조표상의 회사 자산의 장부가치와 법정자본금의 차액을 초과하는 배당의 제한이 가장 흔하다.[110]

분배를 제한하는 규정은 임의적인(opt-in) 한 세트의 표준 조건으로 볼 수 있다. 이러한 관점에 따르면 최저자본금을 초과하는 법정자본금을 가진 회사는 강제적 요건 때문이 아니라 선택에 따라서 그렇게 한 것이다.[111] 이러한 상황에서 분배에 대한 제한은, 주주가 회사에 투자한 자본을 유지하겠다는 약속의 신뢰성을 높이는 역할을 할 뿐이다. 채무자의 관점에서 보면, 그러한 '선택'을 하는 것은 다수의 채권자가 존재하는 경우에 (다양할 가능성이 높은) 계약상의 특약사항을 반복적으로 협상하는 것에 비하여 거래비용이 낮기 때문에 유리하다.[112] 그러나 채권자의 입장에서는 법정자본금은 충분한 보호수단이 되지 못할 수 있다. 채권자 간의 이해관계의 이질성으로 말미암아 일부 채권자들은 '일률적인(one size fits all)' 보호수단인 법정자본금뿐 아니라 특약에 의한 보호를 요구하게 되고, 그 결과 거래비용 절감효과를 감소한다.[113]

분배제한규제가 주주들에 대한 지급을 제한하는 정도는 규제대상거래

---

110 다양한 배당제한 규제에 대한 개관은 Brian R. Cheffins, Company Law: Theory, Structure and Operation, pp.534-5 (1997); Holger Fleischer, *Disguised Distributions and Capital Maintenance in European Company Law*, in Marcus Lutter, ed., Legal Capital in Europe, p.94 (2006) 참조.

111 Wolfgang Schön, *The Future of Legal Capital*, 5 European Business Organization Law Review 429, 438-9 (2004). 그러나 영국과 같이 주식 발행가액 전체가 자본금으로 취급되고 분배제한의 적용을 받지 않고는 자기자본조달을 할 수 없는 국가에서는 실질적 선택권은 없다. Eilis Ferran, *The Place for Creditor Protection on the Agenda for Modernisation of Company Law in the European Union*, 3 European Company and Financial Law Review 178, 196 (2006) 참조.

112 Yaxuan Xi and John Wald, *State Laws and Debt Covenants*, 51 Journal of Law & Economics 179 (2008)(회사법에서 더 '엄격한' 배당 제한을 규정하고 있는 주의 회사는 차입계약에서 특약을 덜 규정한다). 그러나 또한 Edward B. Rock, *Adapting to the New Shareholder-Centric Reality*, 161 University of Pennsylvania Law Review 1907, 1984-6 (2012)(주회사법의 배당 규제 간에 유의미한 차이가 없음을 지적하면서 위의 연구 결과에 의문을 표한다) 참조.

113 Kanda, 앞의 논문(주 26), 440; Kahan, 앞의 논문(주 26), 609-10 참조.

의 범위에 따라 달라진다. 독일, 미국과 영국 등의 국가에서는 배당이나 자기주식 취득이라고 형식적으로 분류되는 거래에만 분배제한규제가 적용되는 것이 아니고, 회사와 주주 간의 저가의 거래 즉 법원이 '숨은 이익배당(disguised distribution)'으로 재분류하는 거래에도 적용된다.[114]

미국의 많은 주에서는 주주들, 또는 일정한 경우에는 이사들에게 채권자 동의 없이 분배제한의 기준으로 설정된 수준인 법정자본금 자체를 감소시킬 수 있는 권한을 부여함으로써 기본적인 분배제한조차도 실효성이 감소된다.[115] 이와 대조적으로 다른 국가들은 법정자본금 감소에 앞서 예컨대 제3자의 지급보증이나 거부권 같은 기존 채권자를 위한 적절한 보호장치를 제공할 것을 규정하고 있다.[116]

분배제한의 효율성은 회계원칙과 관계가 있다. 보수적인 회계원칙은 회사의 계속기업가치에 대해서는 적절한 정보제공을 못하지만, 회사의 책임재산으로부터 주주에게 배당을 하거나 자산을 양도할 수 있는 재량을 축소함으로써 '진실하고 공정한 보고 원칙'인 회계원칙에 비하여 채권자의 이익을 보다 두텁게 보호한다.[117] 미국의 공개회사에서 이익분배제한

---

114 영국에 대해서는 *Progress Property Co Ltd v Moorgarth Group Ltd* 〔2010〕 UKSC 55. 독일에 대해서는 Fleischer, 앞의 논문(주 110) 참조. 미국에 대해서는 Rock, 앞의 논문(주 112), 1953–6(델라웨어) 참조. 브라질은 Art. 177, § 1°, VI Criminal Code〔'꾸며 낸 배당(fictional dividends)'은 범죄이다〕 참조. 프랑스와 이탈리아에는 제한범위가 이와 같이 확대되지 않는다. Pierre-Henri Conac, Luca Enriques, and Martin Gelter, *Constraining Dominant Shareholders' Self-Dealing: The Legal Framework in France, Germany, and Italy*, 4 European Company and Financial Law Review 491 (2007) 참조.

115 그러나 회사가 채무를 변제할 능력을 감소시키는 정도의 대규모의 배당은 여전히 제한되고 위법하다〔In re *Int'l Radiator Co.*, 92 Atlantic Reporter 255, 255 (Del. Cl., 1914)〕. 또한 사기적 양도법(fraudulent conveyance law)에 따라 지급불능인 회사에서는 배당이 금지된다. 뒤 5.3.1.3 참조.

116 Art. 32 Second Company Law Directive (Recast)(EU); 일본 회사법 제447조, 제449조 참조. Art. 174 Lei das Sociedades por Ações(브라질). 이러한 규제는 EU에서는 '자본유지(capital maintenance)', 일본에서는 '자본 불변(capital unchangeability)' 원칙이라고 불린다.

117 Bernhard Pellens and Torsten Sellhorn, *Creditor Protection through IFRS Reporting and Solvency Tests*, in Marcus Lutter, ed., Legal Capital in Europe, p.365 (2006); 또한

특약을 덜 사용하게 된 이유 중 하나는 미국의 GAAP에서 '시가평가(marking-to-market)' 원칙에 대한 의존이 심화되었기 때문이다.[118] 나아가 많은 유럽의 상장회사가 IFRS 회계원칙을 채택함에 따라 법정자본금 제한의 지속적인 효용에 대해서 의문이 제기되고 있다.[119]

5.2.2.3 자본금의 결손

특히 미국을 제외한 유럽의 일부 국가에는 자본금의 중대한 결손이 있는 경우 취해야 할 조치에 대한 규칙이 존재한다. EU법에 따르면 공개회사는 순자산이 회사 법정자본금의 2분의 1에 미달하는 경우로 정의된 '심각한 자본금 결손'이 발행한 후에는 해산이나 다른 적절한 조치를 검토하기 위하여 주주총회를 소집하여야 한다.[120·*]

일부 유럽의 국가에서는 일정한 수준 이하로 순자산이 떨어진 경우에는 기업을 운영하는 자에게 신규로 자기자본을 조달하도록 하거나 거래를 중단하도록 하는 한층 강력한 규제를 하고 있다.[121] 프랑스나 이탈리아에서는 회사의 순자산이 법정자본금의 2분의 1 미만으로(프랑스) 또는 법정자본금의 3분의 2 이하이면서 법정의 최저자본금 미만으로(이탈리아)

Schön, 앞의 논문(주 111) 참조.

118 Joy Begley and R. Freedman, *The Changing Role of Accounting Numbers in Public Lending Agreements*, 18 Accounting Horizons 81 (2004); Christoph Kuhner, *The Future of Creditor Protection through Capital Maintenance Rules in European Company Law: An Economic Perspective*, in Marcus Lutter, ed., Legal Capital in Europe, p.341 (2006) 참조.

119 Ferran, 앞의 논문(주 111), 200–5. 또한 앞 5.2.1.2 참조.

120 Art. 19 Second Company Law Directive (Recast) 참조. EU법은 또한 자본금 감소를 정관 변경사항으로 하거나 자기주식 취득의 방법에 의하도록 함으로써 자본금 감소의 경우에 채권자를 보호한다(그러나 자본금 결손을 보전하기 위한 자본금 감소는 예외로 한다. 이 경우에는 주주의 기회주의가 문제 될 여지가 덜하기 때문이다)〔ibid., Arts. 20–21, 36–37〕.

* 청산을 피하고자 하면 자본을 확충하여야 한다. "recapitalize or liquidate" rule.

121 이는 현금흐름 기준에 의하는 것은 아니고, 대차대조표 기준에 의한다. 주 45 참조.

떨어졌고 주주가 이러한 문제를 치유하지 못한 경우에는 청산을 해야 한다.[122] 독일에서는 회사의 순자산이 0 미만으로 떨어진 경우에는 도산을 신청하여야 한다.[123]

이론적으로 그러한 규제는 금융기관에 대한 자본 적정성 규정과 마찬가지의 역할을 함으로써 채권자를 위한 재무적 완충제로서의 법정자본금 제도의 신뢰성을 강화시킬 수 있다. 그러나 최저자본금 기준이 낮다는 점을 고려하면 가장 엄격한 자본금 결손요건의 경우에도 자본적정성보다는 조기의 도산신청 촉진과 더 관련성이 깊다.[124] 조기의 청산 또는 도산절차의 촉진이 주주의 기회주의적 행동이 채권자에게 손해를 끼칠 수 있는 '여명 기간(twilight period)'을 단축시키는 데 기여할 것임은 확실하다. 그러나 도산절차를 시작하는 것이 오히려 더 많은 비용이 들 수도 있다. 재협상을 통하여 도산절차의 비용을 회피할 수 있지만, 채권자들이 이질적 이해관계를 가질수록 이러한 시도가 성공할 가능성은 낮다.[125]

---

122 Art. L. 224-2 Code de commerce(프랑스); Arts. 2447 and 2482-3 Civil Code(이탈리아). 그러나 Art. 182-VI Legge Fallimentare는 회사가 갱생절차를 신청하는 경우에는 청산의무를 적용하지 않는다.

123 §§ 15, 19 Insolvenzordnung(독일); Art. 725 Obligationenrecht(공개회사), Art. 817 Obligationenrecht(폐쇄회사)(스위스). 그러나 독일에서는 부채가 과다한 회사이나 계속적 영업의 가능성이 '상당히 높은' 회사에 대해서는 한시적으로 적용을 제외하는(2008. 10.부터 2010. 12.까지 효력이 있다) 제도가 도입되었다(§ 19 Insolvenzordnung).

124 Lorenzo Stanghellini, *Directors' Duties and the Optimal Timing of Insolvency: A Reassessment of the "Recapitalize or Liquidate" Rule*, in Paolo Benazzo, Mario Cera, and Sergio Patriarca, eds., Il Diritto Delle Societa̓ Oggi. Innovazioni e Persistenze, p.731 (2011) 참조.

125 또한 이러한 '길로틴(guilotine)'원칙은 채권자, 또는 최소한 채권자의 일부가 재협상에서 구조조정의 이익을 적게 받을 것을 강제하는 결과가 될 수도 있다. Feruzzi의 1933년 법정 외에서의 사적 구조조정(out-of-court restructuring)에서, 회사를 지배하는 자(동시에 최대채권자이기도 하였다)는 도산 신청이 임박하였다는 점을 이용하여 '받아들이거나 떠나라(take it of leave it)'라는 구조조정의 제안을 하여 다른 채권자들의 희생으로 자신이 구조조정의 이익을 유용할 수 있었다. Alessandro Penati and Luigi Zingales, *Efficiency and Distribution in Financial Restructuring: The Case of the Ferruzzi Group*, Working Paper (1997), http://faculty.chicagobooth.edu 참조.

5.3 재무적 위기에 처한 회사(Distressed Firms)

채무자가 재무적 위기에 처하면, 대개는 채무자의 재산이 모든 채권자에 대하여 변제를 하기에 불충분하여 채권자들의 집단적인 탈퇴(collective exit)는 불가능하다. 이러한 상황에서는 기업지배구조전략이 전면에 등장하게 된다. 도산 단계에서 채권자들은 위기관리인을 임면할 권리가 있거나 일반적으로 도산계획에 관한 결정권을 가진다. 이러한 권리는 주로 스탠더드와 수탁자전략에 의하여 보완된다. 기업지배구조전략의 적용은 2단계로 나뉘는데, 첫째는 도산으로 이행하는 시기이고 둘째는 도산절차 자체이다.[126] 기업지배구조전략은 대개 첫 번째 단계에서 주주·채권자 간 이익충돌을, 두 번째 단계에서 채권자·채권자 간 이익충돌을 다루지만, 반드시 여기에 한정되는 것은 아니다. 사후적으로 이 전략들이 적용될 것임을 아는 것은 부채구조를 결정하는 사전 단계와 차후의 재협상 모두에서 채권자와의 사적 계약에 필연적으로 영향을 미친다.

5.3.1 스탠더드전략

스탠더드는 회사채권자를 보호하는 데 광범위하게 이용된다. 스탠더드를 시행하는 규정들은 다양하게 명명되고 있지만[예를 들어 **경영 실패**(*faute de gestion*), 부당거래(wrongful trading), 사기적 양도(fraudulent conveyance)], 모두 개방적으로 구성된 스탠더드에 따라 재무적 위기에 처한 회사의 관련자들에게 일종의 사후적 책임을 부과한다. 스탠더드전략의 사후적 성격은 대출 관계에서 무언가 잘못되었을 때, 즉 채무자 회사가 재무적 위기에 처하였을 때에만 이용된다는 것을 의미한다. 구체적으로 이러한

---

126 도산절차는 채권자의 집단적 탈퇴를 가능하도록 하므로 도산절차가 개시되기 전과 일단 종료한 후에는 도산절차도 일종의 관계설정전략으로 볼 수 있다. 그러나 도산절차가 전개되면 지배구조와 관련되어 있음은 확실하다.

의무는 누구를 적용대상으로 하는가에 따라 ① 이사, ② 지배주주, ③ '편파적으로 유리하게 취급된(favored)' 채권자, 세 가지로 분류할 수 있다. 이러한 의무는 회사가 실패하지 않는 한 적용되지 않는다는 바로 그 이유 때문에, 스탠더드전략은 룰전략보다 채권자들의 조율비용에는 영향을 덜 받는다. 그 대신 다른 모든 스탠더드전략과 마찬가지로, 이러한 의무를 적용하기 위해 요구되는 사법기관의 효율성(efficacy)과는 매우 밀접한 관계가 있다.

5.3.1.1 이사

모든 국가에서 — 사실상의 이사나 그림자이사를 포함한 — 이사는 회사가 지급불능에 빠지거나 지급불능이 임박하였을 때 채권자에 대한 이사회의 과실 또는 사기로부터 발생한 채권자의 손해 증가에 대하여 개인적으로 책임을 지게 될 수 있다.[127] 이러한 의무는 엄격한 정도를 달리하여 구성하고 집행할 수 있으며, 그 결과 그런 의무가 이사들의 인센티브를 변화시키는 정도에 영향을 준다. 첫째, 의무의 실질적 내용에 관한 차이로서, 덜 엄격한 기준〔사기(fraud) 또는 인식(scienter)〕은 채권자에 대한 손해가 심각하여 이사의 주관적 선의(subjective good faith)가 의문시될 정도인 행위에 대해서만 책임을 인정한다. 보다 엄격한 기준〔과실(negligence)〕은 지급불능이 된 회사의 재무상황을 과실로 악화시킨 경우에도 책임을 인정한다. 둘째, 엄격성은 의무가 발동되는 시점을 언제로 할 것인가의 면에서도 달리할 수 있다. 의무 발동 전에 요구되는 회사의 재무적 위기의 정도가 심할수록 이사의 인센티브에 미치는 영향은 더 제한될 것이다. 셋째, 엄격성의 차이는 집행에 관해서도 존재한다. 직접 개별적 채권자에 대하여 의무가 인정되는 경우에는 집행이 촉진될 것이고, 회사에 대하여 의무를 부담하는 경우에는 회사가 도산절차에 들어가지 않는 한 집행될

---

127 앞 3.4.1 참조.

가능성이 크지 않다.[128]

이사책임의 적절한 강도는 채무자 회사의 소유구조 및/또는 지배구조에 따라 달라진다.[129] 주주·채권자 간 대리 문제는 경영자와 주주의 이익이 강하게 일치하는 회사, 즉 소유가 집중되어 있거나 인센티브 보상전략과 지배구조가 경영진으로 하여금 주주의 이익을 추구하도록 유도하는 회사에서 가장 현저하게 나타날 것이다. 주주가 분산되어 있고 위와 같은 메커니즘이 없는 대규모 회사에서는 경영자가 채권자의 이익을 희생하여 주주의 이익을 도모할 인센티브가 크지 않다. 그러한 상황에서는 채권자의 이익을 기준으로 이사에게 책임을 인정하면 이사들의 행위를 과도하게 억지하여 적정 수준보다 과소한 위험 부담을 하게 될 수 있다.[130] 그러므로 이사의 책임은 주주와 경영자의 이익이 일치하는 회사에서 가장 효과적일 것으로 기대된다.

채권자에 대한 이사의 책임에 관한 미국의 스탠더드는 대상국가 중 가장 강도가 낮다. 이러한 현상은 분산 소유 구조와 경영자에 의한 지배라는 긴 역사와 일관된다.[131] 미국 대부분의 주에서는 지급불능 회사에서 충실의무의 내용이 전환되고, 이러한 의무는 개별적 채권자에 대해서가 아니라 회사에 대해 부담한다.[132] 일부 주에서는 '도산 심화(deepening insolvency)' 시—즉 이사가 지급불능인 회사의 영업을 폐지하지 않음으로

128 그러나 일부 지역(예를 들어 델라웨어주)에서는 지급가능한 회사에서도 채권자가 대표소송을 제기할 수 있도록 한다. *Quadrant Structured Products Co. Ltd. v. Vertin*, 115 Atlantic Reporter 3d 535 (Del. Ch., 2015) 참조.

129 주 14의 본문 참조.

130 또한 Cheffins, 앞의 책(주 90), pp.537–48; Henry T.C. Hu and Jay Lawrence Westbrook, *Abolition of the Corporate Duty to Creditors*, 107 Columbia Law Review 1321 (2007) 참조.

131 Mark J. Roe, Strong Managers, Weak Owners: The Political Roots of American Corporate Finance (1994) 참조.

132 *North American Catholic Education Programming Foundation v. Gheewalla*, 930 Atlantic Reporter 2d 92, 98–102 (Del., 2007); *Quadrant Structured Products*, 앞의 자료(주 128).

써 채권자에게 추가적인 손해가 발행한 경우[133] — 채권자가 이사에게 직접 불법행위책임을 물을 수 있는 길을 열어 주기도 하였지만, 델라웨어주에서는 이를 명시적으로 배제하였다.[134] 또한 만약 어떤 거래가 앞 5.2.2.2에서 논의한 분배제한규제를 직접적 또는 간접적으로 위반한 것이라면, 이를 승인하거나 감독한 이사들에게 과실책임이 인정될 수 있다.[135]

영국에서도 미국과 마찬가지로 지급불능인 회사에서는 이사의 충실의무의 내용이 전환되는데, 이러한 의무는 회사에 대해서만 부담한다.[136] 여기에는 이사의 주의의무(duty of care)도 포함된다.[137] 한편 영국에서는 도산절차를 피할 수 없는 상황에서 채권자의 이익을 보호하기 위한 합리적 주의를 다하지 못한 경우에는 '부당거래(wrongful trading)'에 대한 과실책임이 인정된다[138](회사의 도산이 예견되는 상황임에도 불구하고 이사가 회생이나 청산에 필요한 조치를 취하지 않음으로써 회사의 부실이 심화되어 채권자가 손해를 입은 경우에 이사에게 책임을 지우는 제도 — 옮긴이 주).

유럽의 대륙법계 국가에서는 이사들에게 보다 강력한 스탠더드를 적용하고 있는데 이는 일반적으로 대규모회사의 소유가 보다 집중되어 있다는 사실과 일관된다. 이 국가들에서는, 재무상의 위기에 처한 회사의 이사가

---

133 예를 들어 *Official Committee of Unsecured Creditors v. R.F. Laffertey & Co,* 267 Federal Reporter 3d 340 (3d. Circuit, 2001)(펜슬베이니아) 참조.

134 *Trenwick America Litigation Trust v. Ernst & Young LLP,* 906 Atlantic Reporter 2d 168, 204-7 (Delaware Chancery, 2006).

135 Delaware General Corporation Law § 174. 이는 과실책임이지만 § 102(b)(7)에 따른 이사의 주의의무 위반책임 면제의 적용대상이 아닌 점에 특징이 있다.

136 *West Mercia Safetywear Ltd v. Dodd* 〔1989〕 4 Butterworths Company Law Case 30, 33; § 172(3) Companies Act 2006(영국); *Kuwait Asia Bank EC v. National Mutual Life Nominees Ltd* 〔1991〕 1 Appeal Cases 187, 217-19.

137 *Roberts v Frohlich* 〔2011〕 EWHC 257 (Ch), 〔2011〕 2 Butterworths Company Law Cases 625.

138 Insolvency Act 1986 §§ 214, 246ZA(영국). 또한 회사가 위법한 분배를 하도록 한 이사에 대해서는 과실에 기한 책임이 인정된다. *Bairstow v Queens Moat House plc* 〔2001〕 EWCA Civ 712.

회사에 대한 의무를 근거로 과실책임을 부담할 수 있음은 물론이고,[139] 프랑스와 이탈리아 같은 일부 국가에서는 이사가 자본금의 중대한 결손에 따른 조치를 취하지 않았다는 것만으로 책임을 질 가능성도 있다.[140]

일본에서는 회사가 지급능력이 있는 경우에도 이사가 중대한 과실로 회사에 대한 임무를 해태함으로써 채권자가 손해를 입은 경우에는 채권자가 이사에게 소를 제기할 수 있으므로 채권자에 대한 책임이 조기에 발동된다.[141] 대규모 회사의 이사가 이 규정에 따라 책임을 지게 된 예는 거의 없지만, 폐쇄회사에서는 빈번하게 소가 제기된다.[142] 또한 일본 최고재판소는 감시책임법리(oversight liability doctrine)를 발전시켜서, 비업무집행이사(non-executive directors)가 잘못을 저지른 경영자를 감독하지 못한 데 중대한 과실이 있는 경우에는 채권자에 대한 책임을 인정하였다. 마지막으로 1990년대에 주주소송의 증가로 인하여 이사의 책임을 제한하기 위한 법령개정이 이루어졌으나, 채권자의 권리는 영향을 받지 않았다.[143]

브라질은 경영자가 회사에 대하여 부담하는 신인의무가 지급불능에 임박하였을 때에도 정식으로 전환되지 않는다는 점에서 특이한 사례로 보

139 프랑스는 L. 225-251 Code de commerce 및 공포의 대상인 Art. L. 651-2 Code de commerce (*insuffisance d'actifs*) 및 주 155의 본문 참조; 독일은 § 43 GmbH-Gesetz, §§ 93, 116 Aktiengesetz; 이탈리아는 Art. 2394, 2394-II Civil Code.

140 자본금 결손에 대해서는 앞 5.2.2.3 참조. 책임에 관해서는 주 151(독일과 이탈리아); Art. L. 651-2 Code de commerce(프랑스) 참조.

141 일본 회사법 제429조. 이 조항에 따른 소송은 대개 회사가 지급불능상태에 빠진 경우에 제기되지만, 원고가 책임을 물을 당시에 회사의 지급불능을 입증할 필요가 없다는 점에서 이점이 있다. 이탈리아도 유사한 규정을 두고 있으나(Art, 2394 Civil Code), 그러한 소송은 흔치 않다.

142 20세기 후반에만도 100건이 넘게 공표되었고, 90퍼센트 이상이 채권자가 제소한 것이다. 물론 이사의 배상책임이 부정된 예도 있다. 예컨대 Kochi District Court, September 10, 2014, 1452 Kinyu Shoji Hanrei 42 참조. 가장 광범위한 조사에 대해서는 Kazushi Yoshihara, *Commentaries to Art. 429*, in Commentaries of the Companies Act, Vol. 9, pp.337-419 (Shinsaku Iwahara ed., 2014)(일본어) 참조.

143 일본 회사법 제425-7조 참조.

인다.[144] 물론 이는 경영자가 위법행위나 신인의무 위반으로 회사(그리고 결과적으로 회사의 채권자)에 손해를 끼친 경우에 부과되는 경영자의 책임을 배제하는 것은 아니다.

대상국가 간의 중대한 차이점의 하나는 일반 공적 집행(public enforcement)이다. 대부분의 국가에서는 이사가 (회계규칙 또는 신인의무의 위반을 포함하여) 채권자를 위한 행위기준을 충족시키지 못한 경우에는 경영에 참여하지 못하도록 하는 이사의 자격상실제도를 두고 있다.[145] 이는 특히 이사 재력의 한계로 인하여 민사책임의 억지 효과가 제한적일 때 억지력의 강도를 증대시킬 수 있는 또 하나의 방법이다.[146] 예를 들어 영국에서는 회사의 도산절차에서 자격상실절차를 개시하여야 할 것인가를 판단하기 위하여 잘못 여부를 조사해야 한다.[147] 그 결과 영국에서는 이사의 자격상실 건이 지급불능한 회사의 이사에 대한 사적 소송에 대한 판결보다 약 100배 정도 더 많다.[148] 자격상실은 여타 국가에서는 보다 한정적인 역할만을 한다. 특히 미국에서는 공개회사에서만 적용되고, 채권자 보호수단으로 이용되고 있지 않다.

이사가 법령상의 의무를 위반함으로써 회사의 재무상황을 악화시킨 경

---

144 Arts. 153 et seq. Lei das Sociedades por Ações(브라질).

145 Art. 653-8 Code du commerce(프랑스); Art. 216-7 and 223-4 Legge Fallimentare(이탈리아)(형사책임이 확정된 경우 자격이 상실되나, 중과실인 경우까지도 형사책임이 인정된다); 일본 회사법 제331조 제1항 제3호; Company Directors Disqualification Act 1986(영국); Securities Enforcement Remedies and Penny Stock Reform Act of 1990, 15 U.S.Code §§ 77t(e), 78u(d)(2)(미국); Art. 147, § 1° Lei das Sociedades por Ações (브라질) 참조.

146 주 129의 본문.

147 Company Directors Disqualification Act 1986, § 7. 2015년부터는 이 절차에서 배상명령을 부과할 수 있다. ibid., §§ 15A-15C.

148 Insolvency Service, *Enforcement Outcomes April to June 2015*, Table 1; John Armour, *Enforcement Strategies in UK Company Law: A Roadmap and Empirical Assessment*, in John Armour and Jennifer Payne, eds., Rationality in Company Law: Essays in Honour of DD Prentice, p.71 (2009) 참조.

우에는 형사책임도 인정된다. 제9장에서 살펴보는 바와 같이 미국에서는 발행인에 의한 공시상의 과실 부실표시(misrepresentation)로 인한 손해로부터 투자자를 보호하는 반사기조항(antifraud provisions)이 중심을 이룬다. 형사책임의 범위는 유럽대륙과 브라질에서 보다 구체적이다.[149] 프랑스에서는 도산이 임박한 때에 기회주의적으로 행위한 이사가 최대 5년의 징역에 처해질 수 있다.[150] 독일과 이탈리아에서는 보다 포괄적인 접근을 하고 있는데, 법정자본금 결손의 경우에 주주총회 소집의무를 위반하거나(독일) 회사의 재무상태 악화를 과실로라도 방지하지 못한 때에는(이탈리아) 이사가 형사처벌을 받을 수 있다.[151]

5.3.1.2 주주

모든 국가에는 지급불능한 회사의 부채에 대하여 주주에게 책임을 지우는 법리적 도구가 존재한다. 이러한 도구의 이용은 회사 법형태를 '남용한' 지배주주나 경영자 주주에 대해서만 제한되는 것이 일반적이다.[152] 주주에게 책임을 부담시키는 세 가지 주된 도구는 사실상의 이사 또는 그림자이사, 형평법상의 후순위화와 '법인격 부인'이다.[153] 또한 일부 국가

---

149 Arts. 168 et seq. Lei 11.101 of 2005 참조.

150 Arts. L. 654-1 to L. 654-3 Code de commerce.

151 독일은 § 401 Aktiengesetz and § 84 GmbH; Heribert Hirte, Kapitalgesellschaftsrecht 135-6 (5th ed., 2006)(독일의 선도적인 판례에 대한 개관을 하고 있다) 참조. 이탈리아에 관해서는 Corte di Cassazione, Sez. V penale, 9 October 2014, No. 8863 참조(이사가 조치를 취하지 아니하여 회사가 채무적 위기에 처하거나 위기가 악화된 경우 형사책임 인정). 프랑스는 최근 유사한 내용의 형사처벌 조항을 폐지하였다(구 Arts. L. 241-6, 1° and L. 242-29, 1° Code de commerce, as repealed by Loi No. 2012-387 of 22 March 2012).

152 그러나 법인격 부인이 광범위하게 인정되는 브라질에서는 소수주주도 근로자에 대해 채무에 대하여 일상적으로 책임을 부담하게 된다.

153 또한 많은 국가에서 주주를 상대로 앞 5.2.2.2에서 언급한 분배제한 규정 위반을 이유로 분배의 효력을 다투거나 사기적 양도나 사해행위취소(*actio pauliana*)를 주장하는 소를 제기할 수 있다. 뒤 5.3.1.3 참조.

에서는 회사 그룹에 대해서는 특별히 강화된 기준을 적용한다.

사실상 이사나 그림자이사의 법리는[154] 정식으로 이사로 선임된 바가 없으면서 이사회 구성원으로 행동하거나 이사회에 지배력을 행사하는 자에 대하여 이사의 책임을 인정하는 경우이다. 예를 들어 프랑스법에서는 경영자에게 신인의무를 위반하도록 지시한 지배주주는 회사의 손해〔자산의 부족(*insuffisance d'actif*)〕를 보상하여야 한다.[155] 이 법리의 다양한 형태는 미국과 브라질을 제외한 우리의 기타 국가들에서도 적용되고 있다.[156] 영국은 지급능력 있는 자회사와 지급불능인 자회사의 경우를 나누어 규정한다. 지급능력 있는 자회사의 경우 모회사는 자회사 이사회에 지배력을 행사한다는 이유만으로 자회사의 그림자이사로 취급되지 **않는다**고 명시하고 있다. 그러나 이 단서는 자회사의 지급불능과 관련한 책임에 대해서는 적용되지 않는다.[157]

주주 책임의 두 번째 형태는 지배주주가 파산한 자신의 회사에 대해서 보유한 대여금채권을 후순위로 간주하는 것이다.[158] 일부 국가(독일과 브라질)에서는 주요 주주의 대여금채권은 자동적으로 후순위가 되는 데 반

---

154 사실상 이사는 이사가 아니면서 공개적으로 이사역할을 하는 데 반하여 그림자이사는 이사에게 비공개적으로 영향력을 행사한다는 점에서 구분하기도 한다. 예를 들어 *Re Hydrodan (Corby) Ltd* 〔1994〕 Butterworths Company Law Cases 161 참조. 우리는 이 용어를 구분하지 않고 사용한다.

155 Art. L. 651-2 및 Art. L. 652-1 Code de commerce. André Jacquemont, Droit des Entreprises en Difficulté, 8th edn., pp.605-9 (2013) 참조.

156 Bundesgerichtshof Zivilsachen 104, 44(독일); Corte di Cassazione, 14 September 1999, No. 9795, 27 Giurisprudenza Commerciale II 167 (2000)(이탈리아); 회사법 제429조(일본); §§ 250-51 Companies Act 2006(영국); *Secretary of State for Trade and Industry v. Deverell* 〔2001〕 Chancery Division 340, 354-5 참조.

157 Companies Act 2006 (UK) § 251(3)과 Insolvency Act 1986 (UK) § 251 비교.

158 이에 대한 개관은 Martin Gelter and Juerg Roth, *Subordination of Shareholder Loans from a Legal and Economic Perspective*, 5 Journal for Institutional Comparisons 40 (2007) 참조. 후순위화는 기술적으로는 주주의 청구권을 부채에서 자기자본으로 재규정하는 것이다. 그러나 재무적으로는 책임을 지우는 것과 기능적으로 동일한 결과이다.

하여,[159] 다른 국가(이탈리아와 미국)에서는 후순위 간주 여부가 주주의 상황이나 행동에 좌우된다.[160] 그 근거는 부실기업에 대한 과잉투자를 억지하는 것이지만, 그 법리는 과잉투자 억지와 지배주주가 신규 자금의 대여를 통해서 망해 가는 회사를 구조하기 위한 정당한 노력의 허용 사이에서 줄타기를 하여야 한다.[161] 아마도 이러한 어려움 때문에 프랑스나 영국에서는 이 법리가 적용되지 않고 있다.[162]

마지막으로 모든 우리의 대상국가는 극적인 상황에서 법원이 회사의 '법인격을 부인' 하는 것을 허용한다. 즉 지배주주 또는 회사그룹을 지배하는 자에게 회사 부채에 대한 개인적 책임을 인정하고 있다. 법원은 회사 형태를 쉽게 부정하지 않는 것이 일반적이다.[163] 그 예외는 브라질로 그곳에서는 법인격 부인이 흔하다. 어떠한 국가에서도 공개회사에 대해서 또는—브라질을 제외하고는—수동적인 (비지배)주주에 대해서 법인격 부인을 행하는 경우는 없고, 법인격이 부인된 사건들은 대부분 사기, 즉 주주에 의한 명백한 부실표시나 사후적인 기회주의 행동이 관련된 경우이다.[164]

---

159 § 39(10퍼센트를 초과하는 주식을 소유하는 주주의 대여금채권은 후순위화) 및 § 135(그와 같은 대출은 도산으로부터 1년 이내 부인) Insolvenzordnung(독일); Dirk A. Verse, *Shareholder Loans in Corporate Insolvency: A New Approach to an Old Problem*, 9 German Law Journal 1109 (2008); Art. 83, VIII Lei 11.101 of 2005(브라질)(주주 대여금채권의 자동적 후순위화).

160 *Taylor v. Standard Gas and Electronic Corporation*, 306 United States Reports 307 (1939); *Pepper v. Litton*, 308 United States Reports 295 (1939)(미국)〔주주가 '불공정하게 행위(behaved inequitably)'를 하였을 때〕; Art. 2467(폐쇄회사) 및 Art. 2497-II(기업집단 내부) Civil Code(회사의 재무상황상 자금 대여보다 자기자본 투자가 요구되는 경우)(이탈리아).

161 Martin Gelter, *The Subordination of Shareholder Loans in Bankruptcy*, 26 International Review of Law & Economics 478 (2006).

162 Maurice Cozian et al., Droit des Sociétés, 28th edn., p.152 (2015)(프랑스); *Salomon v. A. Salomon & Co Ltd* 〔1897〕 Appeal Cases 22(영국) 참조.

163 예를 들어 *Prest v Petrodel Resources Ltd* 〔2013〕 UKSC 34(영국); Stephen M. Bainbridge, *Abolishing Veil Piercing*, 26 Journal of Corporation Law 479 (2001)(미국) 참조.

164 미국은 Peter B. Oh, *Veil-Piercing*, 89 Texas Law Review 81 (2010); John H. Matheson, *Why Courts Pierce: An Empirical Study of Piercing the Corporate Veil*, 7

그리하여 미국은 ① 지배주주가 회사의 재산과 개인재산을 혼융시키는 식으로 형식을 준수하지 않거나 적절한 자본을 갖추지 못함으로써 회사의 진정성(integrity)을 무시한 경우, 그리고 ② 주주의 명백한 기회주의적 행위와 같이 사기나 '불의(injustice)'의 요소가 존재하는 경우에 법인격 부인을 인정한다. 일본과 대부분의 EU 국가에서도 비슷하게 법인격 부인 법리를 적용하고, 브라질에서도 협상 가능한 채권자(adjusting creditors)에 대해서는 같다.[165] 예를 들어 프랑스에서는 회사의 진정성을 무시한 주주에게까지 도산절차가 확장될 수 있다(재산 혼융에 대한 조치, *action en confusion de patrimoine*).[166] 브라질은 대상국가 중 유일하게 특히 근로자, 소비자, 환경오염 피해자와 같은 특정의 협상 불가능한 채권자의 이익을 위하여 사기나 남용이 없는 경우에도 법인격 부인을 허용한다.[167]

법인격 부인은 주주를 사실상 이사나 그림자이사로 보아 책임을 지우거나 주주의 채권을 열후화하는 것과 유사한 기능을 수행하는 것으로 볼 수 있다. 그러나 일부 국가의 법원의 경우, 한 당사자에 대하여 회사의 법인격을 '무시'하는 것은 모든 이에 대하여 무시하는 것일 수밖에 없고,

---

Berkeley Business Law Journal 1 (2010); 독일은 Uwe Hüffer and Jens Koch, Aktiengesetz, 12th edn., § 1 paras 15–33 (2016): Durchgriffslehre; 영국은 Davies and Worthington, 앞의 책(주 86), pp.217–22; 브라질은 Bruno Salama, 앞의 책(주 41). 일본에서는 최고재판소가 27 February 1969, 23 Minshu 511 판결에서 최초로 법인격 부인을 인정한 이래 법인격 부인 소송이 자주 제기된다.

165 독일 법원은 법인격 부인에서 공공정책적(public policy) 고려를 언급하는 경향이 있지만, 실질적 의미는 거의 없는 것으로 보인다. Friedrich Kübler and Heinz-Dieter Assmann, Gesellschaftrecht, § 23 I 2 (6th edn., 2006) 참조. 브라질은 Art. 50 Civil Code 참조; 일본은 Marco Ventoruzzo et al., Comparative Corporate Law, pp.175–8 (2015) 참조.

166 Art. L 621-2 (sauvegarde), 631-7 (redressement judiciaire) and 641-1 (liquidation judiciaire) Code de commerce(프랑스)(redressement judiciare는 회생절차의 성격을 가지고, liquidation judiciare는 파산절차의 성격을 가진다. plan de sauvegarde는 미국 도산법 제11장을 모범으로 하여 2005년 프랑스 상법전에 도입된 제도로서, 재무적 어려움으로 특별한 보호가 없이는 이를 극복할 수 없어서 지급불능에 이르게 될 회사의 계속을 위한 제도이다 — 옮긴이 주).

167 주 41과 이에 관한 본문 참조.

그 결과 법인격 부인은 성질상 보다 엄밀하게 적용되는 앞의 두 법리에 비하여 지배주주의 기회주의를 통제하는 데 훨씬 더 투박한 수단으로 작용한다.

법인격 부인은 때로는 기업집단의 채권자를 보호하기 위하여 이용되기도 한다. 미국에서는 '실질적 합병(substantive consolidation)'원칙에 따라 도산법원이 서로 관련되어 있는 두 회사의 자산과 부채를 하나의 회사처럼 취급할 수 있다.[168] 브라질 법원도 이러한 권한을 가지며 그것을 매우 자유롭게 행사한다.[169] 프랑스의 '**재산 혼융에 대한 조치**'와 마찬가지로 이는 하나의 회사의 자산을 다른 회사에 은닉하는 형태 또는 자산을 기업집단 내에서 이동시키는 형태의 기회주의적 행위에 대처하는 수단이다. 그러나 이러한 원칙은 다른 회사 채권자의 희생으로 당해 회사의 채권자에게 이익을 주므로, 모든 채권자가 재산의 귀속에 대하여 기만을 당하였다거나 손해를 보게 될 채권자가 채무자와 공모하여 행동한 경우에 가장 적절하다.[170]

기업집단에서 법인격 부인이 인정된다고 해도 그 빈도는 지배주주가 개인인 경우에 법인격이 부인되는 것보다는 훨씬 낮다.[171] 그렇기는 하지만 일부 국가에서는 기업집단에 적용되는 특별한 세트의 채권자 보호 스

168 예를 들어 *In Re Augie/Restivio Baking Co*, 860 Federal Report 2d 506 (2d Cir. 1988). 또한 Irit Mevorach, *The Appropriate Treatment of Corporate Groups in Insolvency*, 8 European Business Organization Law Review 179 (2007) 참조.

169 *In re Rede Energia S.A.*, Case No. 14-10078 (SCC) (Bankr S.D.N.Y., 2014)(브라질이 실질적 합병을 광범위하게 적용한 것은 미국의 공서 위반이라고 주장하였으나 배척).

170 또한 예를 들어 Douglas G. Baird, The Elements of Bankruptcy, 5th edn., pp.158-66 (2010) 참조.

171 미국에 관해서는 Oh, 앞의 논문(주 164), 130-2 및 Matheson, 앞의 논문(주 164), 58. 두 논문은 법원이 회사가 주주인 경우보다 개인이 주주인 경우 더 높은 비율로 법인격을 부인한다고 한다. 브라질의 노동법은 동일 기업집단에 속하는 회사들에게 근로자에 대한 채무에 대해 명시적으로 연대책임을 부과한다(Art. 2° Consolidação das Leis do Trabalho). 또한 판례도 이를 확대하여 개인인 지배주주도 유사하게 취급한다.

탠더드들이 존재한다. 독일의 **콘체른법**은 그러한 법 중 가장 정교한 예로서, 기업집단 전체의 이익과 각 구성기업의 채권자와 소수주주의 이익 사이에 균형을 도모한다.[172] 지배계약(contract of domination)을 체결한 기업들로 구성된 계약상 콘체른에서는, 지배회사는 종속회사가 기업집단의 이익을 위하여 행동하다가 입은 손실에 대해서 보상하여야 한다.[173] 이를 불이행하는 경우에는 종속회사 채권자가 보상청구권을 행사하거나 지배회사의 이사에게 손해배상을 청구할 수 있다.[174] 지배회사가 지배계약을 체결하지 않은 경우(즉 사실상 콘체른의 경우)에도 지배회사가 종속회사로 하여금 종속회사의 개별적 이익에 반하는 행위를 하도록 한 경우에는 보상을 하여야 한다.[175] 지배회사가 이를 이행하지 않는 경우에는 종속회사의 채권자는 지배회사에게 손해배상을 청구할 수 있다.[176]

개별 기업의 이익을 보호하는 것을 중심으로 하는 독일법은 동일한 문제에 대하여 협동 지향적으로(cooperation oriented) 접근하는 프랑스 법과 대조된다. 프랑스의 판례법에 따르면 기업집단의 지배자는 종속회사의 개별적 이익이 아니라 기업집단의 이익을 위하여 행위하도록 종속회사에게 지시를 한 경우에도 ① 안정적 기업집단구조가 존재하고 ② 일관된 기업집단 경영전략(business policy)을 추구하고 ③ 기업집단의 비용과 수익

---

172 Emmerich and Habersack, 앞의 주 66 참조; 비교법적 관점에 대해서는 Klaus J. Hopt, *Groups of Companies: A Comparative Study of the Economics, Law, and Regulation of Corporate Groups*, in Jeffrey N. Gordon and Wolf-Georg Ringe, eds., The Oxford Handbook of Corporate Law and Governance (2017) 참조.

173 § 302 Aktiengesetz. 계약상의 콘체른과 사실상의 콘체른의 구분에 관해서는 § 18 Aktiengesetz 참조.

174 § 302 및 § 309 Aktiengesetz(종속회사가 주식회사인 경우); Emmerich and Habersack, 앞의 책(주 78), pp.566-7(종속회사가 유한회사인 경우) 참조.

175 § 311 Aktiengesetz (종속회사가 주식회사인 경우). Emmerich and Habersack, 앞의 책(주 78), p.535(종속회사가 유한회사인 경우) 참조. 이탈리아에서도 동일한 접근방법을 채택하고 있다. Art. 2497 Civil Code 참조.

176 § 317 Aktiengesetz; Bundesgerichtshof Zivilsachen 149, 10 〔*Bremer Vulkan*〕 and Bundesgerichtshof Zivilsachen 173, 246 〔*Trihotel*〕 참조.

을 그 소속 회사 간에 형평에 맞게 분배하는 한 책임을 지지 않는다.[177] '기업(enterprise)'이라는 실체를 중시하는 프랑스의 태도는 보다 기능적인 접근으로서의 장점이 있는 것으로 인정되는 데 반하여,[178] 콘체른법의 보상요건은 당해 종속회사의 채권자 보호에 더 앞선 것으로 보인다. 그러나 프랑스 법원에서도 형평상의 협동원칙(equitable cooperation doctrine)을 적용할 때 채권자의 이익을 중요하게 고려하는 데 반하여,[179] 독일 법원은 최근 폐쇄회사에서(유한회사에 관한 판례이다 — 옮긴이 주) '지급능력을 위협하는 지배회사의 간섭'이라는 보다 균형 잡힌 법리〔회사의 존립을 파괴하는 행위에 대한 책임(Existenzvernichtungshaftung)〕를 채택하였다.[180] 이와 유사하게 영국에서는 지배회사가 지급불능 회사의 '그림자이사'로 취급될 가능성이 크다는 점이 지급능력이 있는 기업집단의 주주의 이익과 채권자의 이익의 균형을 잡는 역할을 한다.[181]

5.3.1.3 채권자와 기타 제3자

스탠더드전략은 채권자와 기타 제3자에 대하여 여러 가지 형태로 적용된다. 이들의 적용에 있어서 초점을 제3자를 문지기로 이용하는 것에 두

---

177 이는 유명한 *Rozenblum* 사건으로〔Cour de Cassation (Ch. Crim.) 4 February 1985, 1985 Revue des Sociétés 648〕, '회사재산 남용(abus de biens sociaux)'이 문제 된 형사 사건이다. 비교법적 논의에 관해서는 European Commission Informal Company Law Expert Group, Report on Recognition of the Interest of the Group, section 2.2 (2016) 참조.

178 Report of the Reflection Group on the Future of EU Company Law (2011), pp.59–65 참조.

179 Marie-Emma Boursier, *Le Fait Justificatif de Groupe dans l'Abus de Biens Sociaux: Entre Efficacite et Clandestinite*, 125 Revue des Société 273 (2005); Report of the Reflection Group, 앞의 책(주 178), p.63 참조.

180 주 176; Mathias Habersack, *Trihotel: Das Ende der Debatte?*, 37 Zeitschrift für Unternehymens- und Gesellschaftsrecht 533 (2008); Hüffer and Koch, 앞의 책(주 164), §1 paras. pp.21–33 참조.

181 주 154와 이에 관한 본문 참조.

기도 하고 때로는 한 채권자가 다른 채권자에 비하여 유리한 지위를 차지하는 것을 막는 데 두기도 하며, 많은 경우에는 두 가지 모두에 둔다.

첫 번째 접근방식은 채무자에게 불리한 것이 명백한 계약을 지급불능이 임박하였을 때 채무자와 체결하는 제3자를 대상으로 한다. 그러한 제3자는 채무자의 도산 시 **사후적으로**(*ex post*) 거래가 취소되어 수익을 반환하게 될 수도 있다. 이러한 결과는 유럽대륙 및 브라질에서는 **사해행위 취소소권**(*actio pauliana*), 미국과 일본에서는 사기적 양도(fraudulent conveyance), 영국에서는 '저가거래(undervalue transactions)' 법리에 따라서 도출된다.[182] 스탠더드전략은 제3자가 재무적 위기에 빠져 주주가 자산 교체행위를 할 가능성이 있는 회사와 극단적인 거래를 할 때 주의를 하도록 함으로써 제3자에게 문지기 역할을 담당시킨다.[183] 문지기는 자신이 '선의(good faith)'임을 입증하거나[184] 보다 구체적으로는 거래 당시 채무자의 사업에 이익이 될 것이라고 생각한 데 대하여 합리적 근거가 있을 때에만 거래의 효력을 유지할 수 있다.[185]

두 번째 적용방식은 다른 채권자에게 해로운 방향으로 재무적 위기에 처한 채무자에게 영향력을 행사하는 '내부(insider)' 채권자를 대상으로 한다. 이 방식의 한 가지 형태는 경영상 결정에 대한 관여를 중시하는바, 이에 따라 은행과 같은 영향력 있는 채권자가 **사실상**(*de facto*) 이사로서 책

182 Arts. 130, 168, and 172, Lei 11.101 of 2005(브라질); Arts. L. 632-1 and L. 632-2 Code de commerce(프랑스); § 129 Insolvenzordnung(독일); Art. 64-7 Legge Fallimentare(이탈리아); Uniform Fraudulent Conveyance Act and the Bankruptcy Code (11 U.S. Code) § 548(미국); 민법 제424조 및 파산법 제160조(일본); §§ 238, 241, 423-5 Insolvency Act 1986(영국) 참조.

183 Douglas G. Baird and Thomas H. Jackson, *Fraudulent Conveyance Law and Its Proper Domain,* 38 Vanderbilt Law Review 829 (1985); John Armour, *Transactions at an Undervalue*, in John Armour and Howard N. Bennett, eds., Vulnerable Transactions in Corporate Insolvency, pp.46-7 (2003) 참조.

184 § 8(a) Uniform Fraudulent Transfer Act(미국)(그러나 최초의 양수인은 § 548 Bankruptcy Code에 따라 선의의 항변을 할 수 없다); Art. 67 Legge Fallimentare(이탈리아) 참조.

185 § 238(5) Insolvency Act 1986(영국) 참조.

임을 지거나 **조합 형성 의사**(*animus societatis*)가 인정될 수 있다면, 지급불능한 회사의 파트너로서 책임이 인정된다. 영국 등 일부 국가에서는 누구든지 채권자를 기망할 의도로 악의로(knowingly) 회사의 사업을 영위한 자에게 책임을 지우는 데 반하여, 이탈리아나 미국 등 다른 국가에서는 지급불능한 회사와 거래한 자금 대여자에게 책임을 지우는 법리가 다수 존재한다.[186] 그러나 여기에는 과도한 억지효과(over-deterrence)의 위험성이 존재한다. 은행이 단순히 자신의 대출채권을 보전하기 위한 시도를 하는 것에 대하여 법원이 책임을 인정하는 경우는 거의 없음에도 불구하고, 은행은 책임에 대한 우려 때문에 실패한 회사와의 워크아웃을 주저할 수 있다.[187]

'내부' 채권자에 관한 또 다른 스탠더드전략은 소위 '편파(preferential)' 거래—채무자의 도산 시 특정 채권자가 다른 자들에 비해 우선적인 순위를 가지도록 하는 것—에 관한 것이다. 유럽대륙 국가 및 브라질에서는 그러한 거래에 대하여 다투기 위하여 다시 **사해행위취소소송**이 이용될 수 있다.[188] 여기에서는 이익을 받은 채권자가 악의로(bad faith) 행위를 하였을 것이 주된 요건인데, 일정한 경우에는 악의가 추정된다.[189] 일본

---

186 § 213 Insolvency Act 1986; *Morris v Bank of India* [2005] 2 Butterworths Company Law Cases 328(영국); Corte di Cassazione, 28 March 2006, No. 7029, Diritto Fallimentare II / 630 (2006)(이탈리아)(사실상의 이사); 미국에 대해서는 Lynn M. LoPucki and Christopher R. Mirick, Strategies for Creditors in Bankruptcy Proceedings (6th edn. 2014) 참조.

187 프랑스는 Cozian et al., 앞의 책(주 162), p.161; 독일에 대해서는 § 826 BGB ("Insolvenzverschleppung"); 이탈리아에 대해서는 Corte di Cassazione SU, 28 March 2006, No. 7028, 2007 Diritto della Banca e del Mercato Finanziario 149; 영국에 대해서는 Davies and Worthington, 앞의 책(주 86), pp.232-3; 미국에 대해서는 Baird and Rasmussen, 앞의 논문(주 22) 참조.

188 주 182에 인용된 자료 참고.

189 Arts. 66 and 67(1) Legge Fallimentare(이탈리아). 또한 주 159에서 언급한 § 135 Insolvenzordnung(독일)(도산 전 1년 이내에 이루어진 주주의 대여금채권 상환의 자동적 부인) 참조.

에서도 마찬가지로 이익을 얻은 채권자가 채무자의 지급불능을 알고 있었어야 할 것을 요한다.[190] 이와 대조적으로 미국과 영국에서는 **채권자**(*debtor*)의 악의를 입증할 필요가 없다. 미국에서는 도산으로부터 90일 전까지의 거래에 대한 부인만이 허용된다.[191] 그러나 편파거래를 부인하는 근거는 의문이다. 편파거래 부인이 채권자 간에 손실을 재분배하는 데 그치고 집행비용이 크다는 점에서 전체의 부를 감소시킬 수 있기 때문이다.[192]

5.3.2 기업지배구조전략

5.3.2.1 임면권(Appointment Rights)

우리의 모든 대상국가에서는 채권자에게 도산절차 개시를 신청하여 재무적 위기에 처한 회사의 재산에 대한 지배의 변경을 시도할 권한을 인정하고 있다. 각 국가에서는 일반적으로 채권자 1명이라도 채무자가 '현금흐름'의 관점에서 지급불능인 경우, 즉 만기에 채무를 변제하지 못하는 경우임을 증명하여 이 권한을 행사할 수 있다.[193] 그러나 미국에서는 최소한 채권자 3명이 공동으로 신청을 하여야 한다.[194] 대부분의 국가가 경영진이 실제로 지급불능이 되기 전에도 예방적으로 미리 도산절차를 개시하는 것을 허용하는 데 반해, 미국은 독특하게도 채무자가 지급불능에

190 일본 파산법 제162조.

191 § 239 Insolvency Act 1986(영국); Bankruptcy Code, 11 U.S. Code § 547(미국)[(부인기간(the look-back period)은 내부자에 대해서는 1년이다].

192 Alan Schwartz, *A Normative Theory of Business Bankruptcy*, 91 Virginia Law Review 1199, 1224-31 (2005).

193 Arts. L. 631-1 Code de commerce (*redressement judiciaire*) and L. 640-1, 640-5 (*liquidation judiciare*)(프랑스); § 14(1) Insolvenzordnung(독일); Arts. 5 et seq. Legge Fallimentare(이탈리아); § 123(1)(e) Insolvency Act 1986(영국); 파산법 제15조 및 제16조(일본); Art. 94, I and 97, IV Lei 11.101 of 2005(브라질) 참조.

194 Bankruptcy Code, 11 U.S. Code §§ 303(b)(1).

임박하였다는 요건 없이도 그것을 허용한다.[195]

대부분의 대상국가에서는 도산절차로 이행하게 되면 이사회로부터 회사재산의 실효적 지배권한을 박탈하고, 이사회를 '관리인(administrator)' 또는 '위기관리인'으로 교체하거나 이들의 감독을 받도록 하고, 회사의 집행을 맡은 경영자(operational managers)는 이들에 대하여 책임을 진다.[196] 이들은 일반적으로 주주가 아니라 채권자에 의해 선임된다. 그러나 많은 국가에서 채권자의 선임권 행사는 법원의 감독을 받는 것이 일반적이고,[197] 법원은 이 책의 분류상 수탁자 역할을 수행한다. 일부 국가에서는 법원의 수탁자 역할이 우선하여 법원이 위기관리인을 선임할 배타적 권리를 갖기도 한다.[198]

위기관리인을 선임하는 것에 대한 대안으로 기존 경영자가 직위를 유지하도록 허용할 수 있다.[199] 이 방식은 외부인을 기존 사업을 운영하는 수준에 이르도록 하는 비용을 절약하고, 경영자가 보유한 당해 기업에 특

---

195 § 18 Insolvenzordnung(독일); Art. L. 620-1 Code de commerce(프랑스)(*procédure de sauvegarde*); Art. 160 Legge Fallimentare(이탈리아)(*concordato preventivo*); Insolvency Act 1986 Sch B1 ¶¶ 22, 27(2)(a)(영국); Art. 97, IV Lei 11.101 of 2005(브라질); 민사재생법 제21조 및 회사갱생법 제17조(일본); Bankruptcy Code, 11 U.S. Code § 301(a)(미국)(자발적 도산 신청—채무자가 재무적으로 위기에 처하여야 한다는 요건이 없다)와 비교.

196 Art. 622-1 Code de commerce(프랑스); § 56 Insolvenzordnung(독일); Art. 21 Legge Fallimentare(이탈리아); Insolvency Act 1986 Schedule B1 ¶¶ 59, 61, 64(영국); 11 U.S.Code § 323(미국) 참조 .

197 § 56 *Insolvenzordnung*(독일); Art. 27 and 37-II Legge Fallimentare(이탈리아)(법원이 위기관리인을 선임하지만 채권자가 교체를 신청할 수 있다); Insolvency Act 1986 § 139 and Schedule B1 ¶ 14(영국); Bankruptcy Code(미국); 11 U.S.Code § 702(미국) 참조.

198 Arts. L. 621-4 (procédure de sauvegarde), L. 631-9 (redressement judiciaire) and L. 641-1 (liquidation judiciaire) Code de commerce(프랑스); Art. 27 Legge Fallimentare (이탈리아); 파산법 제74조(일본); Art. 99, IX Lei 11.101 of 2005(브라질).

199 European Commission, Recommendation of 12 March 2004 on a new approach to business failure and insolvency, C(2014) 1500 final (the "Restructuring Recommendation"), ¶ 6 참조.

화된 인적 자본을 이용할 수 있도록 한다. 이 경우에는 주주와 채권자 간 대리 문제를 통제하기 위하여 법원의 감독이란 수탁자전략에 더욱 의존하게 된다. 이러한 형태의 '회생절차' 또는 '구제절차'는 우리의 주요 대상 국가들에서 보다 보편적으로 되었다. 예를 들어 미국 도산법(Bankruptcy Code) 제11장 회생절차(reorganization proceedings)에서는 이사회의 지위가 유지되어 이사회가 계속해서 회사자산을 지배할 권한을 보유한다.[200] 다만 이사의 신인의무는 이제 채권자에 대하여 부담하게 된다. 채권자는 법원에 관리인(trustee)의 선임을 신청하여 관리인이 지배권을 가지도록 하거나—채권자가 위기관리인으로 파산관재인을 선임하는—제7장 절차로 전환할 것을 신청할 수 있다.[201]

일본, 프랑스, 독일과 브라질은 미국의 접근방식을 좀 더 완화된 형태로 채택하였다. 독일에서 법원은 채권자에게 불리하다는 증명이 없는 한 관재인(custodian)의 감독하에 이사회가 계속하여 회사자산을 지배하는 것을 허용할 수 있다.[202] 일본에서는 채권자나 여타 이해관계자의 신청에 따라 법원이 위기관리인을 선임하지 않을 수 있도록 하였고, 프랑스 법원은 소규모회사에 대해서만 위와 같이 할 수 있도록 하였다.[203] 브라질에서도 경영진은 금지된 행위를 하거나 회생계획에서 달리 정하지 않는 한 지위를 유지할 수 있다.[204] 영국에서는 관리인이 기존 경영진이 자신의 감독하에 지위를 유지하도록 할 수 있다.[205] 이탈리아법은 미국 모델에

---

200 Bankruptcy Code(미국); 11 U.S. Code § 1107. 주 132와 이에 관한 본문 참조.

201 11 U.S. Code §§ 1104, 1112.

202 § 270 Insolvenzordnung(독일). 경영진 지위 유지가 제1회 채권자위원회에서 만장일치의 찬성을 받은 경우에는 채권자에게 유리한 것으로 본다〔§ 270(3)〕.

203 1999년 민사재생법(간이 일반 회생절차) 제38조와 제64조 이하 및 1952년 회사갱생법〔주식회사를 위한 보다 정식의 절차로서, 2002년 개정으로 관리인유지제도(debtor in posession)(기존 경영진을 관리인으로 선임하는 제도—옮긴이 주)를 도입하였다〕 제67조(일본); Art. L. 621-4 and 631-9 Code de commerce(프랑스)(종업원 20인 또는 매출액 300만 유로 미만인 회사: Art. R. 621-11 Code de commerce).

204 Arts. 50 IV-V and 64 Lei 11.101 of 2005.

더욱 근접하였다. 회생절차가 개시되면 회생계획안이 적절하지 않다고 판단되거나 채권자가 거부하지 않는 한 경영진이 교체되지 않는다.[206]

실무가들은 도산절차에서의 공식적인 지위와 무관하게 경영진이 지위를 유지하면서 구조조정 결과를 달성할 수 있는 기법을 개발하였다. 이는 장래의 구조조정 또는 매각을 합의하고, 이를 '사전조정형' 도산절차에서 실행하는 것이다. 위기관리인의 공식적 지위는 합의된 매각을 회사를 대신하여 실행할 때까지만 유지된다. 이러한 절차는 정식의 절차에서 발생하는 영업권의 가치 감소와 위기관리인 선임비용을 절감할 수 있다.[207] 이와 같은 사전조정형 도산절차는 미국과 영국에서 오랫동안 보편적이었고,[208] 최근의 개정으로 더욱 이용이 촉진되었으며, 다른 국가에서도 점차 인기를 얻고 있다.[209]

205 Insolvency Act 1986 (UK) Sch B1, ¶¶ 59-61.

206 Arts. 167 (*concordato preventivo*) and 27 (*fallimento*), Legge Fallimentare.

207 John Armour, *The Rise of the "Pre-Pack": Corporate Restructuring in the UK and Proposals for Reform*, in Robert P. Austin and Fady J.G. Aoun, eds., Restructuring in Troubled Times: Director and Creditor Perspectives, p.43, pp.58-60 (2012) 참조.

208 예컨대 Elizabeth Tashjian, Ronald C. Lease, and John J. McConnell, *An Empirical Analysis of Prepackaged Bankruptcies*, 40 Journal of Financial Economics 135 (1996) (미국); Sandra Frisby, *A Preliminary Analysis of Pre-Packaged Administrations* (2007); Andrea Polo, *Secured Creditor ControlinBankruptcy: Costs and Conflict* (2012), ssrn.com(영국) 참조.

209 예컨대 § 270b Insolvenzordnung(독일)(2012년부터); Art. L. 611-7 Code de commerce, as amended by Decree No. 2014-326(프랑스). 이탈리아는 동의한 채권자에 대해서만 구속력 있는 법원 외 사전조정형 절차(out-of-court pre-packs) 허용; 다만 재무적 채권자에 대해서는 다수결원칙 적용: Art. 182-II and 182-VII Legge Fallimentare(이탈리아)(그러나 2005년에 도입되어 대체적으로 제11장 스타일의 회생절차에 상응한다고 볼 수 있는 사전조정형 절차는 더 이상 이용할 수 없다. Art. 163-II Legge Fallimentare, as amended in 2015). Restructuring Recommendation(주 199), ¶ 7에서 EU 차원에서 이러한 경향을 장려하였다. 일반적으로 Horst Eidenmüler and Kristin van Zwieten, *Restructuring the European Business Enterprise: The EU Commission Recommendation on a New Approach to Business Failure and Insolvency*, 16 European Business Organization Law Review 625 (2015) 참조.

5.3.2.2 의사결정권

대부분의 국가에서 — 사업의 매각 또는 폐지 또는 재무구조의 조정 중 어느 것에 의한 것이든 — 도산절차의 '탈퇴(exit)' 제안은 위기관리인이 발의하고 채권자는 이에 대해서 거부권을 가진다. 그러나 프랑스 · 이탈리아 · 미국은 예외로, 회생절차가 개시된 채무자의 경우 첫 번째 구조조정 계획은 채무자가 제안한다.[210] 그러나 이 권한에 따른 채무자의 영향력은 감소하였다. 프랑스에서는 대규모회사의 회생계획안에 대해서는 이제 채권자도 채무자 또는 위기관리인과 함께 발의권을 가진다.[211] 마찬가지로 이탈리아에서도 중요한 채권자는 별도로 발의권을 갖는다.[212] 미국에서는 도산절차 개시로부터 120일이 경과하기 전까지는 채무자만이 계획안을 발의할 권리가 있지만,[213] 채권자도 채무자의 도산 시 자금 조달의 필요성을 지렛대 삼아 구조조정 계획안의 작성에 영향력을 미친다.[214] 그 결과 계획안은 시간이 흐름에 따라 보다 채권자에게 유리한 것으로 변하게 된다.[215]

---

210 프랑스와 이탈리아에서는 *sauvegarde* proceedings (Art. L. 626-2 Code de commerce)와 *concordato preventivo* (Art. 161 Legge Fallimentare)에서 각각 그러하다. 미국에서는 Chapter 11 proceedings: Bankruptcy Code, 11 U.S. Code § 1121에서 그러하다.

211 채권자위원회의 구성원은 누구든지 채무자의 계획안에 대한 대안을 제출할 수 있다. 이러한 계획안이 실행되기 위해서는 각 채권자위원회 3분의 2의 승인을 얻어야 한다[Arts. L. 626-30-2 and 626-31 (*sauvegarde*) and L. 631-19 (*redressement judiciaire*) Code de commerce, as amended in 2014]. 하지만 종업원이 150명 미만이고 매출액이 2,000만 유로 미만인 회사에 대해서는 법원이 절차의 결과에 대해 재량권을 가지고 있다(Arts. L. 626-29, L. 626-34-1, L. 631-9, and R. 626-52 Code de commerce).

212 채무자의 부채총액의 10퍼센트 이상을 소유하는 채권자는 *concordato preventivo* (Art. 163, as amended in 2015)에서 계획안을 제안할 수 있다.

213 Bankruptcy Code, 11 U.S. Code § 1121. 법원은 이 기간을 180일로 연장할 수 있다.

214 David A. Skeel, Jr., *Creditors' Ball: The "New" New Corporate Governance in Chapter 11*, 152 University of Pennsylvania Law Review 917 (2003)

215 Ayotte and Morrison, 앞의 논문(주 14); Barry E. Adler, Vedran Capkun, and Lawrence A. Weiss, *Value Destruction in the New Era of Chapter 11*, 29 Journal of Law, Economics and Organization 461 (2013) 참조.

도산절차에서 계획안의 결정에서는 채권자 간의 이익충돌이 문제가 된다.[216] 후순위채권자(junior class)는 재무적 위기에 처한 회사에서의 주주와 마찬가지로 '받을 것이 없는(out of the money)' 상황이므로 보다 위험성이 큰 성과를 선호하는 경향이 있다. 선순위 채권자는 '담보초과(over-secured)', 즉 회사재산이 이들 채권자에게 변제하고도 남을 정도로 충분한 상태로 보다 위험성이 낮은 계획을 선호할 것이다. 각각의 채권자 그룹에게 결과에 대한 발언권을 준다면 최선의 경우라도 거래비용을 증가시키고, 최악의 경우에는 회사의 미래에 관해 부적합한 결정을 초래하게 될 것이다. 구조조정계획안의 확정에 대하여 채권자에게 거부권을 인정하는 국가에서는 '잔여청구권(residual claimant)'을 가지는 채권자에게만 발언권을 줌으로써 이러한 문제를 최소화하고자 한다. 따라서 대부분의 국가에서 채권의 전액을 변제받을 수 있는 채권자에게는 의결권을 인정하지 않고, 일부 국가에서는 계획에 따르면 '받을 것이 없는' 후순위의 채권자에게는 의결권을 인정하지 않는다.[217]

앞에서 살펴본 바와 같이 점차 보편화되고 있는 "사전조정" 도산절차에서는,[218] 채권자의 투표가 필요한 경우에는 그러한 투표를 포함하여 필요한 합의와 승인을 미리 취득해 둔다. 성립된 합의는 정식의 도산절차에서 인정되는 의사결정권한에 부합하여야 한다. 그렇지 않다면 당사자들은 정식의 도산절차를 발동시킬 인센티브를 가질 것이다.

---

216 Philippe Aghion, Oliver Hart, and John Moore, *The Economics of Bankruptcy Reform*, 8 Journal of Law, Economics, and Organization 523 (1992) 참조.

217 §§ 237 Insolvenzordnung(독일); Art. 127 and 177; Legge Fallimentare(이탈리아); Schedule B1 ¶ 52 Insolvency Act 1986(영국); 11 U.S.Code §§ 1126(f)-(g)(미국) 참조. L. 626-30-2 and L. 626-32 Code de commerce(프랑스)(전액 변제를 받지 못하는 채권자 전부의 투표가 필요하나, 법원의 결정에 따름)와 비교; Art. 45, § 3° Lei 11.101 of 2005(브라질).

218 앞 5.3.2.1 참조.

5.3.2.3 인센티브전략

우리의 대상국가들에서 수탁자전략은 주주 보호보다 채권자 보호 측면에서 더 중요한 역할을 수행하지만, 보상전략의 경우는 이와 반대이다. 여기에는 두 가지 이유가 있는 것으로 보인다. 첫째는 채권자와 주주에 대한 성과 지급(payoff)의 성격이 근본적으로 다르기 때문이다. 대리인이 본인에게 지급되는 성과를 공유할 수 있도록 함으로써 대리인이 본인의 이익을 위해 행위하도록 인센티브를 부여하는 보상전략은 채권자를 위한 대리인에 대해서는 채권자에 대한 보상한도가 계약으로 고정되어 있으므로, 효과적으로 기능할 수 없다.[219] 그 대신 채권자는 손실 가능성을 더 우려하므로 증가된 이익의 배분에 참여할 수 있도록 하는 보상전략은 뚜렷하게 어울리는 것 같지는 않다.[220] 두 번째 이유는 회사가 일단 채권자의 지배하에 놓이게 되면 발생하는 채권자 사이의 대리 문제이다. 기업의 자산가치는 불확실하고 채권자는 순위가 서로 다른 집단으로 나뉘므로, 어떠한 집단에게 보상이 제공되어야 하며 어떻게 배분할지가 명확하지 않다.

도산회사에 관한 수탁자 유형에는 두 가지가 있다. 첫째, '위기관리인'은 도산회사를 운영하거나 감독한다. 여러 절차에서 위기관리인은 자신의 이익을 위해서가 아니라 여러 이해관계자를 위해 회사의 재산을 보관한다는 개념을 반영하여 '도산의 수탁자(trustee in bankruptcy)'라고 알려져 있다.[221]

---

219 보상구조(compensation structures)가 자산 교체 문제를 완화시킬 수도 있다. James Brander and Michel Poitevin, *Managerial Compensation and the Agency Problem*, 13 Managerial and Decision Economics 55 (1992); Kose John and Teresa John, *Top-Management Compensation and Capital Structure*, 48 Journal of Finance 949 (1993) 참조.

220 그러나 대리인에 대한 보상이 회사에 대한 연금 수취 청구권의 형태인 경우에는 보상전략은 경영진의 이익과 채권자의 이익을 일치시킨다. Alex Edmans and Qi Liu, *Inside Debt*, 15 Review of Finance 75 (2011); Chenyang Wei and David Yermack, *Investor Reactions to CEOs' Inside Debt Incentives*, 24 Review of Financial Studies 3813 (2011) 참조.

221 '신탁(trust)'으로 유추하는 것에 관해서는 *Ayerst v C&K Construction Ltd* 〔1976〕 Appeal

도산회사의 지배구조에서 두 번째로 중요한 수탁자의 역할은 법원의 감독이다. 법원의 역할은 주로 도산절차에서 서로 다른 등급의 청구권자 간에 중재자 역할을 하는 것이다. 잠재적인 이익충돌이 근본적일수록 법원의 수탁자**로서**(*qua*) 역할이 커진다. 프랑스는 법원의 역할에 가장 많이 의존하는 국가이다. 프랑스에서는 법원이 단독으로 기업의 자산을 향후 어떻게 사용할 것인가를 결정한다. 다만 최근 몇 년간 법원의 권한은 특히 대규모 회사에 대해서는 상당히 감소하였다.[222] 우리의 다른 대상국가들에서(프랑스에서는 대규모 회사의 경우만) 정식의 절차에서 어떻게 탈퇴할 것인가를 결정하는 데 있어서 법원이 주된 책임을 맡고 있지는 않다.[223] 그 대신 법원은 기본적으로 중대한 결정을 승인하고 서로 다른 청구권자 집단 간에 발생하는 문제와 분쟁을 해결한다. 법원은 자산매각 결정도 감독한다.[224] 법원은 시장 참여자 같은 강력한 금전적 인센티브를 가지고 있지 않으므로 법원에 의한 가치평가 분석은 예리하지 못할 수 있지만, 금전적 이해관계가 없다는 것은 또한 법원의 행위가 전략적 고려에 의해 영향을 받을 가능성이 크지 않다는 것을 의미하기도 한다. 이러한 분석과 일관되게 법원이 통제하는 도산절차에서의 채권자들의

Cases 167, 176–80.

222 주 211과 이에 관한 본문 참조.

223 독일에 대해서는 예컨대 § 248 Insolvenzordnung(계획안의 인가); 일본은 Patrick Shea and Kaori Miyake, *Insolvency-Related Reorganization Procedures in Japan: The Four Cornerstones*, 14 University of California at los Angeles Pacific Basin Law Review 243 (1996)(제11장 유형의 절차에만 적용); 영국은 Insolvency Act 1986 Schedule B1 ¶¶ 63, 68(관리인은 법원에 지시를 신청할 수 있다): 70–3(담보권이 설정된 자산의 매각의 수권): 76–9〔관리절차(administration proceedings)의 연장 또는 종료〕; 미국 도산법에 대해서는 11 U.S.Code §§ 1129(계획안의 인가): 1104〔신청이 있는 경우 관리인(trustee) 또는 조사인(examiner)의 선임〕; 브라질에 대해서는 Art. 58 Lei 11.101 of 2005(모든 종류의 채권자의 승인을 받지 못하였어도 법원이 계획안 인가) 참조.

224 Bankruptcy Code, 11 U.S. Code § 363(b)(미국)(영업의 통상적인 과정 외에서의 자산의 매각에 대해서는 법원의 승인); Insolvency Act 1986 Sch B1, ¶ 60A(영국)(관계인에게 자산의 매각 시 법원의 승인을 요구할 권한) 참조.

평균수익률이 시장 참여자들이 결정을 하는 경우보다 낮지 않다는 실증 연구도 존재한다.[225]

5.4 소유구조(Ownership Regimes)와 채권자 보호

모든 국가에서 회사법은 채권 · 채무 관련법을 보완하여 회사와 회사채권자 간의 거래를 원활하게 이루어지도록 한다. 우리의 대상국가들은 모두 동일한 세트의 광범한 법적 전략들을 채택하고 있다. 즉 채무불이행 상태가 아닌 기업에서는 규제적 전략(약간의 룰에 기초한 통제가 수반된 강제적 공시와 재무적 어려움에 처한 기업에 적용되는 일련의 스탠더드)과 채무불이행 상태인 기업에서는 기업지배구조전략이 그것이다.

그러나 이와 같은 전체 구조 차원에서의 유사성은 보다 미시적인 차원에서의 다양성을 가리고 있다. 이러한 다양성을 분류하는 방법 중 하나는 각 국가의 법제도를 재무적 위기에 처한 채무자에 대한 채권자의 집행(enforcement)이 쉬운지 아니면 제한되는지에 따라 '채무자 친화적(debtor-friendly)' 또는 '채권자 친화적(creditor-friendly)'이라고 분류하는 것이다.[226] 미국과 정도가 약간 약하기는 하지만 일본의 접근방식은 채무자 친화적이라고 보는 데 대하여, 영국과 그보다는 덜하지만 독일의 접근방식은 채권자 친화적이라고 분류된다. 그러나 다양한 등급의 채권자가 존재한다

---

225 Edward R. Morrison, *Bankruptcy Decision Making: An Empirical Study of Continuation Bias in Small-Business Bankruptcies*, 50 Journal of Law and Economics 381 (2007); Régis Blazy, Bertrand Chopard, Agnès Fimayer, and Jean-Daniel Guigou, *Employment Preservation vs. Creditors' Repayment Under Bankruptcy Law: The French Dilemma?*, 31 International Review of Law & Economics 126 (2011) 참조.

226 예컨대 Julian R. Franks, Kjell G. Nyborg, and Walter N. Torous, *A Comparison of U.S, UK, and German Insolvency Codes*, 25 Financial Management 86 (1996); Sefa Franken, *Creditor- and Debtor-Oriented Corporate Bankruptcy Regimes Revisited*, 5 European Business Organization Law Review 645 (2004) 참조.

는 점은 친(親)채권자(pro-creditor) 또는 친(親)채무자(pro-debtor)라는 이분법이 너무 단순할지도 모른다는 것을 시사한다. 예를 들어 도산절차에서 담보채권자의 권리에 대하여 자동중지(automatic stay)제도가 있거나 또는 없다는 것은 '친채권자'적인 것인가? 대답은 여기에서 '채권자'가 담보채권자인가 또는 무담보채권자인가에 따라 달라진다. 일부 견해는 채권자 보호 정도의 차이가 당해 국가가 대륙법계인지 영미법계인지에 따른 것이라고 본다.[227] 그러나 이러한 설명에 대해서는 이 장에서 살펴보는 국가들 **전반에 걸쳐**(*across*) 구조(framework)의 유사성이 존재한다는 점뿐만 아니라, 대륙법계와 영미법계 **내부에서도**(*within*) 채권자 권리에 미시적 차이가 상당하다는 점을 이유로도 의문이 제기된다.[228]

제1장에서 밝힌 바와 같이 법적 전략은 소유구조와 상당히 관련이 있는 것으로 보이지만, 기본적 지배구조에서보다는 채권자의 권리에 관해서 그 관련성이 덜 직접적인 것으로 보인다. 차입에 의한 자금 조달이 은행에 집중된 일부 시스템은 채권자의 권리를 위해 효율적이면서도 분배적 효과가 있는바, 이는 제3장과 제4장에서 주식의 소유에 관해 살펴본 바와 마찬가지이다. 채권이 집중된 경우에는 채권자의 조율비용을 낮춤으로써 지배주주·채권자의 대리 문제를 보다 효과적으로 통제할 수 있다. 동시에 은행의 전체적인 재무적 이익은 채무자회사의 주주와 경영자, 기타 기업의 어떤 다른 이해관계자 못지않게 은행이 정치권에 대한 영향력을 행사하도록 한다.[229] 은행의 이해관계자 행동주의(interest group activism)는

---

227 Djankov, McLiesh, and Shleifer, 앞의 논문(주 81) 참조.

228 Erik Berglöf, Howard Rosenthal, and Ernst-Ludwig von Thadden, *The Formation of Legal Institutions for Bankruptcy: A Comparative Study of Legislative History*, Working Paper (2001), vwl.uni-mannheim.de; John Armour, Simon Deakin, Priya Lele, and Mathias Siems, *How Do Legal Rules Evolve?: Evidence from a Cross-Country Comparison of Shareholder, Creditor and Worker Protection*, 57 American Journal of Comparative Law 579, 612–5 (2009) 참조.

229 Luca Enriques and Jonathan R. Macey, *Creditors versus Capital Formation: The Case against the European Legal Capital Rules*, 86 Cornell Law Review 1165, 1202–3

주식의 소유구조뿐 아니라 금융시스템의 성격에 따라서도 차이가 난다.

5.4.1 지급능력 있는 회사에 대한 규제 또는 계약에 의한 통제?

지급능력 있는 회사에 관해서 독일과 이탈리아는 전통적으로 — 채권자 지향적인 회계원칙과 법정자본금규정형태의 — 표준조건(standard terms)을 제공하여 채권자와의 계약을 촉진하는 데 우리 대상국가 중 가장 적극적이다. 미국은 이와 반대 방향의 접근방식을 택하여 시장 지향적인 공시요건을 채택하고 자본금에 근거한 규제를 자제하였다. 우리의 다른 대상국가들은 이들 사이 어딘가에 위치하고 있다. 프랑스는 독일에 좀 더 가깝고 영국은 미국에 더 가깝다.

독일법의, 그리고 정도는 덜하지만 이탈리아법의 전통적 접근방식은 회사의 부채에 의한 자금 조달이 주로 은행에 의존하고 있는 전형적인 재무구조를 보완한다. 회사와 국가 차원에서 모두 부채가 은행에 '집중되어' 있다면, 채권자 간 조율이 상대적으로 간단하다. 그리하여 그 경우에는 감독은 물론, 필요하다면 재협상도 보다 용이하다. 이러한 상황에서는 표준조건의 단점은 최소화되는 반면[230] 잠재적 장점은 유지된다. 보다 일반적으로 채권의 집중은 주주-채권자 간 대리 문제에서 채권자의 대응을 용이하게 하므로 대리비용 증가를 초래할 수 있는 주식 소유의 집중에 대해서 보완적이다.[231]

이와 대조적으로 미국에서는 은행에 대한 집중이 제한되어 있고 주식

(2001); Bruce G. Carruthers and Terence C. Halliday, Rescuing Business: The Making of Corporate Bankruptcy Law in England and the United States (1998) 참조.

230 주 23~28의 본문에서 검토했다.

231 John Armour, Brian R. Cheffins, and David A. Skeel, *Corporate Ownership Structure and the Evolution of Bankruptcy Law: Lessons from the United Kingdom*, 55 Vanderbilt Law Review 1699 (2002); Jan Mahrt-Smith, *The Interaction of Capital Structure and Ownership Structure*, 78 Journal of Business 787 (2005) 참조.

소유는 전통적으로 널리 분산되어 있다.[232] 이러한 체제에서는 회사에 대한 채권도 분산되어 있으므로 채권자의 이질성이 크고 조율비용도 증가하며 일률적인 표준조건의 장점이 크지 않다. 그 결과 채무자인 기업이 강제적 표준규정을 준수한다고 해도 채권자가 얻을 수 있는 이익이 거의 없는 반면에 채무자는 여전히 그 비용을 부담한다. 이는 강제적 표준조건이 상대적으로 부재한다는 점과 보완적이다.

프랑스와 브라질은 독일과 마찬가지로 주식 소유가 집중되어 있다. 그러나 국가가 주주와 채권자로서 (국가가 소유하는 은행을 통하여) 중요한 역할을 함에 따라 표준조건의 강제에 대하여 보다 유연하게 접근할 수 있다. 영국과 일본은 미국과 마찬가지로 비교적 주식 소유가 분산되어 있지만, 은행부문은 전통적으로 훨씬 집중되어 있다.[233] 이와 관련하여 영국과 일본에서의 기업에 대한 자금 제공은 최근까지는 은행이 담당하는 경향이 있었다. 이는 미국에서보다 강제적 표준조건을 더 널리 사용하는 것과 관련이 있다.

그러나 제1장과 제3장에서 본 바와 같이 많은 국가에서 주식 소유구조는 변화를 겪고 있다. 독일의 대규모 회사에서 주식 소유의 점진적 분산은—주주 사이의 조율비용을 증가시키기 때문에—주주-채권자 간 대리비용에 대한 우려를 감소시킨다. 그러나 같은 이유로 미국에서는 주식 소유가 점차 행동주의 기관투자자들에게 집중됨에 따라 주주-채권자 간 대리비용이 분명히 증가하는 경향이 있다.[234]

그러나 위의 분석에 따르면, 주식 소유구조 변화가 회사법상의 채권자 보호에 대해서 갖는 함의는 부채에 의한 자금 조달의 구조에 따라 달라진다. 유럽 대부분의 국가에서, 비록 회사의 부채는 여전히 은행으로부터

232 Roe, 앞의 책(주 131), pp.54-9.

233 예컨대 Brian R. Cheffins, Corporate Ownership and Control: British Business Transformed (2008) 참조.

234 Rock, 앞의 논문(주 112).

발생하고 있지만, 대출채권의 유통시장이 성장함에 따라 공개회사 부채의 궁극적인 채권자는 분산되었다.[235] 부채에 의한 자금 조달구조의 변화는 적어도 주식 소유구조의 변화만큼 중요하다.[236] 이러한 전환은 금융위기 이후 다수의 은행에서 자기자본 규제 강화와 그로 인한 신용공여의 감소에 따라 가속화된 것으로 보인다.[237] 신용공여 감소에 대한 대응책으로 유럽위원회(European Commission)는, 자본시장에서 채권과 주식 양쪽의 자금 조달을 촉진하기 위하여 '자본시장연합(Capital Markets Union)'이라고 일컫는 일련의 정책제안을 내놓고 있다.[238]

채권자의 이질성과 조율비용의 증가는 표준적인 '대출조건(creditor terms)'을 덜 유용하고 방해될 가능성이 크게 만들었다. 그리하여 최저자본금, 역사적 원가주의 회계, 이사의 엄격한 친채권자적 의무와 같은 뚜렷이 친채권자적인 유럽의 제도들이 최근 몇 년간 다소 완화된 것은 대체로 유익한 것으로 보인다. 그러나 미국에서 반대 방향으로의 변화, 즉 채권시장 대신 은행을 통한 자금 조달의 성장은 발생하지 않았다. 그 결과, 주식 소유 집중의 심화는 주주-채권자 간 대리비용을 증가시킬 수 있지만, '대출조건'을 효과적으로 활용할 수 있는 채권자의 조율능력은 여전히 낮다는 것이다. 그러므로 미국에서 더 커진 주주의 기회주의적 행동 가능성에 대응하여 법으로 대출조건의 공급을 증가시키는 것이 효과적인지 여부는

235 예컨대 Deutsche Bank, *Corporate Bond Issuance in Europe: Where Do We Stand and Where Are We Heading?*, January 31, 2013 참조.

236 유럽의 대규모 회사의 과반수는 여전히 주식 소유가 분산되어 있지 않다. Julian Franks, Colin Mayer, Paolo Volpin, and Hannes Wagner, *The Life Cycle of Family Ownership: International Evidence*, 25 Review of Financial Studies 1675, 1689 (2012)(프랑스 · 독일 · 이탈리아는 각각 1,000대 회사 중 37퍼센트가 분산소유된 회사이고, 영국은 74퍼센트가 분산소유되어 있다) 참조.

237 예컨대 Fiorella De Fiore and Harald Uhlig, *Corporate Debt Structure and the Financial Crisis*, ECB Working Paper No 1759 (2015) 참조.

238 European Commission, *Action Plan on Building a Capital Market Union*, COM (2015) 468 final (2015).

덜 분명하다.

5.4.2 도산법의 역할

기업에 채권자 수가 많지 않다면 도산법은 실패한 회사를 청산하는 역할만 수행하면 된다. 회생의 가치가 있는 기업은 사적 '워크아웃'을 통하여 구조조정을 할 수 있다.[239] 그러나 채권자의 분산이 심해질수록 사적인 해결은 어렵고, 채권자가 계속기업의 소유자가 되는 것을 돕는 기업지배구조전략을 활용하는 유형의 도산절차를 선택지로 갖는 것의 가치가 더욱 높아진다.[240]

앞에서 살펴본 바와 같이 미국 도산법 제11장은 재무적 위기에 처한 회사의 경영자에게 지배권을 유지하면서 법원의 감독하에 회생을 지휘할 재량을 부여한다. 동시에 미국의 대기업은 전통적으로—은행 차입이 아니라 회사채 발행을 통하여—다수의 채권자로부터 타인자본을 조달하는 경향이 다른 국가들에서보다 강하다.[241] 이는 은행이 전통적으로 소규모로 나뉘어 있어서 '경영자 친화적'인 1978년 도산법의 통과 시 실질적인

---

239 그러한 환경에서 재무적 위기에 처한 회사를 폐쇄하는 것이 아니라 계속기업으로 존속시키는 것을 목적으로 하는 기업지배구조전략이 도산법상 존재하지 않는다면, 워크아웃이 성공할 가능성이 높아질 것이다. 합의에 실패하면 매우 파괴적 결과가 발생할 것이라는 인식이 채권자들의 결정에 영향을 미칠 것이다.

240 Viral V. Acharya, Rangarajan K. Sundaram, and Kose John, *Cross-Country Variations in Capital Structures: The Role of Bankruptcy Codes*, 20 Journal of Financial Intermediation 25 (2011) 참조.

241 예를 들어 Jenny Corbett and Tim Jenkinson, *How Is Investment Financed?: A Study of Germany, Japan, the United Kingdom and the United States*, 65 (Suppl.) Manchester School 69, 74–5, 80–1, 85 (1997); William R. Emmons and Frank A. Schmid, *Corporate Governance and Corporate Performance*, in Stephen S. Cohen and Gavin Boyd, eds., Corporate Governance and Globalization, p.59, p.78 (1998)("간단히 말하자면 미국과 캐나다 기업은 상당량의 회사채를 발행하지만, G7 국가 중 다른 나라들에서는 그러하지 않다는 것이 사실이다") 참조.

반대를 하지 못하였다는 여건에 부합한다.[242]

영국은 이와 정반대 지점에 위치한다. 영국에서는 전통적으로 개인채권자가 담보권을 행사하는 것에 대하여 우호적이어서 법원의 간섭이 거의 없었다. 이는 최근까지도 마찬가지여서 채무자 재산 전부에 대한 담보권을 가진 은행이 재무적 위기에 처한 회사의 재산처분을 비공개로 지배하는 것이 허용될 정도였다.[243] 이는 은행 분야가 강력하고 집중되어 있고, 회사채에 대한 의존도가 은행으로부터의 차입에 비하여 낮다는 점에 부합한다.[244] 그 결과 사적 워크아웃이 대규모 회사에서도 중요한 역할을 한다. '엄격한(tough)' 도산절차에 들어가게 될 수 있다는 위협은 사전적으로는 완강한 채무자들과, 사후적으로는 협상을 꺼리는 채권자들로부터 동의를 이끌어 내는 강력한 수단으로 작용하고 있다. 이러한 환경에서 도산절차는 기업의 보다 심각한 실패에 대해서나 적용될 것인데, 이러한 결과는 채무자의 기관주주와 은행 양자의 이해관계가 반영된 것이다.[245] 독일, 이탈리아, 일본도 유사한 패턴을 따라가고 있다. 프랑스에서는 도산절차의 이용이 보다 빈번한데, 이는 은행의 강력한 힘이 아니라 국가의 광범한 간섭과 연관이 있을 것이다.

그러나 오늘날 국가 간에 부채구조의 차이는 덜 중요한 것으로 보인다. 채권유통시장의 성장으로 유럽국가들에서 탈(脫)중개화(disintermediation)

---

242 Roe, 앞의 책(주 131). 1978년법에 대하여 은행의 반대가 약하였다는 것에 대해서는 Carruthers and Halliday, 앞의 책(주 229), pp.166–94; David A. Skeel, Jr., Debt's Dominion, pp.180–3 (2001) 참조.

243 Armour and Frisby, 앞의 논문(주 53) 참조.

244 Peter Brierley and Gertjan Vleighe, *Corporate Workouts, the London Approach and Financial Stability*, 7 Financial Stability Review 168, 175 (1999) 참조.

245 Sitjn Claessens and Leora F. Klapper, *Bankruptcy Around the World: Explanations of Its Relative Use*, 7 American Law and Economics Review 253, 262 (2005)〔미국의 도산률(도산절차를 신청한 회사의 비율)은 다른 모든 대상국가보다 높다. 미국 3.65퍼센트, 프랑스 2.62퍼센트, 영국 1.65퍼센트, 독일 1.03퍼센트, 이탈리아 0.54퍼센트 및 일본 0.22퍼센트〕 참조.

와 미국에서—통상 헤지펀드에 의한—부실기업 부채의 집중이 촉진되었음에 비추어 보면 그러하다. 그 결과 도산법 구조의 차이는 점점 더 사법기관의 기능에서의 차이를 가지고 설명할 수 있을 것이다. 사법기관은 도산절차에서 채권자-채권자 간의 대리비용을 통제하기 위한 수탁자전략을 법원에 의한 감독이 효과적으로 실행할 수 있는 범위를 제한한다.[246]

246 Mehnaz Safavian and Siddharth Sharma, *When Do Creditor Rights Work?*, 35 Journal of Comparative Economics 484, 500–2, 506–7 (2007); Kenneth Ayotte and Hayong Yun, *Matching Bankruptcy Laws to Legal Environments*, 25 Journal of Law, Economics & Organization 2 (2009); Mark J. Roe and Federico Cenzi Venezze, *A Capital Market, Corporate Law Approach to Creditor Conduct*, 112 Michigan Law Review 59 (2013) 참조.

제6장

관계자거래

Luca Enriques, Gerard Hertig, Hideki Kanda, and Mariana Pargendler

천경훈 옮김

제3장과 제4장에서 우리는 통상적인 회사 경영에서 회사법이 대리 문제에 어떻게 대응하고 있는지 살펴보았다. 제5장에서는 채권자에게 손해를 야기하며 회사자산을 빼가는 거래에 대해 각국이 다양한 법적 전략을 채택하고 있음을 보았다. 이러한 가치유용(value diversion)은 경영진과 주주 사이, 지배주주와 비지배주주 사이에서도 핵심적인 쟁점이 된다.

이 장에서는 가장 직접적인 가치유용 방법이라 할 수 있는 관계자거래(related party transaction)를 중점적으로 다룬다. 여기에서 관계자거래란 이사 · 지배주주와 같은 관계자들이 회사와 하는 거래(즉 전통적인 자기거래와 경영진보수 지급)는 물론, 관계자들이 회사에 속하는 가치를 유용할 수 있는 거래(회사기회유용과 회사주식거래)를 포함한다.[1]

전통적인 자기거래에서 법이 우려하는 것은, 영향력 있는 경영진 또는

지배주주가 회사와 거래할 때에는 제3자와 정상적인 협상을 거쳤을 경우보다 거래조건이 회사에 불리하게 될 것이라는 점이다. 자기거래의 전형적인 예는 지배주주가 자신이 지배하는 회사에게 부품을 공급하는 경우와 같이, 관계자와 회사 사이에 자산, 상품 또는 용역을 매매하는 경우이다. 하지만 그 밖의 다른 거래 중에도 자기거래라고 불리는 것들이 있다. 예를 들어 회사가 그 모회사를 위하여 보증을 선다거나 경영진의 가까운 친척과 거래를 한다거나 경영진 가족이 소유한 회사와 거래를 하는 경우 등이 그러하다. 그런 경우 첨예한 이익충돌이 발생한다. 경영진보수 계약은 기술적으로는 자기거래의 한 형태이기는 하지만, 회사로서는 당연히 경영진에게 보수를 주어야 하기 때문에 다른 자기거래보다는 의심을 덜 받는다. 그러나 제3장에서 암시된 것처럼 보수 수준을 정함에 있어 고위 경영진과 이사회 간에 공모를 할 위험은 분명히 존재한다. 예를 들어 과도한 경영진 보수안이 상정되었을 때, 이사들은 자기들도 두둑하게 보수를 받게 되니까 또는 반대했다가는 이사직을 잃을지도 모르니까 그 보수안에 찬성할 수도 있다.[2] 지배주주들은 소수주주 억압에 동의한 전문경영인에게 또는 (지배주주가 경영진 자리도 차지하고 있다면) 스스로에게 과도하게 후한 보수 패키지를 주려고 할지도 모른다.[3]

회사기회유용이란 마땅히 회사에 제공되었어야 할 사업기회를 관계자가 차지하는 것을 말한다.[4] 임원 · 이사 · 지배주주가 가격에 민감한 영향

---

1 Robert C. Clark, Corporate Law, pp.141-5 (1986) 참조. 달리 명시하지 않는 한 이 장에서 지시하는 회사법규정은 공개회사(public or open corporation)에 관한 것이다. 여기에서 공개회사란 주식이 거래될 수 있는 회사로서 상장 여부는 묻지 아니한다.

2 Lucian Bebchuk and Jesse Fried, Pay without Performance, pp.25-7 (2004) 참조.

3 예컨대 Jacob Kastiel, *Executive Compensation in Controlled Companies*, 90 Indiana Law Journal 1131 (2015) 참조.

4 펩시콜라를 다른 음료회사의 경영진이 개인적으로 인수한 건이 유명한 예이다. *Guth v. Loft, Inc.*, 5 Atlantic Reporter, Second Series (A.2d) 503 (Delaware Supreme Court 1939) 참조[보다 정확히 이 판결을 소개하면 다음과 같다. 로프트사(社)는 코카콜라로부터 원액을 대량 구입하여 자신의 매장에서 희석하여 판매하고 있었는데 원액이 너무 비싸

을 미치는 미공개 회사정보를 이용하여 회사주식을 거래하는 경우(이른바 내부자거래)에도, 미공개 회사정보가 주가에 반영되기 전에 주식을 매매함으로써 그러한 회사정보의 가치의 일부를 유용하는 셈이다.

관계자거래는 '터널링(tunneling)'의 일종이라고 할 수 있다.[5] 터널링이란 회사 내부자에 의한 모든 형태의 회사가치(자산, 현금흐름, 회사의 지분 자체) 유용행위를 의미한다.[6] 더 전문적인 형태의 터널링은 이후의 장에서 별도로 다룬다. 모자회사 합병이나 소수주주 축출거래와 같은 회사의 중대한 행위와 관련된 가치유용은 제7장에서, 지배권거래와 관련한 사적 편익 탈취는 제8장에서, 내부자거래 이외의 증권사기에서 발생하는 가치 유용은 제9장에서 다룬다.

6.1 관계자거래는 왜 허용되는가?

먼저 제기해야 할 질문은, 회사 내부자의 남용 위험에도 불구하고 관계자거래를 아예 금지하지 않는 이유는 무엇일까 하는 점이다.

우선 전통적인 자기거래와 회사기회유용의 경우를 보자. 소규모회사로서는 거래할 수 있는 유일한 상대방이 이사·임원·지배주주인 경우가 종종 있다. 외부인들은 회사가 공개를 꺼리는 영업비밀 또는 기밀계획을

다고 생각하여 구입처 전환을 고려하고 있었다. 그러던 중 펩시콜라가 도산하자 로프트사의 CEO이자 이사인 구스가 펩시콜라를 개인적으로 인수했다. 법원은 펩시콜라를 인수할 기회 자체가 로프트사에 속하므로, 구스가 이를 개인적으로 유용해서는 안 된다고 판시했다—옮긴이 주].

5 Simon Johnson, Rafael La Porta, Florencio Lopez-de-Silanes, and Andrei Shleifer, *Tunneling*, 90(2) American Economic Review 22 (2000) 참조. 터널링이라는 용어는 "원래 체코에서 (지하터널을 통해 재산을 빼돌리는 것처럼) 소수주주를 착취하는 행위를 지칭하는 말로 만들어졌다."

6 Vladimir Atanasov, Bernard Black, and Conrad S. Ciccotello, *Law and Tunneling*, 37 Journal of Corporation Law 1 (2011) 참조.

접하거나 과도한 거래비용을 들이지 않고는 그 회사의 전망을 제대로 평가하기 어렵기 때문이다. 또 내부자와 자기거래를 할 때에나 내부자에게 회사기회를 이전할 때 오히려 회사에 더 유리한 조건을 확보할 수도 있는데, 이는 내부자야말로 회사에 대해(또는 회사기회의 수익성에 대해) 특수관계 없는 당사자보다 더 잘 알기 때문이다.

다른 두 유형의 관계자거래, 즉 경영진 보수와 회사주식거래를 아예 금지하는 것이 한마디로 말이 안 된다는 점은 직관적으로 좀 더 분명하다. 어느 누구도 회사를 위해 공짜로 일하려 하지는 않을 것이므로 경영진에 대한 보수 지급을 금지할 수는 없다. 경영진이 자신의 회사에 투자하는 것을 금지한다거나 지배주주가 회사주식을 매도하지 못하게 하는 것도 불합리하다.

그에 못지않게 중요한 것은, 관계자거래 자체를 무조건 금지한다고 해도 그리 큰 효과를 거두지 못할 것이라는 점이다. 한탕에 회사자산을 빼먹고 달아나는 식의 악성 행위는 민사적으로든 형사적으로든 불법이어서 금지되지만, 금지한다고 해서 그런 행위를 할 유인이 줄어들 것 같지는 않다. 행위자에게 민사책임을 물음으로써 또는 행위자를 해임하겠다는 위협을 가함으로써 방지할 수 있는 조금 덜 심각한 형태의 자기거래는 아예 금지할 필요까지는 없을 것이다. 나아가 법제도와 그 집행자가 모든 형태의 터널링을 실제로 규제할 수 없다면, 관계자거래의 금지는 내부자로 하여금 다른 형태의 터널링기법을 이용하도록 내모는 것에 불과하다. 물론 법이 법전상으로 그리고 실제 적용 면에서 모든 형태의 터널링을 효과적으로 다루기에 충분할 정도로 정교한 경우도 있을 수 있다. 그러나 만약 그렇다면 회사재산의 절도를 방지하기 위해 관계자거래를 아예 금지하는 것과 같은 원초적인 방법을 이용할 이유가 없다.[7] 이러한 이유로

7 Luca Enriques, *Related Party Transactions: Policy Options and Real-World Challenges (with a Critique of the European Commission Proposal)*, 16 European Business Organization Law Review 1, 14 (2015) 참조.

각국은 주식 소유 분산으로 인해 또는 피라미드나 차등의결권주식과 같은 지배 강화 메커니즘[8]으로 인해 이익충돌이 첨예한 때에도 관계자거래를 일단 허용하고 있다.

6.2 관계자거래에 대한 법적 전략

어느 나라든 관계자거래에 일정한 법적 제약을 가하고 있다.[9] 회사법은 관계자거래를 규제하기 위해 폭넓은 법적 전략들을 채택하고 있는데, 제2장에서 설명한 다섯 개 세트의 법적 전략 중 네 개가 그에 해당한다. 관계설정조건(강제공시와 해산권), 대리인 인센티브(특히 수탁자전략), 의사결정권(주주 승인), 대리인 행동제약(룰과 스탠더드)이 그것이다. 선임권은 관계자거래를 규율하는 데 직접 사용되지 않지만, 주주들은 남용적인 관계자거래를 승인한 이사들을 재선임하지 않을(가능하다면 해임까지 할) 가능성이 높으므로, 선임권 전략도 간접적으로는 사용되는 셈이다.[10]

6.2.1 관계설정전략

6.2.1.1 강제공시

강제공시, 즉 관계자거래를 주주와 시장에 알리도록 하는 것은 경영진이나 지배주주의 회사자산 유용을 효과적으로 통제할 수 있는 수단이다. 이 전략은 의심스러운 관계자거래에 대해 자본시장, 노동시장, 금융 애널

---

8 앞 4.1.1 참조.

9 Zohar Goshen, *The Efficiency of Controlling Corporate Self-Dealing: Theory Meets Reality*, 91 California Law Review 393 (2003) 참조.

10 예를 들어 경영자보수 결정에 불만을 가진 주주들은 보상위원회 구성원들에 대한 지지를 철회하곤 한다.

리스트와 대중매체까지 동원하여 주가 하락, 해고, 회사 평판의 손상을 경고함으로써 그러한 거래를 저지한다. 회사의 내부 결정권자들이 관계자거래를 승인함에 있어 그 거래가 일반 대중의 감시하에 놓일 것을 알고 있다면 더 적극적으로 행동할 것이므로, 강제공시는 이들 결정권자들의 독립성도 증진시킨다. 또한 강제공시는 사적 이익 추구에 대한 사적·공적 집행을 더 용이하게 한다. 공시의무를 준수할 경우 의심스러운 거래에 관한 정보가 법집행자에게* 전달되고, 반면 필요한 공시를 하지 않을 경우에는 손해 발생을 입증하지 않고도 책임을 물을 수 있기 때문이다.[11] 마지막으로 강제공시는 정당한 자기거래, 정당한 보수약정, 정당한 주식거래 등에는 실체적이거나 절차적인 제약을 가하지 않는다(다만 상황에 따라서는 비밀유지가 될 때에만 회사에 유리한 관계자거래가 체결될 수 있을 것이다).

강제공시는 과다집행을 초래할 수도 있다. 그 거래가 실제로 회사에 해롭다고 선의로 믿기 때문이든, 법원의 오판 가능성에 기대어 좋은 조건의 화해를 얻어 내기 위해서이든, 법집행자들이 정당한 관계자거래마저 문제 삼을 가능성이 강제공시가 없을 때보다 높아지기 때문이다.[12]

이 책의 대상국가들은 자기거래, 경영자 보수, 회사주식 거래에 관하여 공시를 요구하고 있으나, 그 규제의 강도에는 차이가 있다.

자기거래부터 살펴본다. 미국 증권법은 미국의 공개시장에서 거래되는 미국 및 (일정 범위의) 외국 회사에 공시의무를 부과한다.[13] 이 회사들은 이사, 집행임원, 또는 대주주가 '중대한 이해관계(material interest)'를 갖

---

* 여기에서 법집행자란 공법상의 집행권한을 가진 자뿐 아니라 민사상 책임을 물으려는 자도 포함한다.

11 예컨대 Bernard S. Black, *The Core Fiduciary Duties of Outside Directors*, 2001 Asia Business Law Review 3, 10 참조.

12 강제공시는 다른 이유 때문에도 고비용을 야기할 수 있다. 예컨대 경쟁자에게 전략 변경을 알려 주게 되는 것, 회사가 그 규모에 걸맞지 않는 정보 수집시스템을 설치하도록 강요받는 것 등이다. 각국은 공시요건의 적용대상자와 범위를 제한함으로써 이 문제를 해결하려고 한다. 이에 관한 일반적인 논의는 뒤 9.1.2.4 참조.

13 뒤 9.1.2.4 참조.

는 미화 12만 달러 초과 거래를 매년 보고해야 한다.[14] 미국의 회계원칙(Generally Accepted Accounting Principles. 이하 'US GAAP')은 회사를 일방으로 하고 그 이사, 임원 또는 지배주주를 상대방으로 하는 모든 '중대한(material)' 거래에 대하여 연간 공시의무를 부과함으로써 위 공시요건을 보완한다.[15]

회원국의 국내법과 구별되는 EU의 공시요건은 덜 까다로운 편이었다. 그러나 최근 15년간 EU는 관계자거래의 공시를 강화하는 방향으로 중요한 진전을 보였다. 국제재무보고기준(International Financial Reporting Standards. 이하 'IFRS')[16] 채택에 따라 EU 상장회사들은 이제 이사, 고위임원 및 지배주주와의 모든 거래를 매년 공시해야 한다.[17] 다만 중대하지 않은 거래는 공시를 생략할 수 있다는 점은 미국과 비슷하다.[18] 또한 비슷한 거래들은 일괄형식으로 공시할 수 있다.[19] 이러한 공시의무에 추가하여 다른 EU의 회계 관련 법규정에서는 회사(소규모 회사 제외)로 하여금 '정상적인(normal)' 시장조건에 따라 체결된 것이 아니라면 모든 중대한 관계자거래를 공시하게 할 것을 회원국에게 최소한의 의무로서 요구하고 있다.[20]

---

14 SEC Regulation S-K, Item 404(의결권 있는 여하한 종류의 증권의 5퍼센트를 초과하여 보유한 주주에 적용).

15 Statement of Financial Accounting Standards (SFAS) 57, Related Party Disclosure 참조.

16 Regulation 1606 / 2002 on the Application of International Accounting Standards, 2002 O.J. (L 243) 1.

17 International Accounting Standard (IAS) 24 참조(IFRS 부분). Transparency Directive (Directive 2004 / 109 / EC, 2004 O.J. (L 390) 38) Art. 5(4)는 '주요한 관계자거래(major related parties transactions)'를 반년마다 공시하도록 한다.

18 IAS 1, para. 31("해당 정보가 중대하지 않으면 IFRS에 따라 요구되는 공시를 하지 않아도 된다") 참조.

19 IAS 24, para. 24.

20 Arts. 17(1)(r) and 28 Directive 2013 / 34 / EU, 2013 O.J. (L182) 19. 공시대상을 '정상적인' 시장조건에 따라 체결되지 않은 거래에 한정할 수 있는지는 각 회원국이 결정할 사항이다. Art. 6(1)(j)에서는 위 Directive의 규정들이 중대하지 않은 거래에 대해서는 적용되지 않음을 일반적으로 선언하고 있다. 한편 동 규정의 적용을 받지 않는 소규모회사란 다음 요건 중 둘 이상을 충족하지 못하는 회사를 말한다. ① 재무상태표상 총자산 400만 유

일부 회원국은 추가로 공시의무를 부과하고 있다. 개별기업의 회계기준은 많은 회원국에서 IFRS로 수렴되어 가는 중이다.[21] 더구나 영국의 상장회사는 중대한 관계자거래를 하기 전에 일정한 회람용 문서를 작성하여 공시해야 한다.[22] 이탈리아는 브라질[23]과 마찬가지로 상장회사는 대규모 관계자거래를 7일 내에 공시하도록 한다.[24]

이 국가들과 대조적으로 독일은 지배주주에 대하여 관대한 입장을 취해 왔다. 기업지배구조 모범규준(Corporate Governance Code)은 상장회사들로 하여금 감독이사회 내부에서 발생한 이익충돌에 관하여 정기주주총회에 보고하도록 권고하고 있으나,[25] 회사법 자체는 EU가 요구하는 것보다 추가로 요구하는 것이 별로 없다. 이는 기업집단과 관련해서도 그러하다. 모회사는 자회사 전체에 귀속되는 손익 중 자신의 몫을 공개해야 하지만,[26] **콘체른법상** 자회사 소수주주의 정보요구권은 기업집단 내부거래에 관해 법적으로 요구되는 연간보고서(종속보고서)의 감사 필 **요약본**만으

로, ② 연간 순매출액 800만 유로, ③ 사업연도 중 평균근로자수 50명. Art. 3 Directive 2013 / 34 / EU 참조.

21 European Commission, Report on the Operation of IAS Regulation 1606 / 2002 COM (2008) 215 Final (2008), http://www.ec.europa.eu 참조.

22 Listing Rules, Section 11.1.7(소규모회사 아닌 상장회사의 비일상적 거래); §§188-226 Companies Act 2006(다양한 자산, 신용, 보수거래) 참조.

23 CVM Instruction No. 480 (2009)(브라질). 브라질 상장회사는 IFRS를 준수해야 하고, 이탈리아 회사와 마찬가지로 그러한 관계자거래의 공정성을 확보하기 위한 정책과 관행을 공시해야 한다.

24 Art. 5 Commissione Nazionale per le Societa e la Borsa (Consob) Regulation on Related Party Transactions(상장회사의 대규모 거래)(이탈리아) 참조. Shareholders Rights Directive 초안(장기주주 관여의 장려에 관한 Directive 2007 / 36 / EC, 기업지배구조 명세의 몇몇 요소에 관한 Directive 2013 / 34 / EU, 그리고 Directive 2004 / 109 / EC를 각 변경하는 Directive이다)의 Art. 9c도 대규모 관계자거래에 관하여 수시공시 의무를 부과한다(여기에서 말하는 이른바 Shareholder Rights Directive 초안은 2017. 5. 17에 Directive 2017 / 828로 확정되었다 — 옮긴이 주).

25 Section 5.5.3 Corporate Governance Code 참조. 이와 마찬가지로 경영이사회도 자신의 이익충돌에 관하여 감독이사회에 보고하여야 한다. 같은 문서의 Section 4.3.4 참조.

26 § 307(2) Handelsgesetzbuch (HGB).

로 한정된다.[27] 일본에서는 모든 회사가 이사, 임원, 또는 그들을 위해 행동하는 제3자와의 거래에 대한 상세한 내역을 공시하여야 한다.[28] 일본 회계 규정은 지배주주와의 중대한 거래를 열거하도록 요구함으로써 이 같은 공시의무를 보완하고 있다.[29]

또한 각국의 법은 대체로 개별 임원의 보수 공시를 요구하는 쪽으로 수렴하고 있다. 미국에서 상장회사는 CEO, CFO 및 가장 보수를 많이 받는 3명의 다른 임원의 모든 보수를 공시하여야 한다.[30]

EU에서는 좀 더 규제가 완화되어 있는데, IFRS는 상장회사의 이사와 주요 경영진의 보수 **총액**만을 매년 공시하도록 하고 있다.[31] 그러나 개별 국가는 그보다 강화된 규제를 적용하고 있다. 즉 유럽위원회(European Commission) 권고안에 따라 주요 회원국은 상장회사로 하여금 이사 개개인의 보수를 공시하도록 요구하고 있고,[32] 유럽대륙 국가들도 전통적으로 더 상세한 공시를 해왔던 미국이나 영국과의 격차를 줄이고 있는 중이다.[33]

---

27 § 312(1)(3) Aktiengesetz (AktG). 본문에서 언급한 연간보고서 그 자체는 주주 또는 일반 대중이 접근할 수 없는데, 모든 그룹 내 거래를 포함해야 하고 회사의 감사인의 통제하에 있다. 앞 5.2.1.3도 참조.

28 일본 법무성 회사법 시행규칙 제118조 제5호.

29 日本 企業会計基準委員會(ASBJ), 関連当事者の開示に関する会計基準(2006. 10. 17)[금융상품거래법(金融商品取引法)에 따른 유가증권보고서 제출 회사에 적용]. 폐쇄회사의 US GAAP에 대한 자율 준수에 관하여는 앞 5.2.1.1 참조.

30 SEC Regulation S-K, Item 402. 최근의 개정은 강제공시의 범위를 확장해서 보상 컨설턴트의 역할과 그들의 이익충돌까지 공시하도록 한다(SEC Regulation S-K, Item 407).

31 IAS 24 참조.

32 다음을 참조. EU에 관하여는 상장회사 이사보수의 적정한 체계 촉진에 관한 Commission Recommendation 2004 O.J. (L 385) 55, 상장회사 이사보수 체계에 관한 Recommendation 2004 / 913 / EC와 2005 / 162 / EC를 보완하는 Commission Recommendation 2009 O.J. (L 120) 28; 프랑스에 관하여 Art. L. 225-102-1 Code de commerce; 독일에 관하여 § 285 No. 9 Handelsgesetzbuch (HGB)(모든 공개회사에 대해 총액공시, 그중 상장회사에 대해서는 개별공시); 이탈리아에 관하여 Annex 3A, Schedule 7-2 Consob Regulation on Issuers; 영국에 관하여 ss 420-1 Companies Act 2006.

33 Roberto Barontini et al., *Directors Remunerations Before and After the Crisis: Measuring the Impact of Reforms in Europe*, in Massimo Belcredi and Guido Ferrarini, eds.,

일본도 최근에 법을 개정하여 경영자보수의 개별공시의무를 부과하였는데, 1년에 1억 엔 이상을 버는 임원에 국한된다.[34] 이 숫자는 상당히 낮아서 간접적으로 보수의 상한선이 될 것 같지는 않지만, 공시의무를 피하기 위해 보수패키지 금액이 1억 엔 바로 밑에 모여 있게 될 가능성은 있다.[35] 브라질 법은 덜 엄격해서 원래는 보수총액만 공시하면 되었고, 최근 개정으로 기관별로 지급된 최저 · 최대 · 평균 보수금액을 공시하도록 하였으나 이에 관해서는 사생활과 개인 안전에 관한 기본권을 침해하여 위헌이라는 소송이 제기되었다.[36]

보수의 개별공시는 의도하지 않은 결과를 야기할 수도 있다. CEO 후보자는 '평균 이상'의 보수를 고집할 것이고 이사회는 '평균 이하'의 CEO를 선임한 것을 정당화하기 어려우므로, 개별공시는 경영자보수의 전반적인 인상으로 이어질 수 있다.[37]

마지막으로 내부자거래를 제약할 수도 있는 조치인, 특히 경영진과 이사에 의한 회사주식 거래의 공시와 관련해서도 각국 법이 수렴하는 현상을 볼 수 있다. 미국, 이탈리아, 일본은 상장회사의 임원, 이사, 10퍼센트 이상 대주주가 회사발행주식을 거래할 경우 이를 공시하도록 하고 있다.[38] 이와 유사하게, EU 및 브라질 법에서는 상장회사의 이사와 고위집행임원

Board and Shareholders in European Listed Companies, p.251, pp.276-9 (2013) 참조.

34 일본 금융청의 '기업내용 등의 개시에 관한 내각부령(企業内容等の開示に関する内閣府令)' 제2호 양식(기재상의 주의 57d)과 제3호 양식(기재상의 주의 37).

35 Robert J. Jackson, Jr. and Curtis J. Milhaupt, *Corporate Governance and Executive Compensation: Evidence from Japan*, Columbia Business Law Review 111, 156 (2014) 참조.

36 그러나 대부분의 회사는 이 규정을 준수하였다. Mariana Pargendler, *Corporate Governance in Emerging Markets*, in Jeffrey N. Gordon and Wolf-Georg Ringe, eds., Oxford Handbook of Corporate Law and Governance (2017) 참조.

37 이론적 모델에 관해서는 Rachel M. Hayes and Scott Schaefer, *CEO Pay and the Lake Wobegon Effect*, 94 Journal of Financial Economics 280 (2009) 참조.

38 § 16(a) 1934 Securities Exchange Act(미국); Art. 114(7) Consolidated Act on Financial Intermediation(이탈리아); 金融商品取引法 第163條(일본).

은 회사주식의 거래를 공시해야 하고, 주주는 의결권의 5퍼센트에서 75퍼센트에 이르는 여러 단계의 소정의 지분율을 넘을 때마다 그러한 거래를 공시해야 하는데, 이는 내부자거래를 제약하는 단순하고 둔탁한 도구라고 할 수 있다.[39] 이처럼 **상장회사**에서의 관계자거래의 처리에 관해서는 각국의 법이 상당한 정도로 수렴되어 왔고, 이러한 경향은 앞으로도 수년간 이어질 것으로 보인다. 많은 나라에서 중요한 회사들은 IFRS를 채택하고 있고, 각국의 규제당국은 내부자거래 보고에 대한 감독을 강화하고 있다. 더욱 중요한 것은 전 세계적으로 감사인들이 회사자산 유용이나 이익 조작의 가능성이 있는 거래에 대하여 감시를 강화하고 있다는 점이다.

우선 국제회계사연맹(International Federation of Accountants)이 감사업무 수행에 관해 제정한 구속력 없는 원칙인 국제감사기준(International Standards on Auditing)은 감사인에게 관계자거래에 특별한 주의를 기울일 것을 요구하고 있다.[40] 게다가 많은 국가에서 바로 이러한 임무를 강화하는 법률 조문을 제정하였다.[41] 세계 4대 회계법인(Big Four)이 택한 각 사의 감사기준이 점점 더 널리 사용됨에 따라 여러 나라에 걸쳐 이 문제에 대한 관심의 중요성이 증폭된 면도 있다. 그러나 감사보수 또는 감사인의 책임 위험이 상대적으로 낮은 나라와 지배주주가 있는 회사에서 이러한 발전이 실제적인 효과를 가져왔는지는 여전히 해명되어야 할 문제이다.[42]

---

39 EU의 경우 경영진에 관하여는 Art. 19 Market Abuse Regulation 596 / 2014, 2014 O.J. (L 173) 1; 주주에 관하여는 Art. 9 Transparency Directive 2004 / 109 / EC[의결권의 취득 및 처분은 5퍼센트, 10퍼센트, 20퍼센트, 25퍼센트, 30퍼센트(또는 3분의 1), 50퍼센트, 75퍼센트(또는 3분의 2) 단계를 넘어설 때마다 보고해야 한다]; 브라질의 경우 Arts. 116-A, 157, §6°, and Art. 165-A Lei das Sociedades por Açóes; Arts. 11 and 12 CVM Instruction No. 358 (2002)(주주의 거래에 관하여 그들의 지분율이 여하한 종류의 주식의 5퍼센트, 10퍼센트, 15퍼센트 등의 단계를 넘어설 때마다 보고해야 한다).

40 International Standard on Auditing 550 참조.

41 Art. 149-50 Consolidated Act on Financial Intermediation; Art. 2391-II Civil Code(이탈리아); § 313 AktG(독일; 앞 5.2.1.3 참조); Art. L. 225-40 Code de commerce(프랑스); 金融商品取引法 제193조의2 제1항(일본); Section 10A Securities Exchange Act.

42 Yasuyuki Fuchita, *Financial Gatekeepers in Japan*, in Yasuyuki Fuchita and Robert E.

사후적 집행에 관하여 보면, 여전히 다른 어느 나라보다도 미국에서 효과적으로 작동되고 있다. 관계자거래를 공시하지 않은 것이 만약 발각된다면, 연방증권위원회(SEC)의 집행소송(enforcement actions), 형사소추, 때로는 주주들을 대표하여 제기되는 증권사기 집단소송을 초래할 수 있다.

현재까지는 미국 이외의 지역에서 증권사기 관련 조항을 들어 관계자거래에 문제를 제기하는 경우는 훨씬 드물다. 미국 이외 지역의 상장회사들은 미국 주식시장에 중복상장(dual listing)함으로써 더욱 엄격한 미국의 공시 체제를 선택할 수 있는데, 이로써 이들은 보다 엄격한 증권법에 스스로를 결부시키는 것이다.[43] 그러나 미국 증권법의 역외효과는 제한적이므로, 미국에 중복상장된 회사의 주식을 미국 외에서 매수한 투자자는 공시 위반의 경우에 별다른 구제수단을 갖지 못할 수 있다.[44]

비상장회사들의 경우에는 법전상 및 현실상의 법 자체의 국가 간 유사성은 덜하다. 미국법은 비공개회사에 대하여 공시의무를 부과하고 있지는 않으나, 이 회사들도 US GAAP의 자발적인 준수를 통하여 관계자거래

Litan, eds., Financial Gatekeepers, Can They Protect Investors?, p.13, pp.23–9 (2006); John C. Coffee Jr., Gatekeepers: The Professions and Corporate Governance, pp.89–93 (2006) 참조.

43 중복상장과 '결속가설(bonding hypothesis)'에 관한 문헌연구로는 Olga Dodd, *Why Do Firms Cross-List Their Shares on Foreign Exchanges?: A Review of Cross-Listing Theories and Empirical Evidence*, 5 Review of Behavioral Finance 77 (2013) 참조[많은 회사가 다른 나라(특히 미국) 증권시장에 중복상장 내지 교차상장을 하는 이유에 대해 여러 설명이 시도되고 있다. 결속가설(bonding hypothesis)은 투자자 보호가 미흡한 국가의 회사가 미국에 상장함으로써 스스로를 더 강력한 미국의 투자자 보호 제도에 자발적으로 '결속(bonding)'시키고, 이를 통해 투자자들을 유인하기 위함이라고 설명한다. 즉 해당 국가의 우수한 기업지배구조를 빌려 쓰기 위함이라는 것이다. 반면 결속가설에 실증적 근거가 없으며 오히려 회사들은 그러한 규제를 피하려고 한다는 비판도 있다 — 옮긴이 주].

44 Érica Gorga, *The Impact of the Financial Crisis on Nonfinancial Firms: The Case of Brazilian Corporations and the "Double Circularity" Problem in Transnational Securities Litigation*, 16 Theoretical Inquiries in Law 131 (2015). 미국 연방대법원의 *Morrison v. National Australia Bank*, 561 United States Reports 247 (2010) 판결은 미국 증권 규제의 역외적 효과를 부정하였고, 이제 미국 내에서 증권을 매수한 투자자만이 미국 증권 규제 위반행위로부터 구제받을 수 있다. 이는 국내 투자자를 불평등하게 취급하는 것이 된다.

를 공시하는 경향이 있다.[45] 반면에 유럽, 브라질, 일본에서는 대규모 비상장회사들이 중대한 자기거래를 공시하고 있는지 알기 어렵고, 특히 회사법상으로나 세법상으로나 동일한 회계장부를 작성하는 국가에서는 좀 더 작은 규모의 비상장회사들이 자발적으로 그러한 정보를 공시하는지도 분명하지 않다.[46]

남용적 관계자거래에 대한 사적인 권리 구제를 돕는 수단으로, 의심스러운 특정 거래를 지목하여 정보공개를 요구할 권리를 주주에게 부여하는 입법례가 있다. 유럽 국가들은 흔히 자기거래 같은 특정 거래를 조사할 전문가 또는 특별검사인의 선임을 법원에 청구할 권리를 소수주주들에게 인정한다.[47] 법원이 선임한 이러한 전문가는 주주가 불공정한 자기거래를 다투는 데 필요한 정보를 얻는 유용한 수단이 된다. 이는 미국 스타일의 증거 개시절차가 없어서 원고가 내부자의 위법행위를 입증할 증거를 확보하기 어려운 경우에 특히 중요한 의미를 지닌다. 그러나 프랑스와 독일에서는 이와 같은 정보 확보 수단이 점점 중요성을 얻어 가고 있지만, 다른 국가에서는 그리 효과적이지 않은 것으로 보인다.[48] 한편 미국법은 증거 개시절차를 마련하여 원고들에게 유리함은 물론, 주주들이

---

45 American Institute of Certified Public Accountants, Private Company Financial Reporting Task Force Report 8 (2005) 참조(많은 비공개회사가 U.S. GAAP에 맞추어 재무제표를 작성한다).

46 앞 5.2.1.1 참조.

47 예컨대 § 142 AktG(독일) 참조.

48 프랑스에 관하여 Maurice Cozian et al., Droit des sociétés 249 (28th edn., 2015)(*expert de gestion.* 지정청구 건수가 많다); 독일에 관하여 Gerald Spindler, in Karsten Schmidt and Marcus Lutter, eds., Aktiengesetz Kommentar, § 142 para 7 (3rd edn., 2015)(같은 내용). 이와 비교되는 것으로, 영국에 관하여 Paul L. Davies and Sarah Worthington, Gower and Davies Principles of Modern Corporate Law 673 (9th edn., 2012); 이탈리아에 관하여 Luca Enriques, *Scelte Pubbliche e Interessi Particolari nella Riforma del Diritto Societario*, 2005 Mercato Concorrenza Regole 145, 170(2003년 회사법 개혁으로 이와 유사한 보호수단이 무력화되었다). 비교법적인 논의로는 Forum Europaeum Corporate Group Law, *Corporate Group Law for Europe*, 1 European Business Organization Law Review 165, 207-17 (2000).

'합당한 목적'을 입증하면 회사의 서류와 장부를 열람할 수 있는 권리를 부여하고 있다.[49] 일본법은 이러한 두 가지 권리, 즉 특별한 검사인 선임권과 회사 서류 및 장부의 열람권을 발행주식총수 또는 의결권수의 3퍼센트 이상 가진 주주에게 부여하고 있다.[50] 브라질법도 더 제한적이긴 하지만 비슷하다. 총자본의 5퍼센트를 보유한 주주는 회사의 서류 및 장부에 대한 접근을 소로써 청구할 수 있지만, '심각한 위반이라는 정당한 의심' 또는 잘못을 지적할 때에만 가능하다.[51]

6.2.1.2 해산과 탈퇴권

회사를 지배하고 있는 자들은 의결권과 경영진에 대한 영향력을 이용하여 회사의 이익을 유용할 수 있다. 예컨대 지배주주 일가의 구성원들에게 급여 형식으로 회사의 이익을 나누어 주는 식이다. 그러한 일이 터무니없는 남용의 형태로 조직적으로 자행된다면, 대부분의 국가에서는 소수주주들에게 회사의 해산을 청구할 수 있는 권리를 부여한다.[52] 그러나 이러한 탈퇴전략은 폐쇄회사에 국한되고 그런 회사들조차 실제로 해산되는 일은 드물다. 법원은 지배주주로 하여금 소수주주의 주식을 매입하도록 권유하거나 요구함으로써 회사의 계속기업으로의 가치(going-concern value)를 보호하려는 경향이 있다.[53] 브라질에서 법원은 최근 들어 아마도 원고

---

49 Delaware GCL § 220; 보다 상세한 것은 William T. Allen, Reinier Kraakman, and Guhan Subramanian, Commentaries and Cases on the Law of Business Organization, pp.167–8 (4th edn., 2012) 참조.

50 일본 회사법 제358조, 제433조.

51 Art. 105 Lei das Sociedades por Açóes.

52 프랑스에 관하여 Art. 1844-7 Code Civil; 독일에 관하여 § 61 GmbH-Gesetz(10퍼센트 주주는 해산을 청구할 수 있다); 일본에 관하여 회사법 제833조 참조(10퍼센트 주주는 법원에 해산을 청구할 수 있다); 영국에 관하여 section 122(1)(g) Insolvency Act 1986; 미국에 관하여 § 14.30(2) RMBCA 및 § 40 Model Statutory Close Corporation Supplement. 이탈리아 법에서는 그러한 권리가 인정되지 않는다.

53 프랑스에 관하여 Cozian et al., 앞의 책(주 48), pp.274–5(법원은 쉽게 해산을 인정하지 않는다); 독일에 관하여 Detlef Kleindiek, § 61 No. 8, in Walter Bayer, Peter Hommelhoff,

를 괴롭히는 절차적 · 증거법적 장애에 대한 반응으로, 폐쇄회사의 소수주주가 남용 사실을 입증하지 않고도 부분해산, 즉 실질적으로는 회사로 하여금 그들의 주식을 매수하게 하는 것을 청구할 수 있도록 허용함으로써 탈퇴전략에 가장 크게 의존하였다.[54]

실제로는 폐쇄회사의 소수주주들은 그들에 대한 심각한 압박행위가 있을 경우 일종의 풋옵션을 갖는 것이 보통이다. 보유주식을 지배주주나 회사에 매각하는 계약상 또는 형평법상의 권리를 행사할 수 있는 것이다. 이러한 권리를 행사할 경우에는 주식매수가격을 정하기 위한 쟁송이 벌어지는 것이 보통이다. 주식가치 평가를 둘러싼 소송은 비용이 많이 소요되므로, 해산권은 소수주주가 '압박'을 받는 상황에서 주로 협상의 도구 역할을 하고, 지배주주의 극단적 압박행위를 사전에 방지하는 기능을 한다.

6.2.2 대리인에 대한 인센티브전략

회사자산의 유용은 어느 나라에서든 보상전략에 의하여 억제된다. 소수주주들은 일반적으로 제4장에서 살펴본 주주평등의 원칙(pro rata rule)에 따라 차별적인 현금배당으로부터 보호받는다.[55] 일부 유럽국가에서는 원래 채권자를 주로 보호하기 위한 숨은 이익배당(concealed distribution)(겉으로는 정상적인 자본거래 또는 경상거래의 형태를 취하지만, 그 실질은 주주들에게 회사의 자산을 나누어 주는 경우를 말한다 — 옮긴이 주) 규제조항에 의

Detlef Kleindiek, and Marcus Lutter, eds., GmbH-Gesetz Kommentar (19th edn., 2016) (해산은 예외적인 상황에서만 인정될 것이다); 영국에 관하여 Davies and Worthington, 앞의 책(주 48), pp.744-6[불공정한 손해의 배상을 구하는 소(unfair prejudice remedy)가 압도적으로 많이 이용되어 해산 신청은 거의 이용되지 않는다] 각 참조.

54 *affectio societatis*(공동의 조직의 일부가 되고자 하는 의사)가 깨졌다는 단순한 주장만으로도 족하다. 예컨대 STJ, ERESP 419.174-SP (2008) 참조. 브라질의 새로운 민사소송법은 5퍼센트 주주는 회사가 그 목적을 달성할 수 없음을 증명함으로써 폐쇄회사의 부분해산을 청구할 수 있다고 명시한다(Art. 599 §2° Lei 13.105 of 2015).

55 앞 4.1.3.2 참조.

해 소수주주들이 간접적으로 보호를 받기도 한다. 독일과 영국에서는 회사와 지배주주 간 '저가거래'를 법원이 '가장거래' 또는 '은닉거래'로 보고 위법배당으로 취급할 수 있으나,[56] 도산절차 밖에서 소송으로 다투어진 경우는 드물다. 대부분의 국가에서는 전통적으로 이사회로 하여금 이익충돌거래의 전부는 아닐지라도 적어도 그 일부를 심사하도록 하고 있는데, 이는 이사회가 독립적인 경우 또는 독립성을 결한 이사들이 거래에 관한 결정에서 법률상 배제되는 경우에는 수탁자전략으로 분류할 수 있다.

6.2.2.1 이사회에 대한 결정권 부여

관계자거래를 감독하는 하나의 방법은, 해당 사항에 관해 이해관계가 없거나 더 좋게는 해당 관계자로부터 독립되어 있는 내부 의사결정권자에게 그러한 거래의 승인을 맡기는 것이다. 이는 이해관계 있는 이사의 투표를 배제하고 이사회에서 결의하는 것을 의미한다. 그 변용으로 '이해관계 없는 이사들'의 부분집합에 해당하는 '독립이사들'에게 결정을 맡길 수도 있다.

이해관계 없는 (또는 독립적인) 이사에게 이익충돌거래의 승인을 요구하거나 권장하는 것은 몇 가지 장점이 있다. 첫째, 규제비용이 (비교적) 적다. 둘째, 공정하고 가치 증진적인 거래는 승인될 가능성이 높으며, 몇몇 국가에서는 이러한 승인을 받음으로써 외부의 공격으로부터 보호된다.[57] 셋째, 이해관계 없는 이사라면 적어도 의심스러운 관계자거래에 대해서는 당연히 의문을 제기할 것이다.

이사회 승인을 받도록 하는 데 따른 주된 문제점은 바로 위 장점들의 반대라고 할 수 있다. 이해관계 없는, 심지어 독립적인 이사조차도 법에

---

56 Holger Fleischer, *Disguised Distributions and Capital Maintenance in European Company Law*, in Marcus Lutter, ed., Legal Capital in Europe, p.94 (2006) 참조.

57 Robert B. Thompson and Randall S. Thomas, *The Public and Private Faces of Derivative Law Suits*, 57 Vanderbilt Law Review 1747, 1787 (2004) 참조.

서 생각하는 충성스러운 수탁자가 아닐 수 있다. 대부분의 경우 그들은 최고위 집행임원이나 지배주주나 또는 그들 모두의 (이해관계 있는) 동의에 의해 선임된다. 그들은 공정한 거래를 좌초시키려고 굳이 애쓰지는 않을 것이지만, 불공정한 거래 특히 공정과 불공정의 경계선상에 있는 거래를 굳이 나서서 반대하려 들지도 않을 것이고 반대할 능력도 없을 것이다.

관계자거래 승인에 관한 이사회의 관여는 여러 형태를 띨 수 있다. 우선 나라에 따라서는 관계자거래에 관하여 이사회에 정보를 알리도록 하는데,[58] 이는 묵시적으로 약한 형태의 이사회 승인 또는 추인을 받도록 하는 셈이 된다. 둘째, 적어도 일부 관계자거래에 대하여는 **명시적인** 이사회 승인을 요구하거나 강력히 권장할 수 있다. 셋째, 이사회 승인을 요구하고 동시에 관계자, 그들의 특수관계인 또는 일반적으로 이해관계 있는 이사는 의결권을 행사하지 않도록 요구할 수 있다. 넷째, 독립이사 또는 독립이사만으로 이루어진 위원회에 거부권을 주거나 배타적인 결정권을 줄 수도 있다.

명시적이든 묵시적이든, 모든 나라에서는 적어도 일정한 자기거래에 관해서는 어떤 형태로든 이사회 승인을 요구하거나 강력히 권장한다.[59]

---

58 독일에 관하여 Corporate Governance Code § 4.3.4 (2006); 이탈리아에 관하여 Art. 2391 Civil Code; 영국에 관하여 section 177 Companies Act 2006 각 참조.

59 이탈리아법은 그 거래에 관하여 의사결정을 할 권한을 가진 이사가 이해관계를 갖는 자기거래에 관해서만 이사회 승인을 강제한다. Article 2391, Civil Code. 독일법상 감독이사회 승인요건은 감독이사회 구성원들에 대한 대여 및 그들이 제공하는 용역에 관해 주로 적용된다. 독일법원은 감독이사회 구성원이 회사에 제공하는 유상의 법률·경영관련 용역 및 자문에 관해 엄격한 입장을 취해 왔다〔§§ 89, 114-115 AktG; BGH 2012. 7. 10. 판결-II ZR 48 / 11 (Fresenius), NJW 2012, 3235〕. 독일법은 회사가 경영이사회 구성원과 거래를 할 때에 감독이사회 구성원이 회사를 대표하도록 한다(§ 112 AktG). 마지막으로 독일의 Corporate Governance Code(§ 4.3.3)는 경영이사회 구성원과 회사 간의 거래 및 경영이사회 구성원들과 밀접한 관계에 있는 사람들과 회사 간의 '중요한' 거래에 대하여는 감독이사회의 승인을 받을 것을 권고한다. 브라질법은 이사 또는 임원에 대한 회사의 대출거래 및 회사자산 또는 회사용역의 이용거래에 관해서만 이사회 승인(주주 승인의 대용물로서)을 요구한다. Art. 154, § 2°, b Lei des Sociedades por Açóes(여기에서

예를 들어 영국에서 상장회사의 이사회는 주주 표결에 부쳐지는 모든 관계자거래에 관해 **사실상** 승인권을 행사하고 있지만,[60] 비상장회사의 경우에는 이사와의 중요한 부동산거래와 신용거래 같은 일부 거래에 한해서만 이사회 승인을 요구한다.[61] 이와 대조적으로 프랑스와 일본에서는 회사와 그 이사, 지배인 또는 (프랑스의 경우에는) 주요 주주 간 모든 비일상적인 거래에 관해 **이해관계 없는** 이사회의 승인을 요구한다.[62]

이탈리아에서 상장회사에 적용되는 추가적인 규칙들은 독립이사에 크게 의존한다. 독립이사들로 이루어진 위원회에서 관계자거래에 관한 그들의 조언을 제시하여야 하고, 그에 대해 이사회가 표결을 한다. 이러한 조언은 소규모 거래에 관하여는 구속력이 없으나, 대규모 거래에 대하여는 (그 회사의 내부규정에서 독립이사들의 부정적 조언이 있더라도 이해관계 없는 주주들의 승인으로 충분하다고 정하지 않는 한) 구속력이 있다.[63]

마지막으로 회사법에 따른 이사회 승인의무가 없는 경우에, 브라질 증권위원회는 모자회사 간 합병에 있어 독립적 특별위원회의 승인을 받으

독일 주식법 제114조는 "감독이사회 구성원이 회사에 중요한 용역이나 노무를 제공하는 거래는 감독이사회의 승인을 요한다"는 취지이고, 제89조와 제115조는 "감독이사회 구성원 및 경영이사회 구성원에 대한 회사의 금전 대여는 감독이사회 승인을 요한다"는 취지이다 — 옮긴이 주).

60 뒤 6.2.3 참조.

61 Sections 188–226 Companies Act 2006(직위상실에 대한 금전보상 및 장기용역계약에도 적용된다) 참조.

62 프랑스에 관하여 Arts. L. 225-38(단층이사회의 경우), L. 225-86(복층이사회의 경우) Code de commerce(이사 또는 총지배인을 위하여 행위를 하는 제3자에게도 적용) 및 Arts. L. 225-39 and L. 225-86 Code de commerce(일상적 거래는 제외) 참조. 그러나 실무적으로는 같은 그룹 내 회사 간 거래는 종종 일상적 거래로 간주된다[Dominique Schmidt, Les conflits d'intérêst dans la société anonyme 120 (2nd edn., 2004)]. 일본에 관하여는 일본 회사법 제356조 제1항 제2, 3호 및 제365조 제1항(이사와의 모든 거래에 적용되고, 일상적 거래에 대한 예외는 법률에는 정해져 있지 아니하다) 참조. 일본 법원은 동일인이 이사를 겸직하고 있는 두 회사 간 거래에 대해서도 이사회 승인을 요구한다. 예컨대 日本最高裁判所 1971. 12. 23. 判例時報 제656호, 85면 참조.

63 Arts. 7-8 Consob Regulation on Related Party Transactions.

면 경영진이 신인의무를 이행하였다는 증거가 될 수 있다고 제안함으로써 수탁자전략의 이용을 촉진하였다.[64] 이와 유사하게 일본에서도 지배주주가 관련된 축출거래와 M & A거래에서 독립적 특별위원회의 승인을 받는 모범적 실무관행이 확산되고 있다.[65]

미국의 여러 주에서는 자기거래에 대한 이사회 승인을 강제하지는 않지만 강하게 권장하고 있다. 주법에서는 이사회가 사전에 승인하거나 사후에 추인한 거래를 경영판단으로 보호해 주기 때문에, 이해관계 있는 경영진은 이사회의 승인을 받으려는 유인을 갖게 된다.[66] 이사회의 승인은 '완전한 공정성(entire fairness)'이라는 엄격한 스탠더드가 적용되는 지배주주와의 거래에 있어서도 매우 중요한 역할을 수행한다. 독립이사의 승인을 받도록 유도하기 위하여, 델라웨어 주법은 회사가 그 지배주주와 거래를 함에 있어 실질적으로 독립적인 이사들로 이루어진 위원회에 그 거래의 협상을 맡기고 이를 달성하는 데 필요한 (독립적인 법률자문이나 재무자문 등) 자원을 제공하였다면, 그러한 거래의 공정성에 대한 입증책임을 이를 다투는 자에게 부담시키고 있다.[67] 다만 이러한 독립위원회는 델라웨어주 법원이 적용하는 '완전한 공정성' 심사를 통과하는 데에 사실상 **필요조건**이긴 하지만[68] **충분조건**은 아니다. 델라웨어주 법원은 광범위한 사실관계를 고려하는 경향을 보이기 때문이다.[69] 최근의 델라웨어주 판례는

---

64 CVM Advisory Opinion No. 35 (2008).

65 뒤 7.4.1.2 참조.

66 § 8.31 Model Business Corporation Act; *Flieger v. Lawrence*, 361 Atlantic Reporter 2d 218 (Delaware Supreme Court 1976); *Kahn v. Lynch Communications Systems, Incorporated*, 638 Atlantic Reporter 2d 1110 (Delaware Supreme Court 1994) 각 참조.

67 Allen, Kraakman, and Subramanian, 앞의 책(주 49), p.323; *Kahn v. Lynch Communications Systems*, 앞의 판례(주 66); *Weinberger v. UOP, Inc.*, 457 Atlantic Reporter 2d 701 (Delaware Supreme Court 1983) 각 참조.

68 뒤 6.2.5.2 참조.

69 모자회사 간 거래에서 절차적 공정성에 관한 델라웨어주 판례법의 복잡성에 관하여는 William J. Carney and George B. Shepherd, *The Mystery of Delaware Law's Continuing Success,* 2009 University of Illinois Law Review 1 참조.

상장폐지를 위해 지배주주와 합병하는 경우에 관해 ① 독립적이고 잘 작동하는 이사회 내 특별위원회의 승인과 ② 소수주주 다수결(majority of the minority)에 의한 승인을 둘 다 받은 거래에 관하여는 경영판단원칙에 따른 보호를 제공해 줌으로써, 수탁자전략과 의사결정권전략에 대한 의존을 강화한 것으로 보인다.[70] 그러나 회사들이 이러한 안전항을 자주 이용할 것인지는 아직 분명하지 않다. 상호 협력하여 거래에 대해 거부권을 행사할 수 있는 행동주의 헤지펀드들의 존재를 감안하면, 소수주주의 다수결을 얻지 못할 위험이 있기 때문이다.

나아가 오늘날 대부분의 주요 국가에서 상장회사 최고경영자들의 보수는 이사회 승인을 받을 것이 요구된다.[71] 경영자보수 수준이 크게 상승하면서 제도 개혁 및 투자자들의 압력에 따라 상장회사들은 독립이사만으로 구성된 특별위원회에 보수 결정을 맡기는 것과 같은 실행 조치를 채택하게 되었고, 이런 추세는 엔론 사태 및 금융위기 이후의 개혁에 의해 더 공고해졌다.[72] 미국에서 상장회사의 보수위원회는 완전히 독립적이어야

70 *Kahn v. M & F Worldwide Corp.*, 88 Atlantic Reporter 3d 635 (Delaware Supreme Court, 2014).

71 미국에 관하여 § 8.11 Model Business Corporation Act; 독일에 관하여 § 87 AktG; 이탈리아에 관하여 Art. 2389(3) Civil Code; 일본에 관하여 일본 회사법 제361조 제3항(감사역을 둔 회사의 경우, 이사보수총액에 관해 주주총회 승인이 필요하고 이사회는 그 한도 내에서 각 이사의 보수를 결정할 수 있다) 및 제404조 제3항(위원회 설치 회사의 경우 보수위원회가 이사 및 집행임원의 개별 보수액을 정한다) 각 참조. 영국에서는 이사회 승인이 배제가능한 원칙으로 되어 있으나(§ 84 Table A, Companies Regulations 1985, as amended 참조), 회사가 이를 배제하는 경우는 이례적인데, 이는 역사적인 이유 때문이기도 하고(이사회 승인의 대안은 주주들의 승인이었다) 상장회사의 경우 Combined Code (B.2.2)에서 "준수하지 않으려면 설명하라(comply or explain)"라는 방식으로 보수위원회의 승인을 권고하기 때문이기도 하다. 프랑스에서는 주주들이 이사보수총액을 정하고 이사회는 이것을 이사별로 분배한다(Art. L. 225-45, L. 225-46, L. 225-63, L. 225-83, L. 225-84 Code de commerce). 브라질은 이 점에서도 독특한데, 주주 중심 모델에 따라 오랫동안 경영자보수총액의 결정을 주주들에게 맡겨 왔다(Art. 152 Lei das Sociedades por Ações).

72 이 분야의 최근 발전에 대한 개관 및 새로운 규제 제안에 관하여 Guido Ferrarini and Maria Cristina Ungureanu, *Executive Remuneration: A Comparative Overview*, in Oxford

하고 자체적인 컨설턴트, 법률 고문, 기타 자문역을 고용할 권한이 있다.[73] 이와 동시에 판사들은 다른 관계자거래보다도 보수 결정에 관해서는 이사회의 판단을 존중하는 경향이 있다. 미국에서는 관계자거래는 엄격히 통제하지만, 경영진보수에 대한 이사회 승인을 문제 삼기는 어렵다.[74] 독일에서는 경영진보수에 대해 사법부가 때로는 공격적으로 접근하기도 하지만, 그런 독일에서조차 보수의 수준과 직책의 성격 사이에 중대한 불균형이 없는 한 법원이 이사회 승인을 문제 삼을 가능성은 별로 없다.[75] 다만 '불합리한' 보수, 즉 특별한 이유 없이 '통상적인 보수'를 초과하거나 상장회사의 '지속 가능한 발전'을 촉진하지 아니하는 보수의 책정에 대해 감독이사회 구성원의 책임을 물을 수 있도록 하는 독일의 최근 개혁에 따라 상황이 바뀔 수는 있을 것이다.[76]

마지막으로 각국에서는 경영자들이 회사에 유용한 정보를 이용하려면 미리 이사회 승인을 얻도록 점점 권장하는 추세이다. 미국, 영국, 일본에서 자신의 이익을 위해 '회사기회'를 이용하는 이사들은 그러한 사업 전망을 이해관계 없는 이사들에게 적절히 공개하고 그들의 승인을 받았을 때에만 공정하게 행동한 것으로 간주된다.[77] 사실상 동일한 원칙이 독일

Handbook of Corporate Law and Governance (2017) 참조.

73 앞 3.3 참조.

74 그러나 델라웨어주 법원은 이사들이 그들 자신의 보수를 승인할 때에는, 주주들이 그 결정을 적절하게 추인한 경우가 아니라면 더 엄격한 '완전한 공정성' 심사기준을 적용할 수 있다. *Calma v. Templton*, 114 Atlantic Reporter 3d 563 (Del. Ch. 2015). Disney 판결에서의 경영판단원칙 적용에 관하여는 앞 3.3.2 참조.

75 § 87 AktG(경영이사회 구성원인 집행임원의 보수에 관한 감독이사회 승인). (매우 이례적인 경우인) 만네스만 사건에 관하여는 앞 3.3.2도 참조.

76 § 87 AktG. Klaus J. Hopt, *Conflict of Interest Secrecy and Insider Information of Directors: A Comparative Analysis*, 10 European Company and Financial Law Review 167, 181 (2013)(그러한 개혁에 '다수의 이론적 · 현실적 난점'이 있다고 지적).

77 예를 들어 Allen, Kraakman, and Subramanian, 앞의 책(주 49), p.315 참조. 영국에 관하여 section 175 Companies Act 2006, 일본 회사법 제356조 제1항 제1호 및 제365조 제1항도 참조.

〔회사기회(Geschäftschancen) 법리라는 이름으로〕· 이탈리아 · 브라질, 심지어 프랑스(abus de biens / pouvoirs sociaux 또는 충실의무 위반으로서)에서도 받아 들여지고 있다.[78]

6.2.3 의사결정권전략: 주주의 의결권 행사

관계자거래에 대한 이해관계 없는 이사회 승인의 대안 내지 보완책으로서 각국은 주주총회 승인을 요구하거나 권장할 수 있다. 경영진 또는 지배주주의 기회주의로 손해를 보는 당사자는 결국 주주이다. 사외이사들은 (기껏해야) **이해관계가 없음**에 반하여, 주주들은 회사가치를 보전하는 데에 적극적인 **이해관계가 있다**. 따라서 이해관계 있는 거래를 심사해야 하는 곳은 다름 아닌 주주총회라고 생각될 수도 있겠다. 그러나 이러한 추론은 회사형태의 중요한 특징인 경영 위임의 논리에는 반한다.[79]

관계자거래, 심지어 지배주주와의 거래에 대하여도 전면적으로 주주 승인을 얻도록 요구하는 국가는 없다. 그렇게 요구한다면 지나치게 번거롭고, 특히 기업집단으로 통합되어 있는 회사들의 경우에는 그런 거래가 매우 자주 발생할 수 있어 더욱 번거롭기 때문이다. 주주들의 승인이 필요한 경우에도 이해관계 있는 주주(지배주주가 있는 때에는 지배주주)의 투표권이 인정되는 경우도 있고, 소수주주의 다수결이 요구되는 경우도 있다. 전자의 경우 결과는 정해져 있는 셈이어서 주주 승인 요건은 주로 정보제공기능을 한다. 후자의 경우, 몇몇 국가에서 정책 입안자들이 우려하듯이 정보를 갖고 있지 못하거나 기회주의적으로 버티기를 시도하는 소수

---

78 독일에 관하여 Thomas E. Abeltshauser, Leitungshaftung im Kapitalgesellschaftsrecht, p.373 (1998); 이탈리아에 관하여 Art. 2391(5) Civil Code; 브라질에 관하여 Art. 155 Lei des Sociedades por Açóes; 프랑스에 관하여 Cozian et al., 앞의 책(주 48), p.164, p.186, p.373(이익을 얻을 기회의 상실을 초래하는 것은 잠재적으로 남용적이다).

79 앞 1.2.4 참조.

파에 의해 결정이 이루어질 수 있다는 문제가 있다.

'소수주주 다수결'에 의한 주주 승인은 일반적으로 대기업에 지배주주가 없는 미국과 영국에서는 확립된 제도이지만,[80] 지배주주가 상당한 투표권과 로비력을 가지고 있는 유럽대륙에서는 훨씬 덜 발달되어 있다. 그러나 일본에서는 델라웨어주의 영향에 따라 지배주주와의 축출 거래 및 M & A 거래에 관하여 이 제도의 사용이 늘어나고 있다.[81] 브라질에서는 이익충돌 관계에 있는 지배주주가 관계자거래를 승인하기 위해 의결권을 행사할 수 있는지에 관해 논란이 있고 해결되지 않은 상태이다.[82]

우리 대상국가들이 의사결정권을 사용하는 쪽으로 수렴하는 현상은 경영자보수에 관하여 더 두드러진다. 모든 대상국가에서 상장회사는 일정한 형태의 경영자보수에 관해 주주 승인을 받아야 한다.[83] 또한 모든 국가에서 주주들은 경영자보수 패키지에 관한 구속적 의견(영국, 일본, 브라질) 또는 권고적 의견을 낼 수 있다('say on pay'로 알려져 있다).[84] 나아가 미국의 일부 주에서는 스톡옵션에 대해 주주 승인을 요구하지만 증권거래소들은 모든 주식형 보상에 대해 주주 승인을 요구한다.[85] EU에서 대

80 델라웨어 주법에 관하여 예컨대 Leo E. Strine, Jr., *The Delaware Way: How We Do Corporate Law and Some of the New Challenges We (and Europe) Face*, 30 Delaware Journal of Corporate Law 673, 678 (2005) 참조.

81 森 · 濱田松本法律事務所, M & A法大系, 761-766쪽 (2015).

82 이 논란은 Art. 115 Lei des Sociedades por Açóes의 해석을 둘러싼 것이다. 다만 모자회사 합병에 있어 지배주주인 모회사가 합병 승인에 관한 의결권을 행사할 수 있다는 점에는 논란이 없다(Art. 264. Lei des Sociedades por Ações).

83 독일에 관하여 § 113 AktG; 프랑스의 경우 Art. L. 225-45, L. 225-53, L. 225-63, L. 225-83 Code de commerce; 이탈리아의 경우 Arts. 2389 Civil Code and 114-II Consolidated Act on Financial Intermediation; 일본에 관하여 회사법 제361조 제1항 각 참조.

84 다만 일본과 브라질에서는 주주가 임원 개개인의 보수가 아니라 경영자보수 패키지의 총액만을 승인한다. EU의 주주권지침 개정안은 EU 전역에서 상장회사에 대한 구속적인 주주 의견(say on pay)을 도입하려고 한다(proposed Arts. 9a and 9b Shareholders Rights Directive, 주 24의 문헌).

85 § 303A.08 New York Stock Exchange Listing Rules; Jeffrey N. Gordon, *Executive Compensation: If There's a Problem, What's the Remedy?: The Case for 'Compensation*

부분의 회원국은 주식 기반의 인센티브구조에 대해 주주의 사전승인을 받도록 하는 규칙을 채택하였다(독일, 이탈리아, 영국이 가장 적극적이어서 제한 없이 그러한 표결을 의무화하였다).[86]

경영자보수 영역의 밖에서는, 영국과 그에 이어서 프랑스가 관계자거래에 관한 주주의 발언권을 인정하는 데에 가장 적극적인 것으로 보인다. 영국은 상장회사와 이사나 대주주 사이의 대규모 비일상적 거래에 관해 주주의 사전승인을 요구한다.[87] 지배주주 있는 회사로서 프리미엄 상장법인* 지위를 가진 회사가 상장규정에서 요구되는 지배주주와의 '관계계약(relationship agreement)'의 조건을 준수하지 못하면, 지배주주와의 **일체의** 거래에 대해 소수주주의 **사전**승인이 필요하게 된다.[88] 다른 회사들에 관해 영국 회사법은 회사와 이사 간의 일정 거래, 특히 중요한 자산거래 및 신용거래에 대해 주주의 승인을 요구하고 있다.[89] 프랑스의 제정법은 직전 회계연도에 체결된 모든 비일상적 자기거래에 대하여 주주의 사후추인을 요구한다.[90]

Discussion and Analysis', 30 Journal of Corporation Law 675, 699 (2005) 각 참조. 나아가 Section 162(m) of the Internal Revenue Code는 성과보상 지급액에 관해 그 보상계획의 주요 조건에 대한 주주 승인이 있을 것을 조건으로 하여서만 손금 산입을 인정한다.

86 Commission Staff Working Document, Report on the application of the Commission Recommendation on directors' remuneration (2007) 1022 참조.

87 Davies and Worthington, 앞의 책(주 48), pp.580-1 참조.

* 영국 상장규정에 따르면 상장회사는 '일반 상장(standard listing)'과 '프리미엄 상장(premium listing)' 중에서 선택할 수 있다. 전자는 EU의 최소기준만 준수할 것이 요구되고 추가적인 국내 규정을 준수할 의무는 없는 반면, 후자는 EU의 최소기준에 더하여 영국의 추가적인 국내 규정(주로 회사의 지배구조에 관한 것이고 일부 상장절차에 관한 것도 있다)을 준수할 의무가 있다.

88 Listing Rules, section 11.1.1 참조. 지배주주와의 관계계약에는 일정한 '독립성조항'을 두어야 하는데, 여기에는 관계자거래가 독립적 제3자 간 거래와 같이 통상적인 상업적 조건에 따라 수행되어야 한다는 요건 및 지배주주가 상장규정을 잠탈하지 아니한다는 요건이 포함되어야 한다(Listing Rules, section 6.1.4D R).

89 주 61 참조.

90 Arts. L. 225-40(단층이사회의 경우), 225-88(복층이사회의 경우) Code de commerce. 이해관계 있는 주주나 경영진은 자신들의 거래를 승인하기 위해 의결권을 행사하지 못하

프랑스의 접근방식이 엄격하고 포괄적인 것으로 보이지만, 실제로는 영국법만큼 효과적이지 못할 수 있다. 영국에서 상장회사의 경우에 그러하듯, 프랑스에서도 회사의 의사결정권자로서는 과연 그 거래가 비일상적인 것이어서 주주의 승인을 요하는 것인지를 결정할 상당한 재량을 가지고 있는 것이다.[91] 그러나 프랑스에서 주주 승인이 그리 의미 있는 남용방지도구가 되지 못하는 더 큰 이유는 주주 승인의 시기에 있다. 영국에서와 달리 프랑스에서 주주들은 남용적인 관계자거래를 거래의 효력 발생 전에 저지할 수 없고, 단지 **사후적으로** 그들의 (구속력 없는) 불만을 표시할 수 있을 뿐이다.[92]

다른 나라들은 주주 승인을 그처럼 철저히 요구하지는 않는다. 예를 들어 이탈리아는 상장회사의 이사가 경쟁사의 이사를 겸직하고자 할 때 주주 승인을 얻도록 할 뿐이다.[93]

6.2.4 룰전략: 이익충돌거래의 금지

관계자거래의 전면적 금지는 한때 회사법상 일반적이었다. 오늘날에는 6.1에서 기술한 것과 같은 이유로 신용거래, 제3자 고용계약, 내부자거래 일부 등 매우 한정된 거래의 경우에만 그러하다.[94]

며, 만일 그들이 의결권을 행사한 것으로 드러나면 그 결의는 무효이다.

91 Schmidt, 앞의 책(주 62), pp.117-21(내부자들에게 지나치게 많은 재량을 준다는 이유로 프랑스 제도를 비판).

92 이사회가 적절히 승인한 거래를 주주투표로 거절하더라도 그러한 주주투표의 현실적 효과는 사실상 없다[Luca Enriques, *The Law on Company Directors' Self-Dealing: A Comparative Analysis*, 2 International and Comparative Corporate Law Journal 297, 327-8 (2000)].

93 Art. 2390 Civil Code(이탈리아). 주 63에 해당하는 본문도 참조.

94 물론 은행업과 같은 특정 산업에서는 이익충돌거래 자체를 금지하는 것은 아니지만, 그에 관한 특정한 룰이 존재한다(특수관계인에 대한 대출제한, 동일인 대출한도 등의 규제를 염두에 둔 서술로 보인다—옮긴이 주).

현재는 프랑스와 미국에서만 회사와 이사 간 대출거래를 금지한다. 프랑스의 이러한 태도는 오래된 전통에 기인한다.[95] 이와 대조적으로 미국에서의 금지는 새롭게 등장한 것이다. 1990년대 및 2000년대 초반에 일부 경영진은 회사로부터 대출을 받아 회사주식 소유를 크게 늘렸고, 이로 인해 주가 상승을 노리는 의심스러운 거래에 관여할 유인이 늘어났다. 나아가 경영자가 대출을 갚지 못하면 회사가 이를 면제하는 식으로, 이른바 '숨겨진 보상'으로도 종종 사용되었다.[96] 엔론 사태 및 다른 스캔들에 대한 대책으로 미국 의회는 상장회사가 경영진에게 사적인 대출을 실행하지 못하도록 금지하였다.[97] 미국의 대응은 이해할 만하지만, 왜 경영진에 대한 대출이 다른 이익충돌거래(예컨대 자문계약)보다 더 의심을 받아야 하는지는 분명하지 않다. 기껏해야 그 논리는 이러한 대출이 그로 인한 위험을 상쇄하기에 충분할 정도로 의미 있는 효율성을 창출해 내지 못할 것이라는 데에 있다.

대출 금지를 제외하면 금지원칙이 적용되는 주된 거래유형은, 법률상 회사나 주주들에게 귀속되는 정보의 가치가 유용된다고 판단되는 경영자와 제3자 간 거래이다. 하나의 예로 독일 폐쇄회사의 고위경영진에 대한 경업 금지 규정을 들 수 있다.[98] 이처럼 경영자의 경업을 금지하는 것은 일리가 있다. 경영자가 경쟁 관계에 있는 두 회사에 근무할 때에는 자신의 시간이나 민감한 정보의 배정에 있어서 불가피하게 한 회사의 희생을 초래하게 될 것이기 때문이다. 그러나 회사 입장에서 오히려 경영자의 경업을 허용하고 싶어 하는 상황도 있을 수 있다. 예를 들어 소규모 회사의

95 Art. L. 225-43 and L. 225-91 Code de commerce(프랑스) 참조.

96 Bebchuk and Fried, 앞의 책(주 2), pp.112-7 참조.

97 § 402 Sarbanes-Oxley Act.

98 Peter Hommelhoff and Detlef Kleindiek, No. 20 Anhang § 6, in Walter Bayer, Peter Hommelhoff, Detlef Kleindiek, and Marcus Lutter, eds., GmbH-Gesetz Kommentar (19th edn., 2016) 참조. 대조적으로 독일 공개회사의 감독이사회는 최고위경영진의 경업을 승인할 수 있다. § 88 AktG 참조.

경우 유능한 임원을 영입하려면 경업을 허용해 주어야 할 경우가 있을 수 있고, 대규모 회사의 경우 그 경영진이 동종 산업의 경쟁회사의 이사로서 얻은 노하우로부터 편익을 얻을 수도 있다. 이런 이유로 대부분의 국가에서는 경업을 전면 금지하기보다는 다른 법적 전략을 통하여 다루고 있다.

여러 나라에서 제한하는 세 번째 (그리고 훨씬 더 중요한) 거래부류는 '내부자거래'이다. 엄격히 말하면 내부자거래는 적어도 다음 두 가지 이유에서 이 장에서 검토하는 다른 거래들과 같은 관계자거래는 아니다. 첫째, 전형적인 내부자거래의 상대방은 회사 자체가 아니라 관련이 없는 제3자이다. 둘째, 내부자거래 금지는 내부자에만 적용되는 것이 아니라 비밀유지의무를 지는 일정한 외부자에게도 적용되고, 나라에 따라서는 그 밖에 비공개중요정보를 보유하고 있음을 알고 있는 자에 대해서까지 적용된다.[99] 그 경우 제9장에서 상술하듯이 내부자거래 규제의 근거는 자기거래를 방지하려는 데 있다기보다는, 더 광범위하게 증권시장의 유동성과 효율성을 보장하려는 데 있다. 그렇기는 하지만 미공개정보를 이용하여 거래하는 내부자들은 회사에 속하는 정보를 스스로의 이익을 위해 유용하고 있다는 점이 내부자거래 금지 논거의 하나이기 때문에 내부자거래를 이 장에서 다루는 것이다.

내부자거래의 규제에 관해서는 두 종류의 룰이 있다. 단기거래에 대한 예방적 규제와 중요내부정보를 이용한 거래에 대한 직접적인 금지가 그것이다. 가장 중요한 예방적 룰은 미국과 일본의 등록회사의 '법정 내부자'(이사 · 임원 · 10퍼센트 이상 주주를 포함)에 의한 '단기매매(short swing)', 즉 (6개월 이내에) 회사주식을 매수 후 매도하거나 매도 후 매수하는 데 대한 규제이다.[100] 이 룰은 이러한 단기매매에서 얻은 차익은 회사의 미

99 주 102~104 및 그에 관한 본문 참조.

100 미국에 관하여 § 16(b) 1934 Securities Exchange Act 참조; 일본에 관하여 金融商品取引法 第164條 참조.

공개정보로부터 생성된 것이라는 이론에 근거하여, 단기매매를 통해 얻은 이익(또는 회피한 손실)을 회사에 귀속시킴으로써 단기거래를 금지하는 효과를 달성한다. 영국은 같은 이유로 상장요건에서 유사한 제한을 가하고 있다.[101]

더욱 중요한 것은, 대부분의 주요 국가에서 발행회사에 관한 미공개 가격민감 정보에 의한 내부자거래를 직접적으로 금지하고 있다는 점이다. 유럽 각국과 브라질에서는 미공개 중요내부정보를 가진 자는 누구이든 공개시장에서 거래되는 해당 회사의 증권을 그러한 정보에 근거하여 거래할 수 없다.[102] 미국과 일본에서 금지되는 내부자거래의 범위는 이보다 좁다. 일본에서는 임원, 직원, 3퍼센트 이상 주주 및 그들로부터 직접 정보를 수령한 자의 경우에만 미공개정보에 의한 거래가 금지된다.[103] 미국은 이와 대조적으로 미공개정보를 보유한 내부자에 의한 거래, 정보원에 대한 의무에 위반하여 내부정보를 유용한 외부자에 의한 거래, 그 정보가 정보 제공자의 의무 위반으로 얻은 것임을 안 직간접 정보 수령자에 의한 거래를 모두 금지한다.[104]

모든 국가에서 불법적인 내부자거래에 대하여 이익 환수, 3배 손해배

---

101 UK Listing Authority's Model Code (Listing Rules 9, Annex 1)가 정한 최소요건 참조. 이사는 이사회 의장의 승인을 받은 후에만 상장회사의 주식을 거래할 수 있으나, 단기거래적 성격을 가진 때에는 승인을 해주어서는 안 된다(§8(b))[이 규정에서는 만기(maturity)가 1년 이하인 투자는 언제나 단기거래적 성격을 가진 것으로 간주하고 있다 — 옮긴이 주].

102 EU에 관하여 Art. 8 Market Abuse Regulation 596/2014 참조. EU에서 내부정보의 '이용'의 의미의 해석에 관하여는 ECJ, Case C-45/08 *Spector Photo Group NV* 참조(내부정보를 보유한 채 거래하는 행위는 그가 그러한 정보를 이용하였다는 번복 가능한 추정을 발생시킨다고 판시). 그러나 브라질에서는 그 정보를 비밀로 유지할 법적 의무를 지는 사람에게만 형사책임이 부과된다[Art. 27-D Lei 6.385, de 7 de dezembro de 1976 (Brazil), Art. 13 CVM Instruction No. 358 (2002)].

103 일본의 金融商品取引法 第166條.

104 그러나 미국에서 내부자거래에 대한 책임의 구체적인 범위는 여전히 모호하다. 이에 관하여는 John C. Coffee Jr., *Introduction: Mapping the Future of Insider Trading Law*, 2013 Columbia Business Law Review 281.

상, 기타 민사벌, 징역형 등 엄격한 민사, 행정 및/또는 형사제재를 가하고 있지만,[105] 특히 미국은 전통적으로 다른 국가에 비하여 훨씬 더 강력한 집행 노력을 기울여 왔다.[106] 다른 곳에서 집행 수준이 비교적 낮은 것은, 아마도 유럽과 일본에서 민사 제재보다 형사 제재가 선호됨에 따라 검사가 더 높은 입증책임을 부담하는 점과 공적 집행에 필요한 자원이 한정되어 있는 점을 반영하고 있을 것이다.[107] 집행방식의 국가 간 차이는 앞으로도 늘어날 것 같다. 미국에서는 내부자거래의 형사소추가 근래 강화되었지만, 유럽인권법원은 이탈리아의(암시적으로는 다른 유럽 국가의) 내부자거래 규제구조가 절차적 보호와 이중처벌 금지와 같은 기본권을 침해한다고 판시하였다.[108]

---

105 미국에 관하여 Louis Loss, Joel Seligman, and Troy Paredes, Fundamentals of Securities Regulation, pp.1412–9 (6th edn., 2011) 참조(이득 토출, 민사벌, 신고보상금 등 특별한 제재수단에 관하여 논하고 있다); 프랑스에 관하여 Daniel Ohl, Droit Des Sociétés cotées, p.351 (3rd edn., 2008) 참조(형사제재와 행정적 금전제재); 독일에 관하여 Rolf Sethe, *Insiderrecht* No. 13–17, in Heinz-Dieter Assmann and Rolf A. Schütze, Handbuch des Kapitalanlagerechts (4th edn., 2015) 참조(형사제재와 이득 토출); 영국에 관하여 Davies and Worthington, 앞의 책(주 48), pp.1167–71 참조(형사제재, 행정적 금전제재, 이득 토출).

106 역사적으로 미국에서는 내부자거래에 대해 다른 나라에 비해 매우 많은 수의 공적·사적 집행소송이 행해져 왔다. 반면 다른 나라들은 근년 들어 진전이 있는 것으로 보인다. EU에서 시장남용에 대한 집행 수준에 관한 연구로, Alexander Peter Groh and Sofia Johan, *Same Rules, Different Enforcement: Market Abuse in Europe*, Working Paper (2014), ssrn.com(독일과 프랑스에서는 2008~2010년 사이에 시장남용에 대한 법 위반행위 적발 건수가 가장 높았다). 일본에서는 証券取引等監視委員会(증권거래감시위원회, Securities and Exchange Surveillance Commission. 이하 'SESC')가 2000년에서 2015년 3월 사이에 64건의 내부자거래를 검찰에 고발하였다. 또한 내부자거래에 대한 민사벌도 2005년 도입된 후 급증하였다. SESC 연간보고서 참조(fsa.go.jp/sesc/english/reports/reports.htm). 브라질에서는 증권위원회(Comissão de Valores Mobiliários, CVM)가 2002~2014년 사이에 내부자거래에 대하여 40건의 행정절차를 개시하였다. 피조사자 187명 중 61명은 위원회에 의해 혐의가 인정되었다[Viviane Muller Prado and Renato Vilela, *Insider Trading X-Ray in the Brazilian Securities Commission (CVM) 2002–2014*, Working Paper (2015), ssrn.com].

107 뒤 9.2.1 참조.

108 *Grande Stevens et autres c. Italie* (App No. 18640/10, 18647/10, 18663/10, 18668/

내부자거래에 대해서 (선택적) 금지전략이 선호되는 이유는 무엇일까? 그 이유는, 자기거래를 통해 얻을 수 있는 잠재적 편익과 비교하면 내부자거래를 통해 얻을 수 있는 잠재적 편익이란 것은 훨씬 덜 명백하고 개연성도 떨어지기 때문이다. 이사와 소규모 회사 간 거래가 서로에게 이익이 되는 경우는 쉽게 상상할 수 있다. 예컨대 어떤 회사에 대해 많은 정보를 가진 그 회사의 이사만이 그 회사와 거래할 의향을 가진 유일한 당사자에 해당하는 경우가 있을 수 있는 것이다. 반면 미공개정보를 이용한 거래에도 때로는 비슷한 편익이 있을 수 있다는 점에 대해 아직까지 입법자들은 별로 수긍하지 않는다. 일부 학자들은 입법자들이 내부자거래가 갖는 이점들, 즉 인센티브 보상의 효율적 형태이자 미공개정보를 주가에 반영하는 우수한 채널이라는 점을 과소평가한다고 주장해 왔다.[109] 반면 다른 학자들은 미공개정보에 기한 거래가 제공하는 정보적 편익에 의문을 제기하면서, 매도호가와 매수호가의 차이가 증가함으로써 시장 유동성에 부정적인 영향을 미칠 수 있다는 증거를 제시하였다.[110] 내부자거래 법규의 효과에 관한 최근의 문헌연구는 현재 존재하는 증거만으로는 결론을 내기에 불충분하다고 하였다.[111]

---

10) (2014) ECHR 4 March 2014.

109 예컨대 다음 문헌 참조. Henry G. Manne, Insider Trading and the Stock Market (1966); Dennis W. Carlton and Daniel R. Fischel, *The Regulation of Insider Trading*, 35 Stanford Law Review 857 (1983). 다음 실증연구도 참조. Nihat Aktas, Eric de Bodt, and Hervé Van Oppens, *Legal Insider Trading and Market Efficiency*, 32 Journal of Banking and Finance 1379 (2008).

110 Reinier Kraakman, *The Legal Theory of Insider Trading Regulation in the United States*, in Klaus J. Hopt and Eddy Wymeersch, eds., European Insider Dealing, p.39 (1991); Zohar Goshen and Gideon Parchomovsky, *On Insider Trading, Markets, and "Negative" Property Rights in Information*, 87 Virginia Law Review 1229 (2001); Raymond P.H. Fishe and Michel A. Robe, *The Impact of Illegal Insider Trading in Dealer and Specialist Markets*, 71 Journal of Financial Economics 461 (2004).

111 Utpal Bhattacharya, *Insider Trading Controversies: A Literature Review*, 6 Annual Review of Financial Economics 385 (2014).

6.2.5 스탠더드전략: 충실의무 및 기업집단법

이익충돌 거래를 규율하는 데에 룰은 요즘 그다지 사용되고 있지 않을지라도, 스탠더드는 널리 사용된다. 모든 국가에서는 관계자의 이익충돌을 통제하고 자산이나 정보 유용의 위험을 제한하기 위해 일정한 스탠더드를 부과하고 있는데, 우리는 이러한 스탠더드를 '충실의무'라고 통칭한다. 본질적으로 충실의무란, 주주들이 (특정 종류의 주주로서든 소수주주로서든) 관계자거래의 결과로 불이익을 입었는지를 판사가 사후적으로 판단하게 하는, 공정성에 관한 스탠더드이다.

충실의무 법리는 국가마다 다양한 명칭(label)을 가지고 있다. 완전한 공정성의무, '직위를 이용한 부정한 이득 취득' 금지, 또는 (프랑스의) 회사재산남용죄, (독일의) 배임죄 등이 그 예이다.[112] 유럽대륙의 여러 국가에서는 기업집단과 관련된 맥락에서는 이를 달리 정의한다. 그 명칭과 내용이 어떻든 간에 이 법리들은 유사한 취지를 갖고 있다. 불공정한 관계자거래는 위법하고, 법원이 사후적으로 그 불공정성을 판단한다는 점이다. 그 집행이 얼마나 엄격한지, 그리고 법원이 거래를 이해하고 평가할 수 있는지는 국가별로 차이가 많다.[113] 델라웨어주 법원 등 몇몇 법원은 매우 엄격해서, 회사가 관계자 아닌 제3자와 거래했더라면 얻었을 것과 비견할 만한 거래조건을 얻었거나, 관계자 아닌 제3자와 거래를 하였을 때와 유사한 절차에 따라 그 관계자와 협상을 한 때에만 관계자거래의 공정성을 인정한다. 이탈리아를 포함한 다른 법원에서는, 그 거래가 회사에 해롭지만 않으면 충분하다〔즉 매매가격이 회사의 유보가격(reservation price)

---

112 프랑스에 관해서는 주 78 참조; 독일에 관해서는 § 266 I StGB(형법전) 참조.

113 법원이 얼마나 그 사건을 잘 아는지는 회사법에 대한 법원의 전문성에 달려 있다. 이러한 관점에서 독일과 프랑스처럼 형벌조항에 스탠더드가 기술되어 있고 (회사법에 전문적이지 않은) 형사법원이 집행을 하는 나라와, 델라웨어주처럼 주로 회사법 사건을 다루는 민사법원이 신인의무 위반 사건을 심리하는 곳 사이에는 근본적인 차이가 존재한다.

보다 낮지만 않으면 된다]. 마지막으로 영국 법원 같은 곳에서는 법에서 정의된 이익충돌의 존재 여부 및 처리절차 준수 여부에 중점을 두며, 거래의 공정성은 손해액 산정에만 영향을 미친다.[114]

공정성이라는 스탠더드가 주주들의 이익 보호에 얼마나 효과적일지는 입증책임 분배 여하에 달려 있다. 델라웨어주에서는 (예컨대 독립이사들로 구성된 위원회에 지배주주와 협상할 권한을 부여하는 것과 같은) 독립적인 제3자 사이에서의 협상과 흡사한 절차적 조치들이 취해지지 않은 한, 피고가 거래의 공정성을 입증할 책임을 진다.[115] 다른 나라에서는 관계자거래의 불공정성에 관한 입증책임을 통상 원고에게 부담시킨다.

6.2.5.1 이사와 임원

6.2.2에서 서술한 바와 같이 대상국가 대부분에서는 이해관계 없는 이사들에게 관계자거래에 대한 조사를 폭넓게 요구하거나 권장함으로써, 충실의무의 준수를 확보할 책임을 부여하고 있다. 따라서 스탠더드전략은 종종 수탁자전략과 연계되어 작용한다. 그러나 스탠더드전략이 다른 전략과 독립적으로 기능하는 정도는 국가별로 다르다.

충실의무가 가장 강력하고도 독자적인 역할을 수행하는 곳은 미국으로, 이곳에서는 독립이사들의 사전승인을 받지 않은 회사와 이사 간 거래에 대하여 법원이 그 공정성을 심사한다. 특히 델라웨어주 법원은 절차적 공정성 문제를 주의 깊게 심리하는 것으로 잘 알려져 있고, 거래조건이 독립적 제3자 간 거래조건과 일치하지 않은 때에는 경영진의 책임을

---

114 Davies and Worthington, 앞의 책(주 48), p.561 참조. 자기거래 관련법이 적용되는 유형의 이익충돌이 있으면, 영국 법원은 그 거래가 공정하다고 하더라도 이사의 의무 위반을 인정할 것이다. 그러나 대개 그러한 것처럼 관계자거래에 특정한 룰이 적용되고 그 위반이 없었다면, 판사들은 거래의 공정성을 심사하지 않을 것이다. Davies and Worthington, 앞의 책(주 48), p.569 참조. 결과적으로 영국법원이 관계자거래에 대해 스탠더드에 기반한 심리를 하는 일은 드물다.

115 예컨대 Allen, Kraakman, and Subramanian, 앞의 책(주 49), pp.289–92, pp.308–9 참조.

묻는 등 공정한 기업 행동규범을 적극적으로 천명하는 것으로도 잘 알려져 있다.[116] 이와 대조적으로 유럽, 일본, 브라질 법원은 이익충돌 거래의 '공정성'은 거의 문제 삼지 않고, 그 거래에 개인적인 이해관계를 가진 경영자조차 충실의무 위반을 이유로 책임을 지기는커녕 소송을 당할 가능성도 거의 없다. 이 점에 관해서는 6.2.5.4에서 다시 살펴본다.

6.2.5.2 지배주주

모든 국가에서 지배주주는 '불공정한' 자기거래에 관여한 데 대하여 책임을 질 수 있다. 지배주주의 책임 리스크는 미국에서 가장 높다. 심지어 독립이사들의 사전승인이 있는 경우에도 미국 법원은 지배주주의 자기거래에 대하여 엄격한 스탠더드를 적용하는데, '완전한 공정성(entire fairness)' 심사(델라웨어주)와 '최대선의 및 충실(utmost good faith and loyalty)' 심사(몇몇 다른 주)가 그것이다. 다만 델라웨어주에서는 최근에 수탁자전략이 '소수주주의 다수결'이라는 형태의 의사결정권전략과 결합되어 사용된 경우에는 경영판단의 원칙을 적용하였다.[117] 유럽, 브라질, 일본은 미국보다는 덜 엄격하다.

유럽에서의 접근방식은 지배주주가 회사 경영에 직접 관여하고 있지 않는 한 그의 책임을 묻기를 주저하는 일반적인 경향을 보여 주고 있다. 그러나 지배주주가 회사를 실제로 지배하고 있다면 유럽 각국도 좀 더 엄격한 태도를 취한다. 회사 업무에 적극적으로 관여하는 지배주주는 '사실상' 이사(*de facto* director) 또는 '그림자'이사(shadow director)에 해당할 수

---

116 Edward B. Rock, *Saints and Sinners: How Does Delaware Corporate Law Work?*, 44 UCLA Law Review 1009 (1997) 참조. 그러한 소송으로 인해 이사들이 시간을 빼앗기고 명성에 손상을 입을 수 있기는 하지만, 실제로 독립이사들이 개인적으로 책임을 지는 일은 극히 드물다[Bernard Black and Brian R. Cheffins, *Outside Director Liability across Countries*, 84 Texas Law Review 1385 (2006)]. 면책조항과 책임보험 때문에 그러한 책임의 위험은 더 낮아진다. 앞 3.4.1 참조.

117 주 70 및 해당 본문 참조.

있고, 이사로서의 민사책임은 물론 형사책임(예를 들어 프랑스의 회사자산 남용 규정에 따른 처벌)까지도 질 수 있다.[118]

6.2.5.3 기업집단

기업집단에 속하는 회사 상호 간에는 일상적으로 거래가 이루어지고, 기업집단구조의 효율성은 그러한 집단 내 거래에 의존한다. 이 점을 전제로 삼아 독일, 프랑스, 이탈리아, 브라질에서는 개별 자회사의 전반적인 운영, 특히 개별 자회사와 모회사 및 다른 계열회사와의 상호작용이 전체적으로 보아 공정한지를 법원이 심사하도록 하고 있다.[119] 이렇게 되면 자회사에게 손해가 되는 개별 거래를 문제 삼아 승소하기 어려워진다. 피고들로서는 개별 거래로부터 손해가 발생했더라도 기업집단의 경영 전반을 고려하면 그 손해는 다른 이익과 상쇄된다고 판사를 설득함으로써 승소할 수 있을 것이기 때문이다.

독일의 기업집단법(콘체른법)은 가장 정교하지만, 궁극적으로는 단순한 공정성 스탠더드에 의존하고 있다. 계약상 콘체른에서 모회사는 자회사들에게 자회사 자신의 이익이 아니라 기업집단의 이익을 따르라고 지시할 권한을 가진다.[120] 그러나 그에 대한 **보상**으로서, 모회사는 자회사들이 기업집단의 이익을 위해 행위함으로써 입는 일체의 손해를 전보해 주어야 한다.[121] 사실상 콘체른에서도 모회사는 보상을 제공하지 않고는 자회

118 Art. L. 246-2 Code de commerce. 독일에서는 주식회사(AG)의 주주로서 회사에 대한 영향력을 행사하여 감독이사회 또는 경영이사회 구성원들에게 회사 또는 주주에 손해를 끼치는 행위를 하도록 지시한 자는 그 손해에 대하여 책임을 질 수 있다. § 117(1) AktG. 영국 Companies Act section 251도 참조.

119 지배주주의 부당행위를 방지하기 위해 대부분의 나라에서 (특히 델라웨어주에서) 그러하듯이 각 개별 거래에 초점을 맞추는 것은, 사업파트너의 지배력을 시스템적으로 불리하게 취급함으로써 지배권의 비효율적 배분을 초래한다는 논변으로, Jens Dammann, *Corporate Ostracism: Freezing-Out Controlling Shareholders*, 33 Journal of Corporation Law 681 (2008) 참조.

120 독일법상 계약상 콘체른과 사실상 콘체른의 차이에 관해서는 앞 5.2.1.3 및 5.3.1.2 참조.

121 § 302 AktG 참조. 이와 비슷하게 브라질에서도 모회사가 자회사의 이익을 희생할 수 있

사에게 그들의 이익에 반하여 행위하도록 강제할 수 없다.[122] 모회사가 자회사에게 보상을 제공하지 못하면, 자회사의 소수주주들은 법원이 선임한 특별감사인을 통해 증거를 수집하여 자회사를 대표하여 자회사의 이사들과 모회사를 상대로 제소할 권리를 가진다.[123] 실제로는 자회사가 손해를 입었는지 여부를 입증하기 어려운 때가 많다.[124]

독일의 체계가 상호 연결된 회사들의 경영에 있어서의 탄력성이라는 필요와 소수주주 보호라는 요청 사이에서 적절한 균형을 찾고 있는지에 대해서는 이견이 있다.[125] 과거에는 자회사가 도산상태인 경우가 아니라면 모회사는 일반적으로 자회사에 대한 전보 또는 보상의무를 외면해 왔다.[126] 최근에는 사업관행의 개선과 소송 위험의 증가로 인해 소수주주에 대한 처우는 더 적절해진 것 같다.[127]

기업집단에 관한 이탈리아의 접근방식은 독일보다는 덜 명료하지만, 기업집단이라는 조직형태의 특징적 속성을 인식하고 있기는 하다. 모회사가 자회사들을 단순히 사업부문으로서 경영하는 것이 허용되고, 자회사 경영의 전반적인 공정성을 사후적으로 검토한다. 모회사와 모회사의 이

으려면, 형식적으로 등록된 기업집단이어야 하고(실제로는 매우 드물다) 기업집단의 헌장에 기재된 자회사 보상 메커니즘을 준수해야 한다(Art. 245 Lei das Sociedades por Ações).

122 § 311 AktG. 사실상 콘체른이 흔한 브라질에서는 계열회사 간의 모든 관계자거래는 적어도 이론적으로는 '엄격히 공정'하거나 적절한 보상이 지급되어야 한다(Art. 276 Lei das Sociedades por Ações).

123 §§ 142II, 315 and 317 AktG. 앞 6.2.1.1도 참조.

124 주된 판단기준은 모자회사 간 거래가 중립적인 것인지, 그리고 자회사의 이사들이 그들의 경영 재량을 유월하였는지 여부이다[Uwe Hüffer and Jens Koch, Aktiengesetz, § 311 AktG No. 31–36 (11th edn., 2014)].

125 Jochen Vetter, Karsten Schmidt, and Marcus Lutter, eds., Aktiengesetz Kommentar (3rd edn., 2015), § 311 paras. 8–9(AG에 관하여); Tobias H. Tröger, *Corporate Groups*, Working Paper (2014), ssrn.com 참조.

126 Forum Europaeum Corporate Group Law, *Corporate Group Law for Europe*, 1 European Business Organization Law Review 165, 202–4 (2000) 참조.

127 Vetter, 앞의 논문(주 125), para. 8 참조.

사들이 자회사의 사업에 관한 그들의 권한을 남용하였다면, 자회사의 소수주주들은 그들을 상대로 지분비율에 상응하는 손해배상을 청구할 수 있다. 그러나 '모회사의 경영 및 공조 활동의 전반적인 결과에 비추어' 손해가 없음이 증명되면 모회사의 책임은 인정되지 않는다.[128]

프랑스의 판례법은 그보다도 더 탄력적이다.[129] 모회사는 그들의 자회사에게 기업집단의 이익을 위하여 자회사 스스로의 이익을 희생하도록 지시할 수 있고, 이에 대하여 회사자산 남용에 관한 형사책임을 지지 않는다.[130] 로젠블룸(Rozenblum)원칙에 따르면, 프랑스 모회사는 다음 세 조건이 충족되면 적법하게 자회사로부터 가치를 유용할 수 있다. 안정적인 기업집단구조가 존재하고, 모회사가 일관된 기업집단 정책을 시행하고 있으며, 비용과 수익이 전반적으로 형평에 맞게 기업집단 내에서 배분될 것. 현실적으로 판사들은 기업집단 내 거래가 회사의 변제 자력에 위협이 되지 않는 한 이 항변을 받아들여 비용과 수익의 배분이 전반적으로 형평에 맞는다고 간주하는 경향이 있다.[131]

6.2.5.4 집행

충실의무는 그 핵심적 내용(공정성)에 있어서는 대륙법 및 보통법 국가에서 유사하지만, 그 실제 효과는 법원이 얼마나 자주, 얼마나 엄격하게 이를 집행하는지에 결정적으로 달려 있다. 이런 관점에서 보면, 경영자와 지배주주는 다른 대부분의 국가에서보다 미국에서 더 높은 위험에 직면

---

128 Art. 2497 Civil Code. Corte di Cassazione, 24 August 2004, No. 16707, Giurisprudenza commerciale 2005 / II, 40 참조.

129 Klaus J. Hopt, *Groups of Companies*, in Jeffrey N. Gordon and Wolf-Georg Ringe, eds., Oxford Handbook of Corporate Law and Governance (2017).

130 (1985) Revue Des Sociétés 648 (Cour de Cassation); Cozian et al., 앞의 책(주 48), p.792도 참조.

131 Marie-Emma Boursier, *Le Fait Justificatif de Groupe dans l'Abus de Biens Sociaux: Entre Efficacité et Clandestinité*, 2005 Revue Des Sociétés 273 참조.

하고, 일본과 프랑스는 그 사이 어느 곳에 존재한다.[132]

미국(특히 델라웨어주) 법원은 다른 어느 곳의 법원보다 이익충돌거래의 공정성을 심사하는 데에 적극적이어서 사익이 관련된 사업상 선택의 실질적 내용을 사후적으로 판단해야 하는 경우에도 그러하다.[133] 나아가 미국법은 주주소송을 대단히 촉진한다. 미국에서는 주주소송을 위한 절차적인 장애가 상대적으로 낮을 뿐 아니라 성공보수제도, 증거 개시(discovery)절차, 원고에게 유리한 소장(訴狀) 작성규칙, 관대한 변호사보수 지급판결,* 소송비용 패소자부담원칙의 불채택 등이 독특하게 어우러진 데 힘입어 전문성과 유별난 적극성을 갖춘 원고 전문 변호사집단이 형성되었다.[134] 게다가 연방 증권법이 이사와 지배주주의 의무에 관한 주법에 따른 사적 집행을 보완하므로, 원고는 중요한 사실관계에 접근할 수 있다.[135]

다른 국가에서는 충실의무 관련 사적 소송의 수효가 훨씬 적다. 특히 독일, 이탈리아, 브라질에서는 최소 지분율과 그 밖의 절차상 장애와 같은 제소요건의 제약으로 인하여 소수주주들이 경영진과 지배주주에 의한 자기거래를 다투기 어렵다. 그 결과 독일에서 사적 소송은 주주총회 승인을 요하는 거래(예컨대 합병과 자본재구성)에 한정되어, 총회결의의 효력을 다투거나(통상 불완전한 정보공개를 이유로 함) 반대주주로서 주식매수청구

---

132 다음 문헌도 참조. Klaus J. Hopt, *Common Principles of Corporate Governance in Europe*, in Basil S. Markesinis, ed., The Coming Together of the Common Law and the Civil Law, p.105, p.109 (2000).

133 Luca Enriques, *Do Corporate Law Judges Matter?: Some Evidence from Milan*, 3 European Business Organization Law Review 765, 795-801 (2002)(이익충돌이 연루된 경영판단에 대해서도 도산회사가 아니라면 사후적 평가를 주저하는 이탈리아 법원의 경향을 델라웨어 판사의 사법 판단 스타일과 대비)과 비교.

* 대표소송에서 승소한 당사자가 회사에 소송비용 보상을 신청한 경우에, 미국 법원이 고액의 변호사 보수를 소송비용으로 관대하게 인정해 주는 경향을 말한다.

134 예컨대 Martin Gelter, *Why Do Shareholder Derivative Suits Remain Rare in Continental Europe?*, 37 Brooklyn Journal of International Law 843 (2012) 참조.

135 앞 6.2.1.1과 6.2.4 참조.

권을 행사한 후 그 가격을 다투는 형식을 취한다.[136] 영국에서는 폐쇄회사에 관한 소송이 상대적으로 흔한데, 신인의무 위반에 대한 청구와 불공정 침해(unfair prejudice)에* 대한 청구의 형태로 이루어진다. 일본에서는 온건한 절차법 개혁으로 말미암아 1990년대 초반 경영진에 대한 대표소송의 폭발적인 증가가 촉발되었다.[137] 일본에는 미국과 같은 증거개시제도가 없으므로 대부분의 소송은 검찰이 밝혀낸 위법행위에 집중되고 형사소송에서 발견된 증거에 의존한다.[138]

프랑스는 독특한 경우로서, 모호하게 정의된 '회사재산의 남용(*abus de biens sociaux*)'에 해당할 정도에 이르는 일정한 자기거래는 형사처벌을 받을 위험을 무시할 수 없다. 회사재산 남용에 대한 기소는 소수주주의 신고에 따른 경우가 가장 많은데, 프랑스에서 가장 기소가 많이 되는 회사범죄에 해당할 정도로 일상적이다.[139] 즉 프랑스에서 집행은 사적으로 개시되지만 공적 기관이 배타적으로 관장한다.

브라질에서는 증권위원회가 적극적인 역할을 수행한다. 이 기관은 충실의무 위반행위에 대해 벌금을 부과하고 이사직무 정지 등 그 밖의 제재

---

136 Pierre-Henri Conac, Luca Enriques, and Martin Gelter, *Constraining Dominant Shareholders' Self-Dealing: The Legal Framework in France, Germany, and Italy*, 4 European Company and Financial Law Review 491, 513-4, 526 (2007) 참조. 뒤 7.4.1도 참조.

* 영국의 2006년 회사법 제994조에 따르면, 주주는 회사의 업무가 주주 전체 또는 일부 주주의 이익을 불공정하게 침해(unfairly prejudicial)하는 방법으로 행하여졌거나 행하여지고 있음을 이유로 법원에 그에 대한 구제를 신청할 수 있다. 법원은 회사를 상대로 권리구제에 적합하다고 판단되는 다양한 작위명령 또는 부작위명령을 내릴 수 있다. 이는 특히 폐쇄회사에서 소수주주의 구제수단으로 자주 이용된다.

137 Dan Puchniak and Masafumi Nakahigashi, *Japan's Love for Derivative Actions: Irrational Behavior and Non-Economic Motives as Rational Expectations for Shareholder Litigation*, 45 Vanderbilt Journal of Transnational Law 1 (2012) 참조.

138 Mark D. West, *Why Shareholders Sue: The Evidence from Japan*, 30 Journal of Legal Studies 351, 378 (2001) 참조.

139 Art. L. 242-6 Code de commerce(5년 이하의 징역, 37만 5,000유로 이하의 벌금) 참조. Paul Le Cannu and Bruno Dondero, Droit des Societes, p.536 (6th edn., 2015).

를 가할 권한을 가지고 실제로 종종 이를 행사한다.[140] 그러나 그러한 행정처분은 법원에 의한 집행의 적절한 대체물이라고는 할 수 없다. 벌금은 손해배상과 달리 회사 또는 그 주주의 손해를 전보해 주지 못하고, 브라질에서는 그 금액이 낮아 억지효과도 변변치 않다. 지난 약 10년간 이탈리아의 증권위원회도 관계자거래에 관한 감독에 우선순위를 두었고 규정을 준수하게 하는 데에 특히 적극적이었는데, 공식적·비공식적 개입을 통해 더 포괄적인 공시가 이루어지도록 하는 **사전적** 규제와 규정 준수 감독에 실패한 감사회 구성원에 대한 제재와 같은 **사후적** 규제가 모두 사용되었다.[141]

6.3 소유체제와 관계자거래

대략적으로 말해서 우리의 주요 대상국가들은 관계자거래를 다루기 위해 동일한 법적 전략에 의존하고 있다는 점에서 서로 닮았다. 모든 국가에서 특히 상장회사에 대하여는 정기공시가 터널링을 방지하는 중요한 제도로 자리 잡고 있다. 금지전략은 드물고 주로 내부자거래에 대해서 사용된다. 특별한 예외인 독일과 브라질을 제외하면, (이해관계 없는 이사 또는 독립이사들의 동의를 요구하는 형태의) 수탁자전략 및 그보다는 덜하지만 (관계자의 투표를 산입하든 불산입하든 주주총회 결의의 형태의) 의사결정권 전략이 흔히 사용된다. 그러나 규칙의 구체적 내용을 더 상세히 들여다보고 집행 강도의 차이를 고려하면, 겉으로 보이는 것처럼 서로 유사하지는 않다.

---

140 Art. 11 Lei 6.385, de 7 de dezembro de 1976(브라질)(증권위원회로 하여금 회사법 위반 및 증권 규제 위반에 대하여 벌금을 포함한 다양한 제재를 가할 수 있도록 수권).

141 Consob, Relazione per l'anno 2014 26, 194-7, 262 (2015); Consob, Relazione per l'anno 2013 274-5 (2015)(www.consob.it에서 접근 가능) 참조.

유럽대륙 국가들과 브라질은 관계자거래, 특히 지배주주와의 거래에 대하여 엄격한 제한을 부과하지 않는 경향이 있다. 유럽대륙의 국가들은 회사의 이사회와 경영진에게 상당한 재량을 부여하는데, 이들은 회사가 무자력이 되지 않는 한—그 경우 주주들은 집행을 하더라도 실제 이익을 얻기 어렵다—실제로 책임을 질 위험은 심각하지 않다. 다수의 상장회사를 가족들이 오래 지배해 온 독일, 이탈리아, 브라질에서는 회사법이 이사와 경영진의 판단을 존중한다. 그러나 이탈리아에서는 2000년대 초반의 스캔들 이후 상장회사에 관한 규칙이 개선되어 관계자거래를 감독하기 위해 공시요건이 강화되고 동시에 독립이사의 역할이 더 중시되었다. 다만 소수주주가 선임하는 이사 1명을 제외하고는[142] 지배주주가 이사회 구성원을 선임하는 이탈리아에서, 독립이사에 대한 신뢰가 과연 근거가 있는 것인지 의문이 제기된다. 독일에서는 그에 상응하는 경성규범(hard law)의 개혁은 없었는데, 성문법이든 모범 기업지배구조 규준이든 독립이사의 승인이라는 형태의 수탁자전략에 의존하지 않는다는 점에서 이탈리아와 다르고, 주주들의 의사결정권전략에 기대고 있지 않다는 점에서 영국과도 다르다. 또한 독일의 경우 도산절차 밖에서는 스탠더드의 집행이 활발하지 않다는 점에서, 특히 미국에 비해서는 스탠더드의 실무적 중요성이 크게 떨어진다.[143] 관계자거래에 관한 유럽 차원의 규제체제를 도입하자는 유럽위원회의 제안에 독일이 강력히 반대해 온 데에서 알 수

---

142 앞 4.1.1 참조.

143 독일 학자들은 독일에서 소수주주의 보호는 다음 세 가지 방법으로 달성될 것이라고 지적한다. ① 감독이사회는 회사와 경영이사회 간의 직접거래에서 회사를 대표한다. ② 기업집단법(콘체른법)이 지배주주와의 거래를 통제한다. ③ 숨은 이익배당, 주주평등원칙, 주주의 충실의무에 관해 발전된 판례법이 주주와의 의심스러운 거래들의 문제점을 다룬다. Holger Fleischer, *Related Party Transactions bei börsennotierten Gesellschaften: Deutsches Aktien(konzern)recht und Europäische Reformvorschläge*, Betriebs-Berater 2691 (2014) 참조. 그러나 이러한 조치들이 중첩적으로 적용된다고 하여도 소수주주 보호 문제가 발생하는 모든 상황에 대처할 수 있을 것으로는 보이지 아니한다.

있듯이[144] — 그러한 반대의 결과 유럽이사회와 유럽의회는 회원국들이 원래 상태를 유지하는 것을 허용하는 제안을 내놓았다[145] — 더 엄격한 스탠더드를 사용하는 쪽으로 독일법이 수렴할 가능성은 낮아 보인다.

프랑스에서 회사법은 (독립이사들과 대비되는) 이해관계 없는 이사들에게 감독 역할을 맡기고 모든 비일상적 거래에 대한 주주 표결을 요구한다. 그러나 이러한 표결은 1년에 한 번 이루어지고 궁극적으로 그 거래의 효력이나 이사들의 책임에 영향을 미치지 못하며, 다만 가결된 경우에는 그 거래가 법원의 심사로부터 보호되는 혜택을 누릴 뿐이다. 나아가 세 나라에서는* 기업집단 내 거래에 관해 더 완화된 특별규칙 또는 특별원칙이 적용된다. 브라질 법에서 지배주주 또는 경영진이 관련된 관계자거래의 규율은 훨씬 완화되어 있다. 수탁자전략과 의사결정권전략은 제한적으로만 사용되고, 집행 문제로 인해 공시의무와 충실의무도 효과적이지 않다. 이는 아마도 브라질에서 지배권의 사적 편익이 유독 높은 이유,[146] 그리고 더 나아간 추측이긴 하지만 폐쇄회사에서 소수주주들의 일부 해산청구를 법원이 잘 받아 주는 이유를 설명하는 데에 도움이 될 것이다.

다른 나라들의 상황은 이와 상당히 다르다. 영국은 오랫동안 상장회사의 대규모 관계자거래를 다루는 주된 전략으로 공시와 (관계자와 그들의 특수관계인을 제외한 주주들이 가지는) 의사결정권에 의존해 왔다.[147]

미국에서 법원은 자기거래에 관하여 경영진에게 책임을 부과하는 것을

---

144 예컨대 Jochen Vetter, *Regelungsbedarf für Related Party Transaction?*, 179 Zeitschrift für das gesamten Handelsrecht und Wirtschaftsrecht 273 (2015) 참조.

145 주 147 참조.

* 독일, 이탈리아, 프랑스를 의미하는 것으로 보인다.

146 앞 4.4.2.1 참조.

147 이것이 유럽위원회가 모든 EU 국가에게 확대 · 적용하고자 노력했던 모델이다. 그러나 2015년 7월 8일 유럽의회 전원회의에서 승인된 Art. 9c(2) 조문안은 회원국들로 하여금 중요거래에 관해 소수주주의 다수결을 요구할지 아니면 (관계자가 이사회 표결 결과에 영향을 미치지 못하도록 하는 안전장치와 더불어) 이사회 승인을 요구할지 자유롭게 결정하도록 맡겨 두고 있다.

회피하지 않는 것은 물론이고, 유럽대륙의 국가들과는 달리 지배주주와 그들이 지배하는 회사 간 거래에 관해 오히려 더 엄격한 태도를 취하는 경향이 있다. 이사와의 거래에 관해서는 이사회의 적절한 승인이 있으면 대개 법원은 경영판단원칙을 적용하지만, 지배주주와의 중요한 거래에서 같은 정도의 보호를 받으려면 독립이사들로 이루어진 특별위원회의 승인과 '소수주주 다수결'을 얻어야 한다.

동시에 미국 법원은 경영자보수 결정에 관한 사후적 심사를 회피하는 것이 사실이다. 따라서 과다한 경영자보수에 대한 통제는 수탁자로서의 독립이사와 공시에 의존하게 된다. 이런 전략이 과다한 보수 관행을 제약하는 수단으로 잘 작동하는지는 의문이 있다. 독립이사들은 그 자신들이 다른 회사의 임원이거나 그 회사의 전직 임원인 경우가 많다. 공시는 보수 이외의 터널링에 관해서는 효과적인 제약이고, (경영자보수약정을 포함한) 관계자거래에 관하여 미국에서는 매우 철저한 공시가 요구되지만, 보수의 수준에 대해서는 공시가 의도하지 않은 결과를 발생시킬 수 있다. 각 회사의 이사회에서는 평균 이하의 CEO를 고용한다는 신호를 주지 않기 위해 그들의 CEO에게 업계 평균보다 높은 보수를 지급해야 한다는 압력을 느끼므로, 보수 공시는 실제로는 모든 회사에 걸쳐 보수 수준을 인상시킬 수 있다는 것이다.

관계자거래를 통제하기 위해 사용되는 집행 메커니즘에 관해서도 수렴 현상은 거의 관찰되지 않는다. 주주대표소송은 미국에서만 중요하고 조금 덜한 정도로 일본에서 의미를 갖지만 일본에서는 지배주주를 상대로는 허용되지 않는다. 따라서 경영진 또는 지배주주와의 거래에 대한 이사회의 승인은 다른 나라보다 미국에서 법원의 심사를 받을 가능성이 높다. 이와 비슷하게 관계자거래를 공시하지 않은 데 대한 증권사기조항의 적용은 미국에서 더욱 일반적인데, 이는 집단소송과 원고 전문 변호사 같은 미국 특유의 사적 집행체제를 반영한다. 독일에서는 주주소송은 실무상 (모자회사 합병과 같은 관계자거래를 승인하는 것일 수도 있는) 주주총회 결의

의 효력을 다투거나 반대주주의 주식 매수청구 시 법원의 가격결정을 얻기 위해서만 이용된다. 관계자거래를 한 프랑스 회사에서 불만을 가진 주주들은 회사재산 남용에 대하여 형사법원에 고발을 해야 하는데, 이는 성공적으로 공격하려면 그 문턱이 더 높다는 것을 의미한다. 브라질과 이탈리아에서 주주소송은 아주 없지는 않지만 드물고, 집행 노력의 대부분은 증권 규제기구의 공식적 · 비공식적 활동을 통해 이루어진다. 마지막으로 영국에서 집행은 상장회사에 관한 한 다른 나라보다 비공식적이고 그 기업의 지배구조를 기반으로 이루어지는데, 주로 기관투자자들의 압력에 의존한다.[148] 이러한 모델은 영국에 상장된 동아시아 회사들에서도 시도된 바 있다.[149] 다만 상당한 사적 이익을 빼가려는 지배주주에 대항하여 기관투자자들이 할 수 있는 것이 거의 없다는 인식으로 인해 상장규칙이 변경되어, 이제는 독립이사와 소수주주에게 더 큰 발언권이 주어지고 있다.

지금까지 우리가 강조한 차이점들은 집중된 소유구조와 분산된 소유구조 간의 잘 알려진 차이점을 반영한다. 상장회사에서의 주식 보유는 유럽대륙과 브라질에서 일본, 영국, 미국보다 더 집중되어 있다.[150] 이론적으로는 경영자의 기회주의적 행위가 일어날 가능성이 미국에서 더 높으므로(역사적으로 낮은 소유집중도는 낮은 주주 감시를 수반한다), 법원 또는 입법자가 유럽대륙에서 통용되는 것보다 더 엄격한 제약을 경영자에게 부과함으로써 이 문제를 해결하는 것이 합리적일 것이다. 반대로 지배주주에 의한 소수주주 착취의 높은 위험을 고려하면, 유럽대륙의 법원 또는 입법자는 미국에서보다 더 엄격한 제약을 지배주주에게 부과할 것이라고 생각할 수 있을 것이다. 그러나 이익집단의 역학관계로 인하여 부분적으

---

148 폐쇄회사에 관하여는 앞 6.2.5.4 참조.

149 Roger Barker and Iris H. Y. Chiu, *Protecting Minority Shareholders in Blockholder-Controlled Companies: Evaluating the UK's Enhanced Listing Regime in Comparison with Investor Protection Regimes in New York and Hong Kong*, 10 Capital Markets Law Journal 98, 104–5 (2014).

150 앞 1.6 참조.

로 다른 결과가 초래되었다. 미국과 일본에서는 경영자가, 유럽과 브라질에서는 대주주가, 각각 그들의 기회주의에 대한 강화된 제약에 반대하기 위해 그들이 가진 정치적 영향력을 효과적으로 이용한 것으로 보인다.[151]

영국의 경우, 상장회사의 관계자거래에 관한 엄격한 규제체제는 강력한 기관투자자의 정치적 영향력을 반영한다. 프랑스에서 사후적인 주주 승인이 강조되는 것은 주주로서의 국가가 역사적으로 지녀 온 강력한 역할을 반영하는 것으로 보인다. 지배주주 일가의 구성원과 달리 국가는 이사들과 최고경영자들을 감독하기 위해 의미 있는 방식으로 이사회에 참여할 수는 없지만, 관료조직으로 하여금 의결권을 행사하게 할 수 있고, 그리하여 이사회 구성원들의 자기거래를 이른바 '원거리에서' 통제하는 것, 즉 이사와 최고경영자 간의 공모 위험을 줄이는 것이 가능하다. 이는 프랑스의 사후 주주 승인요건이 왜 형식에 그치는 것인지를 설명하는 데에도 도움이 된다. 사후 주주승인 절차는 주주들의 관심을 집중시킬 포인트를 제공하여, 경우에 따라 불충실한 이사나 경영진에 대해 해임을 포함한 보다 효과적인 권한을 행사할 수 있도록 해준다. 지배주주로서의 국가의 역할에 주목하면, 브라질에서 관계자거래 규제가 지배주주에게 유리하게 되어 있는 이유도 설명될 수 있을 것이다.[152]

집행 강도의 차이도 소유구조와 상관관계가 있다. 그러나 소유구조의 패턴 역시 집행기구의 역학관계와 서로 영향을 주고받는다. 여기에서 관련이 있는 이익집단은 한편으로 경영자와 지배주주를 포함하지만 다른 한편으로 투자자도 포함한다. (변호사, 증권 규제기관, 판사 같은) 집행체제의 작동에 관여하는 사람들은, 그들 스스로든 투자자들의 조직과 협력해

---

151 이것이 반드시 여러 나라에 걸쳐 터널링의 수준이 높다거나 같다는 의미로 해석되는 것은 아니다. 지배권의 사적 편익 수준이 나라별로 다르다는 점을 이미 살펴보았다. 앞 4.4.2.1 참조. 몇몇 국가에서는 법 이외에 경제적 · 문화적 요소들이 약한 법적 제약을 보완하는 기능을 하고 있을 것이다.

152 Mariana Pargendler, *State Ownership and Corporate Governance*, 80 Fordam Law Review 2917 (2012) 참조.

서든, 집행 활동을 촉진하는 회사법 규칙을 확보하려는 목적을 달성하기에 충분할 만큼 잘 조직되고 정치적 연결망을 갖추고 있을 수 있다. 원고 변호사들과 증권 규제기관은 대상국가 어느 곳보다도 미국에서 전통적으로 훨씬 강력했다.

또한 미국의 경험에 비추어 보면 사적 소송의 수준이 높으면 공적 집행자들도 더욱 적극적으로 업무를 처리하게 된다. 검찰과 증권거래위원회(SEC)는 그들이 사적 분야의 변호사들 못지않다는 것을 보여 주지 못하면 공적인 비난을 감수해야 한다. 공적 집행이 증가하면, 그로 인해 밝혀진 증거에 편승하는 사적 소송이 다시 늘어난다.[153] 요컨대 사적·공적 집행자 간 경쟁은 전반적으로 좀 더 높은 수준의 집행으로 이어진다. 그렇다면 미국 외의 지역에서 원고 전문 변호사들의 부재는 공적 집행에도 부정적인 영향을 미친다. 또한 사적 집행에 절차적인 장애가 있는 상태에서는 공적 집행은 사적 집행을 촉발하는 데에 충분하지 않다.

마지막으로 소유구조가 정적이지 않다는 것, 그리고 법이 정적이지 않다는 것은 두말할 필요도 없다. 소유구조가 집중된 여러 국가, 이를테면 이탈리아와 브라질에서 최근 한편으로는 기관투자자 소유지분의 증가, 다른 한편으로는 사업의 확장과 가족 간 승계 문제 때문에 관계자거래에 관해 (적어도 법문상으로는) 더 강력한 규제가 도입되었다.

하나의 수수께끼는 분산된 기관투자자 소유구조로의 흐름은 독일에서 더 강력했음에도 불구하고[154] 독일에서는 유사한 개혁 노력이 동력을 얻지 못했다는 점이다. 이에 대해 낙관적인 답은 이러할 것이다. 독일에서는 브라질과 이탈리아에 비해 사적 편익의 규모가 작은데,[155] 이는 관계

---

153 James D. Cox, Randall S. Thomas, and Dana Kiku, *SEC Enforcement Heuristics: An Empirical Enquiry*, 53 Duke Law Review 737, 761 (2003) 참조.

154 Wolf-Georg Ringe, *Changing Law and Ownership Patterns in Germany: Corporate Governance and the Erosion of Deutschland AG*, 63 American Journal of Comparative Law 493 (2015).

155 앞 4.4.2.1 참조.

자거래, 보다 일반적으로는 터널링이 독일 상장회사 주주들에게는 심각한 우려가 아님을 증명하고, 이는 아마도 소수주주 보호를 위한 다른 도구들이 작동하기 때문일 것이다.[156] 그러나 경로 의존성과 이익집단의 역학관계를 가지고도 비슷한 정도로 그럴듯한 설명을 할 수 있을 것이다. 콘체른법은 기업집단 내부 거래의 빈번한 사용을 인정하고 수용함으로써 기업집단을 기반으로 한 조직구조를 강화한다. 독일 이외의 곳에서 통용되는 규칙들은 개별 관계자거래의 비용을 증가시켜서 기업집단의 운용에 더 부담을 줄 것이다.[157] 이에 더하여 그리고 관련된 것으로서 강력한 이익집단들, 공증인들, 변호사들, 법학자들은 전통적인 콘체른법을 지배주주와의 거래를 다루는 가장 효과적인 제도로서 강력히 지지하고 있다.

156 주 143 참조.
157 Dammann, 앞의 논문(주 119) 참조.

제7장

근본적 변경

Edward Rock, Paul Davies, Hideki Kanda, Reinier Kraakman, and Wolf-Georg Ringe

노혁준 옮김

제3장과 제4장에서 우리는 회사의 기본적인 지배구조를 논의하였다. 이 장에서는 기업 참여자 간 관계의 근본적 변경과 함께 이러한 변경 시 수반될 수 있는 기회주의적 행동을 회사법이 어떻게 최소화할 것인지를 논의한다. 근본적 변경의 예로는 합병, 신주발행, 기타 구조적인 변화 등이 있다. 다만 무엇이 '근본적'인지를 명확히 정의하기란 쉽지 않다.

근본적 변경을 법으로 규제하는 핵심 논거는 회사의 기회주의적인 중도 변경으로부터 소수주주 같은 이해관계자를 보호하기 위한 것이다. 아무런 법적 규제가 없다면 회사를 지배하는 자들은 다른 이해관계자들의 희생으로 자신들만 이득을 누리는 변화를 시도할 수 있다. 회사 참여자 사이의 기본적 관계를 중도에 변경하는 것은 집단적 행동의 문제, 정보의 비대칭, 계약의 불완전성 때문에 남용될 위험성이 크다.

회사의 **성립 단계**에서 회사의 이해관계자를 강행 규정으로 보호할 필요가 있는지는 논란이 있으나,[1] 성립 후의 **중도 단계**에서 법적 관여의 필요성이 더 크다는 점에 대하여 대다수 학자들이 동의한다.[2] 최초 투자자들은 사후의 기회주의적 변경을 합리적으로 예상하므로 투자 결정 시 이미 이러한 위험을 감안하여 디스카운트한다. 이러한 문제점을 극복하기 위해 회사들은 향후 기회주의적 변경이 절대 없을 것임을 투자자에게 확신시키는 믿을 만한 담보가 필요하다. 강행 규정은 위 문제에 대한 해결책이 될 수도 있다.[3] 이러한 평가는 사적 자치가 제한적으로만 활용되는 현상과 부합한다. 즉 회사법에서 계약 자유는 거의 작동되지 않으며, 디폴트 룰과 강행규정이 중요하다는 점을 보여 주는 연구들이 존재한다.[4]

이 문제에 대한 접근에서 국가들은 두 측면에서 차이를 보인다. 첫째, 어떠한 상황에서 입법적 보호가 필요한지, 즉 무엇이 법적 관여를 필요로 하는 '근본적' 변경인지 여부이다. 둘째, 이 문제에 대처하는 구체적 전략

---

1 IPO 시장이 정관 조항을 정확히 평가하는지에 관하여는 많은 학술적 논쟁이 있다. Lucian A. Bebchuk, *Why Firms Adopt Antitakeover Arrangements*, 152 University of Pennsylvania Law Review 713, 740 (2003); Bernard S. Black, *Is Corporate Law Trivial?: A Political and Economic Analysis*, 84 Northwestern University Law Review 542, 571–2 (1990) 참조. 또한 Jeffrey N. Gordon, *The Mandatory Structure of Corporate Law*, 89 Columbia Law Review 1549, 1563 (1989)도 참조.

2 성립 단계와 중도 단계 변경의 차이점에 관하여는 Gordon, 앞의 논문(주 1), 1593; Lucian A. Bebchuk, *The Debate on Contractual Freedom in Corporate Law*, 89 Columbia Law Review 1395, 1401 (1989).

3 Gordon, 앞의 논문(주 1), 1593.

4 Yair Listokin, *What Do Corporate Default Rules and Menus Do?: An Empirical Examination,* 6 Journal of Empirical Legal Studies 279 (2009); Henry Hansmann, *Corporation and Contract,* 8 American Law and Economics Review 1 (2006). IPO에 한정한 연구로서 John C. Coates IV, *Explaining Variation in Takeover Defenses: Blame the Lawyers,* 89 California Law Review 1301, 1357 (2001); Robert Daines and Michael Klausner, *Do IPO Charters Maximize Firm Value?: Antitakeover Protection in IPOs,* 17 Journal of Law, Economics & Organization 83, 95 (2001). 전반적 평가로서 Michael Klausner, *Fact and Fiction in Corporate Governance*, 65 Stanford Law Review 1325, 1346 et seq. (2013).

이다. 이들 전략에는 변경의 공정성에 대한 사법심사, 이중다수결(double majority)* 또는 특별다수결, 소수주주 다수결(majority of minority), 탈퇴권, 그리고 이들의 결합형태가 포함된다. 이러한 전략들은 제2장에서 살펴본 범주로 구분될 수 있을 것이다.

특정 국가가 채택하는 접근방식의 기능성은 당해 국가가 대처하고자 하는 주된 대리 문제에 달려 있다. 뒤에 살펴보는 바와 같이 이 장에서 우리가 논의할 일부 근본적 변경은 특정 소유구조에서 더 중요할 수 있다. 대책의 효용성도 마찬가지이다. 예컨대 지배주주가 보편적인 국가라면 단순 다수결 요건은 별 효과가 없을 것이다.[5] 이들 국가에서는 특별다수결이나 소수주주 다수결을 요구할 가능성이 높다.

근본적 변경은 단지 주주 또는 소수주주만을 위협하는 것은 아니기 때문에 문제는 더 복잡하다. 다른 이해관계자들도 영향을 받을 수 있는 한도에서는 법률이 채권자나 근로자도 보호해야 한다. 회사가 근본적 변경을 통해 재무구조를 바꾸거나 상장폐지를 한다면 채권자는 부정적 영향을 받는다. 합병은 당해 기업의 고용에 불리하게 작용할 수 있다. 이러한 이해관계자들이 스스로를 보호할 수 없다고 판단되는 범위에서 일부 주요 국가들은 그들에 대한 보호장치도 강구하고 있다.

7.1 기업 참여자 간 관계에서 근본적 변경이란 무엇인가?

대부분의 국가에서 회사법은 근본적 변경에 대하여 특별한 규제를 가한다. 회사형태에서 의사결정권 대부분은 중앙집권적인 경영진이 행사하

* '이중다수결'이란 두 가지 기준의 다수결 요건을 모두 충족시킬 것을 요구하는 것이다. 예컨대 발행주식총수의 과반수와 주주(사원)의 과반수를 요구하면 이중다수결이 된다.

5 앞의 6.2.3 참조.

지만, 이러한 원칙이 회사 참여자 사이에서 근본적으로 권한을 재분배하는 결정에까지 확대 적용되지 않는다.[6] 예컨대 어느 국가도 이사회가 회사 정관의 중요한 부분을 수정하거나 회사의 위험을 변화시키는 합병을 일방적으로 실행하도록 허용하지는 않는다. 이러한 근본적 결정에 관한 이사회 권한은 제한받기 마련이며, 그 제한은 일반적으로는 주주들의 의사결정권에 의해, 그리고 때로는 다른 형태의 법적 개입을 통해 이루어진다. 심지어 델라웨어주같이 전통적 이사회 중심의 법역에서도 ① 경영진이 주주에 부여된 권한을 차지하려는 시도, ② 대주주가 소수주주를 착취하려는 시도, ③ 주주가 채권자 또는 근로자의 희생하에 이익을 추구하려는 시도에 대하여 기존의 기대를 보호하는 문제를 고심해야만 하는 것이다. 실제로 우리는 이미 제6장에서 심각한 이익충돌이 수반되는 회사와 이사나 지배주주 사이의 거래를 승인하는 이사회 권한에 대한 제한을 검토한 바 있다.[7] 이 장에서는 회사법이 기본적 권한배분을 변경하는 이사회권한을 어떻게 제한하는지 살펴본다.

비록 여러 국가를 통틀어서 또는 하나의 국가 내에서 이사회의 일방적 결정권의 한계가 공통점을 갖지는 않지만, 일반적 경향성은 있다. 통상 회사법은 회사행위 또는 결정이 **다음 특성을 갖춘 경우에만** 이사회 재량을 제한한다. 즉 ① 그 행위 또는 결정이 회사 참여자의 이해관계에 비추어 상대적으로 큰 경우, ② 이해관계충돌이 자기거래의 수준에는 미치지 않더라도 그 행위나 결정이 이사의 이익충돌을 일으킬 가능성이 있는 경우, ③ 회사행위 또는 결정이 일반적이고 특정 기업에 특유한 것이 아니며 투자판단과 유사하여 주주들이 스스로 결정을 내릴 능력이 있다고 할 수 있는 경우이다.

이 같은 세 특성은 대체로 이사회 재량에 대한 제한을 설명하지만, 국

---

6 앞의 3.4 참조.

7 앞의 6.2.2와 6.2.3 참조.

가가 '근본적 변경'을 어떻게 정의하고 규제하느냐는 어느 정도 차이가 있기 마련이다. 이는 국가마다 각기 주주, 소수주주 및 이해관계자의 이익에 다른 비중을 두고 있고, 통상적 주식 보유 형태(분산 소유 또는 집중 소유)에 따라 주된 대리인 문제가 다르기 때문이다. 이 점을 염두에 두고 앞에 설명한 회사의 중요한 변경에 관한 세 가지 특성을 살펴보기로 한다.

먼저 회사행위의 규모이다. 이사회 재량에서 규모가 문제가 되는 이유는 일견 분명하지 않다. 이사회의 전문성이 통상의 사업결정에 중요하다면, 회사 참여자 또는 회사의 매우 큰 이해관계가 걸려 있는 결정의 경우에는 더욱 그러하다고 생각할 수도 있을 것이다. 하지만 이 점에 관한 답변은 다음과 같다. 회사행위의 규모가 상대적으로 큰 경우, 회사의 의사결정에 영향을 미치는 법적 간섭의 가치 또한 증대된다는 점이다. 전형적 예로서 회사의 거래를 승인하는 주주총회에 비용이 많이 든다는 점을 감안할 때, 주주총회는 (만약 그것이 효율적이라고 한다면) 작은 거래에서가 아니라 큰 거래에서 효율적일 가능성이 더 높다는 것이다. 즉 이사회 개최에 대비되는 주주총회 개최의 높은 거래비용은 잠재적 대리인비용이 높을 때 정당화된다.[8] 또한 주주의 정보 및 조정 문제를 극복할 수 있을 정도로 이해관계가 큰 경우, 주주총회는 더 효율적일 가능성이 높아진다.[9] 다만 결정의 규모만이 규제 강화를 촉발하는 것은 아니다. 일례로 회사법은 대규모 투자 또는 차입에 대하여도 이를 이사회 단독으로 결정하도록 위임하는 것이 보통이다.

두 번째로 이사회 재량의 제한과 흔히 관련되는 회사행위의 주된 특성은 사익추구적 결정의 위험이다. 명백한 자기거래 징표가 없는 약한 이익

8 Sofie Cools, *The Dividing Line Between Shareholder Democracy and Board Autonomy: Inherent Conflicts of Interest as Normative Criterion*, 11 European Company and Financial Law Review 258, 273–5 (2014).

9 Edward B. Rock, *Institutional Investors in Corporate Governance*, in Jeffrey N. Gordon and Wolf-Georg Ringe, eds., Oxford Handbook of Corporate Law and Governance (2017).

충돌이 주요 거래에 나쁜 영향을 미치는 것은 흔히 있는 일이다. 예컨대 회사를 매각하기 위하여 협상하는 이사와 임원은 '최종 구간(final period)' 또는 '최후의 게임(end game)'에 들어가는 것이다. 이때에 그들은 현재의 주주이익보다는 인수회사와의 은밀한 거래 또는 인수회사에서의 고용 가능성을 더 중시할 유인이 있다.[10] 관계자거래의 경우와 달리, 이러한 이익충돌은 거래상대방이 누구냐 또는 그 밖의 사실관계에 따라 발생하는 것이 아니라 회사행위 자체의 내용에서 내재적으로 발생한다.[11] 이러한 약한 이익충돌 역시 주주를 심각하게 해할 수 있으므로 규제대상이다.

마지막 특성은 근본적 변경행위가 특정 기업에 특유한 판단을 요한다기보다는 오히려 투자 포트폴리오를 구성하는 결정에 가깝다는 점이다. 따라서 주주들은 경영진에 비해 제한된 정보량에도 불구하고 통상적인 사업상 결정보다는 의사결정에서의 비교열위가 작다. 예컨대 A회사 주주들은 B회사 제품과 경쟁할 수 있는 제품의 연구·개발을 위한 투자를 해야 할지 여부보다는 B회사와 합병을 해야 할지 여부를 결정하는 것이 더 수월하다고 여길 수 있다. 합병 결정 시 문제 되는 것은 A회사 단독일 때와 비교했을 때 특정 조건으로 합병한 후에 성립된 통합법인이 더 나은 투자라고 볼 수 있는지 여부이다. 반면 연구·개발 여부의 판단에는, 연구·개발부서가 B회사 제품과 비슷한 제품을 성공적으로 개발할 수 있는 적절한 인력을 갖추고 있는지 등의 많은 사항에 대한 구체적인 지식이 필요하다. 주주들이 이러한 정보를 얻을 수 있는 가능성은 별로 없다.

이 장에서 우리는 특별한 검토를 요하는 몇 가지 회사법상 변경을 살펴볼 것이다. 여기에는 정관 변경, 신주 발행, 합병, 분할, 자산매각, 설립지 변경, 조직 변경이 포함된다. 다음에서 보듯이 이 같은 회사 차원의 구조조정은 많은 경우 소수주주를 축출하기 위한 수단으로 이용될 수 있다.

---

10 Ronald J. Gilson and Reinier Kraakman, *What Triggers Revlon?*, 25 Wake Forest Law Review 37 (1990) 참조.

11 Cools, 앞의 논문(주 8), 275-8.

나아가 몇몇 입법례에 따르면, 지배자는 소수주주를 축출하기 위하여 회사 차원의 구조조정을 거칠 필요 없이 단순히 강제적인 주식 교환을 실행할 수도 있다. 이상의 사실과 아울러 회사 차원의 축출에서 소수주주를 보호하는 데에 사용되는 법적 전략은 주주 차원의 구조조정 시에 사용되는 법적 전략을 흔히 모방하는 점을 고려하여, 우리는 축출거래를 보다 일반적으로 검토하기 위하여 논의를 확장하기로 한다.[12]

흥미롭게도 오늘날 소수주주의 취약성에도 불구하고 우리의 주요 대상 국가들 중 어느 곳도 축출거래에서 지배자가 공개회사를 폐쇄회사화하지 못하도록 막거나 모회사가 자회사 소수주주에 대하여 지분매각을 강제하는 것을 막지는 않는다. 그 이유는 축출거래가 중대한 이익충돌을 수반함에도 불구하고 효율의 증가를 가져올 수 있기 때문일 것이다. 첫 번째로 축출은 그룹의 내부거래와 사업 기회의 배분에서 발생하는 모회사와 (100퍼센트 지분 관계가 아닌) 자회사 사이의 고질적인 이해관계충돌 문제를 제거한다.[13] 두 번째로 축출은 집단적 해결방안을 허용함으로써 때로는 지배주주가 소수주주로 하여금 유통성이 없는 투자를 환수하는 것을 허용할 동기를 부여할 수 있다. 세 번째로 만약 투자수익을 소수주주와 나누어야만 하는 상황이라면 지배주주는 효율적 투자안에 대하여도 추가 출자를 하지 않을 수도 있다.[14] 마지막으로 많은 나라에서 축출거래는 공개회사로 존재함에 따른 비용, 즉 공시서류 준비, 가치 있는 정보를 경쟁사에게 공개함에 따르는 기회비용 등을 제거한다.

---

12 다만 공개매수에 따른 축출에 관한 상세한 논의는 제8장 참조.

13 앞의 4.1.3.2 참조.

14 소수주주 축출에 관한 위 논리는 추가적인 전제를 필요로 한다. 예컨대 위험회피적인 지배주주가 회사 사업 확장에 따른 성공 전망과 함께 실패 가능성에 대한 정보를 갖고 있다고 가정하자. 위 지배주주는 지배권에 대한 위협 없이 외부 자본을 조달하기 어려울 수 있고, 추가적 자본을 스스로 제공하기를 원하지 않을 수도 있다(이 같은 상황에서는 소수주주 축출과 지배주주의 추가적 출자 사이에는 아무런 상관관계가 없을 것이므로, 위 소수주주 축출의 논리는 이러한 상황이 아니라는 전제가 필요하다는 뜻이다—옮긴이 주).

7.2 정관 변경

비록 기업 참여자들 사이의 많은 관계가 채권자와의 계약, 주주 간 계약 등 계약에 의해 구성되지만 회사법은 '회사 정관'[15]이라는 특별한 종류의 계약적 도구를 포함하고 있는바, 이는 탄력성, 근본적 약속, 공개성을 뒷받침한다. 다른 근본규범과 마찬가지로 회사 정관은 기본적인 지배구조를 창설하고, 통상 특별한 수정절차를 요구하는 방식으로 그 조항들의 안정성을 보장한다. 통상적 계약과 달리 회사 정관은 정관에 참여한 당사자들의 전원 찬성을 얻지 못한 경우에도 개정될 수 있고 등기소에 제출되어야 하며, 일반적으로 누구든지 요청하여 열람할 수 있다. 나아가 정관은 새로운 사원의 동의 여부를 불문하고 모든 사원을 구속한다. 이 특성들은 중요한 기능을 수행한다.

이 책에서 다루는 모든 국가들이 정관 변경을 근본적 변경으로 취급한다.[16] 가장 넓게 받아들여지는 규제전략은 사후적 의사결정권 전략이다. 주주들은 정관 변경 승인권을 갖는다. 제2장에서 보았듯이 이는 근본적 변경을 규율하는 전형적 전략이다. 본인(주주)에게 매우 중요한 극적인 상황에서는 경영진으로의 권한위임이라는 통상적인 회사내부 권한배분이 뒤바뀌는 것이다.[17] 하지만 이러한 의사결정권 전략도 구체적으로는 각 입법례에 따라 차이가 있다. 예컨대 델라웨어 주법상 정관 변경은 이사회에 의해 제안되고 발행주식 과반수에 의하여 승인되어야 한다.[18] 이와 대

---

15 Marcel Kahan and Edward Rock, *Corporate Constitutionalism: Antitakeover Charter Provisions as Precommitment*, 152 University of Pennsylvania Law Review 473 (2003). 여기에서 정관(charter)이라고 부르는 것은 종종 국가에 따라 'certificate of incorporation', 'articles of incorporation', 'statutes' 또는 the 'constitution' 등 다른 이름으로 불리기도 한다. 하지만 이는 미국의 부속정관(bylaws)과는 다른 개념이다. 미국의 부속정관은 내부구조 및 조직규칙을 담은 별도의 문서이다. 주 32 및 관련설명 참조.

16 다만 정관의 강행성 범위는 입법례마다 차이가 있다. 주 28~32 참조.

17 앞의 2.2.2.2 참조.

18 Delaware General Corporation Law(이하 'DGCL') § 242.

조적으로 유럽 국가들과 일본에서 정관은 이사회 제안 없이도 통상 주주총회의 특별다수결에 의하여 개정될 수 있다.[19] 미국법은 (이사회 및 주주) 쌍방에게 거부권을 부여하고 있어 이사회나 주주 단독으로 정관을 변경할 수 없다. 반면 주주총회 특별다수결만을 요구하는 경우, 상당한 지분을 갖는 소수주주가 정관 변경안을 부결시킬 수 있지만 경영진은 정관 변경안에 대하여 공식적인 발언권을 갖지 못한다.

두 정관 변경 법제 모두 최초의 회사 설계자들이 정관에 지배구조조항 변경이 어렵도록 설정하는 것은 허용한다. 주요 대상 국가들이 법률에 위반되지 않는 모든 정관조항을 허용하고 있으므로 이러한 권한은 매우 가치 있는 것이다. 정관조항을 통하여 주주는 사전적 약속의 신뢰도를 높일 수 있다. 예컨대 델라웨어 주법하에서 분산된 주주들이 정관에 시차임기제 이사회 등 적대적 기업인수 방어조항을 두도록 허용하였다면, 기업인수가 시도되는 경우에 이사회 승인하에 주주가 인수 제안을 수용하거나 매수인이 인수 제안을 할 가능성을 줄임으로써 이사회의 교섭력을 강화한다.[20] 주주총회의 특별다수결을 요구하는 체제인 경우, 주주들은 (상당한 지분을 갖는) 소수주주의 이익을 고려하도록 스스로를 구속하는 것이다.

정관규정이 지배구조관련규칙을 고정시키는 정도는 주식소유구조에 달려 있다. 앞에서 언급한 바와 같이 주식소유가 분산된 경우 델라웨어 주법은 경영진과 주주 양쪽에 거부권을 부여하는데, 이를 통하여 현재의 주주들은 경영진의 참호구축을 원활하게 만든다는 단점이 있으나, (이사회 시차임기제와 같은 정관조항을 두는 방식으로) 장래 주주들의 부적절한 결

---

19 Companies Act 2006, s. 21(영국); Commercial Code, Art. L. 225-96(프랑스); Aktiengesetz (AktG) § 119(1) No. 5(독일); Civil Code Art. 2365(이탈리아); 일본 회사법 제466조. 위 각 체제에서 예외적으로 이사회 단독으로 정관 변경이 가능하도록 허용되기는 하지만, 그 변경이 사소한 것이거나 이사회 단독의 결정을 허용할 만한 강한 공익정책상 이유가 있는 때에 한한다. 물론 실무상 대부분의 정관 변경 제안은 이사회에 의해 시작된다.

20 Kahan and Rock, 앞의 논문(주 15) 참조.

정에 대항하여 자신을 보호할 수 있게 된다.[21] 델라웨어의 이사회 중심 회사법체제에서는 경영진 및 주주 양쪽에 거부권을 주는 것이 회사법의 매력적인 측면으로 인식되고 있는 반면, 영국과 같은 주주 중심체제에서는 경영진의 참호 구축에 더 큰 우려를 보이며 따라서 정관 변경절차에서 경영진은 공식적으로 배제된다.

반대로 주식 소유가 집중된 체제에서 경영진 및 주주 양쪽에 거부권을 주는 것은 별 의미가 없을 가능성이 높다. 통상 지배주주가 이사회 구성원을 선택하고 이들은 지배주주의 명령을 따를 것이기 때문이다. 다만 이러한 체제에서 특별다수결요건은 상당한 지분을 갖는 소수주주에게 거부권을 부여함으로써 결국 대주주와 소수주주 모두 거부권을 갖는 것이 된다. 이러한 방식으로 다수주주는 소수주주에게 구속력이 있는 믿을 만한 약속을 할 수 있게 된다. 즉 정관의 적정한 정관을 통해 소수주주에게 그들의 지분이 거부권 행사 가능한 수준 이하로 희석되지 않을 것을 확신시킬 수 있는 것이다. 일부 회사법제가 주주들로 하여금 일부 사항에 관하여 특별다수결요건을 만장일치에 이르기까지 강화하는 것을 허용하는 것도 아마 위 희석 위험성을 제거하기 위하여서일 것이다.[22]

브라질은 정관 변경 시 일반적으로 이사회 제안을 요하지 않고 주주총회의 단순다수결만을 요하는 점에서 주요 대상 국가들 중에서 예외적이다. 다만 (우선주 권한의 변경, 강제적 배당금 축소, 사업목적 변경 등) 몇 가지 사안에 대하여는 보통주 다수결에 의한 승인 및 반대주주 주식매수청구권을 규정하고 있을 뿐이다.[23] 브라질법은 강력한 의사결정권 전략 대신에, ① "회사이익에 부합하지 않으면서" 동시에 ② 소수주주, 근로자, 사채권자를 "해하고자 시도하는" 정관 변경에 대하여는 지배주주에 책임

---

21 경영진의 참호구축이 다른 방식으로 제한될 수 있음은 물론이다. 뒤의 8.2.3.1 참조.

22 예컨대 영국 Companies Act 2006, s 22 참조. 이 같은 조항은 회사 설립 시 규정되어 있거나 설립 이후 전체 주주의 동의에 의하여 도입된 것이어야 한다.

23 Arts. 122, 129, 136 and 137 Lei das Sociedades por Ações.

을 묻는 스탠더드전략을 따른다. 이 스탠더드는 남용을 효과적으로 억제하기에는 너무 엄격하다.[24] 상장회사 정관에서는 특별다수결 승인 요건을 규정할 수 없기 때문에,[25] 지배주주가 회사정관을 통해 사전적 약속의 신뢰도를 높이는 것도 쉽지 않은 형편이다. 물론 다른 곳에서와 같이 브라질에서도 정관 이외에 주주 간 계약을 지배구조 관련사항을 고정시킬 목적으로 활용할 수 있다. 주주 간 계약의 단점은 다른 계약과 마찬가지로 그 수정을 위해 전원의 동의가 필요하다는 점이다. 다만 과반수 승인에 의해 수정할 수 있도록 주주 간 계약에서 규정하는 것은 일반적으로 허용된 것이다. 궁극적으로 볼 때 정관 규정의 큰 장점은 새로운 주주들도 자동적으로 이에 구속되므로 주주 간 계약 외의 약정에 의할 때보다 더 유연하게 운용된다는 점에 있다. 반면 많은 국가에서 적어도 비상장회사인 경우 주주 간 계약의 공시는 강제되지 않는바, 이는 정관에 비해 주주 간 계약이 유리한 점이다.[26] 물론 일부 주주만이 당사자로 참여한 주주 간 계약의 경우 소수주주를 보호하는 수단이라기보다는 경영권을 공고히 하는 수단으로 활용될 여지가 있다.

각국은 정관의 지배구조기능과 공시기능에 대한 인식을 토대로 회사가 회사구조에 관한 특정 제도를 채택하는 경우에는 정관에 특별히 규정을 두도록 강제함으로써 이를 규제하는 것이 보통이다. 예컨대 어떤 주식에 둘 이상의 의결권을 부여하는 '차등의결권' 자본구조는,[27] 그것이 허용되는 때에도 정관에 규정되어야만 가능하도록 법에서 정할 수 있다. 이사책임의 제한이 허용되는 때에도 마찬가지이다.[28] 어떤 입법례가 정관의 필

24 Art. 117, § 1°, c Lei das Sociedades por Ações.

25 Art. 136 Lei das Sociedades por Ações.

26 이탈리아는 주주 간 계약의 공시를 강제한다. 예컨대 Vincenzo V. Chionna, La Pubblicità dei Patti Parasociali. Milano: Giuffrè (2008) 참조. 또 다른 입법례로서 브라질은 주주 간 계약이 회사에 구속력을 가지려면 공시될 것을 요구한다(Art. 118 Lei das Sociedades por Ações).

27 앞의 4.1.1 참조.

28 DGCL § 102(b)(7); 일본 회사법 제426 및 제427조. 이러한 요건들을 정관에 기재하도록

수적 기재사항에 대하여 상세히 규정할수록 정관 변경절차가 더욱 중요해진다. 정관에 기재될 몇 가지 기초적 사항들만 정해 두고 나머지는 회사 재량에 맡겨 두는 나라들도 있다. 반면 독일의 'Satzungsstrenge(정관의 엄정성)' 개념에 의하면, 정관은 명확히 허용된 사항에 관하여만 규정(또는 디폴트 룰을 변경)할 수 있을 뿐이다.[29] 이를 감안할 때, 입법자는 정관 변경절차의 구체화뿐 아니라 정관의 실체적 범위 규율을 통해서도 정관의 실효성에 영향을 미칠 수 있다. 이러한 논의는 특정 국가에서 어떤 내용을 근본적 변경으로 볼 것인가에도 간접적 영향을 미친다. 예컨대 모든 국가는 정관에서 회사의 자본을 중요하게 다루도록 요구한다. 특히 수권주식수, 종류주식유형의 개수, 액면, 이러한 주식에 관한 권한 · 권리 · 자격 또는 제한 등을 기재하도록 한다. 다만 이러한 조항들이 신주 발행에 관한 이사회권한을 제한하는 정도는 또 다른 차원에서 결정된다. 따라서 델라웨어 주법상 정관에 반드시 수권주식 수를 기재해야만 하지만, 위 수권의 범위 내에서는 이사회가 주식발행권을 갖는다. 반면 유럽 국가들은 신주발행에 관해 주주의 승인 또는 신주인수권을 요구하는 것이 최소한의 디폴트룰로 되어 있다.[30]

차이를 보여 주는 또 하나의 예는 **이사회구조**이다. 몇몇 유럽 국가에서 이사의 숫자(이사회 내 위원회의 숫자 또는 기능이 아니고)는 반드시 회사

요구하지 않는 국가인 경우에도 정관 기재는 이를 공시하고 구속력을 부여하는 편리한 수단이 된다. 예컨대 제2회사법지침(2012 / 30 / EU) 제3조는 주주권에 관한 몇 가지 정보를 '회사 정관 또는 각 회원국법이 정한 절차에 의해 공표되는 별도의 문서에' 표시할 것을 요구하고 있다. 델라웨어 주법상 주식의 양도 제한은 정관, 부속 정관 또는 주주 간 계약에 규정될 수 있다〔DGCL § 202(b)〕. 영국은 주식 발행조건의 경우와 달리 종류주주의 권리를 정관에 기재하도록 요구하지는 않지만, 종종 위 종류주주의 권리는 정관(articles of association)에 기재된다〔영국법상 회사의 자치적 근본규범으로는 설립강령(Memorandum of Association)과 정관(Articles of Association)이 있다. 영국의 2006년 회사법은 전자의 기재 사항을 대폭 축소하여 대부분의 사항을 정관에 규정하도록 개정한 바 있다 — 옮긴이 주〕.

29 AktG § 23(5).

30 신주발행에 관하여는 뒤의 7.3 참조.

정관에 기재되어야 하고, 따라서 그 숫자의 변경은 주주의 특별다수결에 의해서만 가능하다.[31] 반면 미국에서 이 같은 조항은 필요한 경우 정관에 기재될 수 있기는 하나, '부속 정관(bylaws)' — 부속 정관이란 회사의 일상적인 경영에 관한 규칙으로서, 통상적으로 이사회에 의해 제정된다 — 에 포함되는 것이 보통이다.[32] 영국법 역시 전통적으로 (이사회 내 위원회를 포함한) 이사회의 구조와 구성은 전형적인 '내부 경영'의 문제로 보고 있으며, 이는 정관에 규정될 수도 있고 이사회에 의해 제정되는 규정에 맡겨질 수도 있다고 본다. 다만 모든 대상 국가는 법률 또는 모범규준을 통하여 상장회사 이사회의 중요 위원회(특히 감사위원회)들이 독립적일 것과 특정 절차에 의할 것을 강제하는 추세이므로, 이러한 정관상 강행적 내용의 차이가 갖는 중요성은 감소하고 있다.[33]

7.2.1 정관 변경 시 경영진과 주주 간 충돌

정관 변경은 주주에 대한 경영진의 참호구축에 이용될 수 있다. 예컨

---

31 독일 주식회사(Aktiengesellschaft, AG)가 법정 최소요건보다 많은 숫자의 이사를 두려면 감독이사회의 숫자를 정관에 명시하여야 한다(AktG § 95). 프랑스 주식회사(The Societe Anonyme, SA)의 경우, 정관은 법이 허용하는 범위(3~18명) 내에서 최대한의 인원 수만 정하면 된다(Art. L. 225-17 Code de commerce). 이와 대조적으로 독일 유한회사(Gesellschaft mit beschränkter Haftung, GmbH)에 대하여는 이사 숫자에 관한 폭넓은 자유가 인정된다. 예컨대 정관은 숫자를 특정할 수도 있고, 범위를 설정해 둘 수도 있으며 회사기관에 그 결정을 위임할 수도 있다.

32 델라웨어 주법상 부속 정관은 흥미로운 지위를 갖는다. 공식적으로 회사 정관이 헌법에 해당한다면 부속 정관은 회사 법규로 이해될 수 있을 것이다. 부속 정관은 일상의 기업 운영에 관련된 것으로서, 만약 정관과 부속 정관이 충돌한다면 정관이 우선한다(DGCL § 109). 델라웨어 주법상의 특이한 조항으로 인해 부속 정관은 주주행동주의 중심이 되었다. 부속 정관을 도입할 권한은 이사회에 위임될 수 있고 대부분 그렇게 위임되지만, 이러한 위임에도 불구하고 주주는 부속 정관을 도입, 수정 또는 폐지할 수 있다(DGCL § 109). 이 조항으로 인해 부속 정관의 허용 범위에 관한 다양한 의견 대립이 있고, 만약 주주가 도입한 부속 정관을 이사회가 위임받은 권한에 의거하여 폐지한다면 어떻게 처리할 것인지와 같이 풀리지 않은 근본적인 문제가 남아 있다. 앞의 3.2.1 및 3.2.3 참조.

33 앞의 3.3.2 참조.

대 시차임기제 이사회를 창설하는 정관조항은 (이러한 정관조항에도 불구하고 주주들에게 다수결로 이사를 해임할 권한이 부여되어 있지 않은 이상) 지배권 경쟁에 응해 이사들을 축출하고자 하는 주주들의 노력에 대해 이사들에게 일시적 거부권을 부여하는 것이다.[34]

의사결정권 전략은 경영진과 주주 간 대리비용을 통제하는 데 사용된다. 정관의 중도 변경에 대해서는 반드시 주주총회의 승인을 받아야 한다.

7.2.2 정관 변경 시 대주주와 소수주주 간 충돌

특별다수결 제도가 소수주주를 어느 정도 보호하기는 하지만, 대부분의 국가는 한 발 더 나아간다. 많은 경우 어떤 종류의 주주들에게 불리한 영향을 미치는 정관 변경은 해당 종류주주 다수의 승인을 받아야 한다.[35] 특히 이러한 강화된 의사결정권 전략은 우선주주들에게 중요한 의미를 갖는바, 우선주주들은 의결권이 없는 경우가 많고 따라서 그들의 이익보호는 정관 및 정관 변경 룰에 의지하고 있기 때문이다. 다만 이 같은 보호는 실제 그 목적을 달성하기 위해 신중하게 설계될 필요가 있다.[36] 예컨대 델라웨어 판례법은 정관 변경에 의한 경우이든 **또는** 합병에 의한 경우이든 정관 조항의 변경을 위하여는 해당 종류주주의 승인이 필요하다는 점이 우선주식에 명확하게 기재되어 있지 않은 이상 그 보호는 환상에 불과하다고 본다.[37] 마찬가지로 영국과 이탈리아의 법원은 어떤 종류주주

---

34 앞의 3.1.3 참조.

35 예컨대 DGCL § 242(미국); Art. 2376 Civil Code(이탈리아); Art. L. 225-299 Commercial Code(프랑스); Companies Act 2006, Part 17, Ch.9(영국); Aktiengesetz § 179(3)(독일); 일본 회사법 제322조; Art. 136, § 1° Lei das Sociedades por Ações(브라질) 참조.

36 William Bratton, *Venture Capital on the Downside: Preferred Stock and Corporate Control*, 100 Michigan Law Review 891, 922-39 (2002); William W. Bratton and Michael L. Wachter, *A Theory of Preferred Stock*, 161 University of Pennsylvania Law Review 1815, 1831 ff (2013).

37 Bratton, 앞의 논문(주 36).

의 권리 자체를 변경하는 것(별도의 승인이 필요)과, 정관을 변경한 결과 그 권리의 가치가 감소되기는 하나 그 권리 자체를 변경시키지는 않는 것(종류주주의 승인을 필요로 하지 않음)을 엄밀하게 구분해 왔다. 따라서 또 다른 종류주식의 의결권을 강화하는 것과, 나아가 감자를 통해 우선주 모두를 소각하는 것(회사청산 시라면 갖게 될 권리에 상응하는 대우를 우선주주가 받는 경우에 한한다)도 종류주주의 보호 범위 밖에 있는 것으로 판단되어 왔다.[38]

대부분의 국가는 이와 함께 규제전략도 이용한다. 예컨대 종류주주의 권리가 관여되었는지를 불문하고 사익을 추구하는 정관 변경의 가장 극심한 예에 대하여는 법원의 심사를 적용하는 '최후수단으로서의 스탠더드'를 활용하기도 한다. 다만 이러한 스탠더드가 성공적으로 적용된 사례는 거의 없다.[39] 보다 흔한 보호방식은 탈퇴권전략인바, 대체로 **주식매수청구권** 형태에 의한다.[40] 이탈리아, 일본, 브라질, 미국 대부분의 주(델라웨어 제외) 및 프랑스는 반대주주의 권리에 중대한 영향을 미치는 정관 변경(예컨대 우선권의 변경 또는 주주권의 제한)에 대하여 주식매수청구권을 인정한다.[41]

---

38 Paul Davies and Sarah Worthington, Gower and Davies' Principles of Modern Company Law, paras. 19-32 to 19-37 (9th edn., 2012).

39 예컨대 프랑스의 다수결 남용(abus de majorité)〔Maurice Cozian, Alain Viandier, Florence Deboissy, Droit des Sociétés, pp.239-41 (28th ens., 2015)〕; 영국의 '불공정한 침해(unfair prejudice)' 금지조항〔Davies and Worthington, 앞의 책(주 38), Ch.20〕. 독일의 AktG §243(2)는 다른 주주가 해당 결의를 통하여 "회사 또는 다른 주주에게 손해를 입히면서 자신 또는 제3자의 특별한 이익을 얻었다"는 점을 근거로, 개별 주주가 모든 주주총회의 결의를 다툴 수 있도록 허용한다. 일본 회사법 제831조 제1항 제3호도 유사하다. 아마도 더 의미 있을 수 있는 것으로서, 영국은 정관 변경 시에 특유한 심사의 스탠더드를 발전시켜 왔다. 즉 정관 변경은 "선의로(bona fide) 회사이익을 위해" 이루어져야 한다는 것이다. 이렇듯 상당히 불분명한 스탠더드상의 요건은, 큰 파급 효과를 갖는 주식의 강제적 이전이 아닌 이상 대주주가 선의로 행동하면 통상 충족된다. *Re Charterhouse Capital Limited* 〔2014〕 EWHC 1410 (Ch) 〔230〕-〔237〕 참조.

40 앞의 2.2.1.2 참조.

41 Art. 2437 Civil Code(이탈리아)(예컨대 정관 변경이 의결권에 관한 것이거나 사업 범위 변경에 관한 것이라면 주식매수청구권이 인정된다); §13.02 Revised Model Business Corporation Act (RMBA)(미국). 브라질에 대하여는 주 23 참조. 프랑스의 경우 지배주주가

정관조항은 지배주주의 지배권을 공고히 할 목적으로 사용될 수도 있다. 차등의결권 자본구조(의결권을 많이 갖거나 적게 가진 주식; 의결권 주식이거나 무의결권주식)는 정관에 기재되어야 유효한바, 현금흐름에 관한 권리를 많이 갖지 않은 주주도 이를 통하여 지배권을 보유할 수 있다.[42] 이처럼 차등의결권 자본구조는 강력한 참호구축 도구이다. 뉴욕증권거래소(NYSE) 상장규칙에 의해 20세기 대부분 기간 동안 금지된 바 있으나, 최근에는 미디어와 IT회사에서 르네상스를 맞이하고 있다.[43] 차등의결권제도의 중도 도입은 지배주주가 되려는 자(현재의 경영진인 경우가 많다)가 지배권 없는 주주들의 집단행동 문제를 악용하여 그들로 하여금 가치를 감소시키는 정관 변경을 승인하도록 유도하는 행위로 이해되곤 했다. 이에 대하여 SEC의 예전 Rule 19c-4는 거래소들로 하여금 중도에 차등의결권 자본구조로 전환한 기업에 대하여 상장을 거절하도록 요구했다.[44] 후에 위 SEC Rule은 규제권한 범위를 벗어난 것으로 판단되기는 하였지만,[45] 이미 위 SEC Rule에 부합하는 규칙을 도입했던 거래소들은 그 규칙을 그대로 유지하였다. 일본의 경우도 비슷하여 일반적으로 증권거래소는 기존의 지배권 없는 주주의 이익을 침해하는 차등의결권 자본구조로의 중도 변경을 허용하지 않는다.[46]

유럽에서 차등의결권 자본구조는 일반적으로 허용되기는 하나 논쟁의

상장회사의 정관을 중대하게 변경하려면 지배주주는 감독 당국인 금융시장청(Autorité des Marchés Financiers, AMF)에 이를 미리 통지하여야 한다. 이때 금융시장청은 금융시장청과 협의한 조건에 소수주주 지분을 매수 제안할 것을 지배주주에게 요구할 수 있다. General Regulation of the AMF, Art. 236-6.

42 앞의 4.1.1 참조.

43 최근 사례로서 Google, Facebook, LinkedIn뿐 아니라 New York Times, News Corporation, Comcast 등이 있다. 이에 따르면 설립주주는 초과의결권 주식(super-voting stock)을 활용하여 회사자본의 과반수를 보유함 없이 회사 지배권을 유지할 수 있다.

44 Voting Rights Listing Standards, Release No. 34-25891, 53 Federal Register 26376 (1988).

45 *Business Roundtable v. SEC*, 905 Federal Reporter 2d 406 (D.C. Cir. 1990).

46 Tokyo Stock Exchange, Listing System Improvement FY2008, 27 May 2008 참조.

대상이다.[47] 차등의결권 자본구조는 미국과 달리 규율된다. 비록 정관에 의해 현금흐름에 관한 권리 또는 지배에 관한 권리가 매우 다른 종류주식을 발행할 재량권이 이사회에 부여되어 있더라도, 제2회사법지침에 따른 강행규정은 그러한 권한 행사 시 주주 동의를 받을 것을 요구하고, 현금납입에 의한 주식 발행 시에는 기존 주주들에게 우선적 신주인수권을 부여하도록 요구한다.[48] 따라서 차등의결권 자본구조로의 재구성은 비례성 원칙을 구현하는 특별한 룰을 통해서가 아니라 정관 변경에 관한 일반적 룰을 통하여 규율된다.[49]

7.3 신주 발행

회사자본에 관한 거래 역시 이해관계에 변동을 가져올 수 있다. 신주 발행은 기존 주주의 소유권을 희석시킬 수 있다. 자기주식 매입 및 감자는 이사회의 참호구축을 가능하게 하거나 지배주주를 등장시키거나 유리한 입장에 있는 주주에게 퇴로를 제공하거나 채권자를 해할 수 있다.[50]

---

47 Arman Khachaturyan, *Trapped in Delusions: Democracy, Fairness and the One-Share-One-Vote Rule in the European Union*, 8 European Business Organization Review 335 (2007) 참조; Mike Burkart and Samuel Lee, *One Share-One Vote: The Theory*, 12 Review of Finance 1 (2008); Renée Adams and Daniel Ferreira, *One Share-One Vote: The Empirical Evidence*, 12 Review of Finance 51 (2008); Wolf-Georg Ringe, *Deviations from Ownership-Control Proportionality-Economic Protectionism Revisited,* in Ulf Bernitz And Wolf-Georg Ringe, eds. Company Law and Economic Protectionism, p.209 (2010).

48 뒤의 7.3 참조.

49 유럽집행위원회는 비례성의 원칙을 EU 차원에서 강행규정화하자는 제안을 수용하지 않았다〔European Commission, *Impact Assessment on the Proportionality between Capital and Control in Listed Companies*, SEC (2007) 1705, December 2007〕.

50 마찬가지로 주의할 점은 이 같은 회사 자본에 관한 거래 중 일부는 회사의 정관 변경이 필요한 조직의 변화라는 점이다.

대부분의 나라에서는 이 문제에 대응하기 위하여 의사결정권 전략을 이용하는 것이 일반적이다.

7.3.1 경영진과 주주의 충돌

전체로서의 주주는 그들의 이익을 위협할 수 있는 중대 결정에 관해 직접 통제권을 계속 보유할 이해관계가 있다.[51] 그중 가장 중요한 것이 현금흐름 또는 의결권을 희석시키는 사안인바, 무엇보다도 회사의 **신주발행**이 문제 된다. 이러한 거래에서는 경영진의 유인이 문제를 일으킬 수 있다. 즉 신주 발행은 제국을 건설하거나 경영진의 참호를 구축하거나 주주의 영향력을 희석시키기 위해 활용될 수 있다. 따라서 이사회 또는 주주총회 승인요건을 부과하는 것은 그리 놀라운 일이 아니다.

미국, 일본의 경우 정관에 의하여 수권된 주식의 수와 실제 발행되어 실재하는 주식 수 사이의 엄격한 구분은 아주 중요한 의미가 있다. 회사의 **수권된** 자본금액의 증가는 회사주주들의 가중된 투표에 의한 승인이 필요한 조직의 변화이다. 반면 정관상 수권자본금 이내에서의 신주 발행은 이사회의 재량 범위에 속한다. 특정 시점에서 볼 때 대부분의 회사는 수권을 받은 주식 중 일부만 실질적으로 발행하고 있기 때문에, 주식을 발행하는 것은 사실상 주주의 승인을 필요로 하지 않고 이사회 결정에 따른다.[52] 다만 여기에는 몇 가지 예외가 있다. 미국의 상장규칙에 의하면

---

51 앞의 7.1 참조.

52 *Grimes v. Alteon*, 804 Atlantic Reporter 2d 256 (Del. 2002). 일반적으로 수권주식 수에 관한 정관상 제한은 실효성이 크지 않다. 정관상 이사회에 발행권한이 있되 아직 미발행 상태인 우선주(이른바 'blank check preferred')가 있는 경우, DGCL § 152에 의해 이사회에 부여된 위 우선주 조건을 정할 수 있는 권한으로 인해 이사회는 소유권 및 의결권에 관한 이해관계를 새로 만들 수 있다. 일부 예외적인 상황에서는 이사회가 지배권을 이전할 수도 있다. 이러한 일이 AIG 구제 시 발생한 바 있다. Steven M. Davidoff and David T. Zaring, *Regulation by Deal: The Government's Response to the Financial Crisis*, 61 Administrative Law Review 463 (2009). 위 미발행 우선주에 관해 이사회에 부여된 권한

상장회사에서 주주의결권에 의한 이사회 지배를 변동시킬 정도로 다량의 신주를 발행하는 경우, 분산된 일반 주주들에 대한 신주 발행형태를 취하지 않는 이상 주주총회 결의가 필요하다.[53] 일본의 경우 2014년 법 개정으로 신주인수인이 과반수 주식을 보유하게 되고 10퍼센트 이상의 주주들이 이 발행에 반대하는 경우 주주총회 결의가 필요하게 되었다.[54]

반면 EU는 최대 5년의 범위에서 회사정관 또는 주주총회를 통해 이사회에 결정권을 위임할 수 있기는 하지만, 신주발행을 주주의 투표에 맡기는 강한 전통을 갖고 있다.[55] 이러한 입장은 실제 미국과 큰 차이가 없어 보이지만, 포이즌필 관점에서는 주주들에게 더 큰 통제권을 부여한다.[56]

주식희석 문제는 회사가 자기주식을 매입하거나 감자를 할 때에도 마찬가지로 발생한다. EU 법은 상장회사의 법정자본금 감소인 경우 반드시 주주총회 특별결의에 의한 승인을 받도록 함으로써 이 문제에 대응한다.[57]

은 이사회가 주주승인 없이 '포이즌필'을 발행하는 근거가 되기도 한다. 뒤의 8.2.3 참조.

53 § 312.03(c) NYSE Listed Company Manual and §§ 712, 713 American Stock Exchange Company Guide 참조. 위 조항의 적용요건은 주식가치 희석보다는 경영권 이전이 규제 목적이라는 점을 분명히 하는 것이다.

54 일본 회사법 제206조의2. 이 새로운 요건이 경영진 참호파기를 예방하는 데 충분하지 않을 수도 있다. 이러한 경우 주주는 신주발행이 현저히 불공정하다고 주장하면서 신주발행 금지를 구할 수 있다. 법원은 신주발행의 주요목적이 경영권 유지인 경우 이러한 신청을 인용하고 있다. 일본 회사법 제210조 제2호 참조.

55 제2회사법지침(현행은 2012 / 30 / EU) 제29조. 이 점에 관하여는 Vanessa Edwards, EC Company Law, pp.77–8 (1999) 참조. 회원국은 이 같은 위임에 필요한 다수결요건의 내용을 정할 수 있고, 이사회에 이전되는 권한에 추가적인 제한을 부과할 수도 있다[예컨대 기존 액면 자본금의 2분의 1 범위 내에서만 이사회에 위임할 수 있다는 등. AktG § 202(3) 참조]. 영국 기관투자자의 가이드라인에 따르면 기존 자본의 3분의 1을 초과하여(다만 3분의 2를 초과하지는 않는 범위에서) 이사회에 신주 발행권한을 위임하는 안건에 대하여 찬성하도록 되어 있다. 이는 전체 이사회 구성원이 다음 주주총회의 재선임 대상인 경우에만 그러하다. 나아가 실제 위임은 다음에서 논하는 주주 신주인수권을 침해하지 않아야 한다. Association of British Insures, *Directors' Powers to Allot Share Capital and Disapply Shareholders' Pre-emption Rights*, December 2008 참조.

56 뒤의 8.2.3 참조.

57 제2회사법지침 제34조 참조.

반면 미국 대부분의 주에서는 회사들이 법정자본금에 관해 주주총회 승인을 얻을 필요 없이 상대적으로 폭넓은 탄력성을 갖도록 허용한다.[58] 이는 법정자본금을 주주의 의사결정권을 발동시키는 의미 있는 장치라기보다는 역사적 잔재에 불과한 것으로 보는 미국적 시각이 반영된 것이다.[59] 일본은 중간지대에 위치한다. 2005년 회사법에 의해 최저자본금제는 폐지되었지만, 배당규제를 위해 법정자본금 개념은 유지되고 있으며, 감자의 경우 주주총회 특별다수결에 의한 승인이 필요하다.[60]

7.3.2 대주주와 소수주주 간 충돌

모든 주주가 신주 발행과 분배로 인한 희석화 위험을 부담하지만, 소수주주들은 주주의 의사결정권에 의해 보호받지 못하기 때문에 종종 가장 큰 위험에 직면한다. 대신에 소수주주들은 공유의 규범, 룰, 스탠더드와 같은 다른 법적 보호 전략에 의지하여야 한다.

신주인수권은 공유 전략의 전형적 예이다. 신주인수권은 외부자들에게 주식을 배정하기에 앞서 기존 주주들에게 지분 비율에 따라 신주를 매입하도록 함으로써, 소수주주들로 하여금 그들의 비례적 투자지분을 지킬 수 있도록 하고 지배주주가 회사로부터 싼 가격에 추가적으로 주식을 인수하지 못하도록 한다.

각 국가는 신주인수권에 관하여 달리 접근한다. 미국과 일본은 회사정관에 명문으로 규정된 경우에 한하여 신주인수권이 효력을 갖는다(옵트인).[61] 브라질은 신주인수권을 디폴트룰로 규정하는바, 유럽도 제2지침의

---

58 DGCL § 244(감자는 이사회 결정으로 이루어질 수 있다).

59 미국에서 자본금 개념의 제한적 역할에 관하여는 앞의 5.2.2 참조.

60 일본 회사법 제309조 제2항 제9호와 제447조 제1항.

61 RMBCA § 6.30 참조. 일본은 폐쇄회사에 대하여는 신주인수권을 인정한다. 일본 회사법 제199조 제2항, 제309조 제2항 제5호(신주인수권 배제를 위해서는 3분의 2 다수의 승인 필요).

요건상 마찬가지이다.[62] 유럽 주주들은 개별 사안에서 특별결의를 통해 이러한 디폴트룰로부터 벗어날 수 있다. 몇 가지 제한요건하에서 이사회에 신주발행 권한을 위임할 수도 있다.[63] 결과적으로 신주 우선인수 룰의 강도는 그 포기에 대한 주주의 수용도에 따라 부분적으로 좌우된다. 영국에서 기관투자자들은 신주 우선인수 룰을 강력하게 지지하고 있으며, 그들이 채택한 신주인수권 가이드라인은 상장회사에 의해 제출된 신주 우선인수 배제결의안에 그냥 찬성해도 되는 상황을 좁게 규정하고 있다.[64] 프랑스에서 위 디폴트룰은 주주행동주의가 아니라 규제에 의해 강화되었다. 설사 고유한 의미의 신주인수권이 배제되어 있더라도 실제 시장규제 당국은 상장회사의 경우 기존 주주의 '우선 신청' 기간이 설정되도록 요구할 것이다.[65] 문면상으로는 독일법이 가장 강한 입장을 취하는 것으로 보인다. 신주 우선인수 포기에 중대한 사유(sachlicher Grund)가 필요하고, 이러한 사유는 사법적 심사를 받기 때문이다.[66] 이러한 장애물에도 불구하고 회사실무는 이 요건을 준수하는 길을 찾았고, 실무적으로도 일정기간 이사회에의 권한 위임 및 신주 우선인수 포기는 흔히 이루어지고 있다.[67] 브

---

62 유럽의 경우 제2회사법지침 제33조(현금납입에 의한 증자 시에 기존 주주에게 신주인수권을 부여해야 한다. 주주의 신주인수권은 정관에 의해 일반적으로 배제될 수 없고, 개별 주주총회결의에 의해서만 배제될 수 있다).

63 제2회사법지침 제29조(2), 제33조(4), (5).

64 Preemption Group, *Disapplying Pre-Emption Rights: A Statement of Principles* (March 2015): 그해 발행된 보통주식의 5퍼센트를 초과하지 않는 범위에서 또는 3년간 발행된 보통주식의 7.5퍼센트를 초과하지 않는 범위에서.

65 Cozian et al., 앞의 책(주 39), 475-7.

66 이는 주주총회 결의를 통해 포기하든 적법한 근거에 따라 이사회가 포기하든 마찬가지이다. Bundesgerichtshof (BGH), March 13, 1978-II ZR 142 / 76, BGHZ 71, 40, 46 (Kali + Salz), BGH, June 23, 1997-II ZR 132 / 93, BGHZ 136, 133, 139 (Siemens / Nold) 참조. 주요 자산을 자회사에 이전할 때 주주 승인을 얻도록 한 Holzmüller 판결(뒤의 7.6 참조)의 주된 배경에는 기존주주의 신주인수권을 중시하는 법리가 깔려 있다. 만약 발행되는 신주가 기존 등록 자본의 10퍼센트를 초과하지 않고 발행가격이 시가를 현저히 하회하지 않는다면 위 엄격한 기준은 완화된다[AktG § 186(3)].

67 Rüdiger Veil, *Commentary on § 202, para. 2,* in Karsten Schmidt and Marcus Lutter,

라질의 경우 수권자본금제도를 택한 회사는 정관조항에서 신주인수권을 배제할 수 있다. 다만 여기에는 신주가 공개시장에 매각되어야 하는 등 몇가지 요건을 갖추어야 한다. 이를 충족하지 못하면 신주인수권이 필수적으로 적용된다.[68]

소수주주보호를 위한 다른 수단들과 마찬가지로 신주인수권 제도에는 비용이 든다. 무엇보다도 회사로 하여금 시장에서 투자자를 구하기에 앞서 기존 주주들에게 권유하도록 강제함으로써 신주 발행을 지연시키고, 신주 발행의 실행위험을 증대시킨다.[69] 이 문제는 2008~2009년 금융위기 동안 명백히 나타났는데, 그 당시에는 신규 자금 조달의 신속한 결정이 최우선과제였다.[70] 또한 신주인수권 제도는 상당한 의결권을 갖는 대량 주식 발행에 관한 경영진의 권한을 제한한다. 이러한 문제로 인해 일본과 미국은 제정법상의 기본조항으로서의 신주인수권을 삭제했고, 일본과 미국의 주주들은 정관에 신주인수권조항을 기재하여 이러한 기본조항을 배제하려는 시도를 거의 하지 않는다.[71]

---

eds., Aktiengesetz Kommentar (3rd edn., 2015).

68 Art. 172 Lei das Sociedades por Ações.

69 특히 발행회사의 재무 상태가 좋지 않은 경우, 주식이 시가보다 상당히 낮은 가격으로 주주에 발행되더라도 해당 회사의 주식은 공매도자들(short-sellers)의 압력을 받을 수 있다. 이러한 문제는 최근 '신용경색' 국면에 있었던 영국의 은행들이 주주배정 신주 발행을 할 때에 나타난 바 있다.

70 Kate Burgess, *Pre-emption: Knowing Your Rights is a Serious Issue*, Financial Times, Fev. 2010(HBOS가 신수인수권에 관해 맞게된 어려움을 검토). 그럼에도 불구하고 영국 정부는 신주인수권의 원칙을 유지하면서 다만 발행 소요 기간을 단축시키고자 노력할 것을 제안한 바 있다. Office of Public Sector Information, Report of the Rights Issue Review Group, November 2008 참조.

71 Robert C. Clark, Corporate Law, p.719 (1986)(미국의 공개회사는 대부분 신주인수권을 인정하지 않는다) 참조. 대조적으로 미국의 비공개회사인 경우 신주인수권이 더 자주 인정되는 것으로 보인다. Robert W. Hamilton, The Law of Corporations (5th ed., 2000), p.196 참조. 특히 비공개회사 중 벤처캐피털로부터 투자받는 경우에 더욱 그러하다[George G. Triantis, *Financial Contract Design in the World of Venture Capital,* 68 University of Chicago Law Review 305, 312 (2001)].

미국의 입법례는 기회주의적 신주 발행을 방지하기 위하여 신주인수권 대신 스탠더드전략과 충실의무에 의지한다. 충실의무를 강제하는 것은 비용이 많이 들고 소송집약적(litigation-intensive)이지만, 사적 집행제도가 상당히 잘 작동하는 곳에서는 신주인수권 못지 않게 소수주주를 효과적으로 보호할 수 있다. 영국에서도 신주인수권 배제를 막을 수 없는 소규모 회사들에서 소수주주들은 '불공정한 침해(unfair prejudice)'를 주장하면서 공정한 가격에 주식을 매입할 권리를 행사하는 소를 제기할 수 있다.[72] 일본 및 브라질은 이 점에 관해 스탠더드전략과 의사결정권 전략을 결합한다. 일본의 비공개회사 주주들은 신주인수권을 향유하고, 공개회사를 포함하여 모든 회사는 신주를 제3자에게 '특별히' 유리한 가격으로 발행할 때에는 주주 특별 다수의 승인을 얻어야 한다.[73] 한편 브라질법은 신주인수권 배제 여부와 무관하게 신주발행 가액이 "기존 주주 이익을 부당하게 희석함이 없이" 결정될 것을 요구한다.[74] 유럽의 신주인수권 룰은 현금납입에 의한 신주 발행에만 적용된다. 현금납입에 의하지 않은 경우에도 소수주주들은 다수주주 또는 그의 관계인에게 신주가 저가 발행될 위험을 안게 된다. EU법의 접근방식은 역시 룰에 의하여 문제를 해결하는 것인바, 특히 공개회사에서의 현물출자의 경우 독립적인 가치평가를 요구하고 있다.[75]

7.4 합병 및 분할

기업 참여자 사이의 관계는 합병에 의하여 크게 변화될 수 있다. 흡수

72 불공정한 침해에 관하여는 앞의 주 39.

73 일본 회사법 제199조 제2항, 제201조 제1항, 제309조 제2항 제5호.

74 Art. 170 § 1° Lei das Sociedades por Ações,

75 제2회사법지침 제10조(2006년에 도입된 제11조에 의해 어느 정도 완화되었다).

합병과 신설합병은 둘 또는 그 이상의 회사의 자산 및 부채를 하나의 회사, 즉 결합주체 중 한 회사(존속회사) 또는 완전히 새로운 회사(신설회사)로 모은다.[76] 그 과정에서 주주 소유지분은 희석되거나 변형될 수 있고, 어떤 국가에서는 주주가 축출될 수도 있다.[77] 우선주주의 누적배당금이 소멸될 수도 있다. 주식이 분산된 회사의 주주가 지배주주가 있는 회사의 주주가 될 수도 있다. 적대적 인수에 대한 방어수단이 없는 회사의 주주가 갑자기 실질적으로 적대적 인수의 가능성이 없는 회사의 주주가 되기도 한다. 폐쇄회사의 주주가 공개회사의 주주가 되기도 하고 반대로 되기도 한다. 그러나 가장 큰 문제점은 가격(즉 합병에 있어서는 합병비율)에 관한 것이다. 주주는 보유주식을 가치가 더 낮은 존속회사 또는 신설회사 주식과 교환하도록 강요받을 수 있다.

합병은 기업 참여자 간의 관계를 매우 근본적으로 재구성할 수 있기 때문에 모든 국가는 합병 및 다른 기업통합을 특별하게 다룬다. 비록 일부 합병은 이해관계의 재구성을 초래하지 않지만(그리고 통상적으로 이러한 합병은 주주승인요건을 면제받는다), 대부분의 합병은 근본적 변경이라는 기능적 특성을 보인다. 즉 대규모로 이루어지고, 종종 대리인 문제를 발생시키며,[78] 투자와 유사한 성격의 결정을 포함한다.

이러한 문제점에 대하여 주로 의사결정권 전략으로 대처한다. 그리하여 대부분 국가에서 흡수합병 또는 신설합병 시 주주의 특별 다수에 의한 승인을 요구한다. EU의 제3회사법지침은 최소한의 승인요건을 두고 있는

---

76 이 점에서 지배권주식 매수와 차이가 있다. 뒤의 8.1 참조.

77 이른바 교부금 합병의 경우 합병당사회사의 일방 주주는 보유 주식에 대한 대가로 현금을 수령하는 것 외에 다른 선택지가 없다.

78 설령 합병이 공식적으로는 '동등합병(merger of equals)'으로 호칭된다 하더라도, 더 약한 합병 당사 회사의 경영진은 종종 적대적 인수(뒤의 8.1.2.1 참조)의 대상 회사 경영진과 마찬가지로 직장을 잃을 위험을 안게 된다. 적대적 거래와 우호적 거래의 유사성에 관하여는 G. William Schwert, *Hostility in Takeovers: In the Eyes of the Beholder?*, 55 Journal of Finance 2599 (2000) 참조.

바, 주주총회에서 투표한 의결권 중 적어도 3분의 2(또는 대안으로서 발행주식총수의 2분의 1)에 의한 승인이 필요하다.[79] 어떤 회원국은 더 높은 승인요건을 부과한다. 예컨대 독일과 영국은[80] 합병승인을 위하여 75퍼센트의 주주결의를 요구하고, 프랑스와 일본은 주식회사에 관하여는 투표한 의결권 중 최소한 3분의 2의 찬성과 함께 발행주식총수의 최소한 4분의 1(프랑스), 3분의 1(일본)의 찬성을 요구한다.[81] 반면 브라질 및 대부분의 미국 입법례는 합병 또는 그 밖의 조직 변화에 발행주식총수의 과반수에 의한 승인을 요구한다(다만 이 요건으로만이 실제 투표한 주식 중 70퍼센트 이상의 찬성이 필요한 경우가 드물지 않다).[82]

---

79 제3회사법지침 제7조[2011 / 35 / EU, 2011 O.J. (L 110) 1](역내에서의 공개회사 합병에 적용된다). 이 조문은 또한 주주총회의 결의뿐 아니라 권리의 영향을 받는 각 종류주주총회의 승인을 별도로 받도록 요구한다. '종류주주의 권리'에 관하여는 앞의 7.2.2 참조.

80 영국법은 독자적인 제정법상 합병절차를 규정하지 않는다는 점에서 특이한 점이 있다. 대신에 '구조조정계획(scheme of arrangement. Companies Act 2006의 Part 26에 규정)'이 이에 이용된다. 다만 '구조조정계획'은 다른 회사 관련 여부를 불문하고, 해당 회사의 주주 및 / 또는 채권자와 회사 간의 권리를 상호 조정하기 위해 일반적으로 이용될 수 있다. 구조조정계획은 (19세기에) 도산에서의 채권자의 권리를 조정하기 위해 고안되었다. 만약 구조조정계획이 합병 또는 분할을 실행하기 위해 이용된다면, EU의 제3회사법지침 및 제6회사법지침을 실행하기 위해 도입된 영국 회사법 Part 27의 규제 또한 추가적으로 적용될 수 있다. 다만 일부 합병 · 분할은 위 지침의 범위를 벗어나고, 따라서 이에는 위 Part 27이 적용되지 않을 것이다. 영국에서 구조조정계획은 지배권 변동(뒤의 8.1.1 참조)을 위해 점점 더 많이 이용되고 있지만, 합병을 위해 사용되는 경우는 많지 않다. 일반적 논의로는 Jennifer Payne, Schemes of Arrangement: Theory, Structure and Operation (2014)참조.

81 § 65 Umwandlungsgesetz(독일)(회사정관이 더 높은 기준을 정한 경우를 제외한다); ss. 899 and 907 of Companies Act 2006(영국); Arts. L. 236-2, L. 225-96 Code de commerce (프랑스). 일본에 관하여는 일본 회사법 제783조, 제795조, 제804조, 제309조 제2항 제12호 참조. 유사한 방식으로 이탈리아는 상장 주식회사(SPA)에 관하여 찬성 주식 수가 3분의 2 다수결이자 적어도 총발행자본의 5분의 1 이상에 해당할 것을 요구한다(비상장 공개회사인 경우 발행주식의 과반수 찬성으로 합병을 승인할 수 있다. Art. 2368-2369 Civil Code).

82 Art. 136 Lei das Sociedades por Ações(브라질); DGCL § 251(c); RMBCA § 11.04(e). 만약 주주의 70퍼센트만이 투표한 경우라면, 발행주식총수의 과반수가 되기 위해서는 위 투표한 의결권 중 71퍼센트가 넘는 주식이 거래에 찬성해야 할 것이다.

이러한 주주승인요건은 흡수합병 또는 승인합병 시 양쪽 당사 회사(또는 모든 당사 회사)의 참여자들에게 적용되는 것이 보통이다.[83] 인수회사 주주들이 (**비록** 정관 변경이 없더라도) 종종 합병을 승인해야 한다는 점은, 회사법이 형식적인 측면에서의 법적 동일성보다는 이러한 거래의 규모 자체와 이러한 거래가 인수회사 경영진의 권한과 구성을 급격하게 변화시킬 가능성에 주목하고 있다는 점을 보여 준다. 몇몇 국가는 존속 회사가 대상 회사보다 매우 큰 경우에는 합병을 통해 존속 회사의 정관이 변경되지 않는 이상 합병 시 존속 회사의 주주총회 승인을 **요구하지 않는바**, 이는 관계를 근본적으로 재구성하는 거래에 초점을 맞추는 것과 일관된다.[84] 위 논의가 뜻하는 바는 존속 회사의 이사회가 소규모 매수를 행하는 것이지만 세법상 또는 다른 이유로 자산매수나 주식취득 대신 편의상 합병으로 구성하는 것이므로 주주총회 결의는 불필요하다는 것이다.

7.4.1 합병 시 경영진과 주주 간 이익충돌

합병 시 발생할 수 있는 두 가지 주요한 경영진 · 주주 간 대리인 이익충돌은 ① 주주가 찬성하는 합병을 경영진이 자신의 이익을 위해 반대하는 것과 ② 주주이익을 희생하면서 경영진이 자신의 이익을 위해 제국을 건설하거나 인수회사를 상대로 향후의 지위 또는 보상에 관해 협상하는 것이다.[85] 이러한 대리인 문제는 주로 분산된 소유구조에서 발생하기 때

---

83 델라웨어주 또는 일본처럼 교부금 합병을 인정하는 입법례 사이에서도 인수회사 측 주주 승인결의가 필요한지에는 차이가 있다. 즉 델라웨어주는 이를 요구하지 않는 반면[DGCL § 251(f)(3)], 일본은 요구한다(일본 회사법 제795조 제1항, 제796조).

84 DGCL § 251(f)(존속 회사가 20퍼센트 미만의 신주를 발행하는 경우에는 주주의 결의가 필요하지 않다); 일본 회사법 제796조 제3항(존속 회사가 순자산 20퍼센트 이하를 합병 대가로 교부하는 경우에는 주주의 결의가 필요하지 않다. 일부 예외는 있다).

85 세 번째 이익충돌이 일어나는 경우는 경영자 매수(Management Buyouts, 이하 'MBO')이다. 경영자는 재무적 투자자와 함께 회사를 일반 주주들로부터 매입하고자 하게 된다. 이에 관하여는 소수주주 축출과 관련하여 뒤 7.4.2에서 논의될 것이다.

문에 주로 미국, 영국과 일본에 초점을 맞추기로 한다.[86]

7.4.1.1 경영진의 참호구축

주주들이 받아들이고자 하는 합병 제안을 경영진이 반대할 때에는 어떻게 하는가? 합병이 주주이익에 부합되지 않는다는 진실하고 근거 있는 믿음에서 나온 반대와 사익을 위한 반대를 어떻게 구별할 것인가? 각기 다른 제도가 이 문제를 다른 측면에서 다루고 있다. 미국과 같이 이사회 중심제도인 경우 경영진의 참호구축은 보상전략(지배권 변화 시 경영진에게 고강도 인센티브 보상), 수탁자전략(독립적 이사들에 의해 지배되는 이사회), 임면권 전략(이사회가 합병 제안을 거부할 수는 있으나, 주주들은 이사들을 새로 선출할 수 있음)을 결합하여 견제한다.

영국이 이러한 이슈를 다루는 방식은 대체로 미국와 유사하나 다음 두 가지 중요한 점에 차이가 있다. 첫째, 합병 제안을 이사회가 거부할 수 없다. 둘째, 제3장에서 살펴본 바와 같이 주주들에 의한 이사 해임이 더 용이하다.[87] 다만 이사회 협조 없이 주주총회를 개최하는 데에는 실무상 어려움이 있기는 하다.[88] 따라서 영국도 미국처럼 인수자가 거래형태를 단순한 주식인수로 바꿀 수 있다. 그렇게 함으로써 제8장에서 보듯이 인수자는 영국 기업인수코드(Takeover Code)의 저지금지원칙을 원용할 수 있는 것이다.[89] 이는 미국에서와는 달리 공개매수 제안에 대해 대상 회사 경영진이 주주 승인 없이 취할지도 모르는 부정적 조치를 막기 위한 것이다.

---

86 대주주와 소수주주 간 이해관계충돌에 관하여는 뒤의 7.4.2 참조.

87 앞의 3.2.2 참조.

88 영국에서 인수자가 적대적인 대상 기업을 합병할 때의 어려움에 관하여는 *Re Savoy Hotel Ltd* 〔1981〕 Ch.351 〔Davies and Worthington, 앞의 책(주 38), para.29-5에서 논의〕 참조.

89 이러한 쟁점들은 제8장에서 지배권 변경과 관련하여 좀 더 상세히 논의될 것이다.

7.4.1.2 경영진의 사익 추구

두 번째 경영진 및 주주 간 대리 문제는 경영진이 합병계약 협상 시에—인수를 통해 제국을 건설하고 존속 회사에서의 자리를 확보함으로써—주주이익보다는 자신의 이익을 우선시할 때 발생한다. 흥미롭게도 이 부분에 있어서 다양한 국가가 취하는 전략은 더 유사하다. 첫 번째로 주주승인요건은[90] 주주들에게 경영자중심주의에 의해 추진되는 합병을 다투는 수단을 제공한다. 최근의 헤지펀드, 기관투자자들을 포함하여 대주주들이나 대주주 연합들은 특히 제안된 거래에 대하여 명확히 더 좋은 대안이 존재하는 경우에는 종종 회사행위를 저지할 수 있는 의결권을 갖는다.[91]

두 번째로 주주결의의 품질을 향상시키기 위하여 많은 국가는 문지기로 하여금 흡수합병, 신설합병, 기타 다른 조직의 변화조건을 승인하도록 요구한다(수탁자전략). 예컨대 EU법은 공개회사의 합병 시 주주총회에 앞서 합병의 실체적 조건에 관한 독립 전문가의 보고서를 받아 보도록 요구한다.[92] 일본의 증권거래소는 지배주주와의 합병이 제안된 경우 그것이 주주 일반에 공정한 것인지에 관해 제3자의 분석을 받도록 요구한다.[93] 미국에서 합병을 추진하는 공개회사들은 관례적으로 투자은행의 공정성의견(fairness opinion)을 받음으로써 주주소송으로부터 그들을 보호하고자 한다.[94] 주주들은 투표하기 전에 공정성의견을 검토할 수 있다.

세 번째로 미국과 일본은 주주들을 탈출 전략, 즉 주식매수청구권으로 보호하기도 한다. 이는 특정한 상황에 불만 있는 주주들로 하여금 보유

---

90 앞의 주 81.

91 예컨대 Marcel Kaha and Edward Rock, *Hedge Funds in Corporate Governance and Corporate Control*, 155 University of Pennsylvania Law Review 1021 (2007) 참조.

92 제3회사법지침 제10조(합병조건의 공정성에 관하여 제3자의 보고서를 요구한다. 다만 의결권 있는 증권의 보유자들은 전원 일치의 동의로 이를 면제할 수 있다).

93 도쿄증권거래소 유가증권상장규정 제441-2조.

94 예컨대 *Smith v. Van Gorkom*, 488 Atlantic Reporter (A.2d) 858 (Delaware Supreme Court 1985) 참조(가치평가보고가 없거나 이를 거의 고려하지 않은 채 이루어진 회사매각은 프리미엄 가격을 받았어도 중과실이 있다).

주식을 '합리적' 가격으로 회사에 되팔 수 있도록 함으로써, 다수주주에 의해 승인된 조직 변화의 재무적 효과로부터 탈피할 수 있도록 하는 것이다.[95] 브라질과 이탈리아에도 유사한 제도가 있지만, 더 제한적으로 적용된다.[96] EU법은 주식매수청구권을 합병절차의 요소로 요구하지는 않는다. 다만 프랑스·독일 및 이탈리아 회사법은 공개회사 정관의 중대한 변경에 주식매수청구권을 부여하는바, 이로 인해 일부 합병에 주식매수청구권이 인정될 것이다.[97] 주식매수청구권은 합병이 법적 형태의 변화 또는 그 밖의 주주권에 대한 이례적 제한을 포함하는 경우에 명시적으로 인정될 수 있다.[98] 부수적 효과로서 주식매수청구권은 회사가 추구하는 인기 없는 결정의 비용을 높임으로써 주주 전체를 보호하기도 한다.[99] 다만 주식매수청구권으로 인해 회사는 현금을 필요로 하게 되는바, 충분한 현금이 없는 경우 회사가치를 증대시킬 거래가 좌절될 수 있고 이는 주주를 해할 수 있다. 이는 이러한 보호의 비용이라고 할 것이다.[100]

주식매수청구권의 범위는 이를 인정하는 미국의 주들과 미국 이외의 몇몇 국가 사이에서도 크게 차이가 난다. 실무적으로 볼 때 주식매수청구권을 인정하는 국가에서 소수주주들의 주식매수청구권행사는 번거로운

95 일본 법제하의 주식매수청구권에 관하여는 Alan K. Koh, *Appraising Japan's Appraisal Remedy*, 62 American Journal of Comparative Law 417(2014).

96 브라질의 반대주주는 합병 이후 보유주식이 충분한 유동성이 없는 경우에만 주식매수청구권을 행사할 수 있다(Arts. 136, IV, and 137, II Lei das Sociedades por Ações). 이탈리아의 주식매수청구권은 폐쇄회사 주주(Civil Code, Arts. 2505-IV), 비상장회사로 흡수합병되는 상장회사 주주(Civil Code, Arts. 2437-V)에 인정된다.

97 앞의 주 41에 표시된 문헌과 Alain Viandier, OPA, OPE et Autres Offers Publiques, pp.460-1 (5th edn., 2014).

98 Règlement Général de l'AMF, Art. 236-5(프랑스)[주식회사(SA)의 합자회사(société en commandite par actions)로의 전환]; Unwandlungsgesetz § 29(독일); Civil Code Art. 2437(이탈리아).

99 Hideki Kanda and Saul Levmore, *The Appraisal Remedy and the Goals of Corporate Law*, 32 UCLA Law Review 429 (1985) 참조.

100 Bayless Manning, *The Shareholder's Appraisal Remedy: An Essay for Frank Coker*, 72 Yale Law Journal 223 (1962) 참조.

절차, 지연, 불확실성으로 인해 큰 어려움을 겪게 된다. 예컨대 델라웨어 주에서 주식매수청구권을 실행하고자 하는 주주들은 문제 되는 거래가 다루어질 주주총회 이전에 반대 서면을 제출해야 한다. 그들은 주주총회에서 찬성 결의를 해서는 안 되며, 법원에서 판결을 얻기까지 2년 또는 그 이상의 기간 동안 주식가치를 둘러싼 소송을 진행해야 할 수도 있다. 게다가 델라웨어주 및 모범회사법(RMBCA)에 따르는 주들을 포함한 미국의 많은 주에서는 합병 시 주식매수청구권 이용에 관하여 이른바 '주식시장 예외(stock market exception)'를 도입함으로써 주식매수청구권을 제한한다.[101] 이 예외에 따르면 주주는 합병의 대가가 (현금, 채권, 폐쇄회사 지분이 아니라) 널리 거래되는 회사의 주식인 때에는 주식매수청구권을 행사할 수 없다. 이는 주식매수청구권이 소수주주 주식의 가치보다 유동성을 보호하는 것이라는 이론 또는 시장에 의한 평가가 비록 완벽하지는 않아도 법원에 의한 것보다는 체계적으로 부정확할 가능성이 적다는 이론에 따른 것이다.[102] 따라서 공개회사들 간의 주식을 대가로 한 합병에서 수령하는 주식가격을 다투고자 하는 주주에게 주식매수청구권은 적절한 보호수단이 아니다.[103]

이러한 어려움으로 인해 대부분의 유럽 국가들은 합병 시 소수주주를 보호하기 위한 일반적 구제수단인 탈퇴 전략(즉 주식매수청구권)을 받아들이지 않았다. 그 대신 앞에서 본 바와 같이 EU법은 의사결정권 전략(주주의 승인)과 부정행위에 관해 주주에 책임을 지는 독립적 전문가의 가치평

---

101 RMBCA § 13.02; DGCL § 262.

102 다만 이 이론은 주주들이 현금, 즉 가장 유동성 높은 합병대가를 받는 경우에 왜 주식매수청구권을 행사할 수 있는지 제대로 설명하지 못한다.

103 Paul G. Mahoney and Mark Weinstein, *The Appraisal Remedy and Merger Premiums*, 1 American Law and Economic Review 239 (1999)(1975~1991년까지 공개회사를 포함하여 1350개의 합병 건을 분석한다); Joel Seligman, *Reappraising the Appraisal Remedy*, 52 George Washington Law Review 829 (1984)(1972~1981년까지의 합병 중 약 20건에서만 주식매수청구절차가 이루어졌다) 참조.

가를 요구하는 문지기 전략에 의지한다.[104]

다만 유의할 점으로서 몇몇 회원국은 EU법상 최소한도를 넘어 개별 주주에게 합병 대가의 공정성을 다툴 수 있는 권리를 부여하는바, 이 권리는 형태상 차이가 있으나 그 취지상 주식매수청구권과 유사하다. 독일과 이탈리아가 그러한데, 여기에서 소멸회사 주주들은 존속 회사를 상대로 ① 기존 주식가치와 ② 기존 주식의 대가로서 수취한 것의 가치 간의 차액을 구하는 소송을 제기할 수 있다.[105] 실제로 독일에서 개별 주주는 합병결정에 관해 효과적으로 다툴 수 있는바, 이는 합병에 대한 상당한 억지요소로 작용한다.[106]

7.4.2 합병 시 대주주·소수주주 간 이익충돌

소수주주 입장에서 볼 때, 지배주주가 있는 경우에는 관계사가 아닌 회사(unconnected companies)와의 합병도 앞서 경영진과 주주 간 이익충돌과 유사한 위험을 발생시킬 수 있다. 따라서 합병조건의 독립적 평가, 주식매수청구권 등 경영진과 주주 간 이익충돌을 제한하는 메커니즘의 많은 부분은 대주주로부터 소수주주를 보호하기 위해 작동된다.[107] 즉 이들

---

104 제3회사법지침 제20조(경영자의 주주에 대한 책임) 및 제21조(독립 전문가의 주주에 대한 책임); 제6회사법지침 제18조(경영자 및 독립 전문가의 주주에 대한 책임). Mathias Habersack and Dirk Verse, Europäisches Gesellschaftsrecht, para.16–20 (4th edn., 2011)도 참조.

105 § 15 Umwandlungsgesetz(독일); Art. 2504-IV Civil Code(이탈리아); 또한 Karsten Schmidt, Gesellschaftsrecht, p.390 (4th edn, 2002); Pierre-Henri Conac, Luca Enriques, and Martin Gelter, *Constraining Dominant Shareholders' Self-Dealing: The Legal Framework in France, Germany, and Italy*, 4 European Company and Financial Law Review 491, 525 (2007) 참조. 독일 시스템에 있어서 특히 곤란한 점은 이것이 합병이 이미 효력을 발한 후에 합병조건을 조정하는 결과를 초래할 수 있다는 사실이다. .

106 뒤의 7.4.2.3.1 참조.

107 다만 지배주주가 있는 경우에는 주주승인 형태로 이루어지는 의사결정권 전략은 소수주주 다수결을 요구하지 않는 이상 실효성이 없다.

은 지배권이 없는 주주들을 지배자들 — 그들이 경영진이든지 대주주(또는 양쪽 모두)이든지 상관없이 — 로부터 보호한다. 다만 특히 주주의 승인(설령 특별다수결에 의한 경우이더라도) 등 일부 기법은 이러한 상황에서 덜 효과적일 것이다. 반면 모자회사 간 합병 등 지배주주의 관계사와의 합병인 경우, 그 자회사에서의 이익충돌은 더욱 심각하다. 실제로 이러한 이익충돌은 제6장(관계자거래)의 대리인 문제와 매우 닮았고, 사실 관계자거래에 해당한다. 다수와 소수 간 이익충돌은 지배주주가 합병구조를 활용하여 현금 또는 주식을 대가로 하여 비지배주주를 제거하는 소수주주 축출합병 시에 더욱 극명하다.[108] 경영진이 회사인수를 위해 재무적 투자자들과 팀을 구성하는 MBO 역시 같은 문제점을 많이 보여 준다.

모든 대상 국가는 지배주주가 합병의 양쪽 당사자로 관여하는 경우 소수주주에 대한 보호를 강화한다. 특히 이익충돌거래를 규제할 때에는 스탠더드가 더 중요한 역할을 담당한다.[109] 유럽 국가들은 소수주주들에게 다양한 보호 스탠더드하에서 소를 제기할 권리를 부여한다. 예컨대 프랑스의 경우 지배주주가 통제하는 합병(controlled merger)은 '다수결 남용(abus de majorité)' 법리에 의하여 무효화될 수 있다.[110] 한편 영국의 경우 '불공정한 침해' 구제는 적어도 잠재적으로는 소수주주에 공정한 가격에 의한 탈퇴권을 부여하는 방법으로 이용될 수 있다.[111] 미국의 경우 스탠더드는 (그 회사가 현금 매각되거나 해체될 때나[112] 합병 또는 기타의 거래로 인해 이전에 없었던 지배주주가 새로 나타날 것으로 예상될 때를 제외하고는)[113] 대

108 비교법적 관점으로는 Marco Ventoruzzo, *Freeze-Outs: Transcontinental Analysis and Reform Proposals*, 50 Virginia Journal of International Law 841 (2010).

109 앞의 6.2.5 참조.

110 Cozian et al., 앞의 책(주 39) p.740, n. 11.

111 '불공정한 침해'에 관한 구제에 관하여는 Davies and Worthington, 앞의 책(주 38), Ch.20 참조.

112 *Revlon, Inc. v. MacAndrews & Forbes Holdings, Inc.*, 506 Atlantic Reporter 2d 173 (Del. 1986).

113 예컨대 *Paramount Communications, Inc. v. QVC Network, Inc.*, 637 Atlantic Reporter

부분의 독립 당사자 간 조직의 변화 시 상대적으로 작은 역할밖에 못하지만, 지배주주가 통제하는 거래 시에는 두드러진 역할을 한다.[114]

7.4.2.1 모회사가 90퍼센트를 초과하여 갖는 경우

소수주주와 지배주주 이익 사이의 균형을 맞추기 위하여 국가들은 지배주주가 90퍼센트를 초과하여 주식을 갖는 경우에 통상 소수주식 매입축출을 활성화하고 있다. 예컨대 EU법은 인수회사가 대상 회사 주식을 90퍼센트 초과하여 소유하는 경우, 합병계획에 대한 전문가 평가에 갈음하여 주식매수청구권에 준하는 대체물을 활용할 수 있도록 하고, 합병 시 인수회사 주주에 의한 승인을 받을 필요가 없도록 규정한다. 이는 독일의 콘체른법의 영향을 받은 것이다.[115] 더 나아가 미국에서 자회사 주식 90퍼센트를 초과하여 갖는 모회사는 자회사 주주총회를 개최할 필요 없이 자회사를 일방적으로 합병할 수 있다[이른바 '간이합병(short-form merger)']. 이때 소수주주는 주주총회 결의에 갈음하여 주식매수청구권을 갖는다.[116] 일본법도 유사하다.[117]

7.4.2.2 모회사가 90퍼센트 미만을 갖는 경우

미국법은 지배주주가 자회사 주식을 90퍼센트 미만을 갖는 경우에도 교부금 합병—축출(freeze-out)이라고 불리기도 한다—을 허용하지만, 대신

2d 34 (Delaware Supreme Court 1994) 참조.

114 Mahoney and Weinstein, 앞의 논문(주 103), 272-4 참조; *Weinberger v. UOP, Inc.*, 457 Atlantic Reporter 2d. 701 (Delaware Supreme Court 1983)과 비교; *Kahn v. Lynch Communications Systems, Inc.*, 638 Atlantic Reporter 2d 1111 (Del. 1994); Robert B. Thompson, *Squeeze-out Mergers and the 'New' Appraisal Remedy*, 62 Washington University Law Quarterly 415 (1984). 앞 6.2.2.1도 참조.

115 제3회사법지침 제27~29조 참조. Volker Emmerich, Jurgen Sonnenschein, and Mathias Habersack, Konzernrecht, pp.141-6 (10th edn., 2013) 또한 참조.

116 예컨대 DGCL § 253 참조.

117 일본 주식회사법 제784조 제1항.

지배주주 개입이 없는 합병보다 더 두터운 소수주주 보호 수단을 부여한다. 일본법도 유사하다.[118] 미국의 증권규제는 (축출 합병의 결과) 폐쇄회사화하는 공개회사로 하여금 거래의 공정성, 회사인수에 관심을 가진 제3자와의 논의를 공시하도록 요구한다.[119] 한편 프랑스에서는 지배회사가 상장 자회사를 합병하는 경우 금융시장청이 소수주주 이익을 보호하는 데 필요하다고 판단할 때에는 주식매수청구권 부여를 요구할 수 있다.[120]

나아가 델라웨어 법원은 모자회사 간 합병 시 엄격한 '완전한 공정성' 스탠더드를 적용하는 것이 보통이다. 이때 지배주주는 가격의 공정성과 절차의 공정성을 증명할 책임을 부담한다.[121] 다만 ① 그 거래가 독립 이사들로 구성된 특별위원회에서 협의된 경우 또는 ② 소수주주 다수결 승인에 의해 보완된 경우는 원고로 증명책임이 전환된다.[122] 만약 위 ①, ②를 모두 갖추었다면 해당 거래는 한층 완화된 기준인 경영판단 원칙의 적용을 받게 된다.[123] 이러한 구조를 정립하면서, 판례법은 특별위원회의 활용에 대해서 혜택을 부여함에 따라 사후적 검토의 스탠더드로부터 사실상(*de facto*) 수탁자전략으로 전환하였다.

지배주주가 발행주식 90퍼센트 미만을 보유하는 회사에서 일어나는 지배주주 통제형 합병과 축출에 관한 EU국가의 법은 덜 명확하다.[124] EU

---

118 이러한 교부금 합병(보다 일반적으로는 합병대가가 존속회사 주식 이외의 것인 합병)의 경우에는 추가적인 정보의 공시가 필요하다. 일본 회사법 시행규칙 제182조, 제184조 참조.

119 Rule 13e-3 1934 Securities Exchange Act.

120 Art. 236-6 Règlement Général de l'AMF.

121 앞 6.2.2.1 참조.

122 *Kahn v. Lynch* (주 114).

123 *Kahn v. M&F Worldwide Corp.*, 88 Atlantic Reporter 3d 635; *In re Cox Communications, Inc.* 879 Atlantic Reporter 2d 604; 앞 6.2.2.1 참조. 일본의 경우 Wataru Tanaka. *Going Private and the Role of Courts: A Comparison of Delaware and Japan*, 3 University of Tokyo Soft Law Review 12 (2011).

124 최근의 비교법적 연구로서 Christian A. Krebs, *Freeze-out Transactions in Germany and the US: A Comparative Analysis*, 13 German Law Journal 941 (2012).

지침에 의해 설정된 최소한의 요건이 이러한 거래에 적용되지만, 그 외에 EU 회원국들의 국내법은 미국과 달리 축출을 적극적으로 촉진하지는 않는 '중립적' 접근법을 일반적으로 택한다.[125] 프랑스에서 회사 정관은 소수주주들이 상세하게 정해진 요건하에서 축출될 수 있다고 **규정할 수 있는바**, 다만 이러한 매입축출의 요건은 델라웨어에서처럼 법원의 공정성 심사를 받는다.[126] 하지만 정관에 허용근거가 없는 경우에 지배주주는 남용적 소수주주라 하더라도 축출할 수 없는 것으로 보인다.[127] 이와 대조적으로 독일법은 지배주주의 남용적 소수주주 축출을 허용한다. 다만 독일의 법률이나 법원도 발행주식 95퍼센트 미만을 보유하는 지배주주의 일반적 소수주주 축출권을 허용하지 않는다.[128] 이탈리아의 경우 소수주주를 현금축출할 절대적 권리는 없고, 축출은 소멸회사 주주가 존속 회사 또는 신설 회사의 주식 1주를 받는 데 필요한 것보다 더 적은 숫자의 주식을 갖고 있을 때에만 가능하다.[129]

7.4.2.3 합병 외 기법에 의한 축출

7.4.2.3.1 강제적 주식매각

많은 국가에서는 정식 합병에 근거하지 않은 축출기법도 규정한다. 제8장에서 보는 바와 같이,[130] EU법에 따르면 공개매수 이후 대상 회사의

---

125 독일의 접근법에 관하여는 Bundesverfassungsgericht, Aug. 7, 1962-1 BvL 16 / 60, Bundesverfassungsgericht (BV erfGE) 14, 263 〔*Feldmühle*〕. Schmidt, 앞의 책(주 105), p.348.

126 Cozian et al, 앞의 책(주 39), pp.216-8.

127 *Cour de Cassation Commerciale*, 1996 Revue des Sociétés 554 참조(축출은 제정법 또는 회사 정관에 의해 허용되지 않는 이상 금지된다).

128 BGH, March 20, 1995-II ZR 205 / 94, BGHZ 129, 136 〔*Girmes*〕.

129 Luigi A. Bianchi, La Congruità del Rapporto di Cambio nella Fusione, p.101 (2002) 참조.

130 뒤 8.3.5 참조. 단 90퍼센트의 기존 대주주가 단지 소수주주를 축출하기 위하여 공개매수를 한다면 영국은 축출 목적의 정관 변경에 적용되는 것과 유사한 스탠더드에 의하여 축출의 사유를 검토한다. *Re Bugle Press Ltd.* 〔1961〕 Ch.270 참조.

주식 90~95퍼센트를 취득하게 된 인수자는 공개매수에 응하지 않은 주주들을 공개매수와 동일한 (또는 이에 가까운) 조건으로 축출할 수 있는 반면, 소수주주 역시 매수를 청구할 유사한 권리를 갖는다. 어떤 국가에서는 90~95퍼센트 경계선이 공개매수에 의해 도달되었는지 여부를 불문하고 축출이 가능하다. 이 경우 가격을 정하는 것은 보다 민감한 문제이다. 프랑스의 경우, 상장회사 의결권을 95퍼센트 이상 갖고 있는 주주들은 소수주주의 주식매입을 위한 공개매수 후 이에 응하지 않은 주주들의 주식을 강제적으로 매입하는 방식으로 소수주주를 축출할 수 있다.[131] 강제매수 가격은 사전적으로 시장규제 당국에 의해 승인되어야 하는바, 이는 인수자의 투자은행에 의해 준비된 제안, 대상 회사의 의뢰를 받은 전문가의 보고서 및 당국의 자체 판단에 근거를 두게 된다.[132] 독일도 모든 공개회사에서 95퍼센트 수준에서 (보상의 적정성에 관한 95퍼센트 주주에 의한 보고와 법원이 지명한 전문가의 보고를 포함한) 합병절차에 준하는 축출절차를 규정한다.[133] 프랑스와 달리 가격은 사전적으로 승인받지 않고 어떤 소수주주라도 법원에 사후적으로 이를 다툴 수 있는바, 법원의 결정은 모든 소수주주에게 적용된다. 가격에 대한 이의가 통상적으로 축출의 즉각적 효력 발생을 막지는 못한다. 하지만 축출 이후 절차가 (10년까지) 연장될 수 있으므로 95퍼센트 주주는 소수주주의 청구를 미리 해결할 강력한 유인이 있다. 차익거래를 원하는 자들의 입장에서도 위 법원절차를 이용하기 위해 소수주주 주식을 취득해 둘 강한 유인이 있다.[134]

---

131 Art. L. 433-4 Code Monètaire et Financier; Arts. 236-3, 236-4, 237-1 Règlement Gènèral de l'AMF. 반대로 소수주주도 매수를 요구할 권리를 갖는다(Art. L. 433-4 Code Monétaire et Financier; Arts. 236-1, 236-2, Règlement Général de l'AMF).

132 Arts. 237-2, 261-1(II), and 262-1 Règlement Général de l'AMF. 일반적으로는 Viandier, 앞의 책(주 97), pp.495-8.

133 AktG §§ 327a-f. Thomas Stohlmeier, German Public Takeover Law, p.139 (2nd edn., 2007) 참조.

134 Stohlmeier, 앞의 책(주 133), p.145. 공개매수 이후 이루어지는 절차는 공개매수가격이 적절한 가격일 것이라는 강력한 추정이 있기 때문에 이 같은 문제점은 없다. § 39a(3)

일본에서는, 주주총회 3분의 2의 다수결 결의를 요하는, 특정 종류주식을 활용하는 복잡한 절차가 소수주주 축출 실무에 이용된다. 위 절차의 이용은 주로 세법적 고려에 기한 것이다. 또한 일본은 2014년 90퍼센트 이상 지배주주가 주주총회 소집 없이 소수주주를 축출할 수 있도록 허용하는 제도를 신설했다.[135]

(공개매수를 통한 것은 제외하고) 명시적 축출절차가 없는 입법례의 경우(예컨대 영국), 다양한 대체적 절차가 이용 가능할 것이다. 문제는 이처럼 일반적 절차들이 축출을 위해 활용되는 경우, 다수주주의 기회주의적 행동에 대한 적절한 안전장치가 제공될 수 있는지 여부이다. 일반절차를 통한 축출의 가장 단순한 형태는 소수주주로 하여금 그들의 주식을 다수주주 또는 회사에 이전하도록 하는 정관 변경이다. 축출 상황에서는 정관 변경의 특별 다수요건만으로는 소수주주 보호에 충분하지 않을 수 있다. 따라서 영국 법원은 공정한 가격에 의한 축출의 경우에도 법원의 일반적 정관 변경 검토권에 의해[136] 상당한 회사의 사유(good corporate reason)를 요구해 왔다. 다른 정관 변경의 경우 단순히 선의(good faith)만이 요구되는 것과 대조된다. 비슷한 이론적인 출발점에서, 호주의 고등법원은 매우 제한적인 상황을 제외하고는 이 같은 강제적인 취득을 금지해 왔다.[137]

WpÜG 및 뒤 8.3.5 참조.

135 일본 회사법 제179조. 상세는 Marco Ventoruzzo et al., Comparative Corporate Law p.497 (2015).

136 영국의 경우 불공정한 침해(unfair prejudice) 법리를 적용할 수도 있으나 판례는 정관 변경에 특유한 심사 스탠더드를 발전시킨 바 있다. 즉 정관 변경은 "선의로(bona fide) 회사이익을 위해" 이루어져야 한다는 것이다(주 39). *Gamlestaden Fastigheter AB. v. Baltic Partners Ltd* 〔2008〕 1 BCLC 468 참조.

137 *Gambotto v. WCP Ltd* (1995) 127 Australian Law Reports 417 (High Court of Australia). 이에 따르면 회사를 손해로부터 보호하기 위한 강제매수는 허용되지만, 회사에 이익을 가져다주기 위한 경우는 허용되지 않는 것으로 보인다.

7.4.2.3.2 다른 축출기법

축출의 명시적 절차가 없는 경우 정관 변경이 소수주주 축출을 위한 유일한 또는 가장 전형적인 방식은 아니다. 주식병합, 모든 회사자산매각 후 해산,[138] (법정자본금에 중요성을 부여하고 있는 국가에서의) 자본금 감소는 모두 이러한 목적에 이용될 수 있다. 다시 부연하자면, 이러한 절차들이 축출을 목적으로 설계되지는 않았기 때문에 기회주의적 행동으로부터의 보호는 주로 다수주주의 결정을 규율하는 스탠더드전략에 의존한다.[139] 상장폐지 역시 축출수단으로 활용될 수 있다. 상장폐지 및 등록폐지는 주식의 유통성을 크게 감소시킬 뿐 아니라 폭넓은 강제적 공시에 따른 이익을 주주 및 채권자로부터 박탈하는 것이다. 이러한 관점에서 볼 때 어느 한쪽의 규제구조로부터 벗어나는 것도 기업의 근본적인 변화이다.[140] 제9장에서 논의하는 바와 같이 증권규제와 증권거래소규칙은 발행회사의 상장폐지 또는 등록폐지를 시도하는 경영자들과 지배주주로부터 주주들을 보호하기 위해 다양한 보호장치를 두고 있다.[141]

---

138 독일에서 명시적으로 규정된 절차에 의하면(AktG § 179a) 주주의 75퍼센트의 결의가 필요하다. 그러나 여러 이유로 실무상 자주 이용되지 않는데, 그 이유 중 하나는 소수주주가 가격을 다툼으로써 기간을 장기간 지연시킬 수 있다는 점이다. 따라서 최근 도입된 일반 축출조항(앞의 7.4.2.3.1)이 활용되는 것이 보통이다. Stohlmeier, 앞의 책(주 133), p.150 참조.

139 *Rock Nominees Ltd v. RCO (Holdings) plc* [2004] 2 BCLC 439 (CA—UK) 참조. 매수자는 공개매수 후 축출을 위해 필요한 90퍼센트의 지분요건에 약간 못 미쳤는바, 매수자는 대상 회사(새로운 자회사)의 사업을 그룹 내 다른 회사에게 매각하고, 대상 회사를 청산한 다음 그 자산을 주주들에게 분배할 것을 제안하였다. 항소법원(the Court of Appeal)은 위 매각가격이 '합리적으로 취득 가능한 최상의 가격'이므로, 위 제안이 지배자의 결정을 검토할 때 적용되는 '불공정한 침해' 스탠더드(앞의 주 39 참조)를 위배하지 않았다고 판단했다. 사안에서는 소수주주들이 그 주식을 위 매수자에게 매각하여 일종의 '몸값'을 받기를 희망하였기 때문에 위 제안을 거부한 것이라는 점 또한 명확하였다.

140 Jonathan Macey, Maureen O'Hara, and David Pompilio, *Down and Out in the Stock Market: The Law and Economics of the Delisting Process*, 51 Journal of Law & Economics 683 (2008) 참조.

141 뒤 9.1.2.7.

7.4.3 합병 시 비(非)주주 이해관계자보호

대상 국가 중 몇몇은 합병 및 다른 기업 통합 시에 경영자와 주주 간 및 지배주주와 소수주주 간 대리인 문제를 다루고 있을 뿐 아니라, 주주가 아닌 이해관계자(채권자 및/또는 종업원)를 보호하기도 한다.

7.4.3.1 채권자보호

제5장에서 언급한 바와 같이 유럽 국가들과 일본, 브라질은 미국과 비교할 때 채권자 친화적이다.[142] 이들 국가들은 이 같은 전통을 유지하면서 기업이 합병 및 이에 유사한 조직 변화를 겪을 때 채권자들을 위해 특별한 보호장치를 둔다. 브라질은 합병에 의해 피해를 입은 채권자들이 60일 이내에 그 취소를 구할 수 있도록 명시한다.[143] EU와 일본의 경우 채권자들은 합병을 중단시킬 권한은 없으나 합병이 그들의 청구권을 위협할 때에는 적절한 보호장치를 요구할 권한이 있다.[144] 이러한 보호장치는 때때로 그들의 청구권이 존속 회사 또는 신설 회사에 의해 담보되거나 합병 이전에 변제되도록 강제하는 데까지 나아가는바, 이는 합병에 대한 중요한 걸림돌이 될 수 있다.[145]

7.4.3.2 종업원보호

여기에는 두 가지 주요 쟁점이 있다. 첫 번째로 어느 범위에서 종업원들이 합병 결정 시 〔① 단체교섭을 통한 것이든 ② 전체 종업원에 근거한 노사협의회 또는 이사회 수준의 대표(board-level representation)에게 권한을 부여하

142 앞 5.4 참조.

143 Lei das Sociedades por Ações, Art. 232.

144 제3회사법지침 제13조 참조.

145 Umwandlungsgesetz § 22(독일)(AktG § 321도 유사한 효과를 가진다); 일본 회사법 제789조, 제799조 및 제810조.

는 법규정에 의한 것이든) '발언권(voice)'을 가질 것인지와 어느 범위에서 이 같은 발언권장치가 신설 회사/존속 회사에 이전될 것인지 여부이다. 이는 합병이 장단기적으로 근로조건 개선 및 업무와 승진 기회의 이용 가능성에 영향을 미칠 수 있다는 점에 관련된다. 두 번째 쟁점은 종업원들이 (경우에 따라 단체협약 또는 개별 근로계약에 반영되어 있는) 발언권 협정을 포함한 기존 근로조건을 신설 회사/존속 회사에 이전시킬 선택권을 갖고 있느냐의 여부이다.

제4장에서 논의하였듯이 발언권은 예컨대 종업원의 이사회 관여와 같은 일반적인 지배구조 조항에 의해 부여되기도 한다. 또는 발언권이 이사회와 무관하게 특정 범주의 회사 결정에만 적용되는 메커니즘을 통해 부여되기도 한다. 여기에서 EU법은 엄격한 입장을 택하고 있다. 근로조건 승계지침(Acquired Rights Directive)은[146] 사업 이전(transfer of business) 시 (합병은 그 원형적인 예에 해당한다) 이전하는 사용자 및 이전받는 사용자 양측으로 하여금 (노동조합 가입 여부는 불문하고) 종업원의 대표자들과 협의할 것을 강제한다. 협의의 초점은 합병이 종업원들에게 미치는 영향에 맞추어진다.[147] 거창하고 공개적인 합병의 절차(합병계획의 작성·공개 접수·전문가 보고서·주주총회)를 고려할 때, 위 일정에 종업원 대표들과의 협의를 포함시키는 것은 통상적으로 그리 큰 부담은 아니다.[148]

미국법은 더 조심스럽다. 이전하는 회사 또는 이전받는 회사의 일반적인 협의의무는 존재하지 않는다. 만약 합병의 양 당사 회사에 노동조합이

---

146 Directive 2001/23/EC, Chapter III.

147 Art. 7. 즉 '사업 이전이 종업원에게 갖는 법적·경제적·사회적 의미'와 '종업원에 대한 관계에서 고려되고 있는 조치들'을 가리킨다. 다만 사용자들은 사업 이전의 사유를 알려야 한다. 몇몇 회원국에서, 예컨대 프랑스의 경우 종업원 대표는 사업 이전의 사업상 사유를 검토할 보다 포괄적인 권리를 갖는다(Art. L.2323-19 Code du travail).

148 다만 경쟁 인수자 둘 중 하나로의 사업 이전(합병이 아님)이 이 같은 협의의무에 의해 크게 영향을 받는 경우(2000년 BMW가 영국의 자산 중 큰 부문을 처분한 사례)를 분석한 것으로서, John Armour and Simon Deakin, *The Rover Case: Bargaining in the Shadow of TUPE*, 29 Industrial Law Journal 395 (2000) 참조.

있는 경우 합병의 효과에 관해 의무적으로 교섭해야 한다. 만약 한 회사에만 노동조합이 있는 경우라면 (실질적으로) 합병을 실행하는 유일한 방법은 이 회사들을 각기 따로 자회사로 두는 것이다. 위 회사 노조는 어떠한 합리적 통합운영이라도 저지할 수 있는 교섭권한을 갖기 때문이다.

합병 이후 발언권 메커니즘의 질은 통상 존속 회사 또는 신설 회사에 적용되는 규정에 의존한다. 이는 특히 EU에서의 국제적 합병(cross-border mergers)에서 특히 문제 되는 것으로 판명되었는바, 이사회에 대한 참여라는 측면에서 발언권요건은 회원국 간에 큰 차이가 있기 때문이다. 이 점은 뒤의 7.5에서 더 살펴보기로 한다. 순수한 국내 합병에 관하여 근로조건 승계지침은 이전하는 회사의 발언권에 관한 장치를 이전 후에도 그대로 유지하도록 하는 조항을 제한적이나마 갖고 있다.[149] 대부분의 회원국에서 기업 또는 사업장 수준의 종업원 발언권조항은 법적으로 요구되는 사항이기 때문에, 이전되는 사업에 관하여 존속 회사 또는 신설 회사에서도 기존과 동등한 발언권 장치가 적용될 것이다.

미국법은 노동조합이 있는 경우에만 발언권 장치를 유지한다. 합병 또는 주식 매각에 의해 영업이 넘어가는 경우, 단체교섭약정과 제정법상의 교섭의무는 모두 자동적으로 이전된다. 이와 대조적으로 자산매각 및 종업원 재고용을 통해 영업이 넘어가는 경우, 단체교섭약정은 자산 매수자가 명시적으로 또는 해석상 이를 수용한 경우에만 이전된다. 다만 자산 매수자의 교섭 단위 종업원 중 50퍼센트를 초과하는 인원이 종래부터 자산 매도자를 위해 일했던 경우, 해당 단위 노동조합은 다수를 대표한다는 추정도 이어받게 될 뿐 아니라 제정법상의 교섭권도 승계하게 된다.[150]

---

149 Art. 6. 이 조항은 ① 사업 이전을 받은 주체가 '독립성을 유지하고 있는' 경우로서, ② 사업 이전 이후 '대표 재선정에 필요한 요건'이 충족되지 않은 경우에만 적용된다.

150 Edward B. Rock and Michael L. Wachter, *Labor Law Successorship: A Corporate Law Approach*, 92 Michigan Law Review 203, 212–232 (1993).

두 번째 점(즉 기득권보호)과 관련하여 제정법상 합병절차의 '포괄승계' 메커니즘은 종업원의 개별적인 권리가 존속하는 주체 또는 신설되는 주체에 이전시키는 식으로 작동할 수 있다.[151] EU지침은 어떠한 경우이든 사업 이전 시 이전하는 회사 종업원의 근로계약은 변경 없이 존속하는 주체 또는 신설하는 주체에 자동적으로 이전되도록 강제한다.[152] 지침은 또한 이전 사실이 해고 사유로 인정될 수 없도록 한다. 이러한 두 규정은 이전을 받는 사용자에게 사후적인 해고에 대한 보상책임의 부담을 지우지만, 이는 통상적으로 이전을 하는 자의 사업의 가격에 반영될 수 있을 것이다. 경제적 관점에서 더 문제 되는 규정은 일자리를 유지하며 이전되는 종업원들이 종래의 근로조건을 계속 유지한다는 점이다. 이는 이전을 받는 기업이 이전된 종업원들을 확장된 종업원집단에 대한 공통적인 근로조건구조의 적용을 받도록 하는 것을 곤란하게 만든다. 이전을 받는 기업이 종업원 대표자들과 사후에 협의한 변화라 하더라도 법적으로 다투어질 위험성이 있기 때문이다.

이와 대조적으로 미국은 서비스계약의 인적 성격이라는 보통법상의 법리를 고수하고 있으며,[153] 노동조합화되지 않은 부문에서는 근로계약의 자동적 이전을 인정하지는 않는다. 노동조합이 설립된 부문에서도 동일한 접근법은 미국의 National Labor Relations Act에 대한 법원의 해석에 영향을 미쳐 왔다. 단체협약상 근로조건이 사업을 넘겨받는 사용자에게 이전되는 범위는 앞에서 언급한 바와 같이 거래의 형태에 좌우된다.[154]

151 다만 영국에서 법원은 근로계약의 자동적인 법정 승계가 그 자체에 내재된 개인적 성격과 부합하지 않는다고 판단한 바 있다. *Nokes v. Doncaster Amalgamated Collieries Ltd* [1940] AC 1014, HL 참조.

152 Directive 2001 / 23 / EC, Chapter II(1977년의 지침을 대체한다).

153 앞의 주 151의 내용 참조.

154 Rock and Wachter, 앞의 논문(주 150); *Howard Johnson Co. v. Detroit Local Joint Executive Bd* 417 U.S. 249 (1974).

7.4.4 회사분할

회사분할은 합병과 반대되는 거래이다. 이는 한 회사의 자산, 부채를 둘 이상의 회사로 분리하는바, 그중 하나는 분할하는 회사 자신일 수 있다.[155]

그러나 합병과 분할 간의 논리적 유사성에도 불구하고, 분할이 합병처럼 상세히 규제되는지에 관하여는 국가 간 차이가 있다. 미국은 회사가 모든 또는 실질적으로 모든 자산을 매도하지 않는 이상, 기회주의적 행동이 나타나는 때에만 분할을 규제할 뿐이고, 일본도 형식적으로만 분할을 규제한다.[156] EU는 일견 다르게 보인다. EU의 제6회사법지침[157]조항은 합병을 다루는 제3회사법지침의 사실상 정반대 이미지에 해당하고 소수주주와 채권자보호조항을 포함한다. 그러나 실제 EU 회원국들도 합병에서처럼 면밀하게 분할을 다루지는 않고, 상세한 분할규제도 회피될 여지가 있다.[158]

분할규정이 적용되는 경우에도 유럽의 주주들은 분할에 관하여는 반대현상인 합병에서보다 낮은 수준의 보호를 받는다. 이런 차이점을 발생시키는 이유는 우선 회사행위를 '중대한' 것으로 만드는 기능적 특성에 기인하는 것으로 보인다. 분할은 회사의 기존 자산, 부채에 다른 것을 덧붙이는 것이 아니라 회사의 기존 자산, 부채를 재편하는 것에 불과하다는 점에서 대부분의 합병에 비해 '보다 작은' 거래이다. 또한 가장 중요한 점으로서 회사분할에서 이익충돌의 위험성은—적어도 주주와 경영자 간의 충돌에 있어서는—합병에서의 그것보다 낮다. 나아가 제국의 해체는 제국의 건설에 비해 경영진, 주주 간 충돌을 불러일으킬 가능성이 낮다. 그

155 회사분할은 자회사 설립과는 다르다. 자회사 설립 시에도 한 회사가 둘로 나뉘기는 한다. 하지만 회사분할인 경우에는 분할회사 자신이 회사자산에 갈음하여 신설회사 주식 또는 승계회사의 주식을 보유하게 되지는 않는다.

156 일본 회사법 제783~784조, 제795~796조, 제804~805조 참조.

157 제6회사법지침[82 / 891 / EEC,1982 O.J. (L 378) 47].

158 예컨대 자산 또는 부채의 개별 이전은 분할법제의 규제대상이 아니다.

리고 최종 기간의 문제(final period problem)가 분할 시에는 덜 심각하다. 분할되는 회사의 경영자와 이사는 적어도 한 회사의 경영을 계속 담당하는 것이 보통이기 때문이다.

회사분할 시 주주 이외에 채권자 및 종업원의 보호가 특히 필요하다. 자산 및 부채의 분할은 이전받는 회사들 사이에서 비례적이지 않기 때문에(이는 분할계약에 의해 결정된다), 채권자의 청구권이 침해될 위험성이 있다. 따라서 EU법은 분할을 통해 자산을 이전받는 회사들이 분할이 이루어지기 전 채권자들에 대하여 연대책임을 부담하도록 하고 있다. 다만 해당 부채를 이전받지 않은 경우, 위 회사들의 책임은 이전받은 자산의 가치로 한정될 수 있다.[159]

종업원 또한 회사분할에 의해 영향을 받을 수 있다. 예컨대 자산은 단체교섭약정에 따른 의무를 회피하고자 하는 주체에게로 이전될 수 있다. 앞에서 논의된 바와 같이 미국 노동법하에서 종업원의 권리는 그 영업이 넘어가는 방식에 좌우된다.[160] 이와 대조적으로 EU법에 의해 부여되는 종업원보호는 앞의 7.4.3.2에서 논의한 바와 같이 하나의 사용자로부터 다른 사용자로의 '사업 이전'이 있었는지 여부에 주목하는바, 사업 이전의 개념에는 합병과 자산매각['순수한' 자산만의 매각(bare sales of assets)은 제외]뿐 아니라 분할도 포함될 가능성이 많다. 따라서 규정 적용 시 거래의 법적 형식은 덜 중요하게 된다.[161]

---

159 제6회사법지침 제12조. 이전받은 회사들의 연대책임은 영국에서 그러하듯이 분할에 법원의 승인이 요구되는 경우 ('구조조정계획'으로서) 면제될 수 있고, 종류별 채권자 75퍼센트의 승인에 좌우된다.

160 앞의 주 150 참조.

161 다만 중요한 점은 EU 지침은 다음 장에서 논의하듯이 주식의 이전에 따른 지배권 변경에는 적용되지 않는다. 이때 사용자는 변경되지 않기 때문이다. 이 경우 사용자의 개별적 또는 집단적 노사관계상의 의무는 형식적으로는 영향을 받지 않는다. 다만 종업원에게 중대한 영향을 미치는 사안에 관한 일반적인 사용자의 협의의무조항에 의하면, 지침상의 협의의무가 적용될 것이다. Directive 2002 / 14 / EC Establishing a General Framework for Informing and Consulting Employees in the European Community, 2002 O.J. (L.80) 29 참조.

일본에서 일반적 규정은 분할 시 채무는 개별 채권자의 동의 없이 이전되는 것이지만(다만 그들은 이의하여 변제를 받거나 담보물을 받을 수 있기는 하다[162]), 종업원은 특별한 발언권을 부여받고 있으며, 통상 종업원의 동의 없이 근로계약이 이전되지는 않는다.[163]

7.5 설립지 변경과 조직 변경*

다른 국가로 회사를 이전하는 것 역시 참여자 사이의 관계를 근본적으로 변화시킬 수 있다. 새로운 근거지의 회사법이 더 경영진 친화적이거나 지배주주 친화적이라면, 이 같은 이전은 경영진·주주 간 또는 지배주주·비지배주주 간 대리인 문제를 악화시킬 수 있다. 또한 새로운 근거지의 회사법이 비(非)주주의 이익을 덜 보호한다면, 이 같은 이전은 주주와 경영자가 비주주 이해관계자로부터 자신들에게 가치를 이전하는 수단으로 이용될 수 있다. 이러한 문제점은 다양한 도구로 통제된다.

회사를 이전하는 방식을 살펴보자. 가장 쉬운 절차는 회사가 **설립준거지 변경** 선언을 할 수 있도록 허용하는 것이다. 예컨대 캐나다의 경우 회사는 새로운 주에서 기존 채권자들에 대한 책임을 계속 부담하는 이상, 3분의 2의 주주결의에 의해 그 법인격(즉 모든 법적 권리와 의무)을 유지한 채 다른 주로 관할을 이전할 수 있다.[164] 회사가 이러한 간단한 요건을 충족

162 일본 회사법 제759조 제2~4항, 제764조 제2~4항.

163 회사분할에 따른 노동계약의 승계 등에 관한 법률(2000) 참조.

* 원서는 '회사 이전(corporate migration)'을 널리 회사의 주소가 이전되면서 설립준거법이 변경되는 현상을 가리키는 의미로 사용하면서, 그중 한 유형으로서 'reincorporation'이라는 용어를 쓰고 있다. reincorporation을 '재설립'으로 번역할 수도 있을 것이나 이하에서는 분명한 의미전달을 위해 '설립지 변경'으로 번역한다.

164 Douglas J. Cumming and Jeffrey G. MacIntosh, *The Rationales Underlying Reincorporation and Implications for Canadian Corporations*, 22 International Review of Law and Economics 277, 279 (2002).

하는 경우, 예컨대 어떤 회사는 온타리오의 회사지위를 떠나서 앨버타의 회사 또는 연방법상의 회사(federal corporation)가 될 수 있는 것이다. 다만 이러한 단순하면서 직접적인 방식은 매우 이례적이다.[165]

보다 일반적 방식은 회사합병에 의한 이전을 허용하는 것이다. 미국에서는 예컨대 캘리포니아 회사를 델라웨어 회사로 전환하기 위해 흔히 사용되는 방식은, 원래의 캘리포니아 회사와 신설된 100퍼센트 자회사인 델라웨어 회사를 합병하면서 델라웨어 회사를 존속 회사로 하는 방식이다.[166] 캘리포니아 회사의 주주들은 그들이 종래 캘리포니아 회사에 가졌던 것과 동일한 비율의 델라웨어 회사 소유지분을 받는 것이 보통이다. 다른 곳에서는—주주의 결의와 법원의 승인을 요하는—구조조정계획(scheme of arrangement)이 회사 이전을 위해 이용되어 왔다.[167] 나아가 종종 세무상 효과는 달리하지만 동일한 결과를 가져올 수 있는 자산, 주식 매각을 포함한 더 복잡한 방식들도 존재한다.[168] 통상적 합병을 통한 이전(migration-by-merger) 구조에서 소수주주와 채권자의 이익이 대체로 일반 합병의 경우보다 더 보호되거나 덜 보호되지는 않는다.[169]

EU법은 유럽 내에서의 국경을 넘는 회사 이동을 강력히 추진해 왔다.

---

165 SE(Societas Europaea. 이에 관하여는 아래 서술 참조)는 위 유사한 절차를 활용하여 EU 내부에서 이전할 수 있다. 다만 본점 위치 또한 이때 옮겨야 한다는 점에서 차이가 있다. 영국의 The Company Law Review는 유사한 절차에 의하여 회사들이 국외로 이전하는 방식을 제안하였으나, 2006년 개정 시 수용되지 않았다. 명백한 이유로서 재무성이 조세수입 감소를 두려워했기 때문이다. CLR, *Final Report* (2001), Ch.13 (URN 01 / 942) 참조.

166 Ronald J. Gilson, *Globalizing Corporate Governance: Convergence of Form or Function*, 49 American Journal of Comparative Law 329, 355 n. 90 (2001).

167 News Corp.가 구조조정계획을 활용하여 호주에서 델라웨어로 이전한 상세한 내용에 관하여는 Jennifer G. Hill, *Subverting Shareholder Rights: Lessons from News Corp's Migration to Delaware*, 63 Vanderbilt Law Review 1 (2010) 참조.

168 각국 법상 회사유치 경쟁과 세법상 고려의 교차점의 분석으로서 Mitchell Kane and Edward Rock, *Corporate Taxation and International Charter Competition*, 106 Michigan Law Review 1229 (2008) 참조.

169 앞 7.4 참조. 다만 EU의 경우는 다르다(주 180~181 참조).

이러한 국제적 회사 이전에는 세 방식이 있는 것으로 보인다. 첫 번째는 EU사법재판소 판례에 근거하여 목적지 국가에서 기존 회사에 준하는 유형으로 전환(convert)하는 것인데 이는 세 가지 방식 중 가장 불확실한 방법이다. 국제적 회사 이전에 관한 EU사법재판소의 초기 판례들은 대부분 회사 설립 단계에 초점을 맞췄지만,[170] 최근 판례들은 설립 후 중도의 변경 가능성을 다루고 있다. 최근 *Cartesio*판결[171] 및 *Vale*판결[172]은 다음 사항을 밝히고 있다. 즉 목적지 국가(destination state)는 국외 회사들이 국내 회사들과 유사하게 대우받을 수 있도록 전환절차를 마련할 의무를 부담한다. 설립지 국가(state of origin)는 이에 상응하여 기존 회사의 이전을 허용할 의무를 진다.[173] 다만 이 첫 번째 방식은 아직 상대적으로 불확실하고 실제 적용을 기다려 보아야 한다.[174]

두 번째 방식은 유럽 주식회사, 즉 SE[175] 형태를 이용하는 것이다. SE

---

170 이 점에 관하여 Wolf-Georg Ringe, *Corporate Mobility in the European Union: A Flash in the Pan?: An Empirical Study on the Success of Lawmaking and Regulatory Competition*, 10 European Company and Financial Law Review 230 (2013).

171 Case C-210/06 *Cartesio Oktató és Szolgáltató bt*, 〔2008〕 ECR I-9641.

172 Case C-378/10 *VALE Építési kft*, ECLI:EU:C:2012:440.

173 첫 결정에서 Nuremberg 항소법원은 이러한 유럽적 변수를 인정하고 포르투갈 회사가 독일의 유사한 회사로 전환하는 것을 허용하였다〔OLG Nürnberg, Jun. 19, 2013-12 W 520/13, Neue Zeitschrift für Gesellschaftsrecht (NZG) 2014, 349〕. 또한 Kammergericht Berlin, March 21, 2016-22 W 64/15, NZG 2016, 834도 참조.

174 이러한 불확실성으로 인해 국제적 회사설립지 변경에 관한 EU입법 요청이 커지게 되었다.

175 SE는 2001년의 두 가지 EU법규(instruments. 아래 옮긴이 주 참조)에 의해 도입되었다. Council Regulation (EC) No. 2157/2001 on the Statute for a European Company ("SE Regulation")와 이에 수반하는 Council Directive 2001/86/EC of 8 October 2001 supplementing the Statute for a European company with regard to the involvement of employees ("SE Directive")가 그것이다. SE는 합병, 지주회사 설립, 공동자회사 설립 또는 EU회원국 법에 의해 설립된 기존 회사의 전환의 경우에만 창설될 수 있다.

* 여기에서의 instruments는 community instruments를 가리키는바, Article 288 of the TFEU(Treaty on the Functioning of the EU. 유럽연합의 운영에 관한 조약)에 따르면 EU법규는 regulations, directives, decisions, recommendations and opinions를 포괄하는 개념이다.

는 범유럽적인 회사형태로 기존 법인격이 유지되는 상태의 국제적 이전을 명시적으로 허용한다.[176] SE Regulation 제8조는 소수주주, 채권자 및 종업원의 이익을 위한 정교한 보호 체제를 규정한다.[177] 현재 상당수의 SE가 있는바, 그중에는 회사의 본거지(seat) 이전을 이미 단행한 사례가 많다.[178]

세 번째이자 마지막 회사 이전 방식은 유럽 국제합병지침(European Cross-Border Merger Directive)[179]에 의하는 것이다. 이 방식은 이전을 원하는 회사가 목적지 국가의 기존 내지 신설된 명목상 회사 내지 자회사로 흡수합병된다는 점에서 미국의 합병을 통한 이전방식과 유사하다.[180] 다만 그 지침은 미국과 달리, 그리고 SE방식의 구성을 따라 국내 합병에 대한 보호장치에 추가하여 주주, 채권자, 특히 종업원을 위한 보호장치를 다수 갖추고 있다.

---

176 SE Regulation 제7~8조, 제69조. 다만 유일한 단점은 회사 이전과 함께 반드시 본점도 이전해야 한다는 점이다. 설립준거지에 본점을 두도록 강제하는 것이 EU조약상 설립의 자유에 반한다는 주장으로 Wolf-Georg Ringe, *The European Company Statute in the Context of Freedom of Establishment*, 7 Journal of Corporate Law Studies 185 (2007).

177 특히 SE Regulation 제8조 제2~3항, 제5항, 제7항 참조.

178 2014년까지 EU에 2,100개 이상의 SE가 등록되었는바, 그중 과반수 이상이 체코와 독일에서 설립되었다(그중 다수는 페이퍼컴퍼니). 지금껏 SE Regulation 제8조에 따른 회사 이전(seat transfer)이 마무리된 것은 79건이다. 이는 전체 SE 중 4퍼센트에 불과하나, 5명을 초과하는 종업원이 있는 SE 289개를 기준으로 하면 27퍼센트에 달한다. 이 분석은 European Trade Union Institute의 자료에 근거한 것이다(http://ecdb.worker-parti cipation.eu/).

179 Directive 2005/56/EC of 26 October 2005 on cross-border mergers of limited liability companies, 2005 O.J. (L 310) 1. EU사법재판소는 위 지침에 앞에서 국제적 합병에 관한 판단을 내린 바 있다. 즉 SEVIC 사건에서 독일이 국내 합병의 등록을 허용하면서 국제적 합병의 등록은 허용하지 않은 것은 (현행법령으로 치자면) TFEU 제49조 및 제56조(설립과 자본의 자유) 위반이라고 판단하였다(Case C-411/03, *SEVIC Sys. AG* 〔2005〕 ECR I-10805, paras.16-9).

180 SE의 경우와 달리, 본점의 이전은 국내법상 요구되지 않는 이상 강제되지 않는다. John Armour and Wolf-Georg Ringe. *European Company Law 1999-2010: Renaissance and Crisis*, 48 Common Market Law Review 125, 161 ff (2011); Bech Brunn and Lexidale, Study on the Application of the Cross-Border Mergers Directive, September 2013, Main Findings 23.

EU 회원국들은 종업원의 이사회 참여에 관한 국내법제 간 큰 차이가 있는바, 종업원들은 종업원참여가 불가능하거나 제한적인 곳으로의 설립지 변경을 우려한다. SE Regulation과 국제합병지침은 기본적으로 변경 이전 조항이 변경 후에도 그대로 적용된다는 원칙을 채택하고 있다. 합병 당사회사 중 하나 이상이, 그리고 SE를 설립하려는 회사의 하나 이상이 종업원의 이사회참여 조항을 적용받고 있었다면, 설사 변경된 설립지법이 이사회참여를 요구하지 않더라도 신설회사 또는 존속회사는 기존 이사회 참여 관련조항을 적용받는다.[181]

물론 SE 설립 또는 국제적 합병 시 적용되는 기준이 디폴트룰이기는 하다. 다만 경영진과 종업원 대표가 설립지를 변경하기 전에 대안을 협의한 경우에만 변경될 수 있다는 점에서 강력한 디폴트룰에 해당한다.[182] 이러한 접근법은 국제적 합병으로 인해 기존 이사회 수준의 발언권요건이 약화되는 것을 막기 위한 것이고 이러한 요건이 기존에 이러한 요건의 적용을 받지 않던 회사에까지 적용될 것을 의도한 것은 아니다(예컨대 국제적 합병 시 어느 당사 회사도 합병 이전에 종업원의 이사회참여 조항을 적용받지 않고 있던 경우). 그러나 이러한 정책에도 불구하고 오늘날까지 설립된

---

181 Wolf-Georg Ringe, *Mitbestimmungsrechtliche Folgen einer SE-Sitzverlegung*, Neue Zeitschrift für Gesellschaftsrecht 931 (2006). 종업원의 이사회 관여 이외의 '발언권' 장치(주요한 예로서 종업원 대표와의 의무적 협의)에 관하여는, 국제적 합병의 경우에는 존속 회사 또는 신설 회사를 관할하는 곳의 룰이 적용되고, SE인 경우에는 European Works Councils Directive (Directive 94 / 45 / EC)를 모델로 하는 룰이 적용된다.

182 이는 매우 복잡한 규정들을 요약한 것이다. Paul Davies, *Workers on the Board of the European Company?*, 32 Industrial Law Journal 75 (2002) 참조. 그리고 규정들 자체도 설립지 변경이 SE 설립에 의한 것인지 아니면 국제합병지침에 의한 것인지에 따라 약간씩 다르다. 종업원의 이사회 관여 문제를 종업원 대표와의 사전 협의를 통해 해결해야 한다는 요건으로 인해 SE 설립이 상당히 지연될 가능성이 높다. 국제합병지침에 따른 합병에서 합병 당사 회사들은 종업원 대표들과의 협의를 거치지 않고 종업원의 이사회 관여에 관한 디폴트룰을 '대안으로' 선택할 수도 있다. 협의절차와 내용에 관하여는 Horst Eidenmüller, Lars Hornuf, and Markus Reps, *Contracting Employee Involvement: An Analysis of Bargaining over Employee Involvement Rules for a Societas Europaea*, 12 Journal of Corporate Law Studies 201 (2012).

SE 중에서 독일 회사들의 비중이 큰바, 독일 회사들은 SE 설립을 통해 공동결정제를 완전히 피하지 못하더라도 (또는 아마도 공동결정제 폐기까지는 원치 않더라도) 국내법상 종업원참여제도를 자신들이 바람직하다고 보는 방향으로 수정할 수 있었던 것으로 보인다.[183]

국경을 넘는 설립지 변경 이외에도, 기업들은 기존 회사 형태를 변경 또는 포기함으로써 부분적으로만 회사 형태를 유지하거나 다른 기업조직으로 전환하는 것을 선택하기도 한다. 이를 **조직 변경**(*conversion*)이라고 부른다. 제1장에서 살펴본 바와 같이, 기업가들로 하여금 다양한 조직형태 중 하나를 고를 수 있도록 하는 것은 해당 기업의 구체적 필요에 따라 법적 구조를 설계하도록 하는 탄력성의 핵심요소이다. 그러나 조직형태의 중도 변경은 일반적으로 조직에 관한 합의의 일부 요소를 변경하는 경우인 정관개정보다 잠재적으로 더 급격한 변화를 가져올 수 있고 설립지이전에 비할 만큼 중요할 수도 있다. 즉 조직 변경이든 설립지이전이든, 그 실행으로 인해 법이 정한 디폴트룰 및 강행규정이 총체적으로 변경되는 결과가 발생한다.

대부분의 입법례는 해산절차를 거칠 필요 없이 회사가 다른 조직형태로 변경되는 것을 허용하지만 이러한 결정은 통상 엄밀한 심사를 받아야 한다. 예컨대 델라웨어와 브라질은 조직 변경을 규제하기 위하여 특별히 강력한 의사결정권 전략을 적용한다. 즉 회사의 의사결정 중 유일하게 **전체** 주주의 동의가 필요하다.[184] 다만 이러한 엄격성을 우회할 길이 있기

---

183 예컨대 ① 이사회 규모의 축소(앞의 3.1 참조)), ② 더 국제적인 이사회 구성 또는 ③ 국내의 기존 대표 수준으로의 '동결'(일례로 종업원의 숫자가 독일법상 종업원 대표 비중을 3분의 1에서 2분의 1로 늘려야 할 정도에 근접한 경우, 해당 독일 회사가 SE를 설립할 수 있다. 이때 SE는 종업원 숫자가 위 기준을 넘어서더라도 계속 3분의 1 기준을 적용받는다). Berndt Keller and Frank Werner, *The Establishment of the European Company: The First Cases from an Industrial Relations Perspective*, 14 European Journal of Industrial Relations 153 (2008) 참조.

184 DGCL § 266; Lei das Sociedades por Ações Art. 221(정관에서 변경되지 않는 이상 디폴트룰로서 전체 주주의 동의 필요)

는 하다. 델라웨어는 합병을 통해 조직 형태를 변경하는 것을 허용하는 바, 앞 7.4에서 살펴본 바와 같이 합병에는 상대적으로 더 유연한 규율이 적용된다. 브라질법은 엄격한 디폴트룰을 정관으로 배제할 수 있도록 한다. 다른 입법례에서는 조직 변경을 정관 변경과 유사하게 다루면서 특별다수결에 의한 의사결정권 전략과 아울러 법원에 의한 신인의무 집행에 의존한다.[185] 다만 조직 변경 시 요구되는 구체적 결의요건은 새로 채택되는 조직의 형태 및 회사조직에 대비한 그 차이의 성격에 따라 달라질 수 있다. 델라웨어 주법은 유한책임회사(LLC)로의 조직 변경을 초래하는 합병의 경우 발행주식 과반수의 승인을 요구한다. 반면 공익회사(public benefic corporation), 즉 그 이름이 뜻하는 바처럼 영리보다 공익을 추구하는 조직형태로의 조직 변경 또는 합병의 경우 발행주식 3분의 2의 승인을 요한다.[186]

7.6 중요한 거래에 관한 일반 조항

어떤 회사 결정이 '근본적인' 것인지 여부가 불확실하다는 점을 고려할 때, 입법례들이 중요한 거래 여부에 관한 일반 기준을 제시하기보다는 특정한 거래 유형을 이사회의 일방적 결정대상으로부터 배제하는 방식을 택한 것은 이해할 만하다. 거래유형별 접근법의 단점은 동일한 기능상 목적을 달성하나 미처 규제되지 않는 거래를 통해 우회될 수 있다는 점이다. 물론 몇몇 국가는 이사의 의무를 강력하게 집행하고 있는바, 이러한 의무는 거래유형을 불문하고 강력한 일반적 스탠더드로 작동한다. 특히

---

185 예컨대 특히 Umwandlungsgesetz, §§ 226, 240(독일)과 Companies Act 2006, Section 90(영국)은 비공개회사로부터 공개회사로의 조직 변경에 75퍼센트 특별다수결 요건을 규정한다.

186 DGCL § 363. 또한 앞 1.2.5 참조.

델라웨어의 경우 그러하다. 그러나 의사결정권 전략이 적절한 경우 근본적 회사 결정 및 거래를 어떻게 특정할지 문제가 특히 중요해진다. 독일과 영국은 거래에 관해 주주 동의가 요구되는 상황에 관한 일반 기준을 발전시켜 왔다. 다만 양쪽 모두 입법의 결과는 아니다.[187] 독일의 경우 공개회사에 관한 법률은 주주권을 일정 목록의 사안에만 한정하고, "달리 주주총회는 이사회에 의해 요청되는 경우에만 회사 경영 사안에 관해 결의할 수 있다"고 규정한다.[188] 그럼에도 불구하고 민사분야 최고법원인 연방대법원(Bundesgerichtshof, BGH)은 다음과 같은 법리를 발전시킨 바 있다. 독일 연방대법원은 유명한 홀츠뮐러(*Holzmüller*) 판결[189] — 이 판결은 이후 연방대법원의 젤라틴(*Gelatine*) I · II 판결[190]에 의해 제한되고 어느 정도 명확해졌다 — 에서 회사의 주요 부분을 독립 자회사로 분리하는 경우 위 회사법 조항을 완전히 달리 해석하였다. 원칙적으로 법원은 그러한 구조조정에 주주승인을 요구하였는바, 그 논거는 다음과 같다. 종래 모회사 주주들이 당해 자산에 관하여 가졌던 권한을 신설 자회사에 관해서는 자회사의 1인 주주를 대표하는 모회사 경영이사회가 행사하게 된다는 점이다.[191] 이 판결은 기업구조조정 시 어떤 경우에 경영진이 주주승인을 구해야 하는가를 두고 매우 큰 불확실성을 불러일으켰다. 비록 젤라틴 판

---

187 이에 대한 독일법상 유일한 예외는 AktG § 179a이다. 이에 따르면 회사의 자산 전부의 이전을 위해서는 주주 승인이 필요하다. 주 138도 참조. 이탈리아에서 회사 사업의 중대 변화를 야기하는 몇몇 결정은 주주 승인을 요한다. Art. 2361 Civil Code(공개회사에 의한 주식 취득은 그것이 회사 사업의 중대 변화를 가져올 때에는 언제나 주주 승인을 받아야 한다); Art. 2479 Civil Code(비공개회사인 경우 회사사업에 중대한 변화를 가져오는 거래는 주주 승인을 받아야 한다); Art. 2473(반대주주에 주식매수청구권을 부여한다).

188 AktG § 119(2).

189 BGH, Feb. 25, 1982–II ZR 174 / 80, BGHZ 83, 122.

190 BGH, Apr. 26, 2004–II ZR 155 / 02, BGHZ 159, 30 (Gelatine I) and BGH, Apr. 26, 2004–II ZR 154 / 02, ZIP 2004, 1001 (Gelatine II). 일반적으로는 Marc Löbbe, *Corporate Groups: Competences of the Shareholders' Meeting and Minority Protection*, 5 German Law Journal 1057 (2004) 참조.

191 모회사 주주가 갖는 신주인수권에 대한 침해도 고려사항이었다. 앞의 7.3.2 참조.

결이 회사자산의 주요 부분에 영향을 미치고 주주권의 실질적 가치에 매우 중대한 영향을 주는 결정에 한정함으로써 그 적용 범위를 어느 정도 제한하고 있지만, 아직도 그 범위가 확실하지는 않다.[192] 프랑크푸르트 항소법원의 최근 판결에 따르면 홀츠뮐러 원칙은 주요자산의 '취득'에는 적용되지 않는다.[193]

영국의 경우 런던의 주요 시장에 프리미엄 상장*을 한 회사에 적용되는 금융감독청(Financial Conduct Authority)의 '중요거래'규칙은[194] 비슷한 목적을 추구하지만 보다 기계적인 방식에 의한다.[195] 원칙적으로 상장회사가 하고자 하는 일정 규모 이상의 거래는 (그것이 해당 회사에 의한 것이든 그 종속기업에 의한 것이든) 회사의 통상적인 사업과정 내에 있는 거래 또는 회사 고정자산의 취득, 처분과 무관한 재무거래가 아닌 이상 **사전적인** 주주승인이 필요하다.[196] 필요 규모는 상장회사 자산, 이익 또는 총자본 중 어느 하나의 25퍼센트 이상인 경우이거나 거래의 대가가 그 상장회사의 보통주 가치의 25퍼센트 이상인 경우이다.[197]

---

192 젤라틴 판결들의 결과, 주주 승인이 필요한 경우라면 회사 정관 변경 시와 마찬가지로 투표한 주식 중 4분의 3의 찬성이 필요하다는 점이 명백해졌다. 앞 7.2 참조. 델라웨어 법에 의하면 자산을 자회사로 이전하는 경우, 설령 모든 또는 실질적으로 모든 자산이라 하더라도 주주결의를 필요로 하지는 않는다〔DGCL § 271(c)〕.

193 적어도 회사 정관이 경영진으로 하여금 이러한 취득을 할 수 있도록 허용한 경우에는 그러하다(OLG Frankfurt, Dez. 7, 2010-5 U 29 / 10, NZG 2011, 62).

* 프리미엄 상장(premium listing)이란 가장 엄격한 상장요건을 충족하는 경우를 가리킨다. 영국에서는 그 밖에 스탠더드 상장(standard listing), 고성장분야등록(admission via the high growth segment)을 포함하여 세 가지 상장형태가 있다(www.londonstockexchange.com).

194 Listing Rules, Chapter 10.

195 "이 장은 상장회사의 통상적인 사업과정 밖에 있으며 회사자산 및 부채에 관한 증권소지자의 경제적 이해관계를 변경시킬 수 있는 거래를 규율하기 위한 것이다"(LR 10.1.4).

196 LR 10.1.3. 이러한 상장규칙이 주가에 미치는 영향에 관하여, Marco Becht and Andrea Polo, and Stefano Rossi, *Does Mandatory Shareholder Voting Prevent Bad Acquisitions?*, 29 Review of Financial Studies 3035 (2016).

197 LR 10.2.2, 10.5 및 10 Annex 1. 역인수(reverse takeover: LR 10.2.3) 및 보상(indemnity: 10.2.4)도 이 조항의 규율을 받을 수 있다. 다만 상장회사가 부실화한 경우 일

프랑스는 일반적으로 의사결정권 전략을 사용하지는 않는다. 다만 앞서 보았듯이[198] 상장회사의 지배주주가 회사 자산 전부 또는 대부분을 이전 내지 출연할 것을 제안하거나 '회사 사업의 방향을 바꿀 것'을 제안하는 경우, 시장감독 당국이 소수주주에게 탈퇴권을 부여할 수 있을 뿐이다.[199] 이는 앞에서 본 바와 같이 다수주주가 사업 방향의 변화뿐 아니라 중대한 회사 정관 변경, 회사 지배자로의 합병, 회사자산의 전부 또는 대부분의 처분, 배당금 지급의 장기 중단을 통해 중요한 법적 또는 재무적 변화를 제안하는 경우, 매수청구를 통해 소수주주의 이익을 보호할 수 있도록 감독 당국에 권한을 부여한 일련의 조항에 포함된 것이다.[200] 프랑스의 접근법은 구제수단이 다른 점은 별론으로 하고, 매수청구가 요구될 수 있는 상황의 목록을 제시함으로써 일반적 원칙을 정하고자 노력하는 독일식 접근법과 소수주주 보호를 발동시키는 재무적 지표를 이용하는 영국식 접근법 사이에 위치하는 것으로 보인다.

7.7 근본적 변경에 대한 규제 차이 설명

회사의 근본적 변경에 관한 검토에서 나오는 가장 두드러진 결론은, 대상 국가 간에 ① 이사회에 전적으로 위임되는 대부분의 회사행위와 ② 이사회권한이 주주결의 요건 또는 직접적 규제에 의해 제한되는 몇 가지 회사 변경 사이의 구분이 대체로 유사하다는 점이다. 근본적 변경 문제를 다루는 방식으로는 의사결정권 전략이 가장 널리 활용되는 것으로 보이

정 요건하에서 위 규제를 면제받을 수 있다(LR 10.8).

198 앞 7.2.2 참조.

199 Art. 236-6. Règlement Général de l'AMF, Art. 236-6. Viandier, 앞의 책(주 97), pp.461-4 참조.

200 앞의 7.2.2, 7.4.1.2, 7.4.2.2 및 7.4.2.3.1 참조.

고, 다른 전략은 거의 사용되지 않는다. 모든 국가에서 합병 · 정관 변경 · 설립지 변경 및 해산은 이사회에 완전히 위임되지 않고, 주주의 (일반적으로 특별한 결의요건에 의한) 승인을 필요로 한다.[201]

어떠한 회사 변화가 규제되어야 하고 어떠한 것이 이사회에 맡겨져야 하는지에 관한 폭넓은 공감대에도 불구하고, 몇 가지 흔히 논의되는 점에서 국가 간 차이가 있다. 일반적으로 이러한 차이점은 영미법과 대륙법의 구분에 따라 나뉘는 것은 아니다.[202] 대륙의 유럽 국가들은 영미 국가들에 비할 때 합병규제에 관해 법원에 의해 강제되는 스탠더드에 많이 의존하지는 않지만, 합병거래는 중요한 회사행위에 관한 큰 범주에서 볼 때 전형적인 것은 아니다. 전반적으로 볼 때, 프랑스와 독일은 미국 또는 영국과 마찬가지로 스탠더드에 크게 의지한다.

중요한 회사행위규제에 관한 대상 국가 간 차이는 영미법과 대륙법 간 차이를 따르기보다는 지배구조에서의 차이의 폭넓은 패턴을 반영하는 것으로 보인다. EU법은, 그리고 어느 정도는 일본법도 미국법과 비교할 때 회사결정을 규제함에 있어서 경영진과 주주 간 이익충돌에 더 많은 관심을 기울인다. 미국과 비교할 때 유럽의 경우 주주승인은 한정된 기간 동안만 유효하며(예컨대 수권자본제 또는 자기주식 취득), 더 넓은 범위의 결정에 대해서 요구된다(예컨대 감자결정). 일본의 경우, 교부금 합병의 경우에도 그 규모가 크다면 인수회사 주주의 승인을 받아야 한다. 미국의 주주들은 이사회의 조직 변화 제안에 대해 거부권만 갖는 것에 반해, 유럽의 주주들은 (앞에서 언급한 바와 같이 이탈리아를 제외하고) 합병 및 주요 구조조정을 비롯한 조직적 변경을 특별결의에 의해 개시할 수 있다. 브라질법

---

201 반면 거래 규모가 아무리 크더라도 기업 프로젝트 자본투자 또는 부채의 부담에 관하여 주주승인을 요구하는 국가는 없다.

202 주로 차이점이 발생하는 부분은 근본적 변경의 제안 및 결정에 이사회가 얼마나 관여하는지 여부이다. 또 다른 차이점은 주주 승인 요건으로 보인다(즉 다수결인지 특별다수결인지 여부).

은 과반수 주주로 하여금 근본적 변경을 개시할 수 있도록 허용하면서도, 지배주주에 대해 남용적 행위 책임을 묻는 스탠더드전략을 쓴다는 점에서 특이하다. 다만 실제 집행은 문제로 남아 있다.

유럽 국가들 및 브라질에서 중요 회사 결정을 내릴 주주총회의 강력한 권한은 이들 국가에서 주주들의 강한 법적 지위 및 로비력을 반영한 것이고, (제3장에서 주목한 바 있듯이) 잘 알려진 미국의 소유구조 차이점에 부합한다.[203] 주식이 널리 분산되고 경영진 지배가 이루어지는 미국에서는 단지 이사회만이 근본적 변화를 개시할 수 있다. 지배주주가 지배적 지위를 갖는 EU, 기관투자자들이 규제방향에 대한 영향력을 행사하는 영국의 경우 주주들은 주요 변화를 개시할 수 있는 권한이 더 크다.

다만 미국은 전체로서의 주주를 더 낮은 수준으로 보호하더라도 소수주주는 두텁게 보호한다. 앞에서 언급한 바와 같이 미국에서 중요 결정은 이사회 승인을 받아야 하는바, 이는 지배주주의 권한을 다소나마 제약하는 것이다. 나아가 미국 및 일본은 모두 합병 또는 (일본과 대부분의 미국의 주에서) 다른 조직적 거래에 반대한 소수주주에 대하여 주식매수청구권 형태의 탈퇴 전략을 규정한다. 미국은 또한 지배주주의 지배를 받는 기업들 사이의 중요 거래에 관해 완전한 공정성 스탠더드를 규정하고, 이를 집단소송 위협에 의해 뒷받침한다. 대조적으로 EU에서 이사회는 일반적으로 지배주주의 권한을 제한하지 못하고, 주식매수청구권은 흔하지 않으며, 스탠더드 위반을 이유로 소송을 제기하는 주주는 권리실현 과정에서 중대한 장애물을 넘어야 한다.[204] 일반적으로 유럽 국가들은 법정자본금의 변경 시 소수주주를 보호하는 것에 노력의 초점을 맞춘다. 예컨대 미국이나 일본과 달리 모든 주요 유럽 국가들은 신주 발행 시 주주에게 적어도 임의적 우선인수권을 인정한다.

---

203 앞의 3.1.1.5, 3.1.2.5, 3.2.5.

204 앞의 5.1.5, 5.2.3.3.

국가 간 차이점은 또한 국내에서의 거래적 융통성의 범위와 대체로 일치하는 것으로 보인다. 각기 다른 요건에 의하지만 동일한 결과에 도달하는 다양한 대안적 거래형태가 존재하는 미국 및 영국 체제에서는 사후적 스탠더드전략을 채택할 수밖에 없다. 이와 대조적으로 거래 유연성이 제한받는 곳에서는 더 많은 규제가 사전적으로 이루어질 수 있다. 프랑스·독일·이탈리아 및 일본의 경우 주주의 의사결정권을 보호하기 위해 상세한 합병절차를 입법한 반면, 영국 및 미국은 기본적 공정성 스탠더드의 보호하에서 — 영국은 기업인수코드[205]에서 합병을 규정하고 있기도 하다 — 법원에 의한 합병 검토에 주로 의지한다.

마지막으로 중요한 회사행위에서 비주주 이해관계자보호는 보다 일반적 회사지배구조에 의해 부여되는 보호와 유사점이 있다. 미국과 비교할 때, 모든 다른 주요 대상국가에서는 일반적 경우(자본유지규정을 통하여) 및 회사가 합병, 기타 조직적 변화에 들어가는 경우 모두 채권자를 더 보호한다. 나아가 미국법과 비교할 때 EU법이 합병, 기타 기업구조조정 시 종업원을 훨씬 더 보호하는 것은 놀라운 일이 아니다.

205 영국의 기업인수코드에 관한 논의에 대하여는 제8장 참조.

제8장

지배권거래

Paul Davies, Klaus Hopt, and Wolf-Georg Ringe

송옥렬 옮김

8.1 지배권거래 규제의 문제

본 장에서는 매수인이 대상회사의 주주로부터 대상회사를 지배하기에 충분한 수의 주식을 취득하고자 하는 경우에 발생하는 문제에 대한 법적 대응전략을 살펴본다.

8.1.1 지배권거래

본 장에서 다룰 핵심적인 '지배권거래(control transaction)'는 제3자인 매수인[1]과 대상회사의 주주 사이의 거래이다. 물론 회사의 지배권은 신주발행이나 자기주식 취득 등 주주나 일반 투자자와 **대상회사** 사이의 거래

를 통하여 이전되기도 한다. 그러나 이런 거래는 제7장에서 다룬 바와 같은 일반적인 회사의 의사결정에 관한 분석을 그대로 적용하면 된다. 대상회사의 의사결정이 존재하지 않고 매수인이라는 형태로 새로운 당사자가 등장한다는 점이, 지배권거래의 대리 문제(agency problem)를 야기함으로써 특별한 취급을 필요로 하게 된다.[2]

물론 최종적인 결과만 놓고 보자면, 매수인이 공개매수에 응하지 않은 소수주주를 축출하는 경우 합병[3]과 공개매수 사이에는 큰 차이가 없을 수 있다. 그러나 지배권이 이전되는 방식에서 두 방법 사이에는 중요한 차이가 있다. 합병은 일반적으로 주주총회나 이사회와 같은 회사의 의사결정이 개입되고,[4] 보통 관계된 회사 모두에서 그러하다. 이와 달리 지배권거래는 매수인과 대상회사 주주 사이에서 개별적인 사적 계약으로 이루어진다. 이런 차이에도 불구하고, 적어도 우호적 기업인수에서는 매수인이 거래를 공개매수로 제안할 것인지 아니면 합병으로 제안할 것인지 선택할 수 있다. 여기에서 다음과 같은 규제의 문제, 즉 지배권거래를 합병규제와 비슷한 형태로 만들 것인지 아니면 독자적인 규제대상으로 취급할 것인지 문제가 발생한다.[5]

---

1 물론 매수인은 이미 대상회사의 주주인 경우가 많지만, 기업인수법(지분공시 규제를 제외하면)은 매수인이 주주인지에 따라 달라지지 않는다. 매수인이 대상회사의 경영진인 경우도 있는데[경영자 매수(Management Buy-Out. 이하 'MBO')], 이렇게 되면 이하에서 살펴보는 대상회사 주주와 경영진 사이의 대리 문제가 더욱 부각될 수 있다.

2 지배권거래의 특징은 이를 규제하는 법제를 일반적인 회사법에서 분리하는 법제가 많아진다는 점에서도 드러난다.

3 앞 7.4 참조.

4 합병이 공개매수 이후 소수주주축출의 기법으로 이용되는 경우, 주주총회는 거치지 않는다. 뒤 8.3.5 참조.

5 만일 지배권거래를 다르게 취급한다면, 그다음에 이어지는 질문은 규제의 회피를 위해서 지배권거래에 관한 규제가 합병규제에 중첩되어야 하는가 하는 것이다. 영국 및 이를 따르는 국가에서는 지배권거래 규제는 원칙적으로 합병규제를 보충한다[The Panel on Takeovers and Mergers, The Takeover Code (11th, 2013) § A3(b) & Appendix 7(이하 '기업인수코드')]. 그러나 대부분의 국가에서 기업인수의 규제는 지배권 이전에만 국한되어 적용된다. 예를 들어 유럽연합의 기업인수지침, 2004/25/EC, 2004 O.J. (L 142) 12(이하 '기업인수

지배권거래는 다양한 방법으로 이루어질 수 있다. 한 명의 또는 몇몇 중요 주주와의 개별적인 계약(이를 '지배권 매매'라고 한다), 시장에서의 주식 매수, 대상회사의 주주 전부에 대한 공개매수 등이 그것이다.[6] 공개매수는 다시 대상회사의 경영진이 공개매수를 지지하는 '우호적(friendly)'인 경우와 대상회사 경영진의 반대에도 불구하고 그 주주와 거래하는 '적대적(hostile)'인 경우가 있다.[7]

위 세 가지 방법 가운데 두 번째와 세 번째 방법은 대상회사의 주식이 상장되어 있는 경우에 쉽게 이용할 수 있다. 따라서 본 장에서는 상장회사를 중심으로 다룬다. 항상 그러한 것은 아니지만, 사실 지배권거래에 관한 입법은 대부분 그 주식이 공개시장(또는 프리미엄시장과 같은 공개시장의 일부)에서 거래되는 회사에만 적용되는 경우도 많다.[8] 적대적 기업인수는 상장회사를 대상으로 한 경우가 아니면 생각하기 힘들고, 이하에서 다루는 주주의 대리 문제와 조정 문제(coordination problem)도 주주가 적은 경우에는 두드러지지 않는다. 그러나 논리적으로 지배권거래가 상장회사에만 국한되는 것은 아니므로 이하에서는 비상장회사에 대해서도 다소 언급이 있을 것이다. 대상회사의 경영진이나 지배주주의 행위를 통제하기 위해 지배권거래에 대한 특별한 룰보다 충실의무와 같은 회사법상의 스탠더드를 이용하는 법제에서는, 이 스탠더드를 비상장회사의 경영진

지침') 제2(1)(a)조는 합병을 제외하고 있다.

6 이 세 가지 취득방법이 동일한 규제적 쟁점을 가져오는지는 의미 있는 논쟁이 된다. 예를 들어 주 144 참조.

7 시작부터든 아니면 적대적 기업인수 도중이든, 이사회가 공개매수에 응할 것을 권고하는 것은 이사회가 반대하는 경우 공개매수자가 적대적 기업인수에 얼마나 성공할 수 있을 것인지에 대한 예상에 따라 달라진다. 실제로 우호적 인수와 적대적 인수를 구분하는 것은 어렵지만, 어떤 법제가 적대적 공개매수를 장려하는지는 대단히 중요하다. 뒤 8.2.1 참조.

8 기업인수지침은 그 증권이 '규제시장(regulated market)'에서 거래되는 회사에 대해서만 적용된다(§ 1.1). 하지만 이와 대조적으로 영국 기업인수코드는 다소 적용범위가 넓어서, 그 주식이 공개시장에서 거래되는 모든 회사와 폐쇄회사의 경우라도 그 주식에 대해서 공개시장과 유사한 시장이 형성되어 있는 경우에 적용된다〔§ A3(a)〕.

또는 지배주주에 적용하면 되므로, 어떤 규제를 적용해야 하는지와 같은 문제는 발생하지 않는다.[9]

세계적으로 기업인수시장은 지난 수십 년간 지속적으로 성장해 왔다. 그 유일한 예외는 2001년의 닷컴버블 이후와 2008년의 금융위기 당시에 불과하다.[10] 기업인수시장은 최근의 위기에서 회복하고 있는 것 같다.[11] 전통적으로 미국과 영국이 가장 활발한 시장이었고 유럽대륙, 개발도상국, 일본 등에서는 기업인수가 별로 없었다. 실증연구 결과는 기업인수가 일반적으로 대상회사 주주에게 이익이 된다고 하지만,[12] 매수회사의 주가는 기업인수에 영향을 받지 않거나 심지어는 마이너스가 되기도 한다.[13] 두 효과를 합하면 기업인수는 전체적으로 가치를 증가시키는 거래라고 할 수 있다.[14] 그러나 매수회사 입장에서 보면 많은 기업인수는 사후적으로 잘못된 판단이었음이 드러난다. 따라서 도대체 왜 매수회사는 처음에

---

9 기업가치를 파괴하는 자(looter)에 대한 지배권 매매에 대한 미국의 규제는 뒤 8.3.1 참조.

10 최근의 분석은, Marina Martynova and Luc Renneboog, *The Performance of the European Market for Corporate Control: Evidence from the Fifth Takeover Wave*, 17 European Financial Management 208 (2011); Marccus Partners, External Study on the Application of the Directive on Takeover Bids, Section IV (2012).

11 Arash Massoudi and Ed Hammond, *Hostile Bids Reach 14-Year High*, Financial Times, 9 June 2014, 3.

12 Roberta Romano, *A Guide to Takeovers: Theory, Evidence, and Regulation*, 9 Yale Journal on Regulation 119, 122 (1992); Marina Martynova and Luc Renneboog, *A Century of Corporate Takeovers: What Have We Learned and Where Do We Stand?*, 32 Journal of Banking & Finance 2148, 2153 (2008); Klaus J. Hopt, *Takeover Defenses in Europe: A Comparative, Theoretical and Policy Analysis*, 20 Columbia Journal of European Law 249, 252 (2014).

13 Jarrad Harford, Mark Humphery-Henner, and Ronan Powell, *The Sources of Value Destruction in Acquisition by Entrenched Managers*, 106 Journal of Financial Economics 247 (2012). 다른 참고문헌으로는 Klaus J. Hopt, *European Takeover Reform of 2012/2013: Time to Re-examine the Mandatory Bid*, 15 European Business Organization Law Review 143, 150 (2014).

14 B. Espen Ecko, *Corporate Takeovers and Economic Efficiency*, 6 Annual Review of Financial Economics 51, 67 (2014). 또한 Martynova and Renneboog, 앞의 논문(주 12), 2164.

기업인수를 시도하였는지 질문하지 않을 수 없다.[15] 다만 이 질문은 지배권거래에 관한 법이 적어도 직접적으로는 관심을 가지는 주제는 아니다.[16] 예외가 있기는 하지만, 매수회사의 경영진과 주주 사이의 관계는 여전히 일반적인 기업지배구조의 문제로 다루어진다.[17] 그러나 기업인수에 대하여 비관론 또는 낙관론을 취하는지는 기업인수법에 반영되기 마련이고, 특히 적대적 기업인수를 어느 정도까지 장려할 것인지의 문제에 대해서는 더욱 그러하다.

8.1.2 대리 문제와 조정 문제

일반적으로 기업인수 규제의 주요 쟁점은 두 가지이다. 대상회사 내부의 대리 문제와 대상회사 주주 사이의 조정 문제가 바로 그것이다. 이 문제는 특히 대상회사가 지배주주에 의하여 지배되는지 아니면 소유가 분산되어 있는지에 따라 양상이 다르게 나타난다. 그 결과 기업인수 규제도 각 국가에서 등장하는 전형적 또는 지배적인 소유집중의 정도를 반영하게 된다. 물론 어느 국가나 회사의 소유집중의 정도는 회사마다 다양하게 나타난다.

8.1.2.1 대리 문제

먼저 대리 문제부터 살펴본다. 대상회사에 지배주주가 없다면 우선 주

15 이에 대해서는 몇 가지 설명이 제시된다. 첫째, 경영진은 과도하게 낙관적이어서 전반적인 비용이나 성공의 가능성, 공개매수 과정에서의 협상의 필요성 등을 과소평가하는 경향이 있다. 둘째, 인수회사 경영진은 수익성이 낮은 기회주의적 행동(기업의 무분별한 확장)을 의도적으로 감행할 가능성이 있다. 셋째, 거래는 당해 회사가 아니라 전체 기업집단에 이익이 되는 경우도 있다[Hopt, 앞의 논문(주 13), 150].

16 최근 연구 결과에 의하면 인수회사에서 주주의 동의를 요하는 것이 이런 문제를 완화시킨다고 한다[Marco Becht, Andrea Polo, and Stefano Rossi, *Does Mandatory Voting Prevent Bad Acquisition?*, 29 Review of Financial Studies 3035 (2016)].

17 앞 7.6 참조.

목해야 할 문제는 대리 문제, 즉 이사회와 주주 사이의 이해관계 충돌이다. 기업인수 이전에 **사실상의** 대상회사 지배권은 그 이사회에게 있었기 때문에, 기업인수로 인하여 지배권은 대상회사의 이사회로부터 매수인에게 이전되는 결과가 된다. 따라서 지배권의 이전을 초래한 거래의 당사자(매수인과 대상회사 주주)와 지배권 이전 자체의 당사자(매수인과 대상회사 이사회) 사이에 괴리가 생긴다.

바로 이러한 괴리가 이제부터 살펴볼 대리 문제를 야기한다. 대상회사 주주의 입장에서는 지배권거래가 부(富)의 증가를 가져오더라도 기존 경영진의 입장에서는 그 지위와 특혜의 박탈을 의미할 수 있다. 따라서 대상회사의 기존 경영진은 다양한 '방어수단'을 통하여 지배권 이전을 막고자 하는 인센티브를 가진다. 대상회사를 잠재적 매수인에게 덜 매력적으로 보이도록 만들거나, 대상회사 주주들에게 공개매수가 이루어지지 못하도록 막는 것이다. 그 방법은 다양하다. 주요한 것만 열거해 보더라도, ① 대상회사의 주식 상당 부분을 공개매수에 응하지 않을 자에게 보유하도록 하거나, ② 포이즌필(poison pill) 등을 통하여 주주나 채권자의 권리를 재조정하거나, ③ 매수인이 인수에 성공하더라도 대상회사의 중요한 자산을 이용할 수 없도록 할 수 있다.

반대로 지배권거래가 대상회사 주주의 부를 증가시키지 못함에도 불구하고 그 경영진이 지배권거래를 유도할 인센티브를 가지는 경우도 있다. 경영진이 지위의 박탈에 대하여 엄청난 보상을 받는다거나 경영진이 아예 매수인 컨소시엄에 참여함으로써 이익을 얻는 경우가 그러하다. 대상회사 경영진은 주주에 대한 영향력과 회사에 대한 정보를 이용하여 그 주주들에게 공개매수에 응하도록 할 수 있고, 대상회사에 대하여 경쟁매수가 있는 경우에는 특정 매수인에게 유리하게 만들 수 있다.

대상회사에 지배주주가 있다면 이런 경영진의 대리 문제는 존재하지 않는다. 그러나 대상회사의 지배주주와 소수주주 사이에 존재하는 대리 문제에 대응할 필요가 있다. 지배주주는 기업가치에 대한 자신의 비례적

인 몫 이상을 얻으려 하거나, 새로운 지배주주가 장래 소수주주의 착취를 통하여 얻을 수 있는 가치를 매도가격에 얹어 받아 내려고 할 수 있다. 기업인수 이후 대상회사가 기업집단의 계열사로 되면서, 종전에 대상회사가 보유하던 사업기회가 다른 계열사로 넘어가는 경우 특히 이런 문제가 부각된다. 법에서는 대상회사의 기존 지배주주의 매각에 관한 의사결정 과정, 지배주식 매매의 계약조건, 매수인의 이후 대상회사에 대한 사업상 조치 등을 심사함으로써 이 문제에 대응하고 있다. 세 번째 매수인의 이후 조치에 관해서는 기업집단법을 포함하여 지배주주의 행동을 통제하는 일반적인 법리에 크게 의존한다.[18] 첫 번째와 두 번째에 대해서는 지배권 거래를 직접 다루는 법에 별도의 규정을 두는 경향이 있다. 지배권의 변동에 따라 소수주주에게 탈퇴권(exit right)을 인정하는 것부터 의무공개매수(mandatory bid)를 요건으로 하는 경우까지 그 내용은 다양하다.[19]

이와 대조적으로 기업인수에 관한 특칙은 대상회사를 인수할 것인지와 관련하여 **매수회사**의 주주와 그 이사회 사이의 대리 문제는 다루지 않는다. 이 장에서도 그러한 입장을 따른다. 이 문제는 단순히 회사의 의사결정을 함에 있어서 발생하는 일반적인 대리 문제에 불과하고, 이것은 이미 앞 장에서 다양하게 검토하였기 때문이다.[20] 그러나 **대상회사**의 주주의 대리 문제 및 조정 문제를 해결하기 위한 목적으로 설계된 특칙들이 잠재적인 매수회사가 실제로 공개매수를 하려는 인센티브에 어떻게 영향을 주는지는 이 장에서 살펴볼 주요 내용의 하나이다.

8.1.2.2 조정 문제

지배권 이전에 관한 법은 대상회사 주주의 조정 문제도 다루어야 한다. 특히 매수인은 대상회사 주주가 분산되어 있는 경우, 비효율적인 공개매

18 앞 6.2.5.3 참조.

19 뒤 8.3.4 참조.

20 앞 제3장, 제5장 및 제7장(특히 7.6) 참조.

수를 받아들이도록 만들 수 있다. 그 방법은 다양하지만[21] 근본적으로 정보 비대칭이나 부당한 강압, 또는 주주에 대한 불평등한 취급 등을 이용한다. 대상회사에 지배주주가 존재하는 경우에도 다른 주주들에게 같은 조정 문제가 발생할 수 있으며, 이 경우 그 상대방은 매수인과 지배주주가 될 것이다.

8.1.2.3 주주 이외의 자에 대한 대리 문제

대상회사의 주식 소유구조가 어떤지와 상관없이 대리 문제는 주주 이외의 자, 특히 근로자에 대해서도 발생할 수 있다. 사실 기업인수를 통하여 매수인이 얻는 이익의 상당 부분은 대상회사의 주주 이외의 이해관계자, 특히 대상회사의 근로자로부터 부가 이전된 것이라는 주장이 있다.[22]

이 쟁점에 대한 기업인수규제는 크게 다음 세 가지로 구분된다. 첫 번째는 대상회사의 주주에게 공개매수의 승인에 관한 권한을 배타적으로 부여하는 법제이다. 이 법제에서는, 정보의 강제공시 정도를 제외하고는, 주주 이외의 이해관계자를 보호하기 위한 메커니즘을 도입하기 힘들다.[23] 유럽연합의 기업인수지침이 이러한 입장을 취하고 있으나, 정보의 강제공시에 대해서는 아무 규정을 두고 있지 않고, 다만 회사법 바깥의 규칙과 제도에 의존하고 있다. 일부 법제에서는 근로자협의회 등과 같은 이익단체가 기업인수 절차에 관여할 수 있는 법적 근거를 마련하기도 한다. 최근 프랑스의 기업인수법 개혁에서는 대상회사의 근로자에 대한 정보 제

---

21 뒤 8.3 참조.

22 Margaret M. Blair, Ownership and Control (1995); Andrei Shleifer and Lawrence H. Summers, *Breach of Trust in Hostile Takeovers*, in Alan J. Auerbach, ed., Corporate Takeovers: Causes and Consequences, p.33 (1988).

23 물론 주주 이외의 이해관계는 지배권 이전으로 인한 결과를 통제하기 위하여 회사법 바깥에 존재하는 제도, 예를 들어 정리해고에 관한 강제협의 같은 것을 통하여 이루어질 수 있다. 앞 7.4.3.2 참조.

공의무가 강화되었는데, 그 결과 공개매수절차도 대단히 복잡해졌다.[24] 영국도 최근 개혁으로 소위 '공개매수 이후 후속계획(post-offer undertakings)'이라는, 매수인(예외적으로 대상회사인 경우도 있다)이 공개매수 과정에서 주주 이외의 이해관계자를 어떻게 고려할 것인지에 관한 약속에 대한 공시 · 감독 · 이행이 강화되었다.[25]

두 번째는 이사회가 기업인수에 중요한 역할을 하는 법제이다. 이 경우에는 대상회사의 기존 경영권이 유지되는 것을 주주 이외의 이해관계자의 이익이 보호되는 징표로 이해한다. 예를 들어 미국에서 자주 등장하는 반인수조항인 '이해관계자조항(constituency statute)'은 경영진이 기업인수 상황에서 고려할 수 있는(반드시 고려해야 하는 것은 아니지만) 이해관계의 범위를 주주의 이해관계 이외로 확대하고 있다.[26] 그러나 이사가 주주 이외의 이해관계자의 이익을 위하여 행동한 경우 이사의 회사에 대한 책임을 면제하는 것이, 실제로는 이사가 자신의 이익을 위해서 행동하게 만들 뿐이 아닐까 하는 의구심도 있다. 경영진이 재량을 행사함에 있어 고려해야 할 이해관계의 범위가 넓어질수록, 구체적인 사안에서 경영진이 행위기준을 위반했는지 판단하는 것이 더 어려워지게 된다. 이런 분석이 정확하다면, 주주 이외의 이해관계는 그것이 우연히 이사회의 이해관계와 일치하는 경우에만 보호될 수 있을 따름이다.[27]

세 번째는 주주 이외의 이해관계자에게 결정권한을 부여하는 입장을 취하는 것인데, 실제로는 근로자의 이해관계를 보호하는 경우에만 발견된

24 프랑스의 2014년 3월 29일 No. 2014-384 플로랑제(The Loi Florange)법은 대상회사 CEO로 하여금 노동조합과 협상할 의무를 부과하고 있다(노동법 L.2323-21～2323-24). 이사회는 이 절차가 종료되기 전에는 의견을 제출할 수 없으므로, 이 절차는 전체 과정을 더디게 만들고 심지어 기업인수를 억지하는 효과도 가진다.

25 새로운 규칙 19.7과 19.8. 그 배경은 과거에 규정들이 잘 집행되지 않았던 것에 있다.

26 예컨대 뉴욕주 회사법 § 717(b). 영국 2006년 회사법 제172조도 좋은 예로 참조.

27 Mark J. Roe, Political Determinants of Corporate Governance, p.45 (2002)(근로자의 영향력은 간접적이고 약하며, 이해관계자조항은 경영진이 그들의 이익을 위하여 만든 것이라는 주장).

다. 회사법이 근로자와의 계약절차의 규제에 중요하게 이용되는 이런 입법례(가장 유명한 것은 독일)에서는,[28] 근로자대표가 감독이사회에 참여하고 이사회가 직접적인 주주의 영향으로부터 다소 자유롭기 때문에 근로자대표가 기업인수와 관련된 의사결정에 크게 영향을 미치고, 그 결과 근로자대표의 동의가 없이는 지배권 이전이 이루어지기 힘들다.[29]

근로자뿐만 아니라 다른 채권자 역시 회사가 직면하는 위험이 변경됨에 따라 피해를 입을 수 있다. 기업인수가 부채 조달을 수반하는 경우에 특히 그러하다. 가장 피해를 입을 것 같은 장기채권자는, 대출계약에 '위험 변경 사건(event risk)' 특약 등 계약조항을 두는 방법으로 자신을 보호한다.[30] 이런 계약적 보호가 채권자를 완벽하게 보호하는 것은 아니지만, 이렇게 차선의 보호수단을 두는 경우는 비즈니스 협상에서 아주 흔하다. 결론적으로 채권자에 대한 대리 문제는 지배권 이전 규제에서 별로 문제되지 않는다.[31]

8.1.2.4 지배권 이전 법제의 형태

원칙적으로 지배권거래에 관한 규제는 지배권 이전에 관한 특별한 법규를 만들거나, 아니면 기존의 회사법과 증권법의 원칙을 새로운 맥락에 적용하는 방법을 취한다. 실제로 이 문제는 규제를 입법부에서 만드는지 아니면 법원이 만드는지에 따라 달라진다. 대부분 입법례들은 두 접근방법을 모두 채용하고 있지만, 그 방점을 어디에 두는지는 상당히 차이가

---

28 앞 4.2.1 참조.

29 독일은 공동결정제를 채용하고 있는 감독이사회의 승인이 있는 경우 경영권 방어를 허용함으로써, 사실상 기업인수지침의 이사회 중립성원칙을 폐기하였다.

30 William W. Bratton, *Bond Covenants and Creditor Protection*, 7 European Business Organization Law Review 39, 58-62 (2006).

31 많은 경우 채권자를 보호하려는 특약과 대상회사의 경영진을 보호하려는 특약(독약부채)을 구별하기는 쉽지 않다. 두 주체는 모두 지배권 변경의 경우 부채의 상환이 이루어지는 것에 공통의 이해관계를 가지고 있다. 그러나 이 문제는 채권자의 대리비용이 아니라 주주의 대리비용과 관련된 것이다.

있다. 스펙트럼의 한끝에는 델라웨어주 회사법이 있다. 여기에서는 법원이 일반적인 충실의무 스탠더드를 지배권 이전의 맥락에서 대상회사의 이사회에 적용하는 중요한 역할을 하고 있다.[32] 기업인수에 특화된 법규는 그것이 연방법이든(대표적으로 윌리엄스법)[33] 주의 입법이든(약식합병 및 축출합병에 관한 규정들)[34] 부차적인 역할을 할 뿐이다.

이와 대조적으로, 유럽연합에서는 지배권 이전에 관한 특칙들이 더 중요하다(물론 회사법과 증권법의 일반규정이 완전히 배제되는 것은 아니다). 그 결과 기업인수지침은 지배권 이전에 국한되기는 하지만 완결적인 규정을 제공하고 있다. 비슷하게 브라질의 지배권 이전 규제는 이런 명시적인 규정을 중심으로 이루어져 있다.[35] 일본은 두 극단의 중간 어디엔가 위치한다.[36] 일본은 지배권 이전에 관한 특별한 규정도 있지만,[37] 공개매수에 대한 의사결정의 배분과 같은 핵심적인 쟁점에 대해서는 이사회의 의사

---

32 미국의 기업인수법이 소송에 중점을 두는 것이 친경영진 입장의 발전에 영향을 주었다는 주장이 있다. 판례법의 선례는 이해집단의 영향으로부터 상대적으로 자유롭고 다른 한편으로 법원은 자신에게 제출된 분쟁만을 해결하는데, 경영진(그리고 그들의 변호사)은 이런 소송의 흐름을 통제할 수 있는 위치에 있으면서 소송을 반복하고 있기 때문이다[John Armour and David Skeel, *Who Writes the Rules for Hostile Takeovers, and Why?: The Peculiar Divergence of U.S. and U.K. Takeover Regulation*, 95 Georgetown Law Journal 1727, 1793 (2007)] 참조.

33 1968, 82 Stat. 454, codified at 15 U.S.C. §§ 78m(d)-(e), 78n(d)-(f), adding new §§ 13(d), 13(e), 14(d)-(f) to the Securities Exchange Act of 1934.

34 뒤 8.3.5 참조.

35 예컨대 주식회사법 제254-A조 및 제257조 참조.

36 일본에서 등장하는 최근 동향에 대해서는, John Armour, Jack B. Jacobs, and Curtis J. Milhaupt, *The Evolution of Hostile Takeover Regimes in Developed and Emerging Markets: An Analytical Framework*, 52 Harvard International Law Journal 291, 248 이하 (2011); Hideki Kanda, *Takeover Defences and The Role of Law: A Japanese Perspective*, in Michel Tison et al., eds., Perspectives in Company Law and Financial Regulation, p.413 (2009); Masaru Hayakawa, *Die Zulässigkeit von Abwehrmaßnahmen im sich entwickelnden japanischen Übernahmerecht*, in Stefan Grundmann et al., eds., Festschrift für Klaus J. Hopt, p.3081 (2010).

37 금융상품거래법 제27-2조 및 뒤 8.3.4 참조.

결정에 적용되는 일반원칙이 아직도 중요하다.[38]

지배권 이전의 규제가 주로 특별히 고안된 규정에 의해서 이루어지는 경우, 입법자들은 이 규정을 적용할 기관까지 함께 만드는 것이 보통이다. 유럽의 기업인수지침에서도 그렇게 정하고 있다.[39] 보통 이 기관은 금융규제기관이기도 하지만, 기업인수에 특유한 규제기관인 경우도 있다.[40]

8.2 지배권거래의 대리 문제

대리 문제는 주식 소유가 분산된 경우나 지배주주가 존재하는 경우 모두 문제된다. 기존의 지배권자가 전자에서는 대상회사의 이사회이지만, 후자에서는 지배주주라는 차이가 있을 뿐이다. 두 경우에 모두 기업인수 규제는 지배권자와 소수주주 사이의 이익상충을 다룬다. 이하에서는 먼저 주식 소유가 분산된 경우를 먼저 보고, 그다음에 지배주주가 있는 경우 어떤 차이가 생기는지를 설명한다(이하 8.4 참조).

8.2.1 결정권의 선택: 주주 v. 주주와 이사회 공동

여기에서 핵심적인 쟁점은 대상회사의 주식에 대한 공개매수에서 어느 정도로 매수인이 대상회사 경영진의 동의 없이 그 주주들에게 접근할 수 있는가 하는 것이다. 이론적으로 지배권 이전에 관한 결정권의 배분은, 대상회사의 경영진이 매수인과 대상회사 주주 사이에서 어떤 역할도 하지 못하게 함으로써 결정권을 전적으로 그 주주에게 부여하는 극단부터,

---

38 뒤 8.2.2 참조. 구속력 없는 정부 가이드라인도 함께 참조.

39 제4조 제1항.

40 전자가 유럽에서는 압도적으로 다수이기는 하지만, 영국 및 그 모델을 따르는 일부 국가에서는 기업인수의 감독을 금융감독청과 분리된 다른 기관에 맡기기도 한다.

마치 합병인 것처럼 대상회사의 경영진과 주주가 공동으로 지배권 이전에 관한 의사결정을 하도록 하는 다른 극단까지 스펙트럼이 있을 수 있다. 전자인 경우에는 경영진과 주주 사이의 대리관계가 종결되기 때문에 대리문제도 소멸하게 된다. 다시 말해 여기에서 본인은 직접 의사결정자가 됨으로써 스스로를 보호하게 되는 것이다.[41] 또한 주식양도 자유의 원칙도 확실하게 된다. 반면 후자의 경우에는 대상회사의 경영진과 주주 모두가 동의해야 지배권 이전이 일어난다. 매수인은 양자와 협상해야 하므로 지배권 이전으로부터 생기는 이익은 매수인, 대상회사 주주, 그 경영진, 이렇게 세 주체가 나누어 가지게 된다. 그 결과 경영진이 대상회사를 계속 지배함으로부터 생기는 이익이 회사의 지배권 이전으로부터 그 경영진이 분배받을 수 있는 이익보다 큰 경우 지배권 이전이 덜 발생하게 된다.

8.2.2 저지금지원칙

영국의 기업인수코드는 이런 전자의 방법을 극단적으로 도입하고 있다. 이 규칙은 1968년 제정 당시부터 대상회사의 이사회와 관련하여 저지금지(no frustration)원칙을 인정하고 있다. 구체적으로 "공개매수과정에서, 그리고 만일 대상회사의 이사회가 선의의 공개매수가 임박하였다고 믿을 합리적인 이유가 있었다면 공개매수 이전에라도, 이사회는 주주총회의 승인을 거치지 아니하고는, 공개매수 또는 잠재적인 선의의 공개매수가 실패하거나 또는 주주로부터 의사결정을 할 수 있는 기회를 박탈하는 결과가 되는 어떠한 행위도 할 수 없다."[42] 이 규정은 예를 들어 신주 발행,

41 전형적으로 주주는 개인적으로 공개매수에 응할 것인지 결정하게 되지만, 어떤 경우에는 주주의 의사결정이 집단적으로 이루어진다. 예를 들어 경영진의 경영권 방어를 승인할 것인지 주주총회에서 결정하거나 또는 포이즌필을 소각하지 않아 이사를 해임하고자 하는 경우가 그러하다. 뒤 8.2.2 및 8.2.3 참조.

42 Rule 21.1.

중요자산의 취득 또는 처분, 부채 조달, 회사의 일상적 영업범위를 벗어나는 계약이 체결 등에 적용된다.[43] 그러나 이사는 여전히 공개매수에 대한 평가를 할 수 있고(사실상 강제된다) 다른 매수인〔백기사(white knight)〕을 탐색할 수 있다.[44]

저지금지규칙 또는 EU에서 말하는 '이사회 중립성(board neutrality)'[45] 규칙은 실제 효과를 기준으로 하는 것이고, 이사회의 의도나 동기는 상관이 없다. 이 규칙하에서 기존 대상회사 경영진의 공개매수 방해행위가 적법하게 되는 것은 오직 주주들이 이를 승인하는 경우, 즉 사실상 주주가 공개매수를 거부한 경우뿐이다. 이 저지금지규칙은, 공개매수와 관련하여 주주에게 실질적으로 전적인 의사결정권한을 부여하기 위해서는, 단지 주주가 자유롭게 제안된 청약을 받아들일 수 있도록 보장하는 것만으로는 부족하고 매수인이 주주에게 자유롭게 공개매수 청약을 할 수 있도록 보장해야 한다는 점을 인식한 것이다. 다시 말해 이 규칙은 주주의 탈퇴에 관한 규칙일 뿐만 아니라 매수인의 진입에 관한 규칙이기도 하다.

저지금지규칙은 EU기업인수지침에서 채택되지 않았다. 따라서 그 선택권은 각 회원국에 남아 있다. 유럽대륙의 모든 중요한 국가는 회사가 저지금지규칙을 회피할 수 있도록 허용하고 있다(그 정도에는 차이가 있다).[46] 이렇게 저지금지규칙이 적용되지 않으면, 대상회사의 이사회가 어

---

43 기업인수지침 Rule 21.1(b) 참조. 여기에서 열거는 예시적인 것에 불과하다.

44 기업인수지침 제9조 제2항, 제5항 참조. 각국은 일반적으로 백기사를 완화하고 있는데 공개매수에 응할 것인지, 응한다면 어느 공개매수에 응할 것인지가 여전히 주주에게 달려 있기 때문이다.

45 유럽연합 차원의 논의는 보통 '이사회 중립성(board neutrality)'이라는 용어를 사용하지만 여기에서는 '저지 금지'라는 표현이 더 정확하게 규칙의 범위를 나타내고 있으므로 이 용어를 사용한다. 뒤 8.2.2.1 참조.

46 지침이 EU 각국에서 채택된 이후 놀랍게도 회원국의 기업인수법은 이전보다 이사회 중립성에서 더 멀어지게 되었다〔Paul Davies, Edmund-Philipp Schuster, and Emilie van de Walle de Ghelcke, *The Takeover Directive as a Protectionist Tool?*, in Ulf Bernitz and Wolf-Georg Ringe, eds., Company Law and Economic Protectionism, p.105, p.138 이하 (2010)〕. 심지어 그 이전에 중립성원칙을 채택하고 있던 프랑스도 이 원칙을 폐기

떤 행위를 할 수 있는지는 각국의 회사법의 원칙에 따라 결정된다.

영국의 규칙이든 유럽연합의 지침이든, 여기에서 주주의 승인은 특정 공개매수를 대상으로 하여 그 공개매수기간에 이루어진 승인을 말하는 것으로서, 특정 공개매수가 이루어지기 전에 미리 포괄승인을 할 수는 없다. 주주 승인의 보다 약한 형태는 특정 공개매수 이전에 주주가 경영권 방어를 승인하는 것이다. 이것은 사후적 승인보다 주주에게 주어진 선택지가 분명하지 않다는 점에서 약한 형태인 것은 분명하다.[47] 그러나 사후적 경영권 방어에 대한 사전적 승인을 할 수 없도록 하면, 주주로서는 이후 공개매수에서 매수인과 대상회사 경영진이 협상하도록 하겠다는 확약을 할 방법이 없다.[48] 주주의 사전적 승인은 독일[49]과 일본에서 경영권 방어를 적법화하는 한 가지 방법이다. 일본은 정부의 가이드라인에서 "주주가 적절한 투자결정을 내리는 방법으로서" 경영권 방어에 대한 사전적 승인을 권유한다.[50] 그러나 사전적 승인이 있으면 경영권 방어가 항상 적법하게 되는지 판례는 확실하지 않다.[51] 브라질은 적대적 기업인수가 거

하였다. 뒤 8.2.3 참조.

47 이 점은 프랑스어에서 사전승인을 의미하는 à froid와 사후승인을 의미하는 à chaud에서 잘 드러난다.

48 사전확약에 대해서는 앞 7.2 참조. 이 목적을 위한 사전적인 경영권 방어에 대해서는 뒤 8.2.3 참조.

49 기업인수법 § 33(2). 이 승인은 18개월 이전까지 주주 4분의 3의 승인에 의하여 이루어져야 하며, 정관으로 그 요건을 가중할 수 있다. 하지만 이는 감독이사회에 의하여 사후적으로 주주의 승인 없이도 이루어질 수 있으므로〔기업인수법 § 33(1)〕, 주주에 의한 사전승인은 사실상 중요하지 않다〔Klaus J. Hopt, *Obstacles to Corporate Restructuring: Observations from a European and German Perspective*, in Michel Tison et al., eds., Perspectives in Company Law and Financial Regulation, p.373, pp.373-95 (2009)〕.

50 Ministry of Economy, Trade and Industry (METI) and Ministry of Justice, Guidelines Regarding Takeover Defense for the Purposes of Protection and Enhancement of Corporate Value and Shareholders' Common Interests, 27 May 2005, p.2. 이 가이드라인은 법적 구속력은 없으며 법원의 판결과 실무관행을 담고자 하였다. Corporate Value Study Group, Takeover Defense Measures in Light of Recent Environment Changes, 30 June 2008.

51 아직까지 가이드라인에 근거하여 사전승인을 얻은 경영권 방어에 대한 법원의 판단은 나

의 없기 때문에 여전히 경영권 방어의 법리는 발전되지 못한 채로 남아 있다. 그럼에도 불구하고 최근 조직된 기업인수 패널은 비록 그 가입이 임의적이고 아직 규모가 작으나, 공개매수기간에 저지금지규칙과 비슷한 규칙을 제안하고 있다.[52]

8.2.2.1 저지금지, 중립의무, 소극성과 경쟁매수

저지금지규칙은 이사회에게 소극적(passive)일 것을 넘어 중립적(neutral)일 것까지 요구하는 것은 아니다. 저지금지규칙에 위반되지 않으면서도 대상회사 이사회가 공개매수의 결과에 상당한 영향을 줄 수 있는 행동을 하는 것이 허용되는 상황도 많다. 첫째, 대상회사 경영진은 주주로 하여금 특정한 방향으로 그 선택권을 행사하도록 설득할 수 있다. 실제로 대부분의 입법례에서 대상회사 이사회는 주주에게 공개매수에 대한 의견을 제공할 의무가 있다. 이것은 대상회사 경영진에게 주주의 정보 비대칭 문제를 해결하는 역할을 기대하고 있는 것이다.

둘째, 경영진은 경쟁 당국이 공개매수를 금지하도록 신청할 수 있다. 이것은 규제 당국으로 하여금 잠재적인 경쟁저해 효과를 인식하도록 하는 효율적인 방법으로서, 경쟁시장의 보호라는 공익(公益)이 주주가 공개매수에 응할 수 있다는 사익(私益)보다 우선하기 때문이다.

셋째, 저지금지규칙은 일반적으로 부작위의무로 해석되므로, 대상회사 경영진은 적극적으로 공개매수를 지원하는 조치를 취할 필요가 없다(경쟁매수가 있는 경우에는 예외). 따라서 저지금지규칙으로 대상회사 경영진이

오지 않고 있다. 다만 불독소스 사건에서 경영권 방어수단으로 발행된 주식워런트에 대하여 최고재판소가 방어수단을 승인하였는데, 그 근거는 공개매수가 시작된 이후 주주의 승인을 얻었다는 점과 매수인이 공개매수 이전에 취득한 주식과 관련하여 다른 주주와 공평하게 취급하였다(비록 다른 주주와 동일한 방식으로는 아니지만)는 점이다(일본최고재판소 2007. 8. 7. Minshu 2215). 또한 Sadakazu Osaki, *The Bulldog Sauce Takeover Defense*, 10(3) Nomura Capital Market Review 1 (2007).

52 인수합병 자율규제코드 제156조 제9항.

공개매수를 시도할 잠재적 매수인에게 대상회사의 장부를 열람할 수 있도록 할 의무를 부담하는 것은 아니다.[53] 첫 번째와 세 번째 가능성을 통하여 대상회사 경영진은 매수인과 공개매수의 조건에 관하여 협상할 수 있게 된다. 영국법상 저지금지규칙이 존재함에도 불구하고 기업인수 프리미엄이 영국과 미국에서 크게 다르지 않은 것은 이 때문이다.[54]

8.2.2.2 백기사와 경쟁매수

마지막으로 저지금지규칙은 대상회사 경영진이 주주의 선택권을 확대시키는 것, 예를 들어 백기사를 물색하는 것을 금지하지 않는다. 대상회사 경영진이 유도하든 그렇지 않든 경쟁매수는 등장할 수 있다. 경쟁매수가 대상회사 주주의 부를 증진시킨다는 것은 실증적으로 뒷받침되고 있다. 그러나 경쟁매수를 장려하는 규칙에 수반되는 비용은 최초에 매수자가 공개매수를 제안할 인센티브를 감소시킨다는 점이다. 최초 공개매수자가 뒤이어 등장한 경쟁매수자에게 패배하는 경우가 종종 있는데, 이렇게 되면 최초 공개매수자가 투자한 탐색비용이나 기타 비용은 만회할 수 없게 된다. 이는 최초 공개매수를 억지하게 되고 결과적으로 공개매수의 수를 감소시킨다.[55]

보다 일반적으로 "적대적(심지어 우호적) 공개매수의 종결을 지체시키는 모든 규제는, 대상회사가 권유한 것이든 아니든, 다른 공개매수가 등장할

---

53 대상회사의 수익성에 대한 확실성은 부채조달을 통한 매수인에게는 매우 중요하다.

54 John C. Coates IV, *M&A Break Fees: U.S. Litigation vs U.K. Regulation*, in Daniel P. Kessler, ed., Regulation versus Litigation: Perspectives from Economics and Law, p.239, p.255 (2011).

55 Frank H. Easterbrook and Daniel R. Fischel, *The Proper Role of a Target's Management in Responding to a Tender Offer*, 94 Harvard Law Review 1161 (1981). 이런 경향은 일부 입법례에서 정보의 평등을 요구하면서 더 진행되었다. 예를 들어 영국에서는 대상회사의 이사회가 실사과정에서 우호적인 인수인과 정보를 공유하게 되면 그 정보를 다른 인수인에게도 제공해야 한다(기업인수코드 Rule 22).

시간을 제공함으로써 경쟁매매의 가능성을 높인다."[56] 그래서 원래는 다른 문제를 해결하기 위한 규칙이 경쟁매수의 등장 가능성에 큰 영향을 줄 수 있다. 좋은 예가 공개매수기간, 즉 최소한 일정 기간 동안에는 공개매수가 유지되어야 한다는 규제이다(원래는 주주가 공개매수의 가치를 평가하기 전에 성급하게 응하게 되는 결과를 막기 위한 것이다). 또 다른 것으로는 일정 규모 이상의 지분에 대한 실질소유자의 공시의무인데, 이를 통하여 잠재적 경쟁매수자에게 대상회사에 대한 공개매수가 곧 있을 것이라는 정보를 알려 주게 된다.[57] 대상회사 경영진이 유인하였든 아니든, 일단 경쟁매수가 등장한 다음 최초 공개매수에 응한 주주가 어떤 이유로 또는 경쟁매수가 생겼다는 이유로 이를 철회할 수 있는 법제에서는 경쟁매수의 영향이 더 커질 수 있다.[58] 또한 경쟁매수자를 최초 공개매수자와 정보 제공의 관점에서 평등하게 대우하는 규칙도 같은 효과를 가진다.[59]

최초 공개매수자의 입장에서 이러한 경쟁매수를 장려하는 효과를 완화시키는 여러 가지 방법이 있다.[60] 잠재적 대상회사의 이사회가 자신들에 대한 공개매수를 주주에게 이익이 된다고 보면서 경쟁매수에 대한 보호수단이 없이는 이러한 공개매수가 생기지 않을 것이라고 판단한다면, 대상회사 이사회는 백기사를 물색하지 않겠다거나 백기사와 협력하지 않겠다는 계약을 체결할 수도 있다. 그러나 더 좋은 경쟁매수를 장려하지 못하게 하는 것은 일반적으로 충실의무 위반이라는 이유로 허용되지 않는

---

56 Romano, 앞의 논문(주 12), 156.

57 뒤 8.2.4 참조.

58 이것이 기업인수법의 일반적인 태도이다. 미국도 그러한데[1934년법 § 14(d)(5) 및 Rule 14d-7], 다만 영국은 그렇지 않다(기업인수규칙 Rule 34. 철회를 보다 엄격하게 인정). 매수인은 공개매수 바깥에서 철회 불가능한 승낙을 확보함으로써 (일반적으로 공개매수 시작 전에) 이 규정을 회피할 수 있다. 다만 이 주주는 경쟁매수가 발생하지 않을 것을 조건으로 이러한 승낙을 할 여지는 있다.

59 주 55 및 뒤 8.3.1 참조.

60 더 깊은 분석은 Athanasios Kouloridas, The Law and Economics of Takeovers: An Acquirer's Perspective, chs. 6-7 (2008).

다.[61] 공개매수자의 입장에서 더 효과적인 방법은 '유인보상(inducement fee)' 또는 '파기보상(break fee)' 등의 이름으로 재무적인 손해배상액의 예정을 하는 것인데, 경쟁에서 패배한 최초 공개매수자에게 그 지출한 비용을 보상하는 것을 목적으로 한다. 이러한 약정은 미국에서는 널리 이루어지고 있지만, 영국에서는 자유로운 주주의 의사결정에 영향을 줄 가능성이 있다는 이유에서 최근 엄격하게 제한되고 있다.[62] 실제로 이 약정은 대상회사 경영진이 선호하는 매수인을 유리하게 만드는 효과가 있다. 마지막으로 최초 공개매수자는 공개매수 공시 이전에 대상회사의 주식을 싸게 매입하는 방법으로 시장에서 스스로를 보호할 수 있다. 만약 공개매수가 실패하는 경우 이 주식을 경쟁매수자에게 매도하여 이익을 얻을 수 있기 때문이다. 일반적으로 공개매수자가 미리 대상회사의 주식을 매수하는 것은 내부자거래의 범위에 포함되지 않지만,[63] 대량지분 보유의 공시에 관한 규칙으로 인하여 대상회사의 주식을 싸게 매수할 수 있는 기회는 제한된다.[64]

대체적으로 손해배상액의 예정이 높은 수준에서 이루어지는 것을 허용하지 않는 입법례에서는 최초 공개매수자가 경쟁매수에 대하여 스스로를 보호할 수 있는 방법은 제한적이라고 보면 된다.

---

61 *Dawson International plc v. Coats Patons plc* 〔1990〕 Butterworths Company Law Cases, 560.

62 미국에서는 보통 2~5퍼센트 범위에 있다. 특별히 영국의 코드 Rule 21.2는 경쟁매수에 있어서 대상회사 이사회가 원래 매수인을 추천하지 않은 경우 파기보상을 허용하고 있다 (다만 1퍼센트로 상한 설정). 또한 공개매수가 대상회사 이사회에 의하여 시작된 정식의 매각절차의 일부였다면, 원래 매수인에 대해서 1퍼센트까지의 보상이 허용된다. 이는 독일에서도 허용된다〔Hopt, 앞의 논문(주 12), 276〕.

63 시장 남용에 관한 EU 지침 Recital 30, 596/2014, 2014 O.J. (L 173), 1.

64 주주행동주의 맥락에서의 논의에 대해서는, John C. Coffee, Jr. and Darius Palia, *The Wolf at the Door: The Impact of Hedge Hund Activism on Corporate Governance*, 1 Annals of Corporate Governance 1 (2016).

8.2.3 이사회와 주주의 공동의사결정

대상회사 경영진이 일방적으로 공개매수에 대한 방어조치를 취할 수 있는 경우에는 사실상 의사결정 과정이 대상회사의 주주와 경영진 모두를 포함하여 공동으로 이루어지게 된다. 이사회가 방어조치를 취하기로 결정하거나 또는 기존의 방어수단을 철회하지 않기로 결정하면, 주주는 사실상 공개매수에 응할 수 없기 때문이다. 이러한 방어수단으로 아마도 가장 널리 알려진 것은 미국에서 발전된 '포이즌필', 즉 주주의 신주인수선택권 플랜(shareholders' rights plan)이다.[65] 정관에 따라 매수인이 비교적 적은 지분(전형적으로 10~20퍼센트)을 소유하게 되면 대상회사 주주의 매수권이 발동되는데, 그 주주는 대상회사 또는 매수회사의 주식을 유리한 조건으로 인수할 수 있지만 매수인은 그런 권한을 가지지 못한다.[66] 매수인이 취득한 주식이 희석화되기 때문에 더 이상의 취득은 무의미하거나 매우 비싸지게 되는 것이다. 포이즌필은 대상회사 경영진이 단번에 매우 쉽게 발행할 수 있기 때문에 사전적 방어수단과 사후적 방어수단의 구분은 무의미하게 되었다. 대상회사 경영진은 잠재적 매수인에게 단순히 거부의사를 표현하는 것(just say no)만으로도 강력한 방어가 된다.[67] 공개

---

65 포이즌필은 1980년대 적대적 기업인수에 대한 대응책으로 처음 만들어졌다. 여러 측면에서 오늘날에는 행동주의 헤지펀드를 옹호하는 논리를 제공하기도 한다. 다시 말해 포이즌필로 인하여 경영권 방어가 효과적으로 이루어지게 되면서, 그에 대한 시장의 반응으로 헤지펀드가 등장하였다고 볼 수도 있는 것이다.

66 Lucian A. Bebchuk and Allen Ferrell, *Federalism and Corporate Law: The Race to Protect Managers from Takeovers*, 99 Columbia Law Review 1168 (1999); Lucian A. Bebchuk and Allen Ferrell, *On Takeover Law and Regulatory Competition*, 57 The Business Lawyer 1047 (2002).

67 "시간이 흘러 포이즌필이라는 강력하고 새로웠던 도구에 사람들은 둔감해졌다. 이 도구의 유일한 목적은, 매수인의 지분(만일 flip-over 형태인 경우에는 자기 자체에 대한 지분)을 희석시킴으로써, 증권을 발행하는 경영진에게 그들이 원하지 않는 거래가 성사되지 못하도록 막을 수 있는 협상력을 부여하는 것이다"〔*Hollinger Int'l v. Black*, 844 A.2d 1022, 1064-5 (2004, Del. Ch.)〕.

매수를 받아들이기로 하면, 대상회사 경영진은 포이즌필을 상환(redeem)함으로써 기업인수가 진행되도록 할 수 있다. 미국에서 경영권 방어는 포이즌필에 전적으로 의존하고 있기 때문에 여러 주에서 채택하는 반인수조항들은 대부분 별다른 의미를 갖지 못한다.[68] 이하에서 설명하겠지만 적대적 기업인수의 표준적인 모델은 점차 위임장경쟁으로 전환되었는데, 매수인은 대상회사의 이사회를 교체하여 포이즌필을 상환하는 것을 목적으로 한다.[69]

프랑스는 2006년 입법으로 주주의 신주인수선택권 계획(소위 'Breton 주식' 또는 '충성주식')을 마련하여[70] 지배권거래에 관한 규제에 집어넣었다. 그러나 다른 유럽국가와 마찬가지로 신주를 발행하기 위해서는 주주총회의 승인이 필요하다. 원래 프랑스는 저지금지규칙의 상호성 예외규정에 따라 사후적 승인을 요구하고 있었다. 그러나 2014년 플로랑제법(Loi Florange)[71]의 제정으로 프랑스에서 저지금지원칙이 폐기되었고, 그 결과 사전적 승인에 의한 신주인수선택권 플랜도 허용되었다(물론 정기적으로 갱신되어야 한다). 현재 이 구조는 대상회사의 주주가 경영진을 지지하는 방식으로 활용되고 있다. 프랑스 주주들은 이런 가능성을 거의 이용하지 않는데, 공개매수의 조건을 알기 전에 대상회사 경영진을 신뢰하지는 않기 때문

68 Emiliano Catan and Marcel Kahan, *The Law and Finance of Antitakeover Statutes*, 68 Stanford Law Review 629 (2016).

69 뒤 8.2.3.2 참조

70 2006년 3월 31일 법 No. 2006-387 참조. 프랑스에서 의무 공개매수 규정을 전제로 하면 워런트는 일반 공개매수에 의해서만 발동될 수 있으므로, 매수인을 권리 부여대상에서 제외하는 것은 불필요하다.

71 2014년 3월 29일 No. 2014-384 플로랑제법에 의하여 개정된 상법 L. 233-32 및 L. 233-33 참조. 이 개정에 대해서는, Quentin Durand, *Loi visant à reconquérir l'économie réelle: présentation des aspects relatifs aux offres publiques*, Bulletin Joly Bourse 274 (2014); Eva Mouial-Bassilana and Irina Parachkévoya, *Les apports de la loi Florange au droit des sociétés*, Bulletin Joly Sociétés 314 (2014); Alain Viandier, OPA, OPE, et Autres Offres Publiques, no. 2045 이하 (5th ed., 2014).

으로 보인다.[72]

이런 최근의 개혁을 통하여 프랑스는 미국의 입법례에 접근하였다. 지금은 주주가 공개매수가 시작되기 전에 워런트의 발행을 승인할 수 있고, 이사회에게 공개매수가 시작된 이후 주주총회의 승인 없이 워런트를 발행할 수 있도록 승인할 수 있게 되었다. 이렇게 권한을 부여받은 이사회는 잠재적 매수인과 협상할 수 있고, 워런트를 발행할 것인지에 대하여 재량을 가지게 된다. 그러나 미국과 몇 가지 다른 점이 있다. 첫째, 미국의 포이즌필과 달리, 프랑스의 워런트는 주주총회에 의하여 채택 또는 미리 승인되는 것이다. 이사회가 단독으로 발행할 수 없다. 둘째, 워런트는 매수인이 공개매수 이전에 매수한 주식을 포함하여 모든 주주에게 발행되어야 한다.[73] 셋째, Breton 주식은 진정한 공개매수가 시작된 경우에만 발동될 수 있다. 매수인이 몰래 주식을 매집하는 경우(creeping acquisition)에는 적용되지 않는다. 마지막으로, 프랑스의 워런트는 개별 공개매수에 연동된다. 다시 말해서 공개매수가 성공하지 않으면 워런트는 자동으로 무효가 된다.[74]

저지금지규칙이 없어지면 대상회사 경영진은 다른 경영권 방어수단을 이용할 수 있을 것이고, 이 방어수단들은 주주의 사전승인으로 충분하거나 또는 아예 주주의 승인을 요하지 않는다. 다른 입법례와 마찬가지로 프랑스에서도 경영권방어를 이사회가 단독으로 채택할 수 있는지는 일반적인 회사법 또는 회사의 정관에서 어느 정도로 주주총회의 승인을 중시하는지에 달려 있다.[75] 앞서 살펴본 바와 같이,[76] 보통 회사 자산의 운용

---

72 Durand, 앞의 논문(주 71), 281, n. 53.

73 그러나 매수인이 공개매수를 통하여 취득하기로 한 주식은 워런트의 발행대상이 되지 않는다. 또한 주 70 참조.

74 상법 L. 233-32 제2항.

75 Matteo Gatti, *The Power to Decide on Takeovers: Directors or Shareholders, What Difference Does It Make?*, 20 Fordham Journal of Corporate & Financial Law 73 (2014).

76 앞 3.2.3 및 제7장 참조.

과 관련된 사항에 대해서는 경영진의 권한이 강력하지만, 주식 또는 주식으로 전환될 수 있는 증권의 발행에 있어서는 경영진의 권한을 제한하는 입법례가 많다. 기존 주주의 권리가 희석될 수 있기 때문이다. 그런데 일반적으로 대상회사 경영진의 입장에서는 회사의 지분과 관련된 방어수단이 자산과 관련된 수단보다 더 매력적인 경우가 많다. 회사의 사업에 미치는 영향이 적고 매수인에 대한 억지효과가 더 크기 때문이다.

마찬가지로 최근 일본에서 경영권 방어수단으로 주식워런트를 이용하게 된 것도 이사회가 단독으로 신주를 발행할 수 있도록 하는 회사법의 변화(특별히 지배권거래를 목표로 하여 개정된 것은 아니다)가 전제된 것이다.[77] 물론 이사회가 경영권을 방어하기 위해서 그 권한을 사용하는 것이 적법한지는 또 다른 논점이다. 그러나 이사회에 권한이 없으면 아예 이 문제를 생각할 여지도 없다. 또한 매수인은 강제공개매수 규정으로 인하여 기업인수 시도가 억지된다. 브라질의 포이즌필은 원래 의무공개매수에 관한 변경불가능한 정관규정과 관련되어 있었다. 이 규정에 의하면 대상회사 주식의 일정한 지분을 취득한 매수인은 모든 주주에 대해서 공개매수를 해야 하는데, 이 공개매수는 보통 그 이전의 시장가격보다 상당히 높은 프리미엄을 지급한다. 그러나 이 규정으로 인하여 50퍼센트 미만의 블록을 가진 주주들이 사익추구를 할 수 있다는 비판을 받았고, 그 적법성이 문제 되었다.[78] 브라질의 프리미엄 상장시장인 노보 메르카도(Novo Mercado)에서는 이 규정이 변경불가능한 것은 위법이라고 하여, 주주의 과반수로 정관을 개정하여 언제든 이 강제공개매수 규정을 없앨 수 있게 되었다.[79]

---

77 일본에서 경영권 방어수단으로서 주식워런트의 이용은, 주 50 및 51 참조.

78 Parecer de Orientaçáo CVM No. 36 (2009).

79 Novo Mercado 규정 제3.1.2조.

8.2.3.1 이사회의 경영권 방어에 대한 통제수단

저지금지규칙이 이사회가 완전히 아무것도 할 수 없다는 것은 아니지만, 이 규칙이 공개매수와 관련된 의사결정을 주주가 주도하도록 만드는 것은 분명하다. 따라서 매수인에 대하여 주주들 사이의 조정 문제를 어떻게 해결할 것인지가 저지금지규칙을 적용함에 있어서는 중요한 쟁점이 된다. 반면 공동적 의사결정 방식에서는 대상회사 경영진이 주주를 대신하여 협상하거나 대상회사를 저평가하는 공개매수를 거절하는 등 주주의 이익을 위한 조치를 취하는 것이 허용된다. 만일 이러한 공동적 의사결정 방식에서 대상회사 경영진이 자신들이 사적 이익이 아니라 주주의 이익을 증진하는 방향으로 그들의 권한을 사용한다면, 전적으로 주주가 결정하는 방식보다 더 좋은 결과를 가져올 것이라고 말할 수 있을 것이다.[80] 그러나 이러한 결과를 가져오기 위해서는, 다른 전략들을 함께 사용하여 경영진이 사적 이익을 위하여 거부권을 행사하는 것을 막아야 한다. 이러한 목적으로 사용할 수 있는 전략으로는 스탠더드, 수탁자, 해임권, 보상 등이 있다.

8.2.3.2 스탠더드

경영진의 거부권 행사에 대해 법원이 **사후적으로** 심사하는 방식은 이사의 의무에 관한 일반적인 회사법에서 원칙적으로 이용 가능한 전략이다. 무론 이 방식의 효과는 시간과 장소에 따라 다르다. 일부 주장에 따르면,[81] 1980년대 델라웨어주 법원은 이러한 방식으로 충실의무를 적용하여, 사실상 공개매수가 대상회사 주주의 이익을 해치는 구조로 된 경우에

80 물론 이 주장의 설득력은 ① 경영진이 아무 역할도 못할 경우 주주의 조정 문제가 얼마나 쉽게 해결될 수 있는지(뒤 8.3), ② 저지금지규칙에서 대상회사 경영진의 협상범위가 얼마나 되는지(앞 8.2.2.1) 등에 달려 있다.

81 Lucian Bebchuk, *The Case against Board Veto in Corporate Takeovers*, 69 University of Chicago Law Review 973, 1184–8 (2002); R. Gilson, *UNOCAL Fifteen Years Later (and What We Can Do About It)*, 26 Delaware Journal of Corporate Law 491 (2001).

만 포이즌필의 소각을 거절하는 판단을 승인하였다고 한다. 그러나 이후 법원의 판단은 보다 경영진의 이익을 옹호하는 방향으로 발전하였다. 그 시발점은 공개매수의 운명에 관한 결정도 다른 이사회 소관사항과 같이 원칙적으로 회사의 운영에 관한 것이므로 이사회의 권한에 속한다는 법리를 채택한 것이다.[82] 오직 경영진이 회사의 경영전략상 회사에 대한 지배권을 매각하거나 전 재산을 처분하기로 하는 결론에 이른 경우에만 주주의 이익이 가장 결정적인 요소가 된다.[83] 그렇지 않은 경우에는 적대적 공개매수에 대항하여 기존의 사업전략을 유지하는 것은 원칙적으로 경영진이 선택할 수 있는 사항이며, 그 공개매수가 단기적으로 주주의 부(富)를 극대화하는지는 이 판단과 상관이 없다.[84]

일본도 마찬가지로 주주의 승인이 없는 경우, 대상회사 경영진의 방어행위는 오직 기업가치 및 주주이익을 증진시키는 경우에만 적법하다는 것이 정부의 가이드라인과 법원의 판결이다.[85] 그 결과 공개매수가 강압적이라거나 그린메일을 야기하거나 매수인과 대상회사 주주 사이의 정보비대칭이 심한 경우 등에는 주주가 경영권 방어수단을 승인하지 않았더라도 이 기준을 만족시킬 가능성이 높아진다.[86] 전반적으로 보면, 공동적

---

82 *Paramount Communications Inc. v. Time Inc.*, 571 A.2d 1140 (1989); *Unocal Corp. v. Mesa Petroleum Co.*, 493 A.2d 946 (1985); *Unitrin Inc. v. American General Corporation*, 651 A. 2d 1361 (1995).

83 *Revlon Inc. v. MacAndrews & Forbes Holdings Inc.*, 506 A.2d 173 (1986); *Paramount Communications v. QVC Network*, 637 A.2d 34 (1994).

84 미국의 많은 주에서는 '이해관계자조항(constituency statutes)'에 의하여 친(親)경영자적인 접근이 입법적으로 채택되었다. 이해관계자조항은 이해관계자, 특히 근로자나 지역사회의 이해관계를 증진시키는 것으로서, 실제로는 경영진을 주주의 이해관계에서 자유롭게 하는 역할을 하였다. Romano, 앞의 논문(주 12), 171; 앞 8.1.2.3 참조.

85 강압적이지 않은 공개매수에 대한 경영권 방어는 라이브도어 사건에서 부정되었다(도쿄고등재판소 판결 2005. 3. 23. 1899 判例時報 56).

86 Ministry of Economy, Trade and Industry (METI) and Ministry of Justice, 앞의 가이드라인(주 50), pp.4-5. 라이브도어 사건을 비롯한 관련 논의는 Soichiro Kozuka, *Recent Development in Takeover Law: Changes in Business Practices Meet Decade-Old Rule*, 21 Zeitschrift für Japanisches Recht 5, 12-6 (2005).

의사결정 모델에서 경영진에게 부여된 재량에 대해서 법원이 적극적으로 심사할 것이라는 증거는 어느 입법례에서도 거의 발견되지 않는다.[87]

8.2.3.3 해임권

미국의 경우 강한 경영권 방어수단로 인하여, 이를 극복하기 어려운 매수인은 점차 해임권에 의존하게 되었다. 다시 말해 위임장경쟁을 통하여 대상회사의 이사회를 교체하는 것이다. 위임장경쟁에서 이기면 대상회사 이사를 매수인이 추천하는 자로 교체하여 포이즌필을 소각한다. 오랫동안 많은 미국 회사에서 이 전략은 시차임기제(staggered board)[88]로 인하여 사용하기 힘들었는데, 최근에는 시차임기제가 줄어드는(destaggering)[89] 경향이 있어서 이 전략이 점차 유용해지고 있다. 그럼에도 불구하고 경영진을 해임해야 해야 한다는 것은 공개매수의 시기의 선택에 제약을 가져오는데, 델라웨어주에서는 정기주주총회에서만 실제로 해임이 이루어지기 때문이다.[90]

---

87 독일에서 이사회의 경영권 방어행위를 주주 또는 감독이사회의 승인으로 통제한다고 해서 그것으로 이사의 선관주의의무가 면제되지는 않는다. 이러한 제한이 무엇을 의미하는지에 대해서는 많은 학술적 논의가 있지만, 경영진이 터무니없이 자신의 의무를 저버리지 않는 한 이러한 제한이 경영진의 참호 구축을 막을 수 있을 것으로 생각하기는 어렵다. 그러나 일부 주장에 따르면 델라웨어주 법원에서는 경영진이 지배권 이전을 유도하는 상황(저항하는 것이 아니라)에서 스탠더드전략이 잘 작동했다고 한다〔Robert B. Tompson and Randall S. Thomas, *The New Look of Shareholder Litigation: Acquisition-Oriented Class Actions*, 57 Vanderbilt Law Review 113 (2004)〕.

88 정기주주총회에서 일부 이사만(일반적으로 3분의 1) 교체될 수 있는 경우에 이를 '시차임기제'라고 부른다. 앞 3.2.2 참조.

89 2002년에는 S & P 500 회사의 60퍼센트 이상이 시차임기제를 가지고 있었으나, 2013년 이 숫자는 12퍼센트로 감소하였다〔Weili Ge, Lloyd Tanlu, and Jenny Li Zhang, *Board Destaggering: Corporate Governance Out of Focus?*, Working Paper (2014), ssrn.com〕.

90 위임장 경쟁보다 공개매수가 더 유리하다는 점에 대해서는 Louis Loss, Joel Seligman, and Troy Paredes, Fundamentals of Securities Regulation, p.562 (6th ed., 2011).

8.2.3.4 수탁자전략

경영진의 방어행위를 회사 외부에서 심사하는 방법에 대한 대안은 회사 내부에서 독립이사(independent directors)의 승인을 요구하는 것이다. 독일의 경우, 경영이사회가 제안한 방어행위는 감독이사회의 승인을 받아야 한다.[91] 이 전략의 효과는 감독이사회가 실제로 독립적인 역할을 하는지에 크게 의존한다. 공동결정제의 이사회에서는 이러한 독립성이 의심될 수 있는데, 감독이사회의 근로자대표는 전형적으로 주주의 입장보다는 경영진의 입장을 지지하기 때문이다.[92] 마찬가지로 미국에서 이사회가 포이즌필을 소각할 것인지 하는 의사결정은 대부분 독립이사들에 의하여 이루어진다. 미국에서는 공동결정의 문제는 없지만, 이런 독립이사들이 실제로 독립적인지 여전히 논쟁이 되고 있다.

실제로 미국에서 대상회사 경영진을 제약하는 대안으로는 해임권과 수탁자전략을 함께 사용하는 방법이 유력해지고 있는데, 이제 거의 대부분의 미국 공개회사는 이사회가 독립이사들로 이루어져 있기 때문이다. 그러나 에어가스(Airgas) 사건에서는 이런 혼합전략이 매수인의 의도와 달리 잘 기능하지 못할 수 있다는 것을 말하고 있다. 에어가스는 경쟁사인 에어프로덕트의 적대적 공개매수에 직면하여, 그 이사회는 공개매수 가격이 너무 낮다고 하면서 공개매수를 거절하고 포이즌필을 그대로 유지하였다.[93] 에어프로덕트는 이에 위임장권유를 통하여 새로운 독립이사 3명을 에어가스의 이사회에 포함시킬 수 있었다. 그런데 이 새로운 독립이사들은 자문보고서 검토 후, 놀랍게도 다른 이사들과 같은 시각에서 공개매수

91 경영진은 경영권 방어에 대하여 주주의 사전승인을 얻을 수 있으나, 이 경우 그 권한의 행사는 감독이사회의 승인을 거쳐야 한다〔기업인수법 § 33(2)〕. 한편 경영권 방어는 단순히 감독이사회의 승인으로 가능하다〔기업인수법 § 33(1) 마지막 문장〕. 이 조항이 이렇게 이상하게 만들어진 것은 입법의 마지막 순간에 들어갔기 때문이다. 실제로 경영진이 미리 주주의 사전승인을 얻어야 할 실익은 없다.

92 Hopt, 앞의 논문(주 49), III.A.b. 참조.

93 세부적인 설명은, *Air Products and Chemicals, Inc. v. Airgas, Inc.*, 16 Atlantic Reporter 3d 48 (Del. Ch. 2011).

가격이 낮다는 시각을 가지게 되었고 에어프로덕트의 인수에 반대하였다. 이 결과는 위에서 설명한 두 가지 전략, 즉 해임권과 수탁자전략을 함께 사용한 것인데, 독립이사들이 매수인의 대변인이 아니라는 점과 외부의 자문보고서의 역할이 추가되어 결과적으로는 바람직하게 된 것으로 보인다.[94]

수탁자전략에 수정 또는 추가되는 것으로는 이사회가 회사 외부로부터 '독립적 자문(independent advice)' 또는 '공정의견(fairness opinion)'을 얻어야 하는 의무가 있다. 이것은 에어가스 사건에서도 중요한 역할을 하였다.[95] 영국과 프랑스에서는 법에서 요구된다.[96] 미국에서 공정의견은 델라웨어주의 Smith v. Van Gorkom 사건[97]의 결과로, 대상회사 경영진이 통상적으로 얻고 있다. 보다 최근에는 델라웨어주 법원과 증권거래위원회는 '독립적인' 공정의견에 대해 보다 자세한 가이드라인을 만들었다.[98]

8.2.3.5 보상전략

이 전략하에서 대상회사 경영진의 지위 보전이라는 사적 이익은 회사의 지배권을 매수인에게 넘기는 것에 따른 금전적 보상이라는 형태의 사적 이익으로 전환된다.[99] 이런 일이 일어나는 이유를 보면, ① 일반적으

---

94 Edward B. Rock, *Institutional Investors in Corporate Governance*, in Jeffrey N. Gordon and Wolf-Georg Ringe, eds., Oxford Handbook of Corporate Law and Governance (2017).

95 Rock, 앞의 논문(주 94).

96 영국 기업인수코드 제3조; 프랑스 금융시장감독청(Autorité des Marches Financiers. 이하 'AMF') 일반규정 제2권 제6호, 제1장 및 제2장.

97 488 A.2d 858 (Del. 1985).

98 상세한 설명은, David Friedman, *The Regulator in Robes: Examining the SEC and the Delaware Court of Chancery's Parallel Disclosure Regimes*, 113 Columbia Law Review 1543 (2013).

99 Marcel Kahan and Edeward B. Rock, *How I Learned to Stop Worrying and Love the Pill: Adaptive Responses to Takeover Law*, 69 University of Chicago Law Review 871 (2002); Jeffery N. Gordon, *An American Perspective on Anti-Takeover Laws in the EU: The German Example*, in Guido Ferrarini et al., eds., Reforming Company and Takeover Law in Europe, p.541 (2004).

로 인센티브 보수하에서는 지배권 이전이 이러한 보수를 발생시키는 사건이 되기도 하고,[100] ② 경영진의 근로계약에서 그러한 지급의무를 인정하기도 한다.[101] ③ 흔하지는 않지만, 지배권 이전이 성공한 것에 대하여 매수인 또는 대상회사로부터 보상을 받는 경우도 있다. 이런 보상이 가능하다면 포이즌필이나 다른 경영권 방어수단을 발동시키지 않도록 하는 인센티브를 제공한다는 주장도 있다.[102] 그러나 많은 입법례에서는 경영진의 인센티브를 크게 해칠 수 있는 수준의 보상은 적어도 주주의 동의가 없는 한 정당화되기 어렵거나 위법한 경우가 많다.

그래서 제3장에서 본 것처럼 만네스만(Mannesmann) 사례에서 해외 투자자에 의한 성공적인 기업인수 이후 대상회사의 CEO에게 지급된 보상으로 인하여 그 CEO는 회사재산 낭비죄(횡령죄)로 기소되기도 하였다. 이 사건에서 법원이 발전시킨 법리는 엄격하고 객관적인 것이었는데,[103] 이에 대해서는 학계의 비판도 있다.[104] 이 형사책임은 미리 경영진의 실직에 대한 보상에 관한 계약을 체결함으로써 피할 수 있고, 실제로 회사의 실무는 이렇게 진화되었지만, 이 판결로 인하여 이런 계약도 위축되었다는 점은 부인하기 어렵다. 영국에서도 기업인수 이후 경영진의 실직에 대한 퇴직위로금이나 계약상의 퇴직급여는 주주의 승인을 얻어야 하며, 만

---

100 예를 들어 스톡옵션의 조기상환.

101 예를 들어 황금낙하산.

102 Lucian Bebchuk and Jesse Fried, Pay without Performance (2004), pp.89–91; Alessio M. Pacces, Rethinking Corporate Governance: The Law and Economics of Control Powers, Ch. 3.3 (2012)(경영진이 이러한 보상을 받는 것은, 이러한 부가적인 보상이 이루어지지 않을 경우보다 더 낮은 수준의 지분비율에서 지배권 이전이 이루어지도록 유도한다는 점에서 바람직하다는 주장); Bengt Holmstrom and Steven N. Kaplan, *Corporate Governance and Merger Activity in the US: Making Sense of the 1980s and 1990s*, 15 Journal of Economic Perspectives 121 (2001).

103 BGH 21 December 2005, NJW 2006, 522. 또한 앞 3.3.2 참조.

104 Gerald Spindler, *Vorstandsvergütungen und Abfindungen auf dem aktien- und strafrechlichen Prüfstand: Das Mannesmann-Urteil des BGH*, ZIP-Zeitschrift für Wirtschaftsrecht 349 (2006).

일 이 승인을 얻지 못한다면 지급금액은 공개매수에 응한 주주를 수익자로 하는 신탁으로 간주된다.[105] 이러한 법리는 지배권 이전에 있어 대상회사의 경영진의 역할을 강조하게 되면 지배권 프리미엄의 일부가 경영진에게 귀속될 수 있다는 우려에 기초한다.[106] 그러나 영국의 규정은 저지금지규칙과 함께 작동된다. 따라서 경영자들이 경영권방어를 하지 못하도록 유도할 필요성은 그렇게 중요하지 않다고 생각된다.

전반적으로 처음 의사결정권한을 어떻게 배분하는지는 대단히 중요하다. 미국을 비롯한 일부 입법례에서는 추가적인 전략, 특히 보상전략을 사용하여 공동의사결정 과정을 저지금지규칙하의 결정과정과 크게 다르지 않게(부를 증가시키는 공개매수를 억지하는 측면에서) 만들어 내고 있다. 그러나 이러한 결론은 추가적인 전략이 가능하고 효과적인지에 따라 달라질 것이다. 친주주 성격의 법원에서 효과적인 검토가 이루어지지 못하거나, 대상회사 경영진을 쉽게 교체하지 못하거나, 경영진에게 공개매수를 중립적으로 보도록 상당한 금전적 인센티브를 제공할 수 없다면, 저지금지규칙을 포기하는 것은 지배권 이전의 발생만 감소시킬 따름이다.[107]

8.2.4 사전적 경영권방어

저지금지규칙의 주된 한계로 지적되는 것은 경영권방어에 대한 주주총회의 승인이라는 요건이 오직 공개매수가 시작된 다음에야 생각할 수 있다는 것이다.[108] 저지금지규칙의 이러한 특성으로 인하여 대상회사의 경

105 2006년 회사법 §§ 219, 222(3), 226C.

106 Gordon, 앞의 논문(주 99), 555("황금낙하산과 스톡옵션 조기상환을 이해하는 한 가지 방법은 1980년대 의회와 법원을 통하여 경영진이 기업인수에 저항할 수 있었던 수단들을 주주가 거두어들이는 것이라고 보는 것이다").

107 Gordon, 앞의 논문(주 99), 555(이사를 쉽게 해임할 수 없고 공개매수를 받아들일 인센티브도 높지 않은 독일과 비교하여 이 점을 설명하고 있다).

108 Paul Davies, *The Regulation of Defensive Tactics in the United Kingdom and the*

영진은 잠재적 기업인수의 위험이 현실화하기 전에 효과적으로 방어하려는 인센티브를 가지게 된다. 회사법 또는 증권법이 발전함에 따라 이런 가능성은 더 높아졌다. 예를 들어 의결권 있는 주식 보유의 강제공시는 대상회사 경영진들에게 경영권방어를 할 수 있는 시간을 벌어 준다. 대부분의 입법례는 상장회사에 있어서, 혼자 보유하든 아니면 공동으로 보유하든, 일정 수준 이상의 주식보유를 공시하도록 하는 규정을 가지고 있다.[109] 여기에서 주식과 관련되어 공시해야 하는 이해관계의 범위는 계속 확대되고 있다.[110] 주식보유자는 단순히 보유하고 있다는 사실뿐만 아니라 회사의 지배권과 관련된 목적까지 공시해야 한다.[111] 일부 입법례는 더 나아가 회사가 정관으로 더 낮은 수준의 지분 보유까지 공시하도록 하는 것을 허용하고 있다.[112]

유럽연합의 High Level Group 연구에 의하면, 여섯 가지 유형의 사전적 경영권 방어수단을 생각해 볼 수 있다.[113] ① 대상회사의 주식 취득에

United States, in Klaus J. Hopt and Eddy Wymeersch, eds., European Takeovers: Law and Practice, p.195 (1992). 만일 사전적 방어수단이 이사회의 사후적 조치를 필요로 한다면 여기에 저지금지규칙이 적용될 수 있다. 예를 들어 이사회에 사전적으로 신주 발행의 수권을 부여하고 이사회가 사후적으로 신주를 발행하는 경우가 그러하다.

109 대부분의 국가에서는 5퍼센트 또는 3퍼센트 기준으로 공시의무를 부과한다. 예를 들어 투명성지침 2004/109 § 9(1)은 원래 기준을 5퍼센트로 잡고 있지만, 회원국이 이보다 낮은 기준을 도입할 수 있도록 허용한다. 앞 6.2.1.1 참조.

110 2013년 개정된 새로운 투명성지침 2004 / 109 / EC § 13(1)(b). 미국의 경우에는, *CSX Corp. v. The Children's Investment Fund (UK) LLP*, 562 F.S.2d 511 (2008) 판결에서 주식스왑을 1934년법 § 13(d)의 적용범위로 포함시켰다. 제도에 대한 정책적 논의는, Maiju Kettunen and Wolf-Georg Ringe, *Disclosure Regulation of Cash Settled Equity Derivatives: An Intentions-Based Approach*, Lloyd's Maritime & Commercial Law Quaterly 227 (2012). 시장에서의 매집은 뒤 8.3.4 참조.

111 1934년법 § 13(d)(미국); 상법 L. 233-7, VII(프랑스)(추가적인 정보가 10퍼센트, 15퍼센트, 20퍼센트, 25퍼센트 수준에서 요구됨); 기업인수법 § 27a(독일)(다만 10퍼센트 수준에서만 요구됨); 2006년 금융상품거래법 제27-23조 이하(일본).

112 상법 L. 233-7, III(프랑스) 및 2006년 회사법 22편(영국). 2014년 EC는 최상위시장에 상장된 모든 EU 회사가 0.5퍼센트 수준의 실질적 소유자를 알 수 있도록 하는 개정안을 제안하여 주주권지침에 포함시켰다.

대한 제한(소유상한, 포이즌필),[114] ② 주주총회에서의 의결권행사에 대한 제한(의결권상한, 차등의결권), ③ 이사회에서의 의결권행사에 대한 제한(공동결정, 시차임기제, 특정 주주의 임원선임권), ④ 회사자산의 사용에 대한 제한(록업), ⑤ 인수 시 매수인에게 재무적 또는 경영적 곤란을 가져오게 하는 것(독약부채), ⑥ 규제적인 쟁점이 발생하도록 만들기(방어행위로 독점규제의 쟁점이 발생하는 경우) 등이 그것이다.[115] 또 다른 방어방법으로는 최근 프랑스 대법원에서 인정한 바와 같이 임원계약에 지배권 이전조항을 두는 것이다.[116]

아직 공개매수가 시작되지도 않았는데 경제적 효과가 같다는 이유로 이 경우 저지금지규칙을 적용하는 것은 경영권에 너무 심한 간섭을 하는 것으로 보인다.[117] 이렇게 되면 잠재적 매수인의 인수 시도를 억지하는 효과를 가질 수 있는 영업상 판단은 주주의 승인을 받아야 할 것이다. 그럼에도 불구하고 저지금지규칙이 일정한 사전적 방어수단에 적용되지 않는다면, 사실상 그 의미가 반감될 것이라고 생각할 수 있다. 그 방법으로 몇 가지 전략을 생각할 수 있다. 가장 일반적인 것은 회사법상 일반적으로 이사회의 의사결정에 적용되는 주의의무 및 충실의무 기준을 적용하는 방법이다.[118] 전형적으로 '주요 목적(primary purpose)' 기준이 방어적 성격

---

113 *Report of the High Level Group of Company Law Experts Issues Related to Takeover Bids*, Brussels, January 2002, Annex 4. 일부 절차는 사후적으로도 가능하다.

114 포이즌필은 사전적 또는 사후적으로 모두 도입될 수 있다. 보통은 사전적 형태로 도입되는데, 이 경우에도 여전히 사후적 방어수단으로서의 쟁점, 즉 이사회가 자신의 단독권한으로 포이즌필을 소각하는 문제가 남는다.

115 EC, Report on the Application of Directive 2004 / 25 / EC on Takeover Bids, 2012. 6. 28. COM (2012), 347, para. 14.

116 최고재판소 판결 2011. 1. 26. no. 09-71271, *Havas*.

117 물론 공개매수 이전과 이후를 명확히 구분하는 것은 논의가 많다. 기업인수코드의 경우에는 이사회가 "선의의 공개매수가 임박하였다고 믿을 이유가 있는 경우"(Rule 21.1: 앞 8.2.2 참조)를 기준으로 하지만, EU 기업인수지침에서 저지금지규칙은 이사회가 매수인으로부터 공개매수를 하겠다는 결정을 알게 된 시점을 기준으로 한다[§§ 9(2), 6(1)].

118 영국의 '적정목적(proper purpose)' 기준에 대해서는 *Eclairs Group Ltd v. JKX Oil &*

과 거래적 성격을 아울러 가지는 사전적 방어수단의 적법성 판단에 이용되곤 하였다. 이 기준하에서는 비록 그 행위가 방어적 성격을 가지고 경영진이 이를 인식하고 있더라도, 경영진이 그 경영상 근거를 제시할 수 있어 보다 자유롭게 행위를 할 수 있다. 예를 들어 잠재적 매수자에게 경쟁법적 문제를 야기할 수 있는 자산을 매입하거나 상당한 수의 주식을 우호적인 자에게 발행할 수 있다.[119]

특정 거래에만 적용되는 규칙은 보다 제약적이지만, 그 영향의 범위는 당연히 축소된다. 중요한 거래에 주주의 승인을 요하는 규칙도 방어적 성격을 가지는 일부 유형의 사전적 방어행위에 적용될 수 있다.[120] 예를 들어 신주의 발행에 주주의 승인을 요하는 규칙은 유럽에서 포이즌필의 채택에 장애물이 되고 있다.[121] 여기에서 사전적 방어행위의 경우 공동의 의사결정 절차는 보다 친주주의 성격을 가지는데, 이러한 절차가 없는 경우 주주가 전적으로 결정하는 것이 아니라 이사회가 전적으로 결정하기 때문이다. 그러나 주주가 가지는 이러한 거부권은 사전적인 경영권방어를 통제하고자 하는 목적이 아니라 일반적인 회사법적 고려에서 인정되는 것이어서 지배권 이전에 미치는 영향은 의도된 것은 아니다.

전반적으로 경영진은 사전적 방어수단을 통하여 사후적 방어수단의 경우보다는 자신의 사익을 추구할 여지를 더 많이 가지게 된다. 사전적 방어행위를 통제하기 위한 전략은 단순히 일반적인 주주-경영진 사이의 대리 문제를 해결하기 위한 것으로서, 이 책의 다른 부분에서 이미 논의하

Gas Plc [2015] UKSC 71.

119 사후적 방어수단에 대해서도 법원이 주요목적 기준을 가지고 경영진의 사익 추구를 위한 경영권 방어를 효과적으로 통제하기는 어려워 보인다. 일본에서 *Miyairi Valve* 소송에 관한 논의는 Kozuka, 앞의 논문(주 86), 10-1 참조. 아울러 *Harlowe's Nominees Pty Ltd v Woodside (Lake Entrance) Oil Co.* 42 Australian Law Journal Reporter 123 (High Court of Australia) (1986) 참조.

120 어떤 경우에 주주의 승인이 필요한지에 대해서는 제7장 참조.

121 앞 8.2.3 참조.

였다.[122] 그럼에도 불구하고 자신들의 행동을 서로 조율할 수 있는 주주들에게 있어서는 사전적 방어수단에 대한 승인은 효과적으로 작동할 수 있다.[123]

8.3 대상회사 주주의 조정 문제

공개매수가 대상회사 주주에게 제안되면 주주는 심각한 조정 문제에 직면하게 된다. 공개매수에 응할 것인지 하는 의사결정은 주주 개인적으로 하는 것이고, 전체 주주를 구속하는 집단적 의사결정의 방식으로 이루어지는 것이 아니기 때문이다. 따라서 매수인은 주주를 여러 그룹으로 나눌 수 있다. 이 문제는 대상회사에 지배주주가 있는 경우나 소유가 분산된 경우 모두에서 나타날 수 있다. 물론 집단행동의 문제는 소유가 분산된 상황에서 더 심각하지만, 지배주주가 존재하는 경우에도 소수주주는 비슷한 조정 문제에 직면할 수 있다. 특히 우호적 기업인수에서 그러하다.

어떤 소유구조에서 발생하든 주주의 조정 문제는 이사회가 잠재적 매수인과 협상함으로써 어느 정도 완화될 수 있다.[124] 공동적 의사결정 모형에서 이사회는 이렇게 협상할 수 있는 좋은 지위에 있으며(물론 이사회는 자신의 이익을 위해서 협상하겠지만),[125] 심지어 저지금지규칙이 적용되는 경우에도 이하에서 설명하는 바와 같이 이사회는 상당한 정도로 협상

---

122 제3장 및 제7장 참조. 방어행위 무효규칙(break-through rule)은 이러한 설명의 예외에 해당한다. 뒤 8.4.2.2 참조.

123 이로 인하여 강한 저지금지규칙에도 불구하고 영국에서는 무의결권 주식이나 차등의결권 주식이 별로 이용되지 않는다는 주장이 있다[Paul Davies, *Shareholders in the United Kingdom*, in Randall Thomas and Jennifer Hill, eds., Research Handbook on Shareholder Power, p.355 (2015)].

124 대상회사에 지배주주가 있는 경우 지배주주는 직접 매수인과 협상할 수 있다. 이사회는 지배주주의 지배하에 있기 때문에 실제 협상파트너는 지배주주가 될 수밖에 없다.

125 앞 8.2.3.1 참조.

을 할 여지가 있다.[126] 그러나 만일 조정 문제에 대하여 효과적인 규제가 가능하다면, 이렇게 이사회가 나서서 주주들을 매수인의 강압적 공개매수로부터 보호하도록 하는 방식의 장점은 줄어들 것이고, 그 결과 이사회의 사익 추구의 위험도 적어지게 될 것이다.

이제 대상회사 주주의 조정 문제를 해결하기 위한 법적 장치들을 살펴본다. 앞에서 본 바와 같이 이 전략들은 어느 정도는 대리 문제를 해결하기도 한다.[127] 먼저 주의할 사항은, 이러한 장치들은 모두 일정한 사회적 비용, 특히 잠재적 매수인이 공개매수를 시작할 인센티브를 줄인다는 문제를 가진다는 점이다. 우리가 살펴볼 주요 전략은 사전적 규제(정보의 강제공시)와 수탁자전략을 혼합한 것과 사후적으로 보상전략(공유 요건)과 탈퇴권이다.

8.3.1 강제공시

최신의 정확한 관련 정보를 제공하는 것은 주주의 조정 문제와 대리 문제를 해결하는 데 도움을 준다. 특히 대상회사 경영진의 정보 공시는 공동의사결정의 한 논거, 즉 경영진은 시장이 알지 못하는 대상회사의 가치를 알고 있다는 논거를 약화시킨다.[128] 규제가 없더라도 대상회사 경영진과 매수인은 양자에 대해서 많은 정보를 시장에 내보낼 것이지만, 규제를 통하여 매수인과 대상회사가 숨기거나 축소하려고 하는 정보까지도 공시하게 만든다.

회사법은 물론 정보 공시에 관한 규정을 두고 있으며, 이는 지배권거래

---

126 앞 8.2.2.1 참조.

127 앞 8.2 참조.

128 Ronald J. Gilson and Reinier Kraakman, *The Mechanisms of Market Efficiency Twenty Years Later: The Hindsight Bias*, in John Armour and Joseph A. McCahery, eds., After Enron, p.57 (2006)(대상회사 경영진은 공시된 정보를 믿도록 하는 것이 어렵다고 주장).

와 무관하게 작동한다. 그러나 사업보고서의 재무제표는 최신의 정보를 담고 있지 못한 경우도 많고, 대부분의 국가에서 상장회사에 대하여 계속 공시의무를 부과하고 있기는 하지만[129] 대상회사 경영진이나 매수인은 대상회사 주주보다 각 회사에 대해서 많은 정보를 보유하고 있을 가능성이 높다. 따라서 대부분의 입법례에서 대상회사 주주를 위하여 대상회사 경영진과 매수인에게 강제공시의무를 부과하는 것은 당연하다. 이 규정들은 보통 공개매수의 내용에 대한 정보, 매수자와 대상회사의 재무적 상황, 공개매수의 성공이 매수자와 대상회사의 고위 경영진의 부에 미치는 효과 등을 공시하도록 하고 있다.

일반적으로 공시의무는 공개매수의 내용에 관하여 독립적인 의견의 제시를 함께 요구하는 경우가 많다. 독립적인 의견은 증권분석가 등 제3자의 평가와 같은 공시요건으로 인하여 더 중시되고 있다. MBO에서는 공시의무가 특히 중요하다. 이 경우 대상회사 경영진은 두 가지 지위를 가진다. 하나는 대상회사 주주의 수임인(受任人)이고, 다른 하나는 그들 주식의 매수인이다. 또한 경쟁매수가 등장하는 경우, MBO 상황인지와 상관없이 정보 제공의 관점에서 경쟁매수자의 평등 취급을 요구하게 되면 대상회사 경영진은 자신의 선호하는 매수자를 우대하기가 쉽지 않게 된다.[130]

또한 기업인수 규제는 일정한 최소한의 공개매수기간을 정하여(입법례

---

129 뒤 9.1.2.5 참조.

130 이 문제에 대하여 특별규정을 두지 않고 있는 법제에서는 회사법의 일반규정, 특히 자기거래 규정을 통하여 해결할 수 있을 것이다[Werner F. Ebke, *The Regulation of Management Buyouts in American Law: A European Perspective*, in Klaus J. Hopt and Eddy Wymeersch, eds., European Takeovers: Law and Practice, pp.304–6 (1992)]. 물론 기술적으로 보자면 이 거래에서 이사(또는 특수관계인)와 거래하는 당사자는 회사가 아니라 주주이다. 폐쇄회사의 MBO의 경우 영미법에서는 이사의 충실의무의 하나로서 주주들에게 정보를 제공하도록 강제함으로써 심한 정보 비대칭의 문제를 해소하고 있다(예를 들어 *Coleman v. Myers* [1977] 2 New Zealand Law Reports 225, NZCA). 또한 주 55 참조.

는 주로 20일을 전후로 한다) 주주들이 청약을 할 수 있도록 하고, 공개매수 조건을 수정하는 경우에는 다소 그 기간을 줄이고 있다.[131] 이것은 대상회사 주주나 증권 분석가들이 정보를 흡수할 수 있도록 하는 것이다. 이 기간을 장기로 하는 것에 대한 반론으로는, 대상회사의 미래가 불확실하게 되는 기간을 최소화해야 한다는 것, 특히 그 기간 동안에 일상적인 경영 기능이 방해받는다는 점이다.[132] 또한 공개매수기간이 길어지면 대상회사가 경영권방어를 시작하거나 백기사가 나타날 확률이 높아져 매수인의 비용이 높아지고, 이는 잠재적 매수인의 등장을 억제함으로써 궁극적으로는 대상회사 주주의 비용으로 될 수 있다.[133] 나아가 효율적 증권시장에서 정보는 신속하게 주가에 반영되기 때문에, 공개매수기간의 실제적 효과는 주주들이 공시된 정보를 이해하게끔 하는 것이 아니라 새로운 정보가 생산되도록 하거나 경쟁매수가 등장하도록 장려하는 것에 있다.

8.3.2 수탁자전략

대상회사 경영진은 자신이 반대하는 공개매수는 단점을 과장하고, 지지하는 공개매수는 장점을 과장할 우려가 있다. 앞에서 살펴본 바와 같이, 이에 대한 일반적인 대응은 대상회사 경영진에게 공개매수에 관하여 '적격의 독립적인 평가(competent independent advice)'를 얻어(일반적으로

---

131 미국의 윌리엄스법(주 33)은 특히 '토요일 밤의 스페셜'을 통제하기 위한 것이었다. 이 용어는 주주가 대응하기에 너무 시간이 부족한 경우를 말하는데, 본래는 토요일의 유명한 프로그램에서 자주 사용되는 저렴한 권총을 말하는 것이었다.

132 대상회사에 대한 매수 시도기간을 줄인다는 관점에서, 영국 기업인수코드가 매수인의 자유를 제한한 최근 변화는 주목할 만하다. 매수인은 확실하게 공개매수를 하겠다는 의도를 밝히지 않는 이상 공개매수를 할 것처럼 알려질 수 없다. 2011년 추가된 Rule 2.6이 그것이다("공개매수를 하든지 아니면 조용히 있든지"). 이 규정은 시장의 소문이나 잠재적인 공개매수 선언을 둘러싼 불확실성을 해소하는 것을 목적으로 하며, 이로 인하여 불확실성과 관련된 대상회사 주주들의 상황이 개선될 것이다.

133 경쟁매수와 수동의무에 대해서는 앞 8.2.2.2 참조.

투자은행으로부터) 이를 주주에게 공시하도록 하는 것이다. 이것은 정보공시전략이기도 하지만 수탁자전략이기도 하다. 투자은행은 어떤 결정을 하는 것이 아니라 공개매수에 대한 평가를 제공하는 것이고, 그 정확성은 투자은행의 평판에 영향을 미치기 때문이다. MBO 경우에는 매수인에게 속한 이사들은 대상회사의 의견을 제시할 의무에서 배제되며, 이 의무는 오직 대상회사의 특수이해관계 없는 이사에게만 부여된다.[134] 사후적인 책임규칙은 이런 사전적 인센티브가 정확하게 작동되도록 도움을 준다.

8.3.3 보수(공유)전략

대상회사 주주의 조정 문제를 해결하는 입법례 가운데 주목할 만한 것은 대상회사 주주에 대한 평등취급 규칙이다. 물론 그 구체적인 형태는 다양하다. 이 원칙으로 인하여 매수인은 일부 주주(일반적으로 일찍 공개매수에 응한 주주)에게 더 좋은 조건을 제시함으로써 공개매수에 응하도록 압력을 행사하는 것이 어려워진다.[135] 일반적으로 공동의사결정 모형을 취하는 입법례보다 공개매수에 관한 의사결정을 주주에게 전적으로 부여하는 입법례에서 평등원칙을 보다 완전한 형태로 갖추고 있다.

모든 입법례에서 평등원칙은 다양한 수준에서 도입되어 있다. 첫 번째로 공개매수 내에서 적용될 수 있고(공개매수가 모든 청약자에게 같은[136] 조건으로 이루어진다는 의미에서), 두 번째로 공개매수에 응한 주주와 공개매수 이전 또는 이후에 공개매수 바깥에서 주식을 매도한 주주와의 사이에 적용될 수 있다. 세 번째로는 매수인이 지배주식을 확보하는 과정에서 매

134 영국 기업인수코드 Rule 25.1 (note 4 및 5).

135 Paul Davies, *The Notion of Equality in European Takeover Regulation*, in Jennifer Payne, ed., Takeovers in English and German Law, p.9 (2002).

136 공개매수가 여러 종류의 주식에 대하여 이루어진 경우에는 동등한(equivalent) 조건일 것을 말한다.

수인에게 주식을 매도한 주주와 그렇지 않고 대상회사에 계속 남아 있는 주주 사이에도 적용될 수 있다. 세 번째의 경우 평등원칙의 강제는 단순히 공유전략으로 그치지 않고 대상회사 주주의 탈퇴권을 보장하는 방식이 된다.

첫 번째 수준의 평등원칙은 모든 입법례에서 발견된다. 예를 들어 이단계 공개매수(front-end loaded offers)는 금지되고, 공개매수 중간에 매수가격이 인상되면 먼저 응한 주주도 같은 가격을 받는다. 그러나 이처럼 공개매수조건을 다르게 하지 않고, 대신 매수인은 공개매수 바깥에서 일부 주주로부터 더 좋은 조건으로 주식을 매수할 우려가 있다. 한 가지 대응방법은, 공개매수기간 중이나 또는 그 근처로 적용기간이 한정되기는 하지만, 공개매수 바깥에서의 매수를 금지하는 것이다.[137] 다른 방법은 공개매수 바깥에서 지급한 금액으로 공개매수 가격을 인상하도록 하는 것이다.[138] 공개매수 바깥에서의 매수가 허용되는 입법례에서는 이러한 평등원칙이 일반적인 것으로 보인다. 일부 입법례에서는 더 나아가 공개매수에 근접한 이전의 매수에 대해서도 평등원칙을 적용한다.[139] 이런 공개매수 이전의 평등원칙은 대상회사에 지배주주가 있는 경우 상당히 중요하다. 왜냐하면 이 규칙으로 인하여 매수인이 지배주식 취득 후 공개매수

---

137 예를 들어 프랑스 AMF 일반규정 제234-14조 참조. 교환공개매수의 경우 시세조종의 위험을 감안하여 공개매수기간에는 시장에서의 주식 취득을 금지하고 있다(다만 자기주식 취득의 경우에는 예외)〔Viandier, 앞의 책(주 71), p.367〕. 현금공개매수의 경우, 매수인은 공개매수 이전에도('pre-offer' period) 대상회사의 증권을 취득하는 것이 금지된다. 이것은 시장의 소문으로 인하여 공개매수조건을 미리 공시해야 하는 경우(AMF 일반규정 제231-38조), 이 공시로부터 실제 공개매수 시작까지의 기간에도 같은 규제를 하는 것이다.

138 프랑스가 좋은 예이다. 매수인이 공개매수기간에 보다 높은 가격으로 증권을 매입하였다면, 공개매수가격을 이에 맞추어 변경해야 한다(AMF 일반규정 제231-39조).

139 영국 기업인수코드 Rule 6, 11(공개매수 이전 12개월 이내에 현금으로 매수한 주식이 전체의 10퍼센트에 달하는 경우에는 현금공개매수일 것은 강제); 독일의 기업인수법 제31조 및 동법 시행령 제4조(공개매수 이전 3개월 이내에 현금으로 매수한 주식이 5퍼센트에 달하는 경우 현금공개매수를 강제). 기업인수지침은 이런 상황에서 공유규칙을 제공하고 있지 않다.

를 하는 경우, 지배주주가 지배주주에게 지급한 기업인수 프리미엄을 모든 소수주주가 공유하는 결과가 되기 때문이다. 실제로 많은 입법례에서는 아래에서 보는 바와 같이 이런 공개매수를 강제한다.

8.3.4 탈퇴권: 의무공개매수와 매수기간 종료 후 매도

평등원칙의 가장 강하고 견해가 분분한 형태는 매수인이 일단 대상회사의 지배권을 확보하기에 충분한 수의 주식을 취득하였다면(시장에서 또는 시장 바깥에서 이루어졌는지 불문하고), 다른 주주에게도 공개매수를 하도록 요구하는 것이다. 여기에서 지배권은 보통 회사의 의결권 있는 주식의 30퍼센트(또는 3분의 1) 정도를 말한다.[140] 이것을 의무공개매수라고 한다.[141] 이 규칙은 공개매수가 지배주식을 취득하면서 지불한 가장 높은 가격으로 이루어져야 하고[142] 주주가 그 대가를 현금으로 받을 수 있는 선택권을 가지는 것이 보통이기 때문에[143] 특별히 부담이 크다. 법이 이렇게 매수인에게 공개매수를 해야 할 의무를 부과하는 것은 주주에게 좋은 가격에 회사로부터 탈퇴할 수 있는 권리를 부여한 것이라고 볼 수 있다. 의무공개매수는 단순히 매수인이 원했을 공개매수를 하라는 것이 아니라 오히려 매수인이 절대로 원하지 않았을 상황을 강요하는 것이다.

---

140 이것은 EU에서 가장 일반적이다. Commission's Report on implementation of the Directive on Takeover Bids (SEC〔2007〕268, 2007. 2), annex 2. 그 밖에 다른 기준으로는, Umakanth Varottil, *Comparative Takeover Regulation and the Concept of "Control"*, Singapore Journal of Legal Studies 208 (2015).

141 매수인이 기존의 지배주주로부터 지배주식을 매수한 경우의 의무공개매수에 추가적인 쟁점에 대해서는 뒤 8.4 및 8.4.2 참조.

142 기업인수지침 § 5(4)는 최고가격원칙(highest price rule)의 경우 감독당국이 구체적으로 배제하는 예외를 정할 수 있도록 하고 있다. 그러나 브라질의 제도에 대해서는 뒤 8.4.2.1 참조.

143 기업인수지침은 의무공개매수의 경우 '유동성 있는 증권(liquid securities)'도 대가로 할 수 있도록 하였으나, 일부 회원국(예를 들어 영국 기업인수코드 Rule 9.5)에서는 현금 또는 그 대체물만 인정하고 있다.

이 제도의 근거는 두 가지이다. 첫째, 의무공개매수 규칙이 없다면 매수인은 지배주식을 취득하는 과정에서 주주에게 주식을 팔도록 매도 압력을 야기할 수 있다. 주주들은 팔지 않으면 나중에 더 낮은 가격으로 팔아야 하거나 전혀 팔지 못하게 될 수 있기 때문이다. 이처럼 공개매수가 기업가치를 증대시키는지 또는 대상회사에 어떤 영향을 미치는지 확실하지 않은 상태에서, 매도압력을 제거하는 의무공개매수 규칙은 매수인에 대한 주주의 심각한 조정 문제를 해결한다. 그러나 공개매수가 대상회사의 기업가치를 증대시키는 상황을 전제한다면, 공개매수에 응하지 않은 주주에게 탈퇴권을 부여하는 것은 불필요하다고 할 수 있다. 그러나 사전적으로 공개매수가 기업가치를 감소시킬 것인지 증대시킬 것인지 알 수 없으므로, 결국 우리 앞에 놓인 문제는 이를 전반적으로 적용할 것인지 아닌지 하는 것이다.

또한 공개매수가 대상회사 주주 전체의 관점에서 가치 증가적이라고 하더라도 소수주주는 그들 주식의 비례적 가치를 미래에 지급받지 못할 수도 있다. 예를 들어 매수인이 사적 이익을 추구할 수 있기 때문이다. 여기에서 의무공개매수의 두 번째 근거가 도출된다. 다시 말해 단순히 회사의 일부 주식을 매수한 자에게 회사의 전체 재산에 대한 지배권을 행사하도록 허용하게 되면, 지배권에 수반되는 사적 이익을 추구하고자 하는 자에게 지배권이 이전될 가능성을 높인다는 것이다. 이 생각은 의무공개매수가 소수주주에게 지배권 취득 시 탈퇴권을 부여함으로써 지배주주의 전횡에 대한 선제적인 억지가 된다는 것이다.[144] 일반적인 회사법은 이런 상

---

144 이러한 효과와 함께 효율적인 지배권 이전도 아울러 억지하는 효과를 비교하는 것이 논의되고 있다. Lucian Bebchuk, *Efficient and Inefficient Sales of Corporate Control*, 109 Quarterly Journal of Economics 854 (1994); Marcel Kahan, *Sales of Corporate Control*, 9 Journal of Law, Economics and Organization 368 (1993). 최근의 논의로는, Edmund-Philipp Schuster, *The Mandatory Bid Rule: Efficient, after All?*, 76 Modern Law Review 529 (2013).

황에서 지배주주의 행동을 통제하기에 한계가 있다는 것이 전제이다.[145] 이 근거에 따르면 의무공개매수는 설사 대상회사 주주의 평등취급이 보장되는 상황에서도 부분공개매수를 금지하는 형태가 되어야 한다. 더 확대하면 공개매수는 회사의 모든 종류의 주식에 대하여 이루어져야 하며 의결권의 유무는 묻지 않아야 할 것이다.[146]

의무공개매수는 널리 채택되고 있다. 기업인수지침은 회원국이 의무공개매수 규칙을 채택할 것을 요구하고 있다(다만 의무가 발생하는 지분비율과 같이 많은 핵심 쟁점을 회원국이 정하도록 하였다).[147] 그러나 미국의 연방법이나 델라웨어 주법은 이를 채택하고 있지 않다. 아마도 주주의 조정문제는 대상회사 경영진의 권한을 강화함으로써 해결할 것으로 믿기 때문일 것이다.[148]

의무공개매수는 입법자나 투자자에게 인기가 있지만, 지배권거래의 빈도 자체를 줄이는 위험을 내포하고 있다. 첫째, 부분공개매수를 금지하기 때문에 잠재적 매수인으로서는 지배권거래의 비용이 높아진다. 매수인은 의결권 있는 주식 전부에 대하여 높은 가격으로 공개매수를 하거나[149] 아니면 전혀 하지 못하는 두 가지 선택이 있을 뿐이다.[150] 둘째, 의무공개매

---

145 독일법에서 발전된 개념에 의하면, 이것은 콘체른 진입규제(*Konzerneingangskontrolle*)에 해당한다. Pacces, 앞의 책(주 102), Ch. 7.4.5(지배권에 수반된 사적 이익의 통제를 위해 의무공개매수보다는 충실의무에 의존할 것을 주장). 그러나 Caroline Bolle, A Comparative Overview of the Mandatory Bid Rule in Belgium, France, Germany, and the United Kingdom, pp.279-80 (2008)(의무공개매수가 더 효과적이라고 주장).

146 영국 기업인수코드는 두 규칙을 모두 가지고 있다. Rule 14(둘 이상의 종류주식이 발행되어 있는 경우의 공개매수), Rule 36(부분공개매수) 참조.

147 기업인수지침 제5조. 주 140 참조.

148 미국에서도 포이즌필의 광범위한 이용으로 부분공개매수는 상당히 드물다.

149 주 142 참조. 영국과 프랑스는 또한 공개매수는 적어도 50퍼센트의 주식을 취득할 것을 요구하고 있어서 역시 낮은 지분 취득을 목표로 하는 공개매수를 억지하고 있다[Luca Enriques and Matteo Gatti, *Creeping Acquisitions in Europe: Enabling Companies to Be Better Safe than Sorry*, 15 Journal of Corporate Law Studies 55, 78 (2015)].

150 Clas Bergström, Peter Högfeldt, and Johan Molin, *The Optimality of the Mandatory Bid*, 13 Journal of Law, Economics and Organization 433 (1997); Stefano Rossi and

수가 아니었다면 증권을 대가로 지급할 수 있었던 매수인도 의무공개매수에서는 주주에게 현금 또는 그 대체물을 지급해야 한다. 셋째, 매수인이 발행주식에 대해서 지급해야 하는 가격을 결정하는 규칙으로 인해서, 매수인은 시장에서 **사실상의** 지배권을 취득할 것인지 아니면 전체 주식에 대하여 공개매수를 할 것인지 선택하게 된다. 이렇게 의무공개매수가 초래하는 동결효과(chilling effect)는 특히 지배주주가 존재하는 경우에 더 높아지지만, 매수인이 소수주주들로부터 주식을 매집하여 지배권을 취득하는 경우에도 발생한다.[151]

모두는 아니지만, 상당한 수의 기업인수 법제는 이러한 문제도 함께 고려하고 있다. 일반적인 방법은 강제공개매수의 근거를 부분공개매수를 완전히 금지하는 데까지 확대하지는 않는 것이다.[152]

스위스는 나아가 잠재적인 대상회사의 주주들에게 본래의 의무공개매수를 택할 것인지 아니면 지배권의 이전을 용이하게 하도록 의무공개매수를 수정할 것인지 선택권을 부여하고 있다. 스위스 법에서는 주주는 3분의 1로 되어 있는 작동 기준을 49퍼센트까지 증가시킬 수 있고, 나아가 아예 이를 완전히 배제할 수도 있다.[153]

Paolo Volpin, *Cross-Country Determinants of Mergers and Acquisitions*, 74 Journal of Financial Economics 277 (2004) 참조. 기업인수 프리미엄은 주주권의 보호가 강한 국가, 특히 의무공개매수가 있는 국가에서 더 높다는 것을 보이고 있다.

151 한편 의무공개매수는 회사재산이나 회사기회를 횡령하는 등 사적 이익의 추구를 목적으로 하는 비효율적인 지배권 이전을 억지한다. 매수인으로서는 전부 또는 대부분의 주식을 매집해야 하는 위험이 생기는데, 그렇게 되면 착취할 대상이 남아 있지 않기 때문이다.

152 이탈리아는 주식의 60퍼센트 이상이기만 하면 부분공개매수를 허용하고 있는데, 매수인 및 그 특수관계인을 제외한 주주가 다수결로 공개매수를 승인하고 매수인의 직전 12개월간 취득주식이 발행주식총수의 1퍼센트를 초과하지 않을 것을 조건으로 한다[시행령 제107조(1998. 2. 24. 제58호로 개정)]. 일본은 그와 반대로 3분의 2까지 전체 주주에 대한 공개매수 또는 시장매수를 통하여 취득할 수 있도록 허용하고 있다(금융상품거래법 제27-2조 제1항, 제5항, 제27-13조 제4항; 동법 시행령 제8조 제5항 제3호, 제14-2-2조). Tomotaka Fujita, *The Takeover Regulation in Japan: Peculiar Developments in the Mandatory Offer Rule*, 3 UT Soft Law Review 24 (2011) 참조.

153 스위스 증권거래소법 Art. 22(2), 32(1). 회사는 정관에 이 조항의 내용을 정하여야 한다.

의무공개매수는 명백한 허점을 보완해야 할 필요성으로 인해서 제도가 복잡해진다. 예를 들어 이 규칙은 단독 주주뿐만 아니라 '공동으로(acting in concert)' 주식을 취득하는 자들에게도 적용된다.[154] 그러나 누가 공동으로 취득하였는지 확정하는 것은 분명하지 않다.[155] 또한 주식의 경제적인 이해관계만 가지는 파생상품거래를 하거나, 상당 기간에 걸쳐 조금씩 주식을 매집하는 소위 '시장 매집(creeping takeover)'을 통해서도 의무공개매수를 회피할 수 있다.[156]

의무공개매수 제도가 더 복잡해지는 것은, 예를 들어 도산 상황의 회사를 회생시키려다가 의무공개매수 적용기준을 넘는 경우 등과 같이 더 중요한 정책목표에 양보해야 하는 상황이 있기 때문이다. 기업인수지침에서는 이 규칙의 예외를 각 회원국이 정할 수 있도록 하고 있고, 회원국은 이런 재량을 최대한 활용하고 있다. 유럽의회는 그 결과 생기는 규제의 다양성이 유럽 차원에서의 평등한 경쟁을 저해하는 것으로 이해하고 있지만,[157] 기업가치를 증가시키는 지배권 이전이 일어나도록 하는 장점도 있을 것이다.

의무공개매수 이외에도 소수주주가 탈퇴할 수 있는 다른 형태도 있다.

전부배제가 될 것인지는 상장 전에만 결정될 수 있다.

154 기업인수지침 제5조. 정책적인 찬반이 나뉘지만, 공동보유자에 대한 규제가 주주적극주의를 훼손할 위험은 상당히 존재한다. 독일의 2008년 위험제한법〔Hopt, 앞의 논문(주 49), III.B〕과 영국 기업인수코드 note 2부터 Rule 9.1을 비교.

155 유럽의 화합을 위한 제안을 이끌고 있다. European Securities Markets Expert Group, *Preliminary Views on the Definition of Acting in Concert between the Transparency Directive and the Takeover Bids Directive*, November 2008. 자세한 것은 앞 3.2.4 참조.

156 Enriques and Gatti, 앞의 논문(주 149) 참조. 영국의 기업인수코드는 30~50퍼센트의 지분을 보유한 주주가 추가로 주식을 취득하는 경우에도 의무공개매수를 적용한다는 점에서 독특하다고 할 수 있다. 플로랑제법(주 71) 이후 프랑스법이 이 입장에 접근하였다(재정법 L.433-3, I).

157 Commission Report, 앞의 보고서(주 115), para. 17 참조; European Company Law Experts, *The Application of the Takeover Bids Directive: Response to the European Commission's Report*, section 3 (2013. 11).

일부 입법례에서는 공개매수가 목표수량을 이미 달성하였음에도 불구하고 그 이후에도 소수주주가 공개매수에 응할 수 있도록 하고 있다.[158] 주주가 공개매수를 거절하고 싶지만, 그렇게 되면 매수인이 지배주식을 취득한 경우 손해를 볼 수 있다. 이 경우 이 규칙은 주주로 하여금 공개매수 기간이 종결되어 다수의 주주가 공개매수에 응했다는 사실이 명백해진 다음까지 공개매수에 응하는 것을 연기할 수 있도록 한다.[159] 이 문제는 지배주주가 존재하는 대상회사에 있어서도 마찬가지이다. 소수주주는 지배주주가 매도청약을 받아들일지 알 수 없기 때문이다. 이 옵션은 매수인이 어떤 수준의 매수를 청약하든 작동한다는 점에서, 어떤 일정한 높은 지분을 취득한 매수인에 대해서만 행사할 수 있는 매도청구권(sell-out)보다 더 효과적이다.[160]

8.3.5 잔여지분의 취득

지배권 이전 과정에서 모든 주주를 구속하는 단체적 의사결정이 없기 때문에 비록 주주의 다수가 공개매수에 응하였다고 하더라도, 공개매수에 응하지 않은 소수주주는 버티기를 통한 협상력(hold-up power)을 가지게 된다. 소수주주가 공개매수에 응하지 못한 이유는 단순히 관심이 없어서일 수도 있고, 공개매수가 종결된 이후에 매수인이 회사를 잘 운영할 것이라고 기대하였기 때문일 수도 있다. 대부분의 입법례에서는 어떤 방식

---

158 예를 들어 영국 기업인수코드 Rule 31.4(다만 Rule 33.2에 의하여 수정); 기업인수법 § 16(2)(독일). 모두 2주의 기간을 채택하였다. 이탈리아는 비슷한 규칙을 적용하지만, 이미 30퍼센트 이상을 보유한 자 또는 경영진에 의한 공개매수로 적용범위를 제한하고 있다. 발행회사에 대한 규제 제40-II조.

159 Lucian A. Bebchuk, *Pressure to Tender: An Analysis and a Proposed Remedy*, 12 Delaware Journal of Corporate Law 911 (1987). 그러나 Guhan Subramanian, *A New Takeover Defense Mechanism: Using an Equal Treatment Agreement as an Alternative to the Poison Pill*, 23 Delaware Journal of Corporate Law 375, 387 (1998).

160 기업인수지침 제16조. 뒤 8.3.5 참조.

으로든 다수가 받아들인 조건으로 소수주주를 축출할 수 있는 방법을 제공하고 있다. 다만 보통은 매우 높은 비율의 주주가 공개매수를 받아들인 경우에 그러하다. 소수주주의 축출 가능성으로 인하여 소주주주가 회사에 남거나 또는 공개매수가격보다 높은 가격을 요구하는 옵션을 제거할 수 있으므로, 매수인은 매수인의 기대이익보다 낮은 가격으로 공개매수 가격을 정할 수 있다. 이것은 결국 기업인수를 장려한다.[161]

대부분의 입법례에서 소수주주의 버티기, 즉 공개매수에 응하지 않는 인센티브는 기업인수에 특별규정을 두어,[162] 매수인이 공개매수에 응하지 않는 주주의 주식을 강제로 매수할 수 있도록 함으로써 해결한다.[163] 델라웨어주에서는 '2단계 합병(two-step merger)' 방식을 이용하는데, 공개매수 이후에 자회사의 약식합병(short-form merger), 즉 주주총회 없이 합병을 하는 것이다. 이것은 델라웨어주 회사법에서 주식을 90퍼센트 이상 보유한 주주에게 일반적으로 축출합병의 권한이 인정되는 것을 이용한 것이다.[164] 이런 약식축출합병의 중요성은 2013년 법개정에서도 반영되었다. 이 개정에서는 90퍼센트를 취득하지 못했지만 자회사 합병을 위한 주주총회의 승인(일반적으로 발행주식총수의 과반수)[165]를 얻은 경우까지 적용

---

161 Mike Burkhart and Fausto Panunzi, *Mandatory Bids, Squeeze-Outs and Similar Transactions*, in Guido Ferrarini et al., eds., Reforming Company and Takeover Law in Europe, pp.753–6 (2004).

162 일부 국가는 두 규정을 모두 가지고 있다. 독일은 지배권 이전과 관련된 소수주주축출의 도입이 의미를 가지는데, 공개매수가격이 공정해야 한다는 전제가 있기 때문이다〔기업인수법 § 39a(3)〕. 반대로 일반적인 합병절차에서는 가격에 대해서 한도 없이 분쟁이 일어날 수 있다(주식법 § 327b). 두 경우 모두 법원은 기존 주주에 의한 공개매수의 결과 적용기준이 충족되었을 수 있다는 점을 우려할 가능성이 있다. Re Bugle Press 〔1961〕 Ch 279, CA (UK); Re Pure Resources Inc., 808 A.R.2d 421 (Del. Ch. 2002) 참조. 두 사례에서 결국 매수인은 공개매수가 공정했음을 입증해야 하였다.

163 기업인수지침 제15조는, 매수인이 공개매수 결과 적어도 90퍼센트 주식의 취득에 이른 경우에는 회원국에게 이러한 메커니즘을 만들 것을 요구한다.

164 DGCL § 253. 앞 7.4.2 참조.

165 비록 매수인이 주주의 의결권 대결에서 이길 수 있다 하더라도 의결권은 위임장규칙을

이 확대되었다. 이전과 달리 2013년 개정은 기업인수에 국한되는 특별규정이므로, 1단계의 공개매수가 필수적으로 요구되는 요건이다.[166]

많은 국가에서 90퍼센트 이상 수준의 매수인이 소수주주의 주식을 강제로 매수할 수 있는 권한과 균형을 맞추어, 소수주주도 같은 수준의 매수인에게 강제로 자신의 주식을 매도할 권한을 가지는데, 이것은 공개매수에 이어서 인정되기도 하고 그렇지 않기도 하다.[167] 기능적으로는 매수인의 강제매수권과 소수주주의 강제매도권은 매우 다르다. 매수인의 강제매수권은 기업인수를 장려하는 반면, 소수주주의 강제매도권은 대상회사 주주를 매도 압력으로부터 보호하는 역할을 한다. 물론 후자의 목적은 공개매수가 완료된 이후에도 주주가 응모할 수 있도록 하는 방식에 의해서 더 효율적으로 달성될 수 있다.[168]

8.4 지배주주가 존재하는 경우의 대리 문제

지배주주 또는 지배그룹이 존재하는 경우에는 의사결정 권한이 주주에게 전적으로 부여되는지 아니면 주주와 이사회가 공동으로 가지는지의 구

준수해야 하기 때문에 대상회사의 인수와 관련하여 비싼 수단이다.

166 DGCL § 251(h). 다른 요건들도 이런 결과에 기여하고 있다. 첫 번째 단계의 공개매수는 합병에 대하여 의결권을 가진 모든 주식에 대하여 이루어져야 하며, 합병은 공개매수가 종료한 다음 가능한 한 신속하게 진행되어야 한다. 공개매수의 대가는 합병제안에 포함되어야 하며, 이런 절차는 오직 제3의 매수인(즉 기존 지배주주는 제외)만을 상대로 해야 하고, 대상회사의 경영진이 동의해야 한다(우호적인 기업인수만 가능).

167 두 유형의 규칙에 대한 자세한 설명은 Forum Europaeum Corporate Group Law, *Corporate Group Law for Europe*, 1 European Business Organization Law Review 165, 226 이하 (2000). 기업인수지침은 강제매수와 강제매도 모두를 두고 있다.

168 앞 8.3.4 참조. 매수자가 단순히 90퍼센트 미만의 지배주식의 취득에 만족하는 경우에는 소수주주에게 강제매도의 권한이 생기지 않는다. 그러나 공개매수 종결 이후에도 응모할 수 있도록 하는 제도는 어떤 지분비율에서도 적용된다.

분은 중요하지 않다. 어느 경우든 지배주주가 결정할 것이기 때문이다.[169] 여기에서 주주-경영진 사이의 대리 문제는 소수주주-지배주주 사이의 대리 문제로 바뀐다. 주주-경영진의 경우와 마찬가지로 소수주주-지배주주의 갈등도 지배권거래에 특유한 문제는 아니므로, 이 문제도 일반적인 회사법의 분석에 맡길 수 있다. 그러나 지배권 이전에 관한 법은 이 맥락에 있어서 특히 지배주주에게 많은 부담을 주고 있다. 여기에서 두 가지 핵심적인 문제가 있다. 하나는 매도인 지배주주와 매수인은 지배주식의 매각조건을 자유롭게 정할 수 있는가, 즉 소수주주에게 매도 기회를 부여하여 지배권 프리미엄을 공유하거나 또는 탈퇴 기회를 제공해야 하는지 하는 것이고, 다른 하나는 지배주주가 주식의 처분을 거절함으로써 지배권 이전을 막을 수 있는가 하는 것이다.

8.4.1 탈퇴권과 프리미엄의 공유

지배주식의 매각과 관련하여 핵심 쟁점은 법이 공유 전략을 강제할 것인가 하는 점이다. 이 문제는 매도인 지배주주의 측면에서 접근할 수도 있고(매도인에게 소수주주와 지배권 프리미엄을 공유할 의무를 부과하는 방법, 즉 대가의 공유), 매수인의 측면에서 접근할 수도 있다(지배주식의 매수인에게 소수주주의 지분을 지배주주와 같은 가격으로 매수할 의무를 부과하는 방법, 즉 대가 및 탈퇴 기회의 공유).

먼저 매도인 지배주주의 의무를 보자면, 미국의 일부 주에서는 충실의

---

169 물론 이것은 이사회가 얼마나 즉각적으로 지배주주의 의사에 호응하는지에 따라 다르다. 잘 호응하지 않는다면 지배주주가 그 의사를 관철하기 힘들다. 극적인 사례로 *Hollinger Int'l v. Black*, 844 A.2d 1022 (2004, Del. Ch.) 사건에서, 델라웨어 법원은 모회사의 지배주주가 그 지분을 제3자에게 매각하는 것을 저지하기 위해 자회사의 이사회가 포이즌필을 채택할 수 있다고 승인하였다. 이 사건은 터무니없는 사실관계를 포함하고 있는데, 특히 모회사의 지배주주는 주식의 매각과 관련하여 계약상 의무 및 충실의무를 위반하였으며(자회사의 이사로서), 주식의 매수인도 이러한 의무위반 사실을 알고 있었다. 앞 4.1.3.1 참조.

무 기준을 통하여 공유규칙을 부과하고 있다.[170] 그러나 일부 반대 견해에도 불구하고[171] 미국 법원은 소수주주에게 지배권 프리미엄을 공유할 수 있는 권한을 가져올 수 있는 일반적인 평등원칙을 채택하지 않았다. 아마도 평등원칙의 반대 방향에서 보는 것이 더 정확할 것이다. "지배주주는 다른 주주와 마찬가지로 자신의 의결권 있는 주식을 처분할 권리를 가진다. 그 가격을 다른 주주들에 대한 경우와 마찬가지로 할 의무는 없으나" 공정거래(fair dealing)의 의무는 진다.[172] 자기거래가 효과적으로 규제된다면, 프리미엄부 매매가격은 매도인과 매수인의 추가적인 감시비용을 적절히 보상하는 셈이 된다.[173] 그럼에도 불구하고 소수주주의 지분을 매수하지 않고 지배주식만을 인수하는 기업인수는 미국에서 매우 드물다. 그 이유는 지배주주의 사적 이익이 낮고 100퍼센트 지분 취득을 위한 자본 조달이 가능하기 때문이다.

매수인의 의무에 관해서는 앞의 8.3.에서 살펴본 공유규칙, 예를 들어 지급대가를 결정하는 규칙[174] 등이 지배주식을 취득하는 주주에 대하여 소수주주의 이익을 보호하게 된다. 그 결과 지배주식을 초과하여 대상회사의 주식을 취득하고자 하는 매수인은 지배주주에게 충분히 높은 가격을 지불하여 그 주식을 확보하기가 힘들다. 그 이후의 공개매수 가격을

---

170 약탈적 매각에 대해서는 *Gerdes v. Reynolds*, 28 N.Y.S.R.2nd 622 (1941); 전체 주주에게 귀속되어야 할 재산의 횡령으로 볼 수 있는 매각에 대해서는 *Perlman v. Feldman*, 219 Federal Reporter 2d Series 173 (1955); *Brown v. Halbert*, 76 California Reporter 781 (1969).

171 William Andrews, *The Stockholder's Right to Equal Opportunity in the Sale of Shares*, 78 Harvard Law Review 505 (1965). 이에 대한 일반적인 논의는 Robert Clark, Corporate Law, pp.478–98 (1986).

172 American Law Institute, Principles of Corporate Governance § 5.16.

173 본문에서 설명한 이유로 일반적으로 지배주주는, 직접적이든 간접적이든, 지배권을 자유롭게 매각할 수 있어야 한다는 주장은 Ronald J. Gilson and Jeffrey N. Gordon, *Controlling Controlling Shareholders*, 152 University of Pennsylvania Law Review 785, 793–6, 811–6 (2003).

174 앞 8.3.3 참조. 대부분의 경우 이 규칙은 매수인이 공개매수를 시작하기 전에 충분한 시간을 기다림으로써 회피할 수 있다.

공개매수 이전에 지급한 가격을 반영해서 정해야 하기 때문이다. 여기에서 가장 쟁점이 되는 것은 지배주식의 매수에도 의무공개매수가 적용되어야 하는지 하는 문제이다. 만일 적용된다면 매수인은 어쩔 수 없이 공개매수를 해야 하고 그것도 지배주주에게 제시한 조건과 같은 조건으로 해야 한다.

지배주주로부터의 지배권 매수와 분산된 주주로부터의 주식 매집을 통한 지배권 취득을 다르게 보아야 한다는 주장도 있다. 전자의 경우 소수주주의 입장에서는 전과 비교하여 달라진 것이 없다는 것이다. 그러나 이러한 주장은 지배권 이전이 소수주주에게 초래할 수 있는 위험을 간과한 것이다. 매수인은 비록 회사를 망치지는 않더라도 별로 성공 가능성이 없는 사업을 시작하거나, 소수주주의 이해관계를 무시하거나, 아니면 기업집단에 편입되는 경우에는 대상회사 및 그 주주의 이익에 반하는 기업집단의 목표를 추구할 가능성이 있다.[175] 지배주식의 이전과 관련하여 앞에서 살펴본 바와 같이 사전적으로 소수주주가 지배주식의 매각으로 손해를 보는지 확인하기는 어렵기 때문에, 법제가 선택할 수 있는 방법은 일반적인 회사법에 의지하여 미래의 불공정한 행위로부터 소수주주를 보호하는 것과, 아예 지배권 이전 당시에 바로 소수주주에게 탈퇴권을 인정하는 것이 있다.

그러나 이 경우 강제적인 탈퇴권이 초래하는 비용은 분산된 주식의 매집을 통하여 대상회사 경영진으로부터 지배권이 이전되는 경우보다 훨씬 클 가능성이 있다. 지배주식을 매수하는 경우 매수인은 매도인이 받아들이는 가격으로 매입한 지배주식만 보유할 수 없다. 의무공개매수 규정에 따라 다른 소수주주에게도 같은 가격으로 공개매수를 해야 한다. 그 결과 매도인이 받고자 하는 금액(사적 이익에 대한 보상을 포함하여)을 지불할 수

---

175 이것은 물론 심지어 매도인이 지배주주가 아닌 경우에도 의무공개매수를 찬성하는 논거이다. 앞 8.3.4 참조.

없고, 그렇게 지불하게 되면 대상회사 전체를 인수하는 것에 과다지급을 하게 되는 셈이다.

만일 사적 이익이 높은 상황이라면 강제적으로 프리미엄을 공유하라는 규제는 지배권 이전의 인센티브를 크게 해치게 된다.[176] 지배권 이전의 빈도는 감소할 것이고, 심지어 매수인이 대상회사의 효율성을 높일 수 있는 경우에도 그럴 것이다.[177] 의무공개매수가 지배권의 간접적인 취득[178]에도 적용된다면 이러한 부작용은 더 확대될 수 있다. 한편 의무공개매수는 기존 지배주주보다 더 사적 이익을 추구하려는 매수인에 대한 지배권 이전을 억지하는 효과가 있다. 프리미엄을 받고 탈퇴할 수 있는 권리가 있으므로 새로운 지배주주는 착취할 수 있는 소수주주가 없다.

8.4.2 대상회사에 대한 공개매수의 유도

공개회사에 지배주주가 존재하고 지배주주가 그 자리를 놓지 않으려고 한다면 확실히 지배권 이전의 장애물이 될 수 있다. 그러나 이 경우에는

---

176 John C. Coffee, *Regulating the Market for Corporate Control*, 84 Columbia Law Review 1145, 1282–9 (1984); Bebchuk, 앞의 논문(주 144).

177 Luca Enriques, *The Mandatory Bid Rule in the Proposed EC Takeover Directive: Harmonization as Rent-Seeking?*, in Guido Ferrarini et al., eds., Reforming Company and Takeover Law in Europe, p.785 (2004). 나아가 Pacces, 앞의 책(주 102), pp.335–7 참조(의무공개매수를 폐지하고 지배주식의 매수인에게 매수 이전과 이후의 시장가격 가운데 높은 가격으로 남은 주식에 대해서 공개매수를 할 것을 제안). 이러한 분석의 다른 시사점은 유럽연합 내에서 비슷한 의무공개매수 규정이 지배권의 사적 이익의 크기에 따라 그 실제 효과가 아주 다르다는 점이다.

178 종종 '연쇄법칙(chain principle)'이라고 부르는데, A회사의 지배권을 취득한 자가 (A회사가 지배하는) B회사의 지배권도 취득한다면, 매수인은 B회사의 외부주주에 대해서도 공개매수를 해야 하는가? 영국은 완전자회사 형태를 선호하기 때문에 기업인수코드는 공개매수가 필요하지 않다는 전제에서 출발한다(Rule 9.1, note 8). 독일은 기업집단법의 논리에 따라서 반대의 전제를 가지고 있지만, 자회사의 자산이 모회사 자산의 20퍼센트 미만인 경우에는 감독당국이 공개매수의무를 면제할 수 있도록 하고 있다〔WpUG § 35, § 37, 동 시행규칙 § 9(2) no. 3〕. 이탈리아도 비슷하다(발행회사에 대한 규제 제45조).

회사법이 할 수 있는 것이 거의 없다. "소유가 집중되어 있다는 것은 단순히 기존의 경제환경적 조건에 불과하다."[179] 그러나 지배주주가 존재하는 경우에도 크게 두 가지 방법을 통하여 기업인수를 장려할 수 있다. 첫 번째는 의무공개매수의 예외를 인정하거나 그 부담을 완화시켜 지배권 이전을 저해하는 효과를 최소화하는 것이다. 두 번째는 지배권 강화 메커니즘 등과 같은 지배권 이전의 '기술적(technical)' 장애를 중화시키는 것이다.

8.4.2.1 강제공개매수 규정의 완화

우리는 앞에서, 의무공개매수는 대상회사의 소유구조와 상관없이 지배권 이전을 억지하는 효과를 가진다는 점을 살펴보았다. 대상회사에 지배주주가 존재하는 것 자체도 지배권 이전을 억지하는 요소이기 때문에, 입법자들은 이 두 가지 요소가 결합되는 것은 너무 과한 것이라고 보고, 이 경우 의무공개매수의 효과를 완화시키려는 시도를 한다. 이런 관점에서 의무공개매수에 대한 예외 · 면제 · 제한 등은 충분히 합리적으로 설명할 수 있다. 다시 말해서 의무공개매수의 완화는 지배주주가 존재하는 경우에 더 잘 기능할 수 있다는 것이다.

한 가지 완화된 형태는 소위 '부분적인' 공유규칙으로서, 중국과 인도에서 시행되고 있다.[180] 중국에서 강제공개매수는 발행주식총수의 5퍼센트 이상에 대해서 할 수 있어서, 당연히 그 효과가 반감된다.[181] 인도의 경우 25퍼센트를 초과하여 대상회사의 의결권 있는 주식을 취득한 자는 대상

179 Ronald J. Gilson, *The Political Ecology of Takeovers*, in Klaus J. Hopt and Eddy Wymeersch, eds., European Takeovers: Law and Practice, p.67 (1992)은 기업인수의 구조적 장애물과 기술적 장애물을 구별하고 있다.

180 Armour, Jacobs, and Milhaupt, 앞의 논문(주 36), 274 이하.

181 Measures for the Administration of the Takeover of Listed Companies(중국 증권규제위원회, 2008. 8. 27. 개정) 제25조, www.lawinfrochina.com/display. aspx?lib=law&id=7043&CGid=. Chao Xi, *The Political Economy of Takeover Regulation: What Does the Mandatory Bid Rule in China Tell Us?*, Journal of Business Law 142 (2015).

회사의 26퍼센트 이상의 주식에 대해서 공개매수를 해야 한다.[182] 또 다른 형태로, 브라질에서 의무공개매수는 모든 보통주주에게 이루어져야 하지만, 지배주주에게는 80퍼센트 가격만 지불한다.[183] 이것은 브라질에서 지배주주가 예외적으로 높은 사적 이익을 누리고 있다는 인식을 반영한다.[184] 나아가 법에서 정하는 의무공개매수에 관한 규정은 오직 의결권 있는 주식에 대해서만 적용되기 때문에, 무의결권 우선주가 많은 브라질 자본시장에서는 그 기능이 제한적이다.[185] 세 입법례는 모두 외국법의 도입에 신중을 기하고 있다. 세계적 흐름으로서 의무공개매수를 도입하지만, 구체적인 환경에 맞추어 수정하는 것이다. 세 입법례 모두 완전한 공유에 따른 고비용을 피하고 있다.[186]

다른 전략으로는 "선택적" 의무공개매수가 있다.[187] 앞에서 살펴본 바와 같이, 스위스는 정관으로 의무공개매수 규제를 수정하거나 아예 폐기하는 것도 허용하고 있다.[188] 잠재적 대상회사 주주들은 이를 통하여 지배권 이전을 촉진할 수 있다.

다른 입법례에서는 상당히 불확실한 경로를 통해서 같은 목적을 달성하고 있다. 예를 들어 비록 EU 회원국들이 지침에 의하여 요구되는 의무

---

182 인도 증권거래위원회(대량주식취득과 기업인수) Regulations 2011. Umakanth Varottil, *The Nature of the Market for Corporate Control in India*, Working Paper (2015), ssrn.com.

183 주식회사법 제254-A조. 그러나 브라질의 가장 프리미엄 거래시장인 Novo Mercado는 지배주주에게 지급한 것과 동일한 금액으로 강제공개매수를 요구하고 있다(Novo Mercado 규정 제8.1조).

184 앞 4.4.2.1 참조.

185 주식회사법 제254-A조. 그러나 상파울로 증권거래소 Level 2 상장규정은 의결권이 있거나 없는 우선주주에 대해서는 지배주주에게 지급한 것과 동일한 금액으로 강제공개매수를 부과하고 있다(Level 2 상장규정 제8.1조).

186 Armour, Jacobs, and Milhaupt, 앞의 논문(주 36), 274 이하.

187 Luca Enriques, Ronald J. Gilson, and Alessio M Pacces, *The Case for an Unbiased Takeover Law (with an Application to the European Union)*, 4 Harvard Business Law Review 85 (2014) 참조.

188 앞 8.3.4 참조.

공개매수를 모두 도입하고 있기는 하지만, 일부 회권국에서는 그 집행을 느슨하게 하는 방법으로[189] 의무공개매수의 억지효과를 완화시키고 있다. 독일에서는 매수인이 주식의 법적 권리가 아니라 경제적 이해관계만 가지고 있거나, 낮은 가격의 공개매수와 함께 시장매집을 하는 경우, 의무공개매 규정이 적용되지 않는다.[190]

이런 고려에 일부 학자들은 기업인수 규정이 처방적이 아니라 중립적이 되어야 한다고 주장한다. 그럼으로써 개별 회사가 그 지배권에 대한 경쟁수준을 결정할 수 있도록 해야 한다는 것이다.[191] 다른 학자들은 이러한 재량의 확대를 경계한다. 이들은 현실에서는 이런 시도가 많은 문제를 가져온다고 주장하면서, 개별 회사의 선택을 시장에서 적절하게 가격에 반영할 수 있는지에 대해서 의문을 제기한다.[192]

8.4.2.2 기술적 요소의 도입: BTR

기술적 장애는 회사법의 규제가 가능하다. BTR(Break-Through Rule)*은 EU 회원국이 강제하거나 또는 회사들이 선택할 수 있도록 할 수 있는데,[193] 지배권 이전에 관한 기술적 장애를 입법적으로 해결하고자 하는 시도라고 할 수 있다.

BTR은 이사회나 지배주주가 기업인수 이전에 공개매수에 방해가 되도록 주주의 권리를 변경시키는 것을 금지하고자 하는 목적을 가진다. 보상이 전제되지만, BTR은 주식의 양도나 의결권에 대한 제한을 강제로 무효

---

189 Enriques and Gatti, 앞의 논문(주 149), 76–9 참조.

190 Theodor Baums, *Low Balling, Creeping in und deutsches Übernahmerecht*, ZIP-Zeitschrift für Wirtschaftsrecht 2374 (2010).

191 Enriques, Gilson, and Pacces, 앞의 논문(주 187).

192 Hopt, 앞의 논문(주 13), 156–7; Johannes W. Fedderke and Marco Ventoruzzo, *The Biases of an "Unbiased" Optional Takeover Regime: The Mandatory Bid Threshold as a Reverse Drawbridge*, ssrn.com.

* 다수의결권 등 적대적 기업인수에 대한 일정한 방어행위를 무효로 하는 원칙을 말한다.

193 기업인수지침 제11~12조.

화하는 내용으로서, 그 제한이 정관에 있든 아니면 주주간계약(회사가 당사자인지는 묻지 않는다)에 있든 상관이 없다.[194] 그런 제한들은 공개매수 기간 동안에는 적용되지 않는다. 더 중요한 것은 복수의결권은 1주 1의결권으로 축소된다는 것인데, 저지금지규칙[195]하에서 경영권방어를 승인하기 위한 주주총회와 의결권 있는 주식의 75퍼센트를 취득한 매수인에 의하여 소집되는 첫 번째 주주총회에서 그렇게 된다. 이 주주총회에서는 이사의 선임 및 해임과 관련하여 어떤 주주에게도 특별한 권리가 인정되지 않는다.[196] BTR은 전반적으로 회사의 지배권이 1주 1의결권 원칙을 배제함으로써 형성되었거나 아니면 주주간계약으로 만들어진 경우, 이 지배권을 다툴 수 있도록 하는 효과를 가진다고 할 수 있다.

공개매수 기간 동안에 의결권제한을 폐기하는 것은 저지금지규칙이 효과적으로 작동하기 위하여 필요하다. 기업인수 이후에는 BTR의 적용이 더 중요하고, 그 결과 75퍼센트를 초과하는 지분을 취득한 매수인은 이사회를 교체하여, 의결권이 회사에 대한 경제적 이해관계를 반영하도록 회사의 정관을 개정할 수 있다.

선택적 BTR은 성공했다고 보기 힘들다. 아주 소수의 회권국만 BTR을 강행적으로 만들었기 때문이다. 나아가 BTR을 최초의 디폴트규정으로 삼는 입법례는 없으며, 설사 BTR 선택의 옵션이 있는 입법례에서도 이를 선택한 회사는 아직 알려지지 않고 있다.[197] 몇 가지 요소들이 왜 회원국들은 강행적인 BTR을 선택하지 않았는지 설명해 준다. 우선 BTR이 1주 1의결권이 있는 국가에서는 지배적인 입장이 아니므로, 유럽의 회사들은 그 영향을 거의 받지 않는다. 다른 한편으로 BTR은 피라미드와 같이 1주 1의결권

194 제11조.

195 앞 8.2.2 참조.

196 공동결정권한(앞 8.1.2.3 참조)은 영향을 받지 않는다. 그 권한은 일반적으로 주주의 권한이 아니고, 회사의 정관이 아니라 입법에 의해서 인정되는 것이기 때문이다.

197 Commission's Report on the Implemetation of the Directive on Takeover Bids, 주 140, 7-8.

을 잠탈하는 시도를 잡아내지 못한다.[198] 이 두 상황에서 강제적인 BTR이 적용되었을 회사에서는 공격적인—그리고 실제로 성공적인 —로비를 해야 했을 것이다. 나아가 왜 어떤 회사도 아직 BTR을 채택하지 않았는지는 더 간단한 문제이다. 회사 수준에서 이를 채택하는 것은 대부분의 상황에서 초다수결을 요구하는 것인데, 지배주주는 아직 기술적인 이점을 누리고 있으므로 이를 찬성할 이유가 없다는 것이다.

8.5 지배권거래 규제의 다양성에 대한 설명

지금까지 지배권 이전에 관한 규제를 세 가지 축으로 설명하였고, 그 가운데 핵심은 두 가지이다. 공개매수에 대한 의사결정 권한이 어디 있는지와 매수인(또는 매수인과 지배주주)의 기회주의적 행동에 대해서 대상회사 주주의 이익을 어떻게 보호하는지(특히 지배주주가 없는 경우)가 바로 그것이다. 세 번째 사소한 요소는 주주 이외의 이해관계자에 대한 법적 대응이었다.

이로부터 우선 두 가지 결론이 가능할 것이다. 다소 부정적인 첫 번째 결론은 어떤 법제도 지배권 이전의 빈도를 극대화하는 목적을 규제의 핵심으로 삼고 있지 않다는 것이다. 기업인수의 빈도가 많아지려면 대상회사의 경영진에게 공개매수와 관련하여 수동의무를 강제하고(위 첫 번째 요소와 관련하여) 매수인이 자유롭게 공개매수의 구조를 결정할 수 있도록

198 John C. Coates, IV, *The Proposed "Break-Through" Rule—Ownership, Takeovers and EU Law: How Contestable Should EU Corporations Be?*, in Guido Ferrarini et al., eds., Reforming Company and Takeover Law in Europe, p.677, pp.683-4 (2004)(EU 공개회사의 오직 4퍼센트 정도만 영향을 받는다는 데이터를 제시하고, 이들 회사의 경우에도 지배주주는 그들의 현금흐름에 관한 권리를 증가시키거나 BTR의 적용을 받지 않는 다른 방식, 예를 들어 피라미드 구조나 상호보유 등을 통하여 BTR의 효과를 피할 것이라고 주장).

하며(위 두 번째 요소와 관련하여) 주주 이외의 이해관계자의 이익은 무시해야 한다. 그러나 어떠한 입법례도 이러한 식으로 되어 있지 않다. 대리 문제와 조정 문제의 해결이라는 틀이 복잡하기는 하지만 실제 각 입법례의 목적과 효과를 설명함에 있어서는 공개매수 빈도의 극대화라는 틀보다 우수하다.

두 번째 결론은 특정한 입법례의 분석에 있어서는 위 두 가지 주요 관점의 상충관계에 대해서 주의해야 한다는 것이다.[199] 경영진의 경영권방어를 엄격하게 규제하는 법제는 한편으로 매수인에게 대상회사 주주를 평등하게 대할 것을 요구하거나 아니면 부분매수를 금지함으로써 결과적으로 기업인수의 발생을 억지하는 결과를 가져오고 있다. 사실 공개매수의 맥락에서 역사적으로 가장 주주의 의사결정권을 중시해 왔던 법제(영국과 프랑스—프랑스는 이제 다소 의심스럽기는 하지만)가 대상회사 주주를 매수인의 기회주의적 행동으로부터 보호하는 것에 가장 앞서 있다는 것도 우연이 아니다. 이 경우 경영진의 의사결정에 기댈 수 없는 대상회사 주주를 보호하려면 결국 매수인에 대한 규제가 필요하지만, 예를 들어 의무공개매수와 같은 이러한 규제는 다시 간접적으로 대상회사 경영진을 보호하게 된다. 따라서 이런 입법례를 보면, 대상회사 경영진이 공개매수자에 대항하여 자신의 지위를 보전하기 어렵게 함과 동시에 이러한 공개매수의 빈도를 줄이는 효과를 함께 가진다. 어느 효과가 더 두드러지는지는 실증분석의 영역이다.[200]

---

199 Sanford J. Grossman and Oliver Hart, *An Analysis of the Principal-Agent Problem*, 51 Econometrica 7 (1983).

200 Martynova and Renneboog, 앞의 논문(주 12), 표 2는 1990년대 유럽의 기업인수에서 적대적 기업인수의 58퍼센트, 적대적이든 아니든 모든 공개매수의 68퍼센트가 영국 또는 아일랜드 회사를 대상으로 한 것임을 보이고 있다. 영국 회사에 대하여 지불된 인수프리미엄은 유럽의 다른 회사에 대하여 지불된 금액보다 높았다(위 논문, 235).

8.5.1 형식과 실질에 있어서의 차이

지배권거래와 관련하여 핵심적인 문제는 대상회사 경영진의 반대에도 불구하고 이러한 거래가 일어날 수 있는가 하는 점이다. 따라서 입법례를 구분하는 결정적인 기준은, 지배권거래에 관한 의사결정을 완전히 대상회사 주주의 손에 쥐어 주는 법제와, 대상회사 주주 각자 및 이사회에 거부권을 부여하는 법제로 구분하는 것이라고 할 수 있다.

그러나 이런 구분은 현실을 지나치게 단순화한 것이다. 첫째, 지배권 이전에 관한 결정권한을 대상회사 주주와 이사회에 공동으로 부여하는 법제에서도 적응적 메커니즘을 발전시켜서, 어느 정도는 결정권한이 모두 대상회사 주주에게 주어진 법제와 같은 효과가 발생하도록 만들 수 있다. 미국은 이런 가능성을 보여 준다.[201] 예를 들어 Armour, Skeel, 두 교수는 미국의 적대적 기업인수의 규모가 결정권한을 모두 주주에게 부여하는 영국보다 낮음에도 불구하고,[202] 두 나라의 지배권 이전의 빈도는 차이가 거의 없다고 주장한다.[203] 다시 말해 일정한 제도적 환경에서 다양한 전략을 결합함으로써 주주는 그 비용을 치르지 않고(예를 들어 경영진의 참호구축) 공동의 의사결정으로 인한 이익을 얻었다(경영진으로 하여금 매수인과 협상하도록 함으로써 조정 문제를 극복하였다)는 것이다. 그러나 이런 제도적 환경이나 전략 조합을 사용할 수 없는 입법례에서는 최초에 어떻게 의사결정권한이 배분되는지가 결정적이다.

---

201 앞 8.2.3.1 참조.

202 Armour and Skeel, 앞의 논문(주 32), 표 1 참조. 또한 Coates, 앞의 논문(주 54), 253 참조(영국에서 7퍼센트 v. 미국에서 3퍼센트) 참조.

203 Armour and Skeel, 앞의 논문(주 32), 1741. 두 시스템이 기능적으로 완전히 동일한지는 확실하지 않으며(위 논문, 1742-3), 미국 시스템은 저지금지규칙을 바로 도입하면 발생하지 않을 비용을 발생시키고 있다고 한다.

8.5.2 서로 다른 규제환경

소유구조, 산업구조 등 기존에 이미 존재하는 여러 상보적 환경은 법제도의 설계에 중요하다. 물론 전략적 선택도 못지않게 중요하다.[204]

따라서 지배주주에게 집중된 소유구조를 가지고 있는 국가는 지배구조 수단으로서 기업인수에 덜 의존하게 될 것이다. 경영진에 대한 감독은 주로 지배주주에 의하여 이루어지기 때문이다. 이런 국가에서는 — 실제로는 대부분의 국가가 그러하다[205] — 매수인에게 우호적인 기업인수법의 필요성이 별로 없다.[206] 유럽대륙의 국가들이 기업인수 지침의 이사의 중립성을 지지하는 것은 이런 식으로 설명이 가능하다.[207] 일본의 주식상호보유를 통한 네트워크 역시 이런 사례이다. 비록 최근 주식상호보유가 약화되기는 하였으나,[208] 일본은 이렇게 적대적 기업인수 이외의 외부감시구조가 발전되어 왔던 것이다.

비슷하게 산업구조에 따라서 서로 다른 기업인수규제가 발전되었을 것으로 생각할 수 있다. 다양한 문헌에서 자본주의의 다양성을 논의하고 있으며, 그것이 어떻게 법제도에 영향을 주고 있는지 설명하고 있다.[209] 예

---

204 Guido Ferrarini and Geoffrey Miller, *A Simple Theory of Takeover Regulation in the United States and Europe*, 42 Cornell International Law Journal 301 (2009). 또한 Hopt, 앞의 논문(주 12), 259.

205 Marco Becht and Colin Mayer, *Introduction*, in Fabrizio Barca and Marco Becht, eds., The Control of Corporate Europe (2001).

206 이런 국가들은 자기거래에 관한 규칙 등과 같이, 주주 내부의 대리비용을 직접 해결하는 규칙에 더 집중하는 것이 바람직할 것이다. 제6장 참조.

207 앞 8.2.2 참조.

208 Joseph Lee, *Critical Exposition of Japanese Takeover Law in an International Context*, Working Paper (2016), ssrn.com.

209 Peter A. Hall and David Soskice, eds., Varieties of Capitalism: The Institutional Foundations of Comparative Advantage (2001); Wendy Carlin and Colin Mayers, *How Do Financial Systems Affect Economic Performance?*, in Xavier Vives, ed., Corporate Governance: Theoretical and Empirical Perspectives, p.137 (2000) 참조.

를 들어 일정한 생산기술이 필요한 산업에서는 근로자가 기업에 특수한 인적 자본을 투자한다거나 유연한 근로조건에 동의하는 등 근로자의 장기적인 참여가 필수적으로 요청되기도 한다. 이런 상황에서 기업인수는 이런 장기적 참여를 파괴하는 결과를 가져올 뿐이고, 매수인이 기존 근로자의 신뢰를 저버리는 결과를 가져오기 쉽다.[210]

마지막으로 법제도의 설계는 당연히 기존에 존재하는 법제도 또는 수단에 의하여 영향을 받는다. 다시 말해서 상보성(complementarities)과 경로 의존(path dependencies)은 법제도의 설계에 있어서 중요한 요소가 된다. 예를 들어 이 개념은 미국과 영국의 많은 차이를 설명할 수 있다. 영국의 회사법은 항상 주주 중심의 입장을 강하게 유지하고 있다. 이사회의 권한은 법률이 아니라 회사의 정관으로부터 도출되는데 정관은 최소한 형식적으로는 완전히 주주가 지배하고 있으며,[211] 이사는 주주총회에서 언제든 해임이 가능하다. 미국은 물론 주주가 최종적인 권한을 가지고 있기는 하지만[212] 전통적으로 경영진의 권한을 더 보호하는 입장이었다. 따라서 지배권 이전에 대한 권한을 완전히 주주에게 배분하는 것은 영국의 기존 기업지배구조의 패턴에 부합하고, 미국에서 이사회가 지배권 이전에 영향을 주게 된 것도 법리적으로는 경영진 중심의 미국 구조에 부합하는 것이다.[213]

---

210 Shleifer and Summers, 앞의 논문(주 22); Paul Davies, *Efficiency Arguments for the Collective Representation of Workers*, in Alan Bogg et al., eds., The Autonomy of Labour Law (2015).

211 앞 7.2 참조.

212 앞 3.5 참조.

213 Armour and Skeel, 앞의 논문(주 32), 1767-8은 영국 회사법의 전통적인 친주주적 법리가 기관투자자의 지분증가로 인하여 더 강화되었는데, 이 둘은 모두 영국에서 기업인수 규제가 진전되던 1960년대에 동시에 일어났다는 점을 지적하고 있다. 이런 우연은 미국에서는 발생하지 않았다는 것이다. 마찬가지로 만일 경영진에 대한 스톡옵션이 미국에서 그렇게 중요하게 되지 않았더라면, 미국의 기관투자자들은 주주친화적인 지배권 이전 규제를 요구했을 것이라는 추측도 해볼 수 있다.

비슷한 관점에서, 각 국가는 활발한 기업인수시장을 대신하여 다른 기업지배구조 수단을 장려하는 것을 선택할 수도 있다.[214] 하지만 이런 대안의 추구가 충분한 경우가 별로 없다는 점도 유의해야 한다. 적대적 기업인수의 위협은 여전히 "가장 효과적인 기업지배구조 메커니즘"으로 남아 있다.[215] 다른 하나의 상보적 수단으로는 주주관여(shareholder engagement)에 관한 규제적 접근이다. 최근 수년에 걸쳐 적극적인 주주로 하여금 회사의 정책에 관여하는 것을 장려하는 정책들이 추구되었다. 일부 기업인수규제 — 가장 중요한 것으로는 의무공개매수를 발동시키는 공동보유의 요건 — 는 이런 주주관여를 장려하는 것에 장애물로 등장하고 있다.[216]

8.5.3 정치적 · 경제적 고려

기업인수규제의 다양성은 각 국가의 서로 다른 정치적 선택 또는 인식을 통해서 설명할 수도 있다. 여러 요소 가운데 가장 중요한 것은 기업을 외국자본에 매각했을 때 생길 수 있는 반감의 가능성이다. 기업인수는 언론에 대서특필되기 마련이고, 특히 외국자본에 의한 대규모 기업인수는 보호주의자들의 대항을 불러일으키기 쉽다. 이런 현상은 경제위기 상황에서 더 심해지는데, 최근 금융위기에서 자주 목격된 것이기도 하다.[217]

---

214 Paul Davies and Klaus J. Hopt, *Corporate Boards in Europe: Accountablity and Convergence*, 61 American Journal of Comparative Law 301 (2013).

215 Jonathan Macey, Corporate Governance: Promises Kept, Promises Broken 10, p.118 이하 (2008); 기업지배권시장 개념 및 저지금지원칙에 대한 찬반 논의는, Hopt, 앞의 논문(주 12), 261-8.

216 ESMA, *Information on Shareholder Cooperation and Acting in Concert under the Takeover Bids Directives*, ESMA / 2013 /1 642(2013. 11. 12); Martin Winner, *Active Shareholders and European Takeover Regulation*, 12 European Company and Financial Law Review 364 (2014). 또한 앞 3.2.4 참조.

217 다양한 문헌은, Ulf Bernitz and Wolf-Georg Ringe, eds., Company Law and Economics Protectionism (2010).

예를 들어 이탈리아—금융위기를 맞이하여—와 프랑스는 최근 EU 기업인수지침의 중립성원칙을 폐기하였다.[218] 전통적으로 기업인수를 장려했던 영국 역시 2009년 초콜릿 제조사인 캐드버리가 미국의 식품기업 크래프트에게 인수되면서 열띤 정치적 논쟁이 있었다.[219]

많은 개발도상국에서 기업인수는 일반적으로 거의 없는데, 주된 이유는 가족이나 국가에 기업소유가 집중되어 있기 때문이지만, 인도와 같이 소유구조가 분산된 일부 국가의 경우에는 규제가 장애물이 되고 있다.[220] 그러나 서구선진국에서도 외국자본으로부터 지역경제를 보호해야 한다는 필요성이 정치가들을 지배하기도 한다. 프랑스의 경우 모든 정당의 정책은 '국가의 핵심기업(national champions)'을 만들거나 보호하는 방향으로 이루어지고 있다. 법과 정책은 서로 영향을 주기 마련이다. 예를 들어 2014년 미국의 기업집단인 제너럴 일렉트릭이 프랑스의 핵심기업인 알스트롬을 합병한 것을 생각해 보자. 프랑스 정부는 전혀 알스트롬의 주주가 아니었음에도 불구하고, 그리고 법적으로 전혀 요구되지 않았음에도 불구하고, 제너럴 일렉트릭은 사실상 엘리제궁과 직접 교섭을 해서 기업인수의 승인을 얻어야만 했다. 이 기업인수 과정에서 프랑스 정부는 추가적으로 시행령을 채택했는데, 정부기관이 회사의 지배권 이전에 거부권을 행사함으로써 국내의 핵심산업을 보호하는 것을 내용으로 하고 있다.[221]

---

218 앞 8.2.2 및 8.2.3.2 참조.

219 영국 기업들을 해외 기업인수로부터 보호하기 위해서 '캐드버리 법(Cadbury's Law)'을 채택해야 한다는 주장도 있다[Wolf-Georg Ringe, *Deviation from Ownership-Control Proportionality: Economic Protectionsim Revisited*, in Ulf Bernitz and Wolf-Georg Ringe, eds., Company Law and Economics Protectionism, p.235 (2010)].

220 Armour, Jacobs, and Milhaupt, 앞의 논문(주 36), 273 이하; Érica Gorga, *Changing the Paradigm of Stock Ownership from Concentrated Towards Dispersed Ownership?: Evidence from Brazil and Concequences for Emerging Countries*, 29 Northwestern Journal of International Law & Business 439, 445 (2009); Mariana Pargendler, *Corporate Governance in Emerging Markets*, in Jeffrey N. Gordon and Wolf-Georg Ringe, eds., Oxford Handbook of Corporate Law and Governance (2017).

221 Hugh Carnegy, Michael Stothard, and Elizabeth Rigby, *French "Nuclear Weapon"*

모든 국가에서 이러한 정치적인 움직임이 흔하게 발견되는 산업이 있는데, 예를 들어 안보산업은 외국의 영향으로부터 보호하고자 하는 경향이 있다.[222]

산업에 대한 전략적 보호의 필요성 이외에도, 일반 국민이 자주 기업인수에 반대하는 원인에는 근로자에 대한 영향도 있다. 구조조정이 기업인수에만 국한된 것은 아니지만, 기업인수로 인하여 정리해고가 발생되는 경우가 많은 것도 사실이다. 그 결과 노동조합이 기업인수에 가장 격렬하게 저항하는 그룹이라는 사실은 전혀 새로운 것이 아니다. 위에서 설명한 캐드버리와 크래프트의 합병을 예로 들면, 국민들은 고용을 계속하겠다는 종전의 약속이 기업인수 이후 지켜지지 않으면 이런 태도를 보이기 마련이다.

결론적으로 이 문제는 지배권거래가 만들어 내는 여러 대리 문제 가운데 특히 주주가 아닌 그룹과의 대리 문제와 관련이 된다.[223] 회사법이 근로자 또는 노동조합의 이사회 참여(예를 들어 독일)를 통하여 일반원칙으로서 회사와 근로자의 대리 문제를 다루고 있는 국가의 경우, 지배권 이전은 단순히 매수인과 대상회사 주주 사이의 거래를 통하여 이루어지는 것이기 때문에, 근로자 참여의 원칙을 구현하는 기관이 의사결정에 참여하지 못하는 것은 의심스러운 시각으로 보게 된다. 역으로 경영진이 경영권 방어를 시도할 수 있는 자유는 근로자 또는 다른 이해관계자의 이익 보호를 암시할 수 있다.

---

against Takeovers Sparks Blast from Cable, Financial Times, 2014. 5. 16, p.1.

222 독일은 2008년 대외무역법(Außenwirtschaftsgesetz)을 개정하여 EEA 외부로부터 들어오는 투자에 대해서, 만일 독일 회사 지분의 25퍼센트 이상을 보유하게 되면 심사절차를 거치도록 하였다. Hopt, 앞의 논문(주 49), 384 이하 참조. 비슷하게 미국도 해외자본의 투자에 대한 심사절차—CFIUS가 담당하는—를 2007/8년에 개정하여, 종전의 절차가 비효율적이고 느슨하다는 염려를 수용하였다.

223 앞 8.1.2.3 참조.

8.5.4 규제적 불확실성

위에서 언급한 여러 주장들에 대한 중요한 전제가 있다. 특별한 규제의 선택에 대한 여러 설명요소 가운데 어떤 것도 모두를 설명하지는 못하며, 특히 입법자들은 해결해야 하는 문제와 관련하여 심각한 불확실성에 직면한다는 것이다. 예를 들어 소유구조를 보자. 우리는 평균적인 최대주주의 지분이 입법례마다 다르다는 것을 알고 있는데,[224] 그 결과 최대주주 지분의 평균이 중간 정도인 국가에서는 적대적 기업인수가 힘들기는 하지만, 그렇다고 완전히 없는 것도 아니다. 나아가 시간에 따른 변화도 있다. 예를 들어 주요 국가에서는 지배주주의 비중이 시간이 지나면서 점차 약해지고 있다는 증거도 있다.[225] 마지막으로, 대규모의 지배주주가 전형적인 국가의 경우에도 특정한 회사의 소유구조는 분산되어 있을 수 있다. 따라서 적대적 기업인수의 회소성을 단순히 주주의 지분구조에 기초하여 완전히 설명할 수 있는 입법례는 거의 없다. 더 중요한 점은, 과거 적대적 기업인수가 보고되지 않았던 여러 국가에서도 최근 몇십 년 동안 적대적 기업인수가 중요한 사건으로 등장하였다는 것이다.[226]

마지막으로, 입법자들에게는 기업인수규제를 기존에 존재하는 회사

---

224 Becht and Mayer, 앞의 논문(주 205), 표 1.1은 1990년대 말 기준으로, 상장회사의 최대지분의 중간값은 독일의 57퍼센트에서 영국의 20퍼센트로 다양하다는 점을 보고하고 있다.

225 독일의 경우, Wolf-Georg Ringe, *Changing Law and Ownership Patterns in Germany: Corporate Governance and the Erosion of Deutchland AG*, 63 American Journal of Comparative Law 493 (2015). 일본의 경우, Japan Exchange Group, 2015 Share Ownership Survey (2016), http://www.jpx.co.jp/english/markets/statistics-equities/examination/01.html.

226 Julian Franks et al., *The Life Cycle of Family Ownership: International Evidence*, 25 Review of Financial Studies 1675 (2012), appendix A1은 2001~2006년까지 전체 상장회사 가운데 적대적 기업인수의 대상이 된 상장회사의 수는, 독일이 0.9퍼센트, 이탈리아가 1.1퍼센트, 프랑스가 0.7퍼센트에 그친다고 보고하고 있다. 영국은 3.3퍼센트이다. 일본도 소송을 통한 수치를 고려하면 비슷한 양상을 보이고 있다고 하겠다. 주 51 참조.

법의 틀에 맞추려고 하는 경향이 있다는 점을 가지고 이 현상을 상당 부분 설명할 수 있다. 이런 불확실성과 이해충돌은 EU와 같이 이질적인 연방시스템에서 더 극명하게 드러나지만, 일반적인 경향은 잘 보이지 않는다.

결론적으로 특정한 필요에 대응하여 적절한 기업인수규제를 선택하는 것과 관련하여, 입법자들은 어떤 면에서는 '불가지론자'라고 말할 수 있다. 설사 입법자들이 신중하게 기업인수규제의 틀을 공공의 이익이 맞추어 최적화하고 실제 사업환경에 맞는 기능적 규정을 설계한다고 가정하더라도, 이런 전제가 ① 규제하고자 하는 사업체, ② 다양한 산업 전반, ③ 시간의 흐름의 모든 대상에 대하여 충족된다고 단언할 수 없다. 이런 불가지론은 두 가지 결론에 이른다. 첫 번째, 입법자들은 예를 들어 지배주주가 지배하는 회사가 그들이 해결해야 하는 '전형적'인 상황이라고 전제하는 것과 같이, 그들의 입법례에 관한 '전형적'인 상황을 간단히 요약하려고 한다. 두 번째, 규제당국은 현실에서 계속 불확실성과 이해충돌에 직면하기 때문에, 어떻게 최적의 시스템을 설계하고 다른 주장에 대해서 어떻게 반응할지 알지 못한다. 이것이 바로 정치적 고려, 로비 노력, 규제당국의 포획 등이 발생하는 지점이다. 좋은 사례는 EU 기업인수 지침의 채택이다. 유럽위원회는 유럽내 통합된 단일시장의 형성을 위한 중요한 수단으로서 기업인수를 장려하는 입장을 강조하였지만,[227] 일부 회원국(그리고 유럽의회 역시)은 현재의 세계화와 그 영향에 대한 우려에 더 크게 반응하였다.[228] EU 수준에서 저지금지규칙 및 BTR을 강행규정으로 하지

---

227 실증적인 연구결과가 지지하는 정책에 대해서는, 예를 들어 Marina Martynova and Luc Renneboog, *Mergers and Acquisitions in Europe*, in Luc Renneboog, ed., Advances in Corporate Finance and Asset Pricing p.13, p.20 (2006)(유럽의 1990년대 기업인수의 유행은 유럽시장의 도전을 극복하기 위한 사업확장을 가져왔다고 지적).

228 Klaus J. Hopt, *Observations on European Politics, Protectionism, and the Financial Crisis*, in Ulf Bernitz and Wolf-Georg Ringe, eds., Company Law and Economics Protectionism, p.13, pp.20-1 (2010).

못하였고,[229] 이에 따라 보호주의자들의 목소리가 더 커지게 되었다. 이런 경향은 다시 지침을 국내법화 하는 과정에서도 반복되었고, 그 결과 전반적으로 회원국에서는 그 이전보다 더 보호주의적 접근이 이루어졌다.[230]

가장 기본적인 사실은 기업인수규제는 정치적 이해관계, 전략적 결과, 로비의 노력, 자본시장이라는 외적 압력 등이 혼합되어 형성된다는 것이다. 기껏해야 규제당국은 '가장 전형적인' 대리 문제와 조정 문제를 해결하고자 노력하면서 현실상황이 변함에 따라 접근방법을 변화시킬 따름이다. 획일적인 규정은 사업의 현실을 반영하지 못하므로, 예외를 허용하거나 재량적 판단을 인정하는 규정이 보다 후생을 증진시킬 수 있을 것이다. 그러나 그 규정에서의 선택이 사회적 후생을 증진시키는 방향으로 이루어진다고 단정할 수는 없다.[231]

229 앞 8.2.2 및 8.4.2.2 참조.
230 Davies et al., 앞의 논문(주 46).
231 앞 8.4.2 참조.

제9장

회사법과 증권시장

Ruca Enriques, Gerard Hertig, Reinier Kraakman, and Edward Rock

안수현 옮김

회사는 일반대중으로부터 자금을 조달하는 절호의 수단이다. 제1장에서 기술한 회사법의 핵심적 특징들, 특히 유한책임과 주식의 양도성은 회사가 매우 효과적으로 자금을 조달할 수 있도록 해준다. 그러나 우리가 이 책을 통해서 알 수 있듯이 외부자금의 조달은 제2장에서 설명한 대리인문제를 악화시킨다. 주주(또는 채권자)의 수가 많으면 정보와 조정의 비용이 높아지며 정보 비대칭이 보다 확산된다. 즉 대리인(경영자, 지배주주, 주주전체)은 자신의 이익을 추구함으로써 본인(주주, 소수주주, 채권자)의 이익을 훼손시킬 수 있다.

역사적으로 외부자금의 제공자들 — 즉 (개인)투자자들 — 에 대해서는 증권발행인과 그 대리인의 사기적 또는 기회주의적 행동의 위험으로부터 보호할 필요가 있다는 사고는 ① 일반대중에게 증권(주식, 사채, 채무증서)

을 매각하는 과정과 ② '공개' 또는 '증권'시장[1]에서 거래되는 증권을 발행한 회사의 지위, 그리고 ③ 그런 지위[2]에서 벗어나는 과정 등에 관한 특별한 규칙의 밑바닥에 깔려 있다.

보다 기능적인 관점에서 보면, 통상 '증권법' 또는 '증권규제'라고 알려진 이런 규정들은 친숙한 대리인문제에도 불구하고 외부자금을 조달하려는 회사의 노력을 뒷받침한다.[3] 증권법은 주로 기업공시의 양, 품질, 신뢰성을 높임으로써—주주지위로의 진입과 그로부터의 탈퇴라는—관계설정전략(affiliation strategies)에 주력한다. 증권법은 또한 분산된 투자자들이 직면하는 집단행동의 문제를 회피할 수 있는 집행메카니즘을 제공한다. 이런 조치들이 투자자의 기대수익을 높이는 만큼 일반대중에게 증권을 발행하는 회사(증권발행인)의 자본비용은 줄어든다.

이 장에서는 우리의 주요 대상국가들이 증권시장을 규제하는 기본틀에 대해서 부분적으로 개관하기로 한다. 부분적으로만 살펴보는 이유는 두 가지이다. 첫째, 증권법은 증권발행인을 규제할 뿐 아니라 투자자와 거래자들에게 유동성서비스를 제공하는 일종의 인프라로서의 공개증권시장도 규제한다. 이런 공개시장의 규제에는 투자자 증거금규제(margin requirements)와 증권업자의 진입 · 행위규제, 그리고 증권거래소 및 기타 인프라기관(infrastructure institutions)의 구조와 운영에 관한 규제가 포함된다. 이

---

1 이 장에서 '공개' 또는 '증권'시장이란 표준화된 금융상품(증권)이 거래되고 투자자들이 일반적으로 접근할 수 있는 조직화된 자본시장을 지칭한다. EU법에서는 '금융상품'이라는 용어를 사용하고 있고 미국의 '증권'개념과는 범위 면에서 기술적으로 다소 차이가 있지만 양자는 많은 부분에서 중복된다. 이들에 관하여 참고할 만한 논문으로는 Louis Loss, Joel Seligman, and Troy Paredes, Fundamentals of Securities Regulation, pp.353–457 (6th edn., 2011)(U.S); Niamh Moloney, EU Securities and Financial Markets Regulation, pp.84–5 (3rd edn., 2014)(EU) 참조. 이 책에서는 총칭해서 증권이라는 용어를 사용하기로 한다.

2 Joel Seligman, *The Historical Need for a Mandatory Corporate Disclosure System*, 9 Journal of Corporation Law 1 (1983).

3 제1장과 제4장에서 잘 나타나듯이 증권법은 가끔은 발행인의 자본조달 비용 감소 내지 투자자 보호를 목적으로 한다고 인정되기 어려운 사회적 목적을 위하여 사용되었다.

책의 초점이 회사에 맞추어져 있는 점을 감안하여 우리는 이런 종류의 시장규제는 여기서 다루지 않으며,[4] 증권발행인과 그 대리인을 직접 대상으로 하는 법적 전략에 집중하고자 한다. 이곳에서 증권규제를 제한적으로 살펴보는 두 번째 이유는 제3~8장까지 다양한 주제를 다루는 과정에서 이미 형식상 증권규제에 속하는 규정들을 다수 분석하였기 때문이다.[5]

9.1 증권규제와 법적 전략

증권시장을 발전시키는 데 사용하는 법적 전략들은 관계설정조건(affiliation terms)을 기초로 한다. 보다 엄밀히 말하면 증권법의 준수는 공개시장에서의 진입, 체류, 탈퇴를 위한 조건이다 — 비록 진입과 탈퇴가 완전히 임의에 맡겨진 것은 아니지만. 그렇기는 하지만 공개거래시장을 위해서 채택되는 법적 전략들은 다음 4가지로 분류하는 것이 편리하다. 첫째는 진입전략의 전형적인 유형으로는 회계처리에 관한 규제를 포함한 총체적인 강제공시를 들 수 있다. 둘째는 탈퇴전략으로 증권발행인으로서 증권규제의 대상이 되는 지위에서 벗어나기 위해서 회사가 준수할 규정과 규칙이란 형식을 취한다. 셋째와 넷째 유형은 공개시장 참여 여부에 따라 달라지는 지배구조전략과 규제전략이 그에 해당된다.

그러나 이하에서는 주요 대상국가들이 이들 법적 전략들을 어떻게 동원하는지 설명하기에 앞서 증권규제의 기능에 대하여 간략히 설명하기로 한다.

---

4 이러한 유형의 규제에 관해서는 John Armour, Daniel Awrey, Paul Davies, Luca Enriues, Jeffrey Gordon, Colin Mayer, and Jennifer payne, Principles of Financial Regulation, pp.143–59 (2016) 참조.

5 이에 대해서는 앞 6.2.1.1 참조.

9.1.1 증권규제는 왜 필요한가?

이 장에서 초점을 맞춘 증권법 규정들의 가장 직접적인 목적은 시장참가자들에게 더 나은 공시환경을 제공하는 것이다. 거래자들이 새로운 정보로부터 이익을 실현하기 위하여 경쟁하는 활발한 시장의 뒷받침을 받는다면 제대로 작동하는 공시시스템은 흔히 시장의 '정보효율성(informational efficiency)'[6]으로 불리는 '시장가격의 정보가치(informativeness)'를 증가시킨다. 나아가 오해를 야기하는 표시에 대한 효과적인 제재는 공시의 진실성을 증대시키는데 이는 투자자들이 공시를 보다 편안하게 신뢰할 수 있음을 의미한다.

내부자거래금지와 아울러[7] 정보가치가 높은 가격은 장차의 매매당사자가 이미 시장가격에 반영된 것보다 증권발행회사의 전망에 대해서 더 많이 알고 있는 상대방에게 증권거래로 돈을 잃을 우려를 덜어 준다. 그러므로 증권시장에 대한 참여가 확산됨으로써 시장유동성, 즉 가격에 영향을 거의 주지 않으면서 쉽고 신속하게 증권을 처분할 수 있는 능력에 긍정적인 효과를 미칠 것이다.[8]

시장유동성은 여러 가지 이유로 중요하다. 첫째, 유동성 있는 시장의 존

---

6 Ronald J. Gilson and Reinier H. Kraakman, *The Mechanisms of Market Efficiency*, 70 Virginia Law Review 549 (1984); Armour et al., 앞의 책(주 4), 제5장 참조.

7 뒤 9.1.3.2 참조.

8 내부자거래에 대한 규제가 없다면 새로운 정보는 공시 없이 주가에 묻히며, 외부자는 내부자의 거래행동으로부터 정보를 추론할 것이다. Henry G. Manne, Insider Trading and The Stock Market (1966). 그러나 이것은 본문에서 언급한 이유들로 인해 유동성을 감소시킬 뿐 아니라 외부자로 하여금 왜 가격변동이 일어나는지 결정하는 것을 어렵게 한다. 즉 새로운 사건이 발생한 경우 가격은 신속하게 반응할 수 있지만 가격이 얼마나 될지 분석의 근거가 미약함을 의미한다. Zohar Goshen and Gideon Parchomovsky, *The Essential Role of Securities Regulation*, 55 DUKE Law Journal 711 (2006). 20세기에 내부자에 포커스를 둔 시스템에서 공시중심의 시스템으로 전환한 미국 증권시장의 역사는 이러한 입장을 뒷받침한다. 이에 관해서는 John Armour and Brian Cheffins, *Stock Market Prices and the Market for Corporate Control,* 2016 Universiity of Illinois Law Review 101 참조.

재는 증권발행인이 일반 공중에 최초로 증권을 발행하는 **발행**시장에 중요하다. 잠재적인 매수자가 유동성 높은 주식에 대한 투자를 기대할 수 있다면 (더 작은 유동성할인을 반영한) 더 높은 가격을 지불할 용의가 있을 것이다. 이는 궁극적으로 증권발행인의 자본비용을 낮출 것이다. 둘째, 제2장, 제3장과 제8장에서 논의한 바와 같이 유동성 있는 증권시장은 여러 면에서 지배구조에도 영향을 미친다. 주식의 유동성이 높아지면 주식에 기초한 경영자보수의 사용이 촉진되고 기업인수에서 현금의 대체물로 사용될 것이다.[9]

그러므로 정보를 신속히 가격에 반영하는 시스템이 바람직하다는 것은 거의 모두가 동의한다. 혹자는 낮은 유동성이 과도하게 단기적인 거래의 인센티브를 감소시키고 결과적으로 투자자의 장기투자를 유도한다고 주장하지만 이용 가능한 정보량을 감소시키는 것은 그런 목적을 성취하는 방법으로는 간접적이고, 외견상 고비용이며, 비효과적일 수 있을 것이다.[10]

이와 전혀 별개의 문제로 강제공시가 정보효율성이 있는 증권가격을 통하여 분배효율성(allocative efficiency), 즉 희소한 자금이 가장 유망한 프로젝트에 배분되도록 담보할 가능성을 증진하는 것도 기대할 수 있는가의 문제가 있다. 정보효율성과 분배효율성의 관계는 다음과 같다. 정보효율성 있는 가격은 노련한 애널리스트와 거래자들이 공개된 정보로부터 도출한 증권발행인의 추정수익율도 반영한다. 이용가능한 정보가 많을수록 그런 추정은 더 정확해진다. 그리하여 회사내부에서 주주의 부에 집중하는 사외이사와 주식연동보수패키지(equity based compensation packages)를 받는 경영자는 주가의 반응을 회사 전략의 기준으로 삼을 수도 있다.[11]

---

9 앞 2.2.1.2, 3.5 및 8.1.1 참조.

10 Rober C. Pozen and Mark J. Roe, *Those Short-Sighted Attacks on Quarterly Earnings* (2015), corpgov.law.harvard.edu.

11 James Dow and Gary Gorton, *Stock Market Efficiency and Economic Efficiency: Is There a Connection?*, 52 Journal of Finance 1087 (1997); Jeffrey N. Gordon, *The Rise of Independent Directors in the United States, 1950-2005: Of Shareholder Value and*

회사의 예상수익율에 대한 외부자의 추정치가 편향적인 내부자의 추정치보다 정확하다면, 회사자산 배분의 효율성은 개선될 것이다.[12] 그러나 사실이 실제로 그러한지는 매우 불분명하며 시장, 산업, 회사에 따라 옳은 답은 다를 수 있다. 예컨대 극적인 불확실성이 존재하고 새 시장 전체의 향방을 '객관적으로' 예측하는 것은 고사하고 이해조차 불가능한 고도의 혁신산업의 내부자보다 외부자가 나은 추정치를 산정해 내기는 어려울 것이다.[13]

9.1.2 관계설정조건 전략

우리의 주요 대상국들은 모두 광범한 강제공시규제의 준수를 증권발행인이 공개시장에 진입하는 조건으로 삼고 있다. 또한 그 시장에서 탈퇴할 기업의 자유를 제한함으로써 높은 공시기준과 유동성 있는 증권시장에 대한 그들의 배려를 강화하고 있다.[14] 그러나 정책담당자들은 왜 이런 요건들을 **강제**해야만 하는가? 우리는 왜 증권발행인이 시장참여자들에게 증권가치를 정확하게 평가하는 데 필요한 모든 정보를 제공할 것을 기대할 수 없는가?

9.1.2.1 정보의 과소 생산

강제공시의 옹호론은 기업이 의무가 없다면 충분한 (또는 충분히 상응한) 정보를 공시하지 않을 것임을 전제하고 있다. 이런 견해는 몇 가지 이론

Stock Market Prices, 59 Stanford Law Review 1465 (2007).

12 Luca Enriques, Ronlad J. Gilson, and Alessio M. Pacces, *The Case for an Unbiased Takeover Law (with an Application to the European Unison)*, 4 Harvard Business Law Review 85, 93–5 (2014) 비교 참조.

13 John Armour and Luca Enriques, *Financing Disruption*, Working Paper (2016).

14 Edward B. Rock, *Securities Regulation as Lobster Trap: A Credible Commitment Theory of Mandatory Disclosure*, 23 Cardozo Law Review 675 (2002).

적 주장에 의해서 뒷받침된다.[15]

첫째, 회사 내부에 존재하는 친숙한 대리 문제를 들 수 있다. 기업 내부자는 흔히 나쁜 소식을 숨기려는 경향이 있다. 경영자는 더 높은 성과 보수를 받거나 자리를 보전하기 위하여 그렇게 할 수 있다. 주주들은 보유주식을 더 높은 가격에 매각하거나 회사가 보다 낮은 비용으로 자본을 추가로 조달할 수 있기 때문에 그런 회사의 침묵이 유리할 수 있다. 현실 세계의 시장상황이 회사로 하여금 그들의 진정한 가치를 알려 주는 것을 막는 경우, 편향된 공시는 전반적으로 자본조달비용을 증가시키고 자금 배분을 왜곡시킨다. 강제공시에 법적 책임을 결부시키는 것은 회사의 공시에 왜곡이 없을 것임과 장차 정직한 공시를 계속하겠다는 약속의 신빙성을 시장에 대해서 보장하는 것을 돕는다.[16]

강제공시를 정당화하는 둘째 논거는 내부의 대리 문제와는 별도로 공시가 발행인에게 주는 사적 이익이 시장참가자에게 주는 사회적 이익보다 작을 수 있다는 점이다. 민감한 공시는 시장에서 특정 기업의 이익을 해칠 수 있지만 동일한 공시가 모든 기업에 요구된다면 보유주식이 분산된 투자자에게는 순이익을 가져다 줄 수도 있다. 달리 말하면, 분산투자자는 개별 기업 보다는 시장 전체에 미치는 정보효과를 더 중시한다는 것이다. 공시가 시장 전체의 총수익을 증가시키고 가격변동성을 줄이는 데 기여한다면 정당화된다고 할 수 있다.[17]

마지막으로 강제공시를 정당화하는 셋째 논거로는 내용, 형식, 품질의

---

15 종합적인 고찰에 대해서는 Luca Enriques and Sergio Gilotta, *Disclosure and Financial Market Reglation*, in Niamh Moloney, Eilis Ferran, and Jennifer Payne, eds., The Oxford Handbook of Financial Regulation, p.511 (2015) 참조.

16 John C. Coffee, *The Future as History: The Prospects for Global Convergence in Corporate Governance and Its Implications,* 93 Northwestern University Law Review 641 (1999).

17 Frank H. Easterbrook and Daniel R. Fischel, *Mandatory Disclosure and the Protection of Investors*, 70 Virginia Law Review 669 (1984),

표준화가 지니는 가치를 들 수 있다. 이는 기본적으로 기업들 사이의 조정 문제를 해결한다. 강제공시를 통한 표준화는 비교 가능성을 증진시키고 그로 인해 정보의 사용자가 누리는 가치를 증가시킨다. 비록 과거 기업들은—예컨대 회계원칙과 거래소규정을 통해서—이런 집단행동의 문제를 극복해 왔지만 강제공시는 표준화를 가속시킬 수 있다.

9.1.2.2 실증적 증거

위의 주장에도 불구하고 법학자들은 공개시장에 대한 공시와 관련하여 증권발행인에게 재량을 얼마만큼 인정해야 하는지에 대해서 오랫동안 논의해 왔다.[18] 최근의 실증연구는 강제공시가 없다면 공개회사는 정보, 특히 불리한 정보를 과소 보고한다는 전통적인 견해를 뒷받침하고 있다.

미국의 강제공시규제에 대한 초기 연구에서는 적어도 상장회사에 관한한 이와 다른 결과를 제시하였지만 이들 연구는 방법론적으로 치명적인 약점이 있다.[19] 보다 최근의 연구는 강제공시의 장점을 보다 뚜렷이 보여주고 있다. 한 연구는 장외시장에서 거래되던 대규모 비상장기업들이 1964년 처음으로 강제공시의 적용을 받게 되자 매우 유의미한 긍정적인 비정상수익률을 실현하였음을 보여 준다.[20] 다른 연구에서는 강제공시가 주식수익 변동성의 극적인 감소와 관련이 있음을 보여 준다.[21] 나아가 미

18 Roberta Romano, The Advantage of Competitive Federalism for Securities Regulation (2002); Merritt B. Fox, *Retaining Mandatory Securities Disclosure: Why Issuer Choice Is Not Investor Empowerment*, 85 Virginia Law Review 1335 (1999).

19 Christian Leuz and Peter D. Wysocki, *The Economics of Disclosure and Financial Reporting and Regulation: Evidence and Suggestion for Future Research*, 54 Journal of Accounting Research 525 (2016) 이 논문은 이론과 실증적 분석논문들에 대한 서베이를 풍부하게 제시하고 있다.

20 이러한 연구로는 Michael Greestone, Paul Oyer, and Annette Vissing-Jorgensen, *Mandated Disclosure, Stock Returns and the 1964 Securities Acts Amendments,* 121 Quarterly Journal of Economics 399 (2006).

21 이러한 연구로는 Allen Ferrell, *Mandated Disclosure and Stock Returns: Evidence from the Over-the-Counter Market*, 36 Journal of Legal Studies 213 (2007).

국 밖의 연구들을 보더라도 여러 건의 국제적 비교에서 강제공시의 효용을 인정하는 등 같은 방향을 가리키고 있다.[22] 예컨대 한 연구에서는 보다 광범한 공시의무가 보다 엄격한 집행장치로 연결되는 경우 자기자본비용을 현저하게 절감시킨다는 결론을 내리고 있다.[23] 다른 연구에서는 EU내에서 보다 엄격한 증권법이 효과적인 집행과 결부되는 경우 유동성의 개선이 수반되었음을 밝히기도 하였다.[24]

그러나 (보다 높은 유동성과 보다 낮은 자본비용의 점에서) 이익이 있음을 증명하는 실증연구들은 강제공시의 직간접적인 **비용**을—이들 비용의 정량화가 어렵기는 하지만—측정하고 있지 않음을 주의해야 한다.[25] 그럼에도 불구하고 강제공시가 사회적 부를 증대시킨다는 명제는 널리 지지를 받고 있다. 오늘날 문제는 강제공시가 정당화되는지 여부라기보다는 (적용대상과 내용의 면에서) 그 범위를 어느 정도로 넓힐 것인지와 상이한 제도적 여건에서 효과적인 집행을 어떻게 확보할 것인가이다.[26]

9.1.2.3. 정보의 효용

강제공시는 가격의 정보효과를 높인다는, 배타적은 아닐지라도, 주된 목적에 기여한다. 친숙하지만 놀라운 사실은 현대 시장에서—똑똑한 투자자, 차익거래자, 알고리즘투자자(algo-trader), 공매도자, 그리고 기타 거

---

22 대표적으로 Allen Ferrell, *The Case for Mandatory Disclosure in Securities Regulation around the World*, 2 Brooklyn Journal Of Business Law 81, 88–99 (2007).

23 Luzi Hail and Christian Leuz, *International Differences in the Cost of Equity Capital: Do Legal Institutions and Securities Regulation Matter?*, 44 Journal of Accounting Research 485 (2006).

24 Hans B. Christensen, Luzi Hail, and Christian Leuz, *Capital-Market Effects of Securities Regulation: Prior Conditions, Implementation, and Enforcement*, 29 Review of Financial Studies 2885 (2016).

25 Christensen, Hail, and Leuz, 앞의 논문(주 24), 2916 참조.

26 Benjamin E. Hermalin and Michael S. Weisbach, *Information Disclosure and Corporate Governance*, 67 Journal Of Finance 195 (2012); Leuz and Wysocki, 앞의 논문(주 19) 참조.

래자와 같은—다양한 거래자들이 새로운 정보를 매우 빠르게 가격에 반영시킨다는 점이다. 짐작하다시피 이는 정보 없는 투자자를 끌어옴으로써 유동성을 향상시킬 뿐 아니라 회사가 시가를 성과의 기준으로 사용하거나 투자결정이나 기업인수나 경영자보상에 참고하는 것을 가능하게 한다.[27] 마찬가지로 여신업자와 기타 금융중개업자도 감시비용을 줄이고 유리한 신호발신을 행하는 데 회사공시를 활용하고 있다.[28] 요컨대 증권발행인, 전문거래자, 일반투자자 모두 정보가 잘 반영된 공개시장의 가격에 의존하고 있다.

그러나 강제공시는 가격결정에 긍정적인 영향을 미치는 것 이외의 면에서도 공개증권시장을 뒷받침하고 있다. 공시는 또한 회사법상의 다른 법적 전략들의 원활한 작동을 돕는다.[29] 지배구조 측면에서 볼 때 충분한 정보를 가진 주주는 결정권과 이사임면권을 더 잘 행사할 수 있다. 그리하여 대부분의 대상국가에서 기업으로 하여금 고위경영자 보수의 총액보다 개인별 금액을 공시할 것을 요구하는 것은 거의 틀림없이 정보효율성을 개선하는 것보다는 인식된 대리 문제에 대처하기 위한 것이다.[30] 규제적인 측면에서도 정보는 룰과 스탠더드의 집행에 결정적인 영향을 미친다. 그 명백한 예로 특수관계인과의 거래의 경우 회사가 이런 거래를 공시할 의무가 없다면 투자자로서는 의심스런 거래를 전혀 파악하지 못할

---

27 Anat R. Admati and Paul Pfleiderer, *Forcing Firms to Talk: Financial Disclosure Regulation and Externalities*, 13 Review of Financial Studies 479 (2000); Ronald A Dye, *Mandatory versus Voluntary Disclosure: The Cases of Real and Financial Externalities*, 65 Accounting Review 1 (1990) 참조.

28 Anjan V. Thakor, *An Exploration of Competitive Signaling Equilibria with 'Third Party' Information Production*, 37 Journal of Finance 717 (1982); Tim S. Campbell and William A. Kracaw, *Information Production, Market Signaling, and the Theory of Financial Intermediation*, 35 Journal of Finance 863 (1980) 참조.

29 앞 2.4 참조.

30 Paul G. Mahoney, *Mandatory Disclosure as a Solution to Agency Problems*, 62 University Of Chicago Law Review 1047, 1080 (1995) 참조.

수도 있다. 집행에서 강제공시의 역할은 특히 미국에서 두드러진다. 전술한 바와 같이[31] 증권발행인은 12만 달러 정도의 금액이 관련된 거래를 내부자와 하는 경우에도—이 정도 금액은 대부분 회사에서 주가에 거의 영향을 줄 수 없지만 내부자의 충실의무 위반성향을 파악하는 데 도움이 될 수도 있다—그 거래에 대해 공시하여야 한다.

9.1.2.4 공시의 범위

대상국가들은 모두 국내 증권시장에서 거래되는 증권을 발행한 회사에 공시의무를 부과하고 있다. 학계에서는 다른 정책안들이 제시되고 있지만[32] 어떤 대상국가도 증권발행인에게 자신의 공시체제를 선택하는 데 무제한의 재량권을 부여하고 있지는 않다.[33] 그러나 국가에 따라 회사에 공시를 요하는 정보의 양과 내용은 차이가 있다. 보다 엄밀히 말해서 공시체제는 다음 두 가지 측면에서 구분할 수 있다. 첫 번째 공시의무를 발생시키는 거래와 증권발행인의 범위 및 두 번째 요구하는 정보의 범위이다.

먼저 증권발행 시의 강제공시 발동요건을 살펴보자. 우리의 주요 대상국가는 모두 공시의 비용과 편익의 균형을 맞추는 노력의 일환으로 당해 증권을 취득하는 투자자의 수와 예상 전문성 그리고 발행금액에 상응하여 요구하는 공시의 수준을—최소한에서 광범위한 정도에 이르기까지—조정하고 있다.

상세한 내용은 국가에 따라 차이가 있지만 한편으로는 증권의 공모와 사모, 다른 한편으로는 전문투자자와 비전문투자자를 구분하고 있다. 사모

---

31 앞 6.2.1.1.

32 Stephen J. Choi and Andrew T. Guzman, *Portable Reciprocity: Rethinking the International Reach of Securities Regulation*, 71 Southern California Law Review 903 (1998); Romano, 앞의 책(주 18).

33 Luca Enriques and Tobias H. Tröger, *Issuer Choice in Europe*, 67 Cambridge Law Journal 521, 529-33 (2008) 이 논문에서는 EU에서 사채발행인과 대조하여 주식발행인의 경우 규제차익범위가 제한됨을 밝히고 있다.

(내지 소액) 발행과 전문투자자에 대한 발행의 경우에는 거의 규제가 없고, 사모(내지 소액) 발행과 전문투자자의 정의는 국가들마다 대체로 유사한데 미국이 2012년 JOBS법에서 공모에 관한 규정을 완화한 후에는 특히 그렇게 되었다. 그러나 전통적으로 EU국가들은 투자설명서규제의 면제를 받고 발행된 증권을 공중에 재매매하는 것에 대해서 미국이나 일본에 비하여 훨씬 덜 신경을 쓰고 있다.[34]

증권의 신규발행에 대한 규제와는 대조적으로 공개기업의 **계속공시**요건의 범위는 주요 대상국가에 따라 차이를 보이고 있다. EU의 요건은 범위가 협소하여 전통적으로 규제시장에서 거래되는 회사에 대해서만 적용되어왔다.[35] 그러나 일부 국가의 공시규제는 이제 거래소들이 상대적으로 약한 규제를 받는 유동성 서비스 공급자와 경쟁하는 새로운 거래환경을 반영하여 더 폭이 넓다. 중요정보의 지속적인 강제공시[36]가 다자간 거래조직(multilateral trading facility)에서의 자사 증권 거래를 승인한 (또는 가입을 신청한) 증권발행인들에게도 미치기 때문이다.[37] 이와는 반대로 EU법상으로는 다수 투자자를 상대로 하는 대규모기업의 주식발행이 성공하더라도 계속공시의무가 발생하는 것은 아니다.[38] 브라질도 규제의무를 규제

---

34 Moloney, 앞의 책(주 1), pp.95–6 참조. 일본법은 재판매가능성이 큰 증권에 대해서는 사모면제규정을 확대적용하지 않음으로써 일반대중에게 사모로 발행한 증권의 재판매를 제한하려는 시도를 하고 있다. 이에 관해서는 일본금융상품거래법 제2조 (3)(ii)(a), (b)(2); 금융상품거래법 시행령 제1–4조, 제1–5–2조, 제1–7조 참조.

35 여전히 정기공시와 소유구조 공시가 이에 해당된다[유럽투명성지침(Transparency Directive) Art 1]. Markets in Financial Instruments Directive Art. 4(1)(21), 2014 O.J. (L. 173) 349에서는 '규제시장'을 다자간시스템이라고 정의하고 있다. 이는 다수의 자들이 지침에서 정한 대로 규칙과 시스템에 따라 조직화되어 금융상품에 대한 지분을 매매하도록 인가받아 정규적으로 기능하는 시스템을 말한다.

36 뒤 9.2.1.4.2 참조.

37 유럽시장남용규칙 제17조, 2014 O.J.(L.173) 1. 다자간거래시스템(multilateral trading facilities)이란 차별금지규정과 금융상품시장지침[(Art. 4(1)(22)]에 따라 다수의 제3자들이 금융상품에 대한 지분을 매매하도록 허가받은 다자간시스템을 말한다.

38 EU회원국 중 이탈리아가 유일한데 수시공시 및 계속공시요건의 일부가 이들 증권발행인에게 적용된다.

시장에서 거래되는 기업에만 부과하고 있지만 규제시장을 거래소와 장외 시장 모두를 포함하도록 넓게 정의하고 있다.[39]

다른 비EU회원국의 경우 공시요건은 더 광범위하다. 일본의 경우, 계속공시의무를 부담하는 공개회사에는 거래소에 상장된 증권의 발행인뿐 아니라 장외시장에 등록한 증권의 발행인, 관련 법령에 따라 규제기관에 증권발행에 대한 공시서류를 제출한 증권발행인 및 지난 5사업연도의 어느 사업연도 말일에라도 주주 수가 1,000명 이상인 회사가 포함된다.[40] 미국은 일본과 비슷한 요건을 두고 있다.[41]

9.1.2.5 공시 내용

강제공시의 내용은 그 범위와 마찬가지로 국제적으로 대체로 유사하다. 증권의 신규 공모발행에 수반되는 증권신고서나 투자설명서는 반드시 발행자금의 용도를 비롯하여 당해 증권과 발행인에 대해 상세하게 기술하여야 한다. 또한 관련 회계기준에 부합되게 작성한 완전한 재무제표도 포함해야 하고 증권발행인의 사업의 성격 및 실적과 경영진 및 대주주의 인적 사항 등에 대해서도 폭넓게 기재해야 한다.

그러나 이런 유사성에도 불구하고 증권시장을 뒷받침하는 수단으로서의 공시를 중시하는 정도는 주요 대상국가들 간에 차이가 있다. 그 이유를 알아보기 위해 공시대상인 정보를 네 가지 유형으로 구분해서 살펴본다. 첫 번째 정보유형은 회사의 개요로 재고자산, 현재의 재무상태 및 과거의 현금흐름에 대한 정확한 기술 등을 포함한다. 만약 미래가 과거와 정확히 동일하다면 이 정보는 투자자가 기업의 계속기업가치를 평가할

---

39 1976년 12월 7일 법률 제6.385호, 브라질증권시장설립에 관한 법률 제22조; 브라질 2009년 증권거래위원회 지침 480호, 제1조, 제13조 참조; 2007년 브라질증권거래위원회 지침 460호, 제1조 참조.

40 일본금융상품거래법 제24조 제1항; 동법 제3조; 동법 시행령 제3조 제6항 제4호.

41 미국 1934년 증권거래소법 제12(g)조, 제15(d)조 및 규칙 12g-1.

수 있는 '기준(benchmark)'이 되는 하드데이터이다.

모든 국가에서는 이런 하드데이터의 상당한 공시를 요구하고 있다. 그러나 회계원칙이 아직 완전히 조화되어 있지 않거나 통일적으로 적용되고 있지 않기 때문에 구체적인 요구내용 면에서 국가별로 여전히 차이가 있다.[42] 나아가 미국과 EU는 분기보고서제도에 대해서 다른 입장을 취하고 있다. 분기보고서는 미국의 증권규제상 강제되고 있으며 미국 공시시스템의 주된 특징인 데 반하여 EU에서 그것이 더 이상 강제되고 있지 않다.[43] 중소기업들에게는 비용이 부담되고 "단기적 경영을 촉진하고 장기투자를 저해한다는" 것이 그 근거이다.[44]

일부 국가에서 강제되는 두 번째 공시유형으로는 '소프트(soft)', '전망,' '예측' 정보를 들 수 있다. 이런 정보로는 기업이 활동하고 있는 시장(즉 상품시장, 공급시장, 자본 및 노동시장)별로 가격변화가능성에 대한 경영자의 예상과 아울러 기업이 도입하고자 하는 신상품이나 비용절감기법 등을 포함한 기업의 상품에 대한 수요의 변화가능성에 대한 경영자의 최선의 예상 등을 들 수 있다. 투자자들은 기업의 장래 현금흐름의 변화를 보다 잘 추정하기 위하여 이런 '시나리오'정보를 사용할 수 있다. 이런 정보는 현금흐름 할인법과 같은 전통적인 금융기법으로 기업가치를 평가하는데 결정적이다. 그러나 예측정보의 중요성에도 불구하고 그 정보는 우리의 주요 대상국가에서 강제공시사항의 미미한 비율을 차지하고 있을 뿐이다.[45]

미국은 경영자에 대하여 회사의 재무상태 및 경영성과에 대한 설명 및

---

42 뒤 9.2.1.6 참조.

43 Art.1(5) Directive 2013/50/EU, 2013 O.J.(L 294). 회원국들은 여전히 짧게라도 필요하다고 보이는 한 분기보고서를 요구할 수 있다. Art. 1(2)(b) 참조.

44 Directive 2013/50/EU preamble (4).

45 Vivien Beattie, Bill McInnes, and Stella Fearnley, *A Methodology for Analysing and Evaluating Narratives in Annual Reports: A Comprehensive Descriptive Profile and Metrics for Disclosure Quality Attributes*, 28 Accounting Forum 205, 213 (2004).

분석(Management Discussion and Analysis of Financial Condition and Results of Operations. 이하 MD & A)[46]을 공시하도록 요구하는 한편 미래의 재무예측을 투자자소송으로부터 보호함으로써 회사의 그런 예측을 권장(그러나 강제는 아니다)하는 방법으로 예측 정보의 공시를 선도하였다.[47] 일본도 2003년 MD & A공시를 도입함으로써 뒤를 따랐다.[48] EU 또한 소프트한 예측정보의 공시를 강제하였지만 매우 추상적으로 즉 별로 구체적이지 않은 방식으로 규정하고 있다.[49] 오래전부터 실무상 대규모 증권발행인은 강제되는 것보다는 많은 예측정보를 자발적으로 제공해 왔다.[50]

그러므로 미국은 예측정보 및 미래관련정보의 공시를 강제하는 데 앞서 왔지만 그 규모는 실제로 최근에서야 늘어났다.[51] 유사한 수준으로 강력한 규제가 있는 것은 아니지만 예측정보 공시의 양적 증가는 다른 주요 대상국에서도 찾아볼 수 있다.[52]

---

46 Regulation S-K, Item 303. 1980년 이래 MD & A공시의 경우 장래 재무성과에 유리하건 불리하건 영향을 미칠 수 있는 '주지된 동향 내지 불확실성'을 광범하게 토론하고 이를 공시하도록 요구하고 있다.

47 1933년 미국증권법, 규칙 175(1979년에 채택되었다).

48 기업내용 등 개시에 관한 내각부령 서식 2〔Precautions for Recording (36)〕와 서식 3-2〔Precautions for Recording (16)〕(2014년 수정). 브라질도 2009년에 MD & A유형의 보고서제도를 도입하였다. 그러나 예측정보의 범위는 비교적 제한되어 있다. 예상치와 전망에 대한 공시는 임의에 맡겨져 있다. 브라질 증권거래위원회 지침 참조(제22조, 브라질 증권거래위원회 2009년 지침 480호 별첨 24의10호, 11호 항목).

49 투명성지침 제4(2)조와 제5(4)조에서는 규제시장에서 거래되는 기업들에 대해 매년 반기별로 당해 기업이 직면한 '주된' 위험과 불확실성을 공시하도록 요구하는 데 그치고 있다.

50 Gary K. Meek, Clare B. Roberts, and Sidney J. Gray, *Factors Influencing Voluntary Annual Report Disclosures by U.S, U.K, and Continental European Multinational Corporations*, 26 Journal of International Business Studies 555, 558 (1995) 참조.

51 Marilyn E. Johnson, Ron Kasznik, and Katen K. Nelson, *The Impact of Securities Litigation Reform on the Disclosure of Forward-Looking Information by High Technology Firms*, 39 Journal Of Accounting Research 297(2001) 참조. 안전망조항 도입 후 예측전망을 공시하는 빈도와 평균적인 수 모두 상당히 늘어났다는 것을 보여 주고 있다.

52 예컨대 UK, Paul L. Davies and Sarah Worthington, Gower 7 Davies Principles of Modern Company Law, pp.774-5 (9th edn., 2012), 일본에서는 상장회사가 그다음 해의 수익예측전망을 공시하는 것이 관행이다〔http://www.jpx.co.jp/equities/listed-co/format/fore

세 번째 범주의 강제공시는 지배구조와 대리 문제에 직접 관련된 것이다. 앞 장들에서 살펴본 바와 같이 이 범주에는 최고경영자 보수와 내부자와 지배주주에게 넘어가는 기업의 가치에 관한 정보가 포함된다.[53] 이는 또한 주주가 정보에 기초하여 투표하는 것을 돕는 정보도 포함한다. 이 분야는 법원이 의결권행사에 관한 공시를 매우 중시하는 독일에서 매우 소송이 많은 영역이다.[54] 또한 미국과 영국에서는 각각 위임장투표에 관한 연방법 규정과 모범적 실무관행의 덕분에 잘 발달된 분야이다.[55]

마지막으로 네 번째 강제공시의 범주는 '사건 관련' 공시, 즉 증권의 시장가격에 영향을 미치는 증권발행인에 관한 새로운 '중요한' 또는 '주가민감(price sensitive)' 정보이다. 이 문제에 관해서 한편으로 미국과 다른 한편으로 유럽과 브라질은 규제상 매우 다른 접근방법을 택하고 있다. 미국에서는 사전에 규정된 강제공시사항에 해당하는 경우나[56] — 일부 법원이 기존 공시를 갱신할 의무를 인정하는[57] — 회사가 사전에 행한 공시가 새로운 사건으로 인하여 오해를 초래하게 된 경우를 제외하고는 새로운 정보 자체[58]를 공시할 의무는 없다. 반면 EU와 브라질 법은 내부자 거래를 막고 정보에 대한 시장참여자들의 평등한 접근을 촉진한다는 취지에서 새로운 가격민감정보를 즉시 공시할 것을 요구하고 있다.[59]

---

cast/index.html(일본어) 참조].

53 앞 6.2.1.1 참조.

54 Ulrick Noack and Dirk Zetzsche, *Corporate Governance Reform in Germany: The Second Decade*, 15 European Business Law Review 1033, 1044 (2005).

55 Loss et al., 앞의 책(주 1), pp.700-811; Davies and Worthington, 앞의 책(주 52), pp.406-9 참조.

56 Marc I. Steinberg, *Insider Trading, Selective Disclosure, and Prompt Disclosure: A Comparative Analysis*, 22 University Of Pennsylvania Journal Of International Economic Law 635, 657-9 (2001) 참조.

57 Form 8-K (17 CFR 249.308) 참조.

58 Donald C. Langevoort and G. Mitu Gulati, *The Muddled Duty to Disclose under Rule 10b-5*, 57 Vanderbilt Law Review 1639, 1644-71 (2004) 참조.

59 유럽시장남용규칙 제17조, 제157조; 브라질 주식회사법 제4조; 브라질 증권시장법 제22조;

그러나 이들 두 체제의 실무상 성과는 그 차이가 보이는 것만큼 크지 않다. 한편으로 미국의 섬세하고 계속 확대되는 의무공시사항은 ('갱신의무'이론에 근거한 책임의 위험을 피하는 동시에 애널리스트들의 분노를 피하기 위하여) 공시우호적 관행과 결합하여 미국의 증권발행인들이 다음 정기공시를 기다리지 말고 '수시' 정보를 충분히 공시하도록 담보한다.[60] 다른 한편—EU와 브라질에서와 같이—'가격 민감성'의 특성을 지닌 정보에 의존하는 스탠더드는 특정 정보가 언제 공시대상이 되고(EU에서는 '**특정적 성격**'을 요한다)[61] 언제 중대성을 충족하는지(브라질법상 '주가에 상당한 영향을 미칠 수 있다'는 것은 무엇을 의미하는가?) 결정하는 데 재량의 여지를 남긴다. 게다가 EU나 브라질에서는 공시가 회사의 '정당한 이익(legitimate interest)'을 훼손하는 경우 공시가 연기될 수 있다.[62] 그렇지만 유럽사법재판소는 지금까지 '내부정보'의 개념을 넓게 해석해 왔고 입법자들은 2014년 시장남용에 관한 규정을 개정하면서 재판소의 방침을 따랐다.[63] 예컨대 합병 협상 개시(commencement of merger negotiations)와 같은 '오랜 절차

2002년 브라질 증권거래위원회 지침 358호 제2조 참조. 확실히 미국 증권거래소들은 동일한 의무를 부과하고 있지만 거의 집행을 하지 않는다. 이에 대해서는 Steinberg, 앞의 논문(주 56), 657 참조. 일본법은 이들 중간에 위치하는데 왜냐하면 미국과 같이 공시해야 할 항목들을 열거하면서도 영향력이 사전에 정한 양적인 기준을 상회하는 사건에 대해서만 공시하도록 하고 있기 때문이다. 자세한 것은 일본 금융상품거래법 제24-5조; 기업내용 등 개시에 관한 내각부령 제19조 참조.

60 James D. Cox, Robert W. Hillman, and Donald C. Langevoort, Securities Regulation: Cases and Materials, p.728 (7th edn., 2013); Steinberg, 앞의 논문(주 56), 659 참조.

61 비록 EU재판소는 그 정보가 가격을 높이거나 낮추는 데 영향을 미칠 수 있다고 하는 것이 불가능한 경우조차도 정보가 정확할 수 있다고 판시함으로써 '정확한'이라는 용어를 매우 넓게 해석하고 있다. 이에 대해서는 *Lafonta v. AMF* ECLI:EU:C:2015:162.

62 유럽시장남용규칙 제157조; 브라질 주식회사법 제5조; 2002년 브라질 증권거래위원회 지침 358호 제6조; 유럽시장 남용규칙 제17(4)〔제17(4)(b)는 확실히 대중을 오인하게 할 우려가 있는 경우에는 지연하여 공시하는 것은 허용하지 않는다고 부기함으로써 예외의 범위를 좁게 두고 있다〕.

63 ECJ Case C-19/11 Geltl v. Daimler ECLI:EU:C:2012:397; recitals (16)과 (17), 유럽시장남용규칙 제7조 참조.

의 중간적 단계'도 그 정보가 특정성이 있고 가격민감성이 있다면 공시대상이 된다.[64]

9.1.2.6 회계방법

기업의 과거와 현재의 재무상태에 관한 정보를 제공하는 재무보고체계는 두 가지 다른 모델로부터 진화한 것이다.[65] 첫째는 '유럽대륙식' 모델로, 채권자 보호와 기업에 대한 과세촉진의 목적으로 17세기 프랑스에서 시작되었다. 둘째는 '영미식' 모델로 19세기 영국에서 지분보유자가 자신의 투자를 파악하는 능력을 향상시킬 목적으로 개발되었다. 바꿔 말하면 채권자, 내부자, 국가의 이익이 유럽대륙의 회계모델에 강력한 영향을 미쳤음에 비하여 지분보유자의 이익은 영미식 회계모델에 영향을 미쳤다.[66]

이런 이해관계의 차이는 상이한 평가원칙으로 이어졌다. 전통적으로 평가는 대륙식 회계의 보수적 특성을 나타내는 역사적 원가나 지분보유자의 이익을 반영하는 '공정시장가치'를 따라왔다. 상당한 예외와 수정이 존재하지만 이들 두 회계방법에 따르면 재무제표상 재산은 역사적 원가나 시장가치 중 낮은 금액으로 계상된다.[67] 그러나 전통적인 대륙식 회계에서는 역사적 원가를 훨씬 폭넓게 사용하는데, 그 결과 검증이 용이한 금액을 얻게 되지만 기업이 이익의 인식을 장래로 미루는 것을 허용하며(이는 아울러 저조한 실적의 은폐를 도울 수도 있다) 인플레이션 시기에는 비

---

64 유럽시장남용규칙 제7(3)조.

65 Bruce Mackenzie et al., Interpretation and Application of International Financial Reporting Standards, pp.3-4 (2014) 참조.

66 사실 오늘날에도 영국과 미국은 재무회계와 세무회계를 구분하고 있다. 반면 대부분의 유럽국가에서는 세무와 재무회계목적상 동일한 회계원칙을 사용하고 있다. 이에 관해서는 Martin Gelter and Zehra G. Kavame Eroglu, *Whose Trojan Horse?: The Dynamics of Resistance against IFRS*, 36 University Of Pennsylvania Journal Of International Law 89, 144-5 (2014) 참조.

67 Joanne M. Flood, Interpretation and Application of Generally Accepted Accounting Principles, pp.978-81(2014) 참조.

금융 자산을 저평가한다.[68]

이와 대조적으로 공정가치방식은 (특히 금융자산의 경우) 현재 시장가격을 기준으로 삼기 때문에 주식시장에서의 기업평가와 연동할 가능성이 높다.[69] 그러나 금융자산이 활발하게 거래되는 시장이 없는 경우에는 공정가치회계에서는 모델에 따른 시장가치의 추정치로 계상하도록 하고 있는데[70] 이는 고도의 재량에 달린 작업으로 비록 오해를 유발하지는 않더라도 일관성 없는 결과를 낳기 십상이다. 더욱이 공정가치회계는 재무보고의 변동성을 증가시키며 기업에 특유한(firm-specific) 자산의 계속기업 가치를 반영하지 못할 수도 있다.[71] 사실 금융위기는 시가가 소문대로 '저평가'됨에 따라 복잡한 금융자산의 통상의 만기보유가치를 밑도는 경우에 자산의 시가평가가 갖는 경기변동심화효과를 극적으로 부각시켰다.[72]

그럼에도 불구하고 회계에 관한 대륙식과 영미식 접근방식의 차이를 과장하는 것은 금물이다. 앞서 지적한 바와 같이 두 모델은 비금융자산

---

68 Alexander Bleck and Xuewen Liu, *Market Transparency and the Accounting Regime*, 45 Journal of Accounting Research 229 (2007) 참조. 역사적 원가는 경영자에게 기업의 진정한 경제적 성과를 잠재적으로 위장할 수 있게 하는 장막을 치게 한다.

69 공정가치라 함은 독립한 당사자 간 거래에서 서로 정통한 당사자들 사이에서 자산 혹은 채무가 교환되는 가격이라고 정의할 수 있다. 공정가치 회계기법과 주가 간에 상관관계가 있는지에 대한 실증적 증거들은 일치하지 않음을 주목할 필요가 있다. 예컨대 Jochen Zimmermann and Jörg Richard Werner, *Fair Value Accounting under IAS/IFRS: Concepts, Reasons, Criticisms*, in Greg N. Gregorious and Mahamed Gaber, eds., International Accounting, p.127 (2006) 참조.

70 FAS 157 참조; 금융회계표준위원회(Financial Accounting Standards Board)의 경우 공정가치 평가 시 시장데이터 보고(관찰 가능한 투입요소)에 기초하고 있으며, 시장데이터를 이용할 수 없는 한에서는 이용 가능한 가장 최선의 정보(관찰 불가능한 투입요소)에 기초한 데이터에 따른다.

71 Guillaume Plantin, Haresh Sapra, and Hyun Song Shin, *Marking-to-Market: Panacea or Pandora's Box*, 46 Journal of Accounting Research 435 (2008) 참조. 시가평가는 자산이 장기이고 유동성이 떨어진 경우 및 선순위인 경우 특히 문제가 된다.

72 Franklin Allen and Elena Carletti, *Mark-to-Market Accounting and Liquidity Pricing*, 45 Journal Of Accounting and Economics 358 (2008); Plantin et al., 앞의 논문(주 71); International Monetary Fund, *Global Financial Stability Report*, 58-66 (2008) 참조.

에 대해서는 항상 역사적 원가를 사용해 왔다.[73] 게다가 회계사는 직업상 보수적이기 때문에 공정가치회계상으로도 금융자산의 과대평가는 자제하기 마련이다.[74] 끝으로 국제적 자본시장의 증대하는 중요성과 EU차원의 조화노력(EU harmonization)의 결과로 유럽대륙 국가들에서도 공정가치의 역할을 보다 중시하게 되었다. 특히 EU가 미국과 영국의 접근방식을 대폭 수용한 국제회계기준(International Financial Reporting Standards. 이하 'IFRS')을 승인하면서 그렇게 되었다.[75] 심지어 전통적으로 대차대조표 항목의 평가 시에 '신중원칙(Vorsichtsprinzip)'을 선호하는 독일에서도 금융위기가 발발하기 전에 공정가치모델을 수용하는 쪽으로 접근하였다.[76] 그 결과 재무보고의 방법론은 1990년대와 2000년대를 통해서 수렴되었다.

그러나 금융위기 이후 공정가치회계에 대한 비판이 늘었고[77] 독일은 의무화하려던 방침으로부터 물러나 기업의 자유선택에 맡기게 되었다.[78] 동시에 미국 증권규제당국도 미국 기업들에게 IFRS의 사용을 허용하려던, 국제적 수렴을 크게 증진시켰을 것인, 방침으로부터 후퇴하였다.[79]

대체로 말해서 IFRS에 따라 작성된 회계장부는 미국의 일반적으로 인정되는 회계원칙(GAAP)에 따른 회계장부에 상응하는 정도는 여전히 제한

---

73 Janice Loftus, *A Fair Go to Fair Value*, in Greg N. Gregorious and Mahamed Gaber, eds., International Accounting, p.41 (2006) 참조.

74 Sugata Roychowdhuroy and Ross L. Watt, *Asymmetric Timeliness of Earnings, Market-to-Book and Conservatism in Financial Earnings*, 44 Journals of Accounting and Economics 2 (2007) 참조.

75 Gelter and Kavame Eroglu, 앞의 논문(주 66), 148 참조.

76 Werner F. Ebke, *Rechnungslegung and Publizität in europarechtlichenr und rechtsvergleichender Sicht*, in Werner F. Ebke, Claus Luttermann, and Stanley Siegel, eds., Internationale Rechnungslegungsstandards für Börsenunabhängige Unternehmen?, p.67 (2007) 참조.

77 Gelter and Kavame Eroglu, 앞의 논문(주 66), 159–63 참조.

78 2009년 독일대차대조표현대화법(BilMoG) 참조.

79 Gelter and Kavame Eroglu, 앞의 논문(주 66), 103–4 참조.

적이고 산업, 법체계(legal origins), 그리고 집행의 강도[80] 등 다양한 요소에 따라 상이하다. 그러나 유사한 회계방식이라고 해서 반드시 통일적인 회계관행을 의미하는 것은 아니다. 소유구조와 규제구조의 제도적 차이는 수렴을 막는 원인으로 작용할 것이다.[81] 예컨대 미국의 일반적으로 승인된 회계원칙은—다른 곳에서는 훨씬 덜 두드러진 현상이지만[82] —회계상 오류를 주장하는 주주소송의 위험을 줄이기 위하여 상세한 룰에 의존하고 있다고 한다. 거꾸로 유럽국가들처럼 소송위험이 낮은 곳에서는 경영자의 재량을 넓게 인정하는 원칙지향의 IFRS를 채택하고 있다. 역설적으로 이런 융통성은 IFRS를 채택한 국가 간의 또는 그 내부의 비교를 어렵게 만들지만[83] IFRS의 국제적 인기를 설명할 수도 있다. 그러나 룰이 모든 사례를 예상할 수 없고 결국 스탠더드에 의하여 보완되어야 하는 한 룰에 기초한 회계체계하에서도 국가 간이나 국가 내에서의 비교가능성은 역시 어려울 수 있다.[84]

9.1.2.7 탈퇴권 보호: 약속의 신뢰도 제고

만약 증권발행인이 광범한 주주기반을 유지하면서도 규제를 피할 수 있는 거래를 행할 수 있다면 시장행동에 대한 증권규제의 영향은 무시할 만할 것이다. 바꾸어 말해서 탈퇴가 용이하다면 기업이 유인상술(bait and switch), 즉 충분한 공시와 높은 유동성에 대한 묵시적 약속으로 투자자를

---

80 Mary E. Barth et al., *Are IFRS-Based and US GAAP-Based Accounting Amounts Comparable?*, 54 Journal of Accounting and Economics 68 (2012) 참조.

81 Yuan Ding, Ole-Christian Hope, Thomas Jeanjean, and Hervé Stolowy, *Differences Between Domestic Accounting Standards and IAS: Measurement, Determinants and Implications*, 26 Journal of Accounting and Public Policy 26 (2007) 참조.

82 Gelter and Kavame Eroglu, 앞의 논문(주 66), 124 참조.

83 Christopher Nobes and Robert Parker, Comparative International Accounting, ch.7 (12th edn., 2012) 참조.

84 William W. Bratton, *Enron, Sarbanes-Oxley and Accounting: Rules versus Principles versus Rents*, 48 Villanova Law Review 1023 (2003) 참조.

끌어들인 후 공개회사 지위를 포기하고 공시를 중단하는(go dark) 수법을 많이 사용하게 될 것이다. 그러나 매수자는 이런 가능성을 감안하여 증권 규제로 인하여 발생할 '프리미엄'의 지급을 거절할 것이다. 바로 이것이 모든 국가가 증권발행인이 그런 규제체제에서 벗어나는 것을 어렵게 하는 규정을 두는 이유이다. 바꾸어 말하면 탈퇴를 제한하는 규정은 증권규제의 핵심 부분에 해당된다.[85] 그러나 이는 국가 간에 상당히 차이를 보이는 분야이다.

일부 국가는 기업이 공시의무를 준수하는 것을 중단하는 것을 허용하는 데 객관적 기준을 제정한다. 때로는 이런 기준은 정량적이다. 예컨대 미국, 이탈리아, 일본의 증권법은 회사의 주주 수가 일정 기준에 미달하면 공시를 요구하지 않는다.[86] 이와 반대로 기타의 유럽국가나 브라질에서는 증권발행인의 증권이 더 이상 규제시장(또는 거래시스템)에서의 거래 대상에서 벗어나는 경우에는 공시의무가 적용되지 않는다.[87]

상장된 공개회사는 또한 임의 상장폐지에 관한 규정을 준수해야 한다.[88] 많은 국가들은 법으로 특별히 감독기구에 대해서 투자자 이익 보호에 필요하거나 법위반을 막기 위한 경우에는 기업의 상장폐지 신청에 대해서 반대할 수 있는 권한을 부여하고 있다.[89] 이런 공법적 접근은 일부

---

85 Rock, 앞의 논문(주 14) 참조.

86 상세규정을 보면 매우 복잡하다. 즉 미국증권법은 회사의 주주 수가 300명 이하(은행은 1,200명)이고[1934년 증권거래소법 제12(d)조, 제15(d)조] 일본은 법정자본금이 5억 엔을 밑도는 경우가 그렇다[일본금융상품거래법 제24조 제1항, 동법 시행령 제3조 제6항 제1호]. 이탈리아의 경우 주 40에서 소개한 기준 이하가 되어 사라지면 '수시공시'와 정기공시 의무가 부과되지 않는다. 다른 유럽회원국과 같이 증권이 더 이상 규제시장 내지 거래시스템(trading facility)에서 거래되지 않는 경우 다른 공시의무도 부과되지 않는다.

87 Moloney, 앞의 책(주 1), pp.133–4 참조.

88 상장기준을 준수하지 않거나 규정 위반 시 상장폐지될 수 있다. Shinhua Liu, *The Impact of Involuntary Foreign Delisting: An Empirical Analysis*, 10 Journal of Emerging Markets 22 (2005) 참조(1990~2003년까지 미국에서 상장폐지된 103개 외국기업을 확인하면서 100개 기업은 기본요건을 준수하지 못한 것이었고, 3개는 비정량적인 요건을 맞추지 못한 것으로 나타났다).

국가가 채택한 상장폐지 관련 회사법 규정의 실효성을 강화시킨다. 예컨대 뉴욕증권거래소는 이사회 결의와 통지를 요구하고 있으며,[90] 런던증권거래소 유가증권시장(Main Market)은 특별과반수에 의한 주주 승인을 요구하고 있다.[91] 오랜 논의 끝에 독일은 현재 상장폐지 결정을 회사경영자에게 맡기고 있지만[92] (소수)주주에게 공정 가격으로 탈퇴할 수 있는 권리를 인정하고 있다.[93] 브라질은 가장 엄격한 체제를 채택하고 있는바 상장폐지를 원하는 공개회사는 다른 주주들을 상대로 '공정한 가격'으로 의무공개매수를 해야 하며, 유동주식의 3분의 2에 해당하는 주주로부터 공개매수의 승락을 받거나 상장폐지에 대한 명시적 동의를 얻어야 한다.[94]

---

89 이탈리아 통합금융중개법 제64조, 독일증권거래소법 제39조 제2항 참조. 반면 일본법은 명확하지 않다. 비록 일본 금융상품거래법 제127조에서는 금융청에게 거래소규정 위반을 이유로 거래소가 상장폐지한 경우 재상장을 명령할 권한을 부여하고 있지만 도쿄증권거래소 상장규정에서는 임의 상장폐지를 위한 요건을 마련하고 있지 않다. 그런데 도쿄증권거래소의 실무는 매우 제한적인데 다른 나라의 거래소에서 교차상장된 것이 폐지된 경우에만 지금까지 임의 상장폐지를 허용해 왔다.

90 뉴욕증권거래소 상장매뉴얼 제806.00조. 확실히 이전에는 주주의 3분의 2의 승인을 요하고 반대가 10퍼센트 이내여야 한다는 요건 때문에 상장폐지하는 것이 훨씬 어려웠다. Rock, 앞의 논문(주 14), 683 참조. 기업의 상장폐지가 용이하도록 규정을 개정한 배경은 Sarbanes-Oxley의 여파로 뉴욕증권거래소를 떠나려는 외국증권 발행인들의 압력을 받아서이다.

91 영국 금융감독청 상장규정 5.2.5.

92 Frosta판결(BGH, Oct 8, 2013-II ZB 26 / 12, NJW 2014, 146)은 주주의 승인을 요한 과거 Macrotron 판결을 변경하였다(BGH, Nov. 25, 2002-II ZA 133 / 01, BGHZ 153, 47).

93 이러한 퇴출할 권리는 Frosta판결 후 소수주주 보호를 함에 있어서 간극이 있다는 점이 널리 알려지면서 2015년 말에 재규정되었다. 개정된 증권거래소법 제39조에서는 현재 이전 6개월 동안의 가중평균가격으로 퇴출할 권리를 허용하고 있다. 자세한 것은 Walter Bayer, *Delisting: Korrektur der Frosta-Rechtsprechung durch den Gesetzgeber*, Neue Zeitschrift Für Gesellschaftsrecht 1169 (2015) 참조.

94 브라질 주식회사법 제4조, 2002년 브라질증권거래원회 지침 361호 제16조 참조. 만약 지배주주 내지 회사가 어떤 주식의 3분의 2를 취득하는 데 성공한 경우 브라질 증권거래위원회규정에서는 3개월 동안 동일한 가격으로 나머지 주주를 대상으로 매도청약할 것을 요구하고 있다. 이는 공개매수에 응하도록 하는 압력을 효과적으로 예방할 수 있는 메커니즘이 된다(2002년 브라질증권거래위원회 지침 제361호 제10조 제2항).

9.1.3 지배구조와 규제전략

공시를 강제하는 것 외에 입법자와 증권거래소는 또한 공개시장에 진입하는 기업에 '질적' 제한을 가하고 시장참여자의 거래에 제한을 가한다. 두 가지는 모두 오해를 초래하는 표시나 시세조종과 같이 투자자를 증권시장에서 멀어지게 함으로써 시장 유동성을 저해할 수 있는 행동을 억제하기 위한 것이다.

9.1.3.1 질적 통제

일반적으로 질적 통제의 근거는 다음 두 가지 전제에 의존한다. 첫째, 공개시장에서 거래되는 회사가 저지른 사기는 폐쇄회사의 경우와는 달리 시장 전반에 영향을 줄 수 있다. 즉 시장에 존재하는 모든 회사의 자본비용을 증가시킬 수 있다. 두 번째의 전제는 좋은 지배구조는 사기의 위험을 감소시킨다는 것이다. 질적 통제는 기업지배구조의 최소요건, 수탁자 관여 및 발행인이 되고자 하는 자의 질을 나타내는 지표에 근거한 진입 제한 등의 형태를 취할 수 있다. 이런 통제는 공적이거나(그것이 법, 규제 또는 공적 기관의 결정의 산물인 경우) 반(半)공적일 수 있다.[95] 후자의 예로는 증권거래소가 고안한 상장 내지 거래개시의 요건을 들 수 있다.[96]

---

95 물론 질적 통제는 규제를 받지 않은 시장[즉 거래규정에 대해 규제기관의 승인을 필요로 하지 않는 다자간거래시장(multilateral trading facility)]을 설립하는 중개업자가 특정한 질적 요건을 만드는 경우와 같이 사적으로도 존재한다. 이탈리아의 중소기업에 특화된 대체투자시장 내지 Euronext의 Alternext 모두 여전히 최소한의 최초유동성요건을 규정하고 있다. 이에 관해서는 Bors Italiana, AIM Italia / Mercato Alternativo Del Capitale; Rules For Companies 33 (2016)(자료 입수는 www.borsaitaliana.ir): Alternext에 대해서는 다음의 사이트 참조(www.euronext.com/en/listings/select-your-market).

96 이들은 준사적인 것이라고 할 수 있다. 왜냐하면 이들은 증권규제기관의 승인을 받아야 하기 때문이다. 규제기관들은 그 외 요건의 포함을 조건으로 비공식적으로 상장규정을 승인할 수 있고 질적 통제를 없애고자 하는 현재의 시도를 거절할 수 있다. 그 때문에 어느 정도 상장규정이어야 진정한 자율규제의 형태를 취한다고 할 수 있는지 혹은 이를 가장한 공적 규제인지 말하기는 쉽지 않다.

9.1.3.1.1 지배구조전략

앞의 장들에서는 정책결정자(및 증권거래소)가 공개회사에 부과하는 이사회 독립성, 3개 위원회구조, 특별다수결요건 등과 같은 기업지배구조 품질 기준의 사례를 제시하였다.[97] 이하에서는 수탁자전략의 한 변형으로 규제기관이나 증권거래소에 의한 기업의 공개시장 거래 적격 심사에 대해 간단히 설명한다.

적격심사를 공적 기관이 수행하는 경우 이를 내용규제(merit regulation)라고 한다. 미국의 많은 주에서는 주 규제당국이 소정의 가이드라인에 부합하지 않거나—공무원의 눈에—상응하는 경제적 장점이 없이 매우 위험해 보이는 증권의 발행에 대한 승인을 거부하는 것을 허용한다. 현재 실무상 증권발행은 대부분 주 규제당국의 심사에서 면제되고 있다.[98]

EU법도 대중 투자자를 보호하기 위하여 상장기관(증권규제감독기관만이 아니라 증권거래소도 될 수 있다)이 거래소에 대한 상장신청을 심사하도록 하고 있다.[99] 그리하여 영국의 2000년 금융서비스 및 시장법(The Financial Services and Markets Act 2000)은 영국 상장청(UK Listing Authority)에게 투자자 이익에 해롭다고 판단하는 상장신청을 거절할 수 있는 권한을 부여하고 있다.[100] 이탈리아 당국도 자체 정보에 근거하여 "시장 투명성, 거래 질서 및 투자자 보호"를 담보한다는 감독 목표에 어긋나는 것으로 판단하는 거래소 상장에 반대할 수 있다.[101] 그러나 질적 통제 규정은 유럽의 정책담당자들 사이에서도 호감을 얻지 못하고 있다. 우리가 위에서 언급한 권한들은 거의 이용되지 않고 있다.[102]

---

97 앞의 3.1~3.4, 6.2.3, 및 7.3.1 참조.

98 미국 1933년 증권법 제18조 참조(15 U. S. Code § 77r).

99 통합 진입 및 보고지침(Consolidated Admission and Reporting Directive) 제11조, 2001 O.J. (L. 184) 1, 'official 상장' 부분 참조.

100 영국 2000년 금융서비스시장법 제75조 제5항.

101 이탈리아 통합금융중개법 제64조.

102 Moloney, 앞의 책(주 1), pp.171-2 참조. 브라질에서도 질적 통제는 마찬가지로 예외에

9.1.3.1.2 공개시장 진입 시의 질적 심사

증권 발행에 관한 강제 공시와 내용규제로 뒷받침되는 투자자 보호 외에도 우리의 주요 대상국가들에서는 공개시장에 진입하는 증권발행인을 거르기 위한, 자율규제든 공적규제든 간에, 질적 최소한도에 관한 규정을 마련하고 있다.

'1부시장(Official)' 또는 '상층(first-tier)'시장은 통상 주로 충분한 유동성의 관점에서 품질을 확보하기 위하여 발행회사에 (자산 또는 시가총액 기준의) 규모요건, 유동성요건, 증권 보유자수 요건을 부과한다. 이들 중 일부는 또한 직관적으로 품질과 대체로 동일시되는 과거의 수익성에 기초하여 상장희망 기업을 선별하고 있다. 예컨대 도쿄증권거래소의 이른바 1부시장은 주식 수 2만 주 이상, 시가총액 40억 엔 이상, 그리고 주주 수 2,200명 이상, 지난 2년간 소정의 세전 이익 이상 등을 요구하고 있다.[103] 다른 거래소들은 대부분 덜 엄격하지만 그래도 이와 유사한 상장요건을 두고 있다.[104]

속한다. 즉 이들은 현재 비즈니스실무에서는 거의 들은 적 없는 관행인 회사가 공모로 설립된 경우에 한하여 적용된다(브라질 주식회사법 제82조).

103 도쿄증권거래소, 증권상장규정 제308조.

104 뉴욕증권거래소의 요건은 세전 법인소득(과거 3개년 동안 세전 총법인소득이 1,000만 달러인 경우) 내지 만약 이에 미치지 못하는 경우에는 '평가 / 수익기준' 또는 '자산 및 자본기준'에 의하고 있다. 자세한 것은 뉴욕증권거래소 상정회사매뉴얼 제102.01조 참조. IPO와 함께 직상장 하는 회사의 경우 뉴욕증권거래소는 최소한 100주와 400명의 주주를 갖고 있을 것과 적어도 발행된 주식총량은 4,000만 달러의 가치를 가지고 1.1million이 될 것을 요건으로 하고 있다. 유럽의 상장규정 또한 인수된 자본의 25퍼센트는 항상 최소한의 유통물량을 갖출 것을 요구하고 있다(예컨대 프랑스의 경우 Rule 6702 / 1 Euronext Rulebook, Harmonised Rules 참조). 최소한(대부분 면책이 가능한) 예상가능한 시가총액요건(즉 이탈리아의 경우 4,000만 유로를 요구. 이탈리아 거래소 상장규정 2.2.2 참조)과 최소 과거 3년의 비즈니스를 영위할(독일은 거래소상장규정 제3조, 영국 상장규정 §6.1.7 참조) 것을 요구하고 있다. 반면 브라질 상파울로증권거래소에서는 최소한 25퍼센트의 유통물량을 요구할 뿐 다른 사항들 즉 기업규모, 주주수, 수익성에 대해서는 요건으로 하고 있지 않다.

9.1.3.2 시세 조종(증권사기) 및 내부자거래 제한

마지막으로 대상국가들은 증권시장에서의 남용적 행위를 통제하기 위하여 규제전략(룰과 스탠더드)을 사용하고 있다. 특히 대상국가들은 모두 발행인 스스로에 의한 것이든 제3자에 의한 것이든[105] 발행인에 관한 허위의 또는 오해를 초래하는 표시의 유포(유럽에서는 시장조작이라고 알려져 있고 미국에서는 증권사기라고 알려져 있음[106])를 금지하고 발행인에 관한 내부정보를 보유하고 있는 자들의 거래(내부자 거래)를 일정부분 제한하고 있다.

시세조종 금지의 논거는 직관적이다. 즉 발행인이 자신에 대해 자유롭게 거짓말을 하거나 제3자가 발행인에 관한 거짓말을 퍼뜨려도 처벌받지 않는다면 증권시장은 카지노와 유사하게 될 것이라는 논리이다. 사실 이런 금지는 사기에 관한 오랜 보통법 또는 사법상의 원칙을, 주로 집행의 편의를 도모하고 그런 위법행위를 억지한다는 목적으로, 증권시장의 특성에 맞춰 수정한 것이다. 이를 통해 그 금지는 개별적인 발행인 공시의 신뢰도를 강화함으로써 그들의 자본비용을 낮추는 데 기여한다.

그러나 국가가 내부정보 보유자가 그것에 근거하여 거래하는 것을 금지해야 하는 이유는 조금은 덜 직관적이다. 앞서 제6장에서 살펴보았듯이 하나의 논거는 내부자에 의한 유용으로부터 회사를 보호한다는 것이다. 즉 경영자가 회사에 관한 내부정보를 이용하여 거래를 하는 것은 실제로 회사의 가치 있는 재산을 유용하는 것과 같다.[107]

그러나 대상국가들은 대부분 내부자 거래가 회사재산의 유용(또는 이와 유사한 것으로 신인의무의 위반)에 입각한 것이라는 사고에서 탈피하고 있

---

105 마찬가지로 가격의 인위적인 변동으로 이익을 보기 위하여 시장가격을 움직이고자 하는 거래기법들도 금지된다(이들을 거래에 기초한 시세조종이라고 한다).

106 유럽시장남용규칙 제1조; 미국 제10b-5조; 1979년 브라질 증권거래위원회 지침 제8호; 일본금융상품거래법 제158~159조 참조.

107 앞 6.2.4 참조.

다. 오히려 바탕에 깔린 보다 명시적인 논거는 **시장평등**의 개념과 더 연관이 있다. 이는 공개시장에서 증권을 거래하는 자는 내부정보 보유자의 거래가 금지되기 때문에 자신이 정보 면에서는 다른 모든 거래자와 동등한 지위에 있다는 사실을 신뢰할 수 있어야 한다는 사고이다. 이런 논거는 유럽의 입법과 판례에 반영되었고, 회사와의 관계와 당해 정보의 취득 방법을 불문하고 내부정보를 보유한 자에 의한 거래를 폭넓게 금지하는 태도에 반영되고 있다.[108] 이는 전통적으로 미국 SEC도 주장한 것이지만 아직까지 성공을 거두지 못하였다.[109]

내부자 거래의 광범위한 금지에 대한 경제적으로 보다 우수한 논거는 그것이 시장유동성에 유리하기 때문이라는 것이다. 즉 시장조성자가 유동성을 뒷받침하는 시장에서는 시스템상 이들이 우월한 정보를 보유한 내부자와 거래할 수도 있다는 인식은 이들로 하여금 매매호가 스프레드(bid-ask spread)를 높이게 만든다.[110] 비슷하게도 시장참가자들이 브로커를 통해 거래하는 시장에서는 내부자거래 금지는 유식한 거래자들에게 발행자에 관한 새로운 정보의 획득, 처리 및 이용을 위한 투자가 보상받을 수도 있음을 안심시켜 준다. 즉 시장조성자의 경우와 마찬가지로 유식한 거래자가 증권거래에서 내부자와 경쟁해야 한다면 그들은 시스템상 늘 손해를 보게 될 것이다.[111]

108 Art. 8 Pramble 24, Market Abuse Regulation. ECJ, Case C-45 Spector Photo Group 〔2009〕 E. C. R. I-12073. 참조. 미국, 브라질, 일본의 내부자거래규제 금지 범위에 대해서는 앞 6.2.4 참조.

109 *Dirks v SEC*, 103 Supreme Court Reporter 3255 (1983); *U. S. v Newman*, 733 Federal Reporter 3d 438 (2d Cir. 2014) 참조.

110 앞 6.2.4 참조.

111 Zohar Goshen and Gideon Parchomovsky, *On Insider Trading, Markets and "Negative"* Property Rights in Information, 87 Viginia Law Reviews 1230 (2001) 참조.

9.2 증권법의 집행

이 장의 도입부에서 시사한 바와 같이 실효적인 증권법 체계의 핵심 요소는 공개 시장의 투자자들이 직면하는 심각한 집단행동의 문제를 보완하는 집행장치이다. 우리의 주요 대상국가들은 이런 목적을 위해 제2장에서 약술한 집행방식들, 즉 공적 및 사적 집행과 문지기에 의한 통제를 모두 동원하고 있다.[112] 그러나 각국은 채택하고 있는 집행방식의 내용은 물론이고 집행의 엄격성과 강도 면에서도 현저한 차이를 보인다.

9.2.1 공적 집행

공적 집행은 정부기관(이 분야에서는 통상 증권 규제당국과 검찰)이나 자율규제기관, 증권거래소와 같이 준(準)공적 권한을 가진 사적 조직에 의해서 개시된다.[113] 우리의 주요 대상국가들은 모두 증권법의 공적 집행에 상당한 자원을 투입하고 있다.

자원에 기초한 다음 두 가지 지표는 우리의 주요 대상국가에서 시장 규제당국에 의한 집행의 강도를 대략적으로 보여 준다. 우선 인구 대비 공적 집행 **인원** 수를 보면 영국과 미국이 앞선다. 이들 두 국가는 다른 5개 국가의 어느 곳에 비해서도[114] 공적 집행에 (인구를 감안할 때) 적어도

---

112 앞의 2.3.2 참조.

113 공적 집행의 정밀한 개념에 대해서는 앞의 2.3.2.1 참조. 물론 누구는 사적 집행이라는 점에서 자율규제기관과 증권거래소를 그들의 복합적 성격 때문에 동등한 것으로 취급할 수 있다. 이에 대해서는 주 86 참조.

114 Howell E. Jackson and Mark J. Roe, *Public and Private Enforcement of Securities Regulation: Resource-Based Evidence*, 93 Journal of Financial Economics 207, Table 2 (2009). 비교법적으로 프랑스, 이탈리아, 독일, 그리고 일본에서도 동일한 인구에 비례한 집행관련 직원수를 갖고 있다고 밝히고 있다. 이들 데이터는 2000년대 중반의 것을 기초로 한다. 브라질은 대상국가중 가장 낮은 인구대비 집행담당 직원 수를 보이고 있다. 다만 이러한 통계들은 발행인 행위와 시장거래담당 집행부서를 합쳐 산출된 것임

3배 이상의 인원을 투입하고 있다. GDP를 감안한 집행**예산**에서도 거의 같은 결과를 보여 주는데 영국과 미국의 예산은 브라질, 프랑스, 독일, 일본 예산의 3~4배를 초과하고 있다.[115]

투입규모는 비슷하지만 미국과 영국의 공적 집행의 공식 및 비공식 성과는 상당한 차이가 있다. 역사적으로 미국 행정 및 형사 조직은 영국에 비하여 훨씬 많은 **공식적** 집행 조치를 취하고 있다. 영국의 감독당국은 전통적으로 정식의 문제제기를 통하지 않더라도 발행인에게 눈살을 찌푸리거나 의견을 교환함으로써 많은 일을 비공식적으로 해내는 것처럼 보인다.[116] 그러나 금융위기 후에는 영국도 정식의 공적 집행에 상당히 더 큰 비중을 두고 있다.[117]

이런 성과들은 형사적 기소와 증권거래소에 의한 집행 등 공적 집행의 여러 측면을 포함하고 있지 않다. 그러나 이 점에서도 미국의 공적 집행 조직의 화력이 더 강력한 것 같다. 엔론, 월드컴, 타이코 인터내셔널 등 유명한 사건에서 최고경영자나 지배주주에 대해서, 그리고 더 최근에는 다수의 자산관리자와 회사이사들에게 내부자거래를 이유로, '실형'을 부과

을 주의.

115 Jackson and Roe, 앞의 논문(주 114) 참조. 이들 데이터는 1인당 시가총액(per capita market capitalization)을 기준으로 하고 있지는 않다. 예외적으로 이탈리아아만 집행예산이 거의 미국, 영국 수준에 근접하고 있다. 다만 직원 수는 훨씬 그에 미치지 못하고 있다.

116 Jackson and Roe, 앞의 논문(주 114), 235; John Armour, *Enforcement Strategies in UK Corporate Governance: A Roadmap and Empirical Assessment*, in John Armour and Jennifer Payne, eds., Rationality in Company Law: Essays in Honour of Dan D. Prentice, p.71, pp.87–92 (2009) 참조.

117 Elís Ferran and Look Chan Ho, Principles of Corporate Finance Law, p.413 (2nd edn., 2014 참조). 또한 Brooke Masters, *Don't Hold Your Breath Waiting for a Tesco Fraud Case*, The Financial Times, November 1–2, 2014 (London), 16 참조. 이 논문에서는 공적 집행사례들을 상당수 보고하고 있고 발행인의 사기적인 공시와 이에 대한 사법부의 판단 그리고 미국에 비해 왜 감독당국이 적발 · 징계하기 어려운지 그 이유들을 밝히고 있다. 즉 공모하는 낮은 수준에서부터 함께 행동하는 것을 중단시키는 것이 어렵기 때문이다.

한 것을 그 사례로 들 수 있다.[118] 한편 유럽 국가들과 브라질은 증권사기의 처벌에 더 관대한[119] 반면에 일본에서는 공적 집행이 주로 (그리고 갈수록) 감독당국의 과징금에 의존하고 있다. 게다가 제6장에서 논한 바와 같이, 미국에서는 더 높은 수준의 공적 집행에 더 높은 수준의 사적 집행이 보조를 맞추고 있다.[120] 활발한 사적 소송은 공적 집행기관들도 더 적극적으로 만들며 거꾸로 사적 소송은 공적 집행기관이 수집한 증거를 토대로 진행된다.[121]

9.2.2 사적 집행

투자자 보호를 위한 주된 사적 집행 메커니즘은 주로 발행인에 대한 투자자의 손해배상청구소송으로 이루어진다. 그보다는 덜 빈번하지만—그 신뢰도가 시가에 중대한 영향을 미칠 수 있는—회계법인이나 애널리스트와 그 사용자와 같은 기타의 '공적 발언자(public speaker)'들도 피고가 된다. 우리의 모든 주요 대상국가들의 법상으로도 구체적 정보를 투자설명서에 기재하도록 한 경우에는 과실책임을 묻고 있다.[122] 그러나 미국과

---

118 Tebsy Paul, *Friends with Benefits: Analyzing the Implications of United States v. Newman for the Future of Insider Trading*, 5 American University Business Law Review 109, 124 (2015).

119 프랑스의 경우 Nicolas Rontchevsky, *L'harmonisation des sanctions pénales*, Bulletin Joly Bourse 139, March 1, 2012, n°3 참조.

120 앞의 6.2.5.4 참조.

121 James D. Cox, Randall S. Thomas, and Lynn Bai, *There Are Plaintiffs and ... There Are Plaintiffs: An Empirical Analysis of Securities Class Action Settlements*, 61 Vanderbilt Law Review 355 (2008) 참조(SEC의 조치와 함께 한 사적 소송이 그렇지 않은 사적 소송보다 훨씬 결과가 좋았음을 보여 주고 있다).

122 미국의 경우 1933년 증권법 제11조, 제12조 참조. 영국의 경우 2000년 금융서비스시장법 제90조; 프랑스, 독일 그리고 이탈리아의 경우에는 Klaus J. Hopt and Hans-Christoph Voigt, eds., Prospekt und Kapitalmarktinformationshaftung, p.9, pp.125–7 (2005); 일본의 경우에는 주 128, 주 129 내용 참조.

영국에서는 수시공시 및 정기공시 규정을 위반한 경우에는 '인식 있는 위법행위'(영국의 경우 인식 있거나 중과실의 위법행위)라는 보다 완화된 책임기준을 적용하고 있다.[123]

보다 관대한 책임기준에도 불구하고 사적 집행(즉 증권 소송)에 대한 의존도는 미국에서 훨씬 더 크다.[124] 즉 '시장에서의 사기'이론에 기초한 증권집단소송은, 과거 이를 억제하려는 미국 의회의 노력에도 불구하고 강제공시규정의 집행을 위한 가장 중요한 메커니즘의 하나이다.[125] 시장사기이론은 원고가 투자 결정을 내릴 때 허위거나 오해를 초래하는 정보에 의존했다는 것을 증명하는 부담을 줄여 줌으로써 증권사기에 대한 집단소송을 촉진한다. 즉 투자자가 거래하는 시장주가는 허위표시를 포함하여 당시 존재하는 모든 중요 정보를 반영하므로 허위표시에 의하여 왜곡된 것으로 추정한다. 바꿔 말하면 원고는 (추정상 잘 작동하는) 증권시장에서의 가격 형성과정의 무결성을 믿을 수 있다.[126]

증권집단소송은 증권거래위원회의 조사, 재무보고의 수정공시 또는 단순히 시장이 예상하지 못한 부정적 뉴스의 공시가 있은 후에 전문적인 '원고측 로펌'이 제기하는 것이 전형적이다. 옛 서부의 현상금 사냥꾼과

---

123 Hopt and Voigt, 앞의 책(주 122), p.9, pp.125–6 참조. 유럽회원국과 비교하면서 독일은 인식 내지 중과실을 요구하고 있어 중간에 위치한다고 한다. 영국의 경우에는 금융서비스시장법 제90A조 Schedule 10A를 참조. 그 외 Final Report, Davies Review of Issuer Liability (2007, hm-treasury.gov.uk) 참조. 이 보고서에서는 더 완화된 기준을 갖고 있는 근거를 설명하고 있다.

124 1997~2014년 사이에 대략 증권집단소송을 하려는 200개의 증권사기사건이 매년 연방법원에 접수되었다. 이 숫자는 최근과 비교해 볼 때 숫자 면에서는 좀 적은 편이라고 할 수 있다. 이에 대해서는 Standford Law Scholl, Securities Class Action Clearing House (www.securities.standord) 데이터를 참조. 2014년은 평균접수비율에 미치지 못하고 기각률도 증가하여 해당 기간 동안 허가받은 화해 금액 면에서 가장 적은 해가 된다.

125 John C. Coffee, Jr., Intrepreneurial Litigation: Its Rise, Fall, and Future, pp.64–85 (2015).

126 *Basic Inc. v. Levinson*, 485 United States Reports 224 (1988) 참조. 더 최근의 사건으로는 *Halliburton Co. v. Erica P. John Fund Inc.*, 134 Supreme Court Reporter 2398 (2014) 참조.

같이 증권집단소송의 화해를 이끌어내는(매우 빈번한 현상이다) 로펌은 막대한 변호사 비용을 챙긴다.[127]

특이한 점은 화해합의로 인하여 경영자와 이사가 손해배상을 위해서 돈을 내는 일은 거의 전혀 없다는 것이다. 즉 피해배상금은 으레 발행인(또는 그의 보험회사)의 금고에서 지급되기 마련이다.[128] 바꾸어 말하면 전체로서의 주주는 (불완전하거나 허위정보로 시장 가격이 왜곡된 기간 동안 주식을 거래한) 그들 중 일부가 경영자의 허위표시나 누락으로 인하여 입은 손해를 배상하는 셈이다. 미국에서 비용과 사기방지의 측면에서 이러한 방식의 실효성이 활발한 논쟁의 대상이라는 사실은 놀라운 일이 아니다.[129]

이 시스템을 뒷받침하는 한 가지 주장은 그것이 거래하는 사람들에게 부실표시 위험에 대한 일종의 보험을 제공함으로써 주식시장의 유동성을 제고시킨다는 것이다. 나아가 경영자는 증권집단소송에 대한 손해배상금을 자신의 돈으로 지급하는 것은 아니지만 여전히 증권소송으로 인해 손실을 입을 수 있다. 자신의 보수가 (지급한 배상금과 법률비용이 부정적으로 영향을 미치는) 주가에 강하게 연동되어 있을 뿐 아니라 종종 증언을 해야 하고 달리 회사운영이라는 본업에 집중하지 못하게 될 수 있다. 게다가 평판에 대한 우려도 있다. 주주소송에 직면한 회사 이사들은 장래 경력상 크진 않지만 눈에 띄는 부정적 영향을 받는 것으로 보인다.[130] 사전적인

---

127 예컨대 Michael Klausner, *Personal Liability of Officers In U.S. Securities Class Actions*, 9 Journal of Corporate Law Studies 349 (2009) 참조. 또한 앞 6.2.5.4 참조(주주소송에 관한 논의 참조).

128 예컨대 John C. Coffee, Jr., *Reforming the Securities Class Action: An Essay on Deterrence and Its Implementation*, 106 Columbia Law Review 1534 (2006).

129 예컨대 William W. Bratton, and Michael L. Wachter, *The Political Economy of Fraud on the Market*, 160 University of Pennsylvania Law Review 69 (2011) 참조.

130 예컨대 Eliezer M. Fich and Anil Shivdasani, *Financial Fraud, Director Reputation, and Shareholder Wealth*, 86 Journal of Financial Economics 306 (2007); Maria Correia and Michael Klausner, *Are Securities Class Actions "Supplemental" to SEC Enforcement?: An Empirical Analysis*, Working Paper, Standford Law School (2014).

관점에서 보면 이런 우려는 그들이 회사 내에서 증권규제의 준수를 중시하도록 담보하는 쪽으로 작용할 것이다. 발행인이 증권사기에 책임을 지도록 하는 시스템을 뒷받침하는 마지막 주장은 그런 시스템이 없다면 경영자는 현재의 주주 전체가 부풀려진 주가로 인해 이익을 보기 때문에 주주인 본인의 이익을 위해서(도) 사기를 저지를 수 있다는 것이다.[131] 이런 주장의 설득력은 미국 회사에서 경영자 이익이 주주이익이 얼마나 일치되어 있는지에 대한 각자의 견해에 달려 있다. 또한 이런 주장이 전제하는 묵시적 가정은 현재의 주주들이 (아무리 덜 확실하다 하더라도) 회사 사기의 발각이 회사의 신뢰도와, 궁극적으로 주가에 미칠 부정적인 효과를 크게 저평가할 것이라는 점이다.[132]

미국을 제외하고는 절차적인 규정과 변호사 비용에 대한 불리한 법률로 인하여 금전적 손해에 대한 민사소송은 강제공시체계를 집행하는 수단으로 훨씬 덜 이용된다.[133] 공시 위반에 관한 민사소송 건수는 많지 않지만 브라질, 프랑스, 독일에서는 꾸준히 증가하고 있고,[134] 이탈리아에서는 여전히 낮으며[135] 영국에서는 놀랄 수도 있겠지만 극히 드물다.[136] 일

131 이러한 입장을 주장하고 있는 논문으로는 James C. Spindler, *Vicarious Liability for Bad Corporate Governance: Are We Wrong About Rule 10b-5?*, 13 American Law and Economics Review 359 (2011) 참조.

132 William T. Allen and Reinier Kraakman, Commentaries and Cases on the Law of Business Organization, ch. 14 (5th edn., forthcoming) 및 주 147 참조.

133 최근 유럽의 단체소송을 소개한 글로는 Martin Gelter, *Risk-shifting Through Issuer Liability and Corporate Monitoring*, 13 European Business Organization Law Review 497, 529-32 (2013) 참조. 또한 Erica Gorga, *The Impact of the Financial Crisis on Non- financial Firms: The Case of Brazilian Corporations and the "Double Circularity" Problem in Transnational Securities Litigation*, 16 Theoretical Inquiries in Law 131 (2015).

134 Thierry Bonneau and France Drummond, Droirt Des Marchés Financiers No. 528 (3rd. ed 2010); Hopt and Voigt, 앞의 책(주 122), pp.99-103, p.140 참조.

135 Andrea Perrone and Stefano Valente, *Aaingst All Odds: Investor Protection in Italy and the Role of Courts*, 13 European Business Organization Law Review 31 (2012).

136 Armour, 앞의 논문(주 116) 참조.

본은 2000년대 중반 이후에야 활발해졌다. 즉 2004년 발행인에 대한 엄격책임원칙을 도입함에 따라 소송의 미니붐이 초래되었다.[137] 그로 인하여 10년 후 증권소송 억제를 위한 법개정이 이루어졌다. 일본은 유통시장에서의 발행인책임에 대해서는 과실기준을 적용하는 것으로 후퇴하였다.[138] 발행인에 대한 소송이 의도한 바와 같이 감소했는지는 아직 판단하기 이르다.

부주의한 문지기에 대한 사적 집행에 관해서는 미국이 예외적인 국가라고 하기 어렵다. 제5장에서 밝힌 바와 같이,[139] 특히 미국에서 외부감사인 책임의 확대는 법원과 입법부로 하여금 이런 형태의 소송의 억제를 시도하도록 이끌었다.[140] 일반적으로 말해서 문지기에 대한 법집행은 일반투자자가 문지기가 제공하는 인증이나 정보를 신뢰할 것으로 합리적으로 기대할 수 있는 경우에 한정되어 왔다.[141]

법은 또한 (넓게 말해서 그 자체가 사적 집행의 한 유형인[142]) 시장에 의한 규율을 뒷받침하는 기능을 한다. 강제공시는 '모범관행'과 기타 구속력 없는 질적 통제에 관한 권고를 지키지 않는 공개기업에 대한 평판상의 제재를 촉진한다. 그것이 바로 "준수하거나 설명하라"는 강행규정에 의해 뒷받침되는 EU국가의 모범기준의 근거이다.[143] 제3장에서 논한 바와 같이

---

137 Gen Goto, *Growing Securities Litigation against Issuer Corporation in Japan: Its Background and Reality*, Working Paper (2016), ssrn.com.

138 과실이 없다는 것을 입증하는 부담은 피고에게 있다(일본 금융상품거래법 제21-2(2)조). 그러나 일본은 발행시장공시의 경우 엄격 책임을 지우고 있다(일본 금융상품거래법 제18조 참조).

139 앞의 5.2.1.4 참조.

140 Central Bank of Denver, *N.A. v First Interstate Bank of Denver, N.A.*, 511 United States Reports 164 (1994)(Rule 10b-5에 따른 방조책임 부정). 법정감사와 감사법인의 민사책임 제한에 관한 2008. 6.5 EU 위원회 권고 2008 O.J. (L. 162) 39 참조.

141 미국의 경우 *Stoneridge Investment Partners LlC v. Scientific Atlanta Inc. and Motorola Inc.*, 128 Supreme Court Reporter 761 (2008) 판결 참조. 영국의 경우에는 *Caparo v. Dickman*, 〔1990〕 2 AC 605. 판결 참조.

142 Armour, 앞의 논문(주 116).

143 영국의 상장규정 9.8.6; 독일 주식법 제161조; 프랑스 상법 제225-37조, 제225-68조; 이

이들 모범기준은 이사회 구성과 위원회 구조를 포함한 유럽 상장회사의 지배구조를 상당부분 규정하고 있다.[144] 적어도 이론적으로는 "준수하거나 설명하라"는 규정은 기업이 따르지 않을 상당한 이유가 없는 한 권고한 관행을 채택하도록 유도한다. 준수불이행을 정당화할 수 없는 경우 기업은 낮은 주가라는 형태의 불이익을 받을 위험에 직면하게 된다.[145] 미국의 일부 공시요건은 이에 접근하기도 하지만[146] 미국, 브라질 및 일본은 일반적으로 이런 메커니즘에 덜 의존하고 있다.

마지막으로 시장의 반응은 증권법 집행의 효과를 증폭시킬 수 있다(어떤 면에서는 간접적 사적 집행의 한 형태이기도 하다). 사실 미국과 영국의 경우 모두 공적 집행조치의 대상이 된 기업에 대해 시장이 상당한 평판상의 불이익을 가한다는 증거가 있다.[147]

9.2.3 문지기에 의한 통제

문지기에 의한 통제는 전통적으로 증권규제와 회계기준의 준수를 담보하는 중요한 메커니즘이었다. 자발적이든 강행적 법규정의 준수에 의한 것이든 발행인은 자기 공시의 신뢰도를 높이기 위하여 평판 중개인(reputational intermediaries)의 서비스를 구한다.

감사서비스를 받는 경우가 바로 이에 해당한다. 그 경우 보통 유수한 회계법인의 특별한 전문가로 구성된 외부 팀이 공시사항이 관련 규정 및

탈리아 통합금융중개법 제123-II조.

144 앞 3.3.2 참조.

145 Armour, 앞의 논문(주 116), 102-9.

146 앞 3.3.1 참조. 미국의 경우에는 도드 · 프랑크법 제972조 참조(동법에서는 회사에 대해 최고경영자와 이사회의장의 동일인 여부를 설명하도록 하고 있다).

147 Jonathan M. Karpoff, D. Scott Lee, and Gerald S. Martin, *The Cost to Firms of Cooking the Books*, 43 Journal of Financial and Quantitative Analysis 581 (2008); John Armour, Colin Mayer, and Andrea Polo, *Regulatory Sanctions and Reputational Damage in Financial Markets*, Journal Of Financial And Quantitative Analysis (2017).

기준에 부합하는지 여부에 대해서 독자적인 판단을 제공한다. 또한 IPO 거래에서 인수인으로 활동하는 투자은행의 경우도 마찬가지이다. 비슷하게도 이들은 회사의 투자설명서가 법적 요건에 부합하는지를 확인하기 위해 실사업무를 수행한다. 나아가 발행인의 로펌도 이에 해당한다. 증권법에 대한 그들의 조언과 지원으로 인하여 발행인이 관련 법률을 준수한다는 투자자들의 인식이 한층 강화될 수 있다. 마지막으로 일부 시장에서는 투자은행이 특정 회사의 '후원자'로서 증권거래소에 대해서 회사가 상장의무를 준수하는 것을 담보할 의무를 부담한다.[148]

재무정보와 보다 일반적인 발행인 행동을 심사하면서 외부감사인, 투자은행, 증권전문 로펌과 후원자는 자신들이 오랜 세월 동안 다수의 고객을 상대로 쌓아 온 평판 자본(reputational capital)을 묵시적으로 담보제공함으로써 발행인의 신뢰도를 높인다.[149] 그러나 평판자본은 개인과 달리 회사에 부여되었을 때에는 불변하거나 불멸하는 것은 아니다.[150] 이론상으로는 집단적인 조직으로서의 문지기가 개별 고객의 이익을 위하여 자신의 평판자본을 낭비하려고 하는 일은 없겠지만, 그런 조직의 **내부**에서도 대리비용은 높을 수 있으며(즉 고객인 발행회사를 위해 행한 작업에 대해서 크레딧이나 보상을 받는 외부감사법인의 파트너와 법인의 나머지 구성원 사이에서처럼) 그럼에도 문지기를 단일한 경제 주체로 취급한다면[151] 이론상의 예측보다 문지기 실패가 더 많이 발생할 수 있다. 명백하게 불법적이고 노골적으로 사기적인 행동을 발견하고 대응하는 데 실패함으로써 미

148 영국 상장규정 제8조 참조.

149 Reinier Kraakman, *Gatekeepers: The Anatomy of a Third-Party Enforcement Strategy*, 2 Journal of Law, Economics, and Organization 53 (1986); John C. Coffee, Gatekeepers: The Professions and Corporate Governance (2006) 참조.

150 Reinier H. Kraakman, *Corporate Legal Strategies and the Costs of Legal Controls*, 93 Yale Law Journal 857, 892–3 (1984) 참조.

151 Jonathan R. Macey, *Efficient Capital Markets, Corporate Disclosure, and Enron*, 89 Cornell Law Review 394, 408–10 (2003) 참조.

국 엔론의 감사법인인 아서 앤더슨이나 이탈리아 Pamalat의 중급 감사법인인 그랜트 손튼(Grant Thornton)과 같은 악명 높은 사례에서처럼 여론과 정책담당자의 관심을 끄는 경우가 정기적으로 발생하고 있다.

그런 실패에도 불구하고 과연 문지기가 사기와 증권법 위반의 위험을 줄이는 데 전반적으로 긍정적인 역할을 수행하는지 여부를 알 수는 없다. 사실 문지기가 발행인의 잘못된 행동을 얼마나 자주 그리고 어느 정도로 방지하는 데 성공하는지를 알 수 있는 방법은 없다. 그러나 법으로 발행인이 이들을 고용하도록[152] 강제하기 전에도 시장이 문지기의 통제에 의존했다는 사실은 그들 서비스의 가치를 시장참여자들이 인정한다는 점을 시사한다.

이미 언급한 바와 같이, 증권법은 발행인에 의한 문지기 고용을 의무화함으로써 그런 시장관행을 흔히 흡수해 왔다. 이와 동시에, 특히 놀랄 만한 문지기 실패 후에 모든 대상국가에서는 서비스의 품질을—그리고 간접적으로 시장정보의 품질을—담보하기 위하여 법으로 문지기들을 규제하고 있다. 이들의 서비스의 이용을 강제할 것인지, 진입장벽과 균일한 품질기준을 도입하면 경쟁을 감소하더라도 문지기 통제의 실효성이 제고되는지 또는 거꾸로 저해되는지, 그리고 문지기 통제의 품질을 개선하기 위하여 적당한 개혁이 마련될 수 있는지 여부 등에 대해서는 합리적인 논자들 사이에서도 견해가 갈릴 수 있다.[153]

9.3 증권규제의 수렴과 지속

우리의 모든 주요 대상국가의 발행인들은 이 장에서 간략히 살펴본 강

---

152 Paul G. Mahoney, Wasting a Crisis: Why Securities Regulation Fails, p.80 (2015) 참조.

153 예컨대 Jonathan R. Macey, The Death Of Corporate Reputation, pp.253-75 (2013); Coffee, 앞의 책(주 149), pp.333-56 참조.

제공시와 증권법의 적용을 받는다. 그 규정들은 공개회사가 일반인을 대상으로 증권을 발행하거나 특정 공개시장에 상장하거나 (최소 투자자 수 같은) 일정한 기준을 충족하면 바로 — 그리고 그 상태가 지속되는 동안 — 적용된다. 물론 강제공시의 범위에 관해서는 여전히 중요한 차이가 존재한다. 그러나 이미 살펴본 바와 같이 한편으로 현대적 증권규제가 시작된 미국과 투자자 친화적 환경이라는 오랜 전통을 가진 영국과 다른 한편으로 대륙법계 국가 사이의 공시격차는 좁혀졌다. 이제 가장 주목할 차이는 집행과 관련하여 존재한다.

미국의 법집행이 지닌 독특한 면은 손해배상을 구하는 사적 소송이 공적 조직이 제기하는 민사 및 형사소송과 거의 동등한 중요성을 갖는다는 점이다. 좋든 나쁘든 간에 다른 국가에서는 공시에서의 부실표시나 표시누락에 따른 막대한 금전배상으로 발행인을 위협하는 실효성 있는 집단소송이 부존재한다. 사적 집행에 관한 한 이들 다른 국가는 주로 부정적인 주가변동에 내포된 평판상 제재로 뒷받침되는 상장요건과 모범관행에 주로 의존한다.

증권법의 공적 집행은 약간 다른 방식으로 구분된다. 미국과 영국은 다른 주요 대상국가들에 비해 투자보호를 위한 공적 집행에 더 많은 자원을 투입한다. 그러나 미국의 감독당국은 공식적인 집행에 중점을 두고 있는 반면에 영국의 감독기관은 전통적으로 훨씬 더 비공식적으로 일해 왔다. 이는 아마도 미국에서는 오랫동안 개인투자자에 의한 직접 주식투자비율이 영국에서 보다 훨씬 높았다는 점이 반영된 탓일 수도 있다.[154] 브라질, 프랑스, 독일, 이탈리아, 일본은 대체로 비슷한 공적 집행역량을 갖고 있지만 증권사기에 대한 형사처벌의 실적은 변변치 않다.

증권법 집행의 강도가 자본시장의 규모나 성숙도에 대체로 상응한다는

---

154 예컨대 John C. Coffee, Jr. and Hillary A. Sale, *Redesigning the SEC: Does the Treasury Have a Better Idea?*, 95 Virginia Law Review 707, 727–9 (2009) 참조.

것은 놀라운 일이 아니다.[155] 미국이나 영국같이 자본시장이 크고 고도로 발달된 경우 증권시장 규모가 작은 브라질, 프랑스, 독일, 이탈리아 같은 국가에 비해 증권법이 더 효과적으로 작용하는 것 같다. 이런 상관관계는 완벽하지는 않지만 강력한 것으로 보인다.

가장 직설적인 설명은 보다 발달된 자본시장을 가진 국가일수록 그것이 잘 기능하도록 담보함으로써 더 큰 경제적·정치적 이익을 얻는다는 것이다. 그에 따라 그런 국가에서는 기관투자가, 투자은행, 증권거래소, 문지기, 증권전문 변호사와 같이 잘 조직된 이익집단들의 증권법에 대한 수요가 더 높을 것이다.[156] 이런 견해에 따르면 (국내외) 기관투자자의 지분소유가 증가하고 자본시장이 성숙되는 경우 브라질, 유럽 및 일본에서의 내용적 공시요건은 미국과 영국 수준에 접근하게 될 것이다.

정치인들이 증권법 강화요구에 특히 귀를 기울이는 것은 금융 위기나 두드러진 기업 스캔들이 발생한 후라는 점도 고려해야 한다. 실제로 새롭고 보다 엄격한 증권법이 가장 빈번히 제정되는 것은 바로 그 시기이다.[157] 자본시장이 이미 잘 발달되어 있고 따라서 정치적 담론에서 보다 중심을 차지하는 곳에서는, 위기에 대한 공중의 반응(및 그에 수반하여 나타나는 보다 엄격한 법에 대한 수요)은 더 강력할 것이다. 미국의 원고대리 전문 변호사집단 같은 효과적인 이해집단과 정책전문가들의 도움으로 정치인들의 반응은 그만큼 더 강렬해질 것이다. 그리하여 다른 조건이 동일하다면, 자본시장이 경제에서 덜 중요한 국가에 비해 잘 발달된 자본 시장을 가진 국가에서 위기 후에 증권법이 강화되는 정도가 더 클 것으로 예상할 수 있다.

---

155 Rafael La Porta, Florencio Lopez-de-Silanes, and Andrei Schleifer, *The Economic Consequences of Legal Origins*, 46 Journal of Economic Literature 285 (2008) 참조.

156 일반적인 설명으로는 Franklin Allen and Dourglas Gale, Comparing Financial Systems (2000) 참조.

157 Roberta Romano, *The Sarbanes-Oxley Act and the Making of Quack Corporate Governance*, 114 Yale Law Journal 1521 (2005) 참조.

마지막으로 증권법제의 차이는 또한 소유구조와 그로 인한 이해집단의 역학에서의 차이를 반영한 것일 수 있다. 소유집중 시스템에서는 양질의 증권법에 별로 관심이 없는 강력한 지배주주가 존재할 것이다. 즉 이들이 지배하는 공개회사는 주식을 더 발행할 계획을 갖지 않는 것이 보통이고, 지배주주는 적대적 인수에 의해서 교체될 위험이 없다. 그리하여 이들은 대부분 가격정보효과, 시장주가의 변동, 그리고 보다 일반적으로 변동성에 대해 매우 무관심하다. 또한 자신의 관리하에 있는 회사의 가치(및 자신이 그로부터 빼돌리는 사적 이익)을 드러내는 데 기여하는 규정은 자산의 평판에 부정적인 영향을 줄 수 있다. 그리하여 이들은 기업의 가치를 더 잘 반영하는 규정으로부터는 일반적으로 얻는 것보다 잃는 것이 더 크기 때문에 증권법 개혁에 반대운동을 하는 경향이 있다. 강력한 소유자와 흔히 밀접한 관련이 있는 노동자들도 강력한 증권법에 반대할 이유가 있다.[158] 즉 그런 법률이 경제를 위하여 자본시장의 규모와 중요성을 높이고[159] 직간접적으로 주식시장에 대한 보다 높은 일반투자자 참여를 촉진시키는 데 성공한다면, 주식문화가 정치시스템 내부에서 확산되고 그로 인해 그렇지 않았으면 확산될 수 있었을 친노동자 헤게모니를 잠식할 가능성이 있기 때문이다.[160]

반면에 분산소유체제에서는 적어도 자신들이 개인 책임의 심각한 위험으로부터 벗어나도록 집행시스템이 설계되는 한 경영자들이 광범한 공시의무를 덜 싫어할 수도 있다. 먼저 광범한 공시를 채택한, 잘 작동하는 시스템에서는 시장이 침묵의 의미를 부정적으로 평가할 위험을 감소시킨다는 점을 생각하자. 애널리스트들은 경쟁자의 침묵이 다른 회사의 전망에

158 Mark J. Roe, Political Determinants of Corporate Governance (2003) 참조.

159 Andrei Shleifer and Daniel Wolfenzon, *Investor Protection and Equity Markets*, 66 Journal Of Financial Economics 3 (2002) 참조.

160 예컨대 Marco Pagano and Paolo Volpin, *The Political Economy of Finance*, 17 Oxford Review Of Economic Policy 502, 504–10 (2001) 참조.

대해서도 (다른 회사가 긍정적 정보를 스스로 공시하는지 여부와 관계없이) 유익하다고 볼 수 있기 때문에 모두에게 상세한 공시를 하도록 한다면, 개별 주식이 다른 기업의 임의적인 공시선택에 의해 불이익을 입을 위험을 감소시킬 것이다. 보다 일반적으로 경영자들은 자기 기업의 사업전망을 낙관하는 경향이 있다. 그리하여 이들은 존재하는 (그리고 아마도 긍정적인) 정보가 보다 더 정확하게 가격에 반영되는 시스템을 반대하지 않을 수도 있다. 비록 정보의 흐름이 부정적인 경우 그런 시스템이 그들의 교체가능성을 높일 수도 있지만 말이다. 마찬가지로 정보적으로 효율적인 시장은 (낙관적인) 경영자의 질에 대해 투자자에게 더 잘 전달함으로써 경영자시장에서 경영자의 지위를 (아마도) 강화시킬 수 있다.

다시 말하지만 소유구조와 정치경제적 역학관계는 증권법들 사이의 다양성이 지속되고 유사성이 증가하는 경향에 대해서 설명을 제공한다. 지난 20년간 법전상의 법에서는 수렴이 진행되었지만 집행의 강도 면에서는 그만큼의 수렴은 아직 일어나지 않았다. 민간과 공공의 주체 모두에 인적 자본에 대한 막대한 투자를 요하는 영역에서는 법의 제정과 효과적인 집행 사이에는 시차가 있을 것으로 예상된다. 또한 법률서비스시장 내부에서의 이익집단의 역학관계와 (보다 일반적으로 말하면) 집행노력 면에서의 '적절한' 정도에 대한 법 및 경제 분야 엘리트의 견해와 같은, 회사법 내지 증권법과는 거의 완전히 무관한 요소들이 집행 면에서의 수렴 가능성을 법전상 법의 수렴의 경우보다 더 낮추는 방식으로 작용하고 있는지도 모른다.

제10장

회사법의 해부를 넘어서

John Armour, Luca Enriques, Mariana Pargendler,
and Wolf-Georg Ringe
김건식 옮김

짧은 책에는 짧은 결론이 제격이다. 앞 장들에서는 기본적 지배구조로부터 투자자 보호에 이르기까지 여러 분야와 관련하여 우리 대상국가의 회사법을 설명하였다. 회사법은 모든 국가가 동원하는 몇몇 법적 전략들을 중심으로 살펴보았다. 이들 전략은 회사에 고유한 대리 문제, 즉 경영자와 주주, 지배주주와 소수주주, 비주주 이해관계자와 주주집단 사이의 이익충돌에 대처하기 위하여 활용된다.

여기서 앞 장들의 내용을 요약하지는 않겠다. 그 대신 우리는 보다 명시적으로 이 책이 설명하는 것의 경계선에 대해서 초점을 맞추기로 한다. 우리는 먼저 방법론상의 상충관계(tradeoffs), 즉 우리의 분석적 접근이 설명할 수 있는 것과 설명할 수 없는 것에 대해서 생각해 보기로 한다. 이어서 우리는 이 책이 국가, 조직형태, 시기의 면에서 커버하는 범위의

한계를 검토한다. 그 과정에서 우리는 회사법의 해부를 '넘어서' 자유롭게 응시할 것이다.

10.1 분석을 넘어서

우리 분석의 출발점은 회사법은 **기능**을 중심으로 이해하는 것이 가장 유익하다는 것이다. 이런 관점을 뒷받침하는 것은 이들 기능이 세계적으로 유사할 것이라는 믿음이다. 어느 곳의 사업조직도 비슷한 경제적인 난관을 맞이한다. 이에 대응하여 어느 곳의 회사법도 동일한 핵심요소를 갖게 된다. 어느 곳의 대규모 기업도 대리비용과 조정비용을 극복해야 하며 우리가 밝히는 바와 같이 회사법의 많은 부분은 이런 공통된 경제적 문제에 대한 대응책으로 이해할 수 있다. 이런 접근방법의 커다란 강점은 회사법들 사이의 근본적인 유사점을 강조한다는 것이다. 이는 차이점에 초점을 맞추는 대부분의 비교법연구와 대조를 이룬다.

그러나 제1장에서 설명한 핵심요소들을 제쳐 놓으면 다양한 회사법 시스템들 사이에는 물론 차이점도 존재한다. 우리는 그런 차이점들을 주로 기업 내부의 전형적인 대리 문제 및 조정 문제의 다양한 모습에 대한 기능적인 대응이라고 설명한다. 이들 문제도 가장 중요한 것인 소유구조를 비롯한 회사여건의 다른 측면에서의 차이에 따라 결정된다.[1]

이 책의 설명은 회사법의 패턴을 설명하는 소수의 비교적 단순한 이론적 요인의 힘을 보여 준다. 물론 그 분석력에는 한계가 있다. 국가 간 회

1 이 책의 간결성과 대상의 범위로 인하여 이론구성은 고도로 일반적인 수준에서 시도할 수밖에 없음은 물론이다. 예컨대 소유구조에 대한 우리의 논의는 우리 대상국가에서의 일반형태를 반영하는 '이상형'을 제시하고자 한다. 이런 이상형의 구축과 그것을 국가 내부 및 국가 간 소유구조의 보다 세부적인 차이와 격리하여 '평균적인' 방법으로 특정 국가에 적용하는 것이다.

사법의 차이가 모두 그들이 수행하는 기능에서의 차이로 설명할 수 있는 것은 아니다. 비교법학에서의 한 갈래 보완적인 흐름은 법률상 차이의 원천으로 정치적인 차이를 강조한다. 정치적 차이는 기능적 접근방식의 관점에서 예견되는 것과 다른 결과를 회사법에 만들어 낸다. 즉 이익집단이나 포퓰리즘이 정치과정이 사회복지를 추구하는 것을 저해하는 것이다. 그리고 보다 추상적인 차원에서는 회사법은 우리의 종합적인 사회적 가치도 반영한다. 즉 회사법은 문화, 역사적 우연, 그리고 입법자가 최적의 제도를 설계하고 실시할 능력을 제한하는 다른 요인의 함수이기도 하므로 경제적 수요 이외의 다른 요소들에도 반응한다.

기능적 고찰에서 정치의 영향을 분리하는 것은 항상 쉬운 일은 아니다. 예컨대 독립이사와 관련된 세계적 유행을 생각해 보자. 이는 기능적인 관점에서는 대리비용에 대처하는 수탁자전략의 적용사례로 설명할 수 있다. 그러나 대안적인 설명으로는 당해 국가의 정치적 역학관계, 대주주의 로비, 독립이사를 전면적으로 보급하려는 기관투자자 차원의 규제중심의 편향 등이 포함된다. 복수의 이론적 설명이 같은 방향을 가리키는 경우 이들의 상대적 중요성을 측정하기는 어렵다.

서로 중복되는 설명이 존재하는 경우 우리의 설명은 방법론상의 계층구조를 따른다. 우리는 먼저 기능적 설명이 현상을 해명하는 한 그것에 의존한다. 그리고 기능적 설명의 분석적 동력이 소진된 경우에 비로소 정치적 및 기타 설명을 모색한다. 우리가 기능적 접근방식을 우선하는 이유는 그것이 단순성이나 설명력의 면에서 많은 장점이 있기 때문이다. 그리고 보다 근본적으로는 그것이 특정 법제도의 내부적 구성으로부터 독립된 공통의 분석적 체계를 제공하는데 이는 비교법연구에서 커다란 장점이다.

10.2 논의 범위를 넘어서

이 책의 대상범위는 넓지만 무한한 것은 아니다. 그 한계의 하나는 다루는 국가의 수이다. 책의 간결성과 가독성을 위해서 분석대상은 일부의 핵심 법제도에 국한하였다. 또 하나의 한계는 조직형태에 관한 것이다. 우리의 연구대상은 사업회사의 법형태로 한정하고 다른 조직형태는 명시적으로 배제하였다.

제3판에서는 브라질을 추가함으로써 대상국가의 범위를 확대하였다. 그리함으로써 우리는 성숙한 시장경제국가에 대한 기존의 초점을 넘어서 대규모 신흥시장(emerging market)의 회사법 시스템을 포함하였다. 그러나 중국과 인도와 같은 다른 중요한 신흥시장국가들은 여전히 제외되었다. 가독성을 위해서 대상국가를 제한할 필요 외에 우리가 이들 국가를 제외하는 것에 대한 유일하고 진정한 논거는 우리 자신의 전문성이 갖는 한계에 대한 현실적인 고려라고 할 것이다. 그럼에도 불구하고 이 책의 개념적 체계가 우리가 직접 검토하지 않는 국가들의 법을 분석하는 데에도 유용하기를 바란다.

사실 브라질의 포함은 이 책의 기본 체계가 설명하는 범위에 대해서 흥미로운 시험사례를 제공한다. 한편으로 우리의 분석도구가 이런 다른 문맥에 전용되는 경우에도 유용성을 잃지 않을 것이라는 점에는 의문이 없다. 브라질 회사법의 대부분은 제2장에서 언급한 법적 전략과 딱 맞아떨어지고 우리의 체계는 기존의 구체적인 선택지들을 뚜렷하게 밝혀 준다. 예컨대 제7장에서 우리가 살펴본 바에 의하면, 다른 대상국가들은 회사의 근본적 변경을 규율하기 위하여 수탁자전략과 결정권 전략에 의존하는 데 반하여 브라질은 독특하게도 그 조치를 주로 개방적 스탠더드의 형태를 취하는 규제전략을 통해서 규율하는바 이는 집행기관으로서의 법원에 크게 의존하는 메커니즘이다.

이러한 접근방식은 신흥시장에 존재하는 법원의 알려진 취약성을 고려

하면 문제가 있는 것으로 보인다.[2] 그러나 다른 한편 브라질의 추가는 제1장에서 언급한 회사형태의 핵심적 특징이 얼마나 보편적인지 또는 얼마나 단순히 선진시장경제를 반영하는 것인지에 대해서 의문을 갖게 한다. 예컨대 조직 격리 및 유한책임을 통한 자산분리를 뒷받침하는 회사형태의 역할은 브라질에서 특히 취약하다. 그것은 바로 자산분리의 심판자인 법원이 해산과 법인격부인을 통한 예외를 쉽게 허용하기 때문이다. 그리고 아마도 보다 근본적인 것은 국가에 의한 주식소유의 확산이, 회사법 내용의 미묘한 차이와는 매우 무관하게, 회사형태의 구조 자체에 근본적인 차이가 존재함을 의미한다는 점이다.[3]

우리는 이런 차이가 얼마만큼이나 브라질에 특유한 것인지 아니면 개발도상국 전체에 일반적인 것인지에 대한 고찰은 장래의 과제로 넘긴다. 우리가 관찰한 것처럼 선진시장경제에서는 회사형태가 야기하는 중심적 문제들에 대처하기 위하여 다양한 법적 전략을 활용한다. 제도적 환경이 특히 역동적이고 법외적 제약이 통상 더 큰 역할을 수행하는 신흥시장에서 법체계는 아마도 더 이질적일 것이다.

이 책의 범위에 대한 두 번째 한계는 우리 연구의 대상인 회사형태의 정의 자체에 관한 것이다. 이제까지 미리 설계된 특정의 조직형태뿐 아니라 구체적인 조직유형의 기본요소와 지배구조에 관해서도 조직상의 선택지를 확대하는 쪽의 주목할 경향이 있었다. 기업계에서 갈수록 확산된 유한책임회사(LLCs)와 사업신탁에 관한 미국의 경험은 이처럼 당사자들이 회사형태의 필수적 요소의 전부 또는 일부를 계약으로 복제하는 것을 허용하는 접근방식을 보여 준다. 이들 조직이 회사형태의 다섯 가지 기본요소들을 담고 있는 한 그들은 우리 목적상으로는 '사실상(*de facto*)' 회사로 볼 수 있다. 이런 조직형태가 회사형태의 일부 핵심 요소를 결여한 경

2 앞 2.3.1 참조.

3 Mariana Pargendler, *How Universal Is the Corporate Form?: Reflections on the Dwindling of Corporate Attributes in Brazil*, Working Paper (2016) 참조.

우에도 우리의 체계는 나머지 특징들에 의해 발생되는 대리 문제들과 그에 대한 법적 대처방식에 대해서 해명할 수 있다. 그럼에도 불구하고 일부 다른 회사형태에서 발생하는 구체적인 문제에 대한 세밀한 검토는 이곳의 분석 범위를 벗어난다.

10.3 현재를 넘어서

이 책에서 우리는 줄곧 비(非)역사적 접근방식을 유지하였다. 분석은 현재 시행 중인 법체계만을 대상으로 삼았다. 현재의 결과에 초점을 맞추며 우리는 시대에 따른 회사법의 진화에서의 거대한 추세를 분석하기를 피했다. 이 역시 주로 현실적인 고려 때문이다. 그러나 이는 현재 우리 눈앞에 있는 법적 제도의 형성에서 역사와 경로의존성의 영향을 우리의 분석이 가볍게 다루는 것을 의미한다.

그럼에도 불구하고 제3판은 다수의 국가에서 회사법의 근본적인 재검토가 진행 중인 시점에서 출간되는 것이다. 이런 재검토는 부분적으로 회사스캔들과 글로벌 금융위기에 이르는 과정에서 금융기관 지배구조가 실패하였다는 주장에 따른 것이다. 이런 변화는 많은 측면에서 논란을 낳고 있고 그 함의에 대한 이해는 아직까지 미흡하다. 그 결과 그런 변화가 얼마만큼이나 기타 정치적 고려에 대비되는 대리 문제의 양태상의 진화를 반영하는지는 그것이 얼마나 지속될 것으로 기대할 수 있는지와 마찬가지로 불분명하다.[4]

최근의 여러 회사법개혁에서의 반복되는 주제는 투자자, 특히 주주에 대한 보호를 확대하려는 원망이다. 이는 세 가지 특정 법적 전략의 채택에서 나타나고 있다. 첫째는 관계설정전략으로 계속 확대되는 정보공개

4 이는 중복되는 설명들에 관한 10.1의 언급에 입각한 것이다.

요건에 대한 지속적인 관심에서 찾아볼 수 있다. 둘째는 전 세계적으로 '임원보수에 대한 투표(say on pay)'의 확산이 보여 주는 바와 같이 주주 결정권이 지속적으로 강화되는 현상이다. 셋째는 독립이사와 이해관계 없는 이사회에 의한 승인의 형태로 수탁자전략을 계속 활용하고 발전시키는 것이다.

고도의 일반론을 펴자면 이런 진전은 우리가 이 책 전반을 통해서 파악한 국가별 소유구조의 상당한 수렴을 따라가는 것으로 보일 수도 있다. 이런 소유구조의 동화는 부분적으로는 전통적으로 소유분산을 자랑하던 국가에서 종속회사가 증가하고 소유집중이 특징인 국가에서 분산소유기업이 차츰 등장함에 따라 발생한 것이다. 그러나 아마도 보다 중요한 것은 우리의 대상국가들에서도 지배주주는 없지만 다양한 대주주들이—통상 대규모이고 종종 국제적인 기관투자자들이—현저하게 증가하였다는 점이다. 그러나 주식소유의 진화를 보다 면밀히 관찰하면 현재와 같은 투자자 위주의 회사법 수렴이 지속될 것으로 만연히 믿는 것은 현명하지 않을 것이다.

세계 최대 금융기관인 BlackRock과 같은 기관은 자산운용업 시장에서 세계적인 존재이고 우리의 대상국가들에 있는 무수한 회사들 주식의 상당부분을 보유하고 있다. 이런 상황은 그 자체로 회사법에서의 국제적 수렴의 중요한 원인이 되는 것으로 볼 수 있다. 세계적 기관투자자들은 (전형적으로 영국과 미국의) 선진 시장에서 지배적인 지배구조실무를 국제적으로 채택하도록 하는 압력을 창출하였다. 그러나 이런 상황은 만약 '투자자중심의' 전략이 대리 문제 유형에 적합한 한도를 넘어서 적용되는 경우에는 기능상이 아닌 형태상의 수렴을 가져올 수도 있다. 그러나 외국의 환경에 대해 더 잘 알게 됨에 따라 다른 지배구조전략의 현지에서의 적실성에 관해서 보다 섬세한 견해를 갖게 될 수도 있다. 추가적으로 미국 이외의 국가에서 외국투자자들이 늘고 있는 것은 이익집단으로서의 그들의 영향력을 저해하고 그에 따라 투자자 위주의 법률이 제정될 가능성을 줄

일 수도 있다.

세계적인 기관투자자들이 어느 곳에나 존재하게 됨에 따른 또 하나의 중요한 결과는 공개회사의 주요주주들 자체가 기관인 경우가 늘고 있다는 점이다. 그 현상은 공개회사의 하부에 주주권을 행사하는 자산관리자와 그들의 최종수익자 사이에 존재하는 것 같은 제2단계의 대리비용을 발생시킨다.[5] 다수의 기관투자자는 회사형태를 취하고 있지 않기 때문에 우리 체계를 자산관리자에 직접 적용하는 것은 문제가 있을 수도 있다.[6] 그러나 보다 면밀히 관찰해 보면 금융규제는 공개회사에 적용되는 것과 동일한 다수의 전략들을 통해서 이런 제2단계 대리 문제를 이미 완화하고 (또는 한층 완화할 수도) 있다.

다른 한 가지 문제는 회사법이 기관투자자의 투자대상인 회사에서의 이런 '대리인 자본주의(agency capitalism)의 대리비용'의 영향에 어떻게 대처해야 할 것인가이다. 그 답은 이런 대리비용이 실제로 어떻게 나타나는지에 달려 있는바 이는 현재 증거가 아직 불확정적인, 매우 논란이 많은 쟁점이다. 구도에 따라서는 그런 대리비용은 자산관리자가 주주이익을 열심히 추구하지 않게 유도할 수도 있는가 하면 거꾸로 단기성과목표의 달성을 위해서 주주이익을 **너무** 강하게 추구할 수도 있다. 어느 쪽 문제가 더 지배적으로 여겨질지는 '투자자중심의' 회사법모델이 얼마나 더 계속 타당할 수 있을지에 대해서 의미를 가질 것이다.[7]

게다가 글로벌 기관투자자들만이 우리 대상국가들에서 유일한 대규모

---

5 Bernard S. Black, *Agents Watching Agents: The Promise of Institutional Investor Voice*, 39 UCLA Law Review 811 (1991); Ronald J. Gilson and Jeffrey N. Gordon, *The Agency Costs of Agency Capitalism: Activist Investors and the Revaluation of Governance Rights*, 113 Columbia Law Review 863 (2013).

6 이는 10.2에서 우리 논의의 범위에 관해서 밝힌 점에 입각한 것이다.

7 예컨대 일부 견해에 의하면 헤지펀드 행동주의는 뮤추얼펀드에 만연한 대리 문제를 완화하는 데 도움이 될 수 있다. 그러나 이런 메카니즘이 작동하려면 회사법시스템이 예컨대 헤지펀드가 캠페인을 시작하기 전에 시장에서 몰래 취득한 주식에서 이익을 올릴 수 있게 허용하는 식으로 헤지펀드 행동주의에 우호적이어야 한다.

투자자는 아니다. 한때 사멸할 것으로 경시되었던 국가의 주식보유는 세계의 많은 국가에서 매우 활발한 것으로 보인다. 정부는 대규모 국내회사에서 과반수 또는 소수의 지분을 계속 보유할 뿐 아니라 국부펀드는 주식시장에서 의미 있는 참여자로 등장하였다. 이는 회사법에 두 가지로 영향을 준다. 첫째, 국가의 주주로서의 이익은 회사법개혁의 정치경제에서 계속 하나의 요소로 작용할 수도 있다. 둘째, '최적의' 회사법은 주주이익이 매우 이질적인 경우 — 이는 국가소유가 존재하는 경우 통상 그러하다 — 그 내용 자체가 달라질 수도 있다.

이런 관측과 일관되는 것으로 주주의결권, 독립이사 및 강화된 공시요건에 대한 보편적인 관심집중에 대해서는 역풍의 조짐도 일부 있는 것 같다. 유럽대륙에서 오랜 기간에 걸친 1주1의결권원칙으로의 점진적인 수렴이 있은 후 프랑스와 이탈리아는 장기보유우대제도(tenure voting schemes)를 통한 의결권과 현금흐름권의 괴리확대를 허용하는 개혁을 법제화하였다. 한편 Facebook 같은 대표적 실리콘밸리 기업들은 Google의 뒤를 따라 창업자들이 현금흐름권이 미미함에도 불구하고 지배적 의결권을 보유하는 것을 뒷받침하는 의결권구조를 갖춘 채 기업공개를 실행하였다.

수십 년에 걸친 확산을 거친 후 독립이사에 대한 강조도 정점을 찍은 것 같다. 학자들은 점차 이 메커니즘의 실효성에 의문을 갖게 되었고 대부분 회사에 지배주주가 존재하는 나라에서 특히 그러하다. 끝으로 공시의무마저도 공격대상이 되었다. 재무성과의 분기보고시스템이 회사경영에서의 단기적 성향을 강화한다는 비판이 강해지고 있다.

현재 또 하나의 쟁점은 회사법의 목표에 관한 것이다. 우리가 제1장에서 상술한 바 있는 널리 지지되고 있는 견해에 따르면 회사법은 주주가치의 극대화를 추구해야 한다. 논거는 그것이 사회복지를 증진시킨다는 보다 큰 목표에 통상적으로 기여하는 경향이 있다는 것이다. 그러나 이것이 들어맞기 위해서는 회사활동의 영향을 받는 당사자들이 회사와 교섭할 수 없는 경우에는 규제조치로 회사활동의 사회적 비용을 회사의 수익에

반영시켜야만 할 것이다. 2007년에 시작된 금융위기는 대규모 금융회사가 빚어낸 시스템위험이라는 외부효과의 중대성과 아울러 이 문제에 대처하는 규제기관의 무능력을 부각시켰다. 인권, 차별, 환경보호와 같은 쟁점을 처리하는 기존 규제체제의 한계가 알려짐에 따라 활동가들은 회사법구조 자체에 집중하게 되었다. 그 결과 제4장에서 논한 바와 같이 다수의 회사법개혁이 외부 이해관계자의 이익을 염두에 두고 추진되었다.

그러나 사업체의 활동을 촉진한다는 핵심적인 사명을 크게 벗어난 과제들을 해결하는 회사법의 능력에 관해서는 의문을 품을 이유가 있다. 금융위기 후에 형성되고 있는 학자들의 컨센서스에 따르면 외부효과에 대한 우려는 기껏해야 대형금융기관이나 보다 일반적으로 체계적 위험 면에서 중요한 기업에나 적용될 수 있는 회사법체계에만 영향을 미쳐야 한다는 것이다. 이런 견해는 지배구조체제상의 변화를 특정 산업이나 위험업종에 국한시킨다는 점에서 온건하지만, 보편적으로 적용가능한 통일적인 법체계를 떠나서 회사의 사업영역의 특정 성격에 맞추어 보다 특화된 회사법체제로 접근하는 것을 뒷받침한다는 점에서 한층 근본적이다. 규제상의 특화라는 유사한 추세가 장차 다른 산업에까지 파급될 것인지 여부는 앞으로 지켜볼 일이다.

저 멀리 미래를 바라보면 기술의 변화가 회사기업의 기본구조에 진화를 촉발할 것으로 보인다. 이는 대리비용의 양태에 폭넓은 영향을 미칠 수 있다. 예컨대 근로자의 인적 자본의 상대적 가치 증가로 인하여 그들의 이익은 투자자 이익과 더 크게 일치될 수도 있고, 회사의 무형자산의 상대적 가치 증가로 인하여 경영자와 기타 당사자 사이의 정보 비대칭, 그리고 그 결과 대리비용을 증가시킬 수 있다. 그러나 이런 변화는 특정 사업모델에 의하여 발생된 것으로 전폭적인 회사법개혁에 대한 필요를 촉발시키지는 않을 것같이 보인다. 그 대신 그런 변화는 기술과 금융 분야에서 이미 발생한 것처럼 회사의 특정 수요에 대처하는 회사형태를 마련하는 방법으로 대처할 수 있을지도 모른다. 게다가 절차인증(process authen-

tication) 및 자동의사결정과 같은 분야에서 동시에 진행되는 기술발전은 내부 대리비용을 크게 감소시킬 수도 있다.

우리 중 누구도 미래를 예측할 수 있는 수정 구슬(crystal ball)은 갖고 있지 않다. 그러나 회사법의 놀랄 만한 측면은 사업실무의 꾸준한 혁신과 빈번한 법적 변화에도 불구하고 그 중심적 과제의 다수는 매우 끈질기고 오랜 시간에 걸쳐 주기적으로 재출현한다는 것이다. 우리는 정책의 결과를 예측할 수 없지만 이 책의 이론적 체계는 회사형태의 핵심요소들과 회사기업에서의 대리 문제에 대처하기 위하여 활용되는 전략들을 바탕에 깔고 있으므로 새 문제가 출현하고 옛 문제가 재부상되는 상황에서도 계속 유효할 것이라고 말할 수 있다.

감사의 글

제3판을 준비하는 과정에서 우리가 옥스퍼드대학과 펜실베이니아대학 로스쿨로부터 받은 환대 덕분에 일이 수월했다. 이전 판들에서와 마찬가지로 우리는 염치없이 이 책에 친구와 동료들이 보내 준 다양한 코멘트에 의존했다. 아래에 그 이름들을 열거하지만 만약 누락된 이가 있다면 미리 사과의 뜻을 표하는 바이다. Dan Awrey, Marcello Bianchi, Horst Eidenmüller, Martin Gelter, Sergio Gilotta, Amir Licht, Alessio Pacces, Jenny Payne, Viviane Muller Prado, Lorenzo Stanghellini, Tobias Tröger, Umakanth Varottil, Marco Ventoruzzo, Andrea Zorzi.

우리는 작업과정에서 개별적으로 재정 지원을 제공한 다음의 소속 기관에 감사한다. John Armour, Sofie Cools, Paul Davies, Luca Enriques에 대한 지원에 관해서 옥스퍼드대학, 그리고 연구지원과 관련해서 Martin Bengtzen과 Antonios Chatzivasileiadis, Henry Hansmann의 지원과 관련하여 예일대학 로스쿨, Gerard Hertig에 대한 지원과 관련하여 ETH, Reinier Kraakman에 대한 지원과 관련하여 Harvard Law School John M. Olin Center for Law, Economics, and Business 그리고 Mariana Pargendler에 대한 지원과 관련하여 FAPESP와 상파울로의 FGV Law School, Wolf-Georg Ringe에 대한 지원과 관련하여 Copenhagen Business School,

Edward Rock에 대한 지원과 관련하여 그가 2001~2016년 기업법교수로 근무했던 펜실베이니아대학 로스쿨의 the Saul Fox Research Endowment.

항상 그런 것처럼 우리는 도대체 이렇게 짧은 책을 쓰는 데 왜 그렇게 많이 왔다 갔다 해야 했는지 의아해하는 게 당연한 우리의 반려자들에게 감사한다.

공저자 일동

찾아보기

ㅇ

ㅊ

ㅋ·ㅌ·ㅍ

ㅎ

기타

공저자 소개

John Armour

Oxford대 법학부 교수(Hogan Lovells Professor of Law and Finance)이자 European Corporate Governance Institute의 fellow로 활동하고 있다. 과거에는 Cambridge대 법학부와 Interdisciplinary Centre for Business Research 교수를 역임했다. 그는 University of Chicago, Columbia Law School, University of Frankfurt, 함부르크의 Max Planck Institute for Comparative Private Law, University of Pennsylvania Law School을 비롯한 여러 기관의 객원교수를 지낸 바 있다. 주요 연구 관심사는 회사법, 기업도산법, 금융규제로 그 분야에서 널리 글을 발표했다. Armour 교수는 영국의 통상산업부(Department of Trade and Industry), 금융청(Financial Services Authority)과 도산국(Insolvency Service), 영연방사무국, 세계은행이 위탁한 정책연구과제를 수행하였다. 현재 EU 집행위원회의 비공식 회사법전문가그룹의 멤버로 일하고 있다.

Paul Davies

Oxford대 Harris Manchester College, Centre for Commercial Law의 선임연구원이다. 그는 2009년부터 2014년까지 Oxford대 법학부 교수(Allen & Overy Professor of Corporate Law)로 재직하였다. 1998년부터 2009년까지는 London School of Economics and Political Science 교수(Cassel Professor of Commercial Law)로 재직하였다. Davies 교수는 영국의 2006년 회사법 개정에 앞서 구성된 회사법 개정 검토 위원회(Steering Group for the Company Law Review)의 일원이었고, 최근에는 영국 재무부(Treasury)의 정책연구에도 참여하였다. Davies 교수의 가장 최근 저작으로는 Gower & Davies: Principles of Modern Company Law (Sweet & Maxwell, 2016: 공저자 Sarah Worthington)의 제10판과 Introduction to Company Law(제3판, 2020) 등이 있다. 그는 European Corporate Governance Institute의 fellow, British Academy의

fellow, 명예 Queen's Counsel이기도 하다.

Luca Enriques

Oxford대 법학부 Allen & Overy Professor of Corporate Law이며 ECGI의 fellow이다. 그는 Bologna대 법학부와 LUISS_Rome의 교수로 재직했고 회사법, 회사지배구조와 증권규제를 가르쳤다. 1999년 학계로 오기 전에는 로마에 있는 Bank of Italy에서 근무하였고, 2000년부터 2006년까지 이탈리아 재정경제부 자문위원을 역임하였다. 2007년부터 2012년까지는 이탈리아 증권거래위원회(Consob) 위원으로 재직하였다. 그는 Harvard Law School, Instituto de Impresa (Madrid), IDC Herzliya 등 여러 기관에서 객원교수를 역임했다. 회사법, 회사지배구조, 금융규제분야 주제에 관한 다수의 책과 논문을 발표하였다. 최근 저작으로는 Creeping Acquisitions in Europe: Enabling Companies to Be Better Safe than Sorry (with Matteo Gatti), 15 Journal of Corporate Law Studies 55 (2015), Disclosure and Financial Market Regulation (with Sergio Gilotta), The Oxford Handbook of Financial Regulation (OUP, 2015) 등이 있다. 그는 John Armour, Paul Davies 등과 Principles of Financial Regulation (OUP, 2016)의 공저자이기도 하다.

Henry Hansmann

Yale대 법대 교수(Oscar M. Ruebhausen Professor of Law)로 재직하고 있다. Hansmann 교수의 학문적 관심사는 주로 조직의 소유와 구조에 관한 법경제학이고, 영리 및 비영리, 그리고 비공개 및 공개적인 다양한 법적 조직에 대해서 연구하고 있다. 또한 Harvard, NYU, Pennsylvania대 법대의 방문교수를 역임하였다. 최근의 저작으로는 Legal Entities as Transferable Bundles of Contracts (with Kenneth Ayotte), 111 Michigan Law Review 715 (2013), External and Internal Asset Partitioning: Corporations and Their Subsidiaries (with Richard Squire), in Jeffrey Gordon and Georg Ringe (eds.), The Oxford Handbook of Corporate Governance (OUP 2017) 등이 있다. 그는 American Academy of Arts and Sciences와 European Corporate Governance Institute의 fellow이다.

Gerard Hertig

취리히 연방공과대학(ETH Zurich) 법대 교수이자 ECGI의 fellow이다. 그 전에는 Geneva대 법대의 행정법교수 및 유럽 사법연구센터(*Centre d'études Juridiques Européennes*)의 소장을 역임하였다(1987~1995). 또한 유럽, 일본과 미국의 유수한 대학의 방문교수였고 Geneva변호사로서 법조실무에 종사하였다. 최근의 저작으로는 Decision-Making During the Crisis: Why Did the Treasury Let Commercial Banks Fail? (with Ettore Croci and Eric Nowak), Journal of Empirical Finance (2016), Governance by Institutional Investors in a Stakeholder World, in The Oxford Handbook of Corporate Law and Governance (OUP, 2017), Shadow Resolutions as a No-No in a Sound Banking Union, with Luca Enriques, in Financial Regulation: A Transatlantic Perspective (CUP, 2015) 등이 있다.

Klaus Hopt

독일 Hamburg에 소재한 비교법 및 국제사법에 관한 Max Planck 연구소(Max Planck Institute for Comparative and International Private Law)의 소장을 역임하였다. 전공분야는 상법, 회사법, 금융법 및 증권규제법이다. 튀빙겐, 피렌체, 베른과 뮌헨대학 교수로 재직하였고, University of Pennsylvania, University of Chicago, NYU, Harvard, Columbia 등 유럽, 일본, 미국 등 여러 대학의 방문교수를 역임하였으며, 독일 슈투트가르트 항소법원 판사로도 재직하였다. EU 회사법과 기업인수법의 개선안 제안을 목적으로 유럽위원회가 위촉한 고위전문가 그룹(High Level Group of Experts)의 위원이었다. 그는 독일국립과학원(Leopoldina) 회원이다. 최근 저작으로는 Comparative Corporate Governance 〔CUP, 2013, with Andreas Fleckner (eds.)〕, Corporate Boards in Law and Practice 〔OUP, 2013, with Paul Davies et al. (eds.)〕 등이 있다.

Hideki Kanda(神田秀樹)

2016년부터 학습원대학 교수로 있다. 주요관심분야는 상법, 회사법, 금융 및 증권규제법이다. 2016년까지 동경대 법대 교수로 재직했다. 그는 Chicago (1989, 1991, 1993)와 Harvard대 법대(1996)의 방문교수를 역임하였다. 최근 저

작으로는 회사법(제18판, 2016), Comparative Corporate Governance (Oxford University Press, 1998, Klaus Hopt 등과 공동편집) 및 회사법의 경제학(도쿄대 출판부, 1998, 三輪芳朗, 柳川範之와 공동편집) 등이 있다.

Reinier Kraakman

Harvard대 법대 교수(Ezra Ripley Thayer Professor of Law) 및 ECGI의 fellow이다. 회사법과 회사의 책임제도에 관한 경제학적 분석 분야에서 다양한 논문을 발표하였다. 회사법, 회사재무, 회사법이론 세미나와 비교 회사지배구조에 관하여 강의를 하고 있다. William T. Allen과 Commentaries and Cases in the Law of Business Corporations (제6판 Wolter Kluwer, 2016)를 출간하였다. 보다 최근의 저작은 Market Efficiency after the Financial Crisis: It's Still a Matter of Information Costs (with Ronald J. Gilson), 100 Virginia Law Review 313 (2014), Economic Policy and the Vicarious Liability of Firms, in Research Handbook on the Economics of Torts (Edgar Elgar, 2013), Law and the Rise of the Firm (Henry Hansmann, Richard Squire 공저), 119 Harvard Law Review 1333, 2006, Property, Contract, and Verification: The Numerus Clausus Problem and the Divisibility of Rights (Henry Hansmann 공저), 31 Journal of Legal Studies S373, 2002 등이 있다.

Mariana Pargendler

브라질 상파울로 FGV Law School 법학교수로 그곳의 Center for Law, Economics, and Governance 소장을 맡고 있다. 그는 또한 NYU법대의 Global Associate Professor of Law로 Stanford Law School 객원교수를 역임하였다. 그는 회사법과 회사지배구조에 관하여 다수의 논문을 발표하였다. 그의 최근 주요 저작으로는 The Evolution of Shareholder Voting Rights: Separation of Ownership and Consumption (with Henry Hansmann), 123 Yale Law Journal 948 (2014), Politics in the Origins: The Making of Corporate Law in Nineteenth-Century Brazil, 60 American Journal of Comparative Law 805 (2013), State Ownership and Corporate Governance, 80 Fordham Law Review 2917 (2012) 등이 있다.

Wolf-Georg Ringe

Hamburg대학 법학교수로 Institute of Law & Economics 소장이다. 그는 또한 Oxford대 법대 객원교수를 겸하고 있다. 2012년에서 2017년까지는 Copenhagen Business School의 국제거래법교수로 재직했다. 그는 Columbia Law School과 Vanderbilt대학을 포함한 유럽과 미국의 여러 대학의 객원교수를 역임했다. 그는 2015년부터 Oxford대 출판부에서 나오는 Journal of Financial Regulation이란 새 저널의 편집인이기도 하다. 그는 EU 집행위원회와 의회에서 주도하는 유럽회사법 논점들에 관한 정책과제들에 관여한 바 있다. 그의 주된 연구관심사는 법과 금융, 비교회사지배, 자본시장과 금융시장, 도산법, 국제사법 분야이다. 최근 저작으로는 The Deconstruction of Equity (OUP 2016)와 The Oxford Handbook of Corporate Law and Governance 〔OUP, 2017, with Jeffrey Gordon (eds.)〕 등이 있다.

Edward Rock

NYU법대 교수로 그곳 Institute for Corporate Governance and Finance의 소장이다. 그는 회사법의 다방면에 관한 글을 발표하고 있으며 프랑크푸르트 대학교, 예루살렘대학교 및 Columbia 대학교의 방문교수를 역임하였고 Pennsylvania변호사로 실무에 종사한 바 있다. 최근 저작으로는 Does Majority Voting Improve Board Accountability? (with Stephen Choi, Jill Fisch, and Marcel Kahan), 83 University of Chicago Law Review 1119 (2016), Institutional Investors in Corporate Governance, in The Oxford Handbook of Corporate Law and Governance (OUP 2017), Symbolic Corporate Governance Politics (with Marcel Kahan), 94 Boston University Law Review 1997 (2014) 등이 있다.

회사법의 해부(개정판)

초판 1쇄 발행 2020년 8월 25일

지은이 Reinier Kraakman | John Armour | Paul Davies | Luca Enriques
Henry Hansmann | Gerard Hertig | Klaus Hopt | Hideki Kanda
Mariana Pargendler | Wolf-Georg Ringe | Edward Rock
옮긴이 김건식 · 노혁준 · 박 준 · 송옥렬 · 안수현 · 윤영신 · 천경훈 · 최문희
펴낸이 고화숙
펴낸곳 도서출판 소화
출판등록 제13-412호
주소 서울시 영등포구 버드나루로 69
전화 02) 2677-5890
팩스 02) 2636-6393
홈페이지 www.sowha.com

ISBN 978-89-8410-505-8 93360

값 30,000원

※ 잘못된 책은 바꾸어 드립니다.